マイクロファイナンス事典

The Handbook of
MICROFINANCE
Beatriz Armendáriz, Marc Labie

ベアトリス・アルメンダリズ／マルク・ラビー 編
笠原清志 監訳　立木 勝 訳

明石書店

THE HANDBOOK OF MICROFINANCE

Copyright©2011 by World Scientific Publishing Co.Pte.Ltd. All rights reserved.
This book,or parts thereof,may not be reproduced in any form or by any means.electronic or
mechanical,including photocopying,recording or any information storage and retrieval system now
known or to be invented,without written permission from the Publisher.
Japanese translation rights arranged with
World Scientific Publishing Co.Pte.Ltd.,Singapore
through Japan UNI Agency,Inc.,Tokyo

ジョルジュ＝アントワーヌに
ベアトリス

両親に
マルク

目　次

CERMi について　13
謝　辞　14

序

前書きと各章の概略・・・・・・・・・・・・・・・・19
──マイクロファイナンスにおけるミスマッチの探求
　　　　　ベアトリス・アルメンダリズ／マルク・ラビー

第1部　マイクロファイナンス実践の理解

マイクロファイナンスの評価戦略・・・・・・・・・・33
──方法論と発見についての覚書
　　　　　ディーン・カルラン／ナサニエル・ゴールドバーグ

1　はじめに──なぜ評価なのか　33
2　マイクロファイナンスの定義　36
3　評価すべき政策のタイプ　40
4　方法論的アプローチ　46
5　インパクトの指標　62
6　評価に向けての特筆すべき課題　68

溝に橋を架ける・・・・・・・・・・・・・・・・・・76
──マイクロファイナンス研究の理論と実証を統一する
　　　　　グレッグ・フィッシャー／マイトリーシュ・ガータク

1　はじめに　76
2　理　論　79
3　実　証　84
4　溝に橋を架ける　88
5　結　論　90

ドイツの初期信用組合と今日のマイクロファイナンス組織・・94
　　　──類似点と相異点
　　　　　　　　　　　　　　　　　　ティモシー・W・ギネイン

　　1　初期のマイクロファイナンス機関　95
　　2　ドイツの信用組合の形成　97
　　3　信用組合と今日のマイクロファイナンス　108
　　4　結　論　114

マイクロファイナンス・サービスへの需要の多様さと複雑さの理解・・・・・・・・・・・・・・・・・・・117
　　　──インフォーマル金融からの教訓
　　　　　　　　　　イザベル・ゲラン／ソレーヌ・モルヴァン=ルー／
　　　　　　　　　　　　　　　　　　ジャン=ミシェル・セルヴェ

　　1　貨幣、負債、および貯蓄の社会的意味　118
　　2　人びとは金融をどう認識し、経験しているのか　121
　　3　マイクロファイナンスの繰り替えにおけるインフォーマルな金融慣行の役割　127
　　4　結　論　132

マイクロファイナンスにおける倫理・・・・・・・139
　　　　　　　　　　　　　　　　　　マレク・ヒュードン

　　1　はじめに　139
　　2　マイクロファイナンスの倫理的論拠　141
　　3　マイクロファイナンスに内在する倫理的次元の課題　143
　　4　マイクロファイナンスの公正な金利　145
　　5　権利に基づくマイクロファイナンスへのアプローチ　149
　　6　倫理課題に取り組む政策と実践　150
　　7　結　論　151

第2部　マイクロファイナンスのマクロ環境と組織的背景の理解

マイクロファイナンスのトレードオフ・・・・・・157
　　　──規制、競争、財政
　　　　ロバート・カル／アスリ・デミルギュス=クント／ジョナサン・モーダック

　　1　はじめに　157
　　2　マイクロバンキング・ブリテンのデータ　159
　　3　契　約　161

4　商業化　163
　　　5　規　制　166
　　　6　競　争　169
　　　7　結　論　171

監督とはすばらしきもの・・・・・・・・・・・・・175
　　　──マイクロファイナンス機関の規制・監視における選択肢と釣り合い
　　　　　　　　　　　　　　ジェイ・K・ローゼンガード
　　　1　はじめに　175
　　　2　忘れぬように──なぜ金融機関を規制・監視するのか　176
　　　3　用語の確認──なぜ規制と監視を区別するのか　177
　　　4　インフォーマル経済──マイクロファイナンス機関はどこがそれほど特別なのか　179
　　　5　選択肢のメニュー──ＭＦＩの監督を主に代替する機関は何か　182
　　　6　釣り合いの原理──対立する目標をどうバランスさせることができるか　185
　　　7　結　論　186
　　　付記：重要な言及に関する覚書　186

マイクロファイナンス機関の業績・・・・・・・・・・・189
　　　──マクロ条件は問題となるのか
　　　　　　　　　　　ニールス・ヘルメース／アルヤール・メーステルス
　　　1　はじめに　189
　　　2　マクロ条件とＭＦＩの業績──文献の概括　191
　　　3　方法論　200
　　　4　データ　205
　　　5　結　果　208
　　　6　結　論　213

ボリビアのマイクロファイナンス・・・・・・・・・・218
　　　──金融システムの成長、アウトリーチ、および安定の基礎
　　　クラウディオ・ゴンサレス＝ベガ／マルセロ・ビジャファニ＝イバルネガライ
　　　1　背　景　219
　　　2　金融深化　224
　　　3　特異的な業績　228
　　　4　不安定性──クレジットと流動性リスク　239
　　　5　並外れたアウトリーチ　247
　　　6　結　論　257

目 次

マイクロファイナンス・・・・・・・・・・・・・265
――戦略的マネジメントの枠組み

ガイ・スチュアート

1　価値の創造　267
2　認可環境　267
3　公的価値――戦略的マネジメントの枠組み　272
4　政策上の疑問に関する経営者の視点　274
　　――持続可能性、およびすべての貧者のための公的価値創出
5　結論と、さらなる研究のための提案　279

マイクロファイナンス機関が限界顧客のニーズを満たすうえで、どのような外部コントロールメカニズムが役立つのか・・・・282

バレンティナ・ハルタルスカ／デニス・ナドルニヤク

1　はじめに　282
2　国際比較分析のための枠組み　283
3　規制とMFIの業績への影響　285
4　格付けのインパクト　287
5　その他のコントロールメカニズム　291
6　結　論　293

マイクロファイナンスにおけるコーポレートガバナンスの課題　298

マルク・ラビー／ロイ・マースランド

1　はじめに　298
2　なぜマイクロファイナンス業界にとってガバナンスが大切なのか　299
3　マイクロファイナンスのガバナンスに関する文献を概観する　302
4　エージェンシー理論と取締役会運営を超えて　304
5　マイクロファイナンスのガバナンスのための新しい枠組み　306
6　新たな研究課題　309

第3部　商業化へ向けた現在の流れ

企業責任か、社会的成果と金融包摂か・・・・・・・・・317

ジャン＝ミシェル・セルヴェ

1　二重の曖昧な動きに翻弄されるマイクロファイナンス　318
2　社会的責任の認知　319
3　社会的成果および環境面での成果の評価基準としての社会的責任　323
4　金融機関のビジネスの中心におけるマイクロファイナンスの社会的責任　326
5　結　論　331

社会的責任投資家とマイクロファイナンス機関との連環（リンク）の重要性 ･･････ 338
エルナ・カレル＝ルエディ
- 1 社会的責任投資家とマイクロファイナンス部門とのリンク　339
- 2 リンクが社会的インパクトを育てる　341
- 3 リンクは自立の達成に決定的な役割を果たす　343
- 4 リンクはマイクロファイナンス・バリューチェーンの効率を高める　345
- 5 リンクはマイクロファイナンスのミッションを高める　347
- 6 課題と誤解　349
- 7 結　論　353

マイクロファイナンス機関のミッションドリフト ･････ 356
ベアトリス・アルメンダリズ／アリアーヌ・サファルス
- 1 はじめに　357
- 2 貧困削減ミッションの全体像　360
- 3 理論的視点から見たミッションドリフト　364
- 4 取引コストでミッションドリフトは起こらない　365
- 5 MFIの多様性によるミッションドリフト　369
- 6 ラテンアメリカとアジアの対比　374
- 7 結びに代えて　375

マイクロファイナンスへの社会的投資 ･･････ 383
──リスク、リターン、貧困層へのアウトリーチとのあいだのトレードオフ
リンツ・ガレマ／ロベルト・レンジンク
- 1 はじめに　383
- 2 データ　385
- 3 リスク─リターン─アウトリーチのトレードオフ　386
- 4 リスク─リターン─アウトリーチのトレードオフを定量化する　388
- 5 結　論　395

効　率 ････････ 398
ベルン・バルケンホール／マレク・ヒュードン
- 1 はじめに　398
- 2 マイクロファイナンスの理論と実践における効率　399
- 3 効率の定義と動因（ドライバー）　401
- 4 効率指標とその尺度　404
- 5 効率と財政自立──最近の流れ　406
- 6 効率と公共政策──どのインセンティブが効果的か　407
- 7 結　論　410

マイクロファイナンス機関の社会的財政的効率 ・・・・・・413
カルロス・セラノ＝シンカ／ベゴーニャ・グティエレス＝ニエト／セシリオ・マル・モリネロ

 1 はじめに 414
 2 MFI の業績の測定 415
 3 実証的研究 420
 4 最終考察 429

第4部　満たされない需要を満たす──農業融資の課題

マイクロファイナンスは農業融資のための適切なツールか ・・437
ソレーヌ・モルヴァン＝ルー

 1 はじめに 438
 2 農村金融の旧いパラダイムから新しいパラダイムへ 439
 3 農業への融資──イノベーションへのニーズ 442
 4 結論 449

マイクロクレジットの需要はどれほどなのか ・・・・・・・453
──セルビア農村地域の事例
ウィリアム・パリエンテ

 1 はじめに 454
 2 セルビア農村部のクレジット市場 455
 3 選択ベース・コンジョイント分析による需要の評価 457
 4 結論 466

農村部のマイクロファイナンスと農業バリューチェーン ・・・477
──ニカラグアにおける地方開発基金（FDL）の戦略と展望
ヨーハン・バスティエンセン／ピーター・マチェッティ

 1 はじめに 477
 2 マイクロファイナンスと包含的バリューチェーンの発展──理論的枠組み 480
 3 農業金融におけるバリューチェーンアプローチにむけて 495
   ──ニカラグアにおける FDL
 4 結論 507

第5部　満たされない需要を満たす——預金、保険、超貧困層への照準

女性と小口預金 ………………………………… 519
ベアトリス・アルメンダリズ

1　はじめに　519
2　なぜ MFI と併行して ROSCA が普及しているのか　521
3　コミットメント貯蓄の需要——MFI で満たすことができるのか　524
4　さまざまな課題　526
5　結　論　528

貧困層の貯蓄能力を高める ……………………… 532
——分割払い計画、およびそれらの変形についての覚書

スチュアート・ラザフォード

1　分割払い計画の優勢　533
2　しかし貧困層にも仲介は必要である　534
3　貧困層の分割払い計画　535
4　分割払い計画に価値を加える——信頼性　537
5　分割払い計画に価値を加える——柔軟性　540
6　分割払い計画に価値を加える——流動性を利用した預金増大　542
7　結　論　547

貧困層のための保険 …………………………… 551
——定義とイノベーション

クレイグ・チャーチル

1　はじめに　552
2　マイクロインシュアランスの登場　553
3　マイクロインシュアランスとはなにか　558
4　マイクロインシュアランスとマイクロファイナンス　561
5　供給と需要の課題　565
6　登場しつつあるイノベーション　568
7　結　論　574

マイクロファイナンスの届かない人びとに到達する …… 578
——BRAC の「超貧困層をターゲットにする」プログラムに学ぶ

デイヴィッド・ヒューム／カレン・ムーア／
カジ・ファイサル・ビン・セラジュ

1　はじめに　578
2　TUP 誕生の背景　579
3　CFPR-TUP プログラムの進化　581

    4 CFPR-TUP の現状　585
    5 CFPR-TUP の成果　587
    6 CFPR-TUP に関する懸念　591
    7 CFPR-TUP からの教訓　593
    8 デザイン上の特徴　593
    9 CFPR-TUP のプロセス　595
   10 結　論　597

第6部　満たされない需要を満たす——ジェンダーと教育

金融活動におけるジェンダーとマイクロファイナンスのための教訓 ･･･････････････････････････････････605
イザベル・ゲラン

　はじめに　605
　1 金融活動におけるジェンダー　606
　2 女性主導型の金融回路　609
　3 結　論　620

ジェンダーへの真剣な取り組み ･･･････････････629
　　――金融サービスのためのジェンダー公正議定書に向けて
リンダ・マイユー

　1 金融サービスのためのジェンダー公正枠組み議定書　631
　2 なぜ、金融サービスのためにジェンダー公正議定書が必要なのか　632
　3 組織のジェンダーポリシー――商業上の損益決算　636
　4 金融サービスへの平等なアクセス　637
　　――技術面でのイノベーションを含めた商品およびサービスの開発に不可分の要素
　5 金融サービスは、適切な商品設計、金融リテラシーを含めた非金融サービス、およびジェンダー行動学習を通して女性のエンパワーメントに貢献する　639
　6 ジェンダー指標はソーシャルパフォーマンスマネジメントに不可欠の要素である　645
　7 消費者保護と規制政策が機会のジェンダー平等とエンパワーメントを統合する　647
　8 ジェンダー公正のアドボカシー　647
　9 非常に貧しく弱い立場にある女性の具体的なニーズと利益を含める　649
　10 金融サービスにおけるジェンダー公正に向けた環境の推進　650
　　――全国ネットワーク、政府、およびドナー機関の役割

マイクロファイナンスによる高等教育・・・・・・・・・・・659
　　──グラミン銀行のケース

　　　　　　　　　　　　　　　　　　　　　アシフ・U・ドウラ

　　1　はじめに　659
　　2　グラミン銀行と教育　660
　　3　高等教育ローン　665
　　4　結　論　671

監訳者あとがき　676

索　引　681

執筆者一覧　692

編者紹介・監訳者紹介・訳者紹介　704

CERMi について

　マイクロファイナンス欧州研究センター（CERMi）は、ベルギー・ブリュッセル自由大学（ULB）ソルヴェイ・ブリュッセル経営学院（SBS-EM）のサントル・エミル・ベルンハイムと、ベルギー・モンス大学ワロッケ・ビジネススクールのワロッケ研究センターがマイクロファイナンス部門の積極的な参加者となることを目標として2007年10月に創設したイニシアティブで、マイクロファイナンスに関するさまざまな研究を持ち寄り、NGO、協同組合、営利企業などに代表される幅広い機関・組織のマネジメント研究をめざしている。専門分野の垣根を越えたアプローチにより、マイクロファイナンスに関する知識体系に大きく貢献するとともに、この業界が将来の課題に少しでも効果的に立ち向かう一助となることがCERMiの願いである。永久会員および協力会員を含めた最新の加盟機関リストをはじめとするCERMiの詳細に関しては、http://www.cermi.eu. を参照してほしい。

謝　辞

　このプロジェクトは 2007 年に始まった。編者らはミスマッチ、すなわち金融商品の需要と供給のあいだの巨大なギャップという視点から、マイクロファイナンスの未来に懸念を抱いていたのだが、それをここまで共有してもらえるとは、当時は思ってもいなかった。もちろん、多くの同僚は注意深く目配りをしていたから、供給が需要にまったく追いついていないことに気づいてはいた。しかし編者らは、彼らからどれだけの努力を引き出せるかについて非常に懐疑的だった。そこへ 2008 年の金融危機が起こり、損害の程度はますます見えにくくなっていった。金融の大きな岐路に当たるこの微妙な時期に、編者らの提唱する「ミスマッチ」というレンズを通してマイクロファイナンスの未来について執筆するのはさして重要ではない、というよりむしろ危なっかしい、向こう見ずなことのように思えた。

　編者らがまず感謝するべきは、勇気を持って、この事典に洞察ある貢献をしてくれた同僚である。また、各執筆者の忍耐にも感謝している。それぞれの原稿について建設的なコメントを集めてまとめることの困難から、作業の遅れは避けようがなかった。そうしたコメントも、最終的には執筆者に受け入れてもらったのだが、なかにはすでに 2009-2010 年度が始まっているケースもあったほどである。また、忙しいスケジュールを縫って互いの原稿に建設的なコメントをしてもらったことについても、同僚と執筆者の全員に感謝したい。

　この事典は、プロジェクトのコーディネートに当たってくれたディディエ・トゥーサンがいなければ決して完成しなかったであろう。プロジェクトの開始時から懸命に働き、大西洋を挟んで遠く離れた 30 人以上の執筆者と最後まで連絡をとってくれた。時に応じてイニシアティブをとり、編者らが定期的な現場視察でアフリカ、アジア、ラテンアメリカを回っているときにも、賢明な決断をしてくれた。出版社に進捗状況を知らせるうえでも重要な役割を果たしてくれた。心より感謝している。

　出版社のワールド・サイエンティフィック・パブリッシングには、まず、この心躍るプロジェクトに乗り出すという提案をいただいたこと、財政面での支援をいただいたことに深く感謝している。この事典の出版をリードし続けてくれたザーン・ルーイヒ、リム・シュジュアン、シャリーニ・ラジュ、グレース・ル・フイル、ジア・フエイ・ガン、サマンサ・ヤングの各氏にも感謝したい。6 氏のいずれも、編者らの要望に迅速かつ有益な対応をしていただいた。

　最後になったが、マイクロファイナンス欧州研究センター（CERMi）による運営上

謝　辞

および後方の支援にも感謝の意を表したい。アルメンダリズからは、サントル・エミル・ベルンハイム（ブリュッセル自由大学ソルヴェイ・ブリュッセル経済経営学院）のヴェロニーク・ラエーとオーレリー・ルソー、ハーバード大学のケンドラ・グレイ、ユニヴァーシティ・カレッジ・ロンドンのサイモン・アレンの各氏より、重ねて頂戴したサポートに格別の感謝を申し上げる。ラビーからは、モンス大学ワロッケ・ビジネススクール、ソルヴェイ・ブリュッセル経済経営学院（ブリュッセル自由大学）、ワロニー＝ブリュッセル・アカデミーよりCERMiにいただいた支援に謝意を申し上げる。こうした機関の支援と細かな配慮がなければ、このような野心的なプロジェクトは存在すらしなかったであろう。

ベアトリス・アルメンダリズ
ハーバード大学、ユニヴァーシティ・カレッジ・ロンドン、CERMi

マルク・ラビー
モンス大学、CERMi

序

前書きと各章の概略
――マイクロファイナンスにおけるミスマッチの探求

ベアトリス・アルメンダリズ*（Beatriz Armendáriz）
マルク・ラビー**（Marc Labie）

　マイクロファイナンス――銀行サービスを受けられない貧困層にサービス提供するために設計された一連の金融実践――は、一部では、貧困と闘う魔法の杖のように見られ、これですべてが解決するかのように思われている。しかし他方では、新手の高利貸しが装いを変えただけの、まやかしにすぎないと考える者もいる。こうした極端な見方は、どちらもある程度まで有効だし、説得力のある定型化された事実や事例研究、そして場合によっては厳格な学問的研究まである。しかし編者らの立場から言えば、現実は、ニュアンスと視点の中にこそ見つかる。よく言われるように「悪魔は細部に宿る」のである。したがって、この事典の最大の目的は、マイクロファイナンスにおける最新の発見と研究をいくつか提示しながら、一歩一歩、マイクロファイナンスのポジティブな面とネガティブな面の両方が見えるよう、微妙なニュアンスを包含した視点を築き上げることにある。そのために、さまざまな論文を集め、客観的でバランスのとれた見方が読者に伝わるようにした。一見するとバラバラに見えるかもしれないし、対極的な見方や矛盾した主張が映し出されてくることもあるが、この事典の各論文は、全体としてある1つの考えと強く結びついているというのが編者らの立場である。それをここでは「ミスマッチ」と名付けている。編者らの選択は純粋な意

＊ハーバード大学　ユニヴァーシティ・カレッジ・ロンドン、CERMi
＊＊ワロッケ・ビジネススクール　モンス大学（UMONS）、CERMi

序

味論を超えたものであり、そのことは、以下で繰り返し浮かび上がってくる。

最新の推定によれば、マイクロファイナンスは世界で1億5000万人に到達しているらしい[*]。しかし、文献によっては、非銀行利用貧困層は約25億人と推定されている[1]。したがって、単純な見方をすれば、現時点でのマイクロファイナンスは、金融サービスへのアクセスから排除されている人びとのうちの、ごくわずかにしかサービスを提供できていないということにある。もちろん、こうしたアウトリーチ拡張の失敗について、その相対的な重要性を議論する者もいる[2]。一部の者にとっては、この貧弱な数値だけでも、マイクロファイナンスが貧困層の包含に失敗している明白な証拠となるだろう。しかし、編者らはそうは思わない。きちんと設計すれば、マイクロファイナンスには、世界で数十億もの非銀行利用貧困層の生活水準を向上させるだけのポテンシャルがある、というのが編者らの立場である。

しかし、強力なマイクロファイナンス批判もある。誕生から約30年を経て、多くの観察者が当然の疑問を抱きはじめているのだ。「マイクロファイナンスのような有名な、そして資金も十分なイノベーションが、なぜこれほど多くの非銀行利用貧困層を失望させているのか」と。

1つの答えは、貧困層は友人、家族、貸金業者など、インフォーマルな金融ソースに頼る方を好むということである。また別の答えは、マイクロファイナンスが惹きつけているのはごく少数の、起業家精神のある貧困層だけだというもので、事業経験のある個人などがこれに当たる。こういう人たちなら、それ相応の利益を生み出すこともできるし、その利益から、相対的に高い利子を返済することもできる。さらに別の答えとして、ドナーや社会的責任投資家が自立ということに執着するあまり、マイクロファイナンス商品の供給が、利益のあがる・相対的に安全な商品に限定されているということがある。とりわけ女性向けの少額ローンは、自立という目標を達成するうえで、マイクロファイナンス機関の最も手堅い方策となっている。

このすべての、そしてさらに多くの答えのどれもが正解となりうる。しかし、編者らは、マイクロファイナンス商品と非銀行利用貧困層のニーズとのあいだにはミスマッチがあると信じている。そのニーズとは、一方では投資と消費のニーズを賄うためであり、他方では、貯蓄によって固有ショック（idiosyncratic shock）および総ショック（aggregate shock）から身を守るためである。例として、女性向けのマイクロ融資を考えてみよう。こうした借り手の大多数はごく小規模な商売をしていて、日々借入れては返済するというやり方を好む。理由は、需要が不確かで、たいていは取引相手からの供給も頼りにならないから、さらには、良好な信頼記録を維持するには、販売が完了したらすぐに返済するのが最もよいからである。そうしないと、ときには盗難によって——それも多くの場合は自分の家族による盗難によって——支払いができなくなってしまいかねない。また、なかには利益を家に持ち帰り、食糧や予測しなかった緊

急事態——家族や友人の病気による出費といった固有ショック——の支払いに充てたいという女性もいる。あるいは、医療保険があるあいだは貯蓄に手をつけたくないという女性もいるかもしれない。しかし、女性にとってベストのマイクロファイナンス契約は、たいてい3カ月ローンである。ローン自体の返済が週1回、貯蓄には引き出し制限があり、医療保険は自分だけで、家族は対象にならないというものだ。

　では、限られたマイクロファイナンスのメニューと、20億を超える非銀行利用貧困層から成る非常に不均一な人びとの金融サービス需要とのあいだには、なぜこれほど大きなミスマッチがあるのだろう。想像力の豊かな人なら、数え切れないほどの答えが思い浮かぶかもしれない。編者らは、これは極めて複雑な疑問であって、学問的な研究者と実践者の両方から、見識ある答えを求めるべきだと考えている。そしてそれこそが、本書『マイクロファイナンス事典』の最大の目的なのである。

　およそ30年のあいだに、マイクロファイナンスはその姿を大きく変えてきた。現場の実践者のおかげで、マイクロファイナンスのイノベーションは飛躍的な成長を遂げている。初め、いわゆる「市民社会」からスタートしたマイクロファイナンスは、ほとんどが非政府組織（NGO）からの（および協同組合からの）イニシアティブの上に築かれた。たとえばボリビアのバンコソル（BancoSol）は、1986年に「零細企業育成財団（Fundación para la Promoción y el Desarrollo de la Microempresa）」という小規模なNGOとしてスタートし、今では商業銀行として、ボリビア国内で10万を超える顧客にサービス提供している。有名なグラミン銀行も同様で、こちらは1976年にバングラデシュのチッタゴンで、NGO的な小さな試験プロジェクトとして始まった。もう35年近くも前のことである。今やグラミン銀行は、法的には協同組合という位置づけの下、押しも押されもせぬ金融機関として、バングラデシュ国内で600万を超える顧客にサービス提供しているばかりか、これを真似た組織が世界中で何百と生まれている。この2つはよく知られた例だが、ラテンアメリカやアジア以外にも、ほとんど無視されているが、最近になって息を吹き返してきた協同組合のネットワークが西アフリカにいくつも存在している。たとえば「ブルキナファソ・ケース・ポピュレール・ネットワーク（Réseau de Caisses Populaires de Burkina Faso: RCPB）」は1972年にスタートしたもので、今では100を超える金融協同組合を集合し、国全体で50万を超える会員にサービスを提供するまでになっている。

　こうしたものを含めた1000以上のイニシアティブは、かつては非常に連絡が悪かった。それが、年に1度のサミットやマイクロファイナンス・プラットフォームなど、定期的な実践者会議が世界中で開かれるようになって、技術や専門知識が数多くのマイクロファイナンス・イニシアティブに広がるようになってきた。こうした集まりでは、商業銀行をはじめ、マイクロファイナンス機関、貯蓄銀行、ドナー機関、商業マイクロファイナンス機関のCEO、NGOなどが戦略的な提携を結んで交流している。

序

　同時に、さまざまなシンクタンクが、この分野で活動している専門家と大学関係者との定期的な出会いを組織する。こうした世界的な集まりは近年、少なくとも5つの明確な流れを示すようになってきている。

　第1は、**貸付方法の変化**である。当初のマイクロファイナンスは、連帯責任によるグループ方式と村落銀行を導入したことで、だいたいは女性の借り手のあいだに人気を博した。今はアプローチ方法もずっと多様になったし、個人貸付が最大の注目を集めているように思われる。また、女性を中心としすぎることも疑問視されてきている。

　第2は、**金融商品の供給の変化**である。従来はマイクロクレジットがほとんどの注目を浴びてきたし、現在もそれは変わっていない。しかし過去10年あまりで、ほとんどマイクロクレジットだけだった状態から、さまざまなものが視野に入るようになってきた。そのことを捉えて、用語も「マイクロクレジット」ではなく「マイクロファイナンス」が使われるようになった。これは、非銀行利用貧困層が、単なるクレジット以外にも幅広い金融サービスを必要としているという事実を念頭に置いてのことである。そうしたサービスには、貯蓄、保険、送金など、さまざまなものが含まれてくる。

　第3は、**供給者のプールが拡大・多様化したこと**である。とりわけ今は、NGOと協同組合だけがマイクロファイナンスの顧客にサービス提供している状況ではない。そうした従来型の供給者に加えて、地元の商業銀行がいわゆるダウンスケーリングをして、消費者クレジットなどのマイクロファイナンス商品需要に対応するケースが増えている。また、商業化への流れも加速していて、当初はNGOだったものが、全面的な規制対象となるマイクロファイナンス銀行へと転換していっている。社会的責任投資家も、いわゆるマイクロファイナンス投資ビークル（Microfinance Investment Vehicles: MIVs）を通して、金融仲介に利用できる資金の供給増加に一役買っている。

　第4は、**監督・規制の劇的な変化**である。今は、大半の国で、マイクロファイナンス機関による独占的な営業が禁じられていて、地元当局ももう目をつぶってはくれない。とりわけ、地方自治体が競争を促進しようとしているほか、多くの国で、全面的な規制対象となるサービス提供者に対して厳格な監督が設定されつつある。マイクロファイナンス業で実際に競争が激化するようなら、それは地元当局が積極的にそう仕向けているのである。

　第5は、**金融における優先順位の根本的な変化**である。自立は、もはや最大の課題ではないといえるだろう。マイクロファイナンスは、自立できるというだけでなく、かなりな利益も生み出せることを明確に示してきた。そこで、今は注目の中心が、そうした利益が出るとして、それをさまざまな利害関係者のあいだでどう分け合うかという点に急速に移ってきている。利益の分け前が運営スタッフの（そしてこれが何より大切なのだが）マイクロファイナンス顧客のものとなっているかどうかに、多くの

疑問が生じてきているのである。

　比較的に新しいこうした流れを見るにつけ、マイクロファイナンス産業についての理解を深めなければならない。この産業は分岐点に差しかかっていると思えてならない。一方では、実践者はアウトリーチ拡大の必要性に十分に気づいているのだが、問題はその方法にある。都市部から農村部へと重心を移せばいいのか。それとも女性から男性世帯主へ、あるいは所得創出のための融資から消費者金融へと変化すればいいのか。それとも、農業活動での金融を活発にしていけばいいのだろうか。他方では、商業化の流れがマイクロファイナンス産業全般に、そしてとりわけ地方当局に、新たな課題を突きつけてきている。こうした流れによって、アウトリーチの目標は達成されるが最貧困層へのバイアスはあるという場合には、特に悩ましいことになる。

　マイクロファイナンスは今どの地点にいるのか、10年後の未来はどうなっているのかを真剣に考えるときが来ている。理想をいえば、ドナーと社会的責任投資家は、この産業が、貧困緩和への貢献という社会的ミッションを損ねることなく、アウトリーチの目標をいっそう速いペースで達成するのを見たいと願っている。本書の意図は、この産業への参入者が今、細心の注意を要する分かれ道で自問している、何百という疑問に取り組むことである。最大の目標は、マイクロファイナンス商品の需要と供給とのミスマッチの背後に隠されたものに光を当てること、それによって、決定的に重要な疑問に取り組んでいくことである。

　本書での探求は、第1部「マイクロファイナンス実践の理解」から始まる。このセクションでは、まず、文脈に沿った特異な調査データを提示する。どれもインパクト測定を主目的に集められたものである。ディーン・カルランとナサニエル・ゴールドバーグは、さまざまな方法論と介入について包括的な概論を提供し、アフリカ、アジア、ラテンアメリカで実施された小規模な実験でのミスマッチ問題にふれていく。いかにも小さな世界の変化にすぎないかもしれないが、ここで語られる実験結果は、部分的な解決を届けてくれているし、なかには、自立という目標を損ねることなしに貧困層へのサービスを向上させられるものもある。しかし、文脈に沿った特異な実験は、理論というレンズを通して設計されなければならない。この点について見事な枠組みを与えてくれるのが、グレッグ・フィッシャーとマイトリーシュ・ガータクによる章である。この論文では、集団貸付という方法——アジアでは連帯グループ、ラテンアメリカでは村落銀行という形でマイクロファイナンスの原点となったもの——について解説しつつ、疑問点を整理して、個人貸付へと向かっている最近の流れに光を当てていく。場合によっては、個人貸付の方が、非銀行利用貧困層の大多数に適切なサービス提供ができるのである。

　しかし、近年よく抱かれているイメージ以上にマイクロファイナンスを深く理解するためには、グループ貸付という方法の歴史的なルーツを知っておくことも必要だろ

う。そこを詳しく解説してくれるのが、19世紀ドイツの協同組合を扱ったティモシー・ギネインによる章である。この論文は、グループ貸付に関してばかりか、既存協同組合のマイクロファイナンス運動への包含という最近の流れについても、重要な洞察を与えるものとなっている。続く論文では、イザベル・ゲラン、ソレーヌ・モルヴァン＝ルー、ジャン＝ミシェル・セルヴェが、マイクロファイナンスの限界を建設的に拡大していくためには、昔のインフォーマル金融機関がどう機能していたかを理解しなければならないということを改めて想起させてくれる。この論文で広範に借用されているファイナンシャル・ダイアリーは、世界銀行の現地調査員による定型化事実を編集したもので、貧困層の金融サービスへの需要を理解するうえで有効なステップとなっている。この問題は実際に非常に複雑で、流動性を求める貧困層の需要へのすばやい対応がカギとなるのだが、これは、マイクロファイナンスがすでにして過大な取引コストと直面していることからだけでも、大変な難題である。

　しかし、こうしたコストだけが、マイクロファイナンス機関の金利がたいてい商業銀行より高いことの理由ではない。とりわけ、大規模なマイクロファイナンス機関が非政府組織から商業銀行に転換していることが、金融商品の独占価格へとつながっている。たとえば、貧困層が高利貸し的な金利で我慢せざるをえないのは、ほとんど代替手段のないことが理由なのである。このセクションを締めくくるのは、マレク・ヒュードンの挑発的な論文で、独占価格というマイクロファイナンス機関の違法行為について、倫理的な根拠から厳しい疑問を突きつけている。端的にいえば、ウードンの文章は、マイクロファイナンスのアウトリーチとイノベーションを支えているドナーや社会的責任投資家に、警告のメッセージを投げかけている。ドナーの支援する機関が、少なくとも原理的には貧困層に奉仕するはずなのに、実際には非倫理的な行動をしている場合、はたしてこの支援は正当化されるのだろうか。

　第2部は「マイクロファイナンスのマクロ環境と組織的背景の理解」というテーマで、競争、規制、運営、コーポレートガバナンスに関する論文をまとめている。こうした問題は国や機関に特異なものではあるが、さまざまな教訓を引き出せることも多い。このセクションを読むことで、アウトリーチの拡大が、一方では各国固有の監督や規制と、他方では機関固有の運営およびガバナンスに関係していることが、いっそう明確に理解されるだろう。

　さまざまな事例研究を基礎に、ロバート・カル、アスリ・デミルギュス＝クント、ジョナサン・モーダックは、まず、規制と競争と金融とがどのように相互作用しているかを解説する。カルらが強調するのは、マイクロファイナンスには、一方では社会的目標を、他方では金融業績を最大化するというトレードオフが内包されていることである。こうしたトレードオフの枠組みを考えることが、大きな政策選択をするうえで決定的に重要となることは明らかである。そこでジェイ・ローゼンガードは、カル

らの分析を補完して、そうした選択を検討していく。焦点を当てるのは規制と監督で、ローゼンバーグは、一貫性の維持が大切だと主張する。すなわち「今規制されているものを確実に監督する一方で、監督すべきものを規制することが望ましい」ということである。

次にこのセクションは、マイクロファイナンス機関の業績に対するマクロ条件の全体的影響の評価に移るが、2つの相補的な論文がこの問題を見事に語ってくれる。1つめはニールス・ヘルメース、アルヤール・メーステルスによるもので、マクロ経済、金融発展、制度、政治による各変数が、マイクロファイナンス機関の成功にどう影響するかが分析される。大きな1組の変数を用いることで、ヘルメースらは、マクロ条件に関する全体的な視野を提供し、マイクロファイナンスの発展は、マイクロファイナンス機関が活動している背景においてのみ――そしてとりわけ、文脈上特異な金融システムと全国的なマクロ経済環境においてのみ――理解されるのだとする。

クラウディオ・ゴンサレス＝ベガとマルセロ・ビジャファニ＝イバルネガライは、極めて興味深いボリビアの事例を詳細に検討することで、同じ道筋をたどる。その分析は、機関の発展を研究する際に「システムの視点」を採用することの必要性を明確に示している。この分野のイノベーションをリードするボリビアでの具体的な事例を検討することで、筆者らは、代替市場にすぎなかったボリビアのマイクロファイナンスが、同国の金融システムで最も活発なセグメントとなった道筋に光を当てていく。

このセクションの後半3論文は、マネジメントとガバナンスにふれている。ガイ・スチュアートの提唱する「戦略的マネジメントの枠組み」では、政府の課する制約と「公的価値」、および機関の成功に必要な運営能力とのあいだに明確な関連をつけることを最大の目的としている。スチュアートは「価値創出のアプローチ」と利害関係者の分析を用いて「トライアングル」を詳述し、その最大の目的は、マネジメントの条件に関する理解を明確化することであり、それこそが、健全で成功する成長を支えるために必要なのだと主張する。

ガバナンスに関しては、バレンティナ・ハルタルスカとデニス・ナドルニヤクが、外部コントロールのメカニズムが現実のマイクロファイナンス機関の目的達成に役立つ可能性に疑問を呈している。そして、さまざまな実証研究に関して興味深い検討を行ったうえで、こうした外部コントロールが誤導となりかねないことを示していく。ここで分析しているガバナンス・メカニズムでは、マイクロファイナンス機関のミッション達成の助けとなるか否かは不明瞭なのである。

第3部は、商業的マイクロファイナンスに関する論文を集めている。テーマは「商業化へ向けた現在の流れ」。初めのジャン＝ミシェル・セルヴェの論文は、企業の社会的責任について今の姿を伝えていて、現実的だが、かなり悲観的と思えるシナリオが浮かび上がっている。これとバランスをとるべく、企業の社会的責任について、ま

だしも悲観的でない見方を示してくれるのが、エルナ・カレル゠ルエディによる2つめの論文である。こちらはクレディ・スイスの経験に焦点を当てたもので、社会的責任投資家が自身をどう見ているかについて、実践者の見方を伝えるものとなっている。先進国の銀行は、社会的責任投資家の貯蓄プールを「リンク」させることで、そうした貯蓄を彼らの選ぶマイクロファイナンス機関に貸付ける。翻って、マイクロファイナンス機関は、その資源を貧困層に貸付ける。興味深いのは、さまざまなマイクロファイナンス機関の広範なバリエーションがこの図式に入っていないことで、読者は、そうした広がりの規模が（当然大きいと考えられるが）企業の社会的責任の測定尺度となるのかどうか、かえって興味をそそられることになる。

　その次の章では、ベアトリス・アルメンダリズとアリアーヌ・サファルスがミッションドリフトについて考察している。常識とは逆に、アルメンダリズらは、マイクロファイナンス機関が貧困緩和ミッションから遊離しているか否かを判断するベンチマークは、平均融資規模だけではないとする。とりわけ、ここで提示される理論的な枠組みからは、ミッションドリフトと内部補助金との違いは、よくて曖昧、悪くすれば誤導的だという、興味深い指摘がなされるのである。では、もしアウトリーチの深度が地域特異的であるならば、投資家は、最貧困層にサービス提供するために金銭的なリターンを犠牲にしなければならないのだろうか。この疑問をとりあげるのが、リンツ・ガレマとロベルト・レンジンクで、論文では、社会的責任投資家が直面するリスクとリターンのトレードオフについて克明に語っている。とりわけ、ポートフォリオのアウトリーチを拡大するためには、社会的責任投資家は、少ないリターンで我慢するか、高いリスクをとるかしなければならないことが示される。このネガティブな関係は、ガレマとレンジンクによれば、決して定量化することができない。しかも、この最初の試練は氷山の一角にすぎず、潜在顧客の約94パーセントに金融サービスを提供するためには、社会的責任投資家は、はるかに多くのものを進んで受け入れなければならないことになる。

　しかし、マイクロファイナンス機関がもっと効率的になれば、トレードオフをある程度は軽減することができる。マレク・ヒュードンとベルン・バルケンホールは、いわゆる「効率」とは、任意の補助金1単位当たりのアウトリーチを最大化することだとしたうえで、その重要性を改めて思い出させてくれる。少し考えてみればわかることだが、貧困層に金融アクセスを開くために社会的投資家が比較的少ないリターンに耐えなければならないというのは、ある種の補助金のようなものである。世界の資源には限りがあるのだから、そうした補助金は選択的でなければならない。社会的投資家という手段でマイクロファイナンス機関に補助金を分配する方法としては、効率をガイドラインにするのが最もすっきりする。しかし、ウードンとバルケンホールは、それは言うは易く行うは難いことだ、マイクロファイナンス機関といってもまったく

千差万別なのだからだ、と言うだろう。こうした機関が検討している商品の機能は実に多様なうえに、提供している金融商品も、マイクロ融資から貯蓄や保険まで、実に千差万別である。こうした差違は多次元的で、補助金という資源の分配を極度に難しくする。生産性についての媒介変数だけに焦点を絞ったとしても、なけなしの資源の分配は容易なことではない。

こうした図式の仕上げとして、このセクションの最後に、カルロス・セラノ＝シンカ、ベゴーニャ・グティエレス＝ニエト、セシリオ・マル・モリネロによる興味深い論文が想起させてくれるのが、いわゆる「二重決算」である。マイクロファイナンス機関は、財務業績（ないしウードン―バルケンホール論文に述べられている「効率」）だけでなく、社会的指標についても考えなければならない。ここでは、計量経済学的な分析を用いた財務業績の評価がなされ、さらに、その分析を社会的業績の指標にまで拡張するためのアドバイスが提示される。

最後に、第4部以下では、満たされない需要に適切な関心を向けるための方法を検討して、3つのアングルから分析していく。1つめは農業関連の課題に焦点を当てている。初めの論文では、ソレーヌ・モルヴァン＝ルーが、農村・農業金融を扱うときのマイクロファイナンスの限界と制約を明快に規定していく。ここでは、たとえ近年になって農業への注目が高まっていくことがあっても、大多数の小農が経験する市場状況は、農業生産者を金融サービスから排除する傾向にあることを示している。この分析を完成させるのがウィリアム・パリエンテの論文で、農村人口に特有のニーズを解決するうえでの、マイクロクレジットの限界を示している。農業金融に対処するための現在のアプローチを検討することが、不可欠なこととして浮かび上がってくる。

楽観的なものとしては、ヨーハン・バスティエンセンとピーター・マチェッティが重要な論文を寄せて、文脈上特異ではあるものの、農業金融の分野で前進していくうえでの有望な道筋を提示している。ニトラパン地方開発基金をはじめとするニカラグア機関の経験から借りながら、バスティエンセンとマチェッティは、マイクロファイナンスにおいて農業「バリューチェーン」を積極的に推進することの重要性を示す。これはトップダウン型の開発政策を代替するもので、金融・非金融の行為主体のあいだにシナジーを生み出し、小農に提供するサービスの向上に貢献する。こうしたチェーンは効率を向上させ、社会的包含を推進し、ジェンダー公正を広めるというのが、2人の主張である。

2つめのアングルとなる第5部はジェンダーに関連するものである。ジェンダーは、社会的業績を評価するためのパラメーターとして広く利用されている。すなわち、マイクロファイナンスにおける女性の割合に基づいて、社会的業績の指標とするのである。女性は最貧困層であるばかりでなく、世帯内では医療と教育の主要な仲介者でもある。したがって、当然のことながら女性がどこまで重要視されているかは、マイク

序

ロファイナンス機関がその社会的目標にどこまで忠実かを示す社会的指標となる。しかも、その数値は驚くべきもので、マイクロファイナンス顧客の10人中8人は女性なのである。しかし、やや逆説的だが、女性は厳しい貯蓄制約と直面している。アルメンダリズが論文中で述べているように、女性の貯蓄需要が満たされないのは、女性が安全と柔軟性と義務を求めているからである。そして今のところ、このどれも、マイクロファイナンス機関によっては適切に満たされていない。したがって女性は、ローンはマイクロファイナンスを利用するが、貯蓄はインフォーマル市場へ向かうようになる。これに続くスチュアート・ラザフォードの論文は、バングラデシュの貧困層の貯蓄に焦点を当てている。ラザフォードは、分割払いによって少額ずつを貯蓄させ、それにほかの革新的な商品を組み合わせることで、貧困層の貯蓄能力を高められることを示していく。

しかし、貯蓄は方程式の一部にすぎない。農業に携わる貧困層は、都市部の貧困層と比較して、気象条件の激変や衛生水準の低さ、感染性の疾病など、数多くのリスクにさらされている。クレイグ・チャーチルはこの興味深い話題に光を当て、論文では、まずマイクロファイナンスを幅広く捉えること、医療保険の要素を組み込んでいくことの重要性を強調する。そしてそのうえで、多くのリスクにさらされている貧困層の保護に向けたマイクロファイナンスの最新の展開を、いくつか見事に描き出していく。

それを受けて、デイヴィッド・ヒューム、カレン・ムーア、カジ・ファイサル・ビン・セラジュの論文は、貧困が多次元的な問題であることを改めて想起させてくれる。主にはバングラデシュにおけるBRACの極貧層をターゲットとするために特に設計されたプログラムに基づいて、この興味深い論文の執筆者らは、資産デリバリーとスキル提供の組み合わせによって貧困と脆弱性を低減できることを証拠立てていく。しかしヒュームらは、BRACのプログラムを、慎重にデザインされた「超貧困層をターゲットにしたプログラム（Targeting the Ultra Poor Programme：TUP）」を通じた類まれな成功として描き、膨大な極貧層に到達したとする一方で、TUPは文脈特異的なものであり、政治的含意は限定的で、ほかの地域で容易に再現できるものではないという警告もしている。

3つめのアングルとなる第6部では、教育をとりあげる。これが最後にきているのは、編者らが教育を重要視していないためではない。それどころか、教育はマイクロファイナンスの顧客、とりわけ最貧困層が強く求めているものだと考えている。しかし、おそらく、ミスマッチが最も先鋭になるのもこの分野である。イザベル・ゲランの論文は、既存のマイクロファイナンス商品の設計が、貧困層が実際に提供してほしいと考えているものと比べていかに酷いかを鮮やかに示してくれる。これは、西アフリカという文脈では非常に取り組みが難しい問題で、その理由を、ゲランは、さまざまな問題があるなかでも、特に顧客が非常に不均一であるためだとしている。ジェン

ダーの問題も、もちろん方程式に入ってくる。リンダ・マイユーは、特に「金融サービスのためのジェンダー議定書」の問題を挙げて、女性のエンパワーメントに向けた規範的な陳述にふれている。そして最後に、本書の締めくくりにふさわしく、アシフ・ドウラが、バングラデシュの高等教育に関して興味深い論文を寄せている。ここはドウラの言葉を引いておこう。

……潜在的な顧客需要と MFI が金融商品に関して提供しているものとのあいだには「ミスマッチ」があるのである。グラミン銀行が教育ローンを導入する以前なら、学生は——とりわけ女子学生は——医者になる夢を諦めなければならなかっただろう。地方の学校で一般的な教育を受けて……いたことだろう。グラミン銀行の教育ローンのおかげで、彼女は今、自信ある自立した女性として、ほかの人びとを支援している。

マイクロファイナンス成功への道は、長く、曲がりくねっている。多くのことがこれまでに達成されてきた。これから成すべきことはさらに多い。ドナーや社会的責任投資家からのスマートな投資は、ミスマッチの解決に役立つのだろうか。それとも、イノベーション分野における実践者の強力な取り組みが必要なのだろうか。ミスマッチのギャップが埋められるとして、学問的な洞察は、そのペースを速めてくれるのだろうか。本書を読み終えた読者は、マイクロファイナンスの成功はこの三者の強調した行動があってこそだという印象を抱くのではないだろうか。

注

* たとえば、S. Daley-Harris（2009）, State of the Microcredit Summit Campaign Report 2007. Washington, D.C.: Microsoft Summit を参照［訳註・原文は http://www.microcreditsummit.org/resource/48/state-of-the-microcredit-summit.html で読める。また、日本リザルツが 2009 年までのデータをまとめた日本語版を PDF 配信しているほか、2008 年版の在庫を無償配付している（http://www.resultsjp.org/active/01a2.html）］

1　GGAP Report の Kendall（http://microfinance.cgap.org/）あるいは Chaia, A, A Dalal, T Goland, M J Gonzalez, J Morduch and R Schiff（2009）. Half the World is Unbanked. Financial Access Initiative Framing Note を参照［訳註・Half〜 は、http://www.gsma.com/mobilefordevelopment/wp-content/uploads/2012/06/110109halfunbanked_0_4.pdf で読める］

2　たとえば、the CGAP Newsbrief, Are We Overestimating Demand for Microloans?（April 2008）を参照。

第1部

マイクロファイナンス実践の理解

マイクロファイナンスの評価戦略
―― 方法論と発見についての覚書

ディーン・カルラン＊ (Dean Karlan)
ナサニエル・ゴールドバーグ＊＊ (Nathanael Goldberg)

1 はじめに――なぜ評価なのか

　インパクト評価は、プログラム全体のインパクトの推定にも、新たな商品や政策の効果を評価するのにも用いることができる。いずれの場合も、基本的な問いかけは「そのプログラム、商品、サービス、あるいは政策が実施されなかった場合と比べて、参加者の生活がどう変わったか」ということである。このうちの「参加者の生活がどう変わったか」という部分の測定は容易である。しかし、残りはそう簡単ではない。この部分については、もしその政策が実施されなかったら生活はどうなっていたかという、反事実的状況（counterfactual）の測定が必要となる。ここが評価の価値が試されるところで、信頼できる評価とできない評価との決定的な違いは、ひとつには、調査に当たる者が、その評価デザインを用いることで反事実的状況をどれだけうまく評価できるかにある。

　政策立案者がプログラムのインパクト評価を実施する目的は、普通、少ないリソースをどう割り振るのが最善かを決定することである。しかし、大半のマイクロファイ

＊イェール大学、貧困アクションのためのイノベーション、金融アクセス・イニシアティブ、MITジャミール貧困アクションラボ（J-PAL）
＊＊貧困アクションのためのイノベーション

第1部　マイクロファイナンス実践の理解

ナンス機関（MFI）は営利組織をめざしている。これは、活動のための資金調達を民間投資に依存するということだから、評価など無意味だという主張もある（Morduch, 2000で検討されている議論）。同時にMFIも、一般企業と同様、プログラムのアウトカムを定量化することを伝統的に重視している。この視点では、顧客が貸付金を返済し、新たな借入れをしてくれている限りは、そのプログラムは顧客のニーズを満たしているとみなされる。しかし筆者らは、たとえそうだとしても、やはり評価はするべきだという理由を4つ提出したい。

　第1は、インパクト評価は、すぐれた市場調査や顧客調査と同じだということである。顧客に対する商品の影響についてよくわかるようになれば、いっそうすぐれた商品やプロセスをデザインできる。したがって、インパクト評価を、ビジネスのベストプラクティスと別枠で考える必要すらないケースが少なくない。営利企業ならば、顧客に正のインパクトを与えるのに最善の方法を知るために投資することができるし、投資するべきである。顧客のロイヤリティを高めて資産を増やすことで、そのMFIは顧客を長くつなぎとめられるだろうし、さらに幅広い金融サービスを利用してもらうためのリソースも提供できるだろうから、収益性が向上するだろう。公共団体なら、補助金を出してでもインパクト調査を行い、その知見が確実に公のものになるようにして、社会福祉を最大化したいと考えるかもしれない[1]。留意すべきは、この点が、プログラム全体のインパクト評価（金融アクセス拡大の影響を検証するなど）についても、プログラムのイノベーションに関するインパクト評価（あるローン商品と別のローン商品との影響を比較検証するなど）についても当てはまることである。本論では、この両タイプの評価について検討していく。

　第2に、財政的に自足している金融機関であっても、ソフトローン［訳注・国際開発協会（International Development Association：IDA、第二世銀）などが提供する融資条件の緩やかな借款］やドナー機関からの無料の技術支援といった形で、間接的な補助金を受け取っていることが多い。したがって、そうした補助金が、次善の代替用途と比較した場合に、公的資金の使い道として正しいかどうかを問うのは理屈が通っている。多くのドナー機関が、全国的な信用調査機関の設立を手伝ったり、政府と協力してマイクロファイナンスのための健全な規制政策を採用したりしているが、そうした投資の見返りはどれほどのものなのだろうか。インパクト評価をすることで、プログラムの監理者や政策立案者は、マイクロファイナンスを通じて世帯収入を増やしたり家族の健康を増進したりする場合のコストを、同じインパクトを達成するのにほかの介入方法を用いた場合のコストと比較することができる。世界銀行（World Bank）の金融仲介機関貸付（financial intermediary lending：FIL）に関する運営方針はこの見方を支持していて、貧困削減プログラムへの補助金は、それが「経済的に合理的なものであるか、または貧困削減目標を達成するうえで最もコストの少ない方法であることが示さ

れる」ならば、公的資金の使用法として適切といえるだろうとしている（World Bank, 1998）。

　第3に、インパクト評価は、任意のプログラムが参加者に正の効果をおよぼすかどうかを測定するにとどまらず、どんなタイプの顧客にはどんなタイプの商品やサービスが最適なのかについて、実施者や政策立案者に重要な情報を提供してくれる。最も成績の良いプログラムについて、なぜそのようなインパクトがあるのかを探ることは、政策立案者がベストプラクティスの政策を開発・普及するのに役立つだろうし、MFIでも採用してもらえるだろう。評価は公共の利益に供されるので、実施状況やビジネスモデルは多様であればあるほどよい。そのほうが、好成績をあげている少数のMFIにとどまらず、幅広い機関で調査結果が応用できるからである。また、インパクト評価によって、さまざまなMFIの実績を同一基準で評価することができる。理想的な状況ならば、インパクト評価をモニタリングデータで補完することで、どのモニタリング結果が本当のインパクトの代理尺度なのかを知ることができる（もし、そのようなものがあれば、だが）。

　最後に、マイクロファイナンス・プログラムの多くが営利組織をめざしてはいるが、必ずしもすべてがそうなのではない。多くは非営利組織だし、政府所有のものもある。統治機構の違いが顧客へのインパクトにどう影響するかを知る必要がある。インパクトの違いは、プログラムデザインと組織効率によるものかもしれないし、ターゲティングと顧客構成の違いによるのかもしれない。前者に関しては、多くの組織が、営利組織化することで成長し、多くの投資を引き寄せられるようになっている。商業化の利点は国の規制によっても違うし、MFIが「ミッションドリフト（mission drift）」を起こして、暮らし向きのよい顧客向けの大口融資で大きな利益を得ているという批判もある。国によっては、政府が、社会プログラムとして自前のMFIを運営している。歴史的には、政府所有のプログラムは返済が滞ることが多いのだが、これは、不況時に貸付金を取り立てるのが政治的に難しいためだろう。もっとも、ブラジルのクレディアミーゴ（Crediamigo）やインドネシアのBRIのように、政府所有のプログラムでうまくいっている例もある。しかし、統治機構の異なる組織間でのインパクトの違いが主としてターゲティングと顧客構成によるものである場合には、長期的に見て、インパクト評価は必要でなくなる。インパクト評価は、さまざまな顧客プールへの相対的なインパクトを測定することから始めることができる。しかし、いったん相対的インパクトがわかってしまえば、もっとシンプルな顧客プロファイリングデータやターゲティング分析だけで、マイクロファイナンス機関全体に関する比較財務表を作ることはできるだろう。

　本論では、マイクロファイナンスのインパクト評価に関する全体像を示そうと思う。まずセクション2でマイクロファイナンスを定義する。ここでの議論は、単に専門用

語を振り回すのではなく、それがそのまま、異なるプログラムどうしの評価を比較する方法を示すものとなる。セクション3では、マイクロファイナンスのインパクトと政策のうち、どのようなタイプのものが評価可能なのかを検討する。セクション4では、都市環境および農村環境での実験的評価と準実験的評価、およびその方法論をふり返り、過去の研究から得られる重要な成果についていくつか検討する。セクション5では、一般的なインパクト指標とデータソースを概観する。最後のセクション6では、これから適切な取り組みが必要なインパクト課題について検討する。

2　マイクロファイナンスの定義

　驚くかもしれないが、マイクロファイナンス・プログラムの評価の第一歩は、実際にマイクロファイナンス・プログラムの評価を行っているかどうかを確認することである。そんなことは当然のように思えるだろうが、実は違う。「マイクロファイナンス」の定義が必ずしも明確でないからである。融資のためのマイクロファイナンス（すなわちマイクロクレジット）は、大雑把に言えば、伝統的な銀行サービスにアクセスできない人びとに小規模な金融サービスを提供することである。「マイクロファイナンス」という用語は、自営の低所得顧客のための小口融資という意味合いで使うのが普通で、たいていは、同時に少額の預金を集める。このとき「少額」「貧しい」といった語句をどう定義するかによって、マイクロファイナンスの中身が変わってくる。「マイクロファイナンス」という名称からも明らかなように、これは単なるクレジット（信用貸付）以上のものである。そうでなければ一貫してマイクロクレジットと呼ばれているはずである。多くのプログラムが単体の貯蓄商品を提供しているほか、送金サービスや保険が、貧困者向け金融機関の提供するパッケージサービスのなかで人気のイノベーションとなってきている。また実際には、マイクロファイナンスのサービスを提供するのは、もはや貧困者向け金融機関だけではなくなってきている。商業銀行や保険会社も、低所得者を対象とする新たな市場に手を伸ばし始めているし、耐久消費財を扱っている企業も、マイクロクレジットの枠組みを使って貧困者をターゲットにしている。今ではウォルマートまで、送金サービスを提供するようになってきているのである。

　したがって、同じ「マイクロファイナンス」と銘打ったプログラムではあっても、モデル、ターゲット、グループ、提供されるサービスによっては、この用語についての一般人の感覚と合わないケースもでてきている。たとえば最近のある研究では、米貸し業者、水牛貸し業者、貯蓄グループ、女性グループといった多様なプログラムを、集合的にマイクロファイナンス機関とよんでいる（Kaboski and Townsend, 2005）。また

別の研究（Karlan and Zinman, 2009a）では、南アフリカの消費者クレジットのインパクトを調査しているが、このクレジットのターゲットは零細起業家ではなく被雇用者である。たしかに、こうしたものもすべて詳しい調査に値するプログラムではある。しかし、これをマイクロファイナンス・プログラムに分類することで、研究者らは、こうしたプログラムをほかのマイクロファイナンス・プログラムと比較して、アウトリーチ（到達度）、インパクト、財政自足などを基準として評価するべきだと、暗黙のうちに表明していることになる。比較するプログラムどうしが、十分に類似したターゲットグループに、十分に類似したサービスを提供していない場合には、あるプログラムがなぜほかのプログラムよりもうまくいくのかを推論することは難しい。しかし、そうした違いがあるにもかかわらず、この手のプログラムは、ドナーや投資家から得られるわずかなリソースをめぐって競合することが多い。したがって、違いだけがあって類似点がない場合でも、比較はなお有益である。それが、乏しいリソースをどう割り振るかの決定に役立つからである。留意すべきは、この議論が、さまざまな金融サービス組織間だけでなく、教育や医療といった異部門からのマイクロファイナンスへの介入にも適用できることである。マクロレベルでは、割り振りは部門横断的に行うべきで、一部門だけにとどめてはならない。したがって、2つの組織の運営や統治構造が比較できないからと言って、その相対的なインパクトの比較ができないという議論にはならない。

2.1　マイクロファイナンスの主な特徴

　まずは「マイクロファイナンス」と認知されているものの特性を列挙しておくのがよいだろう。マイクロファイナンスには少なくとも9つの伝統的な特徴がある。

(1)　少額取引と最低口座残高（融資、貯蓄、保険を問わない）
(2)　起業活動への融資
(3)　無担保での融資
(4)　グループ貸付
(5)　貧しい顧客が中心
(6)　女性の顧客が中心
(7)　簡単な申請手続き
(8)　十分なサービスを受けていないコミュニティへのサービス提供
(9)　市場水準の金利

　ここに挙げた特徴のうち、あるプログラムをマイクロファイナンスと考えるための

第1部　マイクロファイナンス実践の理解

必要条件がどれなのかについては（そういうものがあるのかも含めて）議論の余地がある。MFIは零細起業家をターゲットにすることが多いが、それを融資の条件として求めるかどうかは組織によって違う。借り手の事業場所を訪問して、貸付金を本当に起業活動に使っているかを確認するところもあれば、ほとんど何も言わずに貸付金を支払う消費者金融のようなところもある。なかには、担保ないし「担保代替物」として、たとえば家庭の資産など（借り手にとっては大切だが貸付金ほどの価値はないもの）を要求するところもある。グループ貸付も、MFIではよく実践されているが、マイクロ融資を提供する唯一の方法というわけではない(2)。既存顧客には個人融資を提供するところが多いし、新規の借り手でも個人で貸付けてくれるところはある。グラミン銀行（Grameen Bank）も、マイクロファイナンス運動とグループ貸付モデルのパイオニアのひとつだが、今は個人貸付に移行している。

「貧しい」顧客が中心なのはほぼ世界共通だが、この「貧しい」という言葉の定義もさまざまである。この問題は、最近さらに重要度を増している。アメリカ議会の定める法律が、米国国際開発庁（US Agency for International Development, USAID）による資金提供を、貧困層を中心としたプログラムに限るよう求めているためである。一方では、マイクロファイナンスは「経済的に能動的な貧困者（economically active poor）」、または法定貧困レベルのすぐ下の層を中心とするべきだという議論がある（Robinson, 2001）。しかし他方では、マイクロファイナンス機関は困窮者に到達するよう努めるべきだという主張もある（Daley-Harris, 2005）。

すべてではないが、大半のマイクロファイナンス・プログラムは女性を中心としている。これまでは、女性の方が貸付金を返済することが多く、事業の利益の多くを家庭に振り向けると言われてきた(3)。早い時期にグラミン銀行を模倣した機関は、活動が破綻寸前までいって、貸付業務の中心を女性顧客にシフトしたと語っている（UNDP, 20088）。マイクロクレジット・サミット・キャンペーン（Microcredit Summit Campaign）の報告によれば現在、世界のマイクロファイナンスの顧客の80パーセントが女性となっている。ただし、女性顧客の割合は地域によるばらつきが大きい。最も多いのはアジアで、次いでアフリカとラテンアメリカ、最も少ないのは中東と北アフリカである。このように貧困層と女性が中心となっていることに加え、申請のプロセスが簡単なこと、顧客自身のコミュニティ内で金融サービスが提供されることが合わさって、金融アクセスは形成される。これは銀行から相手にされない人びとへの——貧しい、文字が読めない、あるいは農村地域に暮らしているといった理由で金融サービスから排除されてきた人びとへの——金融サービスの提供ということである。

最後に、マイクロクレジットの融資は市場金利で提供されている。これはすなわち、MFIはコストを回収できるが、貧困層から法外な利益を得るほどは高くない金利ということで、重要な概念である。高い金利を課したのでは、自分たちが取って代わろう

としている相手である金融業者とほとんど変わらないことになってしまうし、かといって補助金を使って金利を下げたのでは、コストを回収しようとしている他の貸し手より安くなり、市場を歪めてしまう。これはインパクト評価にも関連してくる。顧客の払う利息が少なければ、その分だけ所得が多くなると予想されるからである。「ノーマルな」マイクロファイナンス金利の範囲を外れた金融機関についてそのインパクトを比較するのは、あるプログラムと別のプログラムとの効果の違いについて、非合理的な結論を引き出すことになりかねない。プログラムのタイプが違えば、引きつける顧客も、借り手に課されるコストも違ってくるからである。

留意するべきは、組織が持続するためには、すべての商品ないしターゲット市場がそれぞれに持続可能である必要はなく、全体としての組織が持続可能であればよいということである。だから、貧困層や特に貧しい個人には低めの金利を課すこともできる。それほど貧しくない層への貸付から十分な利益があるのであれば、それをこちらのプログラムに回せばよい。そのようなプログラムが、長い期間をかけて、最後には持続可能なものになることもあるのである（最初の補助が顧客ロイヤリティにつながり、そのMFIと長期的な関係を持てるようになる場合など）。

2.2 マイクロファイナンス融資の債務構造

MFIで採用している債務には3つの基本モデルがあり、それぞれインパクトに違いがある（集団債務のプログラムは、リスクの共有や社会資本に正のインパクトを生むかもしれないし、負のインパクトになるかもしれない）。また、ターゲティングに影響することもある（個人貸付のプログラムは比較的富裕な顧客に到達している）。

- 連帯責任グループ——これは古典的なマイクロファイナンス・モデルで、先駆けとなったバングラデシュのグラミン銀行にちなんで「グラミンモデル」とよばれることも多い。5人1組の連帯責任グループを作り、各メンバーがほかのメンバーの返済を保証する。メンバーの誰かが借入金を返済できなくなると、ほかのメンバーが代わって支払うか、さもなければ将来のクレジットへのアクセス権を失ってしまう。
- 村落銀行——これは連帯責任グループの考え方を拡張して、男性ないし女性による5～30人のグループを作る。メンバーはMFIが提供する貸付金の管理に責任を持つとともに（「外部会計」）、相互に資金の融通や回収も行う（「内部会計」）。インドでは、各種の自助グループ（self-help group, SHG）が類似のフォーマットにしたがって活動している。
- 個人貸付——個人貸付は、単純に、グループの代わりに個人にマイクロファイナンスを提供する。個人貸付は、形態が似かよっているため、伝統的な銀行業との区別

が難しい。これは特に、MFIが借り手に担保ないし担保代替物（市場価値は低いが借り手個人としては価値の高い家庭資産）を求める場合にあてはまる。それだけ無担保貸付が、伝統的にマイクロファイナンスの目印になっているということである。

2.3 マイクロファイナンスの「その他」のサービス

多くのマイクロファイナンス・プログラムは、クレジット以外にもさまざまなサービスを提供している。そうしたサービスで最も基本的なものは貯蓄で、信用組合や協同組合などは貯蓄に大きく依存している。ただし、わずかではあるが、貯蓄だけに絞ったプログラムもある。これは、貧困層にはなによりも現金の安全な保管場所が必要だという前提に立っている。一部のMFIは、個人やグループに毎週の貯蓄を義務づけている。しかしこれは、債務不履行の場合に備えた強制貯蓄なので、個々のMFIの集金方針にもよるが、貯蓄というより担保金といったほうが適切なものが多い。なかには自発的な貯蓄を集めているプログラムもあって、顧客が週ごとに預ける額を決められるようになっている。近年のMFIは、保険（生命保険や健康保険）、技術訓練、送金サービスなど、単独またはクレジットと抱き合わせで、実に多様なサービスを提供するようになってきている。ポピュラーな訓練形態としては「教育を伴うクレジット（credit with education）」というものがある。これは国際開発組織「飢餓からの自由（Freedom form Hunger, FFH）」が開発したもので、ビジネス研修と保健研修の両方のモジュールがある。多くのMFIが「教育を伴うクレジット」を提供することで、モジュールを低コストで提供できることが示されている反面、今もクレジットと貯蓄に対象を絞っているMFIも少なくない。貧しい者でも必要なビジネススキルはすでに持っている、なにより必要なのは可能な限り安価なクレジットソースである、というのがその主張である[4]。

3 評価すべき政策のタイプ

ここでは、3タイプのマイクロファイナンス評価を検討する。具体的には、プログラムの評価、商品ないしプロセスの評価、そして政策の評価で、これは実施者、ドナー機関、政府の関わる幅広い活動を網羅するものである。含まれるものとしては、(1)マイクロファイナンス・サービスを最終顧客に直接とどける、(2)プログラムへの融資——国有銀行への融資が直接零細起業家に貸付けられる場合（Crediamigoプログラムなど）、または、いちど第2層の貸し手に貸付けられ、それがまた官民の銀行やNGO、あるいはその他の金融機関に貸付けられて、そこから貧しい者に貸付けられる場合、

(3)マイクロファイナンス機関への技術支援——MFI の運営改善を援助することで、コスト削減、到達度の拡大、インパクトの最大化につなぐ、(4)公共政策——クレジットビューロー［訳注：第三者による営利事業としての個人信用情報機関］を創設・強化するか、貯蓄と資本化の要件についていっそう強い規制機関を設立する、などがある。

　このなかでは、最後のものが最も評価が難しい。公共政策によるイニシアティブ、なかでも規制については、全面的な評価が非常に困難である。以下では、クレジットビューロー等の政策のインパクトについて学ぶべきものがある例をいくつか検討するが、一部の介入の、特に国レベルで実施されるものについては、全面的かつバイアスのない評価は不可能に近いことを言い添えておく。

　ここでは評価を3つのタイプに分類しているが、線引きは必ずしも明確ではない。
　第1の、そしておそらく最も重要なことだが、ここでの「プログラム」評価というのは、特定のマイクロファイナンス機関が顧客の福祉向上に有効かどうかを調べることを意味している。これには厳格な評価が不可欠となる。理由は選択バイアスである。本論の後半部分で詳しく検討することだが、たとえば、マイクロファイナンスへの参加を選択するのは、初めから生活改善の気持ちが強い人だったり、その能力のある人だったりする。したがって、顧客の事業が成功したことを知るだけでは、MFI がその変化の理由なのかどうかを理解するには不十分なのである。
　第2の「商品ないしプロセス」の評価は、ある特定のマイクロファイナンス機関が実施した場合の相対的な効果を評価するということで、ある商品と別の商品、あるプロセスと別のプロセスとの比較になる。そこで、マイクロファイナンス機関への技術支援の場合では、本論では、技術支援全体の評価ではなく、特定のトピックについての特定の支援をどのように評価できるかについて例を挙げている。取り上げるのは、教育付きクレジットか教育なしクレジットか、グループ債務か個人債務か、そして、被雇用者向けの各種インセンティブ計画などである。
　第3の「政策」評価については、銀行の規制やクレジットビューローの導入といった、マクロレベルに近い政策を意味している。こうしたマクロレベルの政策には、往々にして、ミクロレベルでの導入が少なからず含まれる。ここでは、金利感応度［訳注：金利が変動した場合の、金融商品などの価格の変動額］からクレジットビューローまで、そうしたミクロレベルでの導入をどう活用すれば政策のインパクトがわかるかについて実例を示していく。政策によっては、マクロレベルで実施した場合には、明確な評価が不可能と思われるものもある。たとえば、中央銀行向けの新たなハードウェア、ソフトウェアの導入は、どう考えてもインパクト評価の範疇には入らないし、銀行にとっての資本強化の機能要件の変更なども、明確な評価はできないだろう。
　この3つのタイプの評価はすべてインパクト評価である。先の定義に照らしていえ

ば、どの評価も、実際の結果と反事実的状況(そのプログラム、プロセス、または政策が存在しなかったら起こったと思われること)とを区別するものとなっている。

3.1 プログラムのインパクト評価

　歴史的に見て、MFIのインパクト評価はプログラム評価である。すなわち、顧客ないしコミュニティの福祉に対するMFI全体のインパクトを測定しようとしてきたということである。多くの場合、プログラムサービスのフルパッケージは、クレジット、教育、社会資本整備、保険など、多くの要素を含んでいる。したがって、プログラム評価では、このフルパッケージについて、まったく何もしなかった場合と比べたインパクトを測定することになる。こうしたプログラム評価は、そのプログラムにリソースを割り振ったことに価値があったかどうかを測定するには有効だが、成功したプログラムの、具体的にどの面がそのインパクトを生みだしたのかは明確にならない。そのため、このタイプのインパクト評価では、ほかのプログラムでどのメカニズムを真似ればよいのかがわからない。

3.1.1　商品ないしプロセスのインパクト評価

　多くのマイクロファイナンス機関では、新たな商品デザインをテストするのに、少数のボランティア顧客に新たな金融商品を使ってもらったり、特に選ばれた少数の(たいていは最優良の)顧客グループに新商品を提供したりしている。あるいは1つの事務局(ブランチ)で(ただし、そのブランチ全体の顧客全体を対象として)変更点を実施することもできる。筆者らは、このようなアプローチは貸し手にとってリスクが大きく、変更の利益に関する推論も、こうした方法で評価したのでは、誤解につながりかねないと考えている。こうしたアプローチでは、そのイノベーションなり変更なりが、本当にその機関ないし顧客にとって改善の原因となったのかどうかを確認するのには役立たない。なぜなら、参加を選択した(もしくは選択された)集団は、選択しなかった(もしくは選択されなかった)集団と大きな隔たりがあるかもしれないからである。こうした因果関係を確認することは、その変更を実施しようとしているマイクロファイナンス機関だけでなく、政策立案者やほかのMFIで、同様の変更を実施すべきかどうかを知りたがっているところにとっても非常に重要なことである。こうした状況でこそ、インパクト評価とりわけランダム化比較試験が〈win-win〉の提案となる。すなわち、ビジネスや組織運営の視点からもリスクが少なく(ということは、長い目で見てコストが低く)、公共の利益という視点からも、こうした因果関係の確認から得られる教訓をほかのMFIに広げられるという意味で、最適だといえるのである。

　ランダム化比較試験を使って、MFIのために商品やプロセスのイノベーションの

効果を評価した例は豊富にある。そうしたケースでは、いずれも、その機関へのインパクトが測定されている。フィリピンでの研究では、ある銀行が、グラミン・スタイルの連帯責任制をとっていたセンターのうち、半分を個人責任制に変更した。このテストをするまでは、こうした変更にどのような効果があるのかが不明確だった。顧客は、連帯貸付での集団支援は嬉しいが、ほかのメンバーの債務不履行に巻き込まれるのは嫌がっているかもしれない。さらに、理論上だが、ストレス状況下ではグループ貸付が崩壊すると思われる理由が数多くあった。たとえば、債務不履行を繰り返すうちに一線を越えてしまって「戦略的債務不履行」につながる、などである（Besley and Coate, 1995）。実際には、この銀行では、個人責任制の移行後、顧客の返済状況に変化はなく、顧客保持率は向上し、新規顧客も獲得できた（Giné and Karlan, 2006）。もちろん、この結果が、連帯責任制での選択プロセスが動因だった可能性はある。つまり、この銀行の顧客は全員が連帯責任制での借入れに同意していたのだから、もともと信頼性があってつながりの強い人たちだったのかもしれない、ということである。追加の実験では、最初に村に入る段階で、銀行が連帯責任制か個人責任制かをランダムに決定した。結果、責任体制による返済率の違いは出なかった（Giné and Karlan, 2009）。パキスタンで進行中の研究では、ハビエル・ジネ（Xavier Giné）とガザーラ・マンスリ（Ghazala Mansuri）をリーダーとする世界銀行のチームが、貸し手と協力して、さまざまなインセンティブの枠組みやクレジット担当者の研修についてテストしている。

　もうひとつ、返済に焦点を当てた評価分野がある。頻繁な返済スケジュールは債務不履行を少なくするうえで不可欠だと考えられているが、そのたびに顔を合わせるのは、顧客にとってもMFIにとっても手間がかかる（Armendáriz, de Aghion and Morduch, 2005）。インドでの実験で、フィールドとパンデ（Field and Pande, 2007）が債務不履行に対する返済頻度の影響を調べてみたところ、毎週返済でも毎月返済でも差はなく、銀行も顧客も、潜在的には、ほとんどコストなしに大幅な時間が節約できることが示唆されている。しかし追跡調査では、顔を合わせる頻度が下がるにつれて社会資本が減少していくことが示された（Feigengerg, Field and Pande, 2009）。ジネ、ゴールドバーグ、ヤング（Giné, Goldberg and Yang, 2009）は、生体認証システムについて、返済へのインパクトを評価している。貸付候補者を指紋で本人確認することで、債務不履行になった者が、その後、身分を偽って再借入れできないようにしたところ、最も債務不履行になりやすいと予想された者による返済が大きく増加した。しかも、このサブグループ自体、借入額が小さくなり、借入金から農業インプットに費やす割合が増え、収穫時に生み出す利益も多くなった。

　これまでは、MFIの金利はそのつど決めるのが普通だった。あるいは、貧しい者は貸金業者の水準までならどんな金利でも払うという前提があったため、経験的な需要に基づいて最適な金利を導くことに焦点を当てた分析はほとんどなかった（Morduch,

1999)。南アフリカでは、消費者金融業者が金利に対する借り手の感応度を評価し（Karlan and Zinman, 2008；Karlan and Zinman, 2010)、マーケティング・アプローチの違いによる個人の借入れ見込みへの影響を調べている。その結果、需要を増やすということでは、複数ではなく1件だけの融資を提示する、郵便広告に女性の写真を含めるなど、コストのかからないマーケティング・アプローチでも、金利をサンプル全体の平均である7.9パーセントからひと月あたり4ポイント下げるといった方法と同じくらい効果のあることがわかった（Bertrand et al, 2010)。もちろん、商品の特徴も借入れに影響する。マラウイでは、降雨保険付きのパッケージローンを提示された農夫は、クレジットのみをオファーされた農夫と比べて、借入れる率が13ポイント少なかった。このような違いにはいささか戸惑いを覚える。この保険は、実際に公正な価格で提供されているからである。ベルトランらは、連帯責任制の契約では責任が有限と感じられるのに対して、保険を追加することで金利が上がると受け取られたのではないかという仮説を立てている（Giné and Yang, 2009)。また、同じ論文の以前の版では、保険付きローンの需要の低さについて、新商品が理解しにくいことと関係しているのではないかという仮説も提出されている。理由は、保険付きローンの借入れと教育水準に正の相関があることである（Giné and Yang, 2007)。

　バネルジーとデュフロ（Banerjee and Duflo, 2007）による一連の世帯調査は、非常に貧しい者にも時には可処分所得があり、したがって将来のニーズに備えて貯蓄するだけの能力があることを示している。心理学者は、以前から、将来の消費を軽視する人ほど貯蓄が難しいと予想している（Laibson, 1997；O'Donoghue and Rabin, 1999；Fudenberg and Levien, 2005)。フィリピンでは、筆者らが、コミットメント貯蓄（顧客が貯蓄目標を設定し、その目標に達するまで引き出せない特殊な貯蓄口座）に預金回収サービスを組み合わせた新商品のインパクトを測定し、それを受け容れた顧客と、すでに従来型の貯蓄口座を持っている顧客とで口座の残高を比較してみた（Ashraf, Karlan and Yin, 2006a；Ashraf, Karlan and Yin, 2006b；Ashraf, Karlan and Yin, 2006c)。ペルーでの研究では、ある村落銀行組織が、教育付きクレジットのインパクトを測定して、金融機関と顧客の福祉の両方について、教育なしクレジットと比較してみた。結果は、返済率と顧客保持率が上昇するとともに、顧客の事業収入も増えていた（Karlan and Valdivia, 2008)。

3.1.2　政策の評価

　評価は、金融規制やクレジットビューローといった公共政策のインパクトを測定する目的でもデザインすることができる。代表的な規制政策には、上限金利と、政府の預金保険プログラムを通じての貯蓄規制（または禁止）ないし貯蓄保護がある。こうしたタイプの政策から生じるマクロレベルでの影響を測定するような、厳密な研究をデザインするのは難しいかもしれない。しかし、ミクロレベルの研究でマクロレベル

の政策のインパクトを洞察する方法が2つある。第1の方法は、ミクロレベルの介入によってマクロ政策についての情報を個人に伝えることで、これにより、さまざまな政策に対応する特定の行動へのインパクトを推定することができる。第2の方法は、ミクロ研究の不参加者への漏出効果を測定することで、これによって、コミュニティレベルでのインパクトを計算することができる。普通、これには多くのサンプルが必要となる。トリートメントの強度に差違を生じさせて、不参加者への漏出効果を推定するためである。ただし、漏出効果のタイプによっては、この方法が使える場合と使えない場合とがある。

　第1のタイプのすぐれた例としては、最近のグアテマラでの、クレジットビューローに関する研究がある（de Janvry, McIntosh and Sadoulet, 2007）。ド・ジャンヴリらはジェネシス（Genesis）というNGOと協力して、一部の顧客をランダムに選び出し、クレジットを受けるうえでのクレジットビューローの大切さに関する研修を受けさせた。顧客は、アメとムチの両方の要素（返済が遅れると他の機関でもクレジットが受けにくくなるが、期日までに返済すれば他の機関でも低利のクレジットが受けられることがある）について情報を与えられた。結果、研修が高い返済率につながる一方で、顧客は、良好なクレジット記録を作ったあとは他の機関で借りるようになっていった。このタイプの研究は、筆者らのいう「政策評価」だけでなく、先に詳述した「商品ないしプロセス評価」にも適合する。ここでの違いは、この特定の「プロセス」の意図が、グアテマラでクレジットビューローを導入することの効果を明らかにすることだった点である。

　同様のアプローチは、貯蓄規制や金利政策といった幅広い政策のほかにも、ATMやスマートカード［訳注：ICカードのこと］、携帯電話バンキングのための金融インフラ貸与など、ドナー機関による大規模なイニシアティブにも適用することができる。こうした介入は、最終商品のランダム化比較試験による評価が容易で、参加者をトリートメントグループとして、サービスを受けていないコントロールグループと比較すればよい。

　貯蓄規制に関しては、特に評価すべき時期が来ている課題が2つある。すなわち、(1)安全性が高く、規制の強い貯蓄にすることで、個人の貯蓄方法や、貯蓄するかどうかの選択に違いがでるのかということと、(2)貯蓄動員はMFIと顧客との関係拡大にどう影響するのか、ということである。どちらもマクロレベルの政策の結果であり、十分に理解されることが求められる。当然、どちらもマクロ政策の全体を含んでいる訳ではないから、これをもって一国の貯蓄規制政策のグロスのインパクトと見るべきではない。しかし、こうした評価は、MFIの貯蓄受け容れを承認したり、預金管理を規制したりすることから生じた、また将来生じると予想できる具体的な結果について、重要な情報を提供してくれる。

金利政策に関しては、政策立案者が特に関心を持つべき分野で、慎重なランダム化比較試験を実施する期が熟しているものが2つある。すなわち、(1)金利キャップと(2)「貸付真実法（Truth of Lending）」[訳注・すべての貸し手が、契約を完了する前に、貸付けまたはリース契約の主な条件について詳細に借り手に開示して、すべての費用に関する明細書を提供するよう定める規定] タイプの規制による消費者保護である。金利への感応度については体系的な証拠がほとんどないし、全体需要や、金利の違いによる顧客の違い（富裕層 vs. 貧困層、大きなリスク vs. 安全、など）についても詳しくはわかっていない。南アフリカおよびバングラデシュでの研究による最近の論文からは、金利感応度が通常考えられているよりも高いことが示されている（Dehejia, Montgomery and Morduch, 2005；Karlan and Zinman, 2008；Karlan and Zinman, 2010）。しかし、まだ情報が、特に国や背景が違う場合については不十分なため、金利キャップが実施された場合にクレジットへのアクセスがどうなるのか、自信を持って予測することはできない[5]。消費者保護に関しては多くの国が法を定めていて、企業から個人への請求額だけでなく、請求方法についても規制している。しかし、金利というシンプルな問題に大きな混乱の起こる可能性があることはわかっている。たとえば、多くの貸し手は、先進国で一般に行われているような定率での利子支払いを請求するが、なかには、貸付期間を通して、当初の貸付規模に応じた利子を請求するところもある。後者のやり方は、計算方法がきわめてシンプルなので消費者にわかりやすいと考えることもできるが、表示される金利はAPR [訳注・諸費用なども含めた実質コスト] の半分にしかならないので、競合機関の方が表示する金利が低いのに、借りてみたらずっとコストがかかったということにもなりかねないのだが、消費者にこの違いがわかるだろうか。市場で選択する際に、自身のキャッシュフロー・ニーズに最も適した、本当のコストが最も低い融資を選択できるだろうか。融資の条件によっては、支払い額の小さいものがよい取引だとは限らない。さまざまな研究を実施することで、貸付け条件の提示方法の違いがクライアントの行動やアウトカム（利用、返済、インパクト）にどう影響するのかを理解すれば、それによって消費者保護に効果のある公共政策を策定することが可能となる。

4　方法論的アプローチ

4.1　プログラムの評価のためのランダム化比較試験

マイクロファイナンス・プログラムのインパクトを評価するには、そのプログラムのサービス（普通はクレジット、場合によっては貯蓄）を受けたことによるインパクトを、サービスを受けなかった場合（反事実的状況）と比較して測定しなければならな

い。これは以下に述べるように、新しい商品や政策の評価よりも難しくなることがある。コントロールグループを、顧客以外の、それまでそのMFIと関係のなかった人びとから選ばなければならないからである。

　ここでは、マイクロクレジット・プログラムの実験的評価（experimental evaluation）を実施するための3種類のアプローチについて検討する。実験的評価では、対象者を開始時点で選択し、潜在顧客をトリートメントグループとコントロールグループにランダムに振り分ける。プログラム全体のインパクトを評価する場合は、トリートメントグループとコントロールグループの両方を、そのプログラムのサービスを受けたことのない潜在顧客から選ばなければならない。

4.1.1　実験的クレジットスコアリング

　クレジットスコアリング［訳注：それまでの支払い履歴や本人の属性情報（年齢、居住地域、職業、年収など）を基に計算、偏差値化したクレジットスコアに応じて信用供与すること］は、マイクロファイナンス機関がクレジット承認の効率向上とスピードアップをめざすなか、人気のツールとなってきている（Schreiner, 2002）。実験的クレジットスコアリングのアプローチでは、クレジットスコアリングを利用し、債務不履行のなりやすさを根拠に、申請を承認ないし不承認する。ここまでは通常のクレジットスコアリングと同じだが、そのうえで、このアプローチでは、通常の銀行の基準（信用履歴、雇用状況、貯蓄残高など）では承認が微妙な「泡沫」顧客を、ランダムに、クレジットを受けられる人と受けられない人とに分ける。そしてそのなかで、ランダムにクレジットを認められた人びとのアウトカムを、ランダムにクレジット不承認となった人びとのアウトカムと比較するのである。分析に当たっては、このランダム化された「泡沫」顧客（信用力が極端に高いわけでも低いわけでもない顧客）の範疇に入らない顧客のアウトカムについては調べない。この方法には重要な意味合いがある。このアプローチでは、信用度から見た限界顧客へのインパクトのみが測定されるということである。ただし、もしクレジットへのアクセスが他の理由（銀行サービスが近くにあるかどうかなど）で制限されている場合には、そちらの意味合いが大きくなってしまい、プログラムの平均的なインパクトが過小評価されたり（最も信用度の高い人びとに参加の利益が大きい場合）、過大評価されたり（最も信用度の低い人びとに参加の利益が大きい場合）といったことの原因ともなる。しかし他方、MFIの主要な貢献が、商業銀行など、ほかの金融機関から信用度がないとみなされた人びとのアクセス獲得を手助けすることだとすれば、このアプローチは、まさに最も関心を持つべき人びとに焦点を合わせたものとなる。言い換えれば、信用度の高い人びとは、ほかにも同じくらい条件のよい借入れの選択肢があるだろうから、そういう人びとへの「インパクト」はゼロないし最小となる。したがって、閾値の人びとへのインパクトを測定することは、最大の

第1部　マイクロファイナンス実践の理解

利益を得るグループへのインパクトを測定することになるのである。

　留意するのは、このアプローチは、サンプルサイズが許すなら、必ずしもランダム化はいらないということである。回帰分析デザイン（Regression Discontinuity Design, RDD）も、閾値とその周辺に十分な数の個人がいれば、可能かもしれない[6,7]。

　実験的アプローチには運営面での利点もある。貸し手が、限界（もしくは限界未満の）顧客の返済率を少ないリスクでテストできることである。普通なら、一定のクレジットスコアを閾値としてハードルを設定するのだが、ランダム化することで、このハードルを下げつつ、その水準での融資を認められる顧客の数を制限することができる。さらにこの実験によって、貸し手が、クレジットスコアリングのアプローチを修正することも可能になる。保守的なクレジットスコアリングのアプローチでは、通常の「承認」レベルより下をテストすることができないので、債務不履行を恐れて利益機会を逃しているかどうかは絶対にわからない。

　このアプローチを採用したものとしては、南アフリカでマイクロ貸付を行っている消費者金融機関についての研究と、フィリピンでのマイクロ企業貸付プログラムについての研究がある。南アフリカの金融業者には、すでにクレジットスコアリングのシステムがあったので、実験による追加融資では、通常なら承認されない人びとに厳密に焦点を当てることができた。それに対してフィリピンでは、既存の閾値が存在しなかったので、先に述べたような実験がデザインされた。南アフリカでは、銀行のクレジットスコアリングシステムと支店長によって不承認とされた顧客の一部について、貸し手がランダムに「不承認を解除」した（Karlman and Zinman, 2009a）[8]。消費者クレジットを限界顧客まで拡げることで、顧客にとっては、雇用の増大と飢餓の減少という形の目に見える利益となった。加えて、フォローアップ解析から、こうした限界顧客への融資が実際には貸し手にとっても利益となることが明らかとなった。留意すべきは、こうした融資が、被雇用者の借り手に対して行われたという点である。すなわち、伝統的なマイクロファイナンスと違い、インパクトのチャネルは起業や事業拡大などではない。融資が、借り手の雇用維持に一役買ったのである。

　同様の方法論はフィリピンの研究者も用いていて、メトロマニラ地域［訳注：マニラ首都圏と重なる都市群］の営利農村銀行であるファーストマクロバンク（First Macro Bank, FMB）による零細起業家向け融資のインパクトを評価している（Karlan and Zinman, 2009b）。評価結果は驚くべきもので、利益は増大しているのだが、そのほとんどが男性で、しかも収入が多い層ほど効果が大きいのである。しかも奇妙なことに、インパクトの生じるメカニズムが、一般に考えられているような、生産的な活動への投資とは違っている。この事例では、事業投資が増えず、むしろ実際の事業規模や分野は縮小し、有給従業員の削減も行われている。総合的に考えて示唆されるのは、借り手がクレジットを使って、小規模・低コスト・高利益という方向で事業投資を最適

化し直したということである。しかしそれでも、なぜクレジットによってこの変化が可能になったのかという疑問は残る。なぜスタッフを減らすのに借金する必要があったのだろう。借りた金で何をしたのだろう。労働力節約のための設備を導入したのでないことはわかっている。設備投資に変化がないからである。ありうる説明としては、家庭でのリスク管理ということが考えられる。すなわち、クレジットへのアクセスがある者は、フォーマルな保険商品から代替する一方で、いざというときには、友人や親族から借りる方に能力が高いことが報告されている。また、クレジットを受けるまで、各起業家が、ある種のインフォーマルな相互利益的枠組みとして、非生産的な従業員を抱えていたという可能性もある。こうした従業員は、たとえ利益にはならなくても、必要が生じたときに使える追加リソースだったということである。

4.1.2　ランダム化プログラムによるプレースメント

　ここではクラスター・ランダム化試験（clustered randomized trial）を検討する。これはランダム化の単位が、個人ではなくマーケットや村落になる。個人でのランダム化はつねに可能なわけではない。たとえば、グループ貸付のプログラムを実施する場合、農村に入っていって個人をランダムに認定し、ある者はプログラムに参加させて、それ以外は参加させないというのは難しい[9]。同様に、商品のイノベーション試験についても、グループからランダムに選んだ一部顧客に教育付きクレジットを与え、他の者には与えないというのは適切ではない。研修はグループ全体に実施するからである。

　インドの都市部では、センター・フォア・マイクロファイナンス（Centre for Micro Finance, CMF）、M.I.T. ジャミール貧困アクションラボ（J-PAL）、および貧困アクションのためのイノベーション（Innovations for Poverty Action: IPA）が、クラスター・ランダム化試験を用いて、ハイデラバードのスラムでマイクロファイナンス・プログラムのインパクトを評価している（Banerjee et al., 2009）。手順としては、まず、マイクロファイナンス機関のスパンダナ（Spandana）が、拡張を考えている120のスラムを選択し、次に、研究者のアブヒジット・バネルジー（Abhijit Banerjee）とエステル・ダフロ（Esther Duflo）が、各スラムをトリートメントグループとコントロールグループにランダムに分けていった（ちなみに、先に検討したフィリピンのFMBの評価との違いを確認しておくと、スパンダナは非営利組織だが、FMBは営利組織である。スパンダナはグループ貸付機関だが、FMBは個人に貸付けている）。それぞれのスラムでのベースライン調査を完了すると、スパンダナはトリートメントグループのコミュニティに入り、できるだけ多くの個人に融資を申し出た[10]。そして15～18カ月後、トリートメントグループのスラムの世帯をコントロールグループのそれと比較した。結果は、平均消費への決定的な影響はないものの、さまざまな側面にインパクトがあったことを示している。ト

リートメントグループのスラムでは、事業用耐久消費財への投資が増大し、新規事業の立ち上げ件数が増えたほか、既存事業の利益性も向上した。プログラム開始時点で既存事業のなかった世帯では、起業家志向の強い人[11]に消費の減少が、弱い人に消費の増加がみられた。この差は、事業主になりたい人が耐久消費財に投資したためだと説明できるだろう。短期的なインパクトは明瞭だが、こうした結果から長期的なインパクトを予想するのは難しい。バネルジーらも推測しているように、こうした投資の利益は、この先何年かの将来消費という形で現れるからである。非事業主の消費増加となると、先行きはさらに曖昧となる。こうした世帯がクレジットで得た金で消費を楽しんでいるのなら、負債を支払うためにいずれは消費を抑えなければならなくなる。そうではなく、クレジットを使って、もっと高金利の金融業者からの負債を支払ったのなら、現在の高い消費水準はそのまま続くはずである。

　村落ないしマーケットレベルでのランダム化には、重要な現実的利点がある。あるトリートメントによって、対象外の個人にも間接的な影響（漏出効果）があると考える理由がある場合には、理想的な実験デザインによってそうした影響を捉えることで、プログラムの総インパクトを測定できるのである。実験のデザインで漏出効果が無視されている場合には、そのことが分析でのバイアスにつながる可能性がある。プログラムの総インパクトは直接・間接の影響の総和であるから、政策目的にとっては、この両方を測定することが重要である。そのようなデザインの評価が現在、貧困アクションのためのイノベーションによってメキシコで実施されている。この調査では、メキシコ全土で活動している大規模な営利マイクロクレジット組織、コンパルタモス（Compartamos）のインパクトを測定するものとなる。研究では、メキシコ・ソノラ州北部の257地域（都市部65パーセント、都市周辺部26パーセント、農村部9パーセント）がランダムに選ばれて、コムパルタモスの提供するクレディト・ムヘル（Crédito Mujer）という、低所得の女性起業家のためのグループ連帯貸付を受ける。この研究が文献として重要な貢献となるのは、借り手でない者への漏出効果が測定できることである。サンプル内の3つの都市では、地域クラスターをトリートメントの強度（金融サービスの浸透度）に応じていくつかの「スーパークラスター」に分け、コミュニティに流れ込むクレジットの総量に外因性の差違を作り出す。こうして、地域クラスターで入手可能なクレジットに差をつけることで、マイクロファイナンスが経済成長を生みだしているのか、それとも、既存の起業家から新しい起業家にリソースが移っただけなのかを測定することができる。後者のシナリオでは、クレジットの拡大によって、顧客の事業はうまくいっても、借り手でない者の暮らしは悪くなる。一方、プログラムのインパクトは正にも負にもなる[12]。ミゲルとクレマー（Miguel and Kremer, 2004）がケニアで採用したアプローチでは、トリートメントからの地理的距離の差違を用いて漏出効果を測定している。不参加者のうち、トリートメントが行われている

場所の近くにいる者と離れている者とを比較することで、漏出効果を推定するのである。

　もし村落ごとのランダム化が機能するなら、ブランチや地区、地域といった大きな単位でのランダム化もできるのではないかと考えるのが論理的だ。そうしたアプローチは、理論上はよさそうだが、アウトカムと地理的地域との相関が強い場合には、サンプル内での有効な観察結果の数が大きく限定される。また実際に、このやり方が可能なほど大きなサンプル規模の状況に遭遇することはあまりない。反対に、トリートメントを受けたブランチと受けなかったブランチを単純に比較するというのも、受け容れがたい戦略である。それでは、トリートメントが機能したのか、それとも、ブランチ間で差があったのか——ある地域で特に収穫が多かった、新たな向上ができて地域に雇用が生まれた、あるいは責任者が突出して優秀だった（もしくは劣っていた）など——がわからなくなってしまう。

4.1.3　エンカレッジメント・デザイン

　エンカレッジメント・デザイン（encouragement design）では、トリートメントグループの個人を対象にマーケティングするなどしてプログラムへの参加を奨励するが、参加を必須にはしない。コントロールグループでは、マーケティングはしないが、希望者はプログラムに参加できる。したがって、エンカレッジメント・デザインは、プログラムへの参加を望む人へのサービス提供を拒絶できない状況では有効かもしれない。しかし、エンカレッジメントの要素があると、トリートメントグループの方がコントロールグループよりも確実にプログラム参加者が多くなる。

　エンカレッジメント・デザインでは、結果を分析する際に（「トリートメント」の逆として）「トリートメントへの割り当て（assignment to treatment）」を用いて、グループに差をつけておくことが決定的に重要となる。言い換えれば、トリートメントグループに入っている者は、プログラムに参加しなくてもトリートメントグループの一員であり、コントロールグループの者は、プログラムに参加してもコントロールグループに属するということである（ただし、コントロールグループでのプログラム参加者が多くなれば、その分だけ、プログラムのインパクトを調べるのに必要なサンプルサイズが大きくなることは大切な留意点である）。デュパとロビンソン（Dupas and Robinson, 2009）はこうしたアプローチの一例で、ケニア農村部の起業家らに、村のコミュニティバンクに預金口座を開くようインセンティブを与えた。トリートメントグループで口座を開設した者に謝礼を支払い、最小限の口座残高も提供したのである。一方、コントロールグループにはインセンティブを与えなかったが、口座開設はできるようにした。この事例ではインセンティブが強力に働き、トリートメントグループでは89パーセントが口座を開設したのに対して、コントロールグループで口座を開いたのはわずか3

人だった（しかし、これくらい極端な差をつけないと機能しないだろうと思われる）。デュパとロビンソンによれば、銀行が＄0.50以上という高額の取引手数料を課しているにもかかわらず顕著なインパクトがあり、またサンプル中の多くの者が、開設後に1度も口座を利用していない。しかも、こうしたインパクトは女性起業家にだけ見られる。口座開設の4カ月後、トリートメントを割り振られた女性では、生産的投資に40パーセントの伸びが見られ、6カ月後には、日々の消費がコントロールグループよりもおよそ40パーセント多くなっていた。

4.1.4 ランダム化評価についての倫理面での考察

準実験デザインの信頼性に、以下で検討するような疑問のあることから、国際開発では、ランダム化評価に人気が集まってきている（Duflo and Kremer, 2003）。しかし、特に貧困軽減プログラムでは、受益者へのサービスをランダムに割り振るという考えがしっくりこない観察者や政策立案者もいるかもしれない。プログラムの正の利益が明らかに思える場合には、評価の必要性自体が疑問となることもあるだろう。しかし、適切な評価がなされるまでの段階で、あるアイデアが、利益ある介入から貧困者を拒絶すると決めつけるのは間違いである。まずはインパクトを評価し、そのプログラムに、次善の選択肢よりも大きな正のインパクトが実際にあることを主張したうえで、その介入がどのタイプの顧客に最もよく機能するのかを判断していくのが最善である。マイクロファイナンスはどちらかというと顧客にとってやさしい制度と思えるかもしれないが、サービスのために債務を負ったり支払いをしたりすることで、介入後に顧客の生活が悪くなるという、非常に現実的な可能性がある。マイクロファイナンスでは高金利がごく一般的だが、だからといって、すべての顧客に、自分の事業への投資利益率を計算するだけの金融・財政的素養があるわけではない。正式な帳簿がないために、実際に生み出す利益は少ないのに（クレジットが得られ、運転資金が拡大することでキャッシュフローが増大することから）借入れを続けてしまう顧客がでてくる可能性はないだろうか。任意の介入に明確な利益があると決めつける前に、つねにこうした疑問を思い浮かべるべきである。

留意すべき重要な点は、エンカレッジメント・デザインの場合と同じで、ランダム化評価でも、誰かに対するサービスを否定する必要はないということである。よくある解決策としては、地域にプログラムを拡張する際の順序をランダム化するという方法がある。評価不在の状態ですでに存在していた組織的な制約を、ランダム化することで最大限に利用するのである。これによってサービスを受ける人数が減ることはないが、割り振りのプロセスにランダムな要素を取り込むことで、対象を拡張しつつ、混じり気のないインパクト評価の機会を生み出すことができる。こうしたアプローチが機能するのは成長期のマイクロファイナンス機関や、先を見通した計画を立てて、

向こう数年にわたるターゲット地域のリストを作れる組織だけである。エンカレッジメント・デザインのような代替アプローチについては、先に簡単にふれている。さらに詳しいことは Duflo, Glennerster and Kremer（2008）を参照してほしい。

4.2　プログラム評価のための準実験的な方法

　準実験的評価（quasi-experimental evaluation）は、類似の非参加者から比較グループ（comparison group）を作ることで、実験デザインの近似値を求めようとするものである。準実験デザインは、参加者をコントロールグループと比較することで、研究対象となる人びとの福祉に起きる外的変化を説明できるので、再帰的デザイン（reflexive design）ないし事前・事後デザイン（pre-post design）といった、非実験的評価の改良版といえる。再帰的評価では、参加者を介入の前後でのみ比較するが、これは有効な比較ではない。理由は、アウトカムの変化にはさまざまな要因が寄与するからで、たとえば、参加者の収入が増加したとしても、それはその地域の一般的な経済変化によるものかもしれないし、単に参加者の年齢が上がって収入が安定したのかもしれない。極端なケースでは、特定の国の１人当たり GDP が下がっていれば、たとえプログラムが成功していても、再帰的デザインが負のインパクトを示すことがある。しかし、参加者は非参加者よりましな賃金を得るかもしれないので、その場合には、全体の参加者収入が下がっても、プログラムには正のインパクトがあったと考えられる。筆者らは、こうした再帰的評価はインパクト評価として言及するべきではなく、むしろ「顧客モニタリング法（client-monitoring exercise）」もしくは「顧客追跡法（client-tracking exercise）」とよぶべきだと考えている。こうしたものでは、顧客の生活がどう変わったかという情報は提供されるけれども、マイクロファイナンス・プログラムの因果効果に関する洞察は得られないからである。

　マイクロファイナンスの評価担当者は、さまざまなテクニックを用いて比較グループを認定している。こうした比較グループとトリートメントグループとの類似がどれくらいであるかは主観による。マイクロファイナンスの比較グループの質について正式な分析が行われたことはないが、評価担当者は、ほかの状況でこうした比較をするときのために、慣れておいたほうがよいだろう。ラロンデ（LaLonde, 1986）の場合は、準実験的評価が労働訓練プログラムのランダム化比較試験の結果と合致していない。グリューら（Glewwe et al., 2004）の報告では、準実験的評価によって、ケニアの学校でのフリップチャートのインパクトが過大評価されていた。マイクロファイナンス評価の場合は、類似した非参加者から成る比較グループを見つけるのがさらに困難になるだろう。顧客がマイクロファイナンス・プログラムに参加するのにつながったのと同じ、特別な（しかもたいていは観察不能な）決意や能力を、非参加者も持ってい

るはずだからである。顧客（すなわちそうした特別な決意のある者）を非顧客と比較する評価は、プログラムのインパクトを過大評価しやすい（そうした決意ないし起業家精神が事業結果の改善につながることを前提として）。これによってプログラムのインパクトの推定値がどれほど上下するかが、非実験的アプローチの自己選択バイアス（self-selection bias）となる。また、関連する落とし穴として、非ランダム化評価によるプレースメントから来るバイアスがあって、その場合は、プログラム対象の村落でのアウトカムを、対象でない村落と比較してしまうことがある。この方法の問題は、プログラムを実施している場所には選ばれるだけの理由があることで、たとえば、最貧村落がターゲットかもしれないし、到達度を上げる前に、まずは暮らし向きのよい顧客から慎重に始めていることもあるだろう。したがって、非ランダム化プログラムによるプレースメントから来るバイアスは、プログラムの対象となっていない村落が（たとえ目に見えないほどでも）プログラム対象の村落より暮らし向きがよいか悪いかによって、過大評価の方向にも過小評価の方向にも振れることになる。

先に検討したランダム化比較試験では、こうした問題が解決される。しかし、先に述べたラロンドやグリューらの研究にあるように、実験的評価と準実験的評価を併行して実施し、両者の結果を比較することで、マイクロファイナンス・プログラムでは、実験的評価から準実験的評価がどれくらい離れるのかを正確に判定できれば、それは価値のあるものになる。もし準実験的評価が大きなバイアスなしに機能するようなら、評価に際して方法の選択範囲が広がることになるだろう。

潜在的な危険を考えると、トリートメントグループと比較グループは、観察可能な側面の条件をできる限り揃えるようにすることが大切である。比較グループの認定テクニックには次のようなものがある。

- ターゲットとなる地域（トリートメントグループが居住するのと同じ地域、もしくは近隣で人口統計が同様の地域）を調査し、インフォーマル部門に関わっている世帯すべてを確認したうえで、ランダムに抽出してリストを作成する。
- ランダムウォーク法——地域内の特定の地点からスタートして、左側にX戸、右側にY戸という具合に歩いていき、その結果得られた世帯を比較グループに入れる。

米国国際開発庁（USAID）が資金提供するプロジェクト「マイクロ事業サービスのインパクト評価（Assessing the Impact of Microenterprise Services, AIMS）」が提唱する準実験的方法では、調査法がさらにシンプルになり、既存顧客を途中参加顧客と比較して、2つのグループのアウトカムの差がプログラムのインパクトを表しているとしている。カルラン（Karlan, 2001）は、この方法論の欠点についていくつか検討している。なかでも最も重要なものは、ドロップアウトによる潜在的なバイアスである。成功しなか

った顧客がドロップアウトした場合、このアプローチでは、失敗を無視して成功だけを測定することになってしまうからである[13]。しかも、参入してくる顧客と先にプログラムへの参加を選択した顧客には、観察不能な理由があるかもしれない。たとえば、1年前には参加を尻込みしただけだったのかもしれないし、それまでビジネス機会がなかったのかもしれない。なにかの仕事があってできなかったのかもしれないし、子育ての問題があったのかもしれない。参加の遅れがMFI側の理由によることもある。その村落が道路や電話といったインフラから遠すぎるとか、暮らし向きがよいとかいった理由で当時はターゲットにしてもらえなかった、などがこれに当たる。このいずれの場合にも、AIMSの提案するアプローチでは、インパクトの推定にバイアスがかかることになる。この方法を擁護するのによく言われる「誰もが顧客なのだから、誰もが起業家精神を持っている」という主張にも、やはり欠陥がある。参加の意思決定に関する時間的・空間的な面を無視して、起業家精神を個人に備わった特性だと仮定していることである。しかし、今あげた例が示しているように、マイクロファイナンス・プログラムへの参加の意思決定は、個人に備わった特性だけでなく、生活のなかでのタイミングとも大きく関わっているのである。

　アレキサンデル＝テデスキとカルラン（Alexander-Tedeschi and Karlan, 2009）は、これが根拠のない懸念ではないことを示している。すなわち、AIMSの「コア・インパクト評価（Core Impact Assessments）」のうち、ペルーのMFIであるミバンコ（MiBanco）に関するものから得た長期的データを用いてAIMSの横断的研究法を再現してみると、既存メンバーと途中参加顧客には、結果として生じるバイアスの方向は違っているものの、いくつか大きな違いがあるのである。途中参加者は公式の事業拠点を持っていることが多く、これはインパクトの過小評価につながるのだが、教育支出といった家庭的な基準では貧しく、こちらはインパクトの過大評価につながっている。

　コールマン（Coleman, 1999）は、斬新な方法を用いて選択バイアスをコントロールしている。タイ北部で、2つの村落銀行への参加を1年前に約束した見込み顧客から比較グループを作ったのである。のちに「パイプライン・マッチング（pipeline matching）」とよばれるこのテクニックを使うことで、コールマンは、自身の推定インパクト値を、プログラム参加者と非参加者のグループをばか正直な比較で計算していれば推定したと思われる値と比較することができた。すると「ばか正直な」推定値は参加による利益を過大評価していたことがわかった。理由は、参加者の方が非参加者よりも初めから豊かだったからである。結果としては、売上や貯蓄、資産、学校支出へのインパクトは見られず、医療支出には負の効果すら見られた。金融業者からの借入れも増えていた。しかし、もしタイ北部が現在のようなクレジットの飽和状態でなかったら、結果はさらに懸念されるものになるだろう。対象村落では、世帯の63パーセントがすでにタイ農業協同組合銀行（the Bank for Agriculture and Agricultural

Cooperatives, BAAC）のメンバーで、この国有銀行は、村落銀行よりもはるかに規模の大きい融資を提供していたのである。

　ブルンとラヴ（Bruhn and Love, 2009）は、2002年にメキシコのアステカ銀行（Banco Azteca）が800の支店を同時に立ち上げたときの影響を調査した。支店はすべて、エレクトラ・グループ（Grupo Elektra）という既存小売業者の店舗内に開設された。差の差（difference-in-difference, DID）による推計は、アステカ銀行の支店の置かれた地域では、インフォーマル事業で7.6パーセント、平均所得で7パーセント、総雇用でも1.4パーセントという大きな伸びを示した。しかし、この結果がどこまで信頼できるかは明確ではない。エレクトラ・グループがターゲットにしているコミュニティは、もともと、支店の置かれていない地域よりも経済活動が活発だったからである。同グループはすべての支店に銀行を開設しているし、新たな出店予定もなかったので、この懸念もいくらかは軽くなるのだが、そもそも利益のあがりそうにない地域だったら、初めからこの戦略を選択しなかっただろうとも考えられる。

　近年のランダム化評価以前で、選択バイアスと非ランダム化プログラムによるプレースメントをコントロールしようという最も野心的な試みとしては、ピットとハンドカー（Pitt and Khandker, 1998）によるものがある。これは、バングラデシュの3つのMFI（グラミン銀行、BRAC、RD-12）の加入および非加入1798世帯を調査したもので、この3つのプログラムが、加入世帯による土地所有の範囲をいずれも0.5エーカー未満に限っていることを利用して計算したところ、女性の借り手への貸付が100タカ増えるごとに、世帯の消費が18タカ増えていた。WESML-LIML-FEによるバイアス修正を施したこのモデルの根拠は、0.5エーカーをわずかに上回る土地所有者とわずかに下回る土地の所有者では、収入に不連続性はないはずだが、この「カットオフライン」より上の者はプログラムに入れないことから、MFIへの参加が不連続になるという点である。

　この調査結果からどんな結論を引き出せるかは、具体的な本人確認の前提によって変わってくるし、この方法論はほかの状況では容易に再現できないという意味で、実際面での意味合いも限定的である（計量経済学が絡んでくるので、現場で実践する者ではなおさらだろう）。モーダック（Morduch, 1998）は、ピットとハンドカーの計量経済学モデルと本人確認の前提に異を唱えている。DIDモデルを用いることで、消費が増大した証拠はほとんど見つからないが、季節を通して消費の変動が少なくなっていることはわかるのである。

　ハンドカー（Khandker, 2005）は、パネルデータ［訳注：同一の対象を継続的に観察し記録したデータ。ロンジチュージナルデータとも］を利用して、インパクトの推定値は低いがトータルのインパクトは大きいこと（1991～92年および1998～99年に実施された調査で、その時点と過去の借入れを比較）、新規借入れからの限界インパクトが大き

く下がっていることを発見した。また、貧しい顧客ほどインパクトが大きく、男性に貸付けられた資金はまったくインパクトを与えていなかった。

　ルードマンとモーダック（Roodman and Morduch, 2009）は、この問題に決着をつけようと、データに立ち返って一から分析をやり直してみた。すると、ピットとハンドガー（Pitt and Khandker, 1998）の結果もハンドガー（Khandker, 2005）の結果も再現することができなかった。実際には、ルードマンとモーダックの推定値は逆の徴候を示していたのである。しかしふたりは、だからマイクロクレジットは借り手を害していると結論するのではなく、むしろ、パネルデータでは解決できない、本人確認の問題を数多く明らかにしている。改訂後のふたりの分析は、引用されることの多いモーダック（Morduch 1998）の「消費平準化（consumption smoothing）」に関するものも含めて、関連する論文のあらゆる調査結果に疑問を投げかけている。マイクロファイナンスのインパクトに関する最終的な判断は、終了したばかりの（上述の）、あるいは現在進行中のマイクロファイナンスのランダム化評価によらざるを得ないというのが、筆者らの結論である。

4.3　商品およびプロセスのイノベーションのためのランダム化比較試験

　ランダム化比較試験では、顧客（または潜在顧客）とトリートメントグループまたはコントロールグループを無作為（ランダム）に割り振ることで、1つのプログラムデザインを別のプログラムデザインと比較する。プログラムデザインが元金に利率を掛けて分割回数で割るだけの「アドオン」方式ならば、たいていシンプルになる。マイクロファイナンス機関は、無作為に選んだ既存顧客に新商品を提供したら、あとは新商品に切り換えた者の利益のアウトカムを、元のプログラムに残った者の利益のアウトカムと比較するだけである。同様のアプローチは、やや難しくはなるが、新規顧客についても適用できる。このセクションでは、既存の商品ないしプロセスをどう変更するかについてのロジスティクスを検討していく。以下の議論は、ジネ、ハリガヤ、カルランら（Giné, Harigaya, Karlan et al., 2006）が詳述しているプロセスの要約である。

　図1.1のフローチャートは、ある商品ないしプロセスのイノベーションについて、機関および顧客への有効性を評価するための3つの基本段階を表している。マイクロファイナンス機関のイノベーションは、小規模パイロットか全面実施（フェーズ1および3）が多く、全面パイロット（フェーズ2）は少ない。さらに、参加グループとコントロールグループのランダムな割り振りもなしで済ませるのが普通である（ただ、これをしておくと、商品の変更と機関および顧客のアウトカムとのあいだの因果関係を適切に測定することができる）。一般的な2段階プロセスでは、小規模パイロット試験だけで運営上の課題を解決し、新商品を受け取る顧客集団の関心度や満足度を測定する（時

には、それすら省く)。もし商品が「うまくいく」ようであれば、MFIはその商品を全顧客に向けて打ち出す。この時に全面パイロットによる情報があれば、MFIは、そのイノベーションの全面実施に進むかどうか、その商品ないし方針に何らかの変更を加えるかどうかについて、はるかに多くの情報に基づいた意思決定ができる。

　商品のイノベーションは、普通、既存商品の問題を解決するか、その商品のインパクトや実現可能性を向上させることを目的として行われる。最初のステップは、現行商品の問題と潜在的な解決策とを確認することである。これは質的なプロセスを通して行うが、そこには歴史的データの調査、フォーカスグループ、顧客および職員によるブレーンストーミング、そして(可能なら)同様の問題を抱える他のマイクロファイナンス機関とのディスカッションを含めるべきである。潜在的な解決策が確認されたら、運営計画と小規模パイロットの計画を立案する。これには、たとえば研修資料の開発、研修スタッフの育成、内部会計ソフトの変更、補償システム、マーケティング用資料などが含まれる。

　運営上の課題を解決するためには、潜在的な変化の複雑さに応じて、小規模パイロットを実施するべきである。この事前パイロットは小さな規模で行うことができるうえ、プログラムデザインの変更が運営面で成功するかどうかを試験するのにも役立つ。しかし、こうした努力は、機関ないし顧客へのインパクトについての疑問に答えるものにはならない。その意図は、運営上の課題を解決することで、全面パイロットが本当のインパクトを正確に反映するようにすることである。

　提案された解決策が確認され、小規模パイロットが行われても「テスト」は終わりではない。返済率、顧客保持率、運営コストといった機関に関する面と、福祉、消費、収入、社会資本といった顧客に関する面との両方について、商品イノベーションのインパクトを決定しなければならないからである。こうしたアウトカムを適切に測定するには、参加者を追跡してその変化を報告するだけでは不可能で、比較対象となるコントロールグループが必要となる。

　たいていの場合、提案された解決策は、大きな変化1つではなく、数多くの小さな課題から構成されているので、その一つひとつについて意思決定が必要となる。たとえば、ペルーのFINCAプログラムでの教育付きクレジットの試験では (Karlan and Valdivia, 2008)、提供される教育モジュールのタイプを選ばなければならなかったし、個人の負担を試験する際には、最適な融資規模を決定する必要があった。注意深い実験的デザインでは、こうした二次的な疑問のテストを最初から評価に含めておくことができる。こうした疑問はブレーンストーミングを通して自然に浮き上がってくることが多い。異論の多い意思決定は、そうした分析にはうってつけである。異論が多いということは、すなわち答えが不明確だからである。

図1.1　商品ないしプロセスのイノベーション評価の3つの段階

```
┌─────────────────────────────────┐
│    フェーズ1　小規模パイロット      │
│ この段階では、運営上の課題を解決し、基本的 │
│ な顧客利益を明確にしたうえで、自己申告に  │
│ よって満足度を確認する。             │
└─────────────────────────────────┘
              ↓
┌─────────────────────────────────┐
│    フェーズ2　全面パイロット        │
│ ランダム化比較試験を実施して、無作為に選ん │
│ だ一部の顧客に新商品を受け容れてもらう。こ │
│ の段階では、機関と顧客の両方について変化の │
│ インパクトを評価する。              │
└─────────────────────────────────┘
              ↓
┌─────────────────────────────────┐
│    フェーズ3　全面実施            │
│ フェーズ2が成功すれば、商品を全面的に打ち │
│ 出していく。                     │
└─────────────────────────────────┘
```

4.4　そのほかに考慮すべきこと

4.4.1　サンプルサイズの決定

　必要なサンプルサイズの最小値は、求めるエフェクトサイズ（「所得10パーセント増」など）、アウトカムの分散［訳注：確立変数の分布が期待値からどれだけ散らばっているかを示す値］、アウトカムの変化に統計的な重要性を割り振る際の誤差の許容範囲などによって（さらにはランダム化プログラムによるプレースメントなど、クラスター・ランダム化を用いる場合にはクラスター内の相関関係によっても）変わってくる。検出可能な差違の最小値が小さければ小さいほど分散は大きくなるし、誤差の許容度が低ければ、それだけサンプルサイズを大きくしなければならない。マイクロファイナンス評価のアウトカムは、連続的になるものもあれば（収入の変化など）、2つの値をとることもある（貧困線の下ではなくなる場合など）。利用するのは2つの値のアウトカムのほうが容易で、理由は、分散が中間値からまったく数学的に決定することができるため、内在する差違に基づいたデータが必要ないことによる（分散のデータがなければ標準的なエフェクトサイズを用いてもよい）。検出力が最も弱くなるのはアウトカムの平均値が0.50（したがって分散が0.25）の時だが、その時の望ましいエフェクトサイズは、決まったパーセントポイントの増加（0.1から0.2まで、あるいは0.5から0.6ま

での 10 パーセントポイントの増加など）であって、パーセントの増加（0.5 から 0.6 まで、あるいは 0.1 から 0.12 までの 20 パーセントの増加など）ではない。筆者らは、サンプルサイズの決定に役立つものとして「Optimal Design」というソフトを推奨しているが、「Stata」など、ほとんどの統計ソフトパックは、ある程度の基本的な出力計算ができるようになっている[14]。

(i) ドロップアウト

MFI では、プログラム参加の期間を決めていない。顧客は、MFI のサービスを利用し、利用できる商品の利用価値がなくなったらプログラムから離れることが予想される。一連の商品が包括的であればあるほど、平均的な顧客はプログラムとともに「成長」すると予想できるだろう。おおまかに言って、MFI から出ていく顧客には 2 つのタイプがある。MFI が必要な状態から脱却し、商業的な金融サービスにアクセスが望めるようになった「卒業生」と、参加したことが大きな利益とならなかった「中退者（ドロップアウト）」である（プログラムに満足しなかった場合と、MFI のサービスに対価を支払えなかった場合とがある）。

顧客を追跡調査しなければ、この 2 つのタイプを区別するのは難しいが、経験のある評価担当者は、プログラムからのドロップアウトを分析に含めることの大切さを理解している。しかし、AIMS の提供するもののような、一部のマイクロファイナンス評価マニュアルは、評価担当者に、ドロップアウトを含めることを推奨していない。アレキサンデル＝テデスキとカルラン（Alexander-Tedeschi and Karlan, 2009）は、ドロップアウトを含めないことによってインパクトの評価にバイアスがかかる可能性を示している。ドロップアウトを含めてみると、インパクト測定値の一部が劇的に変わったからである。AIMS の部門横断的な方法ではマイクロ事業の年間利益が 1200 米ドル増加していたのに、ドロップアウトを含めることで推定値が下がり、約 170 米ドルの減少となった事例もある。離脱した顧客をていねいに追跡し、プログラムをドロップアウトした理由（卒業、債務不履行、その他）を記録している MFI について、このタイプの分析を繰り返すのは価値あることだろう。同じドロップアウトでも、自発的なものとそうでないものとの比較など、さまざまなタイプ間での下位集団のインパクトを分析するのも価値があるだろう。

どんな評価でも、かなりな割合の参加者を追跡できていない場合には、漸減バイアスが生じる可能性がある。見つかった者と見つからない者との差が大きい場合には（実際にそうであることが容易に想像できる）、インパクトの推定値にも影響しかねない。追跡調査をしても、プログラムに残っている者のほうがドロップアウトした者よりも見つかりやすいに決まっているし、そういう者なら調査にも進んで参加するだろう。ドロップアウトをまったく含めない場合には、この問題が極端に表れる。ドロッ

プアウトした者が正のインパクトを経験しにくいかどうかは別としても、特にドロップアウトしやすいタイプの顧客がいた場合には（たとえば、豊かな顧客のほうが貧しい顧客よりも毎週の支払い会議への出席を煩わしく感じるなど）、サンプル構成がシフトしてしまい、コントロールグループとの比較にバイアスがかかることになるだろう。一方、こうした問題を軽減する計量経済学のテクニックも存在している。

(ii) ターゲティング

インパクト評価は、貧しい顧客への MFI の到達度を評価する際には不要だが[15]、プログラムデザインを変更した時の既存顧客への影響を評価する際には使えるし、特に、デザインの変更で生じた選択プロセスへの影響（プログラムの変更によって参加する顧客のタイプが変わったか）も併せて評価することができる。これにはいくつかの方法がある。最もシンプルな方法は、トリートメントグループとコントロールグループの人口統計を比較することで、プログラムの変更によって、たとえば、さらに貧しい顧客が入ってくるなど、コントロールグループと比較したときの顧客層の変化を知ることができる。もっと有力なやり方としては、トリートメントグループとコントロールグループの両方で世帯の家計調査を行うか、そうした既存調査の結果にアクセスするかして、両グループ内の顧客の分布を地域全体の分布と比較するという方法がある。これによって、MFI は、現在到達しようとしている既知の層（「貧困線より下」など）の人口比率や、新デザインで到達できる層の割合などを判断することができる。

(iii) トリートメントの強度

トリートメントの強度は、実施期間と利用されるサービスの量との両方で差違の出ることがある。入会から1年後、2年後、さらには10年後の顧客へのインパクトに目を向けて、さまざまな研究が行われてきている。どのポイントでインパクトを測定するかの判断は、主観にもよるだろうし、介入のタイプ（クレジットか、貯蓄か、それ以外の商品か）にも左右されるだろう。決まった答えはないが、クレジットのインパクトを見るのに1年という期間が適当かどうかについては議論の余地があるかもしれない。顧客が事業を始めたり成長させたりするには時間が必要だからである。1年後の顧客にインパクトが見られない場合でも、その研究結果が証明しているのは、そのプログラムにインパクトがないということではなく、単に1年後にはインパクトが見られなかったということにすぎない。期間が長くなればなるほど、ランダム化比較試験は採用しにくくなる。理由は、研究期間を通してコントロールグループを維持しなければならないからである。先に検討したエンカレッジメント・デザインは、最初の「奨励」に永続的な効果があって、顧客が残ってくれると見込める限りにおいて、長期的な研究に役立つかもしれない。しかし、歳月とともにコントロールグループ全体

にトリートメントが行きわたるようなら、エンカレッジメント・デザインも、望むような長期的インパクトを測定することができなくなる。時間的な長さは、すぐあとで検討するように、アウトカムの測定値にも直接関連してくる。

5　インパクトの指標

　マイクロファイナンスは、顧客の事業、福祉、家族、コミュニティにインパクトを生み出す可能性がある。徹底したインパクト評価を行うなら、こうした領域のすべてにわたるインパクトを追跡することになるだろう。

　起業家的な世帯では、資金が、事業と世帯構成員との間で容易に流動する。クレジットは代替可能と考えられるわけで、特定の世帯構成員に特定の目的で貸付けた資金が、その人物によってその目的でのみ使われると決めてかかるのは誤りである。周知の事実として、たとえば、自家経営のために広めた貸付金から、食料や薬、学校の授業料といった目先の世帯ニーズに回っていることも多い。たとえMFIが女性をターゲットにしていても、貸付金が結局は夫の手に渡ってしまったりもしている。それゆえ、クレジット・プログラムを評価する時に、顧客の事業の変化だけを測定するのは誤りなのである。

5.1　事業収入

　マイクロファイナンスに参加することの最も直接的なアウトカムは、世帯収入と営業利益の変化である。MFIが取引する顧客は、ほぼ全員がインフォーマル部門に携わっていて、定期的な賃金を受け取っていない。したがって（多くの発展途上国でのインパクト評価がそうだが）収入よりも消費を測定するほうがたやすい。

　事業収入は、それ自体をインパクト指標だと考えるべきではない。ローン返済中の顧客は、それ以上に収入を増やす必要がある。そうでなければ、たとえ事業収入が増えていてもインパクトは負になってしまう。したがって、事業での利益は、事業に対する財政面でのインパクトの尺度としては望ましい。ほかに、事業へのインパクトとしては、事業用地の所有や従業員数などがある。公式記録のない事業の営業収入を測定するのは難しいかもしれない。選択肢はいくつかあるが、完全なものはない。時間が許すなら、柔軟性のある調査方法を構築して、調査者が調査対象の起業家を連れて、製品（商品）ごとの売上原価から収入まで、さらには販売頻度まで、キャッシュフローをチェックしてまわれるようにするのがよい。また代わりに、事業に投資される金額とその事業から引き出される金額に焦点を当てて、純利益を割り出すこともできる。

しかし、よろず屋などでよくあるように、家族が在庫の一部を消費している場合には、このアプローチは難しくなる。同様に、事業への投資の測定も、在庫水準が大きく変動する場合には難しい。そこで、この代替アプローチの利用は慎重に、事業と世帯との線引きが明確な場合や、在庫がそれほど不安定でないケースで行うべきである。

(i) 消費ないし所得の水準（貧困）

評価によって、貧困から抜け出す顧客の数を決定する試みも可能である。そのためには、当然のことながら、標準的な貧困線に対する所得（ないし消費）水準を測定することが必要となる。すでにいくつかの研究では、家屋の状況や資産などの指標に関する統計サマリーを基礎に、独自の貧困尺度が開発されている（Zeller, 2005；Schreiner, 2006）。世界銀行の基礎的福祉指標調査（Core Welfare Indicator Surveys, CWIQ）は縮小した消費代用指数を用いているので、これを同様の方法で活用することができる。こうした貧困相関物を利用することは、一方では所得を測定するよりも容易かもしれないが、他方では、結果の信頼性や、MFIをほかの貧困削減プログラムと比較する能力を制限することになる。しかし、利用可能なリソースによっては、これが最善の代替物になることもあるだろう。リソースに余裕がある場合には、ディートン（Deaton, 1997）を参照すれば、消費調査の適切な構成について詳細情報が得られる。世界銀行の生活水準指標調査（Living Standards Measurement Study surveys, LSMS）も、世界の国々の消費モジュールを求めるための出発点として役立つことが多い。ディートンは、LSMSに見られるアプローチの利点と落とし穴について数多く検討している。

5.1.1 消費平準化

収入の変化に加えて、リスク低減の測定も重要な指標となるかもしれない。多くの者はクレジットを保険装置として使い、負の衝撃を吸収するのに役立てている（Udry, 1994）。消費平準化の測定は難しいかもしれない。理由は、頻繁な観察によって長期にわたる消費全般の分散を測定するか、特定の脆弱さについての証拠が必要となるからで、たとえば、ある個人が経験した「飢えた日」の数を測定するか、あるいは病気、死亡、盗難といった特定の負の衝撃について尋ね、その個人がそれぞれの状況にどう対処したかを質問するといったことができる。後者のアプローチは、調査の複雑さは少ないが、その個人の直面するリスクのタイプや根源について事前に知っておくことが必要となる。そのうえで、トリートメントグループの個人のほうが対処力に優れているなら、それはクレジットへのアクセスによる正のインパクトを示していることになる。

5.1.2 広範なインパクト

マイクロファイナンス参加による貨幣以外の（すなわち収入の変化とは別の）インパクトは「広範なインパクト」とよばれてきている。重要な例としては、子どもの教育や栄養、住宅戸数、エンパワーメント、社会資本などが含まれる。こうしたアウトカムには、栄養のように収入の変化に関連するものもあるが、女性の意思決定力のように、プログラムへの参加そのものや、事業を経営して金銭を扱うなかで女性が自信を得ることから派生するものもある。たとえばフィリピンでは、女性に本人名義の融資貯蓄口座を提供すると、1年後には家庭内での意思決定権が大きくなり、そこから、女性志向の家庭用耐久消費財の購入増につながることがわかっている（Ashraf, Karlan and Yin, 2006b）。

どれほど有望なプログラムでも、潜在的な負のインパクトを無視するべきではない。児童の就学率向上の可能性とともに、多くの観察者は、経済機会の増大に伴う暗い面を懸念している。すなわち、子どもを学校へ行かせるよりも家で働かせようとするインセンティブが増えるということである。他方で、カルランとヴァルディヴィア（Karlan and Valdivia, 2008）がペルーでこれを研究したところ、統計的には有意ではないものの、児童労働はわずかに減少していた。最近の研究は、アウトカムの測定を拡張して、精神衛生も含めるようになってきている。フェルナルドら（Fernald et al., 2008）は、南アフリカではクレジットへのアクセスが、消費へのインパクトが著しく正のときですら、借り手のストレス増大につながっていることを発見している（Karlan and Zinman, 2008）。しかし、精神衛生には多くの側面があり、抑鬱症状のスケールで見ると、男性の借り手の方が症状は軽かった。経済活動が増えて責任が大きくなることは、たとえ経済的なアウトカムがよくなっても、ストレスになるのかもしれない。

こうした広範なインパクトを測定するための実験的デザインは、収入や貧困の変化を測定する場合とほぼ同じであるはずで、こうしたアウトカムのデータは、同じ調査で収集可能なことが多い。こうした広範なインパクトの多くはさまざまな方法で測定できるが、指標と指標の間には、すぐには明瞭にならない重要な差違があることもある。たとえば、年齢別標準身長と年齢別標準体重（ZスコアまたはSD［標準偏差］スコアで測定）は、どちらも栄養失調の尺度だが、捉えている側面が違っている。年齢別標準身長（「成長阻害」）が長期的な栄養失調の指標として優れているのに対して、年齢別標準体重は急性の栄養失調（「消耗」）を捉えるのに優れている。

これ以外にも、栄養と教育に関する一般的な指標には以下のようなものがある。

- 肉、魚、乳製品、野菜などの特定の栄養食品を1週ないし1カ月当たりに消費する回数（Husain, 1998）
- 児童の就学率（Pitt and Khandker, 1998）

- 児童の修了した見込み教育年数(「年齢学年」)の割合 (Todd, 2001)
- 医療支出 (Coleman, 1999)
- 家屋の価値 (Mustafa, 1996)
- 清潔な上水や公衆衛生へのアクセス (Copestake *et al*., 2005)
- 家族計画法の利用 (Steel, Amin and Naved, 1998)
- 地方選挙や国政選挙での投票 (Cortijo and Kabeer, 2004)

5.1.3 漏出効果

　参加者と、比較グループの非参加者とを調査するだけなら単純化かもしれないが、分析をそうしたグループに限定したのでは、プログラムの全面的なインパクトについて誤りを述べることになる。なぜなら、プログラムは非参加者にもインパクト(漏出効果)を生じると予想できるからである。漏出効果は、経済活動の増大を通じてコミュニティの所得が増大するなどして正になることもあれば、参加者の事業創出や拡大によって単に競争相手の事業から売上が移転した場合のように、負になってしまうこともある。しかし、ここまで考えようとすると話は複雑になる。コミュニティ内の誰がプログラムに影響されるかが、すべてわかっているわけではないからである。

　そうした情報がない場合に、プログラムの本当のインパクトを推定する最もすっきりした方法は、村落全体のアウトカムどうしを比較することである。村落全体のアウトカムなら、トリートメントグループとコントロールグループにランダムに振り分けることができる。しかし、実施村落の参加者をコントロール村落の非参加者と単純に比較することはできない。なぜなら、それをすると選択バイアスを持ち込んでしまい、プログラムへの参加を選択した人びとと選択しなかった人びととを比較することになるからである。コントロール村落にもプログラムが提供されていたとして、いったい誰が参加していたかはわからない。そこで、それぞれの村落内での顧客と非顧客のサンプルどうしを比較することになる。この方法は、MFIへの参加のインパクト(treatment on the treated)ではなく、マイクロファイナンスへのアクセスのインパクト(intent-to-treat effect)を測定するものである[訳註:treatment on the treated は「トリートメントを受けた者にとってのトリートメント(の効果)」で、この場合は「トリートメントグループに属することによる効果」を意味する。一方、intent-to-treat effect は「意図したトリートメントによる効果」のことで、この場合は「トリートメントを割り振られたすべての者に対する効果」を意味している]。マクロレベルでのマイクロファイナンスのインパクトを合理的に推定できるのだから、社会的な視点からはこちらが優れていると言えるだろう。包括解析効果は、参加者と非参加者の両方を推定値に含むので、推定値は、特定の個人にトリートメントを施した場合に期待されるインパクトよりも低くなる。また、十分なベースラインデータが入手可能で、トリートメントグループ内での参加人数を予測でき

るなら、傾向スコア・マッチング（propensity score matching, PSM）を使って推定値をさらに精密化することができる。このテクニックは、参加の確率によってトリートメントグループとコントロールグループの加重をやり直すもので、参加の見込める者に大きく加重することで、分析の検出力を向上させることができる。

5.1.4 MFIへのインパクト

新商品や方針変更によるMFIへの影響を評価する時、必要なデータは、普通、そのMFIの経営データから直接集めることができる。MFIについて一般に注目すべきアウトカムには次のようなものがある。

- 返済率
- 顧客保持率
- 新規顧客の加入
- 平均の融資規模
- 貯蓄口座残高
- 利益性
- 顧客の構成（人口統計）

こうしたアウトカムの測定にはさまざまな方法がある。たとえば「利益性」は、財務的持続性（Financial Self-Sufficiency）と定義することもできるし、経営的持続性（Operational Self-Sufficiency: OSS）、総資産利益率（return on asset: ROA）、株主資本利益率（return on equity: ROE）などに置き換えることもできる。ここにあげたアウトカムのどれかを測定するのに、介入の前後で同じ定義を使っている限り、選択された定義は有効なインパクト指標として働く。しかし、標準的な定義や財務比率を用いることで、MFIやマイクロファイナンス産業は、その評価から、さらに多くの価値を得られるかもしれない。すなわち、この方法で、ピアグループ内の他組織と比べた自組織の成績（と改善の度合い）を測定することができるのである。マイクロファイナンス・インフォメーション・エクスチェンジ（Microfinance Information Exchange, MIX）は、マイクロファイナンス業界に適用可能な財務比率の定義を多数提案している[16]。

MFIへのインパクトのいくつかは「中間」指標と考えられている。つまり、MFIにとって重要なアウトプットではあるが、それ自体が顧客にとっての正のアウトカムを示すものではない、という意味合いである。たとえば新規顧客の加入は、そのプログラムによるサービスを受ける機会のある人が増えたことを意味するが、それが顧客にとってよいことだと言えるのは、そのプログラムが彼らの福祉を向上させた場合のみであり、こちらのほうは、収入など、先に述べた別の指標で測定されることになる。

とはいえ、プログラムには、顧客へのサービス提供という目標があるのだから、やはり新規顧客の加入は、プログラムにとっては正の指標だと考えられるのである。

評価は、たいていインプットとアウトプット、およびアウトカムを区別する。インプットとアウトプットは、アウトカムすなわちインパクトを達成するのに貢献する要因である。インプット（たとえば資金）はアウトプット（たとえば融資の普及件数）に貢献する。アウトプットとアウトカムの違いは、アウトプットが完全にプログラムのコントロール下にあるのに対して、アウトカムはそうではないところである。たとえば、MFIは誰にローンを普及させるかをコントロールできるが、顧客の事業を代わりに運営してインパクトを「創出する」ことはできない。

場合によっては、プログラムのアウトプットを測定するのと同じ指標で顧客のアウトカムも測定することができる。たとえば、貯蓄口座の残高は、MFIの融資財源として有用であり、しかも顧客の財務安定度の指標ともなる。

インプット、アウトプット、アウトカムの区別が有効であることを認めつつ、筆者らは「MFIへのインパクト」という語を捨てずに、これを、商品ないし政策の変更による「インプットないしアウトプットへの影響」を示す表現として使っていく。顧客へのインパクトと同様、MFIへのインパクトも、変化のなかった場合はどうなっていただろうかという、反事実的状況に照らして測定されなければならない。

5.1.5 測定のタイミング

どのようなタイプのアウトカムが、時間的にどのポイントで観察されやすいかについても、現実的に考えておくべきである。そこでまず考慮するべきアウトカムは、おそらく負債の水準だろう。もしコントロールグループがトリートメントグループと同額の負債を抱えているなら、それは個人の借入れがクレジットに縛られていないという直接の証拠となる（つまり、コントロールグループは単に別のところから借入れているのである）。このことは、各グループが抱えている負債の相対的な質を調べるべきだということを示している。測定可能なインパクトは、借入れへのアクセスの有無ではなく、債務機関どうしの違いによって動くことになるからである。6カ月から1年くらいの中期的なアウトカムなら、事業の運転資金や固定資産がよいだろう（こうしたものは、もっと短期的にも観察できるかもしれない）。利益や雇用、フォーマル部門への移行が増えるにはさらに長くかかるだろうし、こうしたインパクトが目に見えるところまで事業が成長するには1年から2年、ないしはそれ以上かかるかもしれない。さらに消費へのインパクトとなると、資金が事業ではなく消費に使われている場合にはすぐに観察されるだろうが、資金が事業に使われて、その利益が再投資に回った場合には、その起業家が楽に事業資金を引き出して消費を増やせるようになるまでには相当な時間がかかるだろう。

ここで、本論の始めの議論を思い出してほしい。MFI は、これまでは測定のプロセスや制度的な尺度（債務不履行や顧客保持率など）に焦点を当てて実績を評価することが多かった。しかし重要な留意点として、こうしたタイプのアウトカムが、顧客の福祉というアウトカムと相関していないことがある。MFI がこうした尺度を実際のインパクトの尺度として利用するためには、まずはそのプロセスや制度によるアウトカムが、顧客の福祉と相関しているどうかを研究しなければならない。そうした分析はまだ行われていない。実施されれば、マイクロファイナンスに関する知見への重要な貢献となることだろう。

6 評価に向けての特筆すべき課題

マイクロファイナンス産業は、マイクロファイナンスが有効であることをドナー機関や各国政府をはじめとする利害関係者に証明するためにも、また、自らの商品やプロセスを改善して貧困へのインパクトを強めるためにも、信頼できるデータを必要としている。ゴールドバーグ（Goldberg, 2005）は、インパクトに関する既存文献を、実践者によるものも学者によるものも含めて検証してみたが、マイクロファイナンス・プログラムの評価にとって意味のある重要な選択バイアスに取り組んで成功したものはほとんどなかった。ランダム化比較試験は最も有望な方法で、これを用いれば、MFI は、貧困緩和に対する自分たちの活動の有効性を自信をもって評価することが可能となるし、投資家やドナー機関は、どのタイプのプログラムが最も強力に福祉を向上させるのかを知ることができる。

評価は、単に組織が自らの価値を証明するために負うべきコストではない。実際にはその逆で、商品ないしプロセスに関するすぐれたインパクト評価は、組織がその活動を改善し、財務面での持続可能性を維持・向上させ、同時に顧客の福祉を向上させる助けとなり得るものである。マイクロファイナンス産業は、これまでに途方もないほど多くの実験をしてきていて、今では多すぎるほどのアプローチが世界中に存在している。マイクロファイナンス機関は、いつ、どのアプローチを採用するかを、どうやって判断すればよいのだろう。そうした意思決定のときに、評価の専門家がもっとマイクロファイナンス機関に近いところで活動できれば、これまでよりもすぐれた答えが得られるだろうし、そうした機関への処方箋を提供することもできるだろう。

本論の導入部であげたマイクロファイナンスの9つの特徴は、マイクロファイナンスの商品デザインにおける未解決問題の多くについて、すぐれた骨組みを提供してくれる。

(1) 小口取引と最低残高　当然のことながら、融資額が管理可能な一定規模に収まら

なければ、マイクロファイナンスはマイクロファイナンスにならない。しかし、どれくらいの大きさなら、顧客とMFIとの二重のニーズに奉仕するのに最適なのだろうか。何種類くらいの融資商品があれば、MFIを管理不能に陥らせたり顧客を混乱させたりせずに、インパクトを最大化できるのだろう。貯蓄や保険といったほかの商品は、融資の有効な補完ないし代替商品となるのだろうか。

(2) **起業活動への融資** 起業活動への融資は、返済を維持し、世帯へのインパクトを確実にするために不可欠なのだろうか。貧しい者はさまざまなクレジット・ニーズに直面しているのだから、クレジットをどんな支出にも使えるようにすることが、彼らにとっては最善なのかもしれない。あるいは、要件を緩和することで、負債を重ねることを奨励し、かえって逃げ道をなくしてしまう可能性がある。ビジネススキルの研修は、顧客が自身の事業を管理し、返済率を上げるうえでどこまで役立つのだろうか。あれほど多くのマイクロ起業家が、一定の事業規模で停滞しているように思えるのはなぜなのだろう。なにをすれば、彼らが事業を拡張し、人を雇い、新しい場所に店を出すのを手助けできるのだろうか。

(3) **無担保での融資** 担保要件ないし担保代替物は、貧しい者がMFIに参加しようとする気持ちをどこまで妨げているのだろうか。また、返済率の向上にどこまで役立っているのだろうか。担保代替物は、伝統的な担保と比べてどれほど効果的なのだろうか。

(4) **グループ貸付** 最近のフィリピンでの証拠やパキスタンのASA（Association for Social Advancement）［訳注：マイクロファイナンス専業NGO］およびグラミンⅡ［訳注：事実上の個人貸付］の成功によって、返済率の高さがどこまでグループ債務によるものなのかという疑問が生じてきている。個人債務でも同じくらいうまくいくのだろうか。

(5) **貧しい顧客が中心** 貧しい者へのマイクロファイナンスのインパクトはどれくらいなのだろうか。マイクロファイナンスは極貧層にも有効なのだろうか。いわゆる「最貧困層（the poorest of the poor）」に役立つ特別なサービスがあるとすれば、それはどのようなものなのだろうか。

(6) **女性の顧客が中心** 傾向としては、多くの研究が、女性の方が男性よりも返済率が高いと報告しているが、それは本当なのだろうか。もし本当なら、どんなプログラムデザインにすれば、男性の融資返済を奨励できるのだろう。どんな商品や政策があれば、女性顧客のエンパワーメントが最も大きく伸びるのだろうか。

(7) **シンプルな申請手続き** 大半のMFIは申請がシンプルである。そうでなければ顧客はほとんどいなくなってしまうだろう。これを延長して、貧しい者のサービス参加を増やすのに最も効果的なタイプのマーケティングを決定できれば、きっと役に立つだろう。

(8) **十分なサービスを受けていないコミュニティへの提供** 貧しいコミュニティにクレジットや貯蓄を提供することで、どこまでアクセスが深まり、福祉が増大しているのだろうか。会議を開くのは畑だが、返済は銀行の支店でというプログラムでは、顧客保持率は下がるのだろうか。遠隔地域でのサービス提供は利益をあげることができるのだろうか。

(9) **市場水準の金利** 高金利は貧しい者をどこまで追い払うのだろうか。高金利はリスクの大きい顧客を引きつけるだろうか。補助金によるクレジットは、競合するMFIの市場価格でのサービスを「締め出し」ているのだろうか。

マイクロファイナンスのインパクト評価は、クレジットの有無によるインパクトだけに厳密に焦点を絞る必要はない。それ以外にも、見込み評価によって、MFIや政策立案者が、優れた制度をデザインするのを手助けすることもできる。すぐれた評価は、投資から生じた利益の評価をドナーに届けるだけでなく、金融機関に、どうすれば事業運営が最もうまくいくのか、社会的インパクトを最大化するにはどうするのが最善なのかの処方箋をも提供することができるのである。

注
1. 留意点として、営利企業では、それが利益面で競争上の優位をもたらす場合には、評価結果を非公表にしたがる可能性がある。しかし、営利企業でもすぐれた社会意識のあるところを調査パートナーにすることはできるし、実際にそうしているところもある。公共団体が民間企業による調査に資金提供する場合には、調査結果の公開について明確な合意を得ておくべきである。
2. 共同責任貸付については理論的な文献が豊富にある。たとえばStiglitz, 1990、Ghatak and Guinnane, 1999、Conning, 2005を参照。
3. 女性の返済率が高いというのは、一般に信じられてはいるが、十分な裏付けがあるわけではない。南アフリカの消費者金融から得られた証拠では（Karlan and Zinman, 2010）、女性への貸付が債務不履行になる確率は、全体平均（15パーセント）よりも3ポイント低い。しかし、そうなる理由についてはほとんどわかっていない。単純に女性は責任感が強いのだという理論がある一方で、女性は男性と比べて借入れの選択肢が少ないので、債務不履行になることで、MFIとの関係を危うくしないようにしているのだという主張もある。もし後者が正しければ、金融へのアクセスが拡大するにつれて、返済率の差は小さくなると予想できるだろう。
4. マイクロクレジットの顧客を対象とするビジネス研修の限界利益に関する評価についてはKarlan and Valdivia（2008）を参照。筆者らはランダム化比較試験を行い、既存のクレジットグループに、教育付きクレジット（ビジネス研修のみ）と単独クレジット（サービスに変化なし）をランダムに割り振った。このランダムな割り振りによって、ビジネス研修の実際のインパクトを測定していることが保証され、測定結果と選択バイアス（この場

合であれば、ビジネス研修を望む個人のほうが、研修の有無とは無関係に事業が改善しやすいという傾向）の混同がなくなる。結果、ビジネス研修が、顧客保持率の向上、返済率の改善、ビジネス実践の改良、事業収入の増大とスムーズ化につながることがわかった。

5. もちろん、これは金利のデマンドサイドについてのみ述べている。金利政策を策定するに当たっては、サプライサイドの考えも考慮に入れなければならない。

6. 回帰分析デザインを〈PROGRESA プログラム〉の実験推定値と比較することで、ブッデルマイヤーとスコウフィアス（Buddelmeyer and Skoufias, 2004）は、インパクトの推定値にバイアスを導入することなしに、どこまで不連続点から遠ざかれるかについて有効な洞察を提供してくれている。

7. 閾値付近の一部の個人に、自らの有用性を向上させて閾値の上に行ける機会が与えられている場合には、回帰分析のアプローチではうまくいかないこともある。

8. 過剰な借入金や不正が疑われる顧客はサンプルの枠組みから除き、それ以外で不承認だった申請者全員について、承認の閾値までの近さに応じた見込みで、ランダムにクレジットが割り振られた。

9. 一部の者には、個人宅を訪問してプログラムをマーケティングするなどして参加を勧め、ほかの者には特に勧めないが、参加は村の全員に認めるというのであれば可能である。これは、家庭訪問の影響で参加の差違が生じる場合には機能するが、それでも、そのマーケティングの結果によって参加した者へのインパクトを測定することにしかならない。内的有効性の問題を持ち込むことはないが、個人間に基本的な違いがある場合には、外的有効性についての疑問が生じる。筆者によるパイロット実験では、こうした問題には現実的な価値のないことがわかっている。これは、家庭訪問よりも村落レベルのマーケティングのほうが圧倒的なためで、家庭訪問を受けた者がそうでない者と比べて明らかに参加率が高いということは、普通見られない。

10. 留意点として、実験的評価にはベースライン調査が不可欠だというわけではない。サンプルの規模が十分に大きければ、大数の法則によって、統計的に近似した実施グループとコントロールグループが生じてくる。しかし、ベースライン調査を行えば、統計的な精度が増すとともに、不均一な処置効果をいっそう多くの面にわたって測定することができるようになる。

11. 説明能力のある特性としては、世帯主の妻に識字力があるかどうか、世帯主の妻が賃労働をしているかどうか、世帯に 15 ～ 45 歳の「適齢期」の女性が何人いるか、世帯がどれほどの土地を所有しているか、などがある。

12. ほかに、十分なベースライン情報が集まり、実施グループでもコントロールグループでも参加者が予測できるならば、実験的な傾向スコアのアプローチを用いて、実施グループとコントロールグループで予想される非借り主どうしを比較することで、明確に定義された地理的地域（特定のマーケットや農村）での、貸付による非借り主へのインパクトを測定することができる。これに代わるアプローチとしては、インパクトの流れていくチャネルに関して詳細なデータを収集するという方法がある。これは、農業技術関係の文献を取り入れる際に採用されているアプローチと類似したものになるだろう（Conley and Udry, 2005）。なお、これは実験的評価と併行してもしなくてもよい（Kremer and Miguel, 2007 を参照）。

13. 以下で検討するように、離脱する顧客は、プログラムからの「脱落者」と「成功した卒業生」のどちらにも含めることができる。入手可能な範囲の限られた証拠からこの2つの

第1部　マイクロファイナンス実践の理解

タイプを識別してみると、マイクロファイナンス・プログラムを離脱する者は、平均して暮らしが悪くなっている傾向がある。

14. このソフトは http://www.ssicentral.com/otherproducts/othersoftware.html からダウンロードできる。［現在は Stata と入力すれば、いくつものサイトが見つかる］
15. これは、顧客および非顧客に関する貧困測定ツールを使えば可能である。詳しくは http://www.povertytools.org を参照。
16. http://www.mixmbb.org/en/mbbissues/08/mbb_8thml で入手可能。［訳注・2015 年 7 月現在で、http://www.themix.org/ から入り「mbb issue no.8」で検索］

参考書目

Alexander-Tedeschi, G and D Karlan (2009). Cross Sectional Impact Analysis: Bias from Dropouts. Perspectives on Global Development and Technology.

Armendáriz de Aghion, B and J Morduch (2005). *The Economics of Microfinance*. Cambridge: MIT Press.

Ashraf, N, D Karlan and W Yin (2006a). Deposit collectors. *Advances in Economic Analysis & Policy*, 6(2), Article 5.

—— (2006b). Household Decision-Making and Savings Impacts: Further Evidence from a Commitment Savings Product in the Philippines. Working Paper.

—— (2006c) Tying Odysseus to the mast: Evidence from a commitment savings product in the Philippines. *Quarterly Journal of Economics*, 121(2), 673-697.

Banerjee, A, and E Duflo (2007). The economic lives of the poor. *Journal of Economic Perspectives*, 21(1), 141-167.

Banerjee, A, E Duflo, R Glennerster and C Kinnan (2009). The Miracle of Microfinance? Evidence from a Randomized Evaluation. Working Paper.

Bertrand, M, D Karlan, S Mullainathan, E Shafir and J Zinman (2010). What's advertising content worth? Evidence from a consumer credit marketing field experiment. *Quarterly Journal of Economics*, 263-305.

Besley, T and S Coate (1995). Group Lending, Repayment Incentives and Social Collateral. *Journal of Development Economics*, 46(1), 1-18.

Bruhn, M and I Love (2009). Grassroots Banking: The Effect of Opening Banco Azteca on Economic Activity in Mexico. Working Paper.

Buddeheyer, H and E Skoufias (2004). An Evaluation of the Performance of Regression Discontinuity Design on PROGRESA. World Bank Policy Research Working Paper.

Coleman, B (1999). The Impact of Group Lending in Northeast Thailand. *Journal of Development Economics*, 60, 105-141.

Conley, T and C Udry (2005). Learning About a New Technology: Pineapple in Ghana. *American Economic Review*, 100(1), 35-69.

Conning, J (2005). Monitoring by Delegates or by Peers? Joint Liability Loans under Moral Hazard. Working Paper.

Copestake, J, P Dawson, JP Fanning, A Mckay and K Wright-Revolledo (2005). Monitoring Diversity of Poverty Outreach and Impact of Microfinance: A Comparison of Methods Using Data From Peru. *Development Policy Review*, 23(6), 703-723.

Cortijo, M and N Kabeer (2004). Direct and Wider Social Impacts of SHARE Microfin Limited: A Case Study from Andhra Pradesh. Unpublished Imp-Act report. Available at: http://www.microcreditsummit.org/pubs/reports/soc/2005/SOCR<^5.pdf.［訳注：2015年7月時点でアクセス不能。］

Daley-Harris, S (2005). State of the Microcredit Summit Campaign Report.

Deaton, A (1997). *The Analysis of Household Surveys*. World Bank.

Dehejia, R, H Montgomery and J Morduch (2005). Do Interest Rates Matter? Credit Demand in the Dhaka Slums. Working Paper.

Duflo, E, R Glennerster and M Kremer (2008). Using randomization in development economics research: A toolkit. In: *Handbook of Development Economics* 4(5), Schultz, T and JA Strauss (eds.), pp. 3895-3962.

Duflo, E and M Kremer (2003). Use of Randomization in the Evaluation of Development Effectiveness. Paper prepared for *the World Bank Operations Evaluation Department (OED) Conference on Evaluation and Development Effectiveness*.

Dupas, P and J Robinson (2009). Savings Constraints and Microenterprise Development: Evidence from a Field Experiment in Kenya. NBER Working Paper 14693.

Feigenberg, B, E Field and R Pande (2009). Do Social Interactions Facilitate Cooperative Behavior? Evidence from a Group Lending Experiment in India. Working Paper.

Fernald, L, R Hamad, D Karlan, E Ozer and J Zinman (2008). Small Individual Loans and Mental Health: Randomized Controlled Trial Among South African Adults. *BMC Public Health*, 8(409), doi: 10.1186/1471-2458-8-409.

Field, E and R Pande (2007). Repayment Frequency and Default in Micro-Finance: Evidence from India. *Journal of European Economic Association Papers and Proceedings*, 6(2-3), 501-550.

Fudenberg, D and D Levine (2005). A Dual Self Model of Impulse Control. *American Economic Review*, 96(5), 1449-1476.

Ghatak, M (1999). Group Lending, Local Information and Peer Selection. *Journal of Development Economics*, 60(1), 27-50.

Ghatak, M and T Guinnane (1999). The Economics of Lending with Joint Liability: A Review of Theory and Practice. *Journal of Development Economics*, 60, 195-228.

Giné, X, J Goldberg and D Yang (2009). Identification Strategy: A Field Experiment on Dynamic Incentives in Rural Credit Markets. Working Paper.

Giné, X, T Harigaya, D Karlan and B Nguyen (2006). Evaluating Microfinance Program Innovation with Randomized Control Trials: An Example from Group versus Individual Lending. Asian Developement Bank Economics and Research Department Technical Note Series, 16.

Giné, X and D Karlan (2006). Group versus Individual Liability: Evidence from a Field Experiment in the Philippines. Yale University Economic Growth Center Working Paper 940.

—— (2009). Group versus Individual Liability: Long Term Evidence from Philippine Microcredit Lending Groups. Working Paper.

Giné, X and D Yang (2007). Insurance, Credit, and Technology Adoption: Field Experimental Evidence from Malawi. World Bank Policy Research Working Paper.

—— (2009). Insurance, Credit, and Technology Adoption: Field Experimental Evidence from Malawi. *Journal of Development Economics*, 89(1), 1-11.

Glewwe, P, M Kremer, S Moulin and E Zitzewitz (2004). Retrospective vs. Prospective Analyses of School Inputs: The Case of Flip Charts in Kenya. *Journal of Development Ewnomics*, 74, 251-268.

Goldberg, N (2005). *Measuring the Impact of Microfinance: Taking Stock of What We Know*. Grameen Foundation USA publication series.

Husain, AMM (1998). *Poverty Alleviation and Empowerment: The Second Impact Assessment Study of BRAC's Rural Development Programme*. BRAC publication.

de Janvry, A, C McIntosh and E Sadoulet (2007). The supply and demand side impacts of credit market information, *Journal of Development Economics*, 93(2), 173-188.

Kaboski, J and R Townsend (2005). Policies and Impact: An Analysis of Village-Level Microfmance Institutions. *Journal of the European Economic Association*, 3(1), 1-50.

Karlan, D (2001). Microfinance Impact Assessments: The Perils of Using New Members as a Control Group. *Journal of Microfinance*, 3(2), 75-85.

Karlan, D and M Valdivia (2010). *Teaching Entrepreneurship: Impact of Business Training on Microfinance Institutions and Clients*. Review of Economics and Statistics.

Karlan, D and J Zinman (2008). Credit Elasticities in Less Developed Economies: Implications for Microfinance. *American Economic Review*, 98(3), 1040-1068.

—— (2009a). Expanding Credit Access: Using Randomized Supply Decisions to Estimate the Impacts. *Review of Financial Studies*, 23(1), 433-464.

—— (2009b). Expanding Microenterprise Credit Access: Using Randomized Supply Decisions to Estimate the Impacts in Manila. Working Paper.

—— (2009). Observing Unobservables: Identifying Information Asymmetries with a Consumer Credit Field Experiment. *Econometrica*, 77(6), 1993-2008.

Khandker, SR (2005). Micro-finance and Poverty: Evidence Using Panel Data from Bangladesh. *World Bank Economic Review*, 19(2), 263-286.

Kremer, M and E Miguel (2007). The Illusion of Sustainability. *Quarterly Journal of Economics*, 122(3), 1007-1065.

Laibson, D (1997). Golden Eggs and Hyperbolic Discounting. *Quarterly Journal of Economics*, 112(2), 443-477.

LaLonde, RJ (1986). Evaluating the Econometric Evaluations of Training Programs with Experimental Data. *American Economic Review*, 76(4), 604-620.

Miguel, E and M Kremer (2004). Worms: Identifying Impacts on Education and Health in the Presence of Treatment Externalities. *Econometrica*, 72(1), 159-217.

MkNelly, B and C Dunford (1998). *Impact of Credit with Education on Mothers and Their Young Children's Nutrition: Lower Pra Rural Bank Credit with Education Program in Ghana*. Freedom from Hunger Publication.

Morduch, J (1998). Does Microfinance Really Help the Poor? New Evidence on Flagship Programs in Bangladesh. Working Paper.

—— (1999). The Microfinance Promise. *Journal of Economic Literature*, 37(4), 1569-1614.

—— (2000). The Microfinance Schism. *World Development*, 28(4), 617-629.

Mustafa, S (1996). *Beacon of Hope: An Impact Assessment Study of BRAC's Rural Development*

Programme. BRAC Publication.

O'Donoghue, T and M Rabin (1999). Doing it Now or Doing it Later. *The American Economic Review*, 89(1), 103-124.

Pitt, M and S Khandker (1998). The Impact of Group-Based Credit Programs on Poor Households in Bangladesh: Does the Gender of Participants Matter? *The Journal of Political Economy*, 106(5), 958-996.

Robinson, M (2001). *The Microfinance Revolution: Sustainable Finance for the Poor*. Washington DC: IBRD/The World Bank.

Roodman, D and J Morduch (2009). The Impact of Microcredit on the Poor in Bangladesh: Revisiting the Evidence. Center for Global Development Working Paper 174.

Schreiner, M (2012). Seven Extremely Simple Poverty Scorecards. *Enterprise Development and Microfinance*. ［訳注：オンラインでの発表。］

Steele, F, S Amin and RT Naved (1998). *The Impact of an Integrated Microcredit Progmm on Women's Empowerment and Fertility Behavior in Rum1 Bangladesh*. Population Council publication.

Stiglitz, J (1990). Peer Monitoring and Credit Markets. *World Bank Economic Review*, 4(3), 351-366.

Todd, H (2001). Paths out of Poverty: The Impact of SHARE Microfin Limited in Andhra Pradesh, India. Unpublished Imp-Act report.

Udry, C (1994). Risk and Insurance in a Rural Credit Market: An Empirical Investigation in Northern Nigeria. *Review of Economic Studies*, 61(3), 495-526.

UNDP (2008). *Malaysia Nurturing Women Entrepreneurs*. Malaysia: UNDP.

World Bank (1998). *World Bank Operational Manual OP 8.30 - Financial Intermediary Lending*.

Zeller, M (2005). Developing and Testing Poverty Assessment Tools: Results from Accuracy Tests in Peru. IRIS Working Paper.

溝に橋を架ける
——マイクロファイナンス研究の理論と実証を統一する[※]

グレッグ・フィッシャー[*]（Greg Fischer）
マイトリーシュ・ガータク[**]（Maitreesh Ghatak）

1 はじめに

　世界の貧困軽減に向けたアプローチのなかで、マイクロファイナンスの果たす役割はますます大きくなっている。しかし、マイクロファイナンスに注目が集まっているにもかかわらず、小口無担保融資のためのクレジット契約のデザインは今もちょっとした謎である。その始まりから、経済理論家はマイクロファイナンスに大きな関心を寄せてきた。ベスリーとコウト（Besley and Coate, 1995）、スティグリッツ（Stiglitz, 1990）、ヴェアリアン（Varian, 1990）などの有力な論文をはじめとして[(1)]、この新しい融資メカニズムの経済学的な基礎について、数多くの説明が試みられてきた。しかし、そうした理論をテストする実証研究は長いあいだ不在だった。最近はこの分野でも実証的な研究が急増しているが、主にはランダム化によるフィールド実験の形態をとっている[(2)]。しかしこうした研究には、運営されているプログラムの評価に焦点を当てたものが多く、ある特定のマイクロファイナンス機関の幅広いインパクトを調べたり、ある特定のプログラムデザインの特徴についてその影響をテストしたりしている

---

　[*]ロンドン・スクール・オブ・エコノミクス、貧困アクションのためのイノベーション、貧困アクションラボ、BREAD
　[**]ロンドン・スクール・オブ・エコノミクス、TEICERD、BREAD

ため、既存の理論からはほぼ切り離されたままになっている。

　理論と実証研究とのあいだに密接なつながりが必要なことは自明のように思われるが、マイクロファイナンスの文脈では、この2つの流れの研究が、相対的に独立して発達してきている。本論は、開発研究でのランダム化実験の利用が増加している今こそ、この2つの流れに橋を架ける希有な機会だと主張するものである。必要となるのは、既存の理論を利用して実証的証拠を意味あるものにすることと、その逆に、実証的証拠を活用して既存の理論を高め、新たな理論を提案していくことである。そうした議論があって初めて、筆者らが考える研究目標の次のステップへと──既存理論と新理論を明確に活用して将来の実験をデザインし、そうした実験の結果を活用して理論的な理解を高め、拡張していく段階へと──進むことができるのである。

　マイクロファイナンスに関する初期の理論的研究は、連帯責任制に焦点を当てたものが大半で、少人数の借り手グループが互いの返済に連帯して責任を負うというこの制度こそが、高い融資返済率の鍵だと考えられていた。しかし連帯責任制は、現在もマイクロファイナンスの融資契約の大半を特徴付けるものである反面、もはや唯一の焦点ではなくなってきてもいる。この変化にはいくつかの要因が寄与している。まず、大規模なマイクロファイナンスの貸し手は、すでに手持ちの商品を個人責任制融資へと拡張ないし転換しているところが多い（ただし、そうした変化がどのような影響を及ぼしているかに関しては、まだ決定的な証拠となるものはない）。連帯責任制の潜在コストについての認識も広まっている（Banerjee, Besley and Guinnane, 1994；Besley and Coate, 1995；Fischer, 2009）。同時に、高頻度返済、連続貸付、動的インセンティブなど、連帯責任制以外のマイクロファイナンス契約の特徴が前面に出るようにもなってきた。本論では、こうした特徴に焦点を当てつつ、この分野での最近の理論展開をいくつか概観するとともに、その潜在的な相互作用について検討していく。

　次には、実証面で、この分野での最近の進歩に目を向ける。実証研究の量だけから考えても、こうした概観は不完全かつ特異的なものにならざるをえないが、この要約では、ある共通のテーマが強調されている。筆者らは、実験やイノベーションに向けた実証研究者の創造性とマイクロファイナンス実践者の意欲を通して、まとまった量の事実を定式化する作業を始めているのだが、それが筆者ら自身の理論的根拠を超えるものとなっているのである。実例として最近の研究から取り上げるのは、返済頻度については Field and Pande（2008）と Fischer and Ghatak（2010）、貸付の際の連帯責任制と個人責任制の比較に関しては Giné and Karlan（2008）である。また、グループ形成のように、昔からある重要な理論に今もって実証的な裏付けのない課題についても検討する。

　そのうえで、マイクロファイナンスにおける理論的研究と実証的研究との溝にどのようにして橋を架けるかという課題に移っていく。マイクロファイナンスの分野では、

第1部　マイクロファイナンス実践の理解

　理論的研究と実践的研究がほぼ独立して行われてきたが、現在は、次のステップとして、2つの流れの統一と実践者による情報提供が必要な水準にきていると筆者らは考えている。マイクロファイナンスにおけるイノベーションのペースは、あらゆる経済学における真理を改めて強調している。すなわち、一方では、理論を活用して実証的証拠に意味づけし、さまざまな結果を目前の文脈を超えたところで一般化する必要があり、同時に他方では、理論を実証試験にさらし、正当と認められたところでこれを高めていく必要があるのである。こうした議論があって初めて、これからの研究目標と筆者らが考えるもの、すなわち、既存または新しい理論を明確に活用して、未来の実験とさらなる実証研究に向けた事前の枠組みをデザインすることへの移行が可能となる。本論では、返済頻度の事例に焦点を当て、それをもって、このアプローチから得るものが大きいと思われる多くの分野を代表させている。

　理論の研究者とフィールドでの研究者とのあいだでもっと効果的な対話が行われるようになれば、単に学究的な知識の限界を拡げる以上のことができるだろう。研究から実践への移行を促進することも可能となる。経済学のあらゆる分野と同様に、ここでも、理論の研究者と実証的研究者、そして実践者の3者による交流が求められる。実践で試されていない理論は、どれほど深い洞察があったとしても、マイクロファイナンス機関やドナーからは考慮してもらいにくいだろう。同様に、理論面でのしっかりした基礎がないままに実施されたフィールド実験は、政策やプログラムが機能するための隠れたメカニズムについて、ほとんど何も語ることができない。基礎となる理論がなければ、実験は、ある特定の場所におけるある特定の政策についての情報を伝えるだけであり、サンプルの枠を越えた予想については、ほとんど当て推量しかできないのである。理論とフィールド実験の統一があれば、実践者は、学問的研究の成果を意味づけ、それを活用していくことで、貧困削減をはじめとする組織目標の達成に貢献していけるだろう。

　事業を興すことをはじめ、大半の経済活動がそうであるように、マイクロファイナンスは実践者主導の活動である。実践者は、特定の理論モデルや回帰テスト〔訳注：本来はコンピューター分野の用語で、プログラムの修正によって新たなバグが発生していないかを検証すること〕の結果を念頭に置いているわけではないだろうが、世界がどう動くかについて、それなりの潜在的なイメージは持っている。そうしたイメージは、どれほど具体性に欠けていようとも、多様な作用因子と行動および現象とのあいだの因果関係がひとまとまりになっているという意味において、ある種の理論だと考えることができる。実践者が自分の考えを実行する際の経験は、フォーマルな実証研究を構成するものにはならないだろうが、ほかの実践者にとって役立つ事実を生み出すことにはなる。学問的な研究は、そうした経験に共通して織り込まれた糸を見つけ出し、そこからひとつの枠組みを作り上げて、ほかの実践者がさらに積み上げていけるよう

にしようとする。もちろん、フィールドレベルでの新たな調査による新たな発見や経験によって、これは継続的な進化と発展のプロセスとなっていく。

ムハマド・ユヌス（Yunus, 2003）の経験はその好例である。ユヌスは、バングラデシュの農村地域を訪れた際に目にしたことに失望し、貧困の原因が、当時の教科書が示唆するものと大きく違っていることを理解した。当時の通説では、市場が清算されて需給が均衡した状態では、失業者や信用制約者はいなくなるはずだった。しかし、ユヌスをはじめとする多くの実践者の経験は、これが真実とかけ離れていることを示唆していた。たとえば、小さな事業を始めようと思っても、信用力がないためにフォーマルな金融業者からは貸付けてもらえず、インフォーマルな金融業者からは法外な利息を課されてしまう。教科書的な経済学によれば、裁定取引［訳注：市場間や現物・先物の価格差で利益を得る取引］と競争の力が利率を均衡させるためにこうしたことは起こらない。均衡状態では、利息は経済全体としての資本の欠乏を反映するだけのはずだった。ユヌスは従来の思考モードから踏み出した。そしてイノベーションによって、貧困者に関するクレジット市場の考え方に革命を起こすに至ったのである。また同じ頃、ジョセフ・スティグリッツ（Joseph Stiglitz）やジョージ・アカロフ（George Akerlof）をはじめとする多くの経済学者も、クレジット市場についての標準モデルに不満を抱いた。彼らはさまざまなツールを開発し、それが最終的な教科書の書き換えへとつながっていった。そこで強調されたのは、情報の非対称性と取引コストということで、そうした問題があるために、貧困者は、たとえ優れたプロジェクトがあったとしても、信用を制約されることが示されたのである。今では、開発経済についての教室でのディスカッションは、信用制約と失業、そしてそれを軽減するための政策に関する話し合いから始まるようになっている。

本論の構成は以下の通りである。すなわち、セクション2では、この分野での理論的文献の現状を概観し、過去10年の刺激的な展開をいくつか取り上げる。また、セクションの終わりには、マイクロファイナンスによる貸付契約の多様なメカニズムにおける、潜在的な相互作用について検討する。セクション3では、この分野での最近の実証的な進展についていくつか概観する。セクション4では、本論のタイトルに沿って、どのようにして溝を埋めるかについての筆者らの考えを検討する。セクション5では、結論的な観察結果をいくつか示していく。

2　理　論

マイクロファイナンスに関する理論的研究の第1の波では、連帯責任制のみに焦点が当たっていた。この連帯責任制という語句にはいくつもの解釈が可能だが、大きく

は2つに分けられる。第1は明快な連帯責任制で、ひとりの借り手が融資を返済できなくなったときには、契約によって、グループのメンバーが代わりに返済義務を負う。こうした返済は、債務不履行になったグループのメンバー全員が将来のクレジットを拒否される、あるいはグループの貯蓄ファンド（担保の役割を果たす）を利用するなど、共通懲罰の脅しを通じて実施される。第2は、連帯責任制の認識が明確でないもので、これは借り手が、貸付契約にそのような罰則が明記されていないにもかかわらず、グループの誰かが債務不履行になったら全員が将来の融資資格を失うと思い込んでいる場合である。こうしたことが起こる例としては、マイクロファイナンス機関のほうが、債務不履行に直面して活動停止を選択するケースが挙げられる。

　ガータクとギネイン（Ghatak and Guinnane, 1999）は、さまざまな理論が提唱するメカニズムのなかから主要なものを取り上げ、連帯責任制によって返済率が向上し、信用制約のある借り手の福祉が改善するかどうかを検討してみた。するとどの理論にも、連帯責任制は、借り手の間に存在する地域情報や社会資本を活用することで、貸し手の直面する主要な問題（スクリーニング、モニタリング、会計監査、取り立てなど）を軽減するのに役立っているという考えで共通していた。連帯責任制が従来型の銀行よりもうまく機能する理由は、具体的には2つある。第1は、密接につながったコミュニティのメンバーなら、人物のタイプや行動、状態など、互いについての情報が部外者よりも多いということである。第2は、貧困者への融資が債務不履行になって金融制裁を加えようとしても、彼らがそもそも貧困者であるがゆえに、銀行にできることは限られているということである。しかし近隣者なら、強力な非金融的制裁を低コストで課すことができるだろう。ある機関が、貧困者に適切なインセンティブを与えて近隣者に関する情報を活用させ、債務不履行に陥った借り手に非金融的制裁を適用させられるならば、その機関は従来型の銀行よりもうまく機能できるはずである。

　網羅的な文献レビューは本論の範囲を超えてしまう。しかし、おおまかに言って、マイクロファイナンスに関するその後の理論的研究には4つの方向性がある。ここで焦点を当てていく文献は、高頻度返済、連続貸付、動的インセンティブなど、連帯責任制以外のメカニズムに目を向けている（Jain and Mansuri, 2003；Roy Chowdhury, 2005；Tedeschi, 2006；Fischer and Ghatak, 2010など）。次に別の流れでは、共謀（Laffont, 2003；Rai and Sjöström, 2004）や、グループ構成とマッチング（Guttman, 2008；Bond and Rai, 2008）など、連帯責任に関連して生じてくる契約上のさらなる課題の探求に焦点が当たっている。さらに別の流れとしては、単独の貸し手と借り手集団による標準的な部分均衡の契約枠組みから踏み出して、市場と一般均衡の問題が探求され始めている（Ahlin and Jiang, 2008；McIntosh and Wydick, 2005）。そこでは、MFIどうしの競争と、マイクロファイナンスが賃金と移動性を通じて全体的な開発プロセスにどう影響してくるかが重要な命題となっている。そして最後に、一群の論文によって、NGOを典型

とする貸し手の側に生じてくるインセンティブ問題が探求され始めている（Aubert, de Janvry and Sadoulet, 2009；Roy and Roy Chowdhury, 2008 など）。

　すでに触れたように、ここでは連帯責任制以外の契約メカニズムに関する文献に焦点を当てていく。たとえば、マイクロファイナンス組織は高頻度返済を利用するところが多い。借り手は、融資を受けた直後から定期的な分割支払いで返済を求められるのが普通である。返済スケジュールのこうした側面は、通常は借り手の間に「財政規律」を導入するものとして説明される。ジェインとマンスリー（Jain and Mansuri, 2003）は、それに代わってこの融資返済構造を正当化する理由が、借り手の行動をモニターすることの困難さにあるとしている。モラルハザードになる可能性から、MFI は、計画返済などの革新的なメカニズムを利用するようになるが、これは、情報をよく知るインフォーマルな貸し手を間接的に取り込むことになる。逆に言えば、この分割支払い構造では、インフォーマルな貸し手が生き残ることになるのである。さらに、このつながりは、インフォーマルな貸付の量を拡大させるだけでなく、インフォーマル部門の利率を上昇させることをも示している。

　フィッシャーとガータク（Fischer and Ghatak, 2010）は、多くのマイクロファイナンス実践者が抱いている考え――顧客は高頻度返済スケジュールによって財政規律が必要となり、そこから利益を得ているという考え――を捉えるために、現在偏重型の準双曲線選好（present-biased, quasi-hyperbolic preferences）に基づく代替理論を提唱している。この研究は、高頻度返済が高返済率の達成に不可欠だという、実践者のあいだで支配的な感覚が動機となっている。この考えは、次のムハマド・ユヌス言葉のなかによく表れている。

　　多額の紙幣をポケットから出して借金の返済に当てるのは難しい。家族からは、その金で目の前の消費ニーズを満たそうという強い誘いがある。……借り手は、この高頻度返済プロセスのほうが、まとまった金額を支払うために貯金していくよりも容易だと感じる。彼らの生活は常にぎりぎり、つねに困難なのだから[3]。

　この点を捉えたモデルが硬直したものとなっているのは、ある特定の効果を――もし借り手が現在偏重型ならば、高頻度返済によって、返済が誘因両立的［訳注：経済システム内で想定された行動原理に個々の経済主体が自律的に従う誘因（インセンティブ）がある状態］となる融資規模の最大値を上げられるということを――強調するためである。直観的には、借り手が現在偏重型ならば、返済額が大きくなった時点で債務不履行にすることによる目先の利益は大きな誘惑となりそうに思える。逆に、そうした支払いの期間が長くなれば、任意の時点での即時返済の負担が小さくなり、したがって誘惑とはなりにくいだろう。また高頻度返済は、見返り（典型的には将来のクレジッ

第1部　マイクロファイナンス実践の理解

トへのアクセス）が、最初の支払いの時点で返済の決断のはるかに先にあるため、大幅に少なく感じられてしまう。しかし他方、返済負担のかなりな部分についても同様なことが言える。結局、現在偏重型の借り手にとっては、高頻度返済によって誘因両立性による制約が緩むことになる。しかし、そうした利益はコストなしには手に入らない。高頻度返済は、借り手には面接への出席という機会費用［訳注：ある行動を選択することで、他の選択肢を選んでいれば得られたはずなのに失われてしまった利益］を、貸し手には直接のコストを課してくる。さらには、たとえ額は少なくても一定の利益を生み出すプロジェクトに投資しようという借り手のインセンティブを歪めることにもなりかねない。こうしたコストと正のインセンティブ効果の釣り合うところが最適頻度である。

　融資の高頻度返済を動機づける行動要因は、ROSCA（輪番制貯蓄信用講）から期間ないし金額目標のあるフォーマルな金融商品まで、さまざまなコミットメント貯蓄［訳注：定額の義務貯蓄］商品への需要を生み出すこともある。しばらくは、マイクロ貸付をとりまく興奮が貯蓄行動への関心を締め出すように思えたが、関心は洪水のように戻ってきた。今では、幅広い政策関連文献において、貧困世帯向けの貯蓄販路の重要性が認識されているし（Collins *et al*., 2009；CGAP, 2002 など）、学問的な研究でも、貯蓄を試みる際に世帯が直面する多くの制約を明らかにする作業が始まっている。全体としてのさまざまな証拠から、発展途上の経済圏でも先進経済圏でも、貯蓄の偏差が行動経済学の一般的な洞察と一致してすることが証明されている[4]。とりわけ筆者らの目にしたところでは、時間非整合的な［訳注：ある時点での最適計画がその後の判断で変わるような］選好をもつ個人も、他者によるリソースクレームに従う従来型の選好をもつ者さえも、コミットメント貯蓄商品に価値を見いだしている。一般的な感覚として、こうした問題は貧しい個人に特に顕著であるし、行動経済学のツールが、マイクロファイナンスとインフォーマルなクレジット市場に関わる特定の疑問に適用できる例が急増している。たとえばバス（Basu, 2008）は、時間非整合的選好の影響に直接注目して、コミットメント貯蓄商品への需要と福祉面での意味合いについて論じている。

　留意点は、こうしたモデルの基礎となる準双曲型の効用関数がさまざまなソースから得られるということで、不確かな貯蓄、他の家族成員からの将来消費への需要、あるいは現在の消費に対する行動バイアスなどもこれに含まれる。この理論は、標準的な技法にしたがって、これらのすべてを現在バイアスの媒介変数に埋め込むことで、こうした集合的な要因が返済行動に果たす役割への理解を一歩進めるものとなっている。研究の道筋として可能なものとして、まずは仮説のテストがあげられる。すなわち、現在バイアスが大きくなることで（根源的な理由がなんであるにせよ）、誘因両立的な融資規模の最大値が下がるとともに、さらに高頻度の割賦払いについて相対的な

支払い実績が改善するという仮説をテストするのである。もしデータがこの仮説を支持するようであれば、実践者は、この知識を活用して、顧客ニーズに合うように契約条件を改善することができるだろう。その先は、現在バイアスの根源の決定に向かうのが自然で、各人の生活状況や期待値が低下するようであれば、また別の介入が求められることになる。貯蓄の不確かなことが準双曲型の行動の誘因となっているのなら、最善の対応は、貯蓄メカニズムの強化を含んだものになる。しかし、現行の消費に対する行動バイアスがこうした選好の誘因となっているのなら、このような措置をしてもほとんど効果はないだろう。代わりに政策対応として、個人が自分のバイアスを自覚しているならコミットメント装置を、そうした自覚がないようなら、何かコミットメント装置と財務教育を組み合わせたものを含めることができるだろう。

　高頻度返済についての別の見方として、返済行為そのものよりも、借り手との面談に焦点を当てるというものがある。ライとショーストレーム（Rai and Sjöströme, 2004）は、頻繁に面談することで、貸し手は、借り手のプロジェクトについての情報を引き出すことができると主張している。自身のパートナーやプロジェクトのことを借り手に尋ね、報告が食い違っていた場合には罰を与えるなどすることで、債務不履行が戦略的なものか、純粋に返済できなくなったかの判断が可能となるのである。こうした返済面談なしの連帯責任制の下では、借り手に返済手段があるのかどうかを知る方法はない。グループ面談でのこうしたクロス報告が効率向上の決め手となる。代替的な返済構造の背後にある効果とメカニズムを解明することは、将来の研究に興味深い機会を与えてくれる。

　高頻度返済以外のクレジットメカニズムに立ち返ることで、ロイ・チョウドリー（Roy Chowdhury, 2005）とアニケット（Aniket, 2006）は、これも MFI がよく用いるメカニズムである、逐次貸付（sequential lending）に光を当てている。貸付は、普通借り手の全員に同時には与えられない。たとえば2名のグループなら、ひとりが先に割賦払いの何回かを適正に支払ってからでないと、もうひとりは貸付を受けられないということである。これだと、あとからグループに加わった者は、先に参加した者をモニターする責任が追加されることになる。実際に、同時貸付では、借り手同士がモニターし合うということは少ない。逐次貸付ではこの問題が回避される。ロイ・チョウドリー（2005）が示したモデルでは、ある種のエスクロー勘定［訳注：第三者（機関）を通した決済方法］が暗黙のうちに前提されていて、1巡目の借り手の収入を一部取り上げてしまい、2巡目の借り手が返済するまで返還しないことになっている。これは一種の担保作成であって、もし実際にできるのならば、確かに、信用制約から生じる重要な陰の問題のひとつを克服することができるだろう。

　ここまでは、代替的な手段を個別に検討してきた。これから魅力的な研究分野となりそうなのは、こうしたものの相互作用に目を向けることである。なかには補完し合

うものもあるだろうし、ほかの手段とぶつかり合って積極的な効果を出せなくなるものもあるだろう。たとえば、連帯責任制と高頻度返済の相互作用を考えてみよう。連帯責任制の場合、ある借り手が仲間の返済分を支払えなくなると、そこから（自分の返済分だけなら支払えるのに）グループ全体の債務不履行につながるという潜在コストがつきまとう（Besley and Coate, 1995）。高頻度返済と少額返済を組み合わせることで、この制約は緩和されるだろう。

3　実　証

　マイクロファイナンスの研究は、まず理論面での進歩の波があり、実証面は長いあいだ遅れを取っていた。ようや最近になって、ランダム化比較試験、室内試験、さらには伝統的な計量経済学的研究から刺激を受けて、この分野にも大きな関心が寄せられてきている。このセクションでは、実証的な証拠と筆者らの理論的枠組みとのあいだにギャップのあるいくつかの分野に目を向けていく。いくつかのケースでは、理論への異議申し立てとしてバネルジー（Banerjee, 2005）が述べた、筆者らの理論モデルと整合しない「現実世界」からの観察について見ていくことになる。それ以外にも、昔からある理論に実証テストが求められる分野と、そこでのテストと再定式化の反復過程を見ていく（これは科学的プロセスの顕著な特徴である）。

　先のセクションで検討したように、マイクロファイナンスに関する初期の理論研究は、連帯責任制に焦点を当てたものが大半だった。しかし、理論家から関心が寄せられたにもかかわらず、実証研究は遅れを取っていた。わずかな学術論文が、既存の借り手グループからの観察データを活用して、連帯責任制がどのように機能しているかを引きだしていたが[5]、そもそも「連帯責任制は機能しているのか」という問いへの明確な答えはほとんどなかった。連帯責任制を採用しているマイクロファイナンス機関は、貧しい個人に無担保で貸付けていて、それでマイクロファイナンスは事実上「機能して」いた。しかし実際には、連帯責任制の貸付契約の実績はまちまちで、質的な証拠は数々の限界を証明していた。にもかかわらず、つい最近まで、連帯責任制と個人責任制との相対的な実績についての確固とした証拠はなにもなかったのである。

　この知識的ギャップに動かされて、ジネとカルラン（Giné and Karlan, 2009）は2件のランダム化比較試験を分析し、モニタリングおよび貸付金の取り立てに関して、連帯責任制と個人責任制の相対的な有効性を評価してみた。この論文は、マイクロファイナンスへの実験的アプローチの興味深い、かつ重要な一例である。このケースでは、フィリピンの大型銀行の顧客に連帯責任制と個人責任制をランダムに割り振ったのだが、融資金の返済行動には違いのないことがわかった。しかし、ジネとカルランが論

文中で検討しているように、この借り手は全員が、実験の行われた時点で、すでに連帯責任制の下で借入れをしていた。結果として、この借り手グループは、初めから平均より安全度が高かった可能性がある（Ghatak, 1999 などが示唆している）。たとえ、連帯責任制が機能するうえでピアスクリーニングが最も重要なメカニズムだとしても、これでは、連帯責任制という道具を維持しても取り去るにしても違いは出ないだろう。そして実際に、筆者らが指摘するように、ジネとカルランの実験からは、この選択条件では、ピアモニタリングやピアプレッシャーのメカニズムは、契約タイプによって返済率に影響が出るほどの違いは生じなかったことが示唆されるのである。しかし、このサンプルにはかなりな選択バイアスがあると思われるので、ジネとカルランの発見は、ピアモニタリングやピアプレッシャーの程度を過小評価していた可能性がある（借り手のリスクが大きいほどこうしたメカニズムからの利益は大きくなると仮定する）。

とはいえ、このような注意こそ必要なものの、やはりジネとカルランの発見は、あるメカニズム（ここでは連帯責任制）の効果を直接テストし、それが機能する（もしくは機能しない）チャネルを理解するうえで、興味深い道筋を示唆している。言い換えれば、ランダム化比較試験を用いれば、マイクロファイナンスの具体的なメカニズムについての理論を明確にテストできることが示唆されているということである。次のステップは、選択の効果がテストできるような実験をデザインすることだろう。たとえば、連帯責任制および個人責任制の下での社会的つながりの違いだけでなく、リスク選好や投資機会をはじめとして、選択に関する筆者らのモデルの中心にあるさまざまな特徴についての情報の違いについても、直接テストしていけるだろう。また、このステップの重要な補完物として、同じ融資契約を結んでいるグループ内でこうした特徴がランダムに変化するような実験をデザインして、両方の方向での因果関係を評価することもできるだろう。最後に、カルランとジンマン（Karlan and Zinman, 2008）の研究に沿って、ピアセレクション、ピアモニタリング、およびピアプレッシャーの相対的な重要度を直接テストするのも価値があるだろう。

ジネとカルランの貢献を、利益ある形で拡大していく方法はたくさんある。しかしここでは、これが研究過程そのものについて何を語っているかに焦点を当てていきたい。マイクロファイナンスの中核理論は多くが10年以上も前のもので、しかも、今もって慎重な実証テストが行われていない状態にある。一般に、仮説の定式化とテストの反復プロセスについては、科学的な方法が確立されている。しかしマイクロファイナンスの分野では、すでに見たように、理論と実証とがほとんど独立の道をたどってきてしまっている。ここで、この2つが相前後して進化していける機会が目の前にある分野に目を向けたい。それは返済の頻度である。

アカデミックな世界の、そしてそれより重要な、マイクロファイナンスの実践者自身からの関心が連帯責任制から離れていくにつれて、高頻度返済がふさわしい注目を

集めるようになってきている。マイクロファイナンスの顧客は、少額で高頻度の割賦払いで融資金を返済するのが普通で、それを融資の直後から始める。大半の契約では、毎週の返済が義務づけられる。先に引用したユヌスの言葉にあるような直観が、多くのマイクロファイナンス実践者にアピールし、共有されている。しかし、返済頻度の効果についての実証的な証拠は限定的で、しかも矛盾したものが混じり合っている。バングラデシュでは、600万人近い顧客を抱える最大級のMFIであるBRACは、隔週返済に移行しようとしたが、それでは滞納が増えることが実験で示されたことから、この移行を放棄した（Armendáriz and Morduch, 2004）。ラテンアメリカでは、いくつかのMFIが、顧客の一部を隔週返済に移したが、それ以上に返済の間隔をのばすことには今も消極的である（Westely, 2004）。商事会社をターゲットとする都市型MFIのサテン・クレジット・ケア（Satin Credit Care）では、毎日の返済を毎週にしてみたところ、滞納率が1パーセントから50パーセント近くにまで増加してしまった[6]。ボリビアのバンコソルは、滞納率の変動に合わせて返済方針をなんども改定しているという（Gonzales-Vega, 1997；Westley, 2004）。

　近年、この問題の重要性から、さまざまな実験的・準実験的な調査が行われている。2000年には、アフリカ最大級で、最も確立されたマイクロファイナンス機関のひとつであるFINCAウガンダ（FINCA Uganda）が「フレキシブルプログラム」を導入し、選ばれた一部地域の借り手グループが、全員一致の投票によって返済を毎週から隔週に変更できるようにした。ほかの多くのマイクロファイナンス機関と同様にFINCAも、高頻度支払いが返済実績には非常に重要だという考えだったので、毎週の面談に伴うコストの大きさにもかかわらず、返済頻度を下げることには消極的だった。また、当然のことながらFINCAは、滞納増加のリスクが最も低いと思われる地域にだけ低頻度返済をオファーしているわけで、ここでは、内的なプログラムの位置づけによる変化の影響の推定に選択バイアスを誘導することが懸念される。マッキントッシュ（McIntosh, 2008）が、そうした影響を説明できるようにデザインされた計量経済学の戦略を用いて計算したところ、毎週返済にとどまることを選択した借り手グループと比べて、隔週返済を選択したグループのほうが保持率は高く、なんと返済率も、わずかながらよいことがわかった。しかし、マッキントッシュも指摘しているように、これでテストしているのは、契約の選択メニューから既存の顧客が判断するのを認めた場合の効果であって、返済期間変更の直接の影響を調べているわけではない。

　フィールドとパンデ（Field and Pande, 2008）は、インドの大規模マイクロファイナンス機関の顧客に、毎週返済と隔週返済をランダムに割り振って、同様のテストを行ってみた。すると滞納率には有意な影響は見られず、すべての実施グループで、債務不履行も滞納率もきわめて低かった。フィールドとパンデは、将来および過去の借入れにも研究の対象を広げている。そちらでは返済に向けた誘因両立性による制約が

拘束になりやすいと思われるので、違いが現れてくるかもしれない。しかし今のところ、証拠はなにも語ってくれていない。

　にもかかわらず、マイクロファイナンス実践者は、ほとんど口を揃えて、高頻度の返済スケジュールで返済率が上がると主張している。ここへくると、実践者の経験と目に見える実証的証拠が理論的な基礎を跳び越えてしまう。一見すると、高頻度返済の重要性への信念は、理論的に不可解である。古典的な考え方では、合理的な個人にとっては返済予定に融通の利くほうがよく、返済の柔軟性がなくなるほど債務不履行や滞納が増えるはずである。行動経済学および心理学の洞察から、ある可能性のあるメカニズムが示唆される。アリエリーとヴェルテンブロック（Ariely and Wertenbroch, 2002）は、外的に返済期限を課すことで実績を上げられることを明確に示しているし、ほかにも多くの研究が、幅広い状況での先延ばしの影響や現在バイアスについて述べている[7]。現在バイアスは昔から仮定されてきたし、今では、マイクロファイナンスの借り手のあいだで十分に証明されている（Bauer, Chytilová and Mordouch, 2008）[8]。高頻度返済の重要性も、これで説明することができる。フィッシャーとガータク（2010）は、現在バイアスのある借り手については、高頻度返済のほうが高額の融資を支えられることを示している。実際には、競争力のある利率が設定されていれば、返済頻度が高くても、借り手としては、現在バイアスの度合いに関係なく、返済の誘因両立性による制約が緩むのだろう。

　これは、BRACやASAのような小口融資を行っている機関にとって、頻繁な返済が重要でないということではない。現在バイアスの程度がどうあれ、誘因両立性による制約は拘束にしかならないし、返済頻度は一定の規模を超えた貸付に対する返済行動にのみ影響する。しかし、十分に現在バイアスのかかった借り手や、あるいは不払いの影響が比較的小さい融資の場合、この下限はごく小さなものになる。マイクロファイナンスにおいては、借り手の効用や利益の用途、金融面での選択肢、債務不履行のペナルティーに対する感受性が不均一なため、驚くことではないが、返済頻度の変化への対応が非常に幅広い。これまでのところ、小口融資の返済頻度を下げたときに、なぜある場合には成功し、ある場合には失敗するのかという理由はわかっていない。現時点で返済条件の変更を考えているマイクロファイナンス機関は、実験の範囲と観察結果を考えて、自分の機関の借り手群でどのような変化が起こるかを、せいいっぱい推測するしかない。この理論の目的のひとつは、将来の実験に根拠を与えること、それによって返済頻度が返済に影響を与えるメカニズムを明らかにし、実践者が融資条件について情報を得たうえで決断し、最適の実験を行えるようにすることである。

　返済頻度に関する疑問は、マイクロファイナンスに関する実証的な証拠と実施機関と実験とが、理論的な支えを超えて広がってきた分野のひとつにすぎない。しかし、昔からの理論にテストが求められている分野はほかにもたくさんある。たとえば、グ

ループ情報の理論である。たとえ多くのマイクロファイナンス機関が伝統的な連帯責任制の貸付を超えたところへ移行しても、スクリーニング、モニタリング、変改活動については、これからもグループに頼ることになる。基準となるモデルの結論は、グループは、似たタイプのリスクがマッチングするように均質にマッチングさせるとしているが（Ghatak, 1999, 2000；Gangopadhyay et. al., 2005）、競合する流れは、借り手を不均質にマッチングすることで、相互保険からの潜在利益が最大になることを示唆している（Sadoulet, 1999）。アーリン（Ahlin, 2009）は、タイの借り手グループからのデータを革新的に用いて、均質なマッチングの根拠を発見している。グループの重要性がこれからも進歩していくことから、こうした路線での研究を続けていくことは実り多いことだと思われる。

4　溝に橋を架ける

　高頻度返済のコストと影響を考えれば、研究の方向を、コストの下がる仕組みの理解に向けるのが生産的であろう。必然的に、進歩のいくつかは運営面でのものになるだろう。たとえば面談のスケジュール作りや場所設定で、借り手とクレジット担当者の直接コストを下げるとか、携帯電話のような通信技術のイノベーションを創造的なやり方で活用するといった具合である。理論の面からの提案もあるだろう。たとえば、返済の動機が高頻度返済そのものであって、社会的圧力や直接面談による情報構造ではないなら、高頻度の電子返済に移行することで、債務不履行を増やさずにコストを下げることができるだろう。しかし、歪んだ投資決定を通じて、高頻度返済のコストが生じるなら、こうした変更はほとんど利益を生まない。それよりも、初期の割賦返済の予定を引き延ばすか減らすかしたほうが、マイクロファイナンス機関も顧客も助かるし、潜在的な投資利益を高くできるから、スタート直後から頻繁に現金をやりとりする必要もなくなる。
　こうした昔からの課題への解決策を理解するには、さらに多くの研究が必要となる。理論とフィールド研究と実践者のそれぞれの洞察を統一すれば、こうした解決策への動きはさらに確かなものとなる。マクロファイナンス機関がなんらかの方針変更によるコストと利益を評価しようとするなら、慎重なフィールド研究を通してその方針変更のインパクトを定量化することは不可欠である。あらゆる変化の背後にあるメカニズムの明快な理解——すなわち理論——があれば、そうした発見を行動に移す際の助けとなる。また、実践者からの情報提供があれば、研究は現実に根ざしたものとなり、答えを見つけることに関心のあるすべての者から、最高の考えを取り入れることになる。

理論研究者のあいだでは、ランダム化比較試験によって仮説をきれいにテストすることができるのに、テストするべき仮説を選ぶところまでなかなか考えが進まないという不満をよく耳にする。筆者らは、このような批判を受けることはない。しかし同時に、フィールド実験の団体が興味ある発見をたくさん生み出しているのに、多くの場合、そうした結果を自らの理論的枠組みのどこに位置づければいいのか、まったくわからずにいることは認めざるを得ない。ダフロ（Duflo, 2005）は、この論法を見事に捉えて次のように述べている。「フィールド実験は理論を必要としている。なにかテストできるもののヒントを引き出すためだけでなく、なにが興味深い疑問なのかについて一般的な方向を与えてもらうために」。ところが、筆者らが出会う理論には、核となる洞察を詳細に拡大・修正して作り上げてはいるが、実証的な研究や観察から生じる事実に適切な注意を払っていないものが多い。

　言うまでもないことだろうが、理論と実証との密接な相互作用がこれからのマイクロファイナンス研究にとって利益となることには、ほとんど誰もが賛同する。筆者らは、この主張をさらに一方進めたい。事実を受けて理論を当てはめていけば、慎重な実証研究やランダム化比較試験から学べることも多い。同様に、昔から適用されている理論で、時代が下ってから別の研究者によってテストされたものにも大きな価値がある。しかし筆者らは、マイクロファイナンスの文献のなかには、理論と実証をその発端のところで統一するための大きなチャンスがあるのだと言いたい。

　返済頻度の問題への適用を考えてみよう。マッキントッシュ（McIntosh, 2008）やフィールドとパンデ（Field and Pande, 2008）が生み出した重要な実証的証拠には、今すぐ政策化できるだけの妥当性がある。ほかの実践者も、返済頻度を下げる実験をしてみたくなるだろう。しかし、そうした結果の背後にあるメカニズムは今も明快にはなっていない。たとえば、フィッシャーとガータク（Fischer and Ghatak, 2010）は、テスト可能な予測をいくつか提供してくれている。返済頻度が問題になりやすいのは、（a）債務不履行になる誘因が強い大口融資の場合だろうか、（b）借り手が現在バイアスに弱い場合だろうか、それとも、（c）グループ面談を組織するための取引コストが低い場合だろうか。こうした予測はテスト可能であり、反証可能である。もしテストによって誤りが証明されれば、こうしたメカニズムがどう機能するかについて、ある程度の一般化が可能な理解に到達するまで、さらに予測を磨いて再度テストするということを繰り返せばいいのである。

　これは科学研究において確立された道筋であって、経済学やマイクロファイナンスに限ったものではない。特異な点と言えば、今は、経済学におけるいくつかの方法論的なイノベーション（ランダム化実験など）のおかげで、理論を容易にテストできる状況になっていることである。二次的な（ランダム化なしに得られた）データでは、つねに交絡因子［訳注：統計モデル中の従属変数と独立変数の両方に相関する外部変数］が

働くので、幅広い因果関係のメカニズムについてさえ、推定が難しい。ましてや、理論の微妙なニュアンスまではとても読み取れない。また、その本質からいって、こうした実験は、実践者との緊密な協力関係とパートナーシップがあって初めて実施できるものである。こうした2つの特徴によって、現在の状況はかなりユニークな――そしてそこで研究する者にとっては――きわめて刺激的なものとなっているのである。

5 結 論

　本論では、マイクロファイナンスに関する最近の理論的および実証的研究をいくつか検討してきた。筆者らの目標は、関係文献の包括的な概観を提供することではなく、その主要なテーマと相互のつながりに光を当てることだった。筆者らは、将来の研究によって、理論的研究と実証的研究との溝に橋を架ける方法について見解を提出し、そこではランダム化比較試験が非常に重要な役割を果たすだろうと主張した。橋を架けるべき溝はほかにもある。学門的研究と実践者が行っている作業との溝である。そこでは、この相互作用の2方向性を理解することが重要である。実践者はパイオニアであり、成功も失敗も含めたそうした研究があってこそ、研究者は基礎となる材料を手に入れ、基本的な経済学上の疑問を考えることができる。研究者は、理論と実証研究の両方を利用して、幅広いパターンないし定型化事実を確立する。そしてそれを基準として、こんどは実践者がそうしたプログラムのデザインでイノベーションを実施しようと考え、そこからまた新たな謎や疑問が湧いてくる。こうして、3方向の相互作用が続いていくのである。

注
※　きわめて有益なフィードバックをしてくれた、クリスチャン・アーリン（Christian Ahlin）、ジャン＝マリー・バラン（Jean-Marie Baland）、ティム・ベスリー（Tim Besley）、ガランス・ジェニコット（Garance Genicot）、ハビエル・ジネ（Xavier Giné）、ロコ・マキャヴェッロ（Rocco Macchiavello）、イムラン・ラスル（Imran Rasul）、デブラジ・レイ（Debraj Ray）とミリアム・シン（Miriam Sinn）、および匿名のレフリー1名に深く感謝する。
1．理論に関する文献の論評については、Ghatak and Guinnane（1999）を参照。
2．たとえば、Giné and Kalran（2009）、Banerjee *et al.*（2009）などを参照。
3．Yunus（2003: 114）
4．この研究の判断については、Ashraf *et al.*（2006）および Thaler（1990）を参照。
5．例外として、Ahlin and Townsend（2007）および Wydick（1999）がある。
6．Greg Fisher による H. P. Singh へのインタビュー（2005年11月）。

7．たとえば、Akerlof（1991）または O'Donoghue and Rabin（1999）を参照
8．さらに一般的には、Mullaninathan（2005）が説得力のある議論を展開し、時間非整合的な選好が、開発経済における中核問題の多くを理解するうえでの中心になるのではないかとしている。

参考書目

Ahlin, C (2009). *Matching for Credit: Risk and Diversification in Thai Micro-Borrowing Groups.* BREAD Working Paper No. 251.

Ahlin, C and N Jiang (2008). Can Micro-credit bring development? *Journal of Development Economics*, 86(1), 1–21.

Ahlin, C and RM Townsend (2007). Using repayment data to test across models of joint liability lending. *Economic Journal*, 117(517), 11–51.

Alexander Tedeschi, G. (2006). Here today, gone tommorrow: Can dynamic incentives make microfinance more flexible? *Journal of Development Economics*, 80(1), 84–105.

Aniket, K (2006). *Sequential Group Lending with Moral Hazard.* Edinburgh School of Economics Discussion Paper No. 136.

Ariely, D and K Wertenbroch (2002). Procrastination, deadlines, and performance: Selfcontrol by precommitment. *Psychological Science*, 13(3), 219–224.

Armendáriz de Aghion, B and J Morduch (2005). *The Economics of Microfinance.* Cambridge, MA: MIT Press.

Aubert, C, A de Janvry, and E Sadoulet (2009). Designing credit agent incentives to prevent mission drift in pro-poor microfinance institutions. *Journal of Development Economics*, 90(1), 153–162.

Banerjee, A (2005). New development economics and the challenge to theory. *Economic and Political Weekly*, 40(4), 4340–4344.

Banerjee, AV, T Besley, and TW Guinnane (1994). Thy neighbor's keeper: The design of a credit cooperative with theory and a test. *Quarterly Journal of Economics*, 109(2), 491–515.

Basu, K (2008). *The Provision of Commitment in Informal Banking Markets: Implications for Takeup and Welfare.* University of Chicago mimeograph.

Bauer, M, J Chytilová, and J Morduch (2008). Behavioral foundations of microcredit: Experimental and survey evidence. Institute for Economic Studies mimeograph.

Besley, T and S Coate (1995). Group lending, repayment incentives and social collateral. *Journal of Development Economics*, 46(1), 1–18.

Bond, P and AS Rai (2009). Borrower runs. *Journal of Development Economics*, 88(2), 185–191.

Chowdhury, PR (2005). Group-lending: Sequential financing, lender monitoring and joint liability. *Journal of Development Economics*, 77(2), 415–439.

Chowdhury, PR and Ray, J (2009). Public-private partnerships in micro-finance: Should NGO involvement be restricted? *Journal of Development Economics*, 90(2), 200–208.

Collins, D, J Morduch, S Rutherford, and O Ruthven (2009). *Portfolios of the poor: How the world's poor live on $2 a day.* Princeton, NJ: Princeton University Press.（邦訳『最低辺のポートフォリオ：1日2ドルで暮らすということ』ジョナサン・モーダック、スチュアート・ラザフォー

ド、ダリル・コリンズ、オーランダ・ラトフェン著、野上裕生監修、大川修二訳　みすず書房　2011.12)

Consultative Group to Assit the Poorest (2002). *Microfinance Consensus Guidelines. Developing Deposit Services For The Poor*. Washington, D.C.: CGAP/The World Bank.

Duflo, E (2006). Field experiments in development economics. In: *Advances in Economics and Econometrics: Theory and Applications: Ninth World Congress*. Cambridge University Press.

Field, E and R Pande (2008). Repayment frequency and default in microfinance: Evidence from india. *Journal of the European Economic Association*, 6(2–3), 501–509.

Fischer, G (2010). Contract structure, risk sharing and investment choice. LSE mimeo.

Fischer, G and M Ghatak (2010). Repayment frequency and lending contracts with present-biased borrowers. LSE mimeo.

Gangopadhyay, S, M Ghatak, and R Lensink (2005). Joint liability lending and the peer selection effect. *Economic Journal*, 115(506), 1005–1015.

Ghatak, M (1999). Group lending, local information and peer selection. *Journal of Development Economics*, 60(1), 27–50.

Ghatak, M (2000). Screening by the company you keep: Joint liability lending and the peer selection effect. *Economic Journal*, 110(465), 601–631.

Ghatak, M and TW Guinnane (1999). The economics of lending with joint liability: Theory and practice. *Journal of Development Economics*, 60(1), 195–228.

Giné, X and DS Karlan (2009). *Group Versus Individual Liability: Long-Term Evidence from Philippine Microcredit Lending Groups*. Yale Economics Department Working Paper No. 61

Gonzalez-Vega, C, S Navajas, and M Schreiner (1995). *A Primer on Bolivian Experiences in Microfinance: An Ohio State Perspective*. Ohio State University.

Guttman, JM, (2008). Assortative matching, adverse selection, and group lending. *Journal of Development Economics*, 87(1), 51–56.

Jain, S and G Mansuri (2003). A little at a time: The use of regularly scheduled repayments in microfinance programs. *Journal of Development Economics*, 72(1), 253–279.

Karlan, D and J Zinman (2009). Observing unobervables: Identifying information asym- metries with a consumer credit field experiment. *Econometrica*, 77(6), 1993–2008.

Laffont, J-J (2003). Collusion and group lending with adverse selection. *Journal of Development Economics*, 70(2), 329–348.

McIntosh, C (2008). Estimating treatment effects from spatial policy experiments: An application to Ugandan Microfinance. *The Review of Economics and Statistics*, 90(1), 15–28.

McIntosh, C and B Wydick (2002). Competition and microfinance. University of California, Berkeley mimeo.

Rai, AS and T Sjöström (2004). Is Grameen lending efficient? Repayment incentives and insurance in village economies. *Review of Economic Studies*, 71(1), 217–234.

Sadoulet, L (1999). Equilibrium risk-matching in group lending. ECARES/Universite Libre de Bruxelles mimeo.

Stiglitz, JE (1990). Peer monitoring and credit markets. *World Bank Economic Review*, 4(3), 351–366.

Varian, HR (1990). Monitoring agents with other agents. *Journal of Institutional and Theoretical Economics*, 146(1), 153–174.

Westley, GD (2004). *A tale of four village banking programs: Best practices in Latin America.* Washington, D.C.: Inter-American Development Bank.

Wydick, B (1999). Can social cohesion be harnessed to repair market failures? Evidence from group lending in Guatemala. *Economic Journal*, 109(457), 463–475.

Yunus, M and A Jolis (2003). *Banker to the poor: Micro-lending and the battle against world poverty.* New York: Public Affairs.（フランス語版よりの邦訳『ムハマド・ユヌス自伝：貧困なき世界をめざす銀行家』ムハマド・ユヌス , アラン・ジョリ著、猪熊弘子訳　早川書房　1998.9）

第1部　マイクロファイナンス実践の理解

ドイツの初期信用組合と今日のマイクロファイナンス組織
―― 類似点と相異点

ティモシー・W・ギネイン* (Timothy W. Guinnane)

　マイクロファイナンス機関は、今や開発政策の中心的な位置を占めるまでになっている。特別なマイクロファイナンス機関を必要とする経済問題というのは別に新しくはないし、これまでにも、現代のマイクロファイナンス機関と古い金融業者との類似に注目した学者は何人もいる。本論では、歴史的な機関1つ（ドイツの信用組合）と現代的なマイクロファイナンス機関で最も古いもの2つに焦点をしぼり、細かい点まで順に比較していこうと思う。考察する問題は、貸付方針、典型的な融資規模、資金源、そして、大規模な社会的およびその他のインフラが、そうした機関の行動形成に果たした役割である。結論として筆者は、目標こそ類似しているものの、歴史的な信用組合にはやはり違いがあり、そのなかには、今日のマイクロファイナンス機関にとって教訓となるものがあると考える。

　マイクロファイナンス機関は、今や大半の発展途上国において一大勢力となっている。多くの経済学者や開発の実践者が、こうした機関を、貧困国における農業の改善、小規模企業の創設、人的資本の形成、福祉全般の向上を促進するための中心的存在だと見ている。今日のマイクロファイナンスに関わって生じてきている実践や疑問には、19世紀に形成された初期の機関で発生した疑問と響き合うものがある。それを見て、

＊イェール大学

ヨーロッパの歴史的機関との類似点を指摘する研究者もひとりではない。見るレベルによっては、こうした比較は正確ではない。歴史的な機関は、初期のマイクロファイナンス機関とは依拠する制度構造が違っているからである。しかし他方、その貸付モデルには、今日用いられているものとの類似点もあるのであり、そうした歴史的機関が現在の実践のために何を提供してくれるかを理解しておくことには価値がある。本論では、ヨーロッパの初期の信用組合で最も強力だったもの——ドイツ人を対象とした、今日のマイクロファイナンス機関に当たるもの——のひとつに焦点をしぼって比較していく。

この種の議論では、とかく「最初の」という問題を取り上げて、具体的にどの機関がどのタイプでは最初のものかを問うていくケースが少なくない。そうした問いかけは、たちまちのうちに、歴史的なマイクロファイナンスの定義に関わる実りのない議論へと変わってしまう。たしかに小口融資ということなら、多くの重要な機関が、ここで議論する信用組合よりも前から行っていた。しかし注意深く見ていくことで、現代のマイクロファイナンス機関とよく似た目的を持った多くの金融業者に焦点を当てることができる。また、一部の歴史的機関について、現代の実践者にとって教訓となるものがある／ないと主張していくアプローチもある。適切な警戒心を持って行えば、こちらのアプローチの方が実りは多い。当然のことながら、ある種の貸付を行うための「最善の」方法は、時間と場所によって違ってくる。しかし、ある場所で成功を助けた特徴、あるいは妨げた特徴を理解することが、別の場所での問題を理解する助けになることは間違いない。

本論には、控えめだが有効な目的がある。それは、歴史的な信用組合が現代のマイクロファイナンス機関とどの点で類似し、どの点で相違しているのかを述べていくことである。現代のマイクロファイナンス機関の詳細については、本書に収められた他の論文を見てもらえばよいので、ここでは、今日活動している最も重要な2つのモデルとの比較に話を絞っていく。ひとつはグラミン銀行が開拓した「グループ貸付」モデル、もうひとつは、特に今日の西アフリカで広く行われている「マイクロファイナンス協同組合」のモデルである。

1 初期のマイクロファイナンス機関

近年の論文には、歴史的なマイクロファイナンス機関に焦点を当て、現代のマイクロファイナンス機関との類似点を検討しているものがいくつかある。そうした議論からわかるのは、ある機関が実際に何をしていたかは、慎重に理解していく必要があるということである。そこには、一定の人びとの（おそらくは複数の）目的を分離する

という、歴史上の問題がつきまとう。さらに、こちらの方が重要なのだが、往々にして経済学者は、ある機関のなかに、ありもしない論理を（あるいは少なくともその機関の機能にとって中心的ではない論理を）読み込んでしまう。近年の例としては、ホリスとスウィートマン（Hollis and Sweetman, 1998 2001）によるアイルランド貸付基金（Irish Loan Funds［訳注：『ガリヴァー旅行記（Gulliver's Travels）』などで知られるジョナサン・スウィフト（Jonathan Swift）が1720年にアイルランドで始めた小口金融]）をめぐる議論や、フィリップスとムシンスキー（Phillipps and Mushinski, 2007）による、アメリカのモリス式銀行（Morris Plan banks［訳注：アメリカの法律家アーサー・J・モリス（Arthur J. Morris）がイタリアやドイツの先例を踏まえて1910年に始めた庶民金融]）の分析がある。アイルランド貸付基金は18世紀に始まった準慈善目的の地域組織が資金貸付の権限を認められていたものだが、ホリスとスウィートマンは、これが現代の一部マイクロファイナンス機関とよく似た機能を持っていたと主張している。たしかに、アイルランド貸付基金は、営利目的の金融業者が手を出さない時代に、比較的小口の融資を行っていた。問題は、この金融ファンドを、本当にグラミン銀行や西アフリカのマイクロファイナンス協同組合のアイルランド版と考えていいのかということである。この融資ファンドには、情報と取り立てという、現代のマイクロファイナンス機関に見られる革新的なメカニズムに底流する問題に取り組む意図が本当にあったのだろうか。現在では、このファンドは地元への利益供与と腐敗の根源だったとする議論が多いようである。

　モリス式銀行についても同様のことが言える。これは20世紀初めにアメリカで始まった独立の営利金融機関で、連帯保証人を義務づけることでスクリーニングとモニタリングのコストを引き下げたところは、連帯責任制を取っている現代の金融業者とまったく同じである。しかし、モリス式銀行では複雑なスキームが採用されていたため、多くの借り手は本当の融資コストを理解できなかったという指摘もある。たとえば借り手には、貸付金を支払う際に、無利子の預金が義務づけられていた。現代の学者には、連帯保証人への信頼をモリス式の特長だとする者もいるが、これは19世紀の金融では標準的なもので、モリス式に限ったことではない。広告での金利が本当の借入れコストと異なると批判する声もあった。そうした批判が正しいとすれば、モリス式の見かけ上の成功は、貸付け上のイノベーションを反映したものではなく、情報と取り立ての問題を成功裡に処理していたわけでもないことになる[1]。

　初期マイクロファイナンスの歴史をこうした機関に位置づけようとする努力は、どこにでもある昔からの金融機関である質屋のことを見過ごしている。しかし、質屋という小口金融について少し考えてみただけでも、なぜ信用組合がそれほど劇的な改善だと見られたのかがよくわかる。質屋は、中世以来のヨーロッパ信用市場のどこにでも見られる機能だった。その原理はシンプルである。すべての融資には担保が必要で、

貸し手は担保となるものを物理的に保有し続ける。したがって「債務不履行」はありえない。貸し手が金を失うとしたら、質入れされたものの評価を誤り、しかも借り手側が借入金を返済しなかった場合のみである。歴史的なヨーロッパの質屋は、営利企業もあれば、地方自治体が地元住民へのサービスとして運営しているものもあった。しかし貸付モデルとして、質屋にはいくつかの重要な欠点がある。このモデルが機能するためには、顧客が、持ち運びができて・担保としては十分な価値があり・しかも評価と貯蔵の容易な物を所有していなければならないのである。質屋金融には、その物が使えなくなるという重要なコストが内在する。したがって、質草を基礎とする貸付は、適切な物理的資産が、土地や道具など、生産につねに必要なものばかりの社会では、ほとんど役に立たない。最後に、このモデルは本質的にコストがかかる。質草を評価して、貯蔵しなければならないからである。この点からも、改革者が優れた金融モデルを探していた理由がわかるのである。

2　ドイツの信用組合の形成

　ドイツの信用組合には前身となる古い地元機関があって、近代の起源をたどると2つの流れに行き着く。ひとつはヘルマン・シュルツェ＝デーリッチュ（Hermann Schulze-Delitzsch）によるもの、もうひとつはフリードリッヒ・ライファイゼン（Friedrich Raiffeisen）によるものである。シュルツェ＝デーリッチュが最初に信用組合を組織したのは1840年代後半、ライファイゼンの活動は少し遅れて1850年代の後半からだった。この最初の2つの流れは、どちらも、1848年革命［訳注：フランスでの2月革命およびヨーロッパ各地で起こった3月革命］が失敗に終わったことへの間接的な反応だった。第3の信用組合はヴィルヘルム・ハース（Wilhelm Haas）が始めたもので、ライファイゼンのグループから派生したが、後には、数のうえでも規模の面でも本家を凌ぐほどになった。他にも各地域にさまざまな変種が登場した。ドイツの協同組合運動の多様性は、時に内紛の元ともなったが、大きな強みでもあった。

　ドイツにおける協同組合運動は、19世紀を通じて急速に成長した。1914年には3万5000を超える協同組合が存在し、合計の組合員数は640万にのぼっていた。組合への加入は1世帯1人が普通だったから、総人口の3分の1を優に上回る約2500万のドイツ人が、いずれかの協同組合に関わっていた計算になる[2]。そしてこのうちの約1万5000機関が、今回の関心の対象となる信用組合で、それ以外は、材料購入や製品販売のための協同組合、小売店の協同組合、協同組合団地など、さまざまな機関だった。以下に見るように、信用組合は法的には他の協同組合と区別されていたが、姉妹組織に信用供与することも多かった。ドイツの歴史家は、協同組合の政治的

第1部　マイクロファイナンス実践の理解

役割や意味合いを強調する。シュルツェ＝デーリッチュやハースをはじめとする協同組合指導者が政治指導者と重なるケースも多く（普通はリベラル派）、ドイツの各領邦・邦国［訳注：中世以来の独各地の「国」。1871年の統一以前を「領邦」、統一以後を「邦国」とした］は、おおむね協同組合運動に積極的に反対の立場をとっていたが、後には、社会民主主義の脅威（1890年代には強力な政治運動になっていた）に対する有効な防壁として、この運動を見るようになった（Guinnane, 2009a）。

協同組合は、組合員や運営について幅広い方針を自由に採用することができた。1867年にプロイセン法が成立し（いくつかの領邦ではすでに同様の法律があったのが、北ドイツ連邦（North German Confederation［訳注：プロイセンを中心に22の領邦と3の自由都市により1867年に成立した連合体。1871年のドイツ統一の母体となった］で採用され、さらに1871年の統一に当たってドイツ国全体でも採用された）、協同組合は特別枠で企業登録できるようになった（Guinnane, 2010）。企業登録することで、協同組合は法人格を与えられ、それ自身の資格で契約を結ぶ能力が高まった。1889年の協同組合法では、画期的だった1867年法を上回る関心が集まり、さらに2つの重要な変更が導入された。第1に、所有者が投資に対して有限責任を負う形で協同組合が作れるようになった。1889年までは、組合が破産した場合には、すべての組合員が負債に対して無限責任を負っていた。無限責任制は、今日からはずいぶんと厳しく思えるかもしれないが、ドイツをはじめとするヨーロッパ大陸諸国の超大型企業では、20世紀初めまで、ごく普通のことだったのである（Guinnane, Harris, Lamoreaux and Rosenthal, 2007）。この当時、責任構造が大問題だった理由は2つある。第1に、無限責任制は、コミュニティの富裕者が協同組合に加入するのを抑制すると考えられていた。組合が破産した場合、損失分について法外な責任を負わされるからである。しかし、組合員でなければ経営に参加できないので、無限責任制は、組織運営に必要な資本ばかりか貴重なビジネス経験をも組合から奪うことになった。1860年代に無限責任制の協同組合が大規模破産をした例では、比較的富裕な少数の人びとが組合の負債をほぼすべて支払うはめになった。残りの組合員は、自身も破産するか、雲隠れしてしまって破産審理人が探しても見つからないかのどちらかであった。有限責任制を支持する第2の主張は、組合員資産を主要な資本とする組織融資をすることの難しさを反映したものだった。もちろんこの問題は、無限責任制をとるすべての企業組織で生じるものなのだが、所有者の大半が比較的貧しい人びとで、財産といっても土地や家畜などしかないといった場合には、融資を受けるのはとりわけ厳しかった。たとえば中央銀行であるドイツ帝国銀行（Reichsbank）は、原則としては、無限責任制の協同組合にも他の企業体と同じように融資することになっていたが、実際には、そうした融資の安全性を判断できず、断ってくることが多かったのである。

1889年法は、協同組合が他の組合の株を所有することも認めていたので、これに

よって、地域協同組合という構造が、19世紀末に登場する基盤になった。この「協同組合が協同組合を所有する」というのは、双方が無限責任制をとっていたのでは意味をなさない。しかし、1889年以前には、これ以外にもさまざまな法的障害があって、責任制の変更だけで自ら新たな構造を作り出すことにはならなかったのである。

　協同組合に対する国家政策は、19世紀を通じて変化した。初め、多くの領邦・邦国はこの新たな機関を積極的に攻撃し、国家政策の反対派を支援する意図を持つものと見ていたが、やがて、シュルツェ＝デーリッチュ、ライファイゼン、ハースなどが作った運動を容認するか、同じ運動（の保守的なもの）を自ら推進するようになっていった。第1次世界大戦までには、協同組合は国家から緩やかな支持を受けるようになった。協同組合は、組合員のみを取引対象としている限り、企業税に相当するものを支払うことはなかった。協同組合の協会に少額の助成金を与えて、1889年に義務づけられた外部監査の費用を相殺してくれる邦国もあった。そして1895年には、プロイセン政府が「国の出資による協同組合の中央銀行」であるプロイセン協同組合中央金庫を創設するが、その意図は、組合運動に融資を提供するとともに、プロシア政府の最も気に入った協同組合を広めることにあった。このプロイセン中央金庫には賛否両論があった。一部には、国家の施しに大きく依存した協同組合運動だとする評価もあるが、この主張は、プロイセン中央金庫の実態についての誤解を反映している。トータルで見た協同組合は、長年にわたり、正味はプロイセン中央金庫に融資する側だったのである。協同組合が活動した枠組みは、特に1889年より後は、一般の企業体と比べて恵まれていた。また19世紀には、アメリカや東ヨーロッパからの穀物輸入に直面したドイツ農業を守るために巨額の保護関税がかけられ、それが農村コミュニティの成功に大きく貢献したことは間違いない。そうした農村コミュニティで、ドイツの協同組合は多く活動していたのである（Guinnane, 2009a）。

　本論はドイツの信用組合に焦点を当てるものだが、関連する2つの機関にも留意しておくのが正当だろう。ドイツの信用組合は、それよりずっと大きな、相互に関連した協同組合機関群の一部だった。農村部では、ワイン醸造所、乳製品製造所、倉庫、販売事業などの協同組合がこれに含まれた。都市部では、食料品店のほか、職人の仕入れや販売を手助けする事業にも協同組合があった。信用組合は独立した事業体ではあったが、多くは、他の協同組合と結びついて地域連合を作っていた。協同組合どうしが契約を結ぶこともできた。したがって信用組合は、乳製品製造所の協同組合に直接融資することもできたし、以下に述べるように、協同組合の「中央」を通すこともできたのである。信用組合は、ドイツ協同組合運動にあって、機関数の割合でも総組合員数でも最大であった。消費者協同組合は1880年代に重要度を増し、のちには明確に左翼の姿勢をとるようになったもので、その政治的な方向性から歴史家の注目が集まっている。

第1部　マイクロファイナンス実践の理解

　他の国にも、ドイツの協同組合を模倣する組織が数多く生まれた。ドイツの協同組合の成功につながった問題については、大半のヨーロッパ社会も何らかの形で経験していたので、必ずしもドイツ型の協同組合の形成に至らない場合でも、ドイツでの経験は、大半の地域で議論の枠組みとなっていった。もちろん、ドイツのシステムを輸入しようとして失敗したケースもあった（最初の例はアイルランド）（Guinnane, 1994）。ある「モデル」を輸入したという主張が、実はドイツが勝手な称賛を得ようしていたという例や、外国が自らの努力を正当化しようとして、繁栄するドイツの状況を持ち出すということもあった。しかし、いずれにせよ、イタリア、オーストリア、および北海沿岸の経済発展途上の国々の協同組合運動がドイツの発想に多くを負っていたことは間違いない。デンマークなどの国々には——おそらくアメリカもこれに入るだろう——営利目的のクレジット機関があり、ドイツの協同組合に起因するサービスの多くを提供していたので、ドイツ型のモデルはよく知られていたが、これを輸入しようという真剣な取り組みはなされなかった（Guinnane and Henriksen, 1998）。アメリカのクレジット・ユニオン制度が生まれる元となったのは、カナダのアルフォンス・デジャルダン（Alphonse Desjardins）が始めたケースポピュレール運動（Caisse Populaire movement）で、こちらはドイツの協同組合運動から大きな影響を受けている。しかしアメリカでは、今日のドイツやオランダのように、クレジット・ユニオンが、それを包含する金融システムのなかで重要な一部を成すことは決してなかった。
　歴史的な文脈の中に存在した歴史的な金融機関は、その多様さの故に混乱を招きやすい。ほとんどのヨーロッパ諸国では、狭義の銀行以外にも、何らかの社会目的を持った金融機関が形成されていた。最も数が多く大規模だったものは貯蓄銀行（ドイツでは、Sparkassenなど）、これは安全な預金金融機関として、労働者階級および中流階級に貯蓄を奨励することを目的としていた。国によっては、郵便局の貯金制度がこの役割を果たしていた。ほとんどの貯蓄銀行は、預金を政府証券や不動産で運用していたので、今日のマイクロファイナンス機関のような活動に携わっていたわけではない（ただし、一部の質屋は貯蓄銀行に付属していたので、その場合は貯蓄銀行が質屋経由で間接的に融資していたと言えないこともない）。こうした貯蓄銀行は、ドイツの例のように、預金について明確な政府保証を受けることが多かった。貯蓄銀行と信用組合はまったく別の機関で、多くの場合、両者は互いを、預金をめぐる競合相手として見ていた。また、住居の購入や建設のための貯蓄を促進する互助組織もあった。こうした貯蓄貸付組合（ドイツでは普通法的には協同組合だが）もマイクロファイナンス機関と混同するべきではない。たしかに、営利銀行が満たさない金融ニーズに応えるために存在してはいたが、こちらは扱う金額がずっと大きかった。

2.1 制度構造

ドイツの協同組合の内部構造と統治方法は盛んに議論されるテーマである。協同組合法には細部にわたる規定があったが、ほとんどの問題は、協同組合が自分で決定することができた。表3.1は、多様な系統のドイツ信用組合について一般的な傾向を示したものである。各地の協同組合は、構成する組合員が各種の統治各委員会を選出したが、たいていは理事会（Vorstand［訳注：株式会社の取締役会に当たる］）と監事会（Aufsichtsrat［訳注：株式会社の監査役会に当たる］）を置いた。組合員資格は、協同組合法により誰にでも「開かれている」ことになっているが、これは建前で、実際には、アルコール濫用などの望ましくない性向を持つ者をスクリーニングすることができた。シュルツェ＝デーリッチュの協同組合は、法外な入会金と多額の出資金要件を設定して、貧しい者が加入しにくいようにしているところが多かった。農村部の協同組合は、パートタイムの事務員を1名置いて帳簿や現金の処理をまかせるのが普通だったが、都市部の大規模な協同組合はフルタイムの専門職員を雇っていた。農村部の組合では、専用のオフィススペースのないところが大半で、一般に、農村部の組合は都市部よりずっと小規模だった。ライファイゼンのグループは、公式の慣行として、信用組合が1つの農村教区にとどまることを奨励していた。

各地の組合と以下に述べる地域組織、および全国組織との関係はグループごとに違っていた。ライファイゼンの組織はよそよりも厳格な構造で、全国連合会では1889年以降も無限責任制を維持するなど、一定の慣行を組合員資格の条件としていた。ハースのグループは地域組織が独立していて、それが集まって全国連合会を作っていたが、こちらは、だいたいにおいてライファイゼンの組織よりも現実的だった。ハースの組合では、1889年以降に有限責任制を採用するところがでてきたが、連合会としては、実際にできるところでは無限責任制を推奨していた。シュルツェ＝デーリッチュのグループは加盟組合の独立性を強調し、ほとんどの組織問題について、どこよりも大きな多様性を見せていた。

2.1.1 信用組合のバランスシート

信用組合は自身を小さな銀行と見ていたので、そのバランスシートは、よその土地の小規模銀行と似ていた。債務の構成は主に資本金と預金で、他の金融機関からの融資が混じることもあった。農村部の組合はレバレッジ比率［訳注：自己資本に対する他人資本（有利子負債等）の割合］が非常に高く、初期には、自己資本の総額が債務総額のわずか5パーセントということもあった。都市部の組合では多くの出資金が集まって多額の準備資金が積み上がるので、レバレッジ比率の低いところが多くなる。農村部の組合には出資金の配当を出さないところが多く、ライファイゼンのモデルで

第1部 マイクロファイナンス実践の理解

表3.1 ドイツにおける信用組合のグループによる違い

	ライファイゼン	ハース	シュルツェ＝デーリッチュ
各機関の所在地	ほぼすべて農村部	ほぼすべて農村部	都市部が中心
地域組織（「中央」金庫など）	全国で1つの中央機関とその支店	独立した地域組織の集まり	地域金庫はないが、地域の監査協会はある
組合員数	通常は200人未満	通常は200人未満	まちまち。1000人を超える組合も
組合員の階級・階層	コミュニティのほぼ全員を受け容れ	コミュニティのほぼ全員を受け容れ	最貧層の申込者はスクリーニングする
地方組合の運営	パートタイムの会計担当のみ雇用	まちまち。通常はパートタイムの会計担当のみ	専門の職員を雇用
融資タイプ（期間）	10年以上のものも	10年以上のものも	主に短期
融資タイプ（保証）	人的担保、連帯保証人、資産	人的担保、連帯保証人、資産	連帯保証人、在庫、原材料
財源	預金	預金と適度の準備金	払込出資金、準備金、預金
法律上の形態	無限責任制を義務づけ	通常は無限責任制	1889年以後は多くが有限責任制、一部は株式会社

は、分割不可の準備金が強調された。これは、その組合が最終的に会社化される時点で、残った準備金を地元の慈善団体などに寄付するということで、組合員が隠し利益を作る誘因をすべて取り除こうという考え方である。一方、都市部の組合は、出資金に魅力的な配当を出すところが多く、当然のことながら、融資の際の利率も高い。どちらの場合も、最も重要な債務カテゴリーは預金である。信用組合には誰でも預金することができた。預金者には組合員もいれば非組合員もいた。一部には、信用組合にも課税するべきだとする議論があったが、これは、19世紀末までには、一般の銀行が、信用組合は世帯預金をめぐって不当な競争をしていると考えるようになっていたことを反映している。同様に、状況によっては貯蓄銀行が、信用組合による預金集めの脅威になったり、その逆になったりということもあった。信用組合は、他の組合組織や、場合によっては商業銀行を含めた他の金融機関からも借入れることができたし、実際にそうしていた。

　信用組合の資産はほぼすべて融資で構成されていた。それ以外でまとまった額の資産項目としては、国債への投資か、そうでなければ他の金融機関への預け入れくらいのものだった。非組合員への貸付は、非課税扱いを取り消されるリスクが伴ったので、

どの信用組合もほとんど行わなかった。信用組合の預金は要求払預金［訳注：預入期間が決まっておらず、預金者の要求でいつでも払い戻しができる預金］ではなく、その点では、当時の大半の貯蓄銀行と同じ特徴を共有していた。方針は機関ごとに違っていたが、預金者は、解約を通知してから返金されるまでに最低でも3カ月は待たされるのが普通だった。組合によっては、解約通知から6カ月待つことに同意した者に高利率を提供するところもあった。預金構造のこの特徴は、別の文脈で銀行を苦しめていた取り付け騒ぎに対して、信用組合の脆弱さを緩和するのに役立った。しかし、これは信用組合に限ったことではなく、貯蓄銀行でもだいたいは同様の項目があった。

2.1.2　貸付の方針

　信用組合には、借入れ申込について判断を下す公式のメカニズムがあった。この目的に理事会を使うところもあれば、特別な融資委員会を置くところ、少なくとも少額の融資に関しては会計担当に決定を任せるところもあった。組合では、組合員の出資額と借入れ決定とをあからさまに結びつけることはしなかったし、パンフレットにもそのように記されていた。組合によっては、新規の組合員でも、加入したその日に、法律で定める最低必要額さえ出資すればすぐに融資していた。もちろん、組合側が借入れ申込を拒否することもできたし、実際にした例もある。筆者が調べた記録の写しには、プロジェクトの推奨度に対する疑問や提出された保証に関する懸念などを含めて、融資拒否の理由がいくつか記されていた。多くの場合、組合員は初めに申請した際の懸念事項を修正して、再度、融資申請をした。多くの組合員は、長期にわたって組合に入っていても、1度も融資を受けなかった。ギネイン（Guinnane, 2001）は、この行動は信用組合の重要な外部性［訳注：ある経済主体の意思決定（行為・経済活動）が他の経済主体の意思決定に影響を及ぼすこと］を暗示していると指摘している。小売店主は、たとえ自分では融資を必要としなくても、自分の顧客が低コストの融資を受けられるなら、巡りめぐって自分の利益になるのである。

　信用組合は、第1次世界大戦までの時期、3つのタイプの融資商品に依存していた。大半の融資は期間と分割償還の予定が固定されていた。とりわけ農村部の組合はこの方法を好み、なかには融資期間が10年以上という非常に長いものもあった。農村部の組合による融資は、最低でも5年というのが大半だった。組合の指導者は、農民には長期融資が必要だと考えていたが、組合のほうは、たとえ3カ月の取り消し条項があっても、短期預金からの資金が得られた。また、これとは別に、小企業に最も人気のあった商品として、当座預金があった。この場合、借り手は借方残高に利息を支払い、貸方残高で利息を受け取る。組合は、具体的な金額を借り手に支払う代わりに、個人が受けられる正味の融資の最大額を設定するだけである。都市部の組合では、為替手形を割り引くことで融資することが特に多かった。これは、たいていの職人が

製品の支払いを為替手形で受け取っていたためで（一種の約束手形である）、職人は、これを満期まで持っていてもよいし、銀行へ持っていって早めに現金化してもよかった。このタイプの貸付は、手形自体を担保とする融資であって、今日の商業銀行でも普通に行われている。

　融資の保証は各地の組合に任されていたが、やはり、いくつかのパターンはあった。大口の長期融資には、なんらかの形の資産を保証とすることが多かった。農村部の組合はある種の担保付き融資を行っていたし、多くの組合が、道具やその他の備品を融資の保証にしていた。約束手形がどういう書き方になっているかにもよるが、貸付金が返済されなかった時には、在庫品や原材料の一部を差し押さえることもあった。しかし、最も一般的な保証は人的担保で、借り手が融資の返済を誓約し、1名以上の連帯保証人がこれを保証していた。

2.1.3　信用組合の地域組織

　1870年代および1880年代には、2つのタイプの地域信用組合組織が成長を見せた。ひとつは単純な地域集団で、情報の共有、政府へのロビー活動、およびある種の新聞ないしニューズレターを発行するための存在だった。こうしたグループは、1889年の強制監査の導入以後は監査団体として機能した。もうひとつは地域の中央金庫で、信用組合のための特殊銀行のようなものである。各地の信用組合とこうした地域組織との関係は、グループによって違っていた。ライファイゼンの組合連合には、地域ごとの監査組合があり、単一の中央金庫があった。ハースのグループは、地域ごとの監査組合と複数の中央金庫を備えていた。シュルツェ＝デーリッチュのグループは、地域ごとの監査組合は作ったが、中央金庫はひとつも置かなかった。

　1889年までは、多くの組合連合が、加盟組合の外部監査を自主的に引き受けていた。こうした監査は、優れた慣行を奨励するとともに、評判を落とすほどの影響がでる前に不正を明らかにするための方法だと見られていた。協同組合運動の分派どうしの競争から、運動の特定分派の問題が一般化され、運動全体の評判を落としてしまうこともあったため、加盟組合が互いにチェックし合うことが利益と考えられたのである（Guinnane, 2003）。1889年の協同組合法は、外部監査を公式のものとした。この法律の下では、すべての協同組合運動は、少なくとも1年おきに外部監査を受けなければならなくなった。監査は、監査組合が行っても、地元裁判所の任命する者が行ってもよかった。欠陥のある組合に対して監査担当者が課せる唯一の制裁は、連合からの除籍だった。しかし、この措置を受けたことが知れわたることは、大半の組合にとって死刑宣告に等しかった。このような外部監査の受け入れは、協同組合運動自体からも好感された。政府関係者が監査に当たったのでは、運動に敵意を抱いていたり、政治的な動機があったり、あるいは単純に、こうしたごく小規模な事業の特殊な状況に

ついて無知だったりすることがあったので、1889年法は、協同組合運動のいくつかの分派にとっては、つねに自らを清潔にしておく機会を与えてくれるものだったのである。

1889年法の監査条項は、組合の管理運営に関する長年の懸念を反映したものだった。初期の組合指導者は、ガバナンスが自分たちの一大課題となることを認識していた。とりわけ農村地域では、組合の運営に必要なビジネス手法の訓練を受けた人材が不足していた。また、ボランティアによる運営に傾倒していたグループ（ライファイゼンやハースのグループ）は、どのようにして無給の者にモチベーションを与えるかという問題に直面していた。いくつかの組合グループは、この問題にあれこれの方法で取り組んだが、どれも似かよっていた。第1に、どのグループも、組合用に多くの助言マニュアルを依頼・印刷したほか、訓練を受けていない会計担当者や管理職の手助けになるよう、さまざまな様式の手引きを印刷した。第2に、どのグループも、各地の組合指導部に向けて定期刊行物を発行した。こうした定期刊行物の内容は、土地に基づく融資をどう保証するかといった、具体的な問題への助言がほとんどだった。そして最後に、ほとんどの地域組織が、各地の組合の会計担当者や管理職向けに研修コースを設定した。こうしたコースは大半が3〜4日間で、事業運営に必要な基本事項を教えた。そして、おそらくこちらの方が重要だと思われるが、こうした研修がよい機会となって、地域指導者は、1つの組合の問題があっという間に全体の問題になることを、地元の人びとに印象づけることができた（Guinnane, 2003）。

ガバナンスとマネジメントの問題については、農村部の組合と都市部の組合で若干の違いがあったが、これはひとつには、都市部の組合の方が大規模で、フルタイムの職員を雇用することに積極的だったからである。第2のタイプの地域機関は、ほぼ農村部の組合に限られていた。初期の中央金庫は、法律的には株式会社で、地元の加盟組合が株式を所有していた。1889年からは中央金庫も組合になれるようになり、以後の組織はこの形態をとることになる。中央金庫の債務は加盟組合からの預金が主で、そのほとんどが加盟組合への融資にまわっていた。中央金庫は商業銀行や国立銀行から借入れることもできたし、過剰な預金のあるところは、国債を買ったり、他の仲介機関の基金に預けたりしていた。

都市部の組合は中央金庫という考え方を拒絶したので、こうした地域銀行が、いくつかのグループの間で争いの主要ポイントとなっていった。しかしこれは、農村地域の信用組合が抱える特殊問題への解決策を明確に反映している。地域情報と社会の結びつきという利点を活かすためには、農村部の組合は活動地域をかなり小さくしなければならない。しかしこの構造では、単独の組合で資産と債務を多様化するのが非常に難しい。さらに、季節性も問題となる。農村コミュニティの成員の大半が融資を必要とするまさにその時期に、貯蓄している者も自分の事業に資金を使いたいのである。

第1部　マイクロファイナンス実践の理解

　最後に、農村部の信用組合はレバレッジ比率が高く、その貸付方針の結果として流動性があまりなかった。指導者らはこの問題を理解していたが、農業への長期融資というニーズからくる必然的な結果だと見ていた。外部基金の利用が容易になれば、長期融資が可能になり、顧客に奉仕できて、しかも流動性のなさによる失敗のリスクもなくなると見ていたのである。

　ハースのグループでは、多くの中央金庫についてバランスシートとローンフローを調べていて、そこからこうした地域銀行がよく機能していたことが示唆される。一方では、ドイツ国内のある地方でショッキングな例があった。たとえばワイン製造業のように、相対的に特定地域に限定される業種の場合、中央金庫は事実上、あるグループの組合から借入れて、それを別の組合に貸付けるということができたのである。ほかにも、当時は強調されなかった慣行が2つある。重要な機能のひとつは、信用組合は（たいていは公示利率での預金に余剰があったので）、地域内のほかの組合の有価証券に投資することが許されていたことである。ある信用組合が中央金庫にキャッシュを預け、こんどは中央がその資金をグループ内の、たとえば乳製品製造所の協同組合に預けるなどした。このアプローチだと、信用組合が、グループ内の別の協同組合の内部問題にさらされることが少なくなる。またこのシステムは、良きにつけ悪しきにつけ、協同組合をその他の資本市場から絶縁することにもなった。もうひとつの慣行は、信用組合に、それなりの預金を集める前から融資を始めるのを認めていたことである。特にドイツ東部は平均して貧しく、富の不平等も大きかったため、ある地域で最初に立ち上げた信用組合は、地元預金者から資金を集めるのが非常に困難だった。そこで中央金庫が、最初の数年間は融資資金を提供して、このモデルが実行可能であることを証明したのである。

　中央金庫は、本当に大きな衝撃の前にはひとたまりもなかった。1907年の時期にアメリカから広まった金融パニックはまさにそうで、このときのパニックによって、システム全体が深刻な弱さを露呈した。中央金庫と取引のある組合は、中央金庫を独占的に利用するという合意を結ばざるを得なくなった。つまり、他組合に融資することも借入れることもできなくなったのである。この条項は、各地の協同組合がトラブルに巻き込まれないことを意図したもので、いくつかの協同組合が、よく理解しないままに怪しげな金融証券に投資しようとして、深刻なトラブルになることがあったためである（Guinnane, 1997）。独占契約には、ある種のただ乗りを防ぐことで、パニック時に中央金庫が機能できるようにするという意図もあった。健全な組合は、中央金庫から資金を引き揚げ、ベルリンの金融市場に投資するようになった。これによって中央金庫は、自身のバランスシートが悪化するなかで困難な組合を支援するという、不可能な任務を抱えることとなった。中央金庫が最後の貸し手として機能できると見る者はいなくなった。しかし、中央金庫との関係を悪用した信用金庫は、弱体化した

状況の加盟組合を助けようとする中央金庫に対して、冷たい態度をとったのだった。

2.1.4　運動の分派間の関係

　ドイツの協同組合運動の大きな強みはその多様性にあった（もっとも、19世紀の指導者の多くはそのようには見ていなかったようだが）。協同組合法は、さまざまな目的に適応でき、多様なイデオロギーと合わせられる柔軟な事業を生み出した。19世紀末までには、すでに述べたライファイゼン、ハース、シュルツェ＝デーリッチュの信用組合に加えて、超保守派組織や左翼組織による協同組合も生まれていた。

　信用組合の主要3派の関係には、時に非常に難しいものがあった。ライファイゼンは、運動の創始者としてのシュルツェ＝デーリッチュの役割を、言葉のうえでは称えていたものの、協同組合の準備金積み上げや短期融資への依存など、シュルツェ＝デーリッチュが組織の機能の中心だと考えていたものについて、その教えをたびたび無視している。シュルツェ＝デーリッチュは、ライファイゼンの流儀を協同組合運動全体にとっての明確な危険と考えていて、プロイセン国民議会議員という立場を利用して、ライファイゼン派の重要な慣行が違法であると、プロイセン政府に宣告させようとした。ライファイゼン派とシュルツェ＝デーリッチュ派との関係に大きな緊張となったのは、ライファイゼン派が農村世帯への到達を試みたことが反映している。シュルツェ＝デーリッチュは、協同組合モデルは農村の状況には不適切だと考え、ライファイゼン派が自分のアイデアを適用しようとするのを、考えが甘いと見ていた。両派の違いには、あるレベルでは、まったくイデオロギー的なものがあった。シュルツェ＝デーリッチュとその支持者は、運動に国家が関わることに強硬に反対した。あらゆる補助金を拒絶し、国家機関に協同組合の監視を認めようとする措置に抵抗した。これは、政治的な方向性とともに、自分たちの事業がドイツ各地の領邦政府から敵視されたという、初期の苦い経験が反映したものだった。ライファイゼン派は国家についての見方が違い、ある程度の介入はあっても支援を受けられればよいという姿勢だった。

　ハースのグループは最後まで農村主体だったが、先行する2つの流れのベストプラクティスから学ぼうという姿勢を見せていた。ハースの組織は協同組合組織について助言をしたが、それに従わなかったからといって、その組合の加入を拒絶することはほとんどなかった。したがって19世紀末までのハースの組織には、ライファイゼンのグループになんの制約もなしに移るところがあったり、シュルツェ＝デーリッチュの信用組合と酷似していくところがあったりした。

3　信用組合と今日のマイクロファイナンス

　ドイツの信用組合は成長し、繁栄した。多額の融資が集まり、そのほとんどが返済された。国家の支援はほとんど、ないしはまったく必要とせず、少なくともボランティア労働に依拠している時期は、多くの組合が高額の配当金を組合員に支払っていた。今日の発展途上国でのプログラムを評価する際に用いるあらゆる基準から見ても、ドイツの信用組合は大成功だった。とはいえ、19世紀ドイツの信用組合が成功したからといって、そのモデルがそのまま今日のマイクロファイナンスに推奨できると真剣に考える人はいないだろう。率直に言って、ドイツの組合と今日の発展途上国のものとでは、その文脈が大きく違うケースが大半である。この点で普通思い浮かぶのは、テクノロジーの重大な差や、世界経済の拡大だろう。1880年代ドイツの組合指導者は、携帯電話でほかの場所にいる部下と相談することなどできなかったし、インターネットにログインしてアフリカの指導者と意見交換することもできなかった。同様に、医療技術の向上によって、人間についても動物についても、多くの疫病リスクが低減されている。

　しかし、こうした比較は誤解につながりやすい。多くの面で、19世紀後半のドイツは、今日の発展途上国の一部よりも開発が進んでいた。収入を考えてみよう。マディソン（Maddison）によれば、1914年のドイツの1人当たりGDPは3059米ドルだった（1990年ゲアリー＝ケイミス・ドル［訳注：購買力平価による換算］）。今日の最も貧しい発展途上国では、1人当たりの収入はこの数字を下回るか、超えてもほんのわずかで、2001年の数字では、ペルー3767米ドル、インド1966米ドル、バングラデシュ851米ドル、スリランカ3504米ドルとなっている[3]。しかし、単純な収入の比較だけでは、一般の金融業者の融資・回収能力に影響してくる、他の差違を捉えることはできない。しかも、そうした差違の多くは、ドイツの組合運動家に比較的有利に働いていたのである。まず、完全な議会制民主主義ではないにせよ、当時のドイツには財産権を保護する強力な社会制度と法の支配があり、協同組合は、高度に発達した企業法と裁判制度から恩恵を受けていた。たとえば、信用組合はあまり担保付き融資を扱わなかったが、扱うところは、土地の所有権や抵当権の登録で、信頼できる高度なメカニズムの利点を活かすことができた。また、1880年代にビスマルク（Bismark）が導入した社会保険制度によって、ドイツ人が金融市場に誘い込まれたり、子どものための教育ローンの返済を危うくしたりといったリスクが急減した。さらに、初等教育の完全普及（UPE: Universal Primary Education）によって、潜在的な借り手の誰もが、簡単なローン書類なら読めるようになったほか、地元の人びとの多くが、こうした事業の指導者になるうえで必要となる基礎教育を身につけるようになった。協同組合の慣行は、

設定された期間ごとに組織の記録を公開することを強調しているが、これは、成人の大半が読み書きのできる社会にあっては、単なる形式ではなかった。携帯電話こそなかったが、優れた道路と効率的な郵便局、十分に発達した電報のネットワークがあったおかげで、ドイツ全土への通信は、今日の貧しい国々のいくつかよりも、ずっと容易だったのである。

　ドイツの信用組合は、大規模な金融システムの開発からも恩恵を受けていた（ただし、当時はこれを喜んで受け容れる指導者は少なかった）。組合運動の成長と平行して、営利銀行とそれに関連する金融機関の広範なネットワークが広がっていった。ドイツの「巨大銀行」が有名なのは当然だが、同じように注目されていいのが、信用組合とともに成長発展した多くの小規模銀行である。第1次世界大戦までに、ドイツには緻密で高度な金融システムができあがっていたが、多くの学者は、ドイツが工業国の先頭集団へと登り詰めるうえで、これが重要な役割を果たしたと考えている（Guinnane, 2002）。こうした銀行は組合にサービス提供することもできたし、実際にしていた。この時代を代表する大型ユニバーサルバンク［訳注：商業銀行業務、投資銀行業務、証券業務のほか、一切の金融業務を認められている銀行］のひとつであるドレスナー銀行（Dresdner Bank）は、特殊な部署を運営して、シュルツェ＝デーリッチュの組合に流動性と支払いサービスを提供していた。さらに重要だったのは、この高度な金融システムに伴う幅広いインフラが、組合にも利用できたことである。ドイツ帝国銀行は、他の企業と同じ条件で、組合にも流動性を提供していた。これは、多くの組合が要件を満たすだけの資産を持たなかったため、実際には大きなものにはならなかったが、それでも可能性は開かれていた。もっと具体的にいえば、当時の信用組合の融資では、今日のマイクロファイナンス機関が仕方なくしているように、職員が1台のバイクに2人乗りして現金をとどけなくてもよかったということである。組合は、中央金庫ないし商業銀行宛ての小切手を振り出すことができた。手元にある以上の現金を求められれば、郵便局の現金為替を経由して、中央金庫から現金を入手することもできた。貧しい借り手への融資で直面する経済問題は変わらないが、少なからぬ面で、19世紀ドイツの環境は、今日の貧しい国々よりもマイクロファイナンスに優しかったのである。

　従来の銀行から多くのドイツ人への貸付を難しくしていた基層的な経済システムや、ドイツの信用組合の組織的特徴を支え、一般の銀行が入れないところへ踏み込むのを可能にした経済システムについても、同じようなことが言えるだろう。ドイツの信用組合が難しい市場での融資に成功したことは、他の金融業者にできないことをする能力があったことを反映している。簡単にいえば、組合は、地元の結びつきが持つパワーをうまく活用して、潜在的な借り手に関する情報と返済への社会的圧力を作りだすことで、別種の金融業者にはできないことを可能にしていたのである（Guinnane, 2001）。

第1部　マイクロファイナンス実践の理解

3.1　グループ貸付

　グラミン銀行を始めとする初期のマイクロファイナンス機関の多くで代表的な手法といえば、グループ貸付（ないし連帯責任制貸付）である。最近の議論では、マイクロファイナンス機関はグループ貸付にとどまらず、多様な金融商品を提供するべきで、実際にかなりそうなっているという点が強調されている（Armendáriz de Aghion and Morduch, 2000）。しかし、ドイツの組合融資におけるグループ貸付の要素と、今日のマイクロファイナンス機関が採用しているものとの比較はやはり興味深い。ドイツの組合の融資は、すでに述べたように、大半が連帯保証人による保証だった。この慣行は、その「グループ」のうち1人しか借入れできないというところがグラミン式と違っている。また協同組合では、集団として預金者の基金に責任を負うという点で、組合員全体を1つのグループと見ることもできる。しかし、それでも、グラミン式グループの文脈で行われるグループ貸付の経済的分析の多くが、ドイツの信用組合についても成立する（Besley and Coate, 1995；Ghatak and Guinnane, 1999；Armendáriz de Aghion and Gollier, 2000；Ghatak, 2000）。組合では、融資の際に誰が連帯保証人になっているかが、最終的に積極的な判断をするか否かの差になっているわけで、その点では「つき合っている仲間によるスクリーニング」が行われていることになる。連帯保証人はモニターとしても働くし、もし融資が返済されなければ、その責任を負う。これ以外にも、グラミン式グループから派生した慣行で、組合の特徴となっているものがある。組合の「グループ」は2人に限られていたばかりか、この「グループ」は明確なプログラムの一部として作られるものでもなく、各組合員が最終的に融資を受けて互いの融資に責任を持つことはなかったのである。

　連帯保証人を求めるのは、信用組合が初めてというわけではない。この種の配慮は、営利銀行では、組合ができるずっと以前から当たり前だったし、ドイツの組合のマニュアルも、連帯保証人を立てた融資によって、当時の金融慣行を形成していた法的原則から組合が恩恵を受ける点を強調していた。この観察結果については2通りの見方ができる。一方では、信用組合は、あるレベルでは単なる小規模銀行で、所有形態、貸付、利率の方針が通常の銀行と違うだけである。なにか新しい融資モデルを考案したというわけではない。しかし他方、今日のグループ貸付については多くのことが言える。グラミン銀行をはじめ、グループ貸付を行ってマイクロファイナンス機関が連帯責任制の原則を採用しているのは、それ自体としては新しいし、バングラデシュなどの発展途上国にとってはもちろん新しいことである。しかし、連帯保証人を立てる融資というのは、ずっと昔からある慣行なのである。

　ドイツの信用組合とグラミン銀行など初期のグループ貸付機関との重要な違いは、融資規模に関するものである。ドイツの組合が融資した規模は、大小、実にさまざ

ドイツの初期信用組合と今日のマイクロファイナンス組織

まである。記録の写しを見ると、今日の小口マイクロ融資と変わらないものもある。ある組合は50マルクを融資しているが、これは当時の一般的な1日の労働からすると、およそ3週間分の賃金に当たる。この規模の融資は、今日マイクロクレジットと考えているものの範囲に十分に収まる。しかし、平均的なドイツの融資はもっと高額で、農村部の組合でさえ、1万マルクの融資をごく日常的に行っていた。グラミン銀行をはじめとする機関は、自分たちの使命を、女性や貧困者など、人口のなかの特定の層へのサービスだと見ていた。組合は、自分たちの組織を地元住民に奉仕するものと見ていて、特定の集団をターゲットにしてはいなかった。そのため組合は、必然的に、幅広い規模の融資を行うようになったのである。

ほかに、ドイツの組合と今日の一部マイクロファイナンス機関との重要な違いとしては、貸付にまわす資金源に関するものがある。今では変わりつつあるが、最近まで、地元で預金を集めようとするマイクロファイナンス機関はほとんどなかった。ある場所で貸付ける資金は「どこか別の場所」から、国際機関や財団、各国政府などからの助成金や融資という形で入ってきていた。ドイツでは普通、そうではなかった。組合員は地元民でなければならなかった。預金者も、特に要求されたわけではないが、大半が地元民だった。他人の資金を貸付ける信用組合も僅かながらあったが、それは中央金庫からの融資でスタートしたところに限られていたし、そうした慣行は、ドイツのずっと東の地方を除けば稀なことだった。この慣行には2つの意味合いがある。組合のモデルは、地元の貯蓄家と地元の預金者とを仲介するのに最も適していた。コミュニティが貧しく、貯蓄家がほとんどいなければ、理論上、組合は融資を提供できない。組合のモデルは、局所的なショックに脆弱で、たとえば家畜に疫病が発生すれば、預金者の資産が一気になくなってしまい、しかも同時に、融資需要が増大する。これが、中央金庫の存在する理由のひとつである。少なくとも理論上は、中央金庫は、組合運動の内部で地域間貸付のチャネルを構築することで、ごく局所的なショックのインパクトを軽減する機会を与えてくれた。また、中央金庫は、大きな資本市場内では優れた借り手になった。すなわち、個々の加盟組合が商業銀行から借入れできることは稀だったが、一部の中央金庫は――規模が大きい、帳簿がしっかりしている、社会的な有力者が指導しているといった理由からだと思われるが――借入れできることもあったのである。

ドイツの組合の指導者は、預金者が事実上のモニターで、システム全体が機能する助けになっていることをつねに明確にしていた。反対にアイルランドでは、地元で預金の集まらないことが深刻な問題となっていた（Gunnane, 1994）。債務不履行に陥った借り手は、隣人の貯蓄を盗んでいるのと同じだった。そして組合員も、お粗末な経営によって危うくなるのが、どこか遠くの金融業者の資産ではなく、自分たちの隣人の資産なのだということをわかっていた。一部の信用組合は、貯蓄の売り込み自体を目

第1部　マイクロファイナンス実践の理解

的と見ていた。ここには、組合運動の幅広い概念が反映している。すなわち、各世帯での貯蓄を進めることで、組合は倹約の習慣と合理的な家庭経済を奨励していると考えられたのである。

　ドイツの信用組合と今日のマイクロファイナンス機関との最後の重要な違いは、その目的に関するものである。グラミン銀行をはじめとする今日のマイクロファイナンス機関にはさまざまな目的が混在していて、なかにはほとんど理想論のようなものもある。一方、ドイツの組合では、組合員の大半は実際的な目的を持っていて、安価なクレジットへのアクセスがほしい、自分のコミュニティの幅広い経済発展に貢献しそうな機関を育てたいといった望みを抱いていた。組合の指導者は、さらに大きな目的を強調した。ライファイゼンのグループは、自分たちの協同組合の形態を「キリスト教的慈善精神」のひとつの表現だと考えていたし、ライファイゼン本人も、あるレベルでは、市場勢力による農村生活への侵入を防ぐ防御壁を提供するという意味で、組合が重要だと考えていた。多くの組合指導者は、地元で預金を集めることは貯蓄の習慣を育てることになり、それ自体としてよいことだと考えていた。当然、多くの組合が運営する「少額口座」には、厳格な商業ベースで要求されるような簿記をつける価値などなかった。なかでもシュルツェ＝デーリッチュは、当時危機的な状態にあると考えた――そして実際にそうだった――ドイツの中流階級を保護するためにも、組合が大切なのだと強調していた。

　もちろん、大きな目標も功利的なものとはなり得た。それが最も明確に見えるのは、協同組合を訓練の場として活用し、企業リーダーやコミュニティの指導者を育てようとした点である。都市部の組合は、実務の運営に有給の職員を雇うことが多かった（もっとも、組合員も積極的に理事会に関わってすべての決定を下してはいた）。農村部の組合はもっと組合員による運営に近く、大半がパートタイムの職員を1人置くだけだった。組合の指導者は、自分たちの運動が単に組合員の収入を増やすための手段ではなく、新しい世代を教育し、優れた企業人や市民を育てるためのものであることを強調した。組合のマニュアルでは、基本的な経理や複式簿記といった問題が強調されていたが、これは、運営に当たる人びとが公式の企業研修をほとんど受けていなかったためである。しかし、こうした一般的なスキルは簡単に移転することができる。第1次世界大戦が始まった時点で存在していた何千という信用組合には、それぞれに、小さな企業を経営できるくらいの能力を持った会計担当者がいたが、その大半が、自分の組合で研修を受けた者だった。監査組合や中央金庫も上昇への大道だった。各地の会計担当者が、そのままどこかの地域組織でフルタイムで働くようになる例も珍しくなかったのである。1920年には、銀行家の経歴と組合経営者の経歴は大きく重なることとなった。

3.1.1　金融協同組合

今日のマイクロファイナンス機関で、さらに当初のドイツの信用組合と類似しているものがある。これは驚くことではない。なぜなら、こちらも協同組合だからである。簡単に比較してみると、かつてのドイツが直面した問題に対して、今日の西アフリカで活動している金融協同組合が選択した解決策には、似たところと違うところがあると感じられる。わずかな例外を除いて、基本構造はどちらも同じである。どちらの組合も、地元機関と地域ネットワークを組み合わせることで加盟組合にサービスを提供している。興味深いのは2つの相異点である。まず、今日のアフリカの協同組合グループは信用組合だけで成り立っている。したがって、他の組織への融資は（家庭や企業への直接融資とは対照的に）すべてシステムの外へと向かっていく。また、アフリカの組合は国家との結びつきが非常に強い。監査には、組合自身ではなく、金融を監督する省庁や中央銀行が当たる。さらに重要なのは、国家が今も資金源として組合を支えていることで、これは（少なくとも過去において）ドイツの組合が恐れた、国家による統制をもたらしている。

現在のアフリカの状況は、2つの側面で、ドイツが決して直面することのなかった限界を組合に課している。ドイツの信用組合は、場合によっては他の金融機関（貯蓄銀行など）と競合した。貯蓄銀行が近くにある組合は預金集めに苦労したことだろう。なにしろ、国家の保証する預金収集機構がそばにあるのだからだ。しかし、農村部の組合は、競合する機関から離れているケースが大半で、ある種、地域の預金を独占することができた。アフリカの協同組合は、これとはまったく違う相手との競合に直面している。NGOである。アフリカのNGOは法律によって預金の受け取りを禁じられているが、融資はできる。海外からの援助が得られるNGOがある種の競争をもたらすのだが、少なくとも収支を合わせなければならない機関では、これに対抗することはできない。アフリカの信用組合が直面するもうひとつの問題は、活動を規制する法律の特異性である。ドイツの組合は、今日でこそ一般の銀行法の下にあるため、許容できる範囲の流動性パラメーターなどが必要だが、19世紀には、バランスシートの構造をはじめ、財務問題を規制する法律は一切なかった。そこで農村地域では、短期預金を資金として長期融資を行うことができた。ところが、今日のアフリカの組合を規制する法律はそうした慣行を禁止しているために、こうした金融協同組合は、なんとかしてもっと長期的な資金を集めない限り、本当に短期の融資しかできなくなってしまうのである。

最後の比較として、質屋に戻ろう。質屋業が農村部で力を持っている大きな理由は、このモデルでは、貸し手が借り手をモニターする必要がないからである。質屋業の貸し手は一般に、借り手が融資を返済するかどうかに無関心でいられる。担保として質草を取っているからである。ドイツ農村部の信用組合をめぐる議論では、このシステ

ムを機能させるには、組合員が互いをモニターしたくなるようなインセンティブを作る以外にないという指摘もある。どんな貸し手でも、有給職員が広範なモニタリングに携わらなければならないようでは、安価な小口融資を提供することはできない。これも、金融協同組合が西アフリカで優れたモデルとなった大きな理由である。人口密度がきわめて低いために、従業員が借り手をモニターしなければならないような融資モデルは現実的ではない。このことは、グラミン銀行を始めとするグループ貸付機関との大きな違いでもある。グループのメンバーによる相互モニタリングをさかんに語ってはいるが、こうした融資機関は、職員と借り手グループとの、広範かつ緊密な相互作用に今も依存している。このやり方は、人口密度の高いところではうまくいくが、西アフリカのように人口密度の低いところや、かつてのドイツのように、人口密度が低いうえに交通システムが未発達なところでは機能しないのである。

4 結 論

今では開発政策において突出した地位を占めているマイクロファイナンス機関だが、そこには長い歴史がある。そうした歴史は、ある時には認識されず、またある時には安易な比較が行われて、今日のマイクロファイナンス機関が歴史上の先例とどう違うかについて、誤ったイメージを生み出してきた。本論では、2つのタイプの歴史的な貸付機関に焦点を当ててきた。質屋は、今日ではこれを合理的な融資モデルと見る人はほとんどいないが、実は数百年にわたって、ヨーロッパの貧しい労働者階級にとっては最大の融資機関だった。質屋は、信用組合のような金融機関が登場する以前から存在していたし、後の信用組合や融資基金などの融資モデルにも、質草を基礎とする融資の限界というものが、ある程度まで反映していた。最も成功した「新しい」マイクロファイナンス機関のひとつは、ドイツの信用組合である。この機関はドイツで非常な成功を収め、その手法は、他の多くの国々で協同組合運動の基礎となった。ドイツの信用組合が成功した理由は、標準的な金融慣行を、自分たちが活動する市場のニーズに適合させたことだった。農村部の組合は、活動する場所の特徴であった社会的な結びつきに大きく依拠することで、一般の銀行が提供しないような融資を行うことができた。現代のマイクロファイナンスについて「新しい」と考えられていることのなかには、ドイツの信用組合の特徴だったものがいくつもあるのである。

注
本論の旧版に掲載したコメントについて、編集者と Anaïs Périlleux に感謝する。

1．モリス式をはじめとするアメリカの小口金融業者に関する詳細は Carruthers, Guinnane and Lee（2009）を参照。
2．推定値はいずれも Faibairn（1994；1215-16）による。組合運動が巨大なもので、ドイツの歴史家がこれに十分な注意を向けてこなかったという Faibairn の指摘は正しいが、引用した数字はどれも上限である。
3．Maddison（2003）。

参考書目

Armendáriz de Aghion, B and C Gollier (2000). Peer group formation in an adverse selection model. *The Economic Journal*, 119(465), 632–643.

Armendáriz de Aghion, B and J Morduch (2000). Microfinance beyond group lending. *The Economics of Transition*, 8(2), 401–420.

—— (2005). *The Economics of Microfinance*. Cambridge, MA: MIT Press.

Banerjee, A, T Besley and TW Guinnane (1994). Thy neighbor's keeper: The design of credit cooperative, with theory and a test. *Quarterly Journal of Economics*, 109(2), 491–515.

Besley, TJ and S Coate (1995). Group lending, repayment incentives, and social collateral. *Journal of Development Economics*, 46(1), 1–18.

Busche, M (1963). *Öffentliche Förderung deutscher Genossenschaften vor 1914*. Berlin: Duncker & Humblot.

Carruthers, BG, TW Guinnane and Y Lee (2009). Bringing "Honest Capital" to Poor Borrowers: The Passage of the Uniform Small Loan Law, 1907–1930. Yale University Economic Growth Center Working Paper 971.

Fairbairn, B (1994). History from the ecological perspective: Gaia theory and the problem of cooperatives in turn-of-the-century Germany. *American Historical Review*, 99(4), 1203–1239.

Faust, H (1977). *Geschichte der Genossenschaftsbewegung*, 3rd Ed. Frankfurt a.M.

Ghatak, M (2000). Screening by the company you keep: Joint liability lending and the peer selection effect. *Journal of Development Economics*, 110(465).

Ghatak, M and TW Guinnane (1999). The economics of lending with joint liability: Theory and practice. *Journal of Development Economics*, 60, 195–228.

Guinnane, TW (1994). A failed institutional transplant: Raiffeisen's credit cooperatives in Ireland, 1894–1914. *Explorations in Economic History*, 31(1), 38–61.

—— (1997). Regional organizations in the German cooperative banking system in the late nineteenth century. *Ricerche Economiche*, 51(3), 251–274.

—— (2001). Cooperatives as information machines: German rural credit cooperatives, 1883–1914. *Journal of Economic History*, 61(2), 366–389.

—— (2002). Delegated monitors, large and small: Germany's banking system, 1800–1914. *Journal of Economic Literature*, 40, 73–124.

—— (2003). A friend and advisor: External auditing and confidence in Germany's credit cooperatives, 1889–1914. *Business History Review*, 77, 235–264.

—— (2009a). State policy and the German cooperative movement: It Really was Self-Help. Working

Paper.

——— (2009b). What's So Bad About Pawnshops? Thoughts on Modern Microfinance. Working Paper.

——— (2010). New law for new enterprises: The development of cooperatives law in Germany, 1867–1914. Working Paper.

Guinnane, TW, R Harris, N Lamoreaux and JL Rosenthal (2007). Putting the corporation in its place. *Enterprise and Society*, 8(3), 687–729.

Guinnane, TW and I Henriksen (1998). Why credit cooperatives were unimportant in Denmark. *Scandinavian Economic History Review*, 46(2), 32–54.

Herrick, MT and R Ingalls (1915). *Rural Credits: Land and Coöperative*. New York: Appleton and Company.

Hollis, A and A Sweetman (1998). Microcredit: What can we learn from the past? *World Development*, 26(10), 1875–1891.

——— (2001). The life-cycle of a microfinance institution: The Irish loan funds. *Journal of Economic Behavior and Organization*, 46, 291–311.

Maddison, A (2003). *The World Economy: Historical Statistics*. Paris: OECD.

Morduch, J (1999). The microfinance promise. *Journal of Economic Literature*, 37, 1569–1614.

Mushinski, D and RJ Phillipps (2007). The role of Morris Plan lending institutions in expanding consumer microcredit in the United States. In *Entrepreneurship in Emerging Domestic Markets: Barriers and Innovation*, G Yago, JR Barth and B Zeidman (eds.), pp. 121–139. New York: Springer.

Raiffeisen, FW (1951) (1866). *Die Darlehnskassen-Vereine als Mittel zur Abhilfe der Noth der ländlichen Bevölkerung sowie auch der städtischen Handwerker und Arbeiter*. Neuwied.

Schulze–Delitzsch, H (1897). *Vorschuss- und Kredit-Vereine als Volksbanken* (6th ed), H Crüger (ed.). Breslau.

マイクロファイナンス・サービスへの需要の多様さと複雑さの理解
——インフォーマル金融からの教訓

イザベル・ゲラン*（Isabelle Guérin）
ソレーヌ・モルヴァン＝ルー**（Solène Morvant-Roux）
ジャン＝ミシェル・セルヴェ***（Jean-Michel Servet）

　マイクロファナンスについては、供給が標準化されすぎていて柔軟性がなく、多様な金融ニーズには適さないというコンセンサスが広がりつつある。結果としても、マイクロファイナンスは、インフォーマル金融サービスとその比較優位のうちの、ごく一部しか代替できていない。

　本論は、インフォーマル金融から学ぶことで、金融サービス需要の理解を深めることをめざしている。経済人類学に基づいた筆者らの分析は、多くの理由から、マイクロファイナンスがインフォーマル金融の代替にならないことを示している。理由は、貨幣とインフォーマル金融が多次元的かつ状況特異的なものであること、貯蓄と借入れの境界が曖昧であること、少量の貨幣が村落経済を高速で循環していること、インフォーマル金融の方が柔軟性に富んでいること、そして最後に大切なことだが、インフォーマル金融こそが社会的包摂の針路であることである。

　以下、本論の第1セクションでは、貨幣、負債、および貯蓄の社会的次元を理解するのに役立つ、一般的な分析のための枠組みを提案する。第2セクションでは、インフォーマル金融の基本的なメカニズムについて述べ、それを踏まえた第3セクション

＊　IRD（フランス国立開発研究所）UMR201　RUME（*）プロジェクトリーダー、CERMi
＊＊　フリブール大学政治経済学部　RUME（*）、CERMi
＊＊＊　IHEID 国際開発研究大学院（ジュネーヴ）IRD（フランス国立開発研究所）UMR201、CERMi

では、第1セクションで紹介した分析枠組みを用いて、人びとがマイクロファイナンスをどう利用しているかを理解していく。

1 貨幣、負債、および貯蓄の社会的意味

貨幣は経済学上の研究対象として突出している。偉大な平衡装置である貨幣は、個別化の手段であり、階層構造を破壊するものであり、法令上の特権を消し去るものだと考えられている。貨幣は、計算の単位であり支払いの標準的手段として定義され、その基本的な役割は、対等な者どうしの契約関係を生み出すことだとされている。しかし、貨幣に関する慣行の民族学的、歴史学的な分析から、貨幣の非人格性や匿名性が幻想にすぎないことが明らかとなっている（Baumann et al., 2008；Bazin and Selim, 2002；Guyer, 1995；Villarreal, 2004；Bloch and Parry, 1989；Zelizer, 1994, 2005；Servet, 1984, 2004）。貨幣およびそこから派生する慣行は、なにがに増して社会的な構造物である。貨幣は、権利と義務とによって支配される既存の関係に埋め込まれている。その関係に影響を与えることはできるが、決して破壊することはできない。

1.1 貨幣──個人と集団との緊張の源

貨幣と金融は、そのアクセスと用途が慣習、規範、および公式のルールに依存しているという意味で、社会的制度である（Commons, 1989；Polanyi, 1968；Servet, 1984, 2006）。したがって貨幣は、個人と集団間の、すなわち個人の願望と集団としての責任との間の、恒常的な緊張によって特徴づけられる。つねに進行中のこの緊張は、いくつかの形態をとる。

―― 一般に経済学者は、貯蓄と債務を時間の視点から定義して、どちらも物質的利益の確保が目的であるとする。しかし、往々にして金融は、集団との関係を作ったり、依存と支配という人間相互間の紐帯を創造したりする手段ともなっている。個人の行動をその経済的次元にのみ還元できない時は、負債を作ったり金を貸したりすることが社会的包摂のひとつの目印となる。債務や貯蓄は、社会的帰属感を──それが支配、依存、平等のどれに特徴づけられているかにかかわらず──強化する。その結果、少なからぬ社会では、貨幣が人から人へと速く動くことが重要となっている。貧しい者はたいてい負債や信用取引を積み上げ、それを自身のインフォーマルな階層にしたがって（Shipton, 2007）、また計算の枠組みにしたがって（Villarreal, 2004）返済していく。こうした現象は、物質的な動機や自己中

心的な動機にとどまらず、社会的地位、名誉、力、個人、および集団のアイデンティティといった問題を反映している。
——秘蔵は、貨幣が人の手から手へ渡らねばならないという原理に真っ向から反している。だからこそ、現物であれ、交換や他者への貸付という形態であれ、貨幣によらない貯蓄慣行が非常に広範に行われているのである。人が、保証だけではなく社会的配慮という観点からも貯蓄の可能性をランク付けする理由も、この同じ原理で説明することができる。
——金融に社会的次元があるからといって、経済学的な意味での財政判断が排除されるということではない。事実はまったく逆である。貧しい者ほど口座を維持し、計算し、見込みを立てることを必要としている。しかし貧困者は、裕福な者に適用されるのと同じ判断基準、制約、理由付けに、必ずしも敏感ではない。たとえば利率は、往々にしてマニ教的な二元論（「貧しい者は高い利率に敏感か否か」など）で語られる。しかし実際には、利率を解釈する方法はたくさんある。方言によっては、債務者が余分に貸し手に払っている金額を差す明確な言葉がなかったりもする。このようなケースでは、負債を、時間との関係においてではなく、商業上の利幅（Bauman, 1998）、あるいは手数料（Collins et al., 2009）という観点から見ることになる。
——金融取引は、1つ以上の社会集団への包摂を暗示するが、そうした所属の本質はシンプルからはほど遠い。個人がいくつもの社会集団に属している可能性があるばかりか（その範囲は家族、民族、カースト、ジェンダー、宗教などの慣習的なものから、職業集団、地域集団、さらには講のような構造的なものまである）、そのメンバーシップがつねに変化している。金融慣行の変化の多さと活力は、こうした多様性を反映しているのである。
——金融行動の理解には時間的な視点が求められる。ニーズには、日々の生存に関わる即時的なものもあれば、生涯サイクルでのイベントに関わるもの、社会的・宗教的な儀式に関わるもの、さらには、生涯または何世代にもわたる投資に関わるものもあるのである。

　マイクロファイナンスの顧客は「金融面で排除されて」いるから金融面での包摂と貨幣管理のスキルが必要だという主張は、公式部門の立場からの真実でしかない。インフォーマル金融を考えに入れてみると、この主張はまったく怪しげなものに見えてくるのである。

1.2 インフォーマル金融——多様な慣行と景観

　インフォーマル金融は、その時代時代の社会の貨幣化、金融化とともに歩んできたのであり（Servet, 2006）、今なお活力に溢れ、かつきわめて多様である。事実、この「インフォーマル金融」という用語には、その一枚岩的な響きも含めて、ほとんど意味がない。むしろ「インフォーマルな金融慣行」とでもした方が、まだしも意味がある。インフォーマルな金融慣行は社会とともに進化するものなので[1]、そこには、その社会的背景と同じだけの多様性がある。その社会的埋め込みの故に、インフォーマル金融はつねに際立った存在であり、その多様性の故に、人類の想像力と適応力に大いに貢献してきたのである。

　インフォーマル金融は、集団的なものも個人的なものも含めて、さまざまな形態をとる。例としては、輪番制貯蓄信用講（Rotating Savings and Credit Association: ROSCA）のほか、葬儀、集団での祝事、あるいはコミュニティでの大規模なプロジェクトの費用を賄うために作られるコミュニティ組織があげられる。

　私的な仲介者も数多く存在する。すでにわかっていることだが、メディアや意思決定者、そして多くのMFIが好んで戯画化する、搾取的で強欲な高利貸しというお決まりのイメージは、現実に即した分析に耐えるものではない。専門の貸金業者は、さまざまな貸し手が作るモザイクの1つのカテゴリーにすぎない。第1に、地域や友人、家族による内輪のサークルがどこにでもあって、さまざまなレベルで利用されている。こうした交換には、連帯と相互依存の原理が行きわたっていて、誰もが交互に、借り手にも貸し手にもなるように組織されているのである。

　次に、社会的地位ないし現金への特権的なアクセスがあって、個人で金を貸せる者がいる。これには、専門の私的な貸金業者、質屋、掛け売りを認める商店主、収穫分を前払いする貿易業者、前金で支払って肉体労働者を雇用ないし募集する者、商品を掛け売りした直後に安値で買い戻す販売員などが含まれる。ほかにも、小規模商店主に掛け売りする卸売業者、職人や行商人、かつての弟子が自分で仕事を始めようとするのに資金を貸す親方なども、このカテゴリーに入ってくる。地元のエリート——地主、雇用主、教師、公務員、移民ないしその妻、地元選出の役人、宗教指導者、医師など——も、流動性の余剰を投資したり、自身の社会的ネットワークを拡張したりしたいと思うかもしれない。

　貨幣を守る役目の者もいる。機動力があって家庭訪問する者もいれば、店を持っている者や、貯蓄家のネットワークに属しているだけの者もいる。いずれにせよ、後述する預金集金人に預ける方が自分で秘蔵するよりも安全だというケースは多い。

　こうしたインフォーマルな慣行の普及と相補性は、地域や文化の枠を超えて、法的・技術的・文化的・社会的な制約に合わせて姿を変えていく。そこで作られたのが「金

融景観（financial landscape）」という用語で（Bouman, 1994）、これは、いわゆるフォーマルな金融部門からインフォーマルな金融慣行まで広がる、さまざまな慣行の多様性と相互関連性を説明しようとするものである。

　実際に、大半の社会は、一方にフォーマル部門、他方にインフォーマルという金融二元論で機能しているのではない。人びとは——貧しい人びとだけでなく、中・高収入の人びとも——この２つのあいだを頻繁に、流れるように往き来している。

　いわゆる「インフォーマルな金融慣行」の多様性は、こうしたすべての要素を合わせたなかから派生してくる。貨幣の社会的埋め込み、多集団への所属、個人と集団との恒常的な緊張、生涯サイクルを通じての金融ニーズの変化など、こうした要素は、それがクレジットの文脈であれ、貯蓄ないしリスクマネジメントの文脈であれ、人びとが日常生活において金融をどう認識しているのかについて、理解を深めるのに役立つ。そして外部者、とりわけマイクロファイナンス機関が提供する金融サービスを人びとがどう繰り替えているのかについても、光を当てる助けとしてくれるのである。

2　人びとは金融をどう認識し、経験しているのか

　いわゆるインフォーマルな金融慣行を分析することは、貨幣、負債、貯蓄という視点から、レヴィ＝ストロース（Lévi-Strauss）のいう「野生の思考（lq pensée sauvage）」に光を当てることになる。そしてそのことによって、因襲、習慣、思考の地域的カテゴリーが——すなわち、人びとが金融をどのように認識し、利用しているかということが——明らかになっていくのである［訳注：Claude Lévi-Strauss（1908〜2009）はフランスの社会人類学者、思想家。構造主義の祖とされる。La pensée sauvage は 1962 年に発表された著書の題名で、自然環境において、具体的な事物を一定の記号として扱う思考をいう］。

2.1　貯蓄とクレジット——誤った二分論

　長いあいだ、「貧しい者」は貯蓄能力がないと考えられていた。たしかに、貨幣の秘蔵に限度のあることは多いが、やはり貧しい者も、将来のリスクから身を守り、一定の出費に備えるために貯蓄している（Collins *et al.*, 2009；Lelart, 1990；Rutherford, 2001；Servet, 1996）。これには、学校の授業料や宗教上の祝祭といった反復支出のほか、住宅購入や子どもの誕生、節目の年齢での祝い事、結婚、葬儀、巡礼といった生涯サイクルのなかでのコストが含まれる。しかし他方、貯蓄の選択肢とその評価基準についてはまちまちである。貯蓄の理由もまた多様であり、しかも、社会的義務と個人的欲求との恒常的な緊張によって、矛盾をきたすことすらある。その結果が夥しい、時

第1部　マイクロファイナンス実践の理解

には代替不能なほどの相補的慣行なのである。

　特定の形態の貯蓄を利用するという決断はどのように下されるのだろう。以下に掲げるものは、すべてを網羅したものでも決定的なものでもなく、世界のいくつかの地域で観察される傾向を反映したものにすぎない。各因子の重要度は、文脈、社会集団、および個人の行動によって変動する。

- **保証／倹約**：貯蓄の第1の機能。貯蓄の一形態として働く物品は、劣化や価値下落のリスクなしに、安全に貯蔵できるものでなければならない。
- **流動性へのアクセス**：緊急の必要が生じた場合に、現金が簡単・迅速に入手できるのでなければならない。
- **社会的アイデンティティ**：貯蓄という行為が、個人としての行為以上に、その人物の社会的アイデンティティの表現となることがある。
- **匿名性および裁量権**：貯蓄が個人的なプロジェクトである時には、匿名性と裁量権が作用しはじめる。家族のなかで個々の成員が自身の収入の一部を共通の支出のためにプールしているような場合であっても、個人が自分だけの貯蓄習慣やネットワークを持っていることは多い。裁量権の欲求は特に女性に強く、たとえ狭くても、男性の介入してこない、自分だけの空間を守りたがることが多い。
- **非流動性と誘因**：貯蓄が難しい理由は、現金の不足と収入の不定期性だけではない。貧しい者は往々にして支出の圧力に直面する。家族からの、そして無心ばかりしてくる周囲の者からの要求に引き裂かれて、多くの者が現金で「指が焼ける」などと口走る。こうした圧力があるので、多くの家庭では、貯蓄したくなるような、あるいはせざるを得ないようなメカニズムを探している[2]。このニーズが差し迫ってくると、人びとは金を払ってでも貯蓄しようという気分になってくる。そこで、各家庭を回る預金集金人が多くの国で成功を収めることになるのである。同じ論理はROSCAにも当てはまり、サイクルの終わりに積立金を受け取る方が好まれる。流動性と非流動性、個人主義と集団責任とのあいだでつねに行われているこうした綱渡りを説明するために、シップトン（Shipton, 1995）は、このメカニズムを概念化して「雑音因子（squawk factor）」と名付け、ガンビアでの文脈でこう表現している。「……貯蓄戦略の主な関心は、現金にアクセスしやすい形態から、反社会的だと見られることなく富を移動させることにある」（Shipton, 1995：257）
- **投機**：「お金は増やさなければなりません」とインドの女性は言いきって、金(きん)を購入するスィートゥ（seetu）というROSCAに入っている理由を説明する。同様の習慣は、カメルーンのトンティン（tontine）や、中国の會（hui）といった各国の頼母子講(たのもしこう)にも見られる。貴金属や穀物、家畜など、時間が経つと値打ちの出そ

うな貯蓄形態が好まれる傾向は、たいてい投機で説明がつく。

　貯蓄の形態は文脈によってさまざまだが、貨幣の秘蔵はほとんどない。これは安全性の問題もあるが、使ってしまう誘惑に抵抗するための、また周囲の者からせっつかれるのをかわすための努力でもある。また、持ち運びできないのでは貨幣の意味がない。英語文献、とりわけデーヴィッド・リカード（David Ricard）の著作では、貨幣に言及する際に「流通（circulation）」という語が用いられる。実際に、セネガルでは貨幣が「燃える」という表現をよく使うが、これは流通が速いという意味である（Guérin, 2003）。女性がよく使うジョークで、貨幣がとどまることなく流通していくことを差して「お金？　ええ、いっぱい見るわよ、ちっともじっとしてないけどね」というのもある。たとえ受け取ったとたんに使ってしまっても、そうやって「投資」――これも女性が好んで使う表現――としてコミュニティに戻しておけば、なにか「急なニーズ」や「問題」があった時には、いつでも回収できる。「貯金をしていますか」という問いに「貸している」と本気で答える者も珍しくはない。この場合は、融資を貯蓄の一形態と考えているのである。メキシコの先住民コミュニティでは、硬貨や紙幣だけでなく、レンガや食料品、家畜といったあらゆる形態の富が、所有者に差し迫ったニーズのない時には貸付にまわりうる（Morvant-Roux, 2009）。シップトン（Shipton, 1995）も、ガンビアの農村部で同じことを観察していて、わずかでも富を持つ者は、それが現金であろうと物品であろうと、融資に回して所有権を隠し、社会的な紐帯を強化しようとしていた。

　借方と貸方がつねに循環するという論理は、風変わりでも原始的でもなく、貯蓄と融資の曖昧化は世界中で見られる（Guyer, 1995；Lont and Hospes, 2004）。実際に、借りるということは、将来の貯蓄を自身に強制する手段に外ならない（Rutherford, 2001）。貸すということも貯蓄の一形態であって、いつか自分が借りるための権利を前提としている。マイクロファイナンス機関は多くの戦略のひとつにすぎず、顧客は、フォーマルなものもインフォーマルなものも含めて、アクセス可能な多様な金融機会をやり繰りしているのである。

2.2　ROSCA――個人のプロジェクトと集団の制約

　ROSCAは一般的な金融形態で、貯蓄とクレジットが混在する好例である。ROSCAは世界中に存在しているが、その様式や機能、用語体系は明確に地域限定的である。夥しい文献からも、その途方もない多様性と、環境が急速にかつ大幅に変化した際の適応力が確認できる（Ardener, 1964；Ardener and Burman, 1996；Bouman, 1977；Servet, 1995；Lelart, 1990, 2005）。しかしROSCAの成功は、その大部分が、個人金融によるさ

まざまな制約に集団で取り組む能力から生まれたものだろう（Servet, 1996）。したがって、債務不履行の率が低いのも、定期的な支払いをするよう、メンバーが自分たちで強制しあっているためだと思われる。

　サイクルが終わる前に積立金を受け取る者は、事実上、ほかの者から無担保融資を受け取ることになる。借りた者が分担金の支払いをやめてしまったら、その人物がコミュニティから追放されることもあるので、メンバーの選択には注意しなければならないし、少なくとも世話役については慎重にならざるを得ない。世話役は債務不履行になったメンバーについて責任があり、必要ならその者を追跡したり、警察や裁判所に訴えたりもする。ここが、集団の原理と個人の原理の交わるところである。世話役は、ROSCAが適切に機能するようにしつつ、権力をふるって、最終的には債務不履行者に返済させなければならない。この「支払い義務」——マルセル・モース（Marcel Mauss）の有名な著書 *Essai sur le don*［邦訳『贈与論』吉田禎吾、江川純一訳、筑摩書房 2014. 7］にある表現——は、大半の法的規制よりも強い。約束を違えることは社会的な死にも匹敵する。ROSCAのメンバーは、義務を尊重しなければならないことをわかっている。そうしなければ、ほかのトンティンに参加したくてもできないし、ちゃんとしたメンバーであれば受けられる連帯と保護という利益すら、別の状況では得られなくなってしまう。ROSCAにおいては、貯蓄という行動は、時間との個人的な関係ではなく、むしろ相互の義務が結ばれたり、ほどけたりする社会的な関係なのである（Lelart, 1990；Baumann, 2003）。

　個人のニーズと集団のニーズとの微妙なバランスには他の形態もある。ROSCAでは、メンバーが自身の家族からの融資要請を回避してよい一方で、少なくとも場合によっては、社会的義務（巡礼、祝祭、家族の支援など）を尊重することを認めている。広義の用語としてのROSCAは、社会関係の再構築を表しているし、それに貢献している。実際、ROSCAに関するさまざまなケーススタディからは、家族の紐帯が時には利用され、強化もされるが、地域やコミュニティによっては、それが回避されたり、代替されたり、さらには弱体化されたりすることもあることが示されている。

2.3　貨幣の流通とやり繰りの慣行

　貨幣はつねに「不足」しているが、驚くほど激しく動き回ってもいる。借金が多いのは明らかに収入と消費が釣り合っていないからだが、それは信用や評判や社会的ネットワークの維持という問題でもある。金を貸すということは、双方がすでに信頼関係を共有していることが前提だが、同時にその関係の維持・強化・更新にも役立っている。

　セネガルの女性は、自分たちの金融慣行を「ハイエナを手に入れてハイエナを埋め

る（Sab bukki, Sulli busido）」「掘って埋める（Sab-sul）」と表現する。新しい借金で古い借金を払うという意味である。「抽斗」という表現もある。これは、金を貸したり便宜を図ったりしてやった相手や集団のことで、いつでもそこから「引き出す」ことができるのである。メキシコの女性のクレジット・チェーンについても、マグダレーナ・ヴィリャレアル（Madalena Villarreal）が、収入のほとんどは古い借金の返済に使われる、それで信用が維持され、後日また借金することになると記している（Villarreal, 2002）。モルヴァン＝ルー（Morvant-Roux, 2006）は、メキシコ農村部で239人に聞き取り調査し、そのうちの3分の1以上が、最低でも2つのまったく違うソースから同時に借金していることを示している。

　恒常的なやり繰りの慣行は、すべてが過剰債務や稚拙な管理の印であると理解するべきではない。多くのケースでは、それは巧みな選択と戦略の反映であって、社会関係の増幅・強化や、ある種のバランス維持と連動している。ここで考慮すべきは、すべての負債関係に内在する多義性である。ここで多義性というのは、負債というものが、一方では保護と連帯の源であり、相互の信頼と尊敬を生み出しながら、他方では不名誉であり、あまりにアンバランスな場合には、屈辱、恥辱、搾取、隷属の元凶ともなり得るからである。負債は、シャルル・マラムー（Charles Malamoud, 1980）の表現を借りれば、生命線であり死の結び目でもあるのである。マルセル・モースは贈与を「毒」と呼んで、それを融資の一形態だとしている。借金を減らしながら別のところで借金を重ねるという、微妙なゲームを日常的に行っているという意味である。

　「貯蓄—融資」はつねに往復関係にあって、貸し手が最後には借り手になったり、その逆のことが起こったりしているし、宗教儀式、結婚、思春期や名付けのセレモニー、毎年の祝祭、あるいは葬儀など、短期的な生存ニーズにも長期的な社会的ニーズにも対応している。交換は現金か、そうでなければ社会的価値や象徴的価値を持つ物品という形をとる。具体的には、宝石、衣服（セネガルのパーニュやインドのサリーなど）、動物（サハラ以南アフリカのフルベ族では牝牛、パプアニューギニアおよびインドの一部部族では豚（Thanuja, 2005）、メキシコの七面鳥（Morvant, 2006）など）となっている。

2.4　柔軟性と交渉可能性

　大衆が金融サービスを比較する方法について、多くの研究が「交渉可能性（negotiability）」の重要性に光を当てている。この用語は、取引様式（とりわけ返済期限の延期）に関して交渉のできる可能性、と定義される（Rutherford, 2001；Johnson, 2004；Servet, 2006）。

　交渉可能性が重要であるのは2つの理由による。不定期な収入や支出に返済を合わせられるということは、特に農業生産や移住など、収入の流れが季節によって不確か

な者には重要な利点になる。しかし、交渉可能性は、社会関係を私事化する方法でもある。

　標準化された価格と条件の原理は、対等な者どうしの契約関係を念頭に置いている。対照的に、交渉可能性の原理は個人的な関係を表している。ここでは、当事者どうしの関係の性質と相対的な地位が交換の条件に影響してくる。人類学の文献は、予め価格を固定しないことが、かなりな程度まで標準的な慣行であることを示している（Bloch and Parry, 1989）。一見すると透明性の欠如と思えるのだが、商業的な関係では、すべての人に同じ価格と条件が適用されてしまう。匿名であることが、不透明性が、最後にはある種の保護となるのである（Toren, 1989）。サラ・ベリー（Sarah Berry, 1995）が明確に示したように、20世紀後半のアフリカにおいて、交渉可能性は、2つの理由による大きな不確実性に対応するものであった。ひとつは経済危機とハイパーインフレーションと関連する不確実性、もうひとつは、貨幣化と「近代化」（教育、移住）の結果としての「価値」の概念、社会的地位、階層、アイデンティティの再定義に関わる不確実性である。資源の分配と富の創造に関する情報に不足はない。足りないのは、そうした情報の背後にある意味についての理解である。結局のところ、恒常的な価格交渉とは、まず何よりも価値についての交渉なのである。

　南インドでは、170の家族を含めた金融サービスの質に関する研究から、価値判断の基準としては「交渉可能性」が最大であることが示されている（聞き取り調査に応じた者の3分の1以上がこの点を強調している）。これに次ぐのがコスト（26パーセント）、その次が「裁量権」（17パーセント）であった。交渉可能性はインフォーマル金融において重要な構成要素であり、貸方と借方の「契約」は柔軟なことが多い。コストや期間も開始時点では必ずしも明確になっていないし、だいたいは時間とともに変わっていく。返済方法も、借り手ないし貸し手の制約に合わせることができるし、緊急時には貸し手が正当な金額を請求し直してもよい。雇用主や地主、地元エリートからの融資のような、垂直ないし階層的な金融関係では、負債関係はさらに大きな関係の構成要素にすぎず、往々にして庇護のようなものになる。貸し手の寛容さと柔軟性は、保護者としての役割を示すものだが、そうした保護は、物質的および象徴的な埋め合わせ（贔屓にしたり急なときに無償で手伝ったりする、貸し手の支配する商店の顧客になる、認知や感謝を示すなど）によって「返済」される。巡回貸金業者の場合には、取引の条件は、忠誠心と信頼によって大きく変わってくる（顧客ロイヤリティ戦略をとる西欧の商業的関係と似ていなくもない）。常連顧客は、低価格や高い柔軟性など、最高の条件を与えられることで利益を得るし、他の顧客の保証人となる者も同様である（信頼こそ最大の担保なので、保証人を置くのはごく一般的な慣行である）。最高の条件から得た利益は、その分だけ贔屓することで暗に埋め合わせされるのである。

　交渉可能性は融資総額にも当てはまる。マイクロクレジットの提供者は、普通、元

金と利息分を合わせて定期的な支払いを要求する。ところが、私的なインフォーマル貸金業者は、利息についてだけ定期的な支払いを求めることがある。元金についての権利は保持したまま、そのような状態を何年も続けたりするわけで、この手の金融関係では、これは「利息」というより「賃料」といったほうが適切だろう。戦略としては、所有者が家を賃貸するのと似ていて、テナントが入れ替わることはあっても、買い取らせる気はまったくない。要は口座の残高から定期的に利益があがればよいのである[3]。負債の清算方法は、文脈、時代、貸方と借方の関係によって変わってくる。ときには負債が清算されないまま、次の世代に引き継がれたりもする。借方が、それまでに支払った利息の合計が十分な額に達していることを示せば、最終的に負債が取り消しになることもある（たとえばインドでは、支払われた利息が元金の2倍ないし3倍になったら貸方が負債を取り消している）。ほかにも、数カ月から数年で元金が返済されることもある。

　筆者らの目的は、こうした負債関係の私事化を理想化することではない。負債関係の私事化は、連帯も強化するが、従属関係も強めてしまう。極端な柔軟性ないし負債の取り消しによって、隷従と搾取の関係が隠されてしまうこともある。ここで示したいのは、人びとは金融をこのように認識して、金銭上の管理をしているのだということである。

3　マイクロファイナンスの繰り替えにおけるインフォーマルな金融慣行の役割

　インフォーマル金融を分析することで、マイクロファイナンスの使われ方についての理解が深まる。面白いことに、貯蓄と融資の境界が流動的であるということが、融資の用途にも顔を出してくる。たとえば、流動性資産、金の購入、あるいは他者への融資といった形でマイクロクレジットの一部を貯蓄にまわすことは普通に行われている[4]。一部のMFIが預金集めに苦労しているのも驚くことではない。多くの場合、インフォーマルな慣行の方が人びとの制約や動機によく対応しているからである。留意する価値のあるイノベーションもいくつか存在している。短期預金では、インド・グジャラートのSEWA（Self-Emloyed Women's Association［自営女性労働者協会］）による家庭向け貯蓄プログラムが1970年代から成功裡に運営されているのことが思い出されるし、バングラデシュのMFIであるセーフセーブ（SafeSave）も、1990年代から柔軟性と近接性に賭けている。長期預金では、SEWAが金で報酬を受け取る預金口座を提供している。他にも文書にする価値のあるイノベーションがあるだろう。しかし、人びとの貯蓄への認識に適応したサービスをデザインするには、まだすべき事が多く残っている。しかも、インフォーマルな金融慣行にはさまざまな利点のあるものが多

く、これを代替しようとしても、たいていはむだな努力に終わってしまう。

　インフォーマル金融を分析することで、マイクロクレジットの使われ方も明らかになる。顧客は、マイクロクレジットのサービスを受動的に消費しているのではない。自分の関心の枠組みに合わせてサービスを読み替え、解釈し、修正して、適応させているのであり、そのためにルールを迂回することも多い。繰り替えのプロセスは、個人レベルでも集団レベルでも起こっている（Morvant-Roax, 2006）。

3.1　又貸しのための借入れ──システムの悪用か、当たり前のことか

　いくつかの研究により、顧客がマイクロクレジットを金銭の貸付けに利用していることが明らかになった。いわゆる生産的活動に投資したり、家庭の支出を補ったりという代わりに、自分の周囲の者に（たいていは利子を取って）又貸ししているというのである。高利貸しに敵対的なMFIは、当然のことながらこうした慣行を非難している。しかし筆者らは、又貸しを、システムから外れた変則的なものと即断するのではなく、むしろ自然な（合理的でさえある）結果と見るべきだと考えている。

　たとえば、ペリー（Perry, 2002）は、セネガルの農村地帯の一部におけるマイクロファイナンスの最大のインパクトが、インフォーマルな私的貸金業者という新たなカテゴリー（具体的には中間層と貧しい女性）の創造だったことを示している。研究対象となった地域には、クレジットが安定供給されなくなるという特徴が見られたのだが、理由は、協同組合銀行が低調であったことと、土地の所有者が農業から撤退して事業を始めたため、貸付にまわすだけの流動性が失われたことだった。対照的に、これまでの数年間、マイクロファイナンスは女性をターゲットにしてきた。しかし実際は、融資件数のうちのかなりの割合が地元で又貸しされていて、大半は、借り手女性の男性親族の手に渡っていた。この現象を説明する理由はいくつかある。生産的な機会は限られていて、しかもリスクが大きい（参入障壁、地元需要の弱さ、さまざまな活動に存在するジェンダーによる区分けなど）。一方、男性のクレジット需要は大きい。同時に女性は、自分たちは親族を助け、いざというときに相互に信頼できる紐帯を維持することで社会的義務を果たしているのだと説明する。こうしたタイプの活動は、金儲けにはなるが、だからといってコミュニティから「不道徳」と見られることはない。

　インドでは、SHG（self-help group 自助グループ）の原理も並行融資につながっている。又貸しのための借入れは相対的に珍しくないが、女性はこの慣行がMFIから非難されることを知っているので、定量化は難しい。しかし、支払期日は必ずしも正確なニーズと対応しているわけではないし、女性たちは、借りた金で何をしたらいいかわからない、又貸しはよい使い道だと明言する。グループリーダーや融資担当者も積極的な貸し手だが、その役割は、実際にはずっと幅が広くて、多くの追加サービスを含んで

いる。顧客が「修正」という言葉を使うのは、こうした追加サービスのことを差している。

　修正が行われるのは、グループリーダーないし融資担当者がある程度の交渉可能性を持ち込むときである。返済率について信頼できるデータを入手することは困難だが、期日を守って返済される率は相対的に低い（50パーセント前後）と思われるので、修正はごく普通に行われているのだろう（95パーセントという公式の返済率は9～12カ月のものを指している）。再修正は、融資担当者とグループリーダーが交渉し、共同で決定する。修正には、マイクロクレジットが不足するとき（なにかの投資や医療費、祝い事の出費など）や、支払いの遅れが大幅すぎるときに、顧客が追加の借入れ先を見つけるのを手伝うことも含まれる。顧客が融資の返済に困っているときにも修正が必要になるだろう。公式の猶予期間がない場合には、借り手が「対面を保って」信用を維持できるように、融資担当者やグループリーダーが助けてくれることもある。資金源は明らかではないが、普通はグループが自分たちで出し合うようである。システムを悪用していると思われるものも、グループのメンバーにすれば、流動性資金に定期的にアクセスできている限り、合法なのである。むしろこの慣行を期待してさえいる。融資ができてこそ、有能なグループリーダーと融資担当者である。彼らはそれが仕事なのだから。

3.2　グループ貸付——内部調整と既存慣行の再生産

　かつては大きなイノベーションだと考えられたグループ貸付だが、今は、融通が利かなすぎて多様なニーズに対応できていないという批判を受け、隠れたコストの元凶であり、裕福な者の出前サービスであるという見方が強まっている[5]。筆者らの目的は、個人融資とグループ融資の比較ではない。どちらが優勢になるかは、状況、ターゲットとなる人びと、そして目的次第だろう。むしろここでの狙いは、グループのメンバーが集団のエトスにどのように順応し、それをどのようにして自身の習慣に適用していくかを示すことにある。

　メキシコでは、グラミン型グループの研究から、メンバー間の多様な調整ぶりが明らかになっている（Morvant-Roux, 2007）。個々の融資額を決めるのは公式にはMFIなのだが、実際の分配は大きく違うことが多い。たとえば、顧客は、たとえ必要がなくても、融資枠の最高額を申請する傾向がある。差額はグループ内の別のメンバーにまわすのである（そちらのメンバーも自身の借入金に関して返済義務を負っている）。彼らは「もらった額をムダにしてはいけないから」だとして、その正当性を主張している。インドでも、SHGの分析が同様の結果を示している。内部融資か外部融資かを問わず、グループ内の金融的流通が、帳簿が示している以上に盛んに行われている。このよう

な透明性の欠如は意図的なものである。女性らは、誰もが複数かつ相互の負債関係に関わっているのだが、疑いや妬みを避けるために、それを明らかにしたがらない。

　一部のグループは、以前からの社会的な——つまりは金融的な——ネットワークをそのまま映し出しているので、こうしたマイクロファイナンスの繰り替えの慣行がますます発生しやすくなる。インドと同じくメキシコでも、筆者らの観察から、借り手グループが既存の負債およびクレジット関係を引き継いでいることがわかる。グループを作るとき、リーダーは各人のニーズや支払い能力を基礎にメンバーを選ぶ。どちらも、すでに同様の金融回路に入っていなければ入手できない情報である。互いに関するこうした知識が、グループを作る際に利用される。目的は、金融面での供給を歪めることではなく、むしろ、同じ借り手グループ内の多様なニーズに取り組むためである。

　こうした繰り替えのプロセスはそれほど驚くことではない。そもそも、グループ貸付の原理は、借り手相互の知識を利用して、情報の非対称性を埋め合わせすることなのだから。しかし、このプロセスには大きく2つの隠れた意味がある。一方では、メンバー内でインフォーマルな調整をすることで、金融サービスの供給に柔軟性が高まり、適用しやすくなる。しかし他方では、金融アクセスの点から、以前からの不均等を拡大する可能性がある。グループのリーダー自身が金貸し業者になってしまうことも珍しくない。同様に、いくつかの定量的研究から、マイクロファイナンスの顧客が、インフォーマル金融へのアクセスでもつねに一番だということが示されている（たとえば、タイ（Coleman, 2006）、メキシコ（Morant-Roux, 2006）、バングラデシュ（Sinha and Matin, 1998）の例を参照）。柔軟で交渉可能性があるが、力関係の再生産もするというグループ貸付の多義性は、スーザン・ジョンソン（Susan Johnson, 2007）も、ケニヤのSHGに関して強調している。

3.3　代替か、レバレッジ効果か

　多くの文献が、マイクロファイナンスではインフォーマル金融を代替できないことを明確に示している。マイクロファイナンスの顧客は、すでにインフォーマルな金融回路に組み込まれているばかりか、多様な形態の金融を、分野をまたいで巧みにやり繰りし、マイクロファイナンスでインフォーマルな債務を返済したり、その逆を行ったりしている（Shinha and Matin, 1998；Rosesch and Héliès, 2007）。メキシコの農村部では、こうしたやり繰りがごく当たり前に行われていて、インフォーマルな金融業者が定期的に「橋渡し融資」をして、顧客はそれでマイクロクレジットの一部を返済している（Morvant-Roux, 2006, 2009）。

　こうした多様な研究は、分野横断的な債務のあり方と、マイクロファイナンスとイ

ンフォーマル金融との共存とを、主には経済・金融の視点（取引コスト、柔軟性、リスクなど）から分析している。筆者らは、これに2つの議論を付け加えたい。

第1に、代替には、経済・金融的な面のみならず、社会的な理由からも限界がある。ある種の借入れ先を切り離すのは、結局は社会的な自殺を意味する。単独の融資提供者に排他的に依存することは現実的ではないし、その融資提供者が外国の機関である場合は特にそうである。そのような依存を実現するには、長期的にも、その機関だけですべての金融ニーズを満足させられるという、無制限の自信が持てなくてはならない。

債務はニーズに対応して生じることもあるが、それによって社会的なつながりが維持、強化、創造されることもある。貸方の選択は、部分的には紐帯を維持、強化、ないし創造したいという欲求で説明されるし、そのためのコストが度外視されることもある。たとえば、雇用主や仕事の紹介者に借金をすることで仕事の得られる保証となる、あるいは地元のエリートに借金をすることで、政府プログラムなど、さまざまな形態での援助を受けやすくなる、または巡回貸金業者から借りることで、得意先として優遇してもらえる、あるいは単純に、借金することで望ましいつながりを今の状態に維持することができる（それ以上の可能性は考えない）。逆に、それまでの有利な融資条件を、依存状態を避けるために断るということも普通に行われる。これは一定の雇用主、融資供給者、私的貸金業者のことが多いが、周囲の者や家族に対しても行われる。なかには、家族に「物乞い」するよりは、コストがかかっても私的な貸金業者から借りるほうがよいという者もいるのである。

第2に、これは筆者らの仮説だが、一定の状況での一定の顧客は、マイクロファイナンスがインフォーマル金融を代替しないばかりか、ある種のレバレッジ効果［訳注：本来は、不動産投資などを行う際に、調達する資金を自己資本と借入金を組み合わせて行うことにより、全額自己資本で調達した時よりも、自己資本に対する投資利回りが向上する効果のこと］により、かえってインフォーマル金融へのアクセスを増大させていると思われる。南インドでの筆者らの調査では、顧客らは代替ではなく、むしろ財源の増幅という観点から考えていた（Guérin et al., 200b）。マイクロファイナンスが登場する前から、各世帯では2〜3の選択肢をやり繰りしていた。今ではそれが5〜6あるいはそれ以上にすらなっている。そこには、多様なルートを経由した本当のレバレッジ効果が働いている。

● 過去の負債の支払いに充てる——地域と人口にもよるが、マイクロクレジットの用途の10分の1から4分の1にもなっている[6]。これは、矛盾した効果につながる。マイクロクレジットを使ってインフォーマル金融の貸し手に返済することで一定の代替効果があるかも知れないが、それはたいてい一時的である。これは借り手の評

- 潜在的な貸方のあいだでの信用度が向上する——マイクロファイナンスの間接的な役割は、SHGとインフォーマル金融提供者の両方から確認されている。マイクロファイナンス顧客にとどまっているのは、ほかの貸方に対する信用度を維持するためだという女性もいる。ほかと比べて借りられる額に制限はあるが、私的な貸金業者を納得させるために、SHGメンバーとしての地位を利用するという女性もいる[7]。戸別訪問をしている一部の貸金業者は、SHGのメンバーは2つの理由から特権的な顧客だと明言する。第1に、そのような顧客は、返済が難しくなったときにはマイクロクレジットを申請できる。また逆に、SHGメンバーからも、強制貯蓄や融資返済のために、自分たちのサービスを必要とする者が出てくる。インドのケララ地方での複数の研究が、こうした発見を確認している（Sunil, 2005）。なかには、わざわざSHGの会合がある日を狙って村を訪問する業者もいるほどである。
- 地元金融市場への理解が向上する——金融市場は多様でダイナミックだが、区画化されて不透明でもある。誰が「良い」業者で誰が「悪い」業者か、交渉の場でどんなことを言えばいいかといった情報は、SHGを通して伝わっていく。機動力があって借入れに慣れている女性は、ほかの女性の保証人になることで（戸別訪問の貸金業者や質屋などの場合）、自身のアクセスを増大させていく。SHGではこうした相互援助は当たり前だが、返済義務や連帯責任制は、このタイプの慣行を強化している。

4 結 論

　本論で検討した実証的な成果から、インフォーマル金融とフォーマル金融に対して、取引コスト、リスク、利率といった経済的な基準で二元論的にアプローチすることの限界が浮かび上がってくる。インフォーマル金融とフォーマル金融の慣行のあいだで網の目のように絡みあった関係は、一定の文脈において大衆が、過剰な債務を抱えながら、大なり小なり器用に、利用できる財源をやり繰りしていることを教えてくれる。この関係を理解するには、経済だけでなく、文化、政治、心理学など、金融のあらゆる側面に取り組んだ研究が必要である。

　マイクロファイナンスの実践者も、こうした慣行にまったく気づいていないわけではない。MFIがROSCA型の表現を用いて新商品を宣伝したり、自分たちの機関に村の穀物倉にちなんだ名前をつけたり、あるいは、ある種のロゴを用いて、自分たちは顧客を優遇して個人と関係を築いていく「良い」コミュニティ金融機関だと印象づけていくことも珍しくはない。同時に、たまたま同じコミュニティに基盤を置いている

マイクロファイナンス・サービスへの需要の多様さと複雑さの理解

「高利貸し」が、十把一絡げに「悪い金融」だとして中傷されてもいる。多くのMFIは、そうした「悪い金融」を——たとえそれがMFIの優良顧客であっても——根絶するという使命を持っている。こうした議論は、意思決定者のあいだでつねに喧しく言われてきたし（Bouman, 1989）、今も耳にする。たとえば世界銀行の「万人のための金融（Finance For All）」報告は、金融的包摂について、非効率であり不公平と考えられるインフォーマル金融を徐々に抑制していく効果のあるプロセスだと考えている（World Bank, 2007: 66）。たしかに、一部のインフォーマル金融は貧困の罠と隷属の元凶となっているし、マイクロファイナンスが契約に基づく運転資金とリスク補償を提供することで、不健全な依存を低減するのに役立つ面もある。しかし、たとえば裕福な者に独占されたときには、マイクロファイナンスが以前からの地元の階層構造を再生産してしまうこともあるのである。

マイクロファイナンスとインフォーマル金融は、代替ではなく相補的なものと考えるべきである。マイクロファイナンス業界の最大の課題のひとつは、インフォーマル金融に競争力がなく、社会的・金融的な排除を生み出している市場ニッチをしっかりと見つけることである。すでに見たように、人びとは、経済的な理由と社会的な理由の両方から、つねに少額を借りたり貸したりしている。もし、こうした取引をマイクロファイナンス機関によって仲介したら、取引コストは天文学的なものになり、利率も大きく跳ね上がるだろう。理論上は、マイクロファイナンスによって、中・長期的な金融ニーズのための資金（とりわけ「生産的な」投資のためのもの）が利用できるようになることになっている。契約型貯蓄（Churchill, 2007）、コミットメント貯蓄プラン（Collins et al., 2009）、農村向けリース［訳注：業者を選定して、土地や機材などの資産を農家にリースする方式。リースを受ける側は融資と比べて返済やメンテナンスの負担が少なく、リースする側は資産の所有権を留保できるのでリスクが少ない］やワランタージュ［訳注：ニジェール国農業局がFAO（Food and Agriculture Organizaeion、国連食糧農業機関）の支援を受けて実施している一種の穀物銀行。生産者は収穫した穀物等を保管庫に預け、その時点の販売価格に相当する金額を提携金融機関から借入れる。金融機関は市場価格を見て、適当な時期に預かった穀物を販売する］（Morvant-Roux, 2009b；Bouquet et al., 2009）など、特筆に値するイノベーションもある。しかし、こうしたサービスはむしろ例外である。マイクロファイナンス機関の長期的リスク処理能力は（特に農村部では）まだ証明されてはいない。多くのケースでは、マイクロクレジットの利用は短期的な金融ニーズにとどまっている。インフォーマル金融の弱点を今以上に補完できる金融サービスをデザインするには、するべきことがたくさん残っている。本書は、必ずやこれを前進させる力となることだろう。

注

* Rural Microfinance and Employment（農村のマイクロファイナンスと雇用）の略。詳しくは、http://www.rume-rural-microfinance.org を参照。

1. 今ではほぼ世界中でその存在が明らかにされているが、その前から、インフォーマル金融による結びつきは、ヨーロッパ各地の社会できわめて一般的なものだった（Fontaine, 2008）。
2. このタイプの行動は、1980年代および1990年代に人類学者が研究している（たとえばGuyer（1995）、Shipton（1995）を参照）。過去数年は、こうした「非流動性への選好」に目を向ける経済学者が増えている（たとえばBauer et al., （2008）を参照）。また、Collins et al. （2009）、Vonderlack & Schreiner（2002）、Guérin（2006）も参照。
3. この喩えには、実はバイアスがある。たとえばインドやボリビアやモロッコでは、入居者が、所有者にまとまった金額を支払って家屋を占有することができる。所有者は、入居者がその資産から退去するときには、この金額を返さなければならない。所有者がこれに応じない場合、居住者は家屋の所有権を保持し、所有者が負債を返済するまで又貸しすることができる。
4. これは南インドでは一般的な慣行である。セブスタッドとコーエン（Sebstad and Cohen, 2000）も、世界のいくつかの地域で同じ現象を指摘している。
5. たとえば、Coleman（2006）；Harper（2007）；Mayoux（2001）；Molyneux（2002）；Morvant-Roux（2007）；Rankin（2002）；Wright（2006）を参照。
6. ここでの数字は、ポンディシェリ・フランス研究所（Institut Français de Pondichéry）のチーム2006年および2007年に行ったさまざまな研究による。1395世帯のほか、さまざまなマイクロファイナンス組織の顧客、および3457件の融資の受取人が対象とされた。
7. 同じインドのオリッサ州でも、デーヴィッド・モス（David Mosse, 2005）がまったく同様の現象を観察している。

参考書目

Aglietta, M and A Orléans (eds.) (1998). *La monnaie souveraine*. Paris: Editions Odile Jacob.（邦訳『貨幣主権論』M・アグリエッタ、A・オルレアン編、中野佳裕、中原隆幸訳、藤原書店、2012. 6）

—— (eds.) (1995). *Souveraineté et légitimité de la monnaie*. Paris: AEF/CREA.

Ardener, S (1964). The comparative study of rotating credit associations. *Journal of the Royal Anthropological Institute of Great Britain and Scotland*, 94(2), 201–29.

Ardener, S and S Burman (eds.) (1996). *Money-Go-Rounds: The Importance of Rotating Savings and Credit Associations for Women*. Washington DC: Berg.

Bauer, M, J Chytilová and J Morduch (2008). Behavioral Foundations of Microcredit: Experimental and Survey Evidence From Rural India. IES Working Paper 28–2008. Institute of Economic Studies, Faculty of Social Sciences, Charles University in Pragu.

Baumann, E, L Barin, P Ould–Ahmed, P Phelinas, M Selim and R Sobel (eds.) (2008). *L'argent des anthropologues, la monnaie des économistes*. Paris: l'Harmattan.

Baumann, E (2003). Vulnerability and micro-insurance. Reflections on post-adjustment Africa. In *Microfinance: From Daily Survival to Social Change*, Guérin I and J-M Servet (eds.), 27–43.

Pondicherry: Pondy Papers in Social Sciences.

Baumann, E (1998). Chez nous, c'est 15% par mois. Coût du crédit et représentation du temps en milieu populaire à Dakar. In *Rapport Exclusion et liens financiers 1997*, Servet J-M and D Vallat (eds.). 35–41. Paris: AEF/Monchrestien.

Bazin, L and M Selim (2002). Monnaie: Pluralités — contradictions. *Special issue of Journal des anthropologues*, 90–91.

Berry, S (1995). Stable prices, unstable values: Some thoughts on monetization and the meaning of transactions in West African economies. In *Money Matters: Instability, Values and Social Payments in the Modern History of West African Communities*, Guyer J (ed.), 299–323. London/Portsmouth (NH): Currey/Heinemann.

Bloch, M and J Parry (eds.) (1989). *Money and the Morality of Exchange*. Cambridge: Cambridge University Press.

Bouman, F (1995). Rotating and accumulating savings and credit associations: A development perspective. *World Development*, 23(3), 371–384.

—— (1994). Roscas and Ascras: Beyond the Financial Landscape. In *Financial Landscape Reconstructed: The Fine Art of Mapping Development*, F Bouman and O Hospes (eds.), pp. 22/1–22/10. Boulder, CO: Westview Press.

—— (1989). *Small, Short and Unsecured: Informal Rural Finance in India*. New Delhi: Oxford University Press.

—— (1977). Indigenous savings and credit societies in the third world: A message. *Savings and Development*, 3(4), 181–218.

Bouman, F and O Hospes (1994). *Financial Landscape Reconstructed: The Fine Art of Mapping Development*, Boulder, CO: Westview Press.

Bouquet, E, B Wampfler and E Ralison (2009). Rice inventory credit in Madagascar: Diversity of rural household strategies around an hybrid financial and marketing service. *RUME Working Paper 2009–02*.

Churchill, C (ed.) (2006). *Protecting the Poor: A Microinsurance Compendium*. International Labour Office, Geneva.

Coleman, BE (2006). Microfinance in Northeast Thailand: Who benefits and how much? *World Development*, 34(9), 1612–1638.

Collins, D, J Morduch, S Rutherford and O Ruthven (2009). *Portfolios of the Poor: How the World's Poor Live on $2 a Day*. Princeton: Princeton University Press. (邦訳『最低辺のポートフォリオ：1日2ドルで暮らすということ』ジョナサン・モーダック、スチュアート・ラザフォード、ダリル・コリンズ、オーランド・ラトフェン著、野上裕生監修、大川修二訳　みすず書房　2011. 12)

Commons, JR (1989). *Institutional Economics. Its place in Political Economy*. New Brunswick, London: Transaction Publishers. (邦訳『制度経済学　政治経済学におけるその位置』ジョン・ロジャーズ・コモンズ著、中原隆幸訳　ナカニシヤ出版　2015. 5)

Dichter, T and M Harper (eds.) (2007). *What's Wrong with Microfinance?* Warwickshire: Practical Action Publishing.

Fontaine, L (2008). *L'économie morale*. Paris: Gallimard.

Guérin, I (2006). Women and money: Multiple, complex and evolving practices. *Development and*

Change, 37(3), 549–570.

Guérin, I, RM Venkatasubramanian and O Héliès (2009a). Microfinance, endettement et surendettement. *Revue Tiers Monde*, 197, 131–146.

Guérin, I and RM Venkatasubramanian (2009b). Microfinance and informal finance: Substitution or leverage effects? *RUME Working Paper* 2009–01.

Guyer, J (ed.) (1995). *Money Matters. Instability, Values and Social Payments in the Modern History of West African Communities*. London/Portsmouth (NH): Currey/ Heinemann.

Harper, M (2007). What's wrong with groups? In *What's Wrong with Microfinance?* Dichter T and M Harper (eds.), pp. 35–49. Warwickshire: Practical Action Publishing.

Johnson, S (2007). Institutionalized suspicion: The management and governance challenge in user-owned microfinance groups. In *What's Wrong with Microfinance?* Dichter T and M Harper (eds.), pp. 61–72. Warwickshire: Practical Action Publishing.

Johnson, S (2004). Gender norms and financial markets: Evidence from Keyna. *World Development*, 32(8), 1355–1374.

Lelart, M (1990). Les circuits parallèles de financement: État de la question. In *L'entrepreneuriat en Afrique francophone: Culture, financement et dévelopement*. Hénault, G and M M'Rabat (eds.), 45–65. London/Paris: John Libbey/Aupelf-Uref.

—— (2005). *De la finance informelle à la microfinance*. Paris: AUF Editions, collection "Savoirs francophones".

Lont, H and O Hospes (eds.) (2004). *Livelihood and Microfinance. Anthropological and Sociological Perspectives on Savings and Debt*. Delft: Eburon Academic Publishers.

Malamoud, C (ed.) (1980). La dette. Paris: Ecole des Hautes Etudes en Sciences sociales (coll. *Purusartha*, Vol. 4).

Mauss, M (1993). Essai sur le don. In *Sociologie et anthropologie*, Mauss M (ed.), 145–272. Paris: PUF.

Mazzucato, V and D Niemeijer (2004). Saving arrangements in eastern Burkina Faso: An evolutionary perspective on institutional innovation. In *Livelihood and Microfinance. Anthropological and Sociological Perspectives on Savings and Debt*, Lont H and O Hospes (eds.), pp. 153–170. Delft: Eburon Academic Publishers.

Molyneux, M (2002). Gender and the silences of social capital. *Development and Change*, 33(2), 167–188.

Morvant-Roux, S (2009). Accès au microcrédit et continuité des dynamiques d'endettement au Mexique: Combiner anthropologie et économétrie. *Revue Tiers Monde*, 197, 109–130.

—— (ed.) (2009b). *Microfinance pour l'agriculture des pays du Sud, Rapport Exclusion et liens financiers 2008–2009*. Paris: Economica.

—— (2007). Microfinance institution's clients borrowing strategies and lending groups financial heterogeneity under progressive lending: Evidence from a Mexican microfinance program. *Savings and Development*, 2, 193–217.

—— (2006). Processus d'appropriation des dispositifs de microfinance: Un exemple en milieu rural mexicain. Thèse de doctorat en sciences économiques, Université Lumière Lyon 2.

Mosse, D (2005). *Cultivating Development. An Ethnography of Aid Policy and Practice*. London: Pluto Books.

Perry, D (2002). Microcredit and women moneylenders. The shifting terrain of credit in rural Senegal. *Human Organization*, 61(1), 30–10.

Polanyi, K (1968). *Primitive, Archaich and Modern Economies*. Boston: Beacon Press.

Rankin, KN (2002). Social Capital, Microfinance and the Politics of Development. *Feminist Economics*, 8(1), 1–24.

Roesch, M and O Helies (2007). La microfinance: Outil de gestion du risque ou de mise en danger par sur-endettement? *Revue Autrepart*, 44, 119–140.

Rutherford, S (2001). *The Poor and their Money*. Oxford: Oxford University Press.

Sebstad, J and M Cohen (2000). Microfinance, risk management and poverty. Washington DC, USAID AIMS Project.

Servet, JM (2006). *Banquiers aux pieds nus: La microfinance*. Paris: Odile Jacob.

—— (1996). Community relations, individual, social and economic constraints in the savings and loans associations. In *The Milano Papers*, Cangiani M (ed.), pp. 165–185. Montreal/London: Black Rose Books.

—— (ed.) (1995). *Épargne et liens sociaux. Études comparées d'informalités financiéres*. Paris: AEF/AUPELF–UREF.

—— (1985). Un systéme alternatif d'épargne et de prêt: Les tontines africaines. *Reflets et perspectives de la vie économique*, 24, 13–23.

—— (1984). *Nomismata. Etat et origines de la monnaie*. Lyon: Presses Universitaires de Lyon.

Shipton, P (2007). *The Nature of Entrustment. Intimacy, Exchange and the Sacred in Africa*. New Haven & London: Yale University Press.

Shipton, P (1995). How Gambians save: Culture and economic strategy at an ethnic crossroad. In *Money matters. Instability, Values and Social Payments in the Modern History of West African Communities*, Guyer J (ed.), pp. 245–277. London/Portsmouth (NH): Currey/Heinemann.

Shishir, S and S Chamala (2003). Moneylender's positive image. Paradigms and rural development. *Economic and Political Weekly*, 43(16), 1513–1519.

Sinha, S and I Matin (1998). Informal credit transactions of microcredit borrowers in rural Bangladesh. *IDS Bulletin*, 29(4), 66–80.

Sunil, R (2005). Microfinance, informal finance and empowerment of the poor. In: *Microfinance Challenges: Empowerment or Disempowerment of the Poor?*, Guérin, I and J Palier (eds.), pp. 173–182. Pondicherry: Editions of the French Institute of Pondicherry.

Thanuja, M (2005). Relevance of microfinance and empowerment in tribal areas: A case study of Konda Reddis. In: *Microfinance Challenges: Empowerment or Disempowerment of the Poor?*, Guérin, I and J Palier (eds.), pp. 63–81. Pondicherry: Editions of the French Institute of Pondicherry.

Toren, C (1989). Drinking cash: The purification of money through ceremonial exchange in Fiji. In *Money and the Morality of Exchange*, Bloch M and J Parry (eds.). 142–164. Cambridge: Cambridge University Press.

Villarreal, M (2004). Striving to make capital do "economic things" for the impoverished: On the issue of capitalization in rural microenterprises. In *Development Intervention: Actor and Activity Perspectives*, Kontinen T (ed.), pp. 67–81. Helsinki: University of Helsinki.

Villarreal, M (2000). Deudas, drogas, fiado y prestado en las tiendas de abarrotes rurales. *Desacatos* (3), 69–88.

Vonderlack, R and M Schreiner (2002). Women, microfinance, and savings: Lessons and proposals. *Development in Practice*, 12(5), 602–612.

World Bank (2007). *Finance for All? Policies and Pitfalls in Expanding Access*. A World Bank Policy Research Report. Washington DC: The World Bank.

Wright, K (2006). The darker side to microfinance: Evidence from Cajamarca, Peru. In *Microfinance. Perils and Prospects*, Fernando J (ed.), pp. 154–172. London: Routledge.

Zelizer, V (2005). *The Purchase of Intimacy*. Princeton: Princeton University Press.

—— (1994). *The Social Meaning of Money*. New York: Basic Books.

マイクロファイナンスにおける倫理

マレク・ヒュードン＊（Marek Hudon）

1　はじめに

　マイクロファイナンスは、発展途上国での金融排除に対する明確な倫理的対応として提示されることが少なくない。マイクロファイナンス機関（MFI）のターゲットは金融部門から排除された市民であり、それは当然ながら貧困層と推定される人びとであることから、歴史的にドナー機関はマイクロファイナンスを支持してきた。その後もこの部門は、二重の決算を黒字化しようとする社会的に責任ある投資として称賛されてきている。すなわち、貧困者を顧客にすることで社会的な決算を、最大級のMFIが利益を生み出すことで財政的な決算を、ということである。

　近年の証拠から、マイクロファイナンス部門の大きな懸念が浮かび上がってきている一方で、マイクロファイナンスの倫理面での課題については、ほとんど研究されていない。この点、マイクロファイナンス契約やMFIの効率といったテーマでの研究とは対照的である。そこで、まずは本論の対象範囲を定義しておきたい。倫理学は、ある社会の道徳規準を研究する分野である。伝統的な倫理学的分析（Velasquez, 2006）

＊ブリュッセル自由大学（ULB）ソルヴェイ・ブリュッセル経済経営学院（SBS-EM）サントル・エミル・ベルンハイム、CERMi、ブルゴーニュ・スクール・オブ・ビジネス

に沿って、マイクロファイナンスの倫理問題を大きく3種に分類することで、各主体の道徳的責任を解明していけるだろう。

　第1は制度面の問題で、マイクロファイナンスが登場してくる経済的、社会的、法的、あるいは政治的な制度を問いかけていく。なかには、マイクロファイナンス活動に対する資本主義の影響や、ネオリベラル派政策による改革の影響だけを取り上げた研究もある（たとえば Weber, 2006）。ほとんどの発展途上国では歴史的な排除があり、インフォーマル部門の主体が非常に高い金利を課していることから、マイクロファイナンスの支持者は、マイクロクレジットは本質的に社会的利益をもたらす、なぜならMFI は一般の貸金業者よりも低い金利を課すからだ、と考えた。マイクロクレジット・サミット（Microcredit Summit）などは「マイクロクレジットによって、各家庭が自ら働いて貧困を終わらせることが可能となる――しかも尊厳を持って」と無条件に考えている。さらには、グループ貸付の手法に加わるだけでエンパワーメントの代用になると考えられることが多く、それがつねに社会資本の創造になると前提されている（Rankin, 2006）。

　しかし、マイクロファイナンスは、ジェンダー研究の文献ではつねに批判されているし、ときには、女性の肩にさらなる重荷を負わせるものだと考えられている。ゴエッとセン・グプタ（Goetz and Sen Gupta, 1996）は、女性が完全または有意に管理している融資はほんのわずかだと報告しているが、ここでの有意な管理にマーケティングの管理は含まれていないので、創出された所得はほとんど管理できていないことが示唆される。

　第2は個人の行動に関して生じる、いわば個人の問題で、たとえばクレジット担当者から毎週の分割支払いを求められときに、借り手が感じる圧力の性質などがこれに当たる。第3の倫理問題は企業ないし機関に関わるもので、メキシコのバンコ・コンパルタモス（Banco Compartamos）の戦略をめぐる議論などがこれに相当する。本論は、主に企業の問題に焦点を当て、こうした活動、政策、ないし事業全体としての組織構造の道徳性を問いかけていく（Velasquez, 2006）。マイクロファイナンスにおけるこうした問題の大半は、ターゲットとする人口や価格設定といった、一部の戦略的意思決定と関連している。また、この3つのカテゴリーはたがいにリンクしている。個別事例の多くが、何らかの意味で企業の意思決定と関連しているか、それが原因となっているからである。同様に、価格設定のような企業側の問題も、さらに広い、ひとつの部門における行動基準と関連している。

　この「はじめに」に続くセクション2では、マイクロファイナンスを倫理的に正当化する基本的な論拠を提出する。こうした論拠の多くは、MFI の活動とマネジメントに関する結果主義的な議論に基礎を置いている。すなわち、顧客の相対的な貧困、ほかの政策（補助金など）と比較した際のクレジットの本質的優位性、あるいは貸金業

者と比べて低い金利による追加マージン、である。

セクション3では、この部門に内在する倫理的な次元の課題をいくつか提出する。批判のなかには、クレジット担当者やマネジャーの行動など、企業ないし個人の事例に関するものもあれば、過剰債務に関する最近の研究のように、部門全体とそのインパクトの正当性に根本的な疑問を投げかけるものもある。

セクション4では、マイクロファイナンスの金利水準に関する議論に特に注目する。これは、この部門で最も喧しく議論されている課題である。さらには、貧困者への貸付において適正な価格とはどれくらいなのかについて、いくつかの視点を提供する。そしてセクション5では、倫理面での懸念に対する過激な解決策として、クレジットの権利というユヌスの提案を検討する。ユヌスは、権利に基づくマイクロクレジットのアプローチを示唆し、クレジットを、権利に基づく世界的なアプローチの一部にしようとしている。したがって、これは制度的な課題である。こうした倫理面での課題を分析したうえで、最後に、新たな政策（行動規範など）が部門の自己規制、とりわけ企業の課題に取り組むために役立つ一方で、個人の課題を限定するものとなることを示そうと思う。

2 マイクロファイナンスの倫理的論拠

マイクロファイナンスは、アジアとラテンアメリカという、まったく違う2つの地域でほぼ同時に登場した。一方はバングラデシュ、他方はブラジルとボリビアである。この2つの地域は非常に異なってはいるが、やはり共通する特徴がある。それは、このイノベーションが、NGOに基礎を置くプロジェクトから実体化したものだという点である。この部門は、そうした市民社会とのつながりから利益を得ているのだろう。過去においては、農村銀行やクレジットプロジェクトなど、多くの国有プログラムが失敗したが、その一方で、草の根レベルのイニシアティブが発達して、多くのドナー機関の注目を集めてきた。さらに、グラミン銀行のムハマド・ユヌスやアクシオン（Accion）のポンチョ・オテロ（Poncho Otero）などが、地元のマイクロファイナンス主体で強力なリーダーシップを見せたことで、この部門の正当性はいっそう強化された。

マイクロファイナンスの倫理面での最大の論拠は、主に3つの主張から成る。第1の主張は、伝統的な金融機関から金融排除されてきた貧しい人びとと直接関係している。多くの国では、金融機関がターゲットにするのは富裕層のみで、人口の大半ないし大部分は置き去りになっていた。マイクロファイナンスの独自性は、社会面と金融面の両方を含めた業績を考えるという、MFIの二重決算に関係していると思われる。

第 1 部　マイクロファイナンス実践の理解

　利益の最大化という狭い目標を追求する MFI はほとんどなく（Copestake et al., 2005）、大半が、銀行から金融排除されている貧困層に焦点を絞っている（Morduch, 1999）。顧客が貧しいということが、マイクロファイナンス活動に関して最も標準的な論拠である。しかも、マイクロファイナンスによって、連帯責任制によるグループ貸付のような革新的な契約が導入され、貧困層への新たな姿勢がもたらされるばかりか、援助に関してもいっそうの配慮が可能となる。したがって、マイクロファイナンスは、顧客と機関の両方が利益を得る win-win の政策となりうるのである（Morduch, 1999）。

　第 2 の議論は（第 1 の主張とも一部関連するが）クレジットという、金融商品そのものに関するものである。補助金や直接援助とは対照的に、クレジットには対価が関わってくるため、金融商品の利用に責任と尊厳が生まれてくる（Armendáriz and Morduch, 2005）。多くの実践者は、この対価ということが貧しい者に一定の尊厳を与えている、だから多くの人びとが金融機関の常連顧客になるのだと主張している。

　第 3 の議論は、マイクロファイナンスによって得られる追加的な金融マージンに関するものである。こうしたマージンは、事業の成長によって得られる利益から、そして、普通はマイクロクレジットの方が、それまで利用していた活動資金の調達手段よりも安くつくという事実から生じている（McKenzie and Woodruff, 2006；de Mel et al., 2008）。実際に、貧困者の大半は、フォーマルな金融機関からサービスを受けていないので、それ以外の財源を利用するしかない。具体的には協同組合だろうし、貸金業者や質屋といったインフォーマルな貸し手に頼ることも非常に多い。こうした貸し手は法外な利息を課してくるので、マイクロ起業家は、自分の活動を発展させられないか、少なくとも、自身の活動で生み出した黒字のかなりな部分を、こうした貸し手への返済のために留保しておかなければならない。マイクロファイナンスはこれより安い資金を提供するので、マイクロ起業家は、事業を多角化したり活動を拡大したりする可能性が大きくなる。最近の調査も、たとえばクレジットへのアクセスと経済発展に相関があることを示しているし（Beck et al., 2006）、所得が 1 人当たり GDP 成長を超えて伸びていることからも、マイクロクレジットは貧しい者に大いに役立っているとしている（Beck et al., 2006）。

　こうした議論は、マイクロファイナンスの直接のインパクトを基礎とするもので、伝統的な結果主義のアプローチを用いている。おそらく、マイクロファイナンスの実践者が最もよく使うアプローチだろう。シノット＝アームストロング（Sinnott-Armstrong, 2006）が説明しているように、結果主義は、ある行動が道徳的に正しいかどうかを、それによる結果にのみ基づいて判断する。フェルナンド（Fernando, 2006a）は、マイクロクレジットについての積極的な主張は、借り手や貸付機関の数とか、融資の返済率とか、大半が定量的な指標に基づいたものだと指摘している。結果主義的アプローチの好例となるのは、たとえば 2008 年 12 月の英紙『フィナンシャルタイムズ』

で、ディーン・カルランがマイクロファイナンスを説明した際のアプローチである。すなわち「世界を良くしようとしているのに、それができていなかったら、それは良くないことである。利益をあげようとするばかりで、人びとのことなど気にしていないのに、それでも人びとの生活が良くなっているのなら、それは良いことである」[(1)]。したがって、結果主義は「環境や行動、あるいはその行動以前に起こることに内在する本質」（Sinnott-Armstrong, 2006）に集中する考え方と真っ向から対立する。たとえば、貸金業を規制する法律を定めて高金利を修正させ、極貧の市民を保護するといったことは、結果主義の思考とは対極の例である。

3 マイクロファイナンスに内在する倫理的次元の課題

　マイクロファイナンスはここ数年、顧客人数や融資件数、あるいは貸付残高に関して大ブームとなっているが、その状況は必ずしも明るくはない。このセクションでは、MFIに内在する倫理的な次元で課題となるものを4つ取り上げていく。

　第1に、マイクロファイナンスは、MFI側の集金慣行やあるいは顧客側の慣行によっても批判は受けてきていて、たとえばパブリック・リペイメント（public repayment［訳注：村で毎週行うミーティングの場で信用取引を行うことで、取引の透明性を確保するとともに、返済のプレッシャーを高める制度］）では極貧層に汚名を着せることにもなりかねない。また、マイクロファイナンスのプログラムに参加したのちに顧客をやめた者への配慮が欠けているといった懸念もある。たとえばマティンとヘルムズ（Matin and Helms, 2000）は、現在の西アフリカでは、現役の顧客よりも、MFIからドロップアウトした者のほうが多いことを発見している。しかも、そうしたドロップアウトの背後にある理由については、必ずしも理解されていない。MFIは顧客のニーズよりも標準化を強調することから、需要と供給のミスマッチが潜在的な説明となっている（Cohen, 2002）。

　非倫理的な慣行が非難されるようになったのは、ほぼ2005年以降である。2006年には、インドのアーンドラ・プラデーシュ州で、2つの有力MFIの事務局（ブランチ）50か所が、地方当局によって閉鎖させられた。こうした批判には、金利のような企業としての（倫理）問題と、強引な回収慣行のような個人の問題の両方が関係している。エクアドルやニカラグアでも、大規模なMFIの事務局が閉鎖させられている。理由は、法外な利息を課したり、非倫理的な支払い回収をしたり、顧客から金利を隠したりといったことである（Counts, 2008）。こうした告発は、この部門では大きな争いとなっていて、地元の実践家によれば、マイクロファイナンスが、大衆迎合的な政府の政治的な道具にされているという。しかし、こうした厳しい取締りについては、倫理面で

第1部　マイクロファイナンス実践の理解

の問題がすべての者に広く受け入れられ、今ではマイクロファイナンス部門全体の持続可能性——この部門の社会的持続可能性といえるもの——に対する一大脅威と考えられている。

　第2に、一部の有力MFIが高い利息を課し、多額の利益をあげていることから、社会面での見返りと財政面での利益とのドレードオフに関して、昔からの議論が部門内で再燃している。しかし、マイクロファイナンスの商業化には、利益性に過度に気を取られ、貧困削減などの開発目標が犠牲になるという怖れもある（たとえばChristen and Drake, 2002；Copestake, 2007）。サービス提供のコスト低減といった新しい政策によって、財政面と社会面の両方の業績が同時に改善する可能性がある一方で、経営陣による多くの意思決定によって、やがて両者のあいだにトレードオフが起こってくるかもしれない（Copestake, 2007）。商業化とそれに関連する効率向上のニーズは多くのリスクを孕んでいて、効率とアウトリーチの対立を生みだすことから、効率を上げようとすれば貧困者への融資の範囲が狭まってしまうことが暗示されている（Hermes et al., 2008）。財政面での業績測定にはよく知られた指標があるが、そうした指標は、その業績をどのようにして達成したのかという、組織的なプロセスについては明らかにしてくれない。財政的な持続可能性に向けた圧力に対応するなかで、マイクロファイナンスNGOは急速に内部の組織慣行を変革し、高給を払って専門職を雇うようになってきている。このことが、一部のNGOでは、さまざまな利害関係者のあいだでの緊張につながっている（Fernando, 2006a）。同様に、財政的持続可能性が必須であることから、マイクロファイナンス機関が、意識向上やエンパワーメントといった時間のかかるプロセスに関わらなくなる怖れもある（Rankin, 2006）。

　この議論に関連して非常に悪名高い事例が、メキシコのバンコ・コンパルタモスである。コンパルタモスは驚異的な成長率で知られていたが、その高金利も有名だった。2005年末の時点で、コンパルタモスは、貧困者への融資に、税抜きで年間86パーセントという高金利を課していた。このような高金利は、ひとつには融資が小規模であったことと、取引コストが大きかったことがその理由なのだが、それにもかかわらず、メキシコのMFIのあいだでは価格競争が緩やかだったためか、大きな利益幅を生んでいた。実際に、年率86パーセントのうちの23パーセントは純益で、結果として、コンパルタモスの資産の40パーセントは利益の留保分だった（Rosenberg, 2007）。この方針によって、当然のことながら、伝統的なメキシコの銀行と比べて高い収益が可能となり、株式の帳簿価格も急騰して、2006年12月には払込資本金の21倍に達するまでになった。2007年4月には、コンパルタモスはIPO売出［訳注：すでに発行され、創業者やインサイダーの保有してきた株式が、IPO（新規株式公開）に際して売り出されること］で株式を公開した。既存株式の30パーセントが簿価の12倍で新たな投資家に販売され、既存株主に約4億6000万ドルの純益をもたらした。売った側の投資家には、

コンパルタモス AC やアクシオン（ACCION）といった NGO のほか、世界銀行グループの民間融資部門である国際金融公社（International Finance Corporation：IFC）も含まれていた。株式のごく一部を保有していた民間の個人も、売却によって1億5000万ドル以上を獲得した（Ashta and Hudon, 2009）。このときは、コンパルタモスの IPO への反感から、高利貸しまがいの金利と株主優遇の不公平な運用方針が批判の的となった。

　最後に、最近では、脆弱な顧客の過剰債務が非難の的となっている。マイクロクレジットは返済能力を超えた負債へと借り手を追い込み、それによって借り手の暮らしをさらに悪くすることになりかねないと懸念する声が多い（Hulme, 2000）。南インドの農村部で収集したデータを引き合いに出して、ゲランら（Guérin *et al.*, 2009）は、マイクロファイナンスが「両刃の剣である」としている。ゲランらのデータは、たしかにマイクロファイナンスによって世帯の財政的脆弱さが軽減することもあるが、かえって負債を増やしてしまうこともあることを示している。顧客の過剰債務は、さまざまな MFI（もしくはその他のインフォーマルおよびフォーマルな金融主体）での多重債務によるものもあれば、単純にその顧客に利息の支払い能力がないこともある。クレジットビューローを設置して MFI がデータベースを共有することで、過剰債務を避けるべきだという主張もなされている。にもかかわらず、マイクロファイナンスの世界でクレジットビューローがまだ例外的なのは、MFI が競争相手とあまり情報を共有したがらないことが理由であろう。

4　マイクロファイナンスの公正な金利

　金利の重要性に関する議論は、倫理学と経済学の両方の文献で長らく争われている問題である。金利水準の比較が非常に難しいことはよく知られている。場所や状況によって、文化的・歴史的な側面のほか、貸し手の社会的・経済的環境、習慣、税金、通貨、法律など、多くの要素が変わってくるからである（Homer and Sylla, 2005）。

　平等主義の経済学者は、金利水準は大きな問題だ、これが所得分配の不公平性の主要なメカニズムだからだと、一貫して主張してきている。この問題が融資金利にも関連していることは間違いない。融資金利は、全体所得や従業員の報酬よりも不平等に分配されているからである。

　公平な金利の評価はさらに難しい。マイクロクレジットに関連するコストは金利だけではないからである。マイクロファイナンスの借り手は、ほかの金融商品も申し込まなければならなかったり、融資までの数カ月間に強制預金をするといったルールがあったりする。マイクロファイナンスの顧客は、利息のうえに何らかの固定料金を払わなければならないことも多く、これが総コストのかなりな部分を占めることさえあ

る。

　こうしたコストのほかに、利息とも料金とも無関係だが、その融資方法だからという理由で取引コストがかかることがあり、これが最も金額が大きかったりする（Collins et al., 2009）。取引コストは、必ずしも最適値に低く設定されているわけではない。バングラデシュのユヌスがデザインしたマイクロクレジットの基本モデルでは（グループのメンバーによる相互チェックによって）取引コストを引き下げることが強調されているのだが、実際には、そうはなっていない。年月を経るうちに取引コストの増加を経験する MFI が数多くある（Zeller, 2000）。さらには、たとえ不合理ではあっても、公平感というものが、こうした取引では大きな役割を果たすことがある。

　マイクロクレジットの高金利は、マイクロファイナンスの実践者にとっては慣れっこだが、門外漢にとってはつねに議論の対象である。MFI の顧客が貧しい一方で、平均して 30 〜 35 パーセントという金利は、この部門で活動していない人びとからは、しばしば高利貸しだと評されている。こうした高金利の背景には、貧しいとはいえ、大半の者は自身の活動からこの水準の利益を生み出せるという本質的な前提があるわけで、とりわけ開発 NGO は、この前提に定期的に異議を唱えている。

　マイクロファイナンス部門としても、こうした金利方針を擁護するためにいくつかの議論を提出している。貸付方法に関連する取引コストの大きさと融資規模の小ささが、一般の人びとに対する説明としては最も典型的である。ドナー機関や専門家、あるいは MFI のマネジャーの多くは、金利をめぐる議論をあまり重視せず、クレジットにアクセスできることが最も重要な問題だ、貧しい顧客の活動からは多額の粗利益が上がるので、それでこのような高金利でも返済できるのだと主張している。たとえばハーパー（Harper, 1998）は、大規模な事業への投資は一般に小規模な事業よりも利益が小さいのだと説明している。こうした議論に沿う形で、フェルナンド（Fernando, 2006b）は、ドナー機関が金利に関して主に取るべき 2 つの行動を、MFI が活動できる環境を推進することと、多様な機関の参入を奨励して競争的な市場を育てることだと考えている。新しい主体の参入ないし競争の増加を通して、金利は自動的に下がるというのがその根拠である。さらに、マイクロファイナンスの金利をめぐって加熱した歴史上の議論と、オハイオ学派による強い影響力を忘れてはならない。この議論を代表するのは、アダムズら（Adams et al., 1984）による *Undermining Rural Development with Cheap Credit*（安価なクレジットが農村開発をダメにする）というセミナー本で、農村の貧困者が、率は低いが多額の補助を受けた金利にアクセスしている当時の現状に対応して書かれたものである。したがって、アダムズらは、安価なクレジットは貯蓄へのインセンティブを破壊し、その結果として、貸し手が資金を割り振るために注視すべき道筋を歪めてしまっていると主張している（Adams et al., 1984, p. 75）。「農村部の人びとへの低利融資は、逆説のようだが、金融サービスへのアクセスを制限して

しまい、そのことによって行き詰まってしまう」というのが根拠である（Von Pischke, 1983, p. 176）。

とはいえ、現在のこの部門の金利は、補助金を受けての０〜15パーセントから、80〜100パーセントまでと実に幅広く、マイクロファイナンスの普及環境ばかりか、マイクロファイナンスの標準的な金利のあるべき値についての評価も、実に多様であることを示している。さらに、借り手にとってはMFIのほうが安価な資金源になるだろうから、その（財政面での）持続可能性は、商品の価格以上に重要となってくる。もしMFIが破綻したら、借り手は貸金業者に駆け込む以外に選択肢がないからである。したがって「アクセスは価格より重要である」という主張が非常に多い。この立場は、市場に対するアダム・スミス（Adam Smith）の立場と関連したものが多い。よく知られているように、アダム・スミスは、個人による自己利益の追求こそが市民社会の利益を推進する道だと考えた。実際にスミスは、個人的な利益のほうが、前もって計画した社会的対応——たとえば、社会的利益をそれ自身のために推進しようとする場合——よりも社会には有効だと考えていた（Smith, 1776, p. 400）。実際に市場と、そしてスミスのいう「自然的自由という体系（system of natural liberty）」を通すことで、多岐にわたっていた利益が、最後には足並みをそろえてくるように思える。しかし、スミスは、国家が金利を規制するほうを好んだ。適切な法を定めて金利を修正することで、高利貸しによる強請（ゆすり）を防止することのほうを望んだのである（Smith, 1776, p. 376）。

そこで問題は、機関の経営と持続可能性に関する懸念が、可能な限り低コストで顧客に提供するという理想と、どの程度まで対立するかということになる。コープステイク（Copestake, 2007）が主張するように、マイクロクレジットの金利を上げれば、財政面での業績は向上するだろうが、社会面での現在の業績は犠牲なるだろう。なぜなら、顧客１人当たりの純利益が減るだろうし、アウトリーチの幅と深さも、短期的には落ちてしまう可能性があるからである。にもかかわらず、この部門の商業化（もっと具体的にはMFIの営利組織化）ばかりか、NGOまで踏み込んだ議論が行われている。たしかに、NGOとして登録しているMFIは、ほかのMFIよりも高い金利を提供しているように思える（Cull et al., 2009）。こうした組織は、よそよりも貧しい顧客を相手にしているために到達のコストが嵩むため、貧しい顧客に高い金利を課すことになっているだろうが、たとえそうだとしても、やはり高金利は潜在的な欠点である。

マイクロファイナンスでは、貧困者向け融資の公正な価格に関する議論が中心となる。これは、持続可能なMFIのマイクロクレジット金利は伝統的な銀行よりつねに高くなると思われるからで、アクシオン副代表のE・ライン（E. Rhyne）は、公正な価格とは「その機関が継続事業体として経営でき、しかし同時に、顧客にとっては可能な限り少ないコストとなるような」価格だと定義している（Accion, 2004）。しかし

この定義では、最大の関心は機関の成長と利益性にあって、顧客にとっての公正さが二義的なものになっている。なぜなら、いくら機関と借り手とのあいだにトレードオフの関係があるとはいえ、その機関が持続可能な経営をできるだけの金利は譲れないとされているからである。

ローゼンバーグら（Rosenberg et al., 2009）は、マイクロクレジット金利が「貸付のコストを賄うだけでなく、MFIの私的所有者のポケットに"過剰な"利益を積み上げているならば、それは不合理だ」と考えられるとしている。この私的利益に関する定義は、コンパルタモスへの反感を受けて書かれたものだが、ここでの金利は、コストを賄い（経営の持続可能性）、しかも合理的な利益を生み出すものでなければならない。しかし、それを評価する方法はまだ明確になっていない。

ノーベル平和賞を受賞したムハマド・ユヌスは、資金コストに15パーセントの利幅を加えた以上の金利を課すマイクロファイナンス機関は貸金業の行為を模倣していると考えるべきだとしている（RESULTS, 2006）。つまりユヌスは、取引コストに起因する金利の幅を最大15パーセントに限定していることになるのだが、これを基準に『マイクロバンキング・ブリテン（Microbanking Bulletin: MBB）［http://www.themix.org/microbanking-bulletin/microbanking-bulletin］などのデータベースを見てみると、相当多くのMFIが貸金業行為に分類されてしまう。

高い返済率と反復的な融資を、公平性の代用として有効だと考える実践家もいる。返済率が高く、安定的な需要があるのなら、それはその融資の値ごろ感を反映しているのであり、すなわち公平だということである。顧客がそうしたマイクロクレジットを利用しようと決め、返済し、多くが追加の融資を受けているのなら、そのサービスはその顧客にとって非常に価値があるのに違いない（Hudon, 2007）。最後に、サンドバーグ（Sandberg, 2009）はこう判断している——MFIが金利を下げられるのなら、もちろんそのほうが好ましいが、マイクロファイナンスの金利を下げられる環境を作る責任は、各国の政府、国際政界、商業銀行、あるいは海外投資家に委ねたほうが実りが大きいはずである。

こうした定義のすべてに共通しているのは、MFI機関の利益と顧客の利益とのあいだのトレードオフである。さらには、他の利害関係者とのトレードオフも示唆されている。したがって、MFIの利害関係者すべてにとっての正味の社会的利益を考慮せずに金利の公平性を評価することは、誤りとなりかねない。これは利害関係者と顧客だけでなく、たとえば職員も含めてのことである。たとえば、非常に競争の激しい環境で補助金を受けずに活動している機関の場合、金利を下げることは借り手にとって利益となるかもしれないが、逆に職員の賃金が非常に低く抑えられるということにもなりかねないからである。

5　権利に基づくマイクロファイナンスへのアプローチ[(2)]

　権利ということが、開発をめぐって盛んに議論されるようになっている。マイクロファイナンスも例外ではない。よく問題となるのは、現代社会の社会的・政治的枠組みといった、体制に関する倫理面での課題である。経済的・社会的な権利は国際条約で確立されており、1966年の国連総会で採択されている［訳注：国際人権規約のこと。社会権規約である「経済的、社会的及び文化的権利に関する国際規約」（A規約）と自由権規約である「市民的および政治的権利に関する国際規約（B規約）より成る］。

　多くの講演で、ムハマド・ユヌスは、クレジットは人権であるべきだと主張している。すなわち、自営ということと自身の潜在力を解き放つ自由とを基本的人権だと考えているのである。ピーチーとロウ（Peachey and Roe, 2004）も、金融サービスへのアクセスについて、安全な水、医療サービス、教育といった基本的ニーズへのアクセスと同様のレベルで考えている。たしかに、クレジットと貯蓄の枠組みへのアクセスが、一定の権利が確保されていることの有効な尺度として引用されることはある。しかし、たとえそうであっても、国連の「経済的、社会的及び文化的権利に関する国際規約」も「世界人権宣言」も、金融市場へのアクセスについて直接の言及はしてない。

　追加的な権利の制定を正当化しようと思えば、基本的な議論は、新しくその権利を認めることで、その権利の保持者の暮らしがはっきりと良くなると主張することが議論の基本となる。クレジットへの普遍的アクセスを支持する者の大半は、クレジットが所得を創造して貧困から抜け出すために有効だと考えているが、これもやはり結果主義のアプローチである。したがって、追加的な権利を正当化するためには、クレジットへのアクセスは貧困者にとって明確な進歩となるが、顧客の特徴に関連したほかの要素には影響しないと主張しなければ、有効とはならない。

　近年の調査から、金融面での制度的開発が貧困者に大いに役立っていることは示されている。所得が、1人当たりのGDP成長を上回る速さで伸びているからである。さらに、伝統的な金融機関が提供する金融サービスの利用は、古典的な経済発展指標を伴っている[(3)]。しかし近年の調査は、クレジットのインパクトが、クレジットの用途、活動のタイプ、あるいは借り手の富など、いくつかの要素によって変わってくることを示している。場合によっては、クレジットが借り手の貧困水準を低減せず、逆に過剰債務に陥らせることもあるのである（Guérin et al., 2009；Fernando, 2006a；Rahman, 1999）。

　要するに、貧者に対する金融排除の社会的影響への批判を基礎として考えれば、クレジットへの権利には劇的な効果をもたらす可能性があるのだが、逆効果もあることから、実施は難しいと思われるのである。

第1部　マイクロファイナンス実践の理解

6　倫理課題に取り組む政策と実践

　南インドやコンパルタモスの事例などからの大きな反発を受けて、近年、MFI の社会的責任の一部として、いくつかの原則が合意されてきている。大きな原則は、価格設定の透明性に関するものである。多くの顧客は、文字が読めなかったり、必ずしも融資の本当のコストを計算できなかったりするので、マイクロクレジットの金利は透明で、顧客が見つけにくいような隠れた料金や追加の負担も、すべて含まれていなければならないということがコンセンサスとなっている。したがって、価格設定の透明化は、過剰債務を避けるために倫理的に必要というだけでなく、しっかりした管理という面からも不可欠なものである。

　公的な介入や規制を避けるために、MFI 指導者や一部の有力ドナー機関は、行動規範の制定に向けた議論を始めている。最も有名な例は 2008 年 5 月のポカンティコ宣言（Pocantico Declaration）で、これは「顧客保護、社会的実績、価格設定の透明性、および顧客教育を通じた金融リテラシーの推進」に関する基準の制定をよびかけている。しかし、ポカンティコ宣言は、マイクロファイナンスのための倫理規範を開発する必要性を強調する一方で、規範が体現するべき倫理原則に関する詳細を提供していないし、規範をマイクロファイナンス機関に広める方法についても、なんの計画も示していない。正しい方向への第一歩には違いないが、支持しているのは世界の MFI のうち、ほんの一握りにすぎない。同様に、南インドでの非倫理的な慣行への批判を受けて、一部の地元マイクロファイナンス主体が、5 項目から成る「行動規範」を自主的に制定する決定をした。アクシオンの顧客誓約も一例だろう、こちらは「金利は過剰な利益を提供しないが、事業が生存でき、成長してさらに多くの人びとに到達できるだけのものを確保する」と謳っている（Accion, 2004）。さらに最近の例では、マイクロファイナンスの顧客保護のためのキャンペーンが、これもアクシオンによって始まっている。こうした誓約やキャンペーンは自主的な性質のもので、ある種の紳士協定だから、その効果にはやはり限界があるだろう。

　さらに過激な顧客保護政策としては、貸金業を規制する法律がある。こうした法律は金利を制限するもので、MFI が課せる最大金利に上限を設けるものが大半となっている。多くの国の政府が新たに貸金業の規制法を導入しているほか、そうした法律がすでに存在している国でも、規制が強化されつつある。ヘルムズとレイリー（Helms and Reille, 2004）によれば、約 40 の発展途上国および暫定政府が、上限金利についてすでに何らかの規制を導入している。上限は、極端な高利から顧客を保護するための道具となるに違いない。これに対する最大の批判は、最高金利は定義できても、あらゆる環境における文脈を考慮して法律を作ることは非常に難しいということである。

特異なケースをすべて考慮するだけの柔軟性はおそらくないだろうし、きちんとしようとすれば、たちまち私的権利の侵犯となりかねない。さらに、最大金利があまりに低く設定されてしまうと、MFI の持続可能性が危うくなり、そのことから、最も不利な状況にあって、ほかにクレジットへのアクセスを持たない借り手に悪影響がでることにもなるだろう。さらに、これにはミッションドリフトの怖れも関係してくるので、大口融資へのシフトが起こって最貧層が取り残される可能性もでてくる。議論は今も進行中で、たとえばゴシュとファン・タッセル（Gosh and Van Tassel, 2008）は、MFI が大口融資にシフトするのは、それによって、さらに大幅な貧困削減を達成できる場合のみにするべきだと述べている[4]。

　最後に、いまだに議論が続いているテーマとして、補助金を受けている機関への要求を強化するべきかどうかという問題がある。ポカンティコ宣言は「公金については、その活用による具体的な社会的利益の達成度について、高い水準の説明責任が求められるべきである」と述べている。ドナーにはいくつもの決算があって、どこもその達成に向けて努力しているのだから、全面的な補助を受けている機関が他の機関以上の説明責任を求められるのは当然である。しかし、大多数の MFI が補助金で設立されていると承知していても、この原則が守られているとは言い難いものがある。とはいえ、補助金の水準は MFI ごとに非常に多様なので、そのことも考慮に入れるべきではある。

7　結　論

　マイクロファイナンスは岐路に差しかかっている。それは、成長と財政的な持続可能性に関してのみならず、社会的な期待についても同様である。この部門が驚くような成長率を維持したいと思うなら、ドナー機関からの資金だけでは不十分なことは明らかである。したがって投資家、とりわけ社会的責任投資家は、喜んでこの部門を育てようとする。にもかかわらず、近年の経験は、マイクロファイナンス機関の実践が必ずしも基本的な倫理基準を尊重したものばかりではないこと、それによって部門全体が危険にさらされかねないことを示唆している。

　したがって、マイクロファイナンス部門の持続可能性については、MFI の達成する財政面での成果だけでなく――それはそれで新たな主体の参入を促進するだろうが――マイクロファイナンスの社会的持続可能性も重要となってくるだろう。したがって、マイクロファイナンス実践の倫理面での評価が、一般の人びと（マイクロファイナンスをめぐる社会政治的環境）によるものと顧客によるものとを合わせて、この部門の発展には決定的に重要なものとなる。こうしたものが実現しなければ、MFI 事務局の閉

第1部　マイクロファイナンス実践の理解

鎖や顧客の抗議運動といった新たな揺り戻しが頻繁に起こってくるだろうし、規制当局や政府も、必ずこの部門を守ってくれるとは限らないだろう。

　地元政府による過剰規制や新たな反動を怖れて、この部門は初めて自主規制に取り組みむようになった。ポカンティコ宣言はその一例である。あれこれの行動規範や宣言が、こうした懸念に取り組むための第一歩であることは明らかだが、それによって、新たな規制や、沸き起こる倫理面での議論を回避できるかどうかを判断するのはまだ早い。

　こうした自主規制は、クレジット担当者の暴力的行動のような非倫理的な慣行を非難するなど、倫理基準の最低レベルを確立することを目標とするべきである。ドナー機関や社会的責任投資家は、MFIのミッションと関連した重要な指標のいくつかに制限を課すところまで踏み込んでくるだろう。こうした目的のためには、現在開発中のものを始め、社会的な業績の評価ツールを一般化していくべきであろう。

注

1．Harford, T (2008). The battle for the soul of microfinance. The Financial Times (6 December 2008).
2．このセクションはHudon (2009) によっている。
3．こうした問題に関する経済データについては、たとえばBeck *et al.*(2006)を参照。しかし、既存の証拠はすべて銀行機関に関するものに限られている点が大きな限界で、マイクロファイナンス機関や協同組合といった他の金融サービス提供者は無視されてしまっている。
4．本書中の、ミッションドリフトに関するアルメンダリズとサファルズ（Armendáriz and Szafarz）の論文を参照。

参考書目

Accion (2004). Accion Consumer Pledge. Working Paper. Cambridge: Accion.

Adams, D, D Graham and JD Von Pischke (1984). *Undermining Rural Development with Cheap Credit*. Boulder: Westview Press.

Armendáriz, B and J Morduch (2005). *The Economics of Microfinance*. Cambridge: MIT Press.

Ashta, A and M Hudon (2009). To Whom Should we be Fair? Ethical Issues in Balancing Stakeholder Interests from Banco Compartamos Case Study. Working Paper, CEB, Brussels.

Beck, T, A Demirgüç–Kunt and MS Martinez Peria (2006). Reaching Out: Access to and use of Banking Services Across Countries. Policy Research Working Paper Series, 3754, World Bank, Washington DC.

Christen, C and R Drake (2002). Commercialization. The new reality of microfinance. In *The Commercialization of Microfinance Balancing Business and Development*, D Drake and E Rhyne (eds.), pp. 2–22. Bloomfield: Kumarian Press.

Cohen, M (2002). Making microfinance more client-led. *Journal of International Development*, 14(3),

335–350.

Collins, D, J Morduch, S Rutherford and O Ruthven (2009). *Portfolios of the Poor: How the World's Poor Live on $2 a Day*. Princeton: Princeton University Press. (邦訳『最低辺のポートフォリオ：1日2ドルで暮らすということ』ジョナサン・モーダック、スチュアート・ラザフォード、ダリル・コリンズ、オーランド・ラトフェン著、野上裕生監修、大川修二訳　みすず書房　2011. 12)

Copestake, J (2007). Mainstreaming microfinance: Social performance management or mission drift? *World Development*, 35(10), 1721–1738.

Copestake, J, P Dawson, JP Fanning, A McKay and K Wright–Revolledo (2005). Monitoring the Diversity of the Poverty Outreach and Impact of Microfinance: A Comparison of Methods Using Data from Peru. *Development Policy Review*, 23(6), 703–723.

Counts, A (2008). Reimagining microfinance. *Stanford Social Innovation Review*, 46–53.

Cull, R, A Demirgüç–Kunt and J Morduch (2009). Microfinance meets the market. *Journal of Economic Perspectives*, 23(1), 167–192.

De Mel, S, D McKenzie and C Woodruff (2008). Returns to capital: Results from a randomized experiment. *Quarterly Journal of Economics*, 123(4), 1329–1372.

Fernando, J (2006a). *Microfinance — Perils and Prospects*. New York: Routledge.

Fernando, N (2006b). *Understanding and Dealing With Hight Interest Rates On Microcredit*. Manila: Asian Development Bank.

Ghosh, S and E Van Tassel (2008). A Model of Mission Drift in Microfinance Institutions. Working Paper 08003, Department of Economics, College of Business, Florida Atlantic University.

Goetz, A and R Sen Gupta (1996). Who takes the credit? Gender and power in rural credit programmes in Bangladesh. *World Development*, 27(1), 45–63.

Guérin, I, M Roesch, S Kumar, G Venkatasubramanian and M Sangare (2009). Microfinance and the dynamics of financial vulnerability. Lessons from rural South India. IRD Working Paper.

Harford, T (2008). The battle for the soul of microfinance. *The Financial Times*, (6 December 2008).

Harper, M (1998). *Profits for the Poor, Cases in Microfinance*. London: ITDG. Helms, B and X Reille (2004). Interest Rates Ceilings and Microfinance: The Story So Far. CGAP Occasional Paper, 9. CGAP/ The World Bank Group, Washington DC.

Hermes, N, R Lensink and A Meesters (2008). Outreach and efficiency of microfinance institutions. Available at: http://ssrn.com/abstract=1143925.

Homer, S and R Sylla (2005). *History of Interest Rates* (4th ed.) Chichester: John Wiley & Sons.

—— (2009). Should access to credit be a right? *Journal of Business Ethics*, 84, 17–28.

Hudon, M (2007). Fair interest rates when lending to the poor. *Ethics and Economics*, 5(1), 1–8.

Hulme, D (2000). Is microdebt good for poor people? A note on the dark side of microfinance. *Small Enterprise Development Journal*, 11(1), 26–28.

Matin, I and B Helms (2000). Those Who Leave and Those Who Don't Join: Insights from East African Microfinance Institutions. CGAP Focus Note No 16, CGAP, Washington DC.

McKenzie, D and C Woodruff (2006). Do Entry Costs Provide an Empirical Basis for Poverty Traps? Evidence from Mexican Microenterprises. *Economic Development and Cultural Change*, 55(1), 3–42.

Morduch, J (1999). The microfinance promise. *Journal of Economic Literature*, 37, 1569–1614.

Peachey, S, A Roe (2004). *Access to Finance: A Study for the World Savings Bank Institute*. Oxford: Oxford Policy Management.

Rahman, A (1999). Micro-credit initiatives for equitable and sustainable development: Who pays? *World Development*, 27, 67–82.

Rankin, K (2006). Social capital, microfinance, and the politics of development. In *Microfinance — Perils and Prospects*, JL Fernando (ed.), pp. 89–111. Oxford: Routledge.

RESULTS (2006). *A Conversation with Muhammad Yunus*.

Rosenberg, R (2007). *CGAP Reflections on the Compartamos Initial Public Offering: A Case Study on Microfinance Interest Rates and Profits*. Retrieved from http://www.cgap.org/p/site/c/template.rc/1.9.2440.

Rosenberg, R, A Gonzalez and N Sushma (2009). The New Moneylenders: Are the Poor Being Exploited by High Microcredit Interest Rates? CGAP Ocassional Paper 15.

Sandberg, J (2009). *On Interest Rates, Usury and Justice*. Working Paper, University of Birmingham.

Smith, A (1776). *The Wealth of Nations*. New York: Dutton.（邦訳『国富論』アダム・スミス著、玉野井芳郎、田添涼二、大河内暁男、大河内一男訳　中央公論新社　2010.12）

Sinnott–Armstrong, S (2006). *Moral Skepticisms*. Oxford: Oxford University Press.

Velasquez, M (2006). *Business Ethics. Case and Concepts* (6th ed.). London: Pearson.

Von Pischke, JD (1983). The Pitfalls of Specialized Farm Credit Institutions in Low- Income Countries. In *Rural Financial Markets in Developing Countries*, JD Von Pischke, D Adams and G Donald (eds.). Washington DC, World Bank Group.

Weber, H (2006). The global political economy of microfinance and poverty reduction: Locating local livelihoods in political analysis. In *Microfinance — Perils and Prospects*, JL Fernando (ed.), pp. 43–85. New York: Routledge.

Zeller, M (2000). Product Innovation for the Poor: The Role of Microfinance. Policy Brief No. 3, International Food Policy Research Institute, Washington DC.

第 2 部

マイクロファイナンスのマクロ環境と組織的背景の理解

マイクロファイナンスのトレードオフ
―― 規制、競争、財政 [*]

ロバート・カル* (Robert Cull)
アスリ・デミルギュス＝クント* (Asli Demirgüç-Kunt)
ジョナサン・モーダック** (Jonathan Morduch)

1　はじめに

　30年以上にわたり、マイクロファイナンスは進化と変化と分化を繰り返してきた。最初のアイデアはシンプルで、貧しい起業家に融資を提供するというだけだった。しかし、今日のマイクロファイナンスは当時よりはるかに幅の広い、ダイナミックな部門となり、さまざまな機関が、預金や送金のサービスを提供し、保険を販売し、そのほか多様な目的の融資を提供するようになっている。この部門は、融資の価値がないとされた人びとに金融サービスをもたらすという点でひとまとめにされているが、各組織を見てみると、サービス対象となる顧客の収入レベル、補助金の使い方、規制や統治の構造、さらには提供するサービスの範囲と質など、実に多種多様である。中核となる活動は今も貸付だが、現在の「マイクロファイナンスの提供」は、広範な可能性と多様なモデルを伴っている。戦略の選択に当たって、マイクロファイナンスの提供者は、新たな機会とトレードオフの両方に直面することになる。
　経済学者がさまざまなことを述べているトレードオフだが、これは、(i) 顧客に

＊世界銀行
＊＊ニューヨーク大学ワグナー公共行政大学院

第2部　マイクロファイナンスのマクロ環境と組織的背景の理解

担保となる資産がないこと、および（ii）銀行側に効果的なモニタリングと情報収集のメカニズムがないことの組み合わせから生じてくる。この組み合わせからは、契約理論に関して（とりわけ貸付の文脈において）非常に興味深い研究が生まれている（Armendáriz and Morduch, 2010）。しかし、このような焦点の当て方は、たしかに重要ではあるが、一方で、高額な取引コストに関するさまざまな課題を無視してしまっている。理論面ではあまり関心をもたれないが、こうしたコストは、銀行がどのような機能を果たすか、どのような相手にサービスを提供するか、さらには、銀行が存続できるかどうかにまで影響しかねない。

コストの役割を把握するには、さまざまなタイプのマイクロファイナンス機関を調べてみることである。筆者らのサンプル中、非政府組織（NGO）が提供する融資規模の平均値は、商業的マイクロファイナンス銀行の4分の1に満たない。この融資規模の違いは、相対的なコストの差に直接読み替えることができる。サンプル中のNGOもコスト削減に努めているが、それでも、経営コストの中央値は、商業的マイクロファイナンス銀行のおよそ2倍となっている（貸出額に占めるコストの割合で見た場合）。情報の非対称性が大きな問題ではあるが、仮にそれがなかったとしても、取引コストが大きいということは、小規模サービスで極貧層に到達することが今も難しい事業であることを意味していて、だいたいは、高額な手数料を課すか、安定した補助金に依存するかである[1]。

このようなコスト構造は、実践面でのトレードオフにつながっていく。組織を高所得者層向けにシフトさせて、もっと大きな規模の融資を提供し、財政面での業績を向上させるべきなのだろうか。また、それをしたとして、そのような規模で預金を集めることができるのだろうか。さらには、社会的使命をもつ意識のある組織が、そのミッションを改定することなしに、商業的な競争や規制を生き延びていけるのだろうか。

本論は、マイクロファイナンスの実践者、ドナー機関、規制者が切り抜けていくべき重要なトレードオフについて、筆者らの最近の研究を伝えるものである（Cull et al., 2007；2009a；2009b；2009c）。証拠については、マイクロファイナンス機関に関する大規模な世界的調査を利用しつつ、特定機関に関する重要な研究（たとえば、Rutherford, 2009；Rhyne, 2001）で補完した。そのなかでの発見は、金融アクセスを拡大する方法について実践者、専門家、規制者が交わす会話に一定の基準を確立するものとなる。

重要な発見には次のようなものがある。(1)金利を上げれば多くの機関で利益性が向上するが、あるポイントを超えると、高金利は融資の滞納を伴うようになり、滞納を制限するような契約上のイノベーションを実施しない限り、利益が減少する。(2)財政自立と貧困世帯へのサービス提供は本質的に相容れないものではない。(3)しかし、極貧層の顧客にサービス提供している機関の大半は利益が少なく、純粋に商業的リターンを求める投資家を惹きつけることはできない（むしろ「社会的な」リターンと財政的

リターンの混合となる)。(4)かなりな割合の「非営利」組織が、実際には（相対的に小規模ではあっても）利益をあげている。(5)非営利組織は商業的金融機関の仕事を複製しているのではない。商業的マイクロファイナンス銀行と比べると、平均してはるかに小規模な融資を行う傾向があり、顧客中の女性の割合も大きい。(6)預金受入機関では厳格で定期的な監視が重要だが、それにはコストがかかる。そこで、そうした機関は、利益性を維持するために、比較的暮らし向きの良い顧客へのサービスに偏りがちとなる。(7)主流フォーマル部門の銀行との競争ないし潜在的競争によって、マイクロファイナンス機関はさらに貧しい顧客へのサービス提供に舵を切っているように思える。

以下、データと重要な発見について述べることとする。

2 マイクロバンキング・ブリテンのデータ

以下で述べる4つの研究では、MIX（Microfinance Information eXchange）の編纂した横断面データを用いる。MIXのデータは非常に質が高く、隔年で発表される「マイクロバンキング・ブリテン（Microbanking Bulletin: MBB）」は、さまざまな比較の基準となっている。筆者らは、このMBB用に収集、標準化されたサブセットを用いている。概略的な統計はMBBでもMIXのウェブサイトでも利用可能だが、筆者らは、基礎データの詳細にまでアクセスを許された。結果、49カ国124組織に関するオリジナルのデータセットからスタートし、追加の観察結果やデータ、さまざまな変数を取り込んで、67カ国346組織という最大のデータセットができあがった。

このデータは質的に重要な点がいくつもある。第1に、興味深いテーマに関する尺度となる指標をいくつも提供してくれる（たとえば、顧客の貧困レベルに関しては独立した3つの尺度が含まれている）。第2に、データは自主報告によるものだが、あとで個別に確認することで、統一性と一貫性を確保している。第3に、データを調整することで、報告様式の違う機関どうしの比較性を高めているほか、記録に修正を施して、間接的な補助金を明らかにするようにしている。

とはいえ、このデータがマイクロファイナンス機関のすべてを代表しているわけではない。このデータは、財政的な持続可能性に傾倒しつつ、MIXによる相対的に厳しい報告基準に合わせる意思のある機関を過剰に代表している。そのため、財政面での業績に関して業界をリードしている機関が多く、データも、最優良事例の財政的可能性という感覚を与えるものとなっているので、そのようなものとして見るべきである。

ボーシェとモーダック（Bauchet and Morduh, 2010）は、MIXのデータセットと、それよりも大きいものとして、マイクロファイナンスの支援組織で、社会変革を推進

第2部　マイクロファイナンスのマクロ環境と組織的背景の理解

しているマイクロクレジット・サミット・キャンペーン（Microcredit Summit Campaign: MSC）のデータベースとの違いを分析してみた。すると予想どおり、MIXのデータでは財政的に持続可能な機関への偏りが大きく、MSCのデータでは、強い社会目的をもつ組織に偏っていた。たとえば、経営自給率（operational self-sufficiency ratio: OSS）を見ると、MSCに報告のあった機関の平均が95パーセントなのに対して、MIXに報告している機関では115パーセントとなっている。また、MIXのデータはラテンアメリカと東ヨーロッパの比重が大きいのに対し、MSCのデータベースはアジアの割合が大きい。

　こうした全般的なバイアスに加えて、MBBが利益に修正を施す際には、資本と比較して、信じがたいほど低い機会費用を仮定している。計算では、その国の預金率（IMFの報告によるもの）を用いて、マイクロファイナンス機関が公開市場で資本を手に入れるために支払わなければならない基準コストとしている。この選択は、利益の尺度を誇張し、補助金の尺度を人為的に矮小化してしまう（Cull *et al.*, 2009a）。文脈によっては、預金受入機関が資本に応じて預金者に支払う典型的な価格として、預金率を資本コストの値とすることも正当化できるだろう。しかし、多くのマイクロファイナンス機関は、預金を最も重要な財源と考えていない。しかも、この値は、預金口座サービスを提供するための取引コストを説明するものではない。このバイアスは、傾向の尺度に明確に影響するものとなってはいないが、カルラ（Cull *et al.*, 2009a）は、このバイアスを修正した場合、本論での主要な結論がいっそう強まることを示している。

　もうひとつの問題は、財政自給率（Financial Self-sufficiency Ratio: FSS）に関わるもので、筆者らは、これを機関の利益性に関する測定基準として好んで用いている。FSSを使えば、修正した数値を組み込むことで種類の違う補助金を計算に入れ、補助金による資金提供がなかった場合のリターンを概算することができる。しかし、FSSの分析は、任意の瞬間について、その時点での状況の「スナップ写真」を撮るようなものなので、その機関の柔軟性や、補助金による資金供給が途切れたときに、経営陣がどのような戦略を追求するかについては何も示してはくれない。突き詰めて考えると、商業的な観点から見た経営を、必要に応じて戦略をシフトする能力と切り離すことはできない。必要性が生じたときに、その機関は資金を新たに割り振って、さらに効率的な経営方法を見つけられるだろうか。FSSは、この疑問に対しておおまかな指針を提供するだけである。その意味で、FSSは、任意に切り分けた時点での環境を明らかにするには有効だが、補助金がなくなったときに何ができるのかに関しては、限定的な見通ししか与えてくれないのである。

　また、これも忘れてならない重要な点だが、こうした研究は国境を越えたデータに基づいているので、マイクロファイナンス全体の景観についてさまざまな結論を引き出すことはできるが、具体的な国における可能性については、不完全な指針しかでて

こないことがある。

最後に、以下の各論では、データ中の関係やパターンをマッピングしている。その大半について、筆者らは強い因果関係を主張することはしていない（例外は規制に関する部分だが、それも軽く足を踏み入れる程度である）。因果関係を確立するうえでの進歩は、カルランとモーダック（Karlan and Morduch, 2009）、および世界銀行（World Bank, 2008）で検討されたミクロ研究で、その大半が達成されている。それでも、多くの政策問題は各機関の働きに関わっている。だからこそ、機関レベルのデータ分析が重要となってくるのである。

3 契 約

非対象な情報から生じる問題が経済的なインセンティブを蝕み、それが高じてサービスの不十分な層へのサービス提供を不可能にしてしまう道筋については、経済理論が詳らかにしてくれている（Akerlof, 1970；Stiglitz, 1974）。マイクロファイナンスの最大の貢献は、実践面でも理論面でも革新的な契約によって、貧困層への商業的貸付が可能となることを明確に示した点である。たとえばガンゴパドヤイとレンシンク（Gangopadhyay and Lensink, 2009）は、連帯責任制の借入れに関するそれまでの研究を基礎として、契約の仕方によって不利な選択を緩和できることを示しているし、アルメンダリズとモーダック（Armendáriz and Morduch, 2010）は、マイクロファイナンス契約がモラルハザードを減少させることを示している。

2007年にMIXのデータを分析するなかで、筆者らは、契約の役割を実証的に調査している（Cull et al., 2007）。その調査では、貸し手の提供する契約の種類の違いについて考察した。すなわち、伝統的な双務貸付契約、グラミン銀行スタイルのグループ貸付、そして「村落銀行」による、これもグループを基礎とする方法である。このときは、1999年から2002年までについて、1機関当たり1つの観察結果を用いて、機関の貸付スタイル、提供されるサービスの範囲、利益状況、所有構造、および資金源に関する質的情報に焦点を絞った。また「貸付タイプ」という変数を含めることで、各機関を、個人ベースの貸し手、グループベースの貸し手、および村落銀行に分類した。利益性の回帰分析［訳注：Y= f (X) のとき、任意の独立変数「X」によって従属変数「Y」の値を予測する分析］で、主要な従属変数となったのは財政自給率（FSS）で、これは、収入と支出の割合に修正を施して補助金を説明できるようにしたものである。さらにあと2つ、利益性の尺度として、経営自給率（OSS）と総資産利益率（ROA）を回帰分析した。OSSではいわゆる「ポートフォリオ・アット・リスク（Portfolio at Risk: PAR［訳注：小口融資の延滞率］）」を従属変数として用い、ROAでは、アウトリーチに関する

3つの変数について回帰分析を行い、ミッションドリフトについて調査した。このうちの第3の分析で従属変数としたのは、GNPに対する平均の融資規模、その国の底辺20パーセントの1人当たり所得に対する平均融資規模、そして借り手の女性の割合である。観察者によっては、ミッションドリフトを狭く定義して、顧客の経済水準に関するものに限る場合もあるが、ここでは、女性顧客への姿勢の変化も考えている。組織の性格による調整も行った。考慮したのは、組織の存続年数、規模、公式の利益状況、本当の総資産利回り（その機関が課している平均金利の概算）、平均の融資規模（利益性についての回帰分析のみ）、そして経営地域である。さらに4つの財務比率もこれに含めた。すなわち、資産に対する資本コストおよび労働力コスト、資産に対する貸出金の比率、そして融資資産への寄付金である。

　トレードオフの最も明確な徴候が現れるのは、金融機関が借り手に課す金利に対応して、融資の返済率の多様さを調べたときである。データのパターンはほぼ理論上の予測値どおりに上昇する。すなわち、個人ベースの貸付を行っている金融機関の金利が上がるのに合わせて、融資の滞納率が上昇するのである。このパターンは、フィールドからの証拠が、マイクロクレジットの需要に価格感応性のあることを示していることと一致する[2]。しかし、グループ貸付を行っている金融機関や村落銀行では、このタイプのパターンは見いだせなかった。グループベースでの契約については、こうした文脈では意図された目的に役立っているとか、担保に代わって融資返済のインセンティブとして働くことで、情報の非対称が生じる問題を効果的に軽減しているという主張があるが（たとえば Gangopadhyay, Ghatak and Lensink, 2005）、この相違は、そうした主張と一致している。したがって、金融機関は、資産の質を大きく弱体化させる怖れなしに、融資の金利を上げることができる。

　利益性とアウトリーチとの間にトレードオフの関係があることについては、これを支持する証拠と支持しない証拠の両方が見つかった。まず、個人ベースの金融機関もグループベースの金融機関も、貧しい顧客にサービスを提供しようとすれば、決まって平均コストの上昇に直面する。この発見は、小口融資のほうが大口融資よりも（貸付1件当たりの）コストが大きいという観察と一致している。しかし、ほかの要因を制御してみると、この比較的大きいコスト負担が必ずしも利益性を排除していないことがわかる。すなわち、コストが上がったら、それに見合うだけ金利も上がっているのである。ミッションドリフトの問題に関する結果は有望だった。個人ベースの金融機関で財政的に持続可能なところほど、貧しい顧客や女性に貸付ける傾向があり、利益の追求と社会目標とが相容れないものではないことが示唆されるのである。しかし、筆者らのサンプル中では、大きくて古い金融機関は、利益性と深いアウトリーチを同時に達成できていないのが普通であった。

4　商業化

　マイクロファイナンスの商業化は、この分野では昔から期待されていることだが、異論がないわけではない（たとえば、Morduch, 2000）。商業化こそマイクロファイナンスの進むべき道だと主張する者は、商業化によって社会的達成目標が損なわれることの懸念を退ける傾向があり、代わりに、商業化によって規模拡大する道筋を強調することが多い。商業化によって財政的目標と社会的目標との間で妥協が起こるのは明白だとする意見もある。

　カルら（Cull et al., 2009a）は、MIX のデータセットのアップデート拡大版を用いて、マイクロファイナンスの商業化をめぐる疑問を探求し、メキシコのバンコ・コンパルタモスによる株式公募で脚光を浴びた議論に加わった。筆者らは、世界的な議論の趨勢をふまえて、8 つの疑問に焦点を当てている。すなわち、①誰が貸し手なのか、②利益性はどこまで広がっているのか、③融資は本当に宣伝されているような効率で返済されているのか、④誰が顧客なのか、⑤なぜ金利がこれほど高いのか、⑥利益の最大化を求める投資家を惹きつけるほど大きな利益があるのか、そして、⑦財務データはどこまでしっかりしているのか、である。

　本論および 2009 年の研究のために、筆者らは新たなデータを取り入れ、組織のサンプル総数を 346 とした。また、2002 年から 2004 年までに少なくとも 1 組織当たり 1 回の観察を行っている。商業化に関する論文「2009a」では、発展途上 67 カ国の組織からの観察結果を含めて、すべてのデータセットを活用し、利益性とアウトリーチのパターンを、組織構造との関連で探してみた。このときも、利益性の主要な尺度として用いたのは FSS である。また、変数として、セクション 3 でリストアップしたものに加えて、実際の借り手の数[3]、貸出額に占めるコストの割合（パーセント）、実際の借り手 1 人当たりの経営コスト（PPP$ [訳注：購買力平価ドル]）、自己資本利益率（return on equity: ROE）、借り手 1 人当たりの補助金の額（PPP$）、および非商業化資金率を含めた。

　こうしたデータからは、商業的マイクロファイナンスが注目を集めたにもかかわらず、MBB のために収集されたマイクロファイナンス機関のサンプル中では引き続き NGO が支配的で、MFI の 45 パーセント、借り手の 51 パーセントを占めていることが示されている。サンプル中の機関の半分以上は利益性があり（財政的持続可能性の率が 1 を超えているものを「利益性がある」と定義）、そこには「非営利」の地位を持つ MFI もかなりな割合で含まれている。ただし、当然のことながら、利益性のある機関の割合は、銀行のほうが NGO よりも大きかった。返済率に関しては、商業的機関も非商業的機関も健闘していて、すべてのカテゴリーについて、30 日間の PAR は中央

値で4パーセント未満である。

　平均すると、商業的マイクロファイナンス銀行は、NGOの約4倍規模の融資を行っていて、かなり裕福な借り手にサービスを提供している傾向が覗える[4]。また、集合として見た場合、NGOは商業的マイクロファイナンス銀行のおよそ2倍の金利を課していることもわかった[5]。これを合わせると、最後の2つの発見からは、貧しい顧客ほど融資のために支払う額が大きいことが示唆される。部外者にとっては驚きかもしれないが、この方程式は単純で、集合としてのNGOは融資金額が最も小さいので、結果として、単位当たりのコストが最も高くなってしまう。収支を合わせるために、NGOとしては高い金利を課すほかないのである。

　表6.1のデータの1行目と5行目を見ると、NGOの顧客が、いわゆる「ノンバンク金融機関（non-bank financial institution: NBFI）」や銀行よりも貧しいこと、しかし貸出額に対する割合で見て、図抜けて大きい経営コストに直面していることがわかる。人口中の20パーセンタイル（下位20パーセント）について、平均の融資規模を収入との比率で表すと、中央値のNGOで48パーセント、同じくNBFIで160パーセント、銀行では224パーセントとなるのに対して、貸出額の割合で見た経営コストは、中央値のNGOで26パーセント、同じくNGFIで17パーセント、銀行では12パーセントである。ヘルムズ、レンシンク、ミースターズ（Herms, Lensink, and Meesters, 2008）も、マイクロファイナンス機関のアウトリーチと効率とのあいだのトレードオフを示す証拠を発見している。このトレードオフで明確に浮かび上がってくるのが図6.1である。相対的に大きいこうした経営コストをカバーするために、NGOとしては、融資に課す金利を上げるか助成金を受け取るかしかない。表6.1の4行目と6行目を見る限りでは、NGOはこの両方をしているようである（先に述べたように、本当の総資産利回りは、顧客に課される金利の平均値とほぼ等しい）。図6.2は、金利とコストとのあいだに正の相関関係があることを示している。

　最貧層の顧客にサービス提供している機関が得ている利益は、大半があまりに小さすぎるので、とても利益の最大化を求める投資家を惹きつけることはできない。このことからも、NGOへの継続的な補助金と非商業的な資金提供が重要であることは明らかである。NGOがサービス提供している借り手は全体の51パーセントにすぎないが、補助金に関しては全体の61パーセントを受け取っている。こうしたNGOでは、補助金の交付額は、中央値で借り手1人当たり233ドル、75パーセンタイルでは659ドルに達している。データは、貧しい顧客に到達するプログラムがそのコストをすべてカバーできている一方で、補助金交付が依然として大きな意味を持っていることを示している。

　この研究は、貸付タイプから組織構造へと焦点を移すことで、利益追求とアウトリーチとのあいだにトレードオフがあることの証拠を際立たせるものとなっている。こ

表 6.1 NGO、NBFI、および銀行の実績指標

	非政府組織 (NGO)				ノンバンク金融機関 (NBFI)				銀行			
	25パーセンタイル	中央値	75パーセンタイル	利益性がある場合の中央値	25パーセンタイル	中央値	75パーセンタイル	利益性がある場合の中央値	25パーセンタイル	中央値	75パーセンタイル	利益性がある場合の中央値
	(1)	(2)	(3)	(4)	(5)	(6)	(7)	(8)	(9)	(10)	(11)	(12)
1. 平均の融資規模／20パーセンタイルでの収入 (%)	27	48	135	60	71	160	247	164	110	224	510	294
2. 実際の借り手(単位:千人)	3.1	7.4	23.0	11.1	4.1	9.9	23.0	9.4	1.9	20.3	60.7	10.4
3. 借り手中の女性割合 (%)	63	85	100	86	47	66	94	67	23	52	58	49
4. 本当の総資産利回り (%)	15	25	37	26	12	20	26	20	9	13	19	14
5. 経営コスト／貸出額 (%)	15	26	38	21	13	17	24	16	7	12	21	11
6. 助成金／借り手 (PPP$)	72	233	659	199	0	32	747	8	0	0	136	0
7. 非商業的資金率	0.31	0.74	1.00	0.53	0.16	0.46	0.83	0.41	0.00	0.11	0.22	0.03

出所：Cull et al. 2009a：MicroBanking Bulletin のデータセット。借り手1人当たりの助成金額は、前年の寄付金＋金融サービスの補助に回った寄付金＋現物支給による補助金修正分＋資金コストの補助のための修正分

こでの発見からは、明確なトレードオフが存在していること、そこではアウトリーチの深さが、直接の証拠よりも、むしろ顧客の貧困レベルの指標によって代用されることが示唆される（同様の線での分析については、Galema and Lensink, 2009 を参照）。

表6.1 は、NBFI と銀行が、NGO に比べて女性にあまりサービス提供していないことも示している。筆者らがサンプルとした NGO では、顧客の 85 パーセントが女性というところが半分以上あるし、少なくとも4分の1は女性へのサービスを専門としている。他方、中央値の NBFI とマイクロファイナンス銀行では、女性へのサービス提供は、それぞれ 66 パーセント、52 パーセントである。

しかし、ミッションドリフトの問題は複雑であり、平均融資規模のシフトという観点だけで定義しきれないことは、筆者らも認識している（この点をしっかり主張しているのは Dunford, 2002 で、Armendáriz and Szazarz, 2009 も同様の主張をしている）。「高所得者層」へとシフトして利益の大きい顧客にサービス提供することで、分野横断的な補助金交付や規模の経済、もしくはその両方が可能となり、それを通じて、究極的には、MFI の到達する貧しい顧客や女性の絶対数が大きくなることもあるかもしれない。

フランク（Frank, 2008）は、この区別がいかに大切かを示している。すなわち、商業主義的な組織変革と女性へのアウトリーチとの関係を分析してみると、サービス提供を受ける女性顧客の割合（総顧客数に占める割合）の低下と商業化とのあいだに相関がある一方で、使用したデータセットにある組織のうち、NGO から商業組織へと組織変革した機関は、NGO にとどまった機関と比べて、絶対数で2倍の女性にサービスを提供しているのである。

話を前に進めるには項目ごとのデータが必要となる。貧困レベルと金融アクセスについても、顧客レベルのデータをさらに収集しなければならない。顧客の貧困レベルの代用として平均融資規模を用いることに関しては、証拠が少なくなっているが、そのひとつをゴンサレスとローゼンバーグ（Gonzalez and Rosenberg, 2006）が提供していて、貸し手の提供する小口融資の比率とサービスを提供されている貧しい顧客の比率（自主報告）との間に強い相関があることがわかっている。

5 規 制

3つめの研究では、やはり MIX のデータセットのアップデート版を用いて、マイクロファイナンス機関の利益性に対する法的監視の影響を調べている（Cull *et al.*, 2009b）。なかでも詳しく調査したのは、規制される機関が、規制の遵守による財政・運営上の負担をやり繰りしつつ、利益、事業の方向性、アウトリーチ、さらには現場で働く職員の共有といったことに目配りしている様子についてである。また、融資の

マイクロファイナンスのトレードオフ

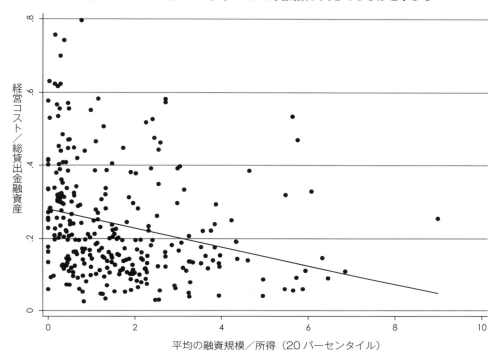

図6.1　1ドル当たりの平均コストは貸出額が大きくなるほど下がる

出所：Cull et al., 2009a.　横軸は、全国の所得分布のうち、20パーセンタイルの世帯の平均所得の比率として表した平均の融資規模。

質を向上させることで、規制が利益をもたらしているという証拠も探している。

筆者らは、上記のデータセットに加えて、154の機関（詳細な財務情報を報告していて、しかも法的監視の対象となっている機関）から成るサブセットについて、計量経済学的な分析を実施した（2009b）。健全性規制（prudential regulation）による利益性と財政自立へのインパクトの推定には、重要な独立変数として3つのダミー変数［訳注：他のデータの一般的傾向と明らかに異なる動きをするデータ（外れ値）があるときに、回帰分析を行うために導入する変数］を用いた。3つのダミー関数は、ある機関が直接、健全性を監視されるかどうかと、その監視がどれくらいの強度であるかを要約するもので、測定するのは、(1) MFI に規制当局への定期報告義務があるかどうか、(2) MFI が現場監視に直面しているかどうか、(3)現場監視が定期的かどうか、である。2007年の契約に関する研究のときと同じ変数に対して調整を行い、職員の集中度とプレミアム（金融機関が借り手に課す金利と資本の「市場」金利との差）に関する尺度を追加した。さらに、国ごとの性格を考慮するために、実質 GDP 成長率、インフレ率、およびカ

第2部　マイクロファイナンスのマクロ環境と組織的背景の理解

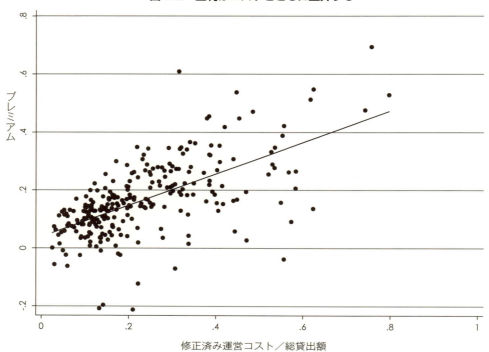

図6.2　金利はコストとともに上昇する

出所：Cull et al., 2009a.　ここでの「プレミアム」とは、IMFの銀行間「貸出金利」（任意の国の銀行が優良顧客に課す金利）を超えて借り手に課される平均金利の過剰分のこと（IMFのInternational Financial Statistics（国際金融統計）より）。

ウフマン、クラーイ、マストルッツィ（Kaufman, Kraay and Mastruzzi, 2007）の開発した組織発達に関する指標も含めている。

　マイクロファイナンス機関の現場監視のあり方は多様で、同じ国でも、また、同じ利益志向の機関どうしでも違いがある。ある機関が外部からの監視を受けるかどうかは、その所有構造、資金源、活動、組織の性格による。トレードオフの観点でいうと、厳格で定期的な監視の対象となっているマイクロファイナンス機関であっても（監視コストが大きくなっているにもかかわらず）利益性は他の機関と変わらなかった。この発見は、ある部分では、規制の対象となることで預金を集めることが認められ、したがって以前より安価でかつ／または安定した財源を得られるようになるという事実を反映しているのかもしれない。たとえばレジャーウッドとホワイト（Ledgerwood and White, 2006 pg. 174）は、9つのマイクロファイナンス機関に関する4～6年間のデータを用いて「実際のデータは、変革した組織が成熟するにつれて、資金債務の割合と

しての預金が増加することを示している」と報告している。

　しかし、監視がアウトリーチに大きな影響を与えてはいることは確かである。定期的な監視は、平均融資規模（借り手の相対的貧困度の代用としてよく用いられる）の大きいものについて行われることが多く、女性への貸出に関しては少ない。この発見は、監視コストの大きさに直面した機関が、戦略的選択として、コストの大きい層へのサービス提供を避けるという傾向と一致している。また、監視の強いところほど職員の本部集中度の大きいことがわかったが、これは、報告義務と定式化への対応として自然なことである。

　マースランドとストレーム（Mersland and Strøm, 2009）も、機関横断的なデータを用いて、規制のインパクトについて計量経済学的な分析を行っている。規制と利益性に関する筆者らの発見と同様に、ふたりも、規制は財政面での業績に大きなインパクトを与えないとしている。しかし、アウトリーチとのトレードオフに関する証拠は発見していない。ハルタルスカとナドリンク（Hartarska and Nadolynk, 2007）も、規制が、経営持続性（operational self-sustainability: OSS）の点でもアウトリーチの点でも、マイクロファイナンス機関の業績に直接影響しないことを示している。ただし、預金受入機関のほうがアウトリーチの範囲が広いことから、組織拡大が可能になることで、規制が間接的な利益をもたらしている可能性が示唆されている。カルら（Cull et al., 2009b）のイノベーションは、MBBのデータを用いたこと、とりわけ現場での監視を指標として用いたことである。

　まとめて言えば、こうした証拠は、デーヴィッド・ポーティオス（David Porteous）の展開した「規制者のジレンマ」という概念を、さらに真剣に考えていく必要性を強調しているということである（ポーティオスの研究は、http://www.financialaccess.org で入手可能。本書中のジェイ・ローゼンガード（Jay Rosengard）の論文も参照）。

6　競　争

　筆者らの研究「2009c」は、マイクロファイナンス部門の「業界組織」に目を向けている。調査したのは、マイクロファイナンス機関の利益性とアウトリーチに対する競争の影響で、焦点を当てたのは、主流の商業銀行との競争である。ここでは、MIXのデータセットに、ベック、デミルギュス＝クント、マルチネス・ペリア（Beck, Demirgüç-Kunt, and Martinez Peria, 2007）から、先進および発展途上99カ国の、銀行の浸透度に関するデータを組み合わせた。一部のコントロール変数［訳注：分析者からみて直接興味のない説明（独立）変数］に欠損データがあることと、データセット間のオーバーラップが不完全であることで、最終的な観察数は342まで下がっているが、

第2部　マイクロファイナンスのマクロ環境と組織的背景の理解

　発展途上38カ国のマイクロファイナンス238機関を対象に、銀行の浸透度を示す変数を取り込んで、筆者らとして最大の回帰分析となっている。ベック（Beck et al., 2007）らのデータは、今回の分析で重要な説明変数となる銀行浸透度について、その尺度を提供してくれる。すなわち、ある国の人口1人当たりの銀行支店数と、1平方キロメートル当たりの銀行支店数である。筆者らは、さらに銀行部門の出資者および集中度を表す変数のほか、国の特徴を表す変数をさらに2つ追加した。こちらは、全人口に占める農村地域居住者の割合と、農村部の人口成長である。

　まず観察されるのは、商業銀行は当初、まさに名称どおりの取引規模の小ささから、マイクロファイナンスというニッチへの参入を控えていたが、マイクロファイナンスの商業化によって考え方が変わってきたということである。今は経営規模を縮小する商業銀行が増えており、以前よりも貧しい層へのサービス提供を始めているため、結果として競争が起こってきている。競争の増加によって、業界はさまざまな面で変わっていくが、それで良くなることもあれば、望ましくない変化もあるだろう。そこで再びMIXのデータに目を向け、こうした競争の影響がどの辺りでバランスするのか、その証拠を探してみた。

　探したのは、競争と、利益性とアウトリーチのトレードオフとの関係である。これには、正負両方の関係について、もっともらしい説明がある。マイクロファイナンス機関が商業銀行との競争激化に直面して、その埋め合わせに、最もサービス提供のコストが大きいと考えられる層（比較的貧しい層や女性）から貸出金融資産をシフトしようとするならば、競争はアウトリーチの妨げとなるだろう。しかし、凝集効果による利益と規制環境の強化が負の波及効果を上回れば、競争がマイクロファイナンス銀行の財政自立を支えることにもなるだろうし、アウトリーチの深化につながる可能性もある[6]。

　筆者らは、競争が増えれば――競争の増大は、経済全体での銀行浸透度の上昇によって示される――それに伴ってマイクロファイナンス機関によるアウトリーチが深まることを発見した。ここから示唆されるのは、競争によってマイクロファイナンス銀行がさらなる貧困者市場へと向かうということで、それを反映しているのが、平均融資規模の縮小と女性へのアウトリーチの深まりである。しかし、このサンプルを見る限り、マイクロファイナンス銀行の利益性については、競争の影響はほとんどないように思われる。このことは、さまざまなマイクロファイナンス機関の間の競争に関する分析を補完するものとして、有益な発見である（ここで扱っている、マイクロファイナンス機関と商業銀行との競争とは対照的である）。マイクロファイナンス機関どうしの競争を分析した章で、アルメンダリズとモーダック（Armendáriz and Morduch, 2010, Chapter 5）は、高い融資返済率の達成にとって重要な「動的インセンティブ」が、競争によって損なわれる可能性があると主張している。これはつまり、他に頼れる融資

先があるとわかったら、顧客が進んで融資返済しようとしなくなるということである。その場合には、クレジットビューローが役に立つかも知れない（たとえば、de Janvry, McIntosh, and Sadoulet, 2008）。

7　結　論

　マイクロファイナンスは、資本市場の効率と公平性の両方の向上を約束している。資本分配の改善と貧困者にとっての機会拡大によって、市場の失敗を矯正することも約束している（World Bank, 2008）。その支持者は、世界の最も貧しい市民にまで到達し、貧困から引き上げる手助けをすることを目標としている（Daley-Harris, 2009）。しかし、世界の証拠は、すべてを同時に達成することの難しさを見せつけてくる。現実のマイクロファイナンスは、社会目標の達成と財政面での業績最大化との間に、明確なトレードオフを生じることが多い。

　本論で光を当てた4つの研究は、契約のメカニズムの選択、商業化のレベル、規制の厳格さ、そして競争の度合いとう文脈でそれぞれ生じるトレードオフについて考察している。筆者らの焦点は、マイクロファイナンスの利益性とアウトリーチの両方である。その結果は、意味のある介入方法を開発するには慎重な選択が——したがって、トレードオフを受け容れたうえでの注意深い比較検討が——必要であることを示唆している。ここでの分析は、世界全体としてのイメージを提供するものである。細かく見ていけば、こうしたトレードオフの性格は地域ごとに違ってくる。しかし、意味のあるトレードオフについては、どの地域であっても、きちんと認識して比較検討する必要がある。

注

＊本論での見解は筆者らによるもので、必ずしも世界銀行ないしその傘下機関のものではない。モーダックは、ファイナンシャル・アクセス・イニシアティブ（Financial Access Initiative）を通じて、ビル・アンド・メリンダ・ゲイツ財団（Bill and Melinda Gates Foundation）に感謝する。ミックス・マーケット（Mix Market）からは、世界銀行調査局（World bank Research Department）および貧困層支援諮問機関（Consultative Group to Assist the Poor: CGAP）との合意を通じて、データの提供を受けた。組織レベルのデータの秘密性は守られている。筆者らは、MIX（Microfinance Information eXchange）のイザベル・バール（Isabelle Barres）、ホアオ・フォナセカ（Joao Fonseca）、ディディエ・ティ（Didier Thys）、ピーター・ウォール（Peter Wall）に感謝する。サロジニ・ヒルシュライファー（Sarojini Hirshleifer）、ヴァルン・クシルサガー（Varun Kshirsagar）、ミルセア・トランドフィル（Mircea Trandafir）は、

第2部　マイクロファイナンスのマクロ環境と組織的背景の理解

筆者らの報告の基礎となる調査に関して、専門的な支援を提供してくれた。キャサリン・バーンズ（Catherine Burns）は、本論の執筆および編集を支援してくれた。一切の誤りおよび見解はすべて筆者らの責任に帰するものである。

1．コストの問題を、純粋に情報の問題によるものと純粋に規模の経済の欠落によるものとに弁別した研究は、筆者らの知る限りではまだない。基本的取引コストとされているものでも、根本的には情報問題によるものが少なくないのだが、それでも、文書業務、リスク評価、管理などのコストは残る。モバイルバンキングのような新技術によって、こうしたコストが劇的に削減されるという期待はあるが、現時点では、その見込みや実績を評価するのは早計である。

2．デヘジア、モンゴメリー、モーダック（Dehejia, Montgomery, and Mordch, 2009）は、バングラデシュのある金融機関からのデータを分析して、金利が10ポイント上昇するとクレジットの需要が7.3〜10.4パーセント減少することを発見した。カランとジンマン（Karlan and Zinman, 2008）も、金利に対する顧客の感応度を研究し、南アフリカのデータを用いて、クレジットへの需要に「捻れがある」ことを発見した。すなわち、顧客は、金融機関の実際の標準金利がいくらかよりも、金利が上昇すること自体への感応度が高いのである。

3．MBBは「実際の借り手」について、「未払い融資のある借り手のうち、基準に沿った回収不能分を修正した数」としている（MicroBanking Bulletin, 2005: 57）。

4．この辺りの分析では、比較に単純平均を用いていて、組織規模による加重はしていない。

5．マイクロファイナンスに課される利子の額をめぐっては多くの議論（と、往々にして混乱）がある。コリンズ（Collins *et al.*, 2009, Chapter 5）らが、インド、バングラデシュ、南アフリカでのフィールドワークを基礎とした議論を提供してくれている。

6．今日までのマイクロファイナンスの経験は、競争が、貧しい顧客や女性へのサービス提供のコストに影響することを示している。一方では、女性は男性と比べて信頼できる借り手だが、他方、女性のほうが平均すると小規模な融資を求める傾向にあり、これは平均コストを増加させる（Armendáriz and Morduch, 2010, Chapter 7）。

参考書目

Akerlof, G (1970). The market for lemons: Quality uncertainty and the market mechanism. *Quarterly Journal of Economics*, 84, 488–500.

Armendáriz, B and J Morduch (2010). *The Economics of Microfinance* (2nd ed.). Cambridge, MA: MIT Press.

Armendáriz, B and A Szafarz (2009). On Mission Drift in Microfinance Institutions. Working Paper, WP–CEB 09–05. Centre Emile Bernheim, Brussels Solvay Business School of Economics, Business and Management, Université Libre de Bruxelles, Belgium.

Bauchet, J and J Morduch (2010). Selective knowledge: Reporting bias in microfinance data. Perspectives on Global Development and Technology, 9(3–4), 240–269.

Beck, T, A Demirgüç–Kunt and MS Martinez Peria (2007). Reaching out: Access to and use of banking services across countries. *Journal of Financial Economics*, 85(1), 234–266.

Collins, D, J Morduch, S Rutherford and O Ruthven (2009). *Portfolios of the Poor: How the World's*

Poor Live on $2 a Day. Princeton, NJ: Princeton University Press..（邦訳『最低辺のポートフォリオ：1日2ドルで暮らすということ』ジョナサン・モーダック、スチュアート・ラザフォード、ダリル・コリンズ、オーランド・ラトフェン著、野上裕生監修、大川修二訳　みすず書房　2011.12）

Cull, R, A Demirüç-Kunt and J Morduch (2007). Financial performance and outreach: A global analysis of leading microbanks. *Economic Journal*, 117(517), F107–F133.

—— (2009a). Microfinance meets the market. *Journal of Economic Perspectives*, 23(1), 167–192.

—— (2009b). Does regulatory supervision curtail microfinance profitability and outreach? *World Development*, 39,949-965.

—— (2009c). Banks and micro-banks. Working Paper.

Daley-Harris, S (2009). State of the Microcredit Summit Campaign Report 2009. Washington, DC: Microcredit Summit Campaign.

de Janvry, A, C McIntosh and E Sadoulet (2008). The supply- and demand-side impacts of credit market information. Working Paper, University of California–Berkeley and University of California–San Diego.

Dehejia, R, H Montgomery and J Morduch (2009). Do interest rates matter? Credit demand in the Dhaka slums. Working Paper, Financial Access Initiative.

Dunford, C (2002). What's wrong with loan size? Unpublished manuscript. Freedom From Hunger.

Frank, C (2008). Stemming the tide of mission drift: Microfinance transformation and the double bottom line. Women's World Banking Focus Note.

Galema, R and R Lensink (2009). Microfinance commercialization: Financially and socially optimal investments. Working Paper, University of Groningen.

Gangopadhyay, S, M Ghatak and R Lensink (2005). On joint liability and the peer selection effect. *Economic Journal*, 115, 1012–1020.

Gangopadhyay, S and R Lensink (2009). Symmetric and asymmetric joint liability lending contracts in an adverse selection model. Working Paper, University of Groningen.

Gonzalez, A and R Rosenberg (2006). The state of microfinance — Outreach, profitability, and poverty (findings from a database of 2600 microfinance institutions). Presentation at *World Bank Conference on Access to Finance*.

Hartarska, V and D Nadolnyak (2007). Do regulated microfinance institutions achieve better sustainability and outreach? *Applied Economics*, 39, 1207–1222.

Hermes, N, R Lensink and A Meesters (2008). Outreach and efficiency of microfinance institutions. Working Paper, Centre for International Banking, Insurance and Finance.

Karlan, D and J Morduch (2009). Access to finance. In *Handbook of Development Economics*, D Rodrik and M Rosenzweig (eds.), pp. 4703–4784. Amsterdam: Elsevier.

Karlan, D and J Zinman (2008). Credit elasticities in less-developed economies: Implications for microfinance. *American Economic Review*, 98(3), 1040–1068.

Kaufmann, D, A Kraay and M Mastruzzi (2007). Governance Matters VI: Governance Indicators of 1996–2006. World Bank Policy Research Working Paper 4280. Washington DC.

Ledgerwood, J and V White (2006). *Transforming Microfinance Institutions: Providing Full Financial Services to the Poor*. Washington DC: World Bank.

Mersland, R and R Øystein Strøm (2009). Performance and governance in microfinance institutions.

Journal of Banking and Finance, 33(4), 662–669.

MicroBanking Bulletin (2005). *The MicroBanking Bulletin* 10.

Morduch, J (2000). The microfinance schism. *World Development*, 28(4), 617–629.

Rhyne, E (2001). *Mainstreaming Microfinance: How Lending to the Poor Began, Grew, and Came of Age in Bolivia*. West Hartford, CT: Kumarian Press.

Rosengard, J (2010). Oversight is a many-splendored thing: Choice and proportionality in regulating and supervising microfinance institutions. In *The Handbook of Microfinance*, B Armendáriz and M Labie (eds.). Singapore: World Scientific Publishing.

Rutherford, S (2009). *The Pledge: ASA, Peasant Politics, and Microfinance in the Development of Bangladesh*. New York: Oxford University Press.

Stiglitz, JE (1974). Incentives and risk sharing in sharecropping. *Review of Economic Studies*, 41, 219–256.

World Bank (2008). *Finance for All*. Washington DC: World Bank.

監督とはすばらしきもの
―― マイクロファイナンス機関の規制・監視における
選択肢と釣り合い

ジェイ・K・ローゼンガード＊（Jay K. Rosengard）

1 はじめに

　マイクロファイナンス機関（MFI）にさまざまなタイプがあるように、MFIの規制・監督についても多くの選択肢がある。監督とはすばらしきものである。選択肢の長大なメニューから、MFIの規制・監視体制の組み合わせを適切に定式化していける。もちろん、1つのサイズがすべてに当てはまることはない。

　本論の目的は、MFIの規制・監視に使える多くの選択肢に光を当てるとともに、釣り合いの原理を慎重に適用して、そうした選択肢のなかから良識的な選択をしていけるような指針を提供することにある。

　MFIの規制・監視での選択と釣り合いを主張するために、本論は、以下のような鍵となる5つの問いを中心に整理していく。

- なぜ金融機関を規制・監視するのか
- なぜ規制と監視を区別するのか
- マイクロファイナンス機関の何がそれほど特別なのか

＊ハーバード大学　ジョン・F・ケネディ行政大学院

- MFIの監督を主に代替する機関は何か
- 対立する目標をどうバランスさせることができるか

それぞれの問いは連続して扱っていくので、本論が終わる段階では、MFIの規制・監視の複雑性について――そして、監督に関するニーズを効果的かつ創造的に満たすために、MFIの多様性が提供してくれる機会についても――十分に認識してもらえることと思う。

2　忘れぬように――なぜ金融機関を規制・監視するのか

　金融は、一国の経済において最も規制・監視の強い部門のひとつである。世界のどこを見てもそうだし、経済の発展段階や政治体制の性質が違っても関係ない。これは偶発的なものでも偶然によるものでもない。金融機関、とりわけ銀行が果たしている機能は唯一無二のものであり、したがって、こうした機能を引き受けるなかで生じてくるリスクも、やはり唯一無二のものである。

　金融機関にはさまざまな機能があるが、主要なものの第1は、貯蓄の動員とクレジットの割り当て、あるいは金融の仲介を中心とするものである。第2の主要機能は、流動性と決済サービスの提供、あるいは金融取引の促進に関連したものである。こうした金融機能に伴うリスクには2つの面がある――マクロ経済での市場の失敗と、ミクロ経済での金融機関の破綻である。

　マクロ経済的での市場の失敗のうち、金融機関の関係するものは4つある。第1に、金融サービスは、高い価値を内包するとともに、それ自体が疑似公共財として受け取られている。このどちらもが不可欠な要素であり基本的なニーズなのであって、これがあるからからこそ、効率的で公平な経済を、誰もが利用できるのである。したがって第2に、金融部門の困難は、金融機関にも、その機関の顧客にも背負いきれない過剰なコストを社会に課すものとして見られる。これは普通「負の外部性（negative externality）」とよばれている。第3に、今日の世界的な経済危機が鮮烈な実例なのだが、こうした負の外部性は、大規模なマクロ経済的不均衡を引き起こすことで、大惨事をもたらしてしまう。第4に、金融部門の弱さを助長するものとして、情報の非対称性、あるいは情報の不均等分布ということがある。預金者は、一般に預金機関の健全さを評価する能力を欠いているが、その一方で貸し手も、融資を返済しようという借り手の意志と能力の評価が難しいと感じている。

　こうした4つのマクロ経済的な脆弱性をさらに深刻化させるのが、金融機関というミクロ経済の変速機構の失敗に伴う2つの独自リスクである。その始まりは個別機関

での取り付け騒ぎで、顧客の訴えに逐一応えていくことが、結果として顧客の信頼を失うことになってしまう。それが金融システム全体に広がり、やがては伝染効果によって実体経済全体に広がっていくところは、ウイルス性疾患によって最後には全身が崩壊するのに似ている。

したがって、金融機関を規制・監視する目的は、金融システムへの信頼を維持し、金融サービスの消費者を保護することにある。そのためには、上記のような、マクロ経済における市場の失敗とミクロ経済における金融機関の破綻との、両方に伴うリスクを低減しなければならない。第一の目標は、金融恐慌を回避することである。金融恐慌では、1行または複数の銀行の失敗がシステム全体の崩壊につながりかねない。そうなれば、預金者は預金を失い、本当ならクレジットを得られるはずの企業や世帯が融資へのアクセスを奪われ、決済システム全体の生存可能性が損なわれてしまうからである。

3　用語の確認——なぜ規制と監視を区別するのか

規制とは、基準の設定とゲームのルールの決定を伴うものである。監視とは、そうした規制が遵守されるようモニターし、強制することである。この2つの区別が重要なのは、両者が、明確な違いをもちつつ共生しているからである。金融における規制と監視の違い、および両者の相互作用を理解することは、国が、高度に集中的で具体的な目標を明確化するうえで——ひいては、そうした目標の達成に最適なツールを適用するうえで——役立つはずである。

図7.1に示すように、金融規制には2つの基本タイプがある。金融の健全性に関するもの（健全性規則）と、市場効率および市場の公平性に関するもの（非健全性規則）である。

健全性規則の目的は、金融機関の健康度を判断すること、とりわけ流動性と支払い能力があることを確認することで、通常は、CAMEL-Plus をベースとした格付けシステムを用いる。チェック項目の例としては、自己資本(Capital Adequacy)、資産内容(Asset Quality)、経営（Management）、収益性（Earnings）、流動性（Liquidity）、リスク低減（Risk Mitigation）などがあり、これが、金融機関の失敗を防ぐための主要な予防手段となっている［訳注：CAMEL はアメリカの連邦銀行監督機関が銀行の経営内容を、Capital, Assets, Management, Earnings, Liquidity の5つの項目で評価するもので、これを基本として、いくつかのバリエーションがある］。

非健全性規則の目的は、金融機関の活動している市場の質を向上させることである。なかでも最も範囲の広いものを「ソフトインフラ」と呼ぶことがある。内容としては、

図7.1 マイクロファイナンス機関の監視

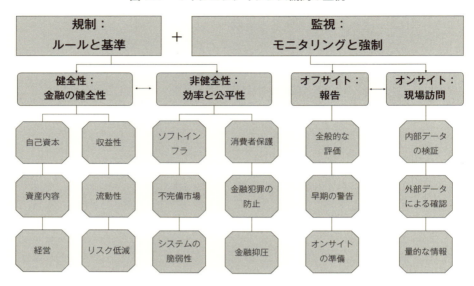

①担保付き取引、契約実施、破産手続きのための法的および司法手続き、②金融機関および金融商品に関する税金および会計処理、③金融活動の開始ならびに金融機関の設立および改変ための認可付与権限、④クレジットビューローの経営パラメーター、などがある。

このほかに、非健全性規則の要素としては、①不完全市場へのサービス提供の要件（合衆国の地域再投資法（Community Reinvestment Act）など）、②システムの脆弱性を低減する措置（いわゆる「ホットキャピタル［訳注：成長している経済に投機的に流入する資金］」の制限など）、③透明性を高め、説明責任を強化するための消費者保護法（実質金利の一般的提示および金融機関のリスクに関する全面開示の義務づけなど）、④金融犯罪の防止（とりわけマネーロンダリングとテロ活動への資金提供について）、⑤多くは善意からだが、現実には逆効果になることの多い金融抑圧施策（金利の上限設定や信用配分の割当制など）がある。

金融機関の監視は、一般に、オフサイト監視とオンサイト監視という2つの要素に分けられる。オフサイト監視の基本は報告で、金融機関の健全さに関する全般的な評価を提供し、潜在的な問題に関して監督者に早期に警告するとともに、現場監督者によるオンサイト査察の準備に役立てるようにする。オンサイト監視は現場訪問が基本で、内部データの検証、外部データによる確認のほか、経営・顧客・市場状況に関する質的情報の提供も行う。

金融機関の規制・監視には多くの要素があることを考えると、監督責任を最善の費

用効率で割り振ることは、とりわけMFIの文脈においては、各国政府の基本的課題である。自明のことのように、すべての責任は中央銀行ないし国の監督機関が負うべきだ、とするわけにはいかない。

4　インフォーマル経済
――マイクロファイナンス機関はどこがそれほど特別なのか

　これまでの議論は、金融機関の規制・監視全般に焦点を当てたものが大半だった。しかし、マイクロファイナンスにはほかとは違った特徴があり、監督についても独自の課題がある。その最も重要なものを以下にあげる。

- 顧客ベース――マイクロファイナンスの顧客は低所得世帯やインフォーマルな家庭事業なので、高所得世帯やフォーマル企業と同じ金融サービスが必要ではあるのだが、その一方で、商品のデザインやデリバリーについては、具体的な世帯財政や事業ニーズに適応させなくてはならない。たとえば、預金サービスでは利回りよりも安全とアクセスが優先されたり、融資に際して、予想されるキャッシュフローのタイミングと量に合った返済スケジュールをまず考慮したりということがある。
- 貸付方法――大半のマイクロ企業は正式な財務記録をつけていないし、事業の所有者も、通常認められるような担保を所有していないので、融資の査定は、たいてい、人物の質的な評価と、損益計算書を構成し直しておおまかに推定したキャッシュフローを基礎としている。一方で、移動可能な資産やグループでの保証が担保として認められている。
- 取引コスト――融資可能な資金のコストは他の市場でのコストと比べてそれほど大きくはないし、マイクロクレジットのリスクは実際には低いくらいなのだが、マイクロファイナンスの取引コストは極端に大きい。これは、取引1件当たりの価値が低いことと、できるだけ顧客の近くまでマイクロファイナンスのサービスを持っていくことで、顧客側の取引コストを引き下げる必要があるためである。そこで、すべての貸付コストをカバーするために、どうしても、金利は市場で最も高いものとなってしまう。
- 資産構成――中小企業貸付や法人貸付とは対照的に、マイクロクレジットは非常に少額の、しかも短期の融資で構成されている。したがって、極端に多くのマイクロ融資を、可能な限り効率よく（単位当たりのコストを下げて）、しかも効果的に（不良債権の件数を減らしながら）生み出すことが、MFIの財政持続性の鍵のひとつとなっている。

第2部　マイクロファイナンスのマクロ環境と組織的背景の理解

- 組織構造と統治——大半の MFI は、相対的に分散型の組織構造をしていて、統治の習慣があまりないので、従来型の組織評価では、財政面での健全性を適切に判断できないことが多い。

こうしたマイクロファイナンスの特殊な性格に、標準的な金融監督の基準を無理に当てはめようとすると、マイクロファイナンスの規制に問題を生じかねない。以下、その例をあげる。

- 標準的な健全性基準や比率を適用することは、多くの点から見て厳しさが足りない。最もよくある実践例は、融資の分類、提供、償却［訳注：回収不能と判定される債権を帳簿から除くこと］に関する要件で、短期が多いというマイクロ融資の性格を考えると、マイクロクレジット分野のエイジング［訳注：時間経過に伴う債権回収管理業務］と償却は、従来型の融資よりも速いはずである。同様に、MFI 事務局の多くが遠隔地にあることを考えると、MFI では、主流の商業銀行よりも高い流動性比率を義務づけるほうが賢明だろう。しかし他方、不合理に高い資本要件を設定すると、新規 MFI にとっては参入障壁になってしまい、MFI の財政健全性に大きく貢献することにはならないことが多い。
- 義務的な銀行合併および合理化プログラムは、大規模な金融機関や従来型の金融商品のほうが、コミュニティに基盤を置く金融機関や、そうした機関が地元市場向けにカスタマイズした商品よりもよいと信じて実施されるのだが、実際にやってみると、場所、商品、市場による信用リスクの集中を通して、金融部門の脆弱性を高めてしまうことが多い。
- 非従来型担保によるマイクロ融資を拒否することは、マイクロクレジット資産の全体を無担保として扱うことになるので、最高水準にリスク加重された資本が必要となって、MFI の融資コストが大きく増加することになる。また、フォーマルな担保登録要件を強要することは、借り手の取引コストを上積みすることになって、マイクロクレジットの費用を増加させてしまう。
- マイクロクレジットの借り手にフォーマルな融資の文書作成要件を広範に義務づけても、マイクロ事業にはそのような財務記録がそもそも存在しない。また、MFI に記名式融資資産の文書化を要件として義務づけるよりも、合計資産を文書化させるほうが、現実的かつ適切に融資資産の質をモニターし、MFI の信用リスク残高を評価することができる。
- 金利の上限を義務づける際に、これが低すぎると貸付コストが回収しきれなくなり、MFI としては、補助金を求めるか、不透明な方法（特別料金や手数料など）で実質金利を上げるしかなくなってしまう。

- 個人の法的貸付限度額を義務づけるよりも、ポートフォリオ構成で限度額を設定するほうが、クレジットの集中リスクを低減するには効果的である。
- 経営効率化の施策を義務づけるのは、MFIにとっては規制にならないことが多い。たとえば融資担当者1人当たりの融資件数は、元もとMFIの方が主流の商業銀行よりもずっと数が多いので、簡単に基準をクリアしてしまう。
- 組織構造、職員配置、物理的なオフィス要件を義務づけるといったことは、MFIよりも大規模な商業銀行に適している。

　こうした規制は、金融機関の脆弱性のうち最も重要なものを低減するために、普通は善意から推奨されている。しかし、たしかにMFI（特にマイクロファイナンス銀行）もほかの金融機関と同様のリスクを抱えてはいるが、こうしたリスクの測定は、マイクロファイナンスの特殊な性格に合わせていかなければならない。

　これは、基準を甘くせよというのではない。マイクロファイナンス銀行といえども銀行である。また、低所得家庭からの預金を受け入れる銀行は、富裕な顧客にサービス提供する銀行以上に慎重に、預金を保護しなければならない。もし預金がなくなってしまったら、貧しい者は、ほとんどほかに頼るところがないからである。

　したがって、先にも述べたように、MFIの規制は、場合によっては標準よりも厳しくするべきである。ただし、柔軟な「目盛り調整」は必要となる。同じ規制目的による同じ厳格さの要件でも、測定の仕方は変えていかなければならない。

　マイクロファイナンスの特殊な性質は、MFIの監視についても適応を求めてくる。

　オフサイト監視では、従来の銀行報告よりも頻繁な報告のシステムが必要である。大量・小規模・短期の貸付では状況が急速に悪化することもあるので、マイクロファイナンスの監視ではタイミングが決定的に重要となる。また、マイクロクレジットの報告書は、従来の融資報告書よりも内容を整理して、資産状況やトレンドを反映させるようにしなければならない。マイクロクレジットでは、報告書の量こそ圧倒的だが、監視目的から見ると、融資1件当たりの価値はほとんどないからである。頻繁に、そしてタイミング良く実施できて、しかも整理しやすいものにするためには、MFIの報告書は、相対的に短くてシンプルでなければならない。

　オンサイト監視では、MFIの現場査察も、従来の銀行業務より頻繁に行わなければならないし、普通の監査機能の範囲を越えて、必要ならば顧客面談や技術サポートなどを通じて、外部データによる確認まで含めるべきである。このように、MFIではオンサイトでの強力な監視や指導が必要となる。加えて、多くの国でMFIが急に増していることや、特別に任命・訓練されてMFIの監督に専念する現場監視官が必要なことを考えれば、当然のことながら、中央銀行ないし国の監督機関では、圧倒的な監督需要が生まれてくる。そこで、多様な代替機関の間でMFIの規制・監視責任の割

り振りが必要になってくるのだが、これについては、以下の2つのセクションで検討することにしよう。

5　選択肢のメニュー──MFIの監督を主に代替する機関は何か

　MFIの規制・監視責任を高いコスト効率で割り振るための鍵は、最適なMFIの監督のモデルを、MFI市場の各セグメントと釣り合わせることである。それには、MFIの監督代替機関を明確に認定したうえで、マイクロファイナンス部門を（MFIの特徴と、各タイプのMFIが提供するマイクロファイナンス・サービスの性質の両方によって）概念的に信頼できる方法で分解していかなければならない。

　表7.1に示すように、MFIの監督対象は、6つの一般的なカテゴリーに分けることができる。

- 従来型の銀行──一般に、すべての範囲のマイクロファイナンス・クレジット、預金、決済サービスを提供する。
- 無店舗バンキング──最も成熟した形態では、これも、従来型の銀行に負けないマイクロファイナンス・サービスを提供することができる。
- 特殊認可による銀行──これは、全面的なサービスを提供する銀行から、サービスに選択的な制約のある銀行までさまざまである（最も一般的な制約は、地理的な制限、為替取引の禁止、全国的な決済・清算システムからの排除）。
- 金融会社──これは、さまざまな部門にクレジットを提供することもできるし、自動車ローンや住宅ローンなど、分野を特化した貸付機関になることもできるが、どちらの場合も、資金の調達は金融市場ないし資本市場で行うのが普通である。大半の国では、一般市民からの預金受入は許されていない。
- 顧客が所有するMFI──クレジット・ユニオン、協同組合、ミュチュエル（mutuelle［訳注：フランスの任意共済保険］）などがあり、通常は、会員・組合員からのみ預金を集め、融資を行うことができる。
- その他のノンバンクMFI──リース、保険、振込の会社

　MFIの監督にも5つの基本的な代替方法があって、これも表7.1に示しておいた。

- 中央銀行ないし銀行監督機関による直接の規制・監視
- 中央銀行ないし銀行監督機関の委任による規制・監視（だいたいは中央銀行ないし銀行監督機関に代わって国有銀行に委任される）

- 中央銀行ないし銀行監督機関以外の機関（財務省でノンバンク金融機関を担当している部局、協同組合省などの金融関係以外の省庁、または保険規制委員会のような準独立機関）による規制・監視
- MFIの自主規制・監視（協同組合協会やクレジット・ユニオン協会など、加盟組織を監督する組織）
- ほとんど無規制・無監視のMFI

　表7.1に示すように、MFIの監督代替機関とMFIのタイプを合わせて見ていくと、結果は、MFIの商品ラインに基づいた2つのグループに分かれる。

　2つのグループを分ける決定的な要因は、そのMFIが一般市民からの預金を受け入れるかどうかである。前半の3タイプのように、答えが潜在的に「イエス」であるならば、中央銀行ないし銀行監督機関が、直接または国有銀行などの代替機関を経由して、MFIの規制・監視に責任を持つ。後半の3タイプのように、答えが完全に「ノー」ならば、MFI規制・監視の代替モデルが活用できる。

　表7.1に示した市場区分は、単純化・定型化したもので、包括的な概念上の枠組みと、それに伴う全般的な政策指針を提供できるようにしてある。実際には、状況はもっと複雑で曖昧なことが多い。たとえば、クレジット・ユニオンや協同組合、ミュチュエルといった顧客所有のMFIは、公式には会員・組合員からのみ預金を受け入れるよう制限されているのが普通だが、規模が拡大するにつれて、利害の共通するコミュニティが縮小し、銀行のようになり始める。なかには、会員・組合員に共通するのは見積もりの会費支払いのみという例もある。しかも、実質的には銀行なのに、法律上の銀行が受ける監督を受けないばかりか、不公正な競争力優位を得ることで、顧客所有のMFIがその国で最大の金融機関にまで成長することもある。すると、こんどは大きくなりすぎて、規制・監視の視点を無視できなくなる。

　したがって、MFIの規制・監視のための適切な枠組みを決定するには、表7.1に示した指針を単純に適用するだけでは足りない。この指針は有効な出発点ではあるが、そこには、釣り合いについての費用便益分析（cost-benefit analysis）が伴わなければならず、それは、明示的というよりは暗示的であるのが普通である。そうすることで、深刻なリソースの制約という環境下で、対立する政策目標に折り合いをつけていくことが可能になるが、これについては次のセクションで述べていきたい。

第2部　マイクロファイナンスのマクロ環境と組織的背景の理解

表7.1　マイクロファイナンス機関のための規制・監視の代替機関

代替機関	従来型の銀行	無店舗バンキング	特殊認可による銀行	金融会社	顧客所有のMFI	その他のノンバンクMFI
中央銀行／銀行監督機関	クレジット／預金／決済	クレジット／預金／決済	クレジット／預金／決済			
委任による規制／監視			クレジット／預金／決済			
その他の規制・監視省庁				クレジット	クレジット／会員・組合員対象の預金	クレジット、リース、保険、決済
自主規制／監視				クレジット	クレジット／会員・組合員対象の預金	クレジット、リース、保険、決済
無規制／無監視				クレジット	クレジット／会員・組合員対象の預金	クレジット、リース、保険、決済

6 釣り合いの原理
——対立する目標をどうバランスさせることができるか

　世界の中央銀行や銀行監督機関が共通して直面するジレンマは、単純に、国内のすべての金融機関を効果的に規制・監視するだけのリソースがないことである。では、金融サービスの消費者を保護し、金融システムへの信頼を維持するという任務を考えたとき、少ないリソースをどう割り振るのが、とりわけMFIに関しては、最適なのだろうか。

　MFIの規制・監視責任に優先順位をつけて割り振るうえでは、釣り合いの原理が有効な方法となる。これには、明確に区別できるが、しかし相互に関連した3つの次元がある。

　その第1は、あるMFIが失敗する見込みと、その失敗の潜在的なインパクトとの釣り合いである。たとえば、失敗の見込みが強いが、そのインパクトは地域的なものでシステム全体には及ばないという場合、公的な優先順位は低くするべきである。対照的に、失敗の見込みは比較的少ないが、その失敗によって金融システムの重要な部分が弱体化してしまいかねないなら、公的な優先順位を高くするべきである。

　第2は、あるMFIの失敗を防ぐための総コストおよび分配的コストの見積もりと、その失敗を防ぐことで得られると思われる総利益および分配的利益との釣り合いである。たとえば、規制・監視のコストが大きく、それを国家が負担する一方で、MFIに出資しているドナー機関に大きな利益が生じているという場合には、公的な優先順位は低くするべきである。そのスポンサー機関が資金を失うなり、何か別の方法を見つけだして自分でMFIやNGOの失敗を防ぐなりさせておけばよい。反対に、監督のコストはほどほどだが、それを国家が負担する一方で、低所得の第三者預金者に大きな利益が生じているような場合は、公的な優先順位を上げるべきである。直接の監督にコストがかかりすぎるなら、委任すればよいだろう。

　第3は、リスク低減と金融部門のイノベーションを殺してしまうこととの釣り合いである。これは制度というよりも機能の次元である。たとえば、標準的な健全性の基準は、リスクを大幅に低減させつつ、イニシアティブを窒息させることはしない。対照的に、金融危機に過剰反応して、合併を強制したり、カスタマイズしたマイクロファイナンス商品を禁止したりして規制を強化した場合には、2つの面で逆効果となることが多い。すなわち、かえってリスクを増大させ、しかもイノベーションを殺してしまうのである。

　したがって、中央銀行ないし銀行監督機関の規制・監視に優先順位をつける際には、政策立案者は以下のようなことを自問するべきである。

- マイクロファイナンス機関が失敗したら、誰が得をして、誰が損をするのか。
- そのMFIが破綻した場合、利益と損失の推定額はどれくらいなのか。また、破綻する見込みはどれくらいなのか。
- MFIの監督コストとその利益とのあいだに、受容できるバランスはあるのか。
- そうしたコストと利益は公平に分配されているのか。
- 個別MFIの問題がマイクロファイナンス業界に、あるいは、悪くすると金融部門全体に広がりそうなのか。
- リスクを嫌うあまり、予防措置をデザインするなかで、イノベーションの動機を殺してしまわないか。

こう問いかけたからといって、なにも、中央銀行ないし銀行監督機関の規制・監視を受けないすべてのMFIは市場の力の気まぐれに任せておけ、自由放任のイデオロギーに固執せよ、などと言っているのではない。

むしろこれは、少ない公的リソースを選択的に活用するうえでの判断基準となる、運営上のパラメーターを提案するものである。中央政府の金融当局が高いコスト効率でMFIの監督を提供しようとしても、そこには自ずと限界がある。表7.1は、その範囲から漏れたMFIについて、規制・監視の代替機関を提示しているのである。

7　結　論

MFIの多様性は、規制と監視についても、それに対応した多様性を必要としている。急速な成長と急速な深化を続ける世界のMFIは、組織構造も商品も市場も実にさまざまで、したがって、その脆弱性にも大きな差異があり、その顧客と市場には、広範かつ多様なリスクが存在している。しかし同時に、中央銀行や銀行監督機関は、そうしたMFIのすべてを高いコスト効率で規制・監視するだけの能力を持ち合わせていない。本論は、MFIを監督するための重要な代替機関について要約するとともに、MFIの規制・監視の主要な選択肢のなかから、健全な選択をするための枠組みとして、釣り合いの原理を適用するものである。

付記：重要な言及に関する覚書

本論は、MFIの規制・監視における政策上の基本的な疑問に、戦略的・戦術的な視点から焦点を当てている。

具体的な例をほとんどあげていないのには、大きく2つの理由がある。

●この分野は急速に変化しているので、本書が出版される頃には、実例の多くが古くなっていると思われる。
●現在のMFIの規制・監視実践については、すでに余すところなく文書化されている。

2003年7月、世界銀行グループの貧困層支援諮問機関（CGAP）が、*Microfinance Consensus Guidelines: Guiding Principles on Regulation and Supervision of Microfinance* を出版した。同書には、本論で要約ないし適用した用語や概念の多くについての解説があるほか、健全性と非健全性の両方のMFI規制・監視について「ベスト・プラクティス」が詳述されている。いずれも、CGAPに加盟している29ドナー機関の集合的経験に基づくものである。

さらに、CGAPは米メリーランド大学アイリスセンター（Iris Center at the University of Maryland）と合同で「マイクロファイナンス規制・監視リソースセンター（Microfinance Regulation and Supervision Resource Center）」を創設した。アドレスは http://www.microfinanceregulationcenter.org である。〔訳注：2015年10月現在アクセス不能。出版物については、http://www.microfinancegateway.org/organization/microfinance-regulation-and-supervision-resource-center で見ることができる〕

このリソースセンターは、マイクロファイナンスの規制・監視に関して、全世界に関する比較データベースを提供している。サイトから引用しよう。

この比較データベースを利用することで、52カ国のマイクロファイナンス規制環境について、そのスナップショットを手に入れることができる。個別の国のプロフィールから、国や機関のタイプ、テーマを横断した比較まで、この比較データベースなら、世界中の規制・監視についてすばやく、簡単に、包括的に概観することができる。

また、このリソースセンターは、本論で提示した枠組みをやや単純化したものを用いて、マイクロファイナンスの規制・監視における基本的な問題と代替機関について、簡単な指針を提供してくれている。

最後に、無店舗バンキングについて。本論では軽くふれただけだが、これは急成長中の産業で、マイクロファイナンスの規制・監視に独自の課題を生み出してきている。CGAPはイギリス国際開発省（Department for International Development: DFID）と合同で、2008年1月に *Regulating Transformational Branchless Banking: Mobile Phone and Other Technology to Increase Access to Finance*（CGAP Focus No. 43）を出版した。これは、

第2部　マイクロファイナンスのマクロ環境と組織的背景の理解

今日までの無店舗バンキングの流れについて、幅広い文献証拠を提供してくれているもので、マイクロファイナンスの規制・監視にとっての意味合いについても詳しく分析されている。

＊公共政策講師、および金融部門プログラム（Financial Sector Program）責任者

マイクロファイナンス機関の業績
―― マクロ条件は問題となるのか

ニールス・ヘルメース[*]（Niels Hermes）
アルヤール・メーステルス[**]（Aljar Meesters）

　本論では、マイクロファイナンス機関（MFI）の業績が、その機関の直面するマクロ条件と関係しているのかどうかを分析する。分析で焦点を当てるのは、マクロ経済、金融発展、制度、および政治的変数で、いずれも、マクロ条件がMFIの業績に影響する場合に重要となる特徴である。筆者らは、MFI活動のコスト効率という視点から業績を測定し、経済成長と金融発展が、MFIの効率と明快かつ確実に関係していることを見いだしている。制度的・政治的条件についてのイメージは、それほど明瞭ではない。制度的・政治的環境には、効率と関係する次元もあるようだが、全般的な結論として、この2つの次元とMFIの効率とのあいだに明らかな関係を見いだすことはできていない。

1　はじめに

　一般に認められているように、金融の欠如は経済活動への重要な障害となる。開発の遅れた経済ではとりわけそうで、小規模およびマイクロ起業家の投資プロジェクト

---

[*]フローニンゲン大学経済経営学部
[**]フローニンゲン大学経済経営学部

第2部　マイクロファイナンスのマクロ環境と組織的背景の理解

の多くが、利用可能な金融がないために実現されずにいる。マイクロファイナンス機関（MFI）は、ほかの金融提供者へのアクセスがないか、または極度に制限されている貸し手に融資を提供する。そうすることで、潜在的な利益性のあるプロジェクトが小規模起業家に安定した収入をもたらし、場合によっては収入を伸ばしていけるようにすらなるのである。

　マイクロファイナンスは、貧困と闘うための重要な道具として、多くの注目を集めてきている。国連は、2005年を国際マイクロクレジット年（International Year of Microcredit）と宣言した。2006年には、ムハマド・ユヌスがノーベル平和賞を受賞したことで、マイクロファイナンスと、その貧困削減に果たす役割への注目がいっそう高まった。こうした展開から、政策立案者や援助組織のあいだでは、マイクロファイナンスに潜在する貧困削減効果への期待が高まっていった。しかし、世界的な貧困削減に向けて大幅かつ長期的な貢献をするためには、MFIは、貧しい借り手への融資拡大に成功し、しかも同時に、少なくとも貸付活動のコストは回収できなければならない。言い換えれば、長期的な財政持続性に焦点を当てる必要があるということである。しかし、ここで重要な疑問がある。すなわち、マイクロファイナンス機関の成功を、コスト効率のよい貸付慣行の開発という視点から説明しようとした場合、どのような条件が重要となるのだろうか。これまでに、いくつかの研究がこの課題に焦点を当て、マイクロレベルのデータや機関固有のデータを用いて、なぜMFIの業績に差が出るのかを、コスト効率の視点から確かめようと試みている。

　ほかにも、この疑問へのアプローチとして、MFIの業績を抑えるうえで重要なマクロ条件は何なのかを調べるやり方がある。マクロ経済の状況はMFIに影響するのだろうか。制度環境は重要なのだろうか。政治的側面は、MFIが貸付コストを抑えるのに成功している理由の説明に関係してくるのだろうか。一般的にいって、このアプローチによって調査できるのは、各国固有の要素がMFIの業績の説明になるかどうかである。こうした分析によって、なぜある国のMFIは別の国のMFIよりも平均して業績がいいのかを調べることができる。しかし、MFIの業績のマクロ的な決定要因に関する文献は、近年になってようやく現れてきたばかりで、この課題を調査した研究はまだ数が少ない。

　本論の目的は、MFIの業績のマクロ的な決定要因に関する議論に、とりわけ貸付慣行のコスト効率という視点から貢献することにある。セクション2では、まずこの問題に関する既存文献を概括し、続いて、マクロ環境がMFIとその業績に影響しているのかどうか、しているならどの程度なのかについて、新たな実証的証拠を提出する。総括部分では、経済成長、金融発展、既存の規制政策という視点から見たフォーマルな制度環境、法の支配の質、官僚体制の質と汚職の存在、および政治的（不）安定性に焦点を当て、政治的権利や市民的自由といった要因にも言及する。セクション3で

は、MFIの貸付慣行についてコスト効率の程度を検討する。セクション4では、筆者らの用いたデータについて引き続き検討し、続くセクション5では、実証的な方法論について述べる。セクション6では、筆者らの実証的分析の結果について検討する。最後のセクション7では、それまでの発見、方針の妥当性、および将来に向けた研究課題について要約する。

2 マクロ条件とMFIの業績——文献の概括

このセクションでは、さまざまなマクロ条件のうち、MFIの業績に影響するものに関する文献を概括する。特に、マクロ経済の条件、国内の金融システム、全体的な（フォーマルな）制度環境、および政治的要因について検討する。

2.1 マクロ経済の条件

マクロ経済の業績は、さまざまな面でMFIの業績に影響を与えている（Ahlin, Lin and Maio, 2008）。一方では、経済が成長することで、小規模起業家は、既存のプロジェクトやビジネス機会に投資したり拡大したりというインセンティブを増加させるだろう。しかも、経済が成長していけば、起業家は、利益のあがる新しい投資プロジェクトを開発していける。これは翻って、MFI融資の需要の高まりMFIの借り手の返済実績向上へとつながっていく。融資需要の高まりも返済実績の向上も、ともにMFIのコスト効率向上に役立つ。需要の高まりは、規模の経済によって、借り手1人当たりや融資1件当たりのコスト低下につながるだろうし、返済実績の向上によって、融資回収に関わるコストや貸倒引当金のコストも下がっていく。しかし、経済の成長は、融資需要の成長低下に（あるいは下降にすら）つながることがある。起業家が自ら生み出す利益や、銀行などのフォーマルなチャネルの金融へのアクセスによって、プロジェクトの資金を賄えるようになるからである。結果、MFIの業績は、コスト効率の視点からも、損なわれることになる。

しかし他方、経済が減速しているときにも、あるいは停滞ないし危機を迎えた場合にさえ、MFIからの融資需要増大につながる可能性があると言える。それは、危機状況では、人びとがフォーマル経済での仕事を失い、インフォーマル経済での活動の開発に転じるからである。多くのMFI融資が、インフォーマル経済での活動に使われていることはよく知られている。また、経済が減速して収入が減るにつれて、高価な輸入品への需要が減り、代わりに、国内の小規模企業による安価な品物が求められるようになる。この代替効果には、MFI融資の需要を高めるとともに、MFIの借り手

第2部　マイクロファイナンスのマクロ環境と組織的背景の理解

による返済実績をも向上させるという面がある。しかし反対に、経済の減速によって収入が減り、ビジネス機会が少なくなって融資の需要が下がるという面もある。しかも、危機に伴って収入が下がることで、借り手は、MFIへの融資返済が難しくなることもある。

最後に、MFIの業績には、マクロ経済の状況と無関係な一面もある。それは、MFIの顧客の大半がインフォーマル経済での活動に集中していて、しかもフォーマル経済とインフォーマル経済が無関係な場合である。そのような状況では、フォーマル経済で何が起ころうと、MFIの借り手のビジネス活動は――したがって、コスト効率も含めたMFIの業績も――マクロ経済の出来事からはなんの影響も受けないだろう。

上記の議論が明瞭に示しているように、MFIの業績とマクロ経済の状況との関係は、予め決まっているものではない。また、驚くだろうが、この関係を調査した研究は、これまでほんのわずかしかない。マクロ経済の状況の重要性については、いくつかのインパクト研究で言及されている。ウォーラーとウッドワース（Woller and Woodworth, 2001）は、こうした研究を多数検討したうえで、そのなかの主要な結論のひとつが、安定した経済成長、低水準のインフレ、および財政規律の重要性に言及していることを示している。マクロ経済の状況が悪ければ、小規模起業家の、そして彼らに資金を貸付けているMFIの生存能力が損なわれてしまうからである。最近の事例研究では、フェルナンド（Fernando, 2003）が、ブラジルのMFIがあまり成功していないことを、高水準のインフレのためだと結論づけている。また、同じく最近の事例研究で、シャルマ（Sharma, 2004）が、インドとネパールのマイクロファイナンスの成果を比較して、インドのMFIの成長が、主に同国のマクロ経済条件の良好さと関連しているのに対して、ネパールのMFIがうまく成長できないのは、1996年の毛沢東主義者らによる暴動以後、政治が不安定なためだと結論づけている［訳注：ネパール内戦は1996年2月、王室打倒をめざすネパール共産党毛沢東主義派によるゲリラ闘争で始まり、2006年11月に包括的和平合意によって終結した］。

マクロ経済の条件とMFIの業績に関連する最初の学問的論文のひとつは、パッテン、ローゼンガード、ジョンストン（Patten, Rosengard and Johnston, 2001）によるもので、バンク・ラクヤット・インドネシア（Bank Rakyat Indonesia: BRI　インドネシア国営銀行）が、1997～1998年の東アジア経済危機の時期にどのような経営をしたかについて述べている。バンク・ラクヤット・インドネシアは大規模な商業銀行である[1]。小規模事業にマイクロ融資も提供しているが、中心はリテールバンキング［訳注：中小企業や個人との取引が中心の小売り銀行業務］と法人金融活動で、大口顧客や大企業向けである。パッテンらの分析は、リテールバンキングと法人金融は、経済危機で、特にクレジット返済に関して負の影響を被ったが、マイクロバンキング活動は比較的繁盛していたことを示している。1996年12月から2000年3月の時期も、マイクロ融資

の返済は相変わらず堅調で、貸付残高のポートフォリオも、実は、ゆっくりとだが増えていた。

パッテン（Patten *et al.*, 2001）らは、危機の時期にバンク・ラクヤットのマイクロバンキング部門がこうした好結果を残したことの説明として、法人部門が大企業向けに展開している融資と比べて、マイクロ融資は小口の借り手が生みだすキャッシュフローとの相性がよい点を指摘している。しかも、小規模事業はアジア危機の影響をあまり受けていない。第1に、小口の借り手は輸入ベースの品物ではなく、国内で生産される品物を多く手がけているため、経済危機による輸入価格上昇であまり打撃を受けなかった。第2に、こうしたマイクロ融資の借り手は、その多くが農村地域で活動しているので、都市地域の法人融資の借り手と比べて、危機から絶縁されていた。最後に、パッテンらによれば、マイクロ融資の借り手のほうが、バンク・ラクヤットからの融資へのアクセス維持に熱心だった。彼らが外部からの融資にアクセスするにはこれが唯一の選択肢だったため、危機のあいだでも急いで融資を返済するようにしたのだろう、とパッテンらは考えている。

2つめの学問的研究はマルコーニとモズリー（Marconi and Mosley, 2006）によるもので、1998～2004年の経済危機の時期の、ボリビアのMFIの業績を検討している。ボリビアでは、マクロ経済の条件とMFIの業績との関係が、インドネシアの経験とは対照的だったようだ。こちらでは、マクロ経済の条件悪化が、貸付活動の低落と債務不履行の増加へとつながり、深刻なケースでは、MFIの破産にまで至っている。マルコーニとモズリーは、マクロ経済の流れによる負のインパクトは、利益に走って消費者クレジットの拡大に焦点を当てていたMFIには影響したが、預金や研修など、融資以外の追加的なサービスを提供していたMFIは生き残り、相対的に業績がよかったとしている。また、マイクロファイナンス市場に関する需要構造と政府の政策が、マクロ経済とMFIの関係という点から一定の役割を果たしたとも主張している。すなわち、業績の悪かったMFIは、融資資産のかなりな部分をサービス部門（特に小売りおよび卸売り）に拡張していたのだが、そのサービス部門が経済危機で最も大きな打撃を被ったうえ、政府が負債の返済に問題を抱えるMFIを救済したため、モラルハザードが起こってしまったのである。

この2つの研究は、その国に固有の条件が、マクロ経済の条件とMFIの業績との関係に影響することがあることを示している。しかし、一般論としてはどうなのだろう。MFIは緩衝装置の役割を果たすのだろうか（インドネシアのケースではそうだったように思える）。それとも、マクロ経済の低落による負のインパクトを加速するのだろうか（ボリビアでの出来事は、少なくともある程度まではそうだった）。アーリン、リン、マイオ（Ahlin, Lin and Maio, 2008）による最近の研究では、70カ国のMFIを4～11年間観察して得られたパネルデータを用いて、MFIの業績に関するマクロの決定要因は

第2部 マイクロファイナンスのマクロ環境と組織的背景の理解

何かという問題について幅広い文脈で探っている。焦点を当てているのは、MFIの業績に関するいくつかの指標——たとえば財政持続性の尺度、債務不履行のリスクの尺度（貸倒償却率やPAR率［訳注：小口融資の延滞率］など）、借り手1人当たりのコストと借り手数の伸び（アウトリーチの指標）——である。この実証的調査からは、興味深い結果が数多く示されている。第1は、経済成長がMFIの業績に正のインパクトを与えていることである。特に、経済成長はMFIの融資規模拡大と関係しているらしく、マクロ経済の成長と、MFIから顧客への貸付総額の増大とには相関がある。しかし同時に、経済のフォーマル化［訳注：法制度の確立と整備］や工業化の度合いとMFIの業績には負の相関があることもわかっている（特にアウトリーチの尺度で考えた場合）。このことは、MFIの業績とマクロ経済の条件とのあいだに、正負両方の相関があることを示唆している。

ほかにも、最近の2つの論文が（計量経済学的な視点からはさほど厳密なものではないが）やはりマクロ経済の条件とMFIの業績との関係を調べている。ゴンサレス（Gonzales, 2007）は、経済成長を、債務不履行の観点から、MFIの業績の尺度と結びつけている。用いたのは88カ国639機関のパネルデータ（1999～2005年）である。しかし、経済成長とMFIのPARが関係しているという証拠は見つけられず、ゴンサレスは、MFIには経済的ショックに対する回復力があると結論づけている。ただ、厳密にいうと、この結論はやや拡大解釈である。ゴンサレスは、実はショックの影響を測定しているのではなく、もっと一般的な経済条件に目を向けていたのであって、これは正にも負にもなるからである。ヴァンローズ（Vanroose, 2008）も、少し違うが、関連する課題を調査している。ヴァンローズは、人口1人当たりのGNI（gross national income　国民総所得）を所得水準の指標に用いて、MFIは貧しい国ほどよく到達しているのかと問いかけた。用いたのは、115カ国3000以上の機関からのデータ1年分（2004年）である。すると予想とは反対に、豊かな国のMFIほどアウトリーチのレベルが高かった。ヴァンローズによれば、この結果は、MFIが意味のある数の顧客に到達する前に、国として、開発の閾値水準に達していたに違いないことを示しているのだという。

結論として、マクロ経済の条件とMFIの業績との関係に関する実証的証拠はかなり少ない。しかも、利用可能な研究は、対照的な答えと結果を提供している。最後に、マクロ経済の条件とMFIのコスト効率との関係を調べた研究はまだない。したがって、MFIの業績とマクロ経済の条件とのつながりがどのような性質のものなのかという明確なイメージは、まだ提出が難しい。

2.1.1　国内の金融システム

MFIの業績には、一国の金融システムの性格も関係していると考えられる。国内の

マイクロファイナンス機関の業績

　金融システムは、商業銀行、開発銀行、証券取引所、年金基金のような金融組織、中央銀行のような規制・監督機関、そして、負債や株式のような金融商品から構成される。十分に発達した金融システムの存在は、一国のMFIの経営と業績に影響するのだろうか。この2つがつながっていると考える強い理由はある。第1に、金融システムが発達してくれば、商業銀行もマイクロ融資を提供するようになるだろう（特に、それで利益になることが示されてくれば）。文献では、このプロセスは「ダウンスケーリング」とよばれている。商業銀行によるマイクロ融資活動が増えてくれば、MFIは借り手をめぐる競争の激化に直面するだろうから、否が応でもコスト削減やサービスの質的向上が進むだろう。第2に、商業銀行の存在は正の漏出効果につながるかもしれない。これは、商業銀行には近代的で効率のよい金融技法があり、それをMFIがコピーするようになるためである。また、金融面での教育を受けた人材プールが拡大することから、MFIの融資担当者やマネジャーのスキルも向上するだろう。第3に、国内の金融システムが発達していけば、MFI自身も、金融サービスにアクセスする機会が増えるかもしれない。たとえば預金、借入れ、融資の借り換え、事務局間での資金の移転、特定リスクの回避（たとえば為替レートの変更）などである。今あげた主張は、いずれも、MFIの業績と、MFIが埋め込まれている金融システムの発達レベルとのあいだに、正の関係があることを示唆している。

　しかし、この関係は負の関係なのかもしれない。第1に、商業銀行があるために、借り手は、MFIからの融資を商業銀行からの融資で置き換えてしまうかもしれない（借入れコストが少なくて済む、借入れの選択肢について融通が利く、借入れられる限度額が大きいなど、理由はさまざまあるだろう）。しかも、競争によって、さまざまな金融機関から複数の融資を受けるようになれば、MFIの借り手の返済実績に悪影響がでることもあるだろう（McIntosh, De Janvry and Sadoulet, 2005）。最後に、金融発展の水準の低さをMFIが補完しているような国では、国内の金融システムが発達することで、MFIの業績に負の影響がでるかもしれない。逆に、金融サービスがほとんどない環境なら、MFIサービスへの需要の大きさが、MFI活動の効率向上の一助となるだろう。

　金融システムの発達とMFIの業績との関係を調べた明確な研究は2つしかない。ヴァンローズとデスパリエ（Vanroose and D'Espallier, 2009）によれば、フォーマルな金融システムへのアクセスが低調なときほど、MFIはアウトリーチが高まり、利益も多くなる。ヴァンローズらは、この結果は、フォーマルな金融部門が失敗した環境のほうがMFIの業績は上がるという、いわゆる市場の失敗仮説を支持するものだとしている。しかし同時に、ヴァンローズらは、MFIの業績とフォーマルな金融部門の発達とのあいだに正の相関があることを示す証拠も発見している。第1に、金利の高いときにはMFIの利益が落ちている。これは、MFIが外部資金を国内の金融システムに依存しているという事実を示すものだと解釈できる。第2に、インフレ率の高いとき

にはMFIの利益が落ちている。これは、MFIが、フォーマルな金融システムが安定していることから利益を得ていることを示唆しているのだろう。ヘルメス、レンシンク、メーステルス（Hemes, Lensink and Meesters, 2009）は、MFIの効率と、金融システム発達の尺度との関係に焦点を当て、MFIの効率と国内金融システムの発達とのあいだに正の相関があるという証拠を発見している。この結果は、金融システムが発達するほどMFIの効率が向上するという証拠だと解釈できる。具体的にいえば、銀行市場の発達した環境ほど競争が増えて、MFIには活動効率向上のインセンティブになるということである。アーリンら（Ahlin et al., 2008）も、金融システムによるMFIの業績へのインパクトに目を向けている。彼らは、これをマクロ経済的な文脈でのひとつの側面と捉えているのだが、その結論は、ヘルメスら（Hermes, et al., 2009）の結論を裏付けるものとなっている。それは、アーリンらも、競争がMFIの業績にとって利益になるという証拠を発見しているからで、特に、金融市場が深まるにつれて、コストも、金利マージンも、債務不履行の率も下がることが示されている。さらにアーリンらは、クレジットの権利に関する情報やクレジット情報の利用可能性を業績と結びつけて、特にクレジット情報の利用可能性とMFIの経営コスト低下とのあいだに正の相関があることも示している。

　以上のことをまとめると、国内金融システムの性格とMFIの業績との関係について利用可能な実証的証拠はごくわずかで、しかも、正負の入り交じった結果を示しているということになる。

2.1.2　フォーマルな機関

　MFIの業績に影響すると思われる3つめのマクロ条件は、フォーマルな機関の存在（ないし不在）と質である。フォーマルな機関に関しては、法の支配、財産権の確立、規制の質、行政能力、および汚職の抑制についての尺度に焦点を当てる。文献では、制度環境のこうした側面について広範な研究があり、特にカウフマン、クライ、マストルッツィ（Kaufmann, Kraay and Mastruzzi, 2008）の研究が大きい。彼らは、一国の制度環境に関わるさまざまな側面について、個人の認知という観点から、国ごとの制度の質についていくつかの尺度を開発している。具体的にいえば、カウフマンら（Kaufmann et al., 2008）は、法の支配についてのデータを収集し、それを契約実施、財産権、警察、および裁判所の質への信頼に関して、個人の認知パターンを測定しているのである。行政能力については、公共サービスの質、市民サービスの質と政治的圧力からの独立度、政策形成と実施の質、およびそうした政策への政府の関与に対する信頼に関して、個人の認知パターンを測定している。規制の質については、民間部門の発達を許容・促進する健全な政策および規制を定式化し、実施していく政府の能力を測定することに焦点を当てている。最後に、カウフマンらは汚職の抑制に関する

データも収集している。その測定値をもって、公権力が民間の利益におよぶ度合いという点での認知パターンとしているのである[2]。

理論的には、起業家が既存事業を経営するときや、新たな事業活動を始めるときに直面する可能性や制限に関して、制度的環境が重要な決定要因になりそうである。マクロ経済の成長と金融システムに関する変数の場合と同じで、制度的環境も、MFIの業績に、正負両方向で影響すると思われる。一方では、明確な財産権、強力な法の支配、よく機能した効果的な政府など、十分に発達した制度があって、事業に友好的な政策を定式化し、汚職の利用を減らしていければ、それは小規模事業が反映するための重要な前提条件となるだろう。この仮説が正しければ、融資をはじめとするMFIのサービスへの需要は高まり、そうした機関の業績向上につながるだろう。しかし他方、制度がよく発達していることで、かえって事業が難しくなることもある。たとえば、有効な政府があるということは、起業家が従うべき規則や規制が数多くあるということでもある。こうした規則や規制のコストは、その固定費用的な性格から、小規模起業家にとって特に重荷になるだろう。別の例としては、もし汚職が効果的に削減されたら、特に小規模企業は、政府規則や税の支払いなど、あれやこれやの費用を回避する可能性が少なくなってしまうかもしれないし、賄賂を払わずには手に入れにくい政府サービスについては、かえってアクセスが難しくなることもあるだろう。この仮説が正しければ、制度の質は、民間のイニシアティブを容認するよりも、実際にはむしろ妨げてしまい、MFIのサービスへの需要低下に、またひいては、そうした機関の（コスト効率も含めた）業績の低下につながってしまうかもしれない。

マイクロファイナンスにとってのフォーマル機関の重要性は、さまざまな研究で言及されてきている。フブカとザイディ（Hubka and Zaidi, 2005）は、インフォーマル部門の小規模な事業活動について、財産権確立のプロセスを単純化するなどして、フォーマル化を促進することの重要性を強調している。レジャーウッド（Ledgerwood, 1999）も、財産権強化の重要性を強調している。ツェラーとマイヤー（Zeller and Meyer, 2002）は、政府による介入が、大きな行政コストと歪んだ価格システムにつながり、それがMFIの業績を損ねていると主張している。しかし、こうした研究は、制度要因の重要性に言及してはいるものの、MFIの業績へのインパクトを明確に測定しているわけではない。

アーリンら（Ahlin et al., 2008）は、フォーマルな機関とMFIの業績との関係について、数少ない体系的な分析のひとつを提供してくれている。彼らは、カウフマン指標を用い、それをMFIの業績に関するさまざまな尺度と結びつけた。全体として、この研究は、フォーマルな機関が強くなるとMFIの業績が（特に経営コストに関して）悪化するという証拠をいくつか示している。アーリンらは、世界銀行による「ビジネス環境の現状」調査［訳注：世界の国でのビジネスのしやすさをランキングしたもの］のデー

タも利用している。この調査には、公式に事業を始めることの難しさ、文書契約の実施に要する期間、労働関係の規制の指標など、企業が直面すると思われる国際障壁に関する情報が含まれている。アーリンらは、融資規模が小さいほど事業を始める困難さの指標が大きくなっていることを支持する証拠を発見していて、それを、公式に事業を始める困難さが、小規模起業家をMFIからの借入れに向かわせていると解釈している。さらには、公式の契約実施に対する障壁が高い国ほど融資が小口でコストが少ないという指標も発見していて、これについても、こうした制度的な制約があるために、小規模起業家がMFIから借入れているという証拠だと解釈している。最後に、労働市場の硬直とMFIの業績とのあいだには負の相関がある。労働市場が硬直していると事業を進めるのが難しくなり、それがMFIからの融資の需要が下がり、したがって業績も落ちるのである。

クラッブ（Crabb, 2007）は、制度的環境とMFIの業績との関係について、また別の実証調査を提供してくれている。分析の基礎になっているのは、2000〜2004年の時期の90カ国、511のMFIについてのデータである。クラッブは財政持続性の尺度に焦点を当て、それを、ヘリテージ財団（Heritage Foundation）の提供する経済的自由の尺度と関連させている。こうした尺度には、財産権の質、政府の介入の度合い、政府が金融部門に干渉する度合い、労働市場に関する規制、および全体的な尺度として、その国で事業をすることに影響すると思われる規制の度合いが含まれている。こうした尺度のうち、政府規制の度合いと金融部門への政府介入の度合いだけが、MFIの経済持続性に負の影響を及ぼしていた。

結論としては、制度の質とMFIの業績との関係に関する数少ない証拠からは、この関係が一般的に負であること、すなわち、制度がしっかりしているほうがMFIの顧客にとってはコストがかかることが示唆されている。したがって、制度の質を向上させることは、MFIの経営コストを上昇させると言える。

2.1.3 政治的要因

最後に、政治的な要因がMFIの業績にどう影響するかに焦点を当てる。政治的要因は、まず何よりも、その国の政治体制がどのようなタイプのものかに関わってくる。これは、政治的な意思決定について社会がどこまで声をあげられるかや政治家が、たとえば定期的な選挙を通じて、どこまで説明責任を問われるかによって測定できるだろう。さらに、報道の自由の役割も、政策立案者の説明責任に関しては重要な次元である。政治家が説明責任を問われ、国民が意思決定に影響を与えられるような政治体制は、経済活動にとってプラスにもマイナスにも働く（Przeworski and Limongi, 1993）。一方で、もし政治家が説明責任を問われ、国民が声をあげることができるなら、それがいっそう開かれた社会や、事業活動一般を支持するような政策の発達につながるか

もしれない。そうなれば、それが小規模企業の成長を支え、MFI のサービスへの需要増大につながり、ひいては、そうした機関の業績も向上するだろう。

　対照的に、いったん政治体制が透明性を失い、政治家は説明責任を問われず、国民が声をあげる可能性をなくしてしまったら、経済活動には悪い影響がでるという主張もできるだろう。ひとつの結果として、経済主体が事業のためにインフォーマル部門に方向転換するかもしれない。多くの MFI はインフォーマル部門の金融活動に焦点があるので、これは、政治の説明責任と MFI の業績との負の相関につながる。すなわち、政治の説明責任が問われなくなると、MFI の業績が上がるということもある。

　2番目に重要な政治的要因は、政治体制の安定だろう。これは、越境率、市民・民族間の紛争、暗殺の件数、クーデターなどの視点で測定することができる。かなりな数の実証的研究が、政治的不安定とマクロ経済の成長とのあいだに負の相関があることを示している（Alesina, Ozler, Roubini and Swagel, 1996）。一般的にいって、政治的に不安定な環境で事業を行うのはきわめて難しい。これは経済活動一般が混乱するからである。インプット（原材料や資金）へのアクセスが難しくなるだろうし、道路や電話、インターネットといったインフラも、破壊されるか、少なくとも最適からはほど遠い機能しか発揮できなくなるだろう。アウトプット（生産した品物）を販売する機会も大幅に少なくなると思われる。さらに、再び政治的な安定が確立するまでは、起業家は、コストがかかるうえに後戻りのできないような投資プロジェクトは控えるだろう。最後に、国内の預金高も下がるだろう。リスクを嫌う個人が、政府の手の及ばない外国の銀行に資金を移すからである。しかし、MFI は戦争や政情不安の時期にも業績を伸ばすかもしれない。これが当てはまるのは、戦争や不安による国民へのインパクトを低減するための解決策のひとつとして MFI が使われる場合である。実際にいくつかのケースでは、紛争や紛争後の問題を解決する手段としてマイクロファイナンスが使われてきている。国内の政治紛争中および紛争後に MFI が設立された例は、ボスニア、コソヴォ、リベリア、ウガンダなどで見ることができる（Doerring et al., 2004）。

　政治的変数と MFI の業績との関係については、アーリンら（Ahlin et al., 2008）が簡単に検討している。用いているのは、カウフマンのデータセットから引いてきた、国民の声と政治家の説明責任に関する尺度で、定義は、国民が政府の選択に参加できる度合い、表現の自由の度合い、結社の自由、および自由なメディアである。アーリンらは、ここにあげた変数について、貸付1ドル当たりのコストと正の相関があることを発見している。アーリンらはこれを、国民の声と政治家の説明責任が高水準にある国では貸付コストが高くなることを示すものではないかと主張している。そうした国では、MFI のフィードバック、反応性、透明性がよく発達すると期待されるからである。また、質的なケーススタディーで、政治的要因の役割が議論になることもある。先に触れたように、シャルマ（Sharma, 2004）は、ネパールの MFI が成長しないのは、

1996年の毛沢東主義派による暴動から始まった政治的不安定によるものだと主張している。

2.1.4 結論

このセクションでは、さまざまなマクロ条件とMFIの業績との関係を検討してきた。そこから明らかになったのは、この関係はどちらの方向にも進むということである。さまざまなマクロ条件によって確固とした基礎が提供され、それが民間の小規模企業やイニシアティブを刺激することで、融資をはじめとするMFIのサービスへの需要が高まったり、返済実績が向上したりすることもある。逆に、たとえば、MFIでの借入れがフォーマルな銀行での借入れで代替されたり、民間のイニシアティブが妨げられたりすることで、返済実績やMFIのサービスへの需要が落ち込むこともある。既存顧客からのMFIのサービスへの需要や返済実績に関する変化も、MFIのコスト構造を変えることがある。コスト効率も変化するかもしれないからである。さらに、マイクロファイナンス市場での競争の変化がコスト構造とコスト効率に直接影響を与える。理論的な根拠からは、両者の関係が正なのか負なのかを結論づけることは不可能なので、結論を引き出すには実証的な分析が必要となる。次のセクションで提出する新たな実証的証拠は、マクロ条件とMFIの業績との関係が正負どちらなのかを評価するのに役立つはずである。既存の研究に筆者らの実証的分析を加えているのは、ここでの焦点が、MFIの直面するマクロ条件の違いが原因で生じるコスト効率の違いを説明することにあるからである。筆者らの知る限り、MFIのコスト効率とさまざまなマクロ条件との関係を調査したものとしては、これが最初である[3]。

3 方法論

さまざまな文献で広範に議論されているように、財政持続性は、マイクロファイナンスが貧困削減に対して意味のある長期的な貢献をしていくための前提条件だろう。財政持続性は、MFIがどこまで効率よくリソースを使い、それをサービスに変えていくかによって決まる。MFIの効率の決定要因を知ることは、何が財政持続性を決定するのかを理解する助けになるし、翻って、貧困削減への貢献という点で、マイクロファイナンスの潜在力への理解を深めることにもなる。そこで今回の分析では、MFIの業績の尺度として、コスト効率に焦点を当てる。可能な限り低コストでのサービス提供ということである。

筆者らは、最も優れた実践をしている「ベストプラクティスMFI」が、同じ条件下で同じ商品を生み出した場合を想定し、実際のMFIの貸付活動のコストがそれにど

れだけ近いかで、コスト効率を測定している。ベストプラクティスMFIのコストを知るためには、いわゆる効率的コスト関数（efficient cost function）ないし効率的費用フロンティア（efficient cost frontier）の推定が必要となる。このフロンティアは、アウトプットの量と、それに関連する最低水準のインプットコストとの組み合わせを示している。コスト効率がよければ、そのMFIはフロンティアの近くに位置することになる。その場合、そのMFIは、技術面で効率的であり（生産のために与えられる利用可能なインプットを最大限に活用している）、かつ配分面でも効率的である（各インプットの相対的価格の範囲で最適なインプットの組み合わせを用いている）とされる。しかし、もし効率的費用フロンティアよりも下に位置していれば、そのMFIは（技術や配分面での）非効率なサービス生産をしていることになる。フロンティアから下へどれくらい離れているかが、そのMFIがどれくらい非効率と考えられるかの尺度となる。この点について、図8.1に示す。

　個別の生産単位（この場合はMFI）について、効率的費用フロンティアおよび非効率度（フロンティアからの隔たり）を決定するための方法はいくつかある。最もよく用いられるのは、包絡分析法（data envelopment analysis: DEA）と確率的フロンティア分析（stochastic frontier analysis: SFA）である。どちらの方法も、インプット価格と生産単位のアウトプットに関する観察データを情報セットして用いる。DEAは、コストが最小となるアウトプット水準を結ぶ曲線としてフロンティアを定める（図8.1を参照）。SFAは、効率的費用フロンティアの位置を推定するが、DEAのように確定的に定めることはしない。専門用語でいえば、DEAはノンパラメトリック手法（non-parametric

図8.1　効率的費用フロンティア

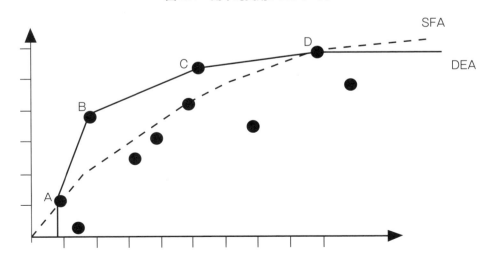

approach)、SFA はパラメトリック手法（parametric approach）である[4]。SFA を用いると、費用フロンティアの位置を決定する要因を、アウトプット水準やインプット価格以外にも、いくつか考慮にいれることができる。また、情報セットに内在する測定誤差も許容される。ノンパラメトリック手法でのテクニックでは、測定誤差は許されず、ベストプラクティス MFI からの偏差は、すべて非効率によるものと見なされる。しかし、SFA を用いると、アウトプット水準とインプット価格の組み合わせによっては、効率的費用フロンティアの上にくるケースがでてくる。つまり、測定誤差が大きいのである。今回の分析では、SFA の特殊版を用いて、費用フロンティアの推定と、個別 MFI について実現コストおよびアウトプット水準の隔たりの決定要因を特定する方程式（非効率性方程式）の推定とを、同時に行えるようにした。先に述べたように、この隔たりが、筆者らの非効率性の尺度である[5]。どちらの方程式も、最尤技法［訳注：統計学において、与えられたデータから、それがしたがう確率分布の母数を推定するために用いる方法］を用いて推定している。

　MFI のコスト関数の定義には、シーリーとリンドリー（Sealey and Lindley, 1977）の開発したモデルを用いている。シーリーとリンドリーは、銀行は資金提供者と借り手の仲介者として活動すると述べていて、そのモデルでは、融資は銀行のアウトプットとして、預金はインプットとして定義される。このアプローチにしたがって、ここでは、労働1単位当たりの総支出と預金1件当たりの利息支出をインプット価格とし、MFI の総融資資産をアウトプットの尺度として用いる。コスト関数はトランスログ型の定義になっていて、フロンティアの形状を決定する際に最大限の弾力性が許容される。これはつまり、ここでの指定は、個々のアウトプットおよびインプット変数、それらの平方数、さらにはそうした変数の組み合わせまで考慮にいれているということである。ここで用いるコスト関数の定義は次の通りである。

$$\begin{aligned}\ln(TC_{i,t}) = & \beta_0 + \beta_1 \ln(LABOR_{i,t}) + \beta_2 \ln(CAPITAL_{i,t}) \\ & + \beta_3 \ln(LOANS_{i,t}) + \beta_4 \ln(LABOR_{i,t})^2 \\ & + \beta_5 \ln(CAPITAL_{i,t})^2 + \beta_6 \ln(LOANS_{i,t})^2 \\ & + \beta_7 \ln(LABOR_{i,t}) \ln(CAPITAL_{i,t}) \\ & + \beta_8 \ln(LABOR_{i,t}) \ln(LOANS_{i,t}) \\ & + \beta_9 \ln(CAPITAL_{i,t}) \ln(LOANS_{i,t}) + \beta_{10} YEAR_t \\ & + \beta_{11} YEAR_t^2 + \beta_{12} YEAR_t(LOANS_{i,t}) \\ & + \beta_{13} YEAR(CAPITAL_{i,t}) + \beta_{14} YEAR(LOANS_{i,t})\end{aligned}$$

$$+ \sum_{m=15}^{18} \beta_m MFITYPE_{i,t} + \beta_{19} EQ_{i,t} + \beta_{20} LLR_{i,t} \tag{1}$$

方程式(1)において、TC は、マイクロファイナンス機関 i が時間 t において直面する総コストを表し、MFI の総支出として測定される。$LABOR$ は年間の労働力1単位の価格を表し、MFI の従業員1人たりの総経営支出として測定される。$CAPITAL$ は保持している預金1単位当たりの利息支出で、預金1米ドル当たりの総財政支出で測定される。$LOANS$ は総融資産である。方程式(1)中のすべてのインプット変数、アウトプット変数、および従属変数は対数をとる。さらに、1～11の値をとる年ダミー ($YEAR$)、年ダミーの平方、およびそのインプット変数との相互作用を含めることで、時間経過による技術の変化を説明するようにしている。

違ったタイプのMFIには違ったコスト関数があるかも知れないので、それを制御するために、MFIのタイプを表すダミーのベクトルを追加する ($MFITYPE$)。特に、外部から受け取る補助金の水準に違いがあるために、MFIのタイプによってコスト関数が違ってくることもあるだろう[6]。ここでは、銀行 ($BANK$)、協同組合 ($COOP$)ノンバンク金融機関 ($NBANK$)、非政府組織 (NGO)、農村銀行 ($RBANK$)、その他の組織 ($OTHRERS$) について、ダミー変数を置いている[7]。最後に、MFI のあいだのリスクテイク戦略の違いを測定するため、2つのコントロール変数を追加した。すなわち、総資産に対する株式比率 (EQ) と、貸倒引当金を総貸付残高で割ったもの (LLR) である。

すでに述べたように、ここでの分析の焦点は、MFIの非効率性の決定要因を確定することである。そのため、筆者らは非効率性方程式を指定し、そこに、マクロ条件の測定値を含めている。これは、本論の目的が、マクロ条件がMFIの効率性と関連しているかどうかの分析にあるからである。マクロ変数のセットに続いて、MFIの非効率性に影響すると思われるもので、MFI特有の2つのコントロール変数を含めている。マクロ条件とMFIの業績に関するセクション2の議論に従って、非効率性方程式は次のように指定される。

$$INEFF_{i,t} = \gamma_0 + \gamma_1 GROWTH_{i,t} + \gamma_2 INCOME_{i,t}$$

$$+ \gamma_3 CREDIT_{j,t} + \sum_{4}^{7} \gamma_{n=4\cdots 7} INSTIT_{j,t}$$

$$+ \sum_{8}^{14} \gamma_{n=8\cdots 14} POLIT_{j,t} + \gamma_{15} AGE_{i,t}$$

$$+ \gamma_{16} LSIZE_{i,t} \tag{2}$$

方程式(2)において、$INEFF_{i,t}$は時間tにおけるマイクロファイナンス機関iの非効率性の尺度で、時間tにおけるマイクロファイナンス機関iについて観察されたアウトプットとインプットの組み合わせと、効率的費用フロンティアからの隔たりによって決定される。独立変数の最初の5つ（の組）は、セクション2で検討したマクロ条件の4つの分類に関連している。$GROWTH_{j,t}$は、時間tにおける国jの人口1人当たりGDPの年間成長率で、筆者らは、これをMFIが直面するマクロ経済条件の尺度としている。INCOMEは人口1人当たりGDPの対数である。この変数は、開発の進んだ国のMFIは一般に効率がよいという事実をコントロールするために含めてある。CREDITはGDPに対する民間クレジットの比率の尺度で、一国の国内金融部門の発達の尺度として、広く受け入れられている（King and Levine, 1993；Levine, 2005）。INSTITは組織の質に関する尺度のベクトルで、カウフマン指標（Kaufman indicators）とよばれるものである（Kaufman et al., 2008）[8]。含まれる尺度には、政府の有効性（GOVEFF）、規制の質（REGQ）、法の支配（RULE）、および汚職の抑制（CORRUPT）がある。最後に、POLITは、その国の政治体制および政治的安定に関する変数のベクトルである。このベクトルには、国民が政治的意思決定に参加できる度合い（VOICE）についての尺度が含まれている（これもカウフマン指標のひとつである）。また、政治的不安定に関する6つの尺度――その国が国際的暴力に巻き込まれるか、直面している度合い（INTVIOL）、国際戦争での紛争（INTWAR）、国内の暴力（CIVVOL）、内戦（CIVWAR）、民族的暴力（ETHNVIOL）および／または民族戦争（ETHNWAR）――も含まれている。政治的不安定の変数は、POLITY IVのデータセットからとっている。MFI特有のコントロール変数としては、AGEとLOANの2つがある。AGEは、あるMFIが設立されてからの年数の尺度で、古いMFIほど経験があるために効率がよいとか、逆に、新しいMFIほど効率がよいとかいった可能性をコントロールする。この変数を含めたのは、アレクサンダー・ガーシェンクロン（Alexander Gerschenkron, 1962）による「後発性の利益（advantage of backwardness）」の概念に基づいている。LSIZEは、借り手1人当たりの平均融資規模（の対数）で、これは、大口の顧客／融資を抱えているMFIが、規模の経済によって効率がよくなる可能性をコントロールするために追加したものである［訳注：アレクサンダー・ガーシェンクロンはオーストリア出身の経済学者。1938年にアメリカに亡命。「後発性の利益」は、後発国は先発国の開発した技術を導入しながら工業を進めるので、潜在的に急速な技術進歩や経済成長を遂げるという経験則］。

4　データ

　ここでの分析に用いたのは、世界的なウェブベースのマイクロファイナンス情報プラットフォームである MixMarket™ からのデータで、63 カ国、435 機関の MFI について、11 年間（1997～2007 年）にわたる情報を取得した。この MFI は、ここでの費用フロンティアおよび効率性方程式の推定に必要な変数という視点での、データの入手可能性を基礎に選択している。全サンプル中の観察数は 1304 である。観察期間は多くの MFI で 1～2 年のみで、11 年をとおして情報を得られた機関はない[9]。

　筆者らの作り上げたデータセットが、大規模で利益性のある MFI に偏っている可能性は認める。MFI が MixMarket のデータセットに参加するのは自発的なものだからである。そのことから、筆者らのサンプル中の MFI については、平均よりもコスト効率がよいとも思われる。しかし同時に、MFI の効率性を分析するうえで、これ以上に包括的なデータにアクセスすることはできないので、筆者らとしては、現在のデータセットを用いる以外に選択肢がない。表 8.1 に、実証的分析で用いた変数の記述統計を示しておく。

　表 8.2 は、国レベルで見た MFI の非効率性の平均値に関する情報を示している。変数 $INEFF$ は、その MFI が費用フロンティアにあるときに 1 になる。すなわち、技術面でも配分面でも効率的だということである。$INEFF$ が 2 の値を取っているなら、それはその MFI が、費用フロンティアに位置する MFI の 2 倍のコスト水準でアウトプット（融資）を生み出していることを意味するので、$INEFF$ の値が高いほど、その MFI は効率的だということになる。この表は、最も効率のよい MFI がブルガリアにあること（アゼルバイジャンとナミビアが僅差で続いている）、最も非効率な MFI がジンバブエにあることを示している。ブルガリアの MFI が効率的費用フロンティアのすぐ近くにあるのに対して（$INEFF$ が 1.19）、ジンバブエの MFI は、平均すると、効率的な MFI の 5 倍のコスト水準で運営されている。

　表 8.3 は、地域レベルで見た非効率性の平均値を示している。全般的なイメージとしては、東ヨーロッパおよびラテンアメリカ諸国の MFI はそれほどでもないが、アフリカおよび南アジアでは比較的効率が悪い。最後に、MFI のタイプという視点から非効率性に目を向けると、これも表 8.3 に示すように、MFI 銀行が最もコスト効率がよく、NGO が最も非効率的である[10]。この結果は驚くものではないだろう。一般に NGO は、最低コストでのサービス生産に焦点を当てていないからである。それに対して MFI 銀行は、競争の激しい市場で活動しているために、コスト効率に気を配る必要がある。そうしないと、市場から追い出されるリスクを冒してしまうからである。

表 8.1　記述統計

変数	観察数	平均	記述統計	最小値	最大値
TC	1,304	14.01	2.12	7.42	20.54
LABOR	1,304	8.96	1.02	5.77	11.16
CAPITAL	1,304	-2.05	1.80	-8.95	5.94
LOANS	1,304	15.25	2.17	8.08	21.83
BANK	1,304	0.18	0.38	0	1
COOP	1,304	0.31	0.46	0	1
NBANK	1,304	0.25	0.43	0	1
NGO	1,304	0.15	0.36	0	1
RBANK	1,304	0.10	0.31	0	1
LLR	1,304	0.04	0.05	-0.07	0.81
EQ	1,304	0.27	0.23	-1.43	0.96
YEAR	1,304	7.91	1.95	1	11
AGE	1,304	12.24	12.33	1	111
LSIZE	1,304	6.09	1.30	2.40	10.01
INCOM	884	6.45	0.90	4.74	8.73
GROWTH	884	0.03	0.03	-0.15	0.25
CREDIT	861	24.32	15.14	3.43	120.33
VOICE	1,228	-0.36	0.56	-1.82	1.21
GOVEFF	1,222	-0.50	0.42	-1.59	1.35
REGQ	1,221	-0.40	0.48	-2.33	1.48
URLE	1,225	-0.64	0.43	-2.07	1.2
CORRUPT	1,225	-0.64	0.42	-1.54	1.48
INTVIOL	1,218	0.02	0.12	0	1
INTWAR	1,218	0.04	0.36	0	5
CIVVIOL	1,218	0.07	0.38	0	4
CIVWAR	1,218	0.05	0.31	0	3
ETHNVIOL	1,218	0.22	0.67	0	4
ETHNWAR	1,218	0.61	1.42	0	5

マイクロファイナンス機関の業績

表 8.2　MFI の非効率性──国別の平均

国名	INEFF	国名	INEFF	国名	INEFF
ブルガリア	1.19	ベニン	2.09	モザンビーク	2.51
アゼルバイジャン	1.24	メキシコ	2.09	モルドバ	2.53
ナミビア	1.25	ニカラグア	2.15	ルワンダ	2.56
グルジア	1.31	パナマ	2.17	ナイジェリア	2.63
ブラジル	1.32	インド	2.17	パキスタン	2.69
ドミニカ共和国	1.35	ザンビア	2.21	タンザニア	2.70
チャド	1.44	ケニヤ	2.21	ベトナム	2.73
グアテマラ	1.45	ニジェール	2.22	ガーナ	2.75
エルサルバドル	1.52	トーゴ	2.23	スリランカ	2.77
チリ	1.55	フィリピン	2.25	カザフスタン	2.80
ボスニア・ヘルツェゴビナ	1.56	ブルキナファソ	2.25	コスタリカ	2.83
ボリビア	1.58	エチオピア	2.27	バングラデシュ	2.85
南アフリカ	1.58	アンゴラ	2.28	ホンジュラス	2.94
ルーマニア	1.61	マリ	2.30	マラウィ	3.03
エクアドル	1.67	インドネシア	2.31	コロンビア	3.11
ペルー	1.79	モンゴル	2.33	マダガスカル	3.19
タジキスタン	1.80	ネパール	2.34	ウガンダ	3.20
セネガル	1.88	レバノン	2.36	ギニア	3.38
アルバニア	1.94	パラグアイ	2.45	ウルグアイ	3.72
ウクライナ	1.99	カメルーン	2.46	ハイチ	3.76
アルメニア	2.08	カンボジア	2.47	ジンバブエ	4.71

表 8.3　MFI の非効率性──地域別平均と MFI タイプごとの平均

国のある地域	INEFF	MFI のタイプ	INEFF
アフリカ	2.47	BANK	1.92
東アジア	2.37	COOP	2.18
東ヨーロッパ	1.75	NBANK	2.44
ラテンアメリカ	1.86	NGO	2.78
南アジア	1.89	RBANK	2.14
平均	2.29	平均	2.29

5 結　果

　表8.4および8.5は、マクロ条件とMFIのコスト効率との関係について、その推定結果を示したものである。表8.4では、マクロ経済、金融システム、制度条件に関する結果と、政治体制に関する結果を検討しているのに対し、表8.5は、政治的不安定要因の結果を示している。8.4Aと8.5Aは、効率的費用フロンティアの結果を示し、同じく8.4Bと8.5Bは非効率方程式の結果を示している。セクション3で説明したように、どちらの方程式もSFAを用いて同時に推定している。筆者らのデータはパネル構造になっているので、すべての推定値はプールした回帰（pooled regression）を用いて行っている。

　表8.4Aは、費用フロンティアの推定結果に言及している。正の係数はコスト関数の外向きシフト、すなわち、より高いコスト（ceteris-paribus）を暗示している。推定結果はほとんどのケースで予想どおりである。$LABOR$と$LOANS$の係数はつねに有意かつ正である。$CAPITAL$の係数は有意ではなく、そのMFIの資本コストがMFIのコストに影響していないことを暗示している。しかし、$LABOR$との相互作用項および$CAPITAL$の二次項は大きく、つねに正である。これは、利息コストがMFIの総コストを説明する重要な要因であることを示唆している。MFIのタイプに合わせたダミー変数のすべてと、変数$EQUITY$および変数LLRは、表8.4Aのすべての記述において統計的に有意で、MFIのタイプとMFIのリスクテイク戦略が、実際に費用フロンティアに影響していることを示している。最後に、年ダミー（$YEAR$）がつねに負で、かつ統計的に有意であることから、時間の経過とともに総コストが下がっていることが示唆される（おそらくは技術的な変化によるもの）。表8.4に報告されている結果から、筆者らは、理論に十分合理的に適合する費用フロンティアを指定できると結論づけている。

　表8.4Bは非効率性方程式の推定値を表したもので、MFIの効率に対するマクロ条件のインパクトに焦点を当てている。第1に、マクロ経済の条件とMFIの効率に正の相関があるという強い証拠を見ることができる（列［1］および列［6］）。変数$GROWTH$の係数は負で、有意性の高いことから、人口1人当たりの成長が伸びるとMFIの非効率性が下がることが示されている。この結果は、MFIの非効率性には、経済発展の水準によるばらつきがないことも示している。$INCOME$には列［1］を除いてまったく有意性がないからである。第2に、国内金融システムの発達にも、MFIの効率との正の相関がある。変数$CREDIT$の係数を見ると、列［2］から列［6］まで、すべての記述で有意性が高く、かつ負になっているからである。したがって、マクロ経済および金融システムの条件がMFIの効率にインパクトを持つことはきわめて明

表 8.4A 推定の結果——費用フロンティア part1

	[1]	[2]	[3]	[4]	[5]	[6]
LABOR	1.604***	1.367***	1.282***	1.303***	1.301***	1.300***
	[0.223]	[0.242]	[0.242]	[0.242]	[0.241]	[0.241]
CAPITAL	-0.122	-0.111	-0.129	-0.139	-0.14	-0.137
	[0.101]	[0.103]	[0.106]	[0.105]	[0.105]	[0.105]
LOANS	0.733***	0.746***	0.773***	0.765***	0.766***	0.768***
	[0.090]	[0.092]	[0.092]	[0.092]	[0.092]	[0.092]
LOBOR*CAPITAL	0.025**	0.019*	0.018*	0.019*	0.019*	0.019*
	[0.01]	[0.011]	[0.011]	[0.011]	[0.011]	[0.011]
CAPITAL*LOANS	-0.005	-0.003	-0.001	-0.001	-0.001	-0.001
	[0.006]	[0.006]	[0.006]	[0.006]	[0.006]	[0.006]
LABOR*LOANS	-0.010	-0.007	-0.008	-0.008	-0.008	-0.008
	[0.009]	[0.009]	[0.009]	[0.009]	[0.009]	[0.009]
LABOR2	-0.062***	-0.051***	-0.046***	-0.048***	-0.047***	-0.047***
	[0.015]	[0.016]	[0.016]	[0.016]	[0.016]	[0.016]
LOANS2	0.006*	0.005	0.005	0.005	0.005	0.005
	[0.003]	[0.003]	[0.003]	[0.003]	[0.003]	[0.003]
CAPITAL2	0.005**	0.005*	0.004*	0.004*	0.004*	0.004*
	[0.002]	[0.002]	[0.002]	[0.002]	[0.002]	[0.003]
BANK	-0.713***	-0.688***	-0.695***	-0.695***	-0.695***	-0.695***
	[0.159]	[0.160]	[0.159]	[0.160]	[0.160]	[0.160]
COOP	-1.296***	-1.297***	-1.297***	-1.300***	-1.300***	-1.300***
	[0.158]	[0.159]	[0.159]	[0.159]	[0.159]	[0.159]
NBANK	-0.971***	-0.975***	-0.988***	-0.992***	-0.994***	-0.992***
	[0.161]	[0.162]	[0.162]	[0.162]	[0.162]	[0.162]
NGO	-1.052***	-1.047***	-1.049***	-1.053***	-1.054***	-1.053***
	[0.163]	[0.164]	[0.164]	[0.164]	[0.164]	[0.164]
RBANK	-1.276***	-1.272***	-1.275***	-1.274***	-1.274***	-1.273***
	[0.166]	[0.168]	[0.167]	[0.167]	[0.167]	[0.167]
LLR	2.515***	2.487***	2.466***	2.470***	2.471***	2.468***
	[0.221]	[0.221]	[0.219]	[0.219]	[0.219]	[0.220]
EQ	-0.269***	-0.259***	-0.257***	-0.261***	-0.263***	-0.260***
	[0.069]	[0.071]	[0.071]	[0.071]	[0.071]	[0.071]
YEAR	-0.187**	-0.157*	-0.163*	-0.167*	-0.168*	-0.166*
	[0.088]	[0.089]	[0.089]	[0.089]	[0.089]	[0.089]
YEAR2	0.008**	0.010***	0.010***	0.010***	0.010***	0.010***
	[0.003]	[0.003]	[0.003]	[0.003]	[0.003]	[0.003]
LOANS*YEAR	0.001	0.000	0.000	0.000	0.000	0.000
	[0.005]	[0.005]	[0.005]	[0.005]	[0.005]	[0.005]
LABOR*YEAR	0.007	0.003	0.004	0.005	0.005	0.005
	[0.009]	[0.009]	[0.009]	[0.009]	[0.009]	[0.009]
CAPITAL*YEAR	0.002	0.002	0.002	0.002	0.002	0.002
	[0.005]	[0.005]	[0.005]	[0.005]	[0.005]	[0.005]
定数	-5.821***	-4.891***	-4.769***	-4.818***	-4.811***	-4.817***
	[1.044]	[1.076]	[1.069]	[1.067]	[1.067]	[1.069]
観察数	884	848	848	848	848	848
MFIの数	339	324	324	324	324	324

注:標準誤差は [ ] で示した。*、**、および *** は、それぞれ 10、5、1 パーセントでの有意水準。

第2部　マイクロファイナンスのマクロ環境と組織的背景の理解

表 8.4B　推定の結果──非効率性方程式　part1

	[1]	[2]	[3]	[4]	[5]	[6]
INCOME	-0.043*	0.001	-0.012	-0.003	-0.005	-0.005
	[0.024]	[0.028]	[0.029]	[0.030]	[0.027]	[0.028]
GROWTH	-2.089***	-2.309***	-2.051***	-1.964***	-1.953***	-1.975***
	[0.590]	[0.601]	[0.594]	[0.578]	[0.580]	[0.577]
CREDIT		-0.006***	-0.006***	-0.006***	-0.005***	-0.006***
		[0.002]	[0.002]	[0.002]	[0.002]	[0.002]
GOVEFF			0.048			
			[0.058]			
REGQ				-0.009		
				[0.049]		
RULE					-0.015	
					[0.050]	
CORRUPT						0.000
						[0.053]
AGE	0.008***	0.008***	0.007***	0.007***	0.007***	0.007***
	[0.002]	[0.002]	[0.002]	[0.002]	[0.002]	[0.002]
LSIZE	-0.211***	-0.209***	-0.205***	-0.207***	-0.208***	-0.207***
	[0.025]	[0.025]	[0.025]	[0.024]	[0.025]	[0.025]
定数	2.168***	2.001***	2.100***	2.028***	2.039***	2.044***
	[0.208]	[0.216]	[0.224]	[0.229]	[0.214]	[0.218]
観察数	884	848	848	848	848	848
MFI の数	339	330	324	324	324	324

注：標準誤差は [ ] で示した。*、**、および *** は、それぞれ 10、5、1 パーセントでの有意水準。

瞭である。このことは、アーリンら（Ahlin et al., 2008）の発見を裏付けているが、ゴンサレス（Gonzalez, 2007）の見いだした結果とは対照的である。

制度的環境についての結果は、まったく満足なものとは言えない。今回の分析に含めた4つの変数には、統計的に有意なものがまったくない（列［3］から列［6］までを参照）。このことは、制度的環境がMFIの効率に影響しないことを示唆している。これは、ある程度までは、アーリンら（Ahlin et al., 2008）の発見と一致している。アーリンらの分析では、カウフマンの制度的変数のうち、MFIの業績と関連があると思えるのは1つだけである（REGQ）。制度がMFIの業績にとって問題とならないと思えるのは、おそらく、制度がMFIの効率に与える正負の影響が、互いに打ち消し合うためであろう。他方、事業を行うのに生産的な環境を作るという意味で、制度が役立つことはあるかもしれない。しかし同時に、制度が作り出すルールや規制によって、事業が妨げられたり、コストが増えたりということもあるだろう（セクション2を参照）。

表8.5A も、効率的費用フロンティアを示している。こちらの結果も、表8.4A とよく似た傾向で、政治的変数を含めた記述についても、理論に合理的に合致する費用フロンティアを指定できることが示唆されている。

表8.5B は、政治面での変数を含めた非効率性方程式に関する推定結果を示してい

表 8.5A　推定の結果────費用フロンティア　part2

	[7]	[8]	[9]	[10]	[11]	[12]	[13]
LABOR	1.322***	1.353***	1.321***	1.326***	1.317***	1.328***	1.301***
	[0.241]	[0.240]	[0.241]	[0.241]	[0.241]	[0.241]	[0.242]
CAPITAL	-0.151	-0.164	-0.152	-0.152	-0.134	-0.157	-0.144
	[0.104]	[0.104]	[0.104]	[0.104]	[0.105]	[0.104]	[0.105]
LOANS	0.766***	0.770***	0.765***	0.753***	0.774***	0.770***	0.777***
	[0.091]	[0.090]	[0.091]	[0.092]	[0.091]	[0.091]	[0.092]
LOBOR*CAPITAL	0.019*	0.022*	0.019*	0.020*	0.018*	0.021*	0.018*
	[0.011]	[0.011]	[0.011]	[0.011]	[0.011]	[0.011]	[0.011]
CAPITAL*LOANS	0.000	0.000	0.000	-0.001	0.000	0.000	0.000
	[0.006]	[0.006]	[0.006]	[0.006]	[0.006]	[0.006]	[0.006]
LABOR*LOANS	-0.008	-0.009	-0.007	-0.007	-0.007	-0.009	-0.007
	[0.009]	[0.009]	[0.009]	[0.009]	[0.009]	[0.009]	[0.009]
$LABOR^2$	-1.049***	-0.049***	-0.049***	-0.049***	-0.050***	-0.048***	-0.048***
	[0.016]	[0.016]	[0.016]	[0.016]	[0.016]	[0.016]	[0.016]
$LOANS^2$	0.005	0.005	0.005	0.005	0.005	0.005	0.004
	[0.003]	[0.003]	[0.003]	[0.003]	[0.003]	[0.003]	[0.003]
$CAPITAL^2$	0.005*	0.005**	0.005*	0.005*	0.005*	0.005**	0.004*
	[0.002]	[0.002]	[0.002]	[0.002]	[0.002]	[0.002]	[0.002]
BANK	-0.699***	-0.710***	-0.698***	-0.700***	-0.693***	-0.705***	-0.702***
	[0.160]	[0.160]	[0.160]	[0.159]	[0.160]	[0.160]	[0.160]
COOP	-1.298***	-1.305***	-1.298***	-1.295***	-1.299***	-1.301***	-1.304***
	[0.159]	[0.159]	[0.159]	[0.158]	[0.159]	[0.159]	[0.159]
NBANK	-1.006***	-1.023***	-1.007***	-1.008***	-1.008***	-1.014***	-1.013***
	[0.162]	[0.162]	[0.162]	[0.161]	[0.162]	[0.162]	[0.162]
NGO	-1.057***	-1.075***	-1.057***	-1.052***	-1.056***	-1.062***	-1.063***
	[0.163]	[0.163]	[0.163]	[0.163]	[0.164]	[0.164]	[0.164]
RBANK	-1.276***	-1.289***	-1.275***	-1.267***	-1.278***	-1.283***	-1.278***
	[0.167]	[0.167]	[0.167]	[0.167]	[0.167]	[0.168]	[0.167]
LLR	2.479***	2.524***	2.478***	2.481***	2.473***	2.509***	2.478***
	[0.217]	[0.219]	[0.217]	[0.217]	[0.217]	[0.219]	[0.217]
EQ	-0.277***	-0.269***	-0.277***	-0.268***	-0.283***	-0.283***	-0.284***
	[0.071]	[0.071]	[0.071]	[0.072]	[0.071]	[0.071]	[0.072]
YEAR	-0.177**	-133.000	-0.177**	-0.175**	-0.196**	-0.178**	-0.179**
	[0.089]	[0.090]	[0.089]	[0.089]	[0.090]	[0.089]	[0.089]
$YEAR^2$	0.010***	0.009***	0.010***	0.010***	0.010***	0.010***	0.010***
	[0.003]	[0.003]	[0.003]	[0.003]	[0.003]	[0.003]	[0.003]
LOANS*YEAR	-0.001	-0.002	-0.001	-0.001	-0.001	0.000	0.000
	[0.005]	[0.005]	[0.005]	[0.005]	[0.005]	[0.005]	[0.005]
LABOR*YEAR	0.007	0.005	0.007	0.007	0.008	0.006	0.006
	[0.009]	[0.009]	[0.009]	[0.009]	[0.009]	[0.009]	[0.009]
CAPITAL*YEAR	0.002	0.000	0.002	0.003	0.001	0.002	0.002
	[0.005]	[0.005]	[0.005]	[0.005]	[0.006]	[0.005]	[0.005]
定数	-4.914***	-5.264***	-4.913***	-4.864***	-4.852***	-4.983***	-4.870***
	[1.066]	[1.066]	[1.066]	[1.066]	[1.066]	[1.066]	[1.067]
観察数	848	848	848	848	848	848	848
MFI の数	324	324	324	324	324	324	324

注：標準誤差は [ ] で示した。*、**、および *** は、それぞれ 10、5、1 パーセントでの有意水準。

表 8.5B 推定の結果————非効率性方程式　part2

	[7]	[8]	[9]	[10]	[11]	[12]	[13]
INCOME	0.012	0.014	0.010	0.009	0.011	0.013	0.011
	[0.028]	[0.028]	[0.029]	[0.028]	[0.028]	[0.028]	[0.028]
GROWTH	-1.897***	-1.933***	-1.906***	-1.929***	-1.891***	-1.856***	-1.845***
	[0.560]	[0.552]	[0.560]	[0.558]	[0.558]	[0.558]	[0.562]
CREDIT	-0.005***	-0.004***	-0.005***	-0.005***	-0.005***	-0.005***	-0.005***
	[0.002]	[0.002]	[0.002]	[0.002]	[0.002]	[0.002]	[0.002]
VOICE	-0.070*	-0.062*	-0.070*	-0.073*	-0.069*	-0.067*	-0.059
	[0.038]	[0.037]	[0.038]	[0.038]	[0.038]	[0.038]	[0.040]
INTVIOL		0.327***					
		[0.105]					
INTWAR			-0.028				
			[0.071]				
CIVVIOL				0.049			
				[0.042]			
CIVWAR					-0.155		
					[0.131]		
ETHNVIOL						0.030	
						[0.022]	
ETHNWAR							-0.013
							[0.014]
AGE	0.007***	0.007***	0.007***	0.007***	0.007***	0.007***	0.007***
	[0.002]	[0.002]	[0.002]	[0.002]	[0.002]	[0.002]	[0.002]
LSIZE	-0.209***	-0.204***	-0.208***	-0.207***	-0.209***	-0.207***	-0.213***
	[0.024]	[0.024]	[0.024]	[0.024]	[0.024]	[0.024]	[0.025]
定数	1.931***	1.882***	1.941***	1.939***	1.941***	1.898***	1.958***
	[0.221]	[0.221]	[0.222]	[0.221]	[0.221]	[0.223]	[0.222]
観察数	848	848	848	848	848	848	848
MFI の数	324	324	324	324	324	324	324

注：標準誤差は [ ] で示した。*、**、および *** は、それぞれ 10、5、1 パーセントでの有意水準。

る。第1に、政治体制はMFIの効率に対して正の相関があるように思える（列［1］）。変数VOICEの係数は負で、かつ、わずか10パーセント水準ではあるが有意である。このことは、国民が政治的意思決定に参加できる度合いが、MFIの効率に正の影響を与えることを示唆している。セクション2で説明したように、これは、政治家が説明責任を問われ国民が声をあげられるならば、それがいっそう開かれた社会に、そして事業をすること一般を支えるような政治の発達につながるという事実によっても説明できるかもしれない。このことは、小規模事業の成長を支えることにもなり、それがMFIのサービスへの需要の高まりにつながって、効率の向上に役立つことだろう。

政治的不安定に関する変数については、今回の結果はそれをあまり支持するものではない。一方では、変数INTVIOLについて正の、しかも高い有意性のある係数が見られることから、国際的な暴力に直面したり巻き込まれたりしている国では、MFIの効率が負の影響を受けることが示唆されている。しかし、政治に関する他の変数については、有意な結果が得られていない。したがって、全体としての結論は、少なくとも本論での分析に基づく限り、政治的不安定とMFIの効率との間には、明瞭な関係が見あたらないと言わざるを得ない。

ここでの結果についての最後の所感として、表8.4Bおよび8.5Bでは、MFI固有の変数であるAGEおよびLSIZEの係数で有意性が高く、予想どおりの結果を示している。AGEの係数はつねに正で、古いMFIほど効率の悪いことが示唆される。これは後発性の利益の概念と一致するものである。LSIZEの係数はつねに負であることは、効率にとって規模の経済が重要であることを暗示している。なぜなら、顧客に大口融資を提供しているMFIほど効率が高くなっているからである。

6　結　論

「はじめに」で述べたように、もしマイクロファイナンスが、世界の貧困削減に対して意味のある長期的な貢献をしようとするなら、MFIは貧しい借り手への融資拡張を成功させつつ、しかも同時に、コスト効率のよい貸付慣行を開発していかなければならない。MFI特有の決定要因に焦点を当てた論文も少なからずあるなかで、本論ではまた違ったアプローチをとり、MFIの効率がマクロ条件と関連しているかどうかに目を向けてきた。MFIの業績とマクロ条件との関係に関する学問的文献が発表されだしたのは、つい最近のことである。また、こうした条件をMFIの効率と結びつけるのは、筆者らが初めてである。筆者らは、マクロ経済、国内金融システム、制度および政治的条件に目を向け、マクロ経済の条件および国内金融システムの発達が、MFIの効率と強く関わっているという、かなり強力な証拠を見いだしている。また、政治

体制と効率との肯定的な関係についても、少なからぬ証拠を見いだしている。しかし、政治的不安定と制度の質に関しては、こうした条件とMFIの効率との関係について、ほとんどなんの証拠も見いだせていない。

　今回の研究の結果は、MFIの業績を評価しようとするなら、マクロ経済、金融システム、そしてある程度は政治的条件も考慮に入れるべきだということを示している。したがって、MFIのアウトカムに目を向ける場合や、さまざまなマクロ環境で活動するさまざまなMFIの結果を比較する場合には、MFI特有の要素は、全体としてのストーリーを語るものとはならない。このことは、こうした機関に資金提供しようと考える政策立案者、ドナー機関、投資家が増えているなかで、重要な情報である。

　今回の結果は、現在の世界経済・金融危機という面からも重要なものとなるだろう。本論で示したように、マクロ経済の成長がMFIの効率にとって重要な決定要因であるならば、世界の危機は近い将来、MFIに大きな負のインパクトを与えることになるかもしれない。したがって、政策立案者、ドナー機関、および投資家は、以下の2つの選択肢のいずれかを考慮しなければならない。すなわち、(1) MFIは手を貸さず、危機の年月を自力で切り抜けてもらう、それによって貧困削減に積極的に貢献してもらえる可能性が下がっても、少なくとも短期間は仕方がないと考えるか、あるいは、(2) MFIを財政的に支援して、その活動に対する世界危機の負のインパクトをできる限り少なくするか、である。しかし、2番目の選択肢がとられる可能性はかなり低いだろう。今の危機によって、大口のドナー国や欧米の投資家を含め、誰もが傷を負っているからである。このことは、MFIとしては、なんとかして今回の危機を自力で切り抜ける以外の選択肢がないことを示唆している。

注

* 筆者連絡先：Faculty of Economics and Business, University of Groningen, PO BOX 800, 9700 AV Groningen, the Netherlands.　Tel: +31-50-363-4863；Fax: +31-50-363-7536；e-mail: c.l.m.hermes@rug.nl

1．バンク・ラクヤット・インドネシアは国営銀行だったが、2003年11月に株式会社として登録された。政府は、所有していた株式の30パーセントを国民に売却した。2008年末の時点で、同銀行株の43パーセントが一般国民の所有となっている。http://www.bri.co.id/TentangKami/Sejarah/tabid/61/language/en-US/Default.aspx（2009年7月8日にアクセス）
2．筆者らの分析では、国ごとの規制の枠組みを、フォーマルな機関の要素としては明確に考慮していない。最近の研究では、ハルタルスカとナドルニヤク（Hartarska and Nadolnyak, 2007）およびカルら（Cull *et al.*, 2009）のものが、規制の枠組みとMFIの業績に焦点を当てていて、正負の入り交じった結論が示されている。また、どちらの論文も、ある国の規制の枠組みに関して、時間の経過に規定されない指標を用いている。しかし本

論では、こうした尺度を用いないことにした。筆者らには11年分のパネルデータがあるが、国ごとの規制の枠組みに関するものや、MFIが規制を受けているか否かに関するパネルデータは持ち合わせていないからである。MixMarket［訳注：世界のMFI市場の動向を調査・分析する情報提供機関］のデータセットは、MFIが規制を受けているか否かに関する情報を提供しているが、この情報は時間の経過に規定されない。つまり、いつMFIが規制を受けるようになったかは示されないということである。

3．マクロ条件とMFIの業績との関係に関する議論では、因果関係が、マクロ条件からMFIの業績へと向かうことを前提にしている。もちろん、MFIの業績がマクロ条件に影響することも、少なくとも理論的にはある（たとえばマクロ経済の実績や金融システムの発達）。しかし、MFIの活動規模は、一国の経済活動全体や国内のフォーマルな金融市場の規模と比べれば、相対的に小さいと考えられるので、ここでは、MFIの業績がマクロ条件を動かす可能性は無視している。

4．ノンパラメトリック手法とパラメトリック手法の違いについて、さらに広範な説明がほしい場合は Matousek and Taci, 2004 を参照。本書の Gutierrez-Nieto et al. の論文は、MFIの効率という文脈に DEA を適用している。

5．SFA へのこのアプローチに関する詳細、およびフロンティアと非効率方程式を同時に推定するほうが、それぞれの方程式を2つの前後したステップで推定するよりも望ましい理由については、Battese and Coelli, 1995 および Wang and Schmidt, 2002 を参照。

6．筆者らが用いたデータは（詳しくは以下に述べるが）受け取った補助金について詳細な情報を提供するものではない。さまざまなタイプのMFIについてダミーを追加することで、筆者らは、同タイプのMFIでは補助金の水準も似かよっていることを前提としている。

7．ダミー変数 *OTHERS* は、特異性を理由に、実証的分析から省略している。

8．筆者らは、組織の質の測定には、世界銀行による「ビジネス環境の現状」のデータベースは用いない。このデータベースは、事業を始めることや契約の実施などに関する制度的障壁という視点では重要な情報を提供してくれるが、利用可能な情報は2003年からのものだけなので、これを使った場合、分析する観察数が著しく少なくなってしまう。

9．MFIのコストとアウトプットに関するデータ要件はかなり厳しく、MixMarketのデータセットでこのタイプのデータが得られないために、かなりな数のMFIが消える結果となっている。それでも、MFI 435機関と1300を超える観察結果からなる筆者らのサンプルにより、コストフロンティアおよび非効率性方程式の厳密な推定が可能となった。

10．Gonzales and Rosenberg, 2006 による最近の研究でも同様の結果が出ている。

参考書目

Ahlin, C, J Lin and M Maio (2008). Where Does Microfinance Flourish: Microfinance Institution Performance in a Macroeconomic Context. Unpublished Working Paper.

Alesina, A, S Ozler, N Roubini and P Swagel (1996). Political instability and economic growth. *Journal of Economic Growth*, 1, 189–211.

Battese, GE and TJ Coelli (1995). A model for technical inefficiency effects in a stochastic frontier production function for panel data. Empirical Economics, 20, 325–332.

Crabb, P (2007). Economic freedom and the success of microfinance institutions. *Journal of*

第2部　マイクロファイナンスのマクロ環境と組織的背景の理解

Developmental Entrepreneurship, 13.

Cull, R, J Morduch and A Demirgüç–Kunt (2009), Does Regulatory Supervision Curtail Microfinance Profitability and Outreach? World Bank Policy Research Working Paper No. 4948.

Doerring, L, D Larson, C Miller, D Norell, T Nourse, R Reynolds, M Stephens and K Tilock (2004). Conflict and post-conflict environments: Ten short lessons to make microfinance work. SEEP Network Progess Note, 5.

Fernando, N (2003). *The Changing Face of Microfinance: Transformation of NGOs into Regulated Financial Institutions*. Manila: Asian Development Bank.

Gerschenkron, A (1962). *Economic Backwardness in Historical Perspective: A Book of Essays*. Cambridge, Mass: Belknap Press.（邦訳『後発工業国の経済史　キャッチアップ型工業化論』アレクサンダー・ガーシェンクロン著、絵所秀紀、雨宮昭彦、峯陽一、鈴木義一訳　ミネルヴァ書房　2005. 5）

Gonzalez, A (2007). Resilience of microfinance institutions to national macroeconomic events: An econometric analysis of MFI asset quality. MIX Discussion Paper 1.

Gonzalez, A and R Rosenberg (2006). The state of microfinance — outreach, profitability and poverty: Findings from a database of 2300 microfinance institutions. Unpublished Working Paper. Available at SSRN, WPS 1400253.

Gutierrez–Nieto B, C Serrano-Cinca and C Mar Molinero (2010). Social and financial efficiency of microfinance institutions. In *The Handbook of Microfinance*, B Armendáriz and M Labie (eds.). Singapore: World Scientific Publishing.

Hartarska, V and D Nadolnyak (2007). Do regulated microfinance institutions achieve better sustainability and outreach: Cross-country evidence. *Applied Economics*, 39, 1207–1222.

Hermes, N, R Lensink and A Meesters (2009). Financial development and the efficiency of microfinance institutions. Unpublished Working Paper (available at SSRN, WPS 1396202).

Hubka, A and R Zaidi (2005). Impact of government regulation on microfinance. Paper prepared for the World Bank Development Report 2005: Improving the investment climate for growth and poverty reduction.

Kaufmann, D, A Kraay and M Mastruzzi (2008). Governance matters VII: Aggregate and individual governance indicators 1996–2007. World Bank Policy Research Working Paper 4654, Washington DC: World Bank.

King RG and R Levine (1993). Finance and growth: Schumpeter might be right. *Quarterly Journal of Economics*, 108, 717–737.

Ledgerwood, J (1999). *Microfinance Handbook: An Institutional and Financial Perspective*. Washington DC: World Bank.

Levine, R (2005). Finance and growth: Theory and evidence. In *Handbook of Economic Growth*. P Aghion and S Durlauf (eds.), pp. 865–934. Amsterdam: Elsevier Science.

Marconi, R and P Mosley (2006). Bolivia during the global crisis 1998–2004: Towards a "macroeconomics of microfinance". *Journal of International Development*, 18, 237–261.

Matousek, R and A Taci (2004). Banking efficiency in transition economies: Empirical evidence from the Czech Republic. *Economics of Planning*, 37, 225–244.

McIntosh, C, A de Janvry and E Sadoulet (2005). How competition among microfinance institutions affects incumbent lenders. *Economic Journal*, 115, 987–1004.

Patten, RH, JK Rosengard and D Johnston Jr (2001). Microfinance success amidst macroeconomic failure: The experience of Bank Rakyat Indonesia during the East Asian crisis. *World Development*, 29, 1057–1069.

Przeworski, A and F Limongi (1993). Political regimes and economic growth. *Journal of Economic Perspectives*, 7, 51–69.

Sealey, CW Jr and JT Lindley (1977). Input, output, and a theory of production and cost at depository financial institutions. *Journal of Finance*, 32, 1251–1266.

Sharma, MP (2004). Community-driven development and scaling-up of microfinance services: Case studies from Nepal and India. Discussion Paper 178, Washington DC: International Food Policy Research Institute.

Vanroose, A (2008). What macro factors make microfinance institutions reach out? *Savings and Development*, 32, 153–174.

Vanroose, A and B D'Espallier (2009). Microfinance and financial sector development. Working paper CEB 09-040. RS, Brussels: Université Libre de Bruxelles.

Wang, HJ and P Schmidt (2002). One-step and two-step estimation of the effects of exogenous variables on technical efficiency. *Journal of Productivity Analysis*, 18, 129–144.

Woller, G and W Woodworth (2001). Microcredit as a grass-roots policy for international development. *Policy Studies Journal*, 29, 267–283.

Zeller, M and RL Meyer (eds.) (2003). *The triangle of microfinance: Financial sustainability, outreach and impact*. Baltimore: International Food Policy Research Institute.

ボリビアのマイクロファイナンス
―― 金融システムの成長、アウトリーチ、および安定の基礎

クラウディオ・ゴンサレス＝ベガ*
(Claudio Gonzalez-Vega)
マルセロ・ビジャファニ＝イバルネガライ**
(Marcelo Villafani-Ibarnegaray)

　筆者らの目的は、ボリビアのマイクロファイナンスの進化をシステムの視点から分析することにある。個々のマイクロファイナンス機関（MFI）はたしかに顕著な業績を見せてきているが、筆者らの焦点は、むしろ部門全体（すなわち規制対象 MFI と規制対象外 MFI の集合）としての発展と、ボリビアの金融システム全体の進歩に与えた影響にある。この目的を達するために、（ⅰ）この国でマイクロファイナンスが進化していくうえで鍵となる特徴について述べ、そのうえで、その業績をほかのタイプの金融仲介機関と比較していく。（ⅱ）その非凡な成果に潜在する決定要因を特定する。そして（ⅲ）不完全な制度しかない低所得国で金融システムのアウトリーチを大きく拡げていくにはどのような環境の組み合わせがよいのかついて、教訓を引き出していく。

　ボリビアでは、サプライサイド（リーダーシップ、ガバナンスと制度設計、絶え間ないイノベーションなど）とデマンドサイド（盛んなインフォーマル部門）、そして市場環境（激しい競争、適切な健全性規制など）が重なることで、非凡な成果が得られている。長い年月にわたって、ダイナミックな相互作用と外部性とが（システム上の大きなショックが何度もあったにもかかわらず）この部門の健全な成長を支えてきた。こうした

＊オハイオ州立大学
＊＊オハイオ州立大学

恵まれた状況が組み合わさるなかで、マイクロファイナンスは、ボリビアの金融システムで最も活気のある、一大セグメントとなってきた。以下、その理由と道筋を説明していく。

1　背　景

　20年あまり前に出現して以来、ボリビアのマイクロファイナンス部門の業績は、その進化のどの段階においても常に群を抜いていた。この見事な結果は、ある部分では、世界のマイクロファイナンス革命の有名例に共通する特徴を映しだしている。そうした特徴は、とりわけ貸付と預金動員のテクノロジーでの重要なイノベーションに対応したものだが、その多くはボリビアで生まれ、世界がまねていったものである。しかし、またある部分では、ボリビアのマイクロファイナンスの驚くべき成果は、ボリビアの特異性の反映でもある。

　こうした経験から、いっそう包括的な金融システムの発展に向けて、重要な教訓がいくつも見えてきている。そうした教訓は、いくつかの有望な特性に光を当てるものとなっている。すなわち（ⅰ）金融テクノロジーにおけるイノベーションの過程（それによるアウトリーチの拡大）、（ⅱ）持続可能性を推進する制度設計、そして（ⅲ）安定性と効率性の向上を促進する規制枠組みである。こうした教訓は、テクノロジーも制度も規制も進化していかねばならないこと、そして変化する環境に適応していかねばならないことをも示唆している。したがって、実践者と規制者は、固定した一群の「ベストプラクティス」を採用するのではなく、むしろ「その時代に最も適切な実践」へと向かうダイナミックな道筋について、その決定要因を確認していくべきなのである。

　将来の選択肢を評価する場合にも、世界的金融危機にある現在がそうであるように、歴史からの教訓が大きな意味を持つ。しかし、マイクロファイナンスの世界史を書くことは、ボリビアの経験が成し遂げた大きな貢献を知ることなしには不可能である。なぜならボリビアには、直面した課題の性質と、そうした課題に多様なアプローチで取り組んで段階的に成功させてきたこととの両方から生まれた、豊かな教訓があるからである。また、近年のボリビアの社会経済史を書こうと思えば、発展途上にあるマイクロファイナンスの大きな影響に光を当てないわけにはいかない。しかし、ここでは、こうした広範なインパクトのなかから、また、ゴンサレス＝ベガとビジャファニ＝イバルネガライ（Gonzalez-Vega and Villafani-Ibarnegaray, 2007）を基礎としつつ、マイクロファイナンスがボリビアの金融システム全体の進化（成長、アウトリーチ、安定性）に与えた個別の影響に焦点を当てていくことにする。

　どういうわけか、ボリビアは、金融深化における主要な教訓の源となっているのだ

第2部　マイクロファイナンスのマクロ環境と組織的背景の理解

が、これは驚くべきことである。わずか20年あまり前、この国が劇的なハイパーインフレと経済のマイナス成長から抜け出したとき、マイクロファイナンスがこの国でこれほど広範かつ大規模に花開くと想像した者はほとんどいなかっただろう。ましてや、ボリビアでの金融深化のプロセスに、マイクロファイナンスがこれほど大きな影響を与えるなど、考えもつかなかったはずである。当時、インフレによって金融上の契約や金融機関への信頼が損なわれ、国有銀行には——これは1980年代半ばの財政危機を受けて閉鎖されるのだが——融資ポートフォリオを政治の道具とすることと、返済の文化を破壊することしかできなかった（Trigo Loubiére, 2003）。どう見ても、ボリビア経済は崩壊状態にあった。地理的にも言語的にも民族的にもばらばらで、インフラは、物理的にも制度的にも、最低限度の脆いものしかなかった。こうした障害を克服して、強力な金融深化の過程を推進するのは大変な仕事だった。マイクロファイナンスは、それを可能にする原動力となったのである。

　都市のインフォーマル部門が成長したこと（と、おそらくは相互協力を促進するような文化的傾向）が、そして、マクロ経済の安定化政策と（1986年以後の）金融自由化を受けて、経済がインフレなしに急成長したことが、この成功に貢献したと言える（Morales and Sachs, 1990）。こうした（十分ではないが）必要な条件がそろうことで豊かな土壌が提供され、金融テクノロジー、制度設計、規制枠組みでのイノベーション（原動力となったのは地元非政府組織の傑出した指導者グループ）が起こって、あの非凡な成果が得られたのである。ひとたびイノベーションのプロセスが始まれば、あとは実践からの学習、効果の証明と模倣、多くの正の外部性機能（大半は人的資本の可動性によるもの）によって、マイクロファイナンス部門は輝かしい拡大の道を進むことになったのだった。

　一方、20世紀の末に向けては、負の外部性による悪影響もでてきて、アクセソFFP（Acceso FFP）やアッシルFFP（Assil FFP）といったノンバンク金融機関が、あっと言う間に現れては、消費者向けの貸付テクノロジーを（マイクロファイナンスとは対照的に）悪用して、揚げ句の果てに破綻していった。ダウンスケーリングした商業銀行も同じようなことをしていた。バンコユニオン（Banco Union）のクレディアギル（CrediÁgil）、バンコエコノミコ（Banco Económico）のプレスト（Presto）、バンコサンタ・クルーズ（Banco Santa Cruz）のソルシオン（Solución）などがその例である。しかし、それも、逆にMFIの安定性を試し、強化するものとなり、金融テクノロジーと制度設計において、さらなるイノベーションが促進された。こうした継続的なイノベーション能力もあって、備えのできていたMFIは、ほどなく訪れる体制的なマクロ経済ショックにも耐えられたのだった。

　民間商業銀行の破綻と国有銀行の崩壊を受けて生まれたボリビアのマイクロファイナンスは、1980年代のマクロ経済危機の申し子といえる。大きなショックの時期

も含めて、この部門の並外れた業績を20年以上にわたって下支えしてきた抵抗力は、こんなところに源があるのかもしれない。一方、初期の成功に意を強くした金融規制当局は1992年、民間では世界で初めてとなる、完全にマイクロファイナンスに特化した銀行バンコソル（BancoSol）の設立を承認し、さらにはノンバンクへの認可も模索して、それが最終的に民間融資基金（fondo financiero privado: FFP）となって実現する――マイクロファイナンスの健全な規制・監督のための適切な枠組みが提供されるようになった（Gonzalez-Vega et al., 1997）。また、当時の銀行・金融機関監督局（SBEF）によるこの大胆な政策決定をきっかけとして、弁証法的なプロセスが起こってきた。すなわち、マイクロファイナンスのイノベーションが先導する一方で、健全性の枠組みが、この部門の進化に適応・支持していくようになったのである（イノベーションの余地を十分に認めつつ、システムの安定性が守られるようになった）。

このギャンブルのような規制が大きな成果をあげた理由は、（ⅰ）MFI に、制度設計と運営に関して広範囲な準備ができていたこと、（ⅱ）さまざまな国際組織の支援を受けながら、人的資本への持続的投資を通じて積み上げたテクノロジーと知識が SBEF にあったこと、そして（ⅲ）規制のプロセスに2つの当事者機関が実りある介入をしたことである。ほかの国で、マイクロファイナンスの健全性規制のために、ここまで融通が利いて、しかし非常に厳格な枠組みを、システムの進化のこれほど早い段階で採用したところはほとんどない。つまり、ボリビアの MFI は（恒久的なアウトリーチのための必要条件として持続可能性に焦点を当てていたことから考えて）、スタートの時点から、厳格な財政規律を採用しようと自ら努め、かつ、そのように誘導されてもいたのである。

バンコソルに加えて、当初のマイクロファイナンス NGO のいくつか――具体的には、カハ・ロス・アンデス FFP（Caja Los Andes FFP）（2005年よりバンコ・ロス・アンデス・プロクレジット（Bnco Los Andes ProCredit））、FIE FFP（2010年よりバンコ FIE（Banco FIE））、プロデム FFP（PRODEM FFP）、エコフトゥロ FFP（EcoFuturo FFP）――が健全性規制の規制対象機関に転換したことで、この部門は一気に拡大した。バンコソルは、早くから銀行の地位を獲得したことで国際的な注目を集めたが、まもなく、同じように活発な規制対象 MFI との厳しい競争に直面した。グループ貸付テクノロジーのイノベーションで世界をリードし、アクシオン・インターナショナル（ACCION International）のネットワークにも加わっているバンコソルは、ドイツ IPC ネットワークの一員で地元 FIE の異端児、カハ・ロス・アンデスと対決しなければならなくなった。どちらも個人向けクレジットテクノロジーのイノベーションをリードする組織である。こうしてボリビアは、2つの貸付テクノロジーを用いた最高の実験が行われる「アリーナ」となり、市場競争と知的競争の両方が争われたのだった（Rhyne and Otero, 1994；Gonzalez-Vega et al., 1996；Schmidt and Zeitinger, 1998）。一方、PRODEM は、

第2部　マイクロファイナンスのマクロ環境と組織的背景の理解

バンコソルの創設に参加した際の当初条件を活かして、農村部での金融商品と預金動員のイノベーションをリードしつつあった（Frankiewicz, 2001）。さらに、20世紀末に商業的クレジットFFPと衝突してマイクロファイナンスが成功したこと（後述）に励まされて、最終的には、さらに2つのノンバンク仲介機関——ファッシルFFP（Fassil FFP）とフォルタレサFFP（Fortaleza FFP）——が、自らの金融テクノロジーを改革して、マイクロファイナンス機関へと転換した。こちらのデータは、2004年から規制対象MFIに含まれている。

　このプロセスは、2つの重要な教訓につながった。第1に、厳格な健全性基準が——相当な組織構築の努力と財政規律を要求していたにもかかわらず実際には——アウトリーチを妨げるどころか、ほかの方法では不可能なほど幅広いサービスの提供と、ターゲット顧客の大幅な拡大が可能となった（Trigo Loubiére, Devaney and Rhyne, 2004）。マイクロファイナンスの規制がない国や、あっても緩い国とは対照的に、ボリビアのMFIはすべての面で急速に成長し、どこよりも活発に活動するようになった（Jansson, Rosales and Westley, 2003）。ボリビアのMFI規制がこのような早い段階でかなりの成功を収めたことには、規制前からMFIが持っていた強さと（それが厳格な基準下での運営能力となって表れた）、ビジョンを持った金融規制当局の果たした役割の両方が反映している。しかし、ひとたびMFIの優れた業績が明白になった段階で、そこにとどまらず——たとえマクロ経済が危機の状態であっても——差別的な健全性基準を採用していればどうだっただろう。近年は均一なルール（プール方式）や、場合によってはもっと厳格なルールが採用されているのとは対照的に、銀行とMFIのリスク因子の決定的な違いが認識されて、ボリビアの金融システムの効率的かつ安定的な拡大がいっそう推進されていたかもしれない（Villafani-Ibarnegaray, 2008）。

　第2は、マイクロファイナンスの業績向上と、それに伴う規制対象機関への転換が、規制対象外の部門へと波及したことである。この部門では、CRECER、FADES、FONDECO、プロムヘル（Pro Mujer）といった非営利組織が、さまざまな理由から、FFP認可を受けないという選択をし、やがて傑出した（この分野としては世界最高クラスの）業績をあげるようになった。一方、規制対象と規制対象外という2つの部門の相互作用は、模倣・戦略的な同盟を含めた補完・競争・適応による健全な組織構築のプロセスへとつながり、それが機会となって、ボリビアのマイクロファイナンス部門は、効率的で専門化された金融サービスを限界顧客に提供するための、いっそう幅広く強靭な傘を作り上げることとなった。したがって、こうしたプロセスの成果を評価する際にはシステム全体を考えることが決定的に重要となる。個々の組織を見るだけでなく、相互作用と補完性のすべてに目を向けなければならない。

　さらに、FINRURALの自己規制プログラムから指針がでるなど、規制対象外MFIの事実上の強化が進んでいることから、金融規制当局では、2008年までに、新たな

開発金融機関（instituciones financieras de desarrollo: IFD）設立の認可プロセスをスタートさせようとしている。これは、非営利マイクロファイナンス組織に規制対象の活動を認めるもので、金融仲介に加えて、研修の企画実行や、保険をはじめとする金融以外のサービスを併せて行えるようになる（Zabalaga, 2009）。現在の危機のさなかにあって、この大胆かつ有望なイニシアティブが実行できれば、類まれな機会の創設になるかもしれない。しかし同時に、大変な脅威も迫っている。一方では、IFD が貧しい顧客への到達に特化しているため、農村地域への拡大傾向が強いと思われるのだが、そういった地域では預金施設が極端に少ない。他方、金融規制当局も各組織も近年の世界危機に苦しんでいて、資産の成長率は低く、滞納率も高くなっている。縮小していく市場での激しい競争によって、少なからぬ過剰債務が生じると同時に、部門全体は、高まる政治的脅威と直面している。

　要するに、ボリビアのマイクロファイナンスは段階的な成長を遂げて、政府に頼らない当初の形態から――かつ、健全性規制を除けば国家による介入が一切ない状態から――規制の対象となる金融仲介機関の一部門へと驚異的な転換を果たしたということである（Wiedmaier-Pfister, Pstor and Salinas, 2001；Ledgerwood and White, 2006）。その途上にあっては、健全性基準や経営慣行に大きな修正が何度も行われた。それは、この部門が直面した数多くの課題に柔軟に対応するという形をとっていて、たとえば、商業クレジット FFP との非対照的な競争（Rhyne, 2001）、初期の情報共有メカニズムの欠如（Rosenberg, 2008）、20 世紀末の深刻な不況（Evia, Laserna and Skaperdas, 2008）、さらには近年の世界的金融危機による脅威と機会があげられるだろう。他国では、かなり硬直的でゆっくりとした変化モデル（たいていは市場の現実よりもイデオロギー的な信念に基づいたもの）が実施されていたが、それとは対照的に、ボリビアの進化の中心的な特徴は、MFI と金融規制当局の両方に、創造的な柔軟性が備わっていることである。

　こうして、1980 年代後半に生まれたマイクロファイナンスは、当初はわずかな NGO によるつましい活動だったものが、今や一大部門へと成長し、ボリビア金融システムで最もダイナミックな要素にまでなっている。実際に、この国の金融深化のプロセスを動かしているのは――とりわけ今世紀においては――マイクロファイナンス部門の進化である。その意味で、マイクロファイナンスは、金融システムの進化におけるエンジンであり碇（いかり）でもある。ボリビアにおける金融の未来は、マイクロファイナンスの業績と、その進歩に対する他部門（とりわけ銀行と政府機関）の反応によって大半が決まると思えるほどである。ここでは、こうした進化を評価するとともに、これだけの成果が表れてきた道筋を示してみたい。これだけの規模のインパクトを達成した国はほとんどないが、ボリビアのマイクロファイナンスの経験は「できるかもしれないこと」の物語でもあり、その道は金融包摂の拡大へと向かっているの

である。

2　金融深化

　ボリビアでは、マイクロファイナンスによって、人口の大部分がフォーマルな金融市場に包摂されるようになった。これは大きな価値のあることである。しかし、ボリビアのマイクロファイナンスのインパクトは、そうした価値ある包摂をはるかに超えるところにまで到達している。そのインパクトは、金融面と非金融面の両方のアウトカムに影響するほど幅広い。わけてもマイクロファイナンス部門の業績は、ボリビアの金融システム全体の進化に決定的な影響を与えてきていて、それが筆者らの焦点となっている。一方では、マイクロファイナンス部門は、商業銀行をはじめとする規制対象仲介機関の貧弱な業績と凋落を相殺してきた（特にこの10年）。そして他方、MFIからの挑戦が刺激になって、最近は銀行までもが、その対応として従来の業務を見直すようになってきている。しかもこうした変化、すなわちマイクロファイナンスを模倣しようとすることが、銀行の業績回復の遅れの原因となっているのである。

　したがって、マイクロファイナンス部門は、さまざまな方法で、この国の金融深化のプロセスに多大な貢献をしてきたことになる。それ自身として、それまで組織的な金融のなかった周縁部でフロンティアを拡大してきたし、同時に、他の金融システムを苦しめてきた仲介排除のプロセスを封じ込めることにも役立ってきている（Gonzalez-Vega and Villafani-Ibranegaray, 2007）。したがって、たとえ銀行が縮小しなかったとしても、この部門は、きわめて未発達だった市場に新たな供給の次元を追加していたと思われる。さらに、銀行が凋落したことで、マイクロファイナンスの急成長が、特に近年は、深刻な金融危機の防止という点でいっそう重要なものとなっている。こうした経験を視野に入れれば、将来は——このプロセスが政治ショックによって中断されない限り——MFIが、ボリビアの金融発展のペースとスタイルを決定することになると言えるだろう。

　こうしたインパクトを評価するため、筆者らは「金融深化（financial deepening）」という概念を用いている。これはショー（Shaw, 1973）が導入したもので、経済活動の実際の水準（総資産）に対する金融取引の量（金融資産）の増加として定義される。この指標が大切であるのは、一国の経済の中で、リソース分配を改善し、リスク管理を促進し、そしてイノベーションおよび成長を奨励していくうえでの、金融仲介の多様な役割に光を当てるからである（McKinnon, 1973；Fry, 1994；Levine, 2005）。深化測定の代理指標としては、GDPに対する金融規模の割合がよく用いられる（Levine, 1997）。一方、この指標とは別に、金融機関のアウトリーチの深さ（幅に対する概念）も、人

口セグメントによって変化する (Navajas et al., 2000；Schreiner, 2002)。ここでは、両方の視点からボリビアのマイクロファイナンスの業績を評価していく。

　初期段階では、ボリビアの規制対象 MFI は、大半がクレジット資産の開発に焦点を当てていた。しかし、時間の経過とともに、一般国民からの預金動員も経営の重要な側面となった。実際に、クレジット以外にも価値あるサービスを預金者に届けられるようになったことと、一般国民から動員した預金で融資ポートフォリオの大半を賄ったその能力は、ボリビアの MFI の傑出した特徴となっている。マイクロクレジットの提供者から本格的なマイクロファイナンス機関へというこの発展は、金融仲介のプロセスにおける MFI の役割を大いに高めるものとなった (Gómez-Soto and Gonzalez-Vega, 2007b)。

　結果、MFI のターゲット顧客は、アクセスできるクレジットサービスのメニューが増えただけでなく、利便性の高い預金施設をはじめ、支払い、送金、保険など、この人口セグメントがそれまで利用できなかった金融サービスにもアクセスできるようになり、それが生産性と家庭福祉の向上に貢献している。また一般国民からの――すなわち、伝統的なクレジット顧客とそれ以外の社会セグメントの両方からの――預金動員に成功したことで、MFI としても、ターゲットとなる市場セグメントにおける貸付能力が高まり、流動性リスクの管理が促進され、顧客ロイヤリティが向上し、組織としての安定性が強化された。こうした幅広いサービスの提供によって、規模の経済と範囲の経済［訳注：複数の財の生産を同時に行うことで効率化が進むこと］が生まれたように思われる。また、それに伴う経営コストの削減も、すべての――といっても大半は極小規模の――顧客にとっての利益となった。

　さらに、理論的な文献と実証的な文献の両方が、金融深化が――そしてアウトリーチが拡大し、それを通じてさらに大きな人口セグメントが市場経済に取り込まれたことが――リソース分配の改善と貧困者志向の経済成長に貢献したことを示唆している (Beck, Demirgüç-Kunt, and Levine, 2004)。実証的な研究では、金融発展をボリビア経済の長期的・総体的な成長と結びつけようとしたが、結局は統一的な結論を得られなかったという例がいくつかあるが (Morales, 2007)、マイクロファイナンスが、かつてない広範囲の所得拡大と消費円滑化に貢献したことは確かである（以前のボリビアでは、貧しい顧客にはクレジットに関して厳しい制約があり、リスクに対しても非常に脆弱だった）。また、マイクロファイナンスは、とりわけ未来の福祉向上にも貢献していると思われる。人的資本の形成に対するマイクロファイナンスのインパクトが観察されているからである (Maldonado and Gonzalez-Vega, 2008)。

　ボリビアの金融フロンティア拡大における MFI の役割は、統合効果と置換効果の両方を反映している。統合効果のひとつが「組み込み効果」で、これは、友人や親戚とのインフォーマルな取引を除けば、それまで金融サービスの利用経験がなかったと

第2部　マイクロファイナンスのマクロ環境と組織的背景の理解

思われる人口セグメントが、市場アクセスを獲得したことを反映している。また「拡大効果」もあって、こちらは、すでにクレジットにある程度のアクセスのあった人口セグメントに、いっそう幅広い市場が提供されたこと、運転資金のための短期融資以上の金融サービスが提供されたことを反映している。このようにサービスのメニューが増えたことは、住宅改築なども含めた投資への支えとなり、戦略の効率化が進んで（とりわけ、安全で利便性の高い預金施設）、予防的資産が蓄積された（Gómez-Soto and Gonzalez-Vega, 2007a）。

　加えて、少なからぬ置換効果もあった。第1は、部分的にではあるが、インフォーマル金融が組織的な金融サービスに置き換わったことである。このフォーマル－インフォーマル置換によって、融資契約の条件が大幅に改善し、金利の大幅低下、融資規模の拡大、返済期間の長期化などが起こった。また、組織的金融サービスが利用できるようになったことで、インフォーマルな金融ソースに伴う地域的な共変性と富の制約が崩れた。したがって、この置換は、ボリビア経済の市場統合と近代化の要素である。しかし、一部の（とりわけ貧しい）顧客にとっては、マイクロファイナンスのサービスは以前から、インフォーマル金融の流動性や、すでに利用していたリスク管理ツールを補完するものだった（Collins et al., 2009）。貧しい家庭でも利用できる金融商品のセットが充実してくれば、組織的サービスへのアクセスによって、消費円滑化の成果や暮らし向き、福祉が向上する。平均で見れば、フォーマルなツールとインフォーマルなツールの両方で、コストとリスク（大半は、信頼性の欠如とインフォーマルな金融ソースの強い共変性によるもの）は低下している。

　このように、置換効果と補完効果の組み合わせによって、マイクロファイナンスは、貧困家庭の家計財務を総体として改善させてきている。さらに、規制対象MFIが供給するアウトリーチの広範さと金融サービスの多様さ、適切さを考えると、ボリビアは、ほかのところ（マイクロファイナンス組織が限られた範囲の商品しか提供していないところ）と比べて、フォーマル－インフォーマルの置換効果が強かったと思われる。さまざまなタイプの融資商品に加えて、ボリビアの規制対象MFIは、クレジット以外の金融サービスも幅広く提供した。その一方で、規制対象外のIFDは、金融以外のサービスのほか、村落銀行の内部口座のような、リスク管理に好まれるツールも提供している（Gonzalez-Vega and Maldonado, 2003）。しかし、深刻な困窮期には（20世紀末の危機も同様）、一部のMFI顧客の間で、インフォーマル金融へのアクセス件数が復活したことがある。すなわち、マイクロファイナンスの顧客のうち、任意の年にインフォーマルなクレジットを併用した者（言い換えれば、フォーマルな融資とインフォーマルな融資を組み合わせた者）の割合は、1982年の17パーセントから2001年の72パーセントへと増加し、その後ふたたび減少したのである（González and Gonzales-Vega, 2003）。

置換効果の第2は、規制対象外のマイクロファイナンスから規制対象のマイクロファイナンスへという漸進的な移行があったことと、あらゆる金融取引の制度化が続いていることである。この部門は、当初は規制対象外のNGOによって生まれたが、今ではほとんどが規制対象仲介機関（特に銀行とFFP）になっている。また同時に、金融規制当局は、近年になってIFDの規制プロセス改革に乗り出している。これは、このような市場セグメントのものまで含めた、あらゆる金融仲介機関の安全性と健全性を本気で考えていることを反映したもので、この努力が完結すれば、ボリビアのマイクロファイナンスはすべて規制の対象となる。

　しかし、こうした健全性に関する介入には、いかなる意味での抑圧的な金利コントロールもなければ、義務的な資産要件も伴ってはいない。むしろ、組織化へと向かうこの道筋は、制度（各組織自体と、クレジットビューローのような補助的サービス、そして全体としてのルール）の強化に貢献してきている。制度的な枠組みが強化されたことで、MFIは契約の役割を側面から支え、顧客の信頼を築き、サービスの範囲を急激に拡げることができた。政策（政治）ツールとしてのクレジット概念から、契約（関係する当事者間での重要な合意）としてのクレジットという考え方への認知シフトは、ボリビア社会資本の構成要素としての返済の文化を強化するうえで大きな貢献となった（Gonzalez-Vega, 2003）。

　第3は、MFIの市場シェアが急増し、代わりに、それ以外の金融仲介機関が減ったことである。20年を経た現在、規制対象および対象外のMFIが、ボリビアの金融システムの全資産（とりわけ融資ポートフォリオ）のうちの相当な割合を占めており、なお増加を続けている。それと同時に規制対象MFI、すなわち、一般国民からの資金動員を認可されたMFIの負債（預金）に占める割合も増加している。金融システムの総顧客数に占めるMFIの割合は、次のセクションで示すように、さらに目を見張るほど増加している。こうした増加分は、さまざまなタイプの機関が、とりわけシステム全体が負のショックを受けた時期に、それぞれに特異的な業績を残した結果である。それはまた、金融テクノロジーが衝突し、マイクロファイナンス機関が勝利した結果でもある（Navajas, Conning and Gonzalez-Vega, 2003；Villafani-Ibarnegaray and Gonzalez-Vega, 2007；Villafani-Ibranegaray, 2008）。

　とりわけ銀行、クレジット・ユニオン、協同組合、貯蓄貸付組合（ミュチュエル）の行動との比較や、短命に終わった消費者金融FFPのエピソードからは、規制対象と対象外を合わせたMFIの業績と行動が、ほかのどのタイプの金融仲介機関よりも堅調で、かつ景気循環との連動が少ないことが明らかとなる。この特異的な業績が、ボリビア金融システムの市場構造に大きな変化をもたらし、さらに広範な人口セグメントへの到達を可能にしたのである（Gonzalez-Vega and Rodríguez-Meza, 2003）。

3 特異的な業績

　初期から現在までの20年にわたって、ボリビアのMFIの与信ポートフォリオは、ほとんど指数関数的な勢いで伸びてきている。唯一の例外は、20世紀の末にわずかに減速したことだが、これは、国のマクロ経済危機の影響によるところが大きかった（それだけではないが）。しかし興味深いことに、現在の世界的金融危機にあっても、それほど継続的な減速は、少なくともまだ起こってはいない。

　マイクロファイナンスのポートフォリオが急速かつ継続的に成長していることは、融資活動のさまざまな指標に反映している。ここに提出するデータの詳細とソースに関しては、ゴンサレス＝ベガとビジャファニ＝イバルネガライ（Gonzalez-Vega and Villafani-Ibarnegaray, 2007, 2009）を参照してほしい。特に図9.1では、規制対象および対象外のMFIについて、稼働融資ポートフォリオ（performing loan portfolio）の変化を、その他のタイプの金融仲介機関の融資ポートフォリオの変化と対照して示している（稼働融資ポートフォリオは、総ポートフォリオから1回以上滞納のある融資残高を除いたもの）。また、名目上の数字はすべてインフレ修正してある。具体的には、まず2005年12月現在の安定購買力でのボリビアーノ（ボリビアの通貨）に直すことで国内のインフレによるズレを修正し、次いで、同じ時点での米ドル（1米ドル＝8ボリビアーノ）に換算した。したがって、ここでの数値は、リアルタイムで見たボリビアーノの米ドル相当額を表している。以下、特に断らない限り、すべての数字はこの単位で計算している。

　マイクロファイナンスの融資ポートフォリオの持続的な成長ぶりは突出していて、金融システム全体のポートフォリオが当初拡大したあと劇的に減少しているのとは著しい対照を見せている。ハイパーインフレが速やかに克服され、1980年代半ばにボリビアの金融改革が行われるのに対応して、金融システムの総融資ポートフォリオは、ほぼゼロの状態から急速に成長し、1999年6月には実質で45億米ドルという史上最高額に達した。しかし、世紀の変わり目に起こったボリビアのマクロ経済危機によって、ポートフォリオは急激に減少し、2004年以後はゆっくりとした、しかも不安定な回復途上にある。したがって2008年12月で、ボリビア金融システムの総融資ポートフォリオは、実質でようやく34億米ドルまで上昇したところだった。

　もちろん、この危機的な出来事のあった時期、金融仲介機関の業績は均一ではなく、タイプごとに違いがあった。とりわけ劇的だったのは、商業銀行の融資ポートフォリオが崩壊したことである。わずかな回復があった2004年以後、2008年12月までの総ポートフォリオは、10年前の価値よりも17億米ドルも少なくなっている。これは、以前の価値の45パーセントが失われたことに相当する。クレジット・ユニオン、

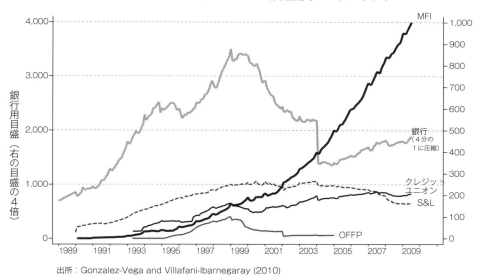

図 9.1　ボリビアの金融システムの稼働融資ポートフォリオ

出所：Gonzalez-Vega and Villafani-Ibarnegaray (2010)

注：機関のタイプ（銀行、クレジット・ユニオン、貯蓄貸付組合（S&L）、マイクロファイナンス機関、消費者金融 FFP）ごとに、1988 年 12 月から 2009 年 6 月までの変化を、2005 年 12 月現在の実質ボリビアーノを相当額の米ドルに換算し、100 万米ドル単位で表示。

貯蓄貸付組合（S&L）、消費者クレジット FFP も、ポートフォリオを大きく減らした。対照的に、2008 年 12 月までの MFI の総融資ポートフォリオは 9 億 6300 万米ドルにのぼっている。これは、実質で 10 年前の価値の 464 パーセントに相当する。言い換えれば、10 年ほどの間に、商業銀行の総融資ポートフォリオの実質価値はほぼ半分になり、MFI の総融資ポートフォリオはほぼ 5 倍になったということである。

　この特異的な業績については、1990 年代に種が播かれている。商業銀行の融資ポートフォリオが急速に拡大したのは、当初、金融深化が大きく進んだことを反映していた。すなわち、ボリビアでは、1980 年代初めにインフレによる経済崩壊を脱し、マクロ経済の安定性が得られるなか、良識的な貨幣政策によって預金者の信頼が高まっていたのである。しかし、特に 1997 年以後は、銀行が海外からの借入れを加速させて、融資ポートフォリオの拡大を維持しようとした。ポートフォリオの成長率は、もはや実際の経済成長率や国内の預金動員、さらには進行中の金融市場統合のプロセスと対応しなくなった。過剰債務が、典型的なクレジットブームを伴って、積み重なっていった（Gavin and Haussman, 1996）。しかも、健全性の規制枠組みが弱かったことと、適正資本量の要件が非常に緩かったことにより（1994 年から 1998 年まで、銀行は自社の株主資本の 15 倍を超える価値の資産を借入金で賄うことが認められていた）、銀行の日

第 2 部　マイクロファイナンスのマクロ環境と組織的背景の理解

和見主義的な行動が助長された。そして何よりも、いざとなれば、銀行の政治的な影響力を考えて政府が救済してくれるという期待に依存していた（Trigo Loubière, 2003）。

　1999 年、外因性の景気後退（国際的金融危機の伝染）による衝撃がボリビアを襲うと、ブームは去り、こんどは銀行の信用危機がやってきて、融資の債務不履行（デフォルト）率が増加した。これに対応して、商業銀行は、滞納になった融資の多くを繰り延べた。さらに、実際のリスクについて透明性を高めるために、金融規制当局は、繰り延べした融資を別に報告するよう義務づけた。すると、この報告基準の変更をきっかけに、2004 年 1 月までに、銀行の稼働ポートフォリオは急落した（図 9.1）。ポートフォリオの健全性が低下したことと、それまで隠されていたリスクが明るみに出たことで、銀行の総融資ポートフォリオと稼働融資ポートフォリオとの間の楔（くさび）が大きくなってしまったのである。また、この健全性基準の変更によって、銀行と MFI の対照的な進化ぶりについて、重要な手がかりが明らかになった。商業銀行は、総融資ポートフォリオの 36 パーセントをすぐに（リスクの大きい方へと）カテゴリー変更しなければならなかったのに対し、MFI ではこの割合がわずか 3 パーセントだったのである。これは驚異的なことである。なにしろ MFI は、システム全体のマクロ経済ショックばかりか、支払い文化の劣化にも対処しなければならなかったのだから（後者は、一部の消費者クレジット FFP が MFI の市場セグメントへの食い込みを狙って積極的な仕掛けをしたことによる）。

　短期間に起こった消費者クレジット FFP の急速な拡大と低落は、特に注目に値する。1990 年代の後半、多くの金融仲介機関が FFP の認可を取得し、一般国民からの預金動員が可能となると、こぞって消費者金融の貸付テクノロジーを導入した。大半はクレジットスコアリングのツールを基礎とするものだった。こうした消費者 FFP の稼働ポートフォリオは、1995 年 12 月の 1620 万米ドルから、1998 年 12 月には 1 億 0030 万米ドルにまで成長した（同じ時点での MFI の稼働ポートフォリオは、これをわずかに上回る 1 億 1930 万米ドルだった）。しかし、2002 年 12 月には、こうした消費者金融業者のポートフォリオは急低落して、実質で 1460 万米ドルに戻っていた（図 9.1 の OFFP）。この過程で、破産を宣言して SBEF の指導下に入るところや（アクセソ FFP など）、消費者クレジットのテクノロジーを放棄して零細・小企業向けの貸付に転身するところがあった（ファッシル FFP、フォルタレサ FFP など）。その経営を見ると、消費者 FFP は、一般国民からの預金が総資金の 95 パーセントを占めていたが、預金動員のために、ときには銀行の水準の 2 倍の高金利で定期預金を提供した。しかし、他の金融仲介機関を説得して、そちらから借入れることには成功しなかったように思われる。最終的にアクセソ FFP が倒産すると、SBEF はオーナー（チリ人）にすべての負債を負担させた。

　ここでのマイクロファイナンス機関と消費者金融業者との違いは、融資資金の実際

の用途の違いが反映しているのではない。資金の流用可能性（fungibility）という視点で考えれば、消費というのは、融資によって流動性が増加することで可能となる多様な（限界的な）用途のひとつであるといって、ほぼ間違いない（Von Pischke and Adams, 1983）。ここでの決定的な違いは、むしろ貸付テクノロジーにある。ここでいう「貸付テクノロジー」とは、融資が認められるかどうかを判断し、融資規模や付帯条件を決定するために貸し手が行う、ひとまとまりの手続き・ステップ・判断基準・行動のことである（Navajas and Gonzalez-Vega, 2002）。これは融資の許認可機能で、スクリーニングやモニタリング、契約実施といった作業も含んでいる。手のひらサイズのコンピュータやスマートフォンといった現代の情報通信ツールも貸付テクノロジーのインプットかもしれないが、決定的な要素は、情報の収集と解釈および意思決定への利用であり（融資申請者の返済能力と意思を判断するため）、契約の設計である（返済のインセンティブを生み出すため）。消費者金融の貸付テクノロジーは、安定的な給与所得という最大の返済ソースと、借り手は所得の差し押さえを避けたいからきっと返済するだろうという見込みに大きく依存している。対照的に、マイクロファイナンスの貸し手は、自家経営やマイクロ企業や家内企業の、多様な活動からの収入とキャッシュフローを評価し、貸し手またはクレジットグループの仲間どうしでの評判を、返済の主要なインセンティブとしている（González, 2009）。

　ボリビアのマイクロファイナンスの場合、融資申請者は、その場で、経験のある融資担当者から直接かつ詳細なリスク評価に基づくスクリーニングを受ける（もしくはクレジットグループ内の仲間の直接知識を得る）。返済のインセンティブは、大半がMFIとの関係の価値に依存している。対照的に、失敗する以前の他のFFPが用いていた消費者金融の貸付テクノロジーは、（ⅰ）甘いスクリーニングと「販売」要員の戸別訪問による融資のマーケティング（スクーリングの基礎となった各種のクレジットスコアリング・ツールは外国から採りいれたもので、ボリビアの自営インフォーマル部分には適さないところがあった）、（ⅱ）それとは別の回収チームによる乱暴な取り立て（強硬なやり口から、滞納者協会が作られた）、そして（ⅲ）高金利と滞納へのペナルティー（債務不履行で予想される大きな損失をカバーするために設計されたもの）に依存していた。これとはまったく対照的に、ボリビアのマイクロファイナンス取引では、（ⅰ）仲間ないし融資担当者（のスクリーニング）による個人的な知識と直接の付き合いによって強力な顧客関係が生まれ、借り手と貸し手との間に良好なインセンティブが築かれる、（ⅱ）融資担当者がスクリーニングから回収まですべての責任を負う（業績ベースの報酬が支え）、（ⅲ）滞納は一切認めない、といった特徴があった。このエピソードから強調されるのは、さまざまなタイプの金融仲介機関が生み出す融資ポートフォリオの業績を決定するうえでの、適切なテクノロジーの大切さである。これについてはあとでも論じていく（Gonzalez-Vega and Villafani-Ibranegaray, 2007）。

第2部　マイクロファイナンスのマクロ環境と組織的背景の理解

　多様なタイプの金融仲介機関が特異的な進化を見せたこと、特に銀行とMFIとの間に際立った差違があったことは、この国の金融深化の実績に大きな影響を与えた。図9.2では、GDPに対する金融システムの総融資ポートフォリオの比率を、金融深化の代理指標として用いている。比率は開始時の1988年12月に0.171で、1998年12月まで増加して、ピーク時には0.601となった。これは1990年代のラテンアメリカ諸国の平均水準の2倍である。10年後、この指標は半分にも満たない0.298となった。同様の低落は（グラフには示していないが）GDPに対する稼働融資ポートフォリオの比率からも明らかで、1998年の0.568から、2008年には0.271まで下がっている。この仲介排除の過程で、ボリビアの金融深化の到達度は、約17年前の水準に逆戻りしてしまったのである。

　しかし、この逆戻りは、マイクロファイナンスがなければ、さらに酷いものになっていただろう。マイクロファイナンスを無視すると、システム全体の融資ポートフォリオの対GDP比は、2008年末までで、全体でもわずか0.219、稼働しているものでは0.193になっていた。これはつまり、マイクロファイナンスの融資ポートフォリオが、今ではボリビアのGDPの約8パーセントに等しいということである。マイクロファイナンスがなければ、ボリビアの金融面での進歩は、過去10年のあいだに（17年どころか）19年逆戻りして、ラテンアメリカ18カ国中の13位になっていたことだろう（Rojas-Suárez, 2008）。逆に、当時の金融システムで支配的な存在であった商業銀行のみで考えると、あの危機の結果として、GDP比で少なくとも丸20年分のポートフォリオ利益が失われたことになる。その点を考えれば、ボリビアのMFIは、金融深化

図9.2　金融深化：GDPに対するボリビアの金融システムの総融資ポートフォリオ（MFIを含めたものと除いたもの）

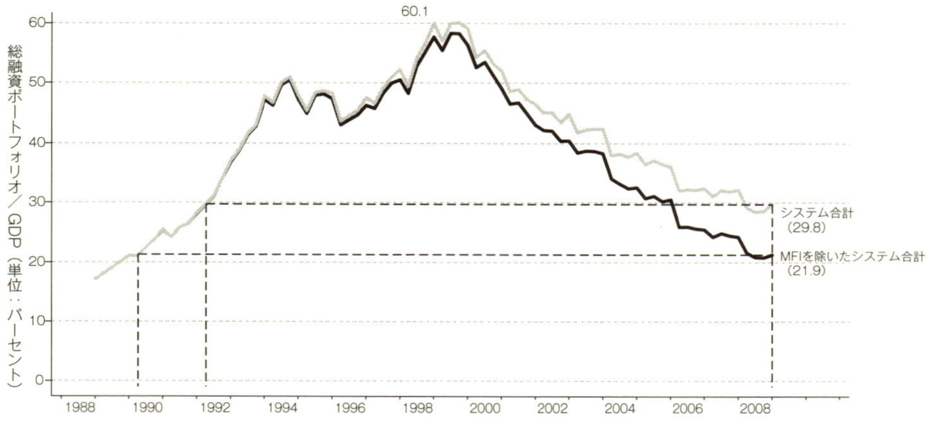

注：1988年12月から2008年12月までのデータをパーセントで表示。

の損失によるこの国の苦しみを抑えるという、重要な役割を果たしたと言えるのである。

　この特異的な進化は、金融システムの深い部分での変革という結果をもたらした。それは、市場参加者の割合が大きく変わって多様化したことに現れている。最も目を引くのは、商業銀行の市場シェアが大きく下がったこと（システムの稼働融資ポートフォリオに占める割合が、1998 年から 2008 年までに 83.8 パーセントから 60.6 パーセントになった）と、MFI の市場シェアが伸びたことである（同時期に 2.8 パーセントから 30.5 パーセントに拡大した）。ここでマイクロファイナンス機関のシェアとしたものには、7 つの規制対象 MFI の 26.9 ポイントと、16 の規制対象外 IFD による 3.7 ポイントが反映している。この市場変革では、クレジット取引のある程度の脱フォーマル化（de-formalization）が暗示されている。これは、マイクロファイナンスのイノベーションによって、以前ほど厳格でない要件が貸付テクノロジーに導入されたからである。MFI は、監査付きの財務報告や融資担保、裁判所による融資滞納分差し押さえ通知といった銀行業のテクノロジーを利用するのではなく、もっと手続きが簡略でコスト効率のよい方法で、信用価値を判断できるようになっているのである。

　また最近は、商業銀行が、失った市場シェアを回復しようと、自前のマイクロファイナンス取引を急速に拡大している。強力な模倣効果によって、このダウンスケーリングの努力を実らせつつある銀行もあって、そうした銀行では、今のところこれが最も活発なポートフォリオとなっているようだが、成功するかどうかはまだわからない。特に、実践から学んで蓄積してきた MFI の知識は、長い時間をかけて多くの取引をこなして初めて獲得できるものであり、このサンク・コスト［訳注：回収不能な過去の支出］は、MFI にとって、この市場セグメントにおける類まれな利点となっている。しかも、商業銀行は、伝統的な企業金融の範囲内でマイクロファイナンスのイニシアティブを組織していかなければならないので、この点でも少なからぬ困難に遭遇している。

　さらに、一般に、金融市場はさまざまな仲介機関による厳しい競争が特徴で、それを反映して、ボリビアのハーフィンダール＝ハーシュマン指数（Herfindahl-Hirschman Index）［訳注：ある産業に属するすべての企業の市場占有率の 2 乗和で表す。寡占度指数とも］は 724 となっている。激しい競争による顧客の利益は明白だが、一方では厳しい競争による圧力が、以下に示すように、現在の世界的金融危機にあって、最終的に高いデフォルト率の要因となっていると思われる。実際に、幅広い供給源にアクセスできることは、現在は顧客価値が低下していることと相まって（ビジネス機会がさらに限定されると予測されることも理由のひとつ）、借り手の日和見主義的な行動を増加させているようである。しかも、その借り手の返済能力も低下してきている（2008 年に食品価格が 28 パーセント上昇したのも大きな理由である）。しかし、20 世紀末の消費者金

融 FFP をきっかけとする過剰債務の経験とは対照的に、今はクレジットビューロー［訳注：第三者による営利事業としての個人信用情報機関］による情報共有が、規制対象組織と対象外組織の両方を含めて進んでいるので、今回の脅威はある程度まで封じ込められるのではないだろうか（de Janvry et al., 2003）。

　実際に、消費者クレジットのエピソード以前には、SBEF の運営する信用格付けシステム「セントラル・デ・リエスゴス（Central de Riesgos）」にアクセスできるのは、規制対象の仲介機関だけだった。このメカニズムは、客観的かつ専門的な方法で管理されており、情報共有の協定に信用を生み出していたのだが、当時の規制対象外機関が抱えていた多くの顧客をカバーしていなかった。しかし、危機的なエピソードによって政治的な反対の動きが緩和され、それまでならば阻害されていたような、他国でのクレジットビューローの開発が可能となった。また、規制対象および対象外の MFI が積極的に参加したことで、このとき以後、民間のクレジットビューローも運営されるようになっている。こうした制度面での整理もあって、激しい競争とシステム上の負のショックにもかかわらず、日和見的行動をかなり抑え込むことができている（Haider, 2000）。

　最終的に、ボリビアの MFI は、預金動員においても大きな成功を収めた。しかし、MFI のクレジット資産の急速な拡大は、預金債務の拡大よりも約 10 年早かった。一方、規制対象外のセグメントでは、IFD がいまだに一般国民からの預金動員の認可を受けていないということがある。そんな状態で、非常に小規模で流動性の高い預金を動員するための機関を開発しようとすれば、それに伴う内在的な困難やコストのうえに、他の規制による制約も積み重なっていたことだろう。他方では、代替ソースからの資金（大半は自社株式と国際ドナー機関からの資金）にアクセスすることもできていた。そのような状況下では、規制対象の MFI でも、預金動員に積極的にはならなかっただろう。さらに言えば、当初の努力とそれに伴う学習は、融資ポートフォリオを築くことに焦点を当てていなかった。もしそうなっていれば、MFI も、預金動員に意識を向ける前に、貸付業務の全部連結を模索していたかもしれない。しかし、ひとたび焦点が当たってからは、MFI の預金活動は、貸付活動に匹敵するほどの、目を見張るような成果をあげるようになった（Gómez-Soto and Gonzalez-Vega, 2007）。

　実際に、マイクロファイナンスは、ボリビアの預金市場の変革を誘発してきた。1980 年代半ばのマクロ経済および金融の改革から 1998 年までの 10 年余りでボリビアの金融システムが動員した預金の総額は、急速に――初めは（預金者の信頼が回復したため）指数関数的に、1994 年以後はそれよりも緩やかに――拡大した。その 1994 年には、ボリビアはすでに同等の国々を上回る金融深化の水準に到達し、厳しい（銀行に許されるレバレッジ率の低い）健全性要件が導入されようとしていた。ボリビア金融システムの預金は、1988 年の 5 億 0900 万米ドルから 1998 年の 36 億米ドル（い

ずれも実質）へと、10年で7倍になった。しかし、20世紀末の危機が訪れると、この預金は停滞し、時期によっては減少傾向を示したほか、並外れた不安定も経験した。たとえば、預金のストックは2002年1月に実質で39億米ドルというピークに達したが、その後は急落して、同じ年の7月には32億米ドルとなった。ほとんどは政治ショックの影響である。

　停滞とひどい不安定は2006年半ばまで続いたが、そこからは、変動ぶりがいくぶん和らいだことで、一般国民の預金が急速に上向いている。というわけで、1998年から2008年までの10年で、総預金額の伸びはわずか12パーセントと、1988年から1998年の7倍増とは著しい対照を示している。2008年12月の総預金額は実質で41億米ドルである。直近の拡大期で見ると、2006年1月の34億米ドルから2009年6月の45億米ドルへと伸びている。現在の世界危機のインパクトを考えると、異常に高い輸出価格と価値、成長する送金水準、そしてコカイン密輸の明白な増加（UNODC, 2009）も、こうした最近の、しかし持続困難な預金拡大に貢献したと思われる。さらに、システム全体の債務が米ドル建口座に、また、一般国民に利用可能な預金商品のなかでも最も流動性の高いものにシフトしていることは、預金者の信頼が徐々に失われていることのシグナルかもしれない。しかし、予測は変わることもある。近年の輸出収入と政府歳入の例外的な成長が将来も繰り返されるとは限らないし、公的な内国債のストックも蓄積が続いている。

　ボリビアの金融システムが動員する預金の進化は、与信ポートフォリオに関して観察されたものと同じ、金融深化における揺れを反映している。GDPに対する動員預金の比率は、1999年9月までに0.517でピークに達し、当時のラテンアメリカ平均を10ポイント以上、上回っていた。そのほぼ10年後には、いくらか回復したとはいえ、2008年12月でわずか0.353となっている。ここでも、金融深化の逆行は、マイクロファイナンスがなければいっそう酷いものになっていたと思われる。MFIの動員した預金は、それまでこの金融サービスがまったく到達していなかった社会セグメントからのものであり、もしこれを無視すれば、2008年12月までの比率は0.304になっていたはずである。ここからは、MFIを含めた数字よりも約2年長い、16年の逆戻りが示唆されるのである。

　その融資ポートフォリオの進化について観察された特異的な業績は、さまざまなタイプの金融仲介機関による、国民からの資金動員の進化をも反映している。図9.3は、商業銀行による不安定な預金動員と、クレジット・ユニオン、S&L、および消費者金融FFPによる最近の預金喪失を示したものである。規制対象MFIの動員した預金が指数関数的な著しい増加を示しているのとは、議論の余地がないほど対照的である。MFIの預金は、1998年12月の6400万米ドルから2008年12月の6億2800万米ドルへ、10年でほぼ10倍となり、20年6月には7億5600万米ドルに達している。MFI

第2部　マイクロファイナンスのマクロ環境と組織的背景の理解

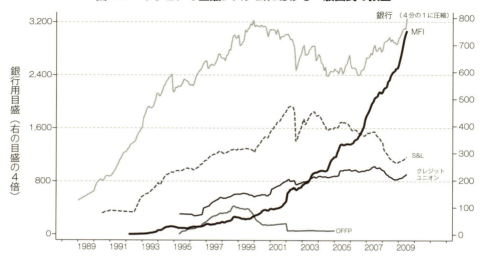

図9.3　ボリビアの金融システムにおける一般国民の預金

出所：Gonzalez-Vega and Villafani-Ibarnegaray (2010)
注：データは機関のタイプ（銀行、クレジット・ユニオン、貯蓄貸付組合（S&L）、規制対象のマイクロファイナンス機関（MFI）、およびその他のFFP（OFFP））ごとに、1988年12月から2009年6月までの変化を、2005年12月現在の実質ボリビアーノを相当額の米ドルに換算し、100万米ドル単位で表示。

の総融資ポートフォリオが10億2100万米ドルなので、これは相当な割合となる。つまり、預金からの資金がまったくないところからポートフォリオの蓄積を始めたMFIが、今では一般国民から動員する預金で融資量のほぼ4分の3（74パーセント）を賄うまでになったのである。政府資金の導水路どころか、MFIは、この国の金融仲介プロセスに大きく貢献してきたことになる。

さらに2009年6月には、他の金融機関からのクレジットは、国内外の商業銀行からのものに、いくつかの国際機関からのものを合わせても、規制対象MFIの資金（資本とは別）のわずか22パーセントを占めるのみとなった。残りの78パーセントは一般国民から預金として動員されたものである。こうした預金は、1993年以来、MFIの資金の半分以上を占めている（1993年は56パーセント）。預金の相対的な重要性は、1996年3月には93パーセントにまで増加したが、その後は低下して、1999年末には資本以外の資金の54パーセントとなった（図9.4）。しかし新世紀に入ってからは、資金中の預金の割合は増加を続けている。さらに、2009年6月には、（安価な）海外ソースからのクレジットが金融機関からの資金の63パーセントを占めるようになっていて、MFIの信用価値の強さを反映する一方で、国内ソースは37パーセントとなった。こうした国内ソースのうち、銀行からの融資は、MFIが利用する資本以外の資

図9.4 ボリビアの規制対象マイクロファイナンス機関の国内外金融機関からの資金と一般国民の預金

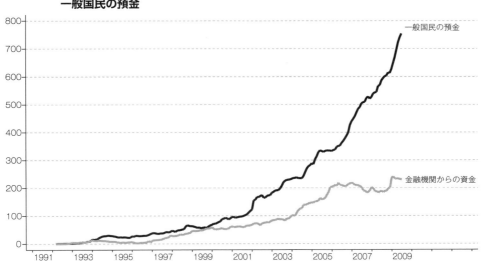

出所：Gonzalez-Vega and Villafani-Ibarnegaray (2010)
注：1992年2月から2009年6月までのデータ。2005年12月現在の実質ボリビアーノを相当額の米ドルに換算して100万米ドル単位で表示。

金のわずか4パーセントでしかない。このように、一般国民から動員した預金（と自己資本）および外国資金へのアクセス（強さが認められているからこそ）に貸出資金をほぼ依存できたことが、経済危機で銀行の貸付が縮小した際にも、ボリビアのMFIの貸出能力の成長に影響がなかった理由だと思われる。

さらに、以下に説明するように、MFIの顧客は、MFIへの預金を重要なリスク管理ツールとして高く評価していた。とりわけ経済危機の時にはそうで、そうした行動も、MFI預金の継続的な活動に有利に働いた。一方、規制対象外IFDの場合はというと、こちらはまだ預金動員の認可を受けていないことから、たいていは銀行のインフラを用いて、顧客が融資窓口にアクセスできるようにしている。また、村落銀行のプログラムが動員した契約預金も、規制対象仲介機関との取引で保持されている（この種の預金が規制対象仲介機関からIFDへの融資を上回った場合）。さらに、一部のIFDは、戦略的提携を結んで、自組織の支店内で規制対象金融機関が窓口を開くよう誘導したり（プロムヘルの中央センターにFIEの窓口があるなど）、まだ認可を受けていない金融サービスを提供したりしている（Miller Wise and Berry, 2005；Gonzalez-Vega and Quirós, 2008）。

こうした仲介作業で規制対象MFIが動員した預金は、GDPの5パーセントに相当

する。これは、融資ポートフォリオの対 GDP 比 8 パーセントと比べると、金融深化への貢献としては低いほうだが、ひとつの理由として、小切手口座を提供できるという銀行の有利さが反映している。ボリビアで小切手口座を利用するのは、納税義務のある企業や都市部の高所得世帯が大半なので、銀行は、こうした口座を提供することで、少数の預金者から相当な額を動員することができるのである。それ以外の人口セグメントについては、オンライン取引や小切手での掛け売りによる発達した市場がほとんどなく、誘導性の管理ツールとしては、通帳預金口座が好んで利用されている。

　銀行と MFI との（金融仲介役割における）際立った差違には、資産保有行動の大きな違いも反映している。2008 年 12 月には、銀行は資産の 34.3 パーセントを中央銀行の短期証券の保持に充てていた（したがって疑似的な国庫機能を果たしていた）ために、資産の 49.4 パーセントしか総融資ポートフォリオに回せてなかったのだが、規制対象 MFI では、中央銀行の証券として保有していた資産は 11.0 パーセントにとどまり、75.9 パーセントが融資ポートフォリオに回っていた。さらに規制対象外 IFD では、資産の 84.8 パーセントが融資ポートフォリオで、中央銀行の証券はわずか 3.2 パーセントだった。いずれの場合も、総資産の差は流動性の組み入れ（liquidity holdings）を反映している。一般国民からの預金（黒字主体）を事業や家計への融資（赤字主体）に転換するという仲介機能において、MFI は銀行よりも効率が高く、この役割では、金融仲介を通してのリソース再分配に大きく貢献している。

　この（預金面での）異様な拡大ぶりは、預金動員の重要なイノベーションを反映したもので、生体認証と地元言語に基づく新しいタイプのデビットカードや ATM サービスもこれに含まれる。事務局以外にも、こうしたサービスを利用できるデリバリーポイントのネットワークが急速に広がり、限界顧客の環境に適したサービスが提供されている（Hernandez and Mugica, 2003）。また、健全性の基準が（サービスの場所、日数、時間帯の規制も含めて）柔軟になったことと、MFI のイメージが強まったことも、こうした進歩を促進した。このうち、MFI のイメージ強化については、ポートフォリオの質、政治ショックの時期のマネジャーの行動（預金者からの信用を守ることで預金の流入を誘発）、および顧客ロイヤリティを促進するサービスの質によるものである（Gómez-Soto and Gonzalez-Vega, 2007）。

　拡大は価値ある学習過程の結果でもあった。この時期、ボリビアの MFI は、借入れ顧客と預金顧客の完全一致が必ずしも最適ではないと認識するようになった。そこで、ターゲット市場で小口預金者に価値あるサービスを提供する一方で、規制対象 MFI は、裕福な預金者をはじめとして（一部の協同組合や規制対象外 IFD も含めた）さまざまな黒字主体をも惹きつけるようになり、それによって、貧しい借り手（赤字主体）にさらに有利な融資契約を提供できるようになった。このような異質な主体を合わせて取り込むことで、MFI は、ターゲット人口の属する市場への参加と経済的な仲

介水準の両方を高めるとともに、リスクプーリング［訳注：リスクの高い人と低い人を合わせることで、全体としてリスクをプールすること。リスク共同管理とも］の機会を増やしてきている。

この過程で、一般国民からの預金市場での商業銀行のシェアは、1988年末のほぼ100パーセントから、1998年末の82.6パーセント、2008年末の72.8パーセントと減少を続けている。一方、規制対象MFIのシェアは、1988年12月の1.7パーセントから、2008年12月の15.4パーセント、2009年6月の16.7パーセントへと増加している。商業銀行のシェアがそれでもまだ大きいのは、小切手口座をほぼ独占していることの影響が大きい。大きな理由は、MFIに対する健全性規制の制約である。現在の小切手口座は大半が企業のもので、商業銀行が一般国民から獲得する金額中、最大の割合となっている。対照的に、中・低所得世帯の好む商品である預金口座の価値で見た銀行のシェアは、2008年12月で69.8パーセント、定期預金ではわずか58.2パーセントだった。これに対して規制対象MFIのシェアは、預金口座の価値の14.8パーセント、定期預金の価値の26.8パーセントにまで成長している。定期預金市場での高いシェアは、一般国民が、規制対象MFIの長期的な安定性に強い信頼を置いていることを示している。預金者の抱くイメージが強まるにつれて、MFIは、一般国民からの資金を惹きつけるために預金金利に上乗せしてきたプレミアムを、当初より小さくすることができている。

4　不安定性──クレジットと流動性リスク

規制対象および対象外MFIは、ボリビア金融システムの融資ポートフォリオと預金動員の成果への貢献を大きく伸ばしており、その分析からは、マイクロファイナンスが、次第にこの国の金融深化のプロセスを動かすエンジンになってきていることが示唆される。このセクションでは、マイクロファイナンスが礎、すなわち金融制度維持のための頼みの綱でもあること、その成長が、この時期のシステムの特徴であった不安定性を低減させてきたことを示していく。実際に、ほかのタイプの金融仲介機関とは対照的に、MFIの融資ポートフォリオは非常に低いデフォルト率を示していて（与信リスクが少ない）、一般国民から動員した預金は、システムショックが存在するときにも、それほど不安定ではない。

2008年12月には、ボリビア金融システムの「ポートフォリオ・アット・リスク（portfolio at risk: PAR）」、すなわち、1日以上の滞納がある融資の貸付残高の割合が、総融資ポートフォリオの3.7パーセントという、歴史的な低さを記録した。しかし、この滞納の平均指標には、2つの重要な特徴がある。PAR率には、長期的な振れ幅

第2部　マイクロファイナンスのマクロ環境と組織的背景の理解

が大きく、さまざまなタイプの金融仲介機関の業績には、差違が繰り返し現れている。まず、一方では、大きな変動が何度もあったにもかかわらず（特に1996年初め。大半は銀行が原因）、1990年代の大半を通じて、滞納率が急激に低下している。1998年12月には、システム全体のPAR率は5.3パーセントという低さとなっていた。ただし、融資量の急増に隠れて、すでにポートフォリオの弱さが蓄積されつつあった。20世紀の終わりにシステム危機が訪れると、PAR率は否応なく急増して、2003年4月のピーク時には、システムの総ポートフォリオの18.4パーセントにまで達した。その後、滞納率はふたたび着実に下がっていった。しかし、システムのこの振れも、2008年の終わりには底を打ったようだ。厳しい競争を反映してか、滞納率は再びゆっくりと上昇し始めた。市場も、世界的な危機と政治的な不安定、そしてボリビア経済の失速のインパクトから、縮小していると思われる。

　しかし他方では、滞納問題のタイミングや長さ、深さに関しては、商業銀行（およびその他の金融仲介機関）の苦しみとMFIの経験には本質的な差違があった。実際に、MFIのポートフォリオの質の良さは、マイクロクレジットの取引が本質的に他の融資よりもリスクが大きいと決めつけていた多くの人びとを驚かせている。しかしボリビアの経験を見ると、たとえ事前のリスクが高くても（実際には必ずしも高くないこともあるのだが）、マイクロファイナンスの貸付テクノロジーにおけるイノベーションの（こうしたリスクにうまく対応しているという意味での）優秀さは、金融システムの融資ポートフォリオを構成する他の（不動産などの堅い担保物件で保証された融資を含めた）要素と比較して、実際に事後の滞納数が少ないという結果がでている。こうした実績も、やはりマイクロファイナンスの（無担保を基礎とする）貸付テクノロジーが発達してきたことの結果なのであって、そのテクノロジーは、特定の市場セグメントに向けた適切さという点で、ボリビアの優秀な融資ポートフォリオ実績をリードしてきているのである。

　また、いまだに多くの人びとが（一部の健全性監督者も含めて）、マイクロファイナンスの融資ポートフォリオは通常の銀行のポートフォリオと比べてシステムショックに脆弱だと思い込んでいる。しかしボリビアの経験は、その逆のことを明確に示している。マイクロファイナンスのポートフォリオは、その成長行動において、他の金融仲介機関のポートフォリオよりも景気循環との連動性が低い。負のショックの時期に経験した債務不履行の件数がほかのポートフォリオと比較して少ないことから、実際には、マイクロファイナンスのポートフォリオは多様化ツールとして、システム危機の時期に金融仲介機関を一部保護していると言える。すなわち、MFIの債務不履行のリスクは、銀行などと比べて、負のシステムショックとの共変性が小さいのである（例外は、特定のショックがこの市場セグメントと直接関連している場合で、最近の食料価格危機などはこれに当たるだろう）。そこで、金融機関のポートフォリオ中の（あるい

は金融システムの要素としての）マイクロファイナンス取引の存在が大きくなれば、それに応じて、マクロ経済や政治システム上のショックがあったときの抵抗力が高まり、PAR も少なくなると期待してもよいだろう（Villafani-Ibarnegaray and Gonzalez-Vega, 2007；Cillafani-Ibarnegaray, 2008）。その意味で、ボリビアにおけるマイクロファイナンスの多さは、実際に金融システムの融資ポートフォリオ全体の質を高め、不安定性を低減してきている。マイクロファイナンスは、そうした混乱期に流されないための碇ともなっているのである。

　MFI はその創設時から（1999 年のわずかな時期を除いて）事実上、ほかのどのタイプの金融仲介機関よりも低い PAR 率を示してきた（しかもこのランキング順位は変わりにくい傾向にある）。とりわけ 1999 年までは、つねに商業銀行よりも PAR が低かった（図 9.5）。S&L の PAE 率はほぼつねに 10 パーセント以上、協同組合はたびたび 15 パーセントを超えていて、銀行よりもさらに高い。しかも、消費者金融 FFP の不幸な出来事によって、PAR 率は 30 パーセントを超えるまでになっている（グラフ中には記載なし）。また、危機の時期にはすべての滞納率が上昇しているとはいえ、MFI 以外の金融仲介機関の方が滞納率がずっと高くなっている。最終的に、この率はすべての機関について下がっていき、2008 年 12 月までには、MFI の PAR 率は総融資ポートフォリオの 1.1 パーセント（ボリビアのあらゆるタイプの金融仲介機関を含めて観察史上、

図 9.5　ボリビアの銀行、規制対象 MFI、および規制対象外の開発金融機関の PAR 率

出所：Gonzalez-Vega and Villafani-Ibarnegaray (2010)
注：PAR は、総ポートフォリオ中の非稼働ポートフォリオのパーセンテージとして測定。データは 1990 年 12 月から 2009 年 6 月までのもの。

第2部　マイクロファイナンスのマクロ環境と組織的背景の理解

最も低い率）となった。対照的に銀行は 4.9 パーセント、S&L は 5.0 パーセント、協同組合は 2.5 パーセントである。一方、MFI の複合指標は、規制対象 MFI で PAR 率 0.9 パーセント、規制対象外 MFI で 2.2 パーセントという結果になった。

　重要な違いは、滞納問題の水準だけでなく、タイミングと期間にもある。第 1 に、危機の時期の MFI の最大 PAR 率は 2001 年 9 月の 11.2 パーセントで、これは協同組合（2002 年 2 月の 17.9 パーセント）、S&L（2002 年 2 月の 18.1 パーセント）、商業銀行（2003 年 4 月の 20.8 パーセント）を下回っている。このランキングは、銀行が滞納率トップのままで、その後もほぼ毎年そのままである。また銀行の場合、滞納された融資の返済期間が大幅に繰り延べされ、相当量が貸し倒れ償却されているので、それがなければ、滞納率は実際の記録よりもずっと高くなっていたはずである。2004 年 1 月には金融規制当局が、繰り延べ融資について明確な説明を義務付けたが、こうした融資は稼働融資よりもリスクが高いという前提で考えると、この時点での商業銀行の「汚染された」ポートフォリオは、18.1 パーセントから 46.2 パーセントへと増えていたと思われる。これに対して、MFI の「汚染された」ポートフォリオは、4.8 パーセントから 8.3 パーセントまで増えただけである。したがって、こうして見方を変えてみると、ポートフォリオの質の本当の違いは、PAR 率が示すものよりも根深いことがわかる。MFI での返済繰り延べがずっと少なかったことからも、MFI の顧客が、商業銀行の顧客以上の返済努力をしたことがわかる（それも当初の契約条件下で）。

　また、MFI は、滞納率をピーク時以後の早い段階で下げることができたし（銀行よりも約 1 年半、他の仲介機関よりも半年早かった）、ポートフォリオの質の管理も急速に回復させた（Gonzalez-Vega and Villafani-Ibranegaray, 2010）。こうした債務不履行管理の回復は、IFD よりも管理対象 MFI のほうが速かった（例外はクレセル（Crecer）とプロムヘルで、この 2 つの村落銀行プログラムは、ボリビアの全金融機関中、最も滞納問題が少なかった）。対照的に、他の仲介機関は、PAR の増大を止めるのが難しく、その期間も長くなり、水準も高くなっていた。また、仲介機関どうしで滞納期間の長さに大きな違いがあった。ピーク後、MFI は 3 カ月で PAR 率を 1 桁水準に戻したが（2001 年 12 月）、銀行は、これを達成するのに数年を要している（2006 年 12 月までかかった）。同様に、MFI は 2003 年 12 月には PAR 率を 5 パーセント以下に下げたのに対して、銀行は、同じことを達成するのにさらに 5 年を要している（2008 年 12 月まで達成されていない）。

　マイクロファイナンスの与信ポートフォリオが優秀な業績を収めるうえで重要な決定要因となったのは、ターゲット顧客に対する貸付テクノロジーの適切さである。一般に、マイクロファイナンスのテクノロジーは、特定の市場セグメントでの情報、インセンティブ、および契約実施の問題に取り組むうえで非常に効果的だった（Navajas and Gonzalez-Vega, 2002；Armendáriz and Morduch, 2010）。国としての規模は小さいが、ボ

リビアではいくつものタイプの貸付テクノロジーが、とりわけコスト効率のよいやり方で開発、実施されてきた（Quíros-Rodríguez, Rodríguez-Meza and Gonzalez-Vega, 2003；Rodríguez-Meza and González, 2003；Rodríguez-Meza and Gonzalez-Vega, 2003；Rodríguez-Meza and Quirós-Rodoríguez, 2003）。その結果、経営コストの着実な減少（それによって急速な金利下げが可能となった）と PAR 率の低さとが、互いに手を携えて進行した。つまり、ボリビアの MFI は、債務不履行を厳しく抑え込みつつ経営コストの引き下げを行い、アウトリーチを拡大してきたのである。

　マイクロファイナンス革命の大きなイノベーションには、ボリビアに深く根を下ろしたものがいくつもある。当初から決定的に重要だったのが、融資は契約であるというシグナルで、そこから双方に義務と責任が生じる。このことは、クレジットを政策上の（政治または選挙の）ツールとして捉えていたトップダウンの概念とは著しい対照をなしている（Gonzalez-Vega, 2003）。また、興味深いのは、最近創設された国有銀行（バンコ・デ・デサロジョ・プロドゥクティボ（Banco de Desarrollo Productivo））が、融資ポートフォリオを拡大するうえで大きな困難と直面していることである。これはひとつには、提供するものの信頼性に限界があることが理由だが、潜在借り手としての一部 MFI に恐怖心があるためでもある。すなわち、補助金付きの金利で特定の顧客に資金を貸し出すときの要件が、昔からの顧客に負のデモンストレーション効果を生むのではないかという怖れである。いずれにせよ、はっきりしているのは、マイクロファイナンス抜きのシナリオでは、小企業や小作農がクレジットへのアクセスを要求して（ボリビアでは珍しくもないが）デモ行進をしていただろうということである。特に、現在のような危機状態ではきっとそうなっていたはずで、それがそうなっていないということは、新たな契約関係が成功していることを暗示している。さらに、MFI による持続可能性の追求は、将来のサービスという約束を信頼によって確認するものでもある。そのような信頼があるからこそ、借り手間に良好なインセンティブが誘導されるのである。

　このように、新たな貸付テクニックの中核には、相互に価値のある信頼関係が現場で開発されてきたということがある。その結果生まれたインセンティブ構造は、当事者すべてがこうした関係に投資することを奨励した。また、こうした関係の（借り手と貸し手の双方にとっての）現在価値が、返済の文化を育ててきた。このような貸付テクノロジーのバリエーションは、さまざまな補完関係に依存している。すなわち、村落銀行や連帯グループのメンバー間での、また個人としての借り手と貸し手とのあいだでの、あるいは借り手と融資担当者（MFI の代理として働く者）とのあいだでの補完関係である。こうした関係がいっそう価値を持ってきたのは、魅力的で生産的な機会を借り手が利用でき（ボリビアの急速な経済成長が前提）、MFI のサービスが世帯の消費円滑化の助けとなって、かつサービスが顧客の要求に合致していて、しかも、MFI

第2部　マイクロファイナンスのマクロ環境と組織的背景の理解

が持続可能だと受け取られているからである。翻って、そこから生じる顧客「ロイヤリティ」が、MFI のコストとリスクを引き下げてきた。

　しかし、システムショックの存在するときに、すべての貸付テクノロジーが同じように安定していたわけではない。クレジットグループのメンバーは、システムのリスクに自家保険を掛ける能力を先天的に持っているわけではないので、危機のときには、バンコソルや PRODEM の連帯責任制グループ貸付は崩壊したし、同タイプの MFI も、個人貸付の方法論へと辛い移行を始めざるをえなくなった。対照的に、初めから同じターゲット層に個人融資を届けていた MFI（FIE やカハ・ロス・アンデスなど）の市場シェアは急速に拡大した。こうした組織は、個人向け融資計画をオーダーメイドにする能力に優れていた。特定の顧客についてよく知っていたためだが、これは、スクリーニングやモニタリングをグループに任せていた機関にはない優位性だった（Gonzalez-Vega and Villafani-Ibarnegaray, 2007）。このように、システムショックの際のボリビアの経験は、グループか個人かという、与信契約のリスクに関する事前の仮定に疑問を投げかけるものとなっている（Stiglitz, 1990；Ghatak and Guinnane, 1999）。

　また、貸し手からすれば、グループクレジットと村落銀行プログラムの融資1件当たりの（固定）コストは個人融資の経営コストよりも低いが、個人融資を供給していた機関は、債務不履行のリスクを増大させることなしに——しかも同じタイプの顧客に——大口融資を持続的に提供できている。これは、スクリーニング努力での高い選別能力の結果である。こうした大型融資の結果として、個人向け融資を行う MFI は（他の条件が同じならば）他の MFI よりもコスト面での優位を享受してきていることになる（Rodoríguez-Meza and Gonzalez-Vega, 2003）。また、特に村落銀行の場合、長時間のグループ会議を頻繁に開くための機会費用が、個人の借り手の取引コストをつねに上回っている。また、個人融資にアクセスする機会を提供されたときには、大半の MFI 顧客がつねに強い選好を示していることから、顧客の認識としては、こちらの方が取引コストの少ないことがわかる。

　貸付テクノロジーの差異に加えて、制度設計の次元でも、MFI と他の仲介機関、とりわけ銀行とのあいだに見られる業績の違いを説明することができる。銀行は融資ポートフォリオを構築する際にあまり慎重でなかったようで、その政治的な影響力と「大きすぎて潰せない」という認識に依存し、いざとなれば政府が助けてくれると期待していた（実際にそうなった）。一方、MFI は、規模も小さく政治的なコネクションも劣ることから、それほど日和見主義的な行動はとらなかった。また、マイクロファイナンス顧客のあいだでも、ずっと日和見主義的行動がでてこなかった。商業銀行の顧客（特に大口顧客）が負債の免除を期待していたのとは対照的である（銀行のオーナーとコネのある顧客も多かった）。さらに、消費者金融 FFP からの挑戦によって、MFI は自らのリスク管理スキルを手直しせざるを得なかったのだが、その直後にマクロ経済シ

ョック、政治ショックが起こった。この試練のエピソードに刺激されて、MFI 経営者のあいだで貴重な学習プロセスが進んだことも、危機に際してポートフォリオ管理能力が高かった理由のひとつである。一方、消費者金融 FFP（と一部商業銀行のマイクロファイナンスプログラム）はギャンブルにでて、緩いスクリーニングと弱い顧客関係から予測されるデフォルト率の高さをカバーできるだけの、高い金利を課した。そして賭けに破れた結果、消費者金融 FFP は市場からの退場を余儀なくされたのだった。

　最後に、マイクロファイナンスの融資ポートフォリオの優れた業績には、重要な顧客特性が反映している。すなわち、金融規制当局を含めた一部の人びとから、普通はマイクロファイナンスの顧客に起因すると考えられている弱点のいくつかが——しかも、伝統的な金融テクノロジーを用いて金融取引を生み出すうえでの障害になるとされているものが——実際には、システムショックの際には強みとなって現れているのである (Gonzalez-Vega, 2003)。こうした特性の中心には、顧客の（特に労働市場における）インフォーマル性がある。インフォーマル経済で活動することで、こうした家内企業は、家庭内の労働力供給をどう展開するかという点から見た柔軟性と、家庭内ポートフォリオの占有および多様化という点から見た融通性、そして地理と職業の両面から見た可動性を備えている。こうした特徴があるため、マイクロファイナンスの借り手は復元力が強く、外国移住も含めて幅広い機会があるため、さまざまなタイプのショックに多様な対応ができる。こうした特性が、マイクロファイナンス顧客の返済能力を守っているのである（González and Gonzalez-Vega, 2003）。

　さらに、顧客関係に高い存在価値があるということで、返済の意志が下支えされている。この価値の高さは、ある部分では（それまで）こうした家内企業に利用できる選択肢が限られていたことに、またある部分では、MFI の提供するサービスの質と適切さに対応するものである。それゆえ、借り手は進んで高いコストを負担し、特定の貸し手との信用履歴を守ろうとする。金融仲介機関の顧客に関するある調査から明らかなように、20 世紀末の金融危機に際して、マイクロファイナンスの借り手は、契約時の予想を超えた例外的な措置を進んで引き受けて、返済しようとした（調査件数の 76 パーセント）。そうした例外的行動には、通常のスケジュール以上に働く（66 パーセント）、金融サービスを利用する（47 パーセント）、特定の送金を受ける（29 パーセント）、生産的資産を売却する（23 パーセント）、ほかのソースから借入れる（10 パーセント）などがあった。こうした例外的な行動がなかった場合をシミュレーションしてみると、44 パーセントが 30 日以上の滞納（実際は 12 パーセント）、41 パーセントが 30 日未満の滞納（同 38 パーセント）、期限内の返済はわずか 15 パーセント（同 49 パーセント）という結果がでている（González, 2008）。こうした例外的な行動から暗示されるコストの高さからも、顧客関係の価値の高さが——したがって、MFI がモラルハザードに直面するリスクの低さが——明らかとなる。しかし、日和見主義の程度

第2部　マイクロファイナンスのマクロ環境と組織的背景の理解

が限られているからといって、そのことに依存できるのは、MFIが顧客と良好な関係を築けているからこそである。1990年代後半に消費者金融FFPが作成した契約には、この次元が欠落していた。それが、30パーセント以上というPAR率に反映し、最終的に、この種の仲介機関のうちのかなりが失敗して、市場から退場する結果となったのである。

　MFIの優れた与信リスク管理能力は、流動性リスクの管理能力の高さにも（偶然ではなく）表れている。過去10年で、ボリビアは大きなシステムショックに連続して見舞われた。20世紀末のマクロ経済危機、深刻な政治的不安定（6年間で大統領が6人という事態に反映している）、頻繁に起こる社会変動などである。こうしたショックは、時期や程度の違いこそあれ、一時的な預金取り付けを引き起こした。そして、そうした取り付け騒ぎの深刻さにおいても、金融仲介機関の間で大きな差違があったのである。

　図9.6は、一般国民からの預金の月ごとの減少ぶりを、機関のタイプ別に表したものである。決定的なエピソードがあったのは2002年7月で、大統領選挙の結果に関連して急激に政治が不安定化した。数日後、S&Lは預金の24パーセントを失い、翌週にもさらに7パーセントが消えた。商業銀行の損失は、その月が12パーセント、翌月はさらに14パーセントとなっている。金融システム内での優勢ぶりを考えると、絶対額では相当な量になるはずである。対照的に、協同組合の損失は8パーセント、MFIはわずか6パーセントだった。しかも、この6パーセントは大半が他の金

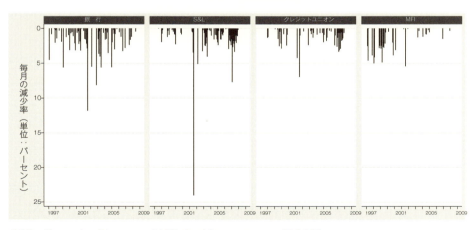

図9.6　ボリビアにおける一般国民の預金量の月ごとの減少

出所：Gonzalez-Vega and Villafani-Ibarnegaray (2010)
注：データは金融機関のタイプ別（銀行、S&L、クレジット・ユニオン、マイクロファイナンス機関）。1997年12月から2009年6月までの月ごとの減少をパーセントで表示。

融機関からの預金で、ごく短期間に回復することができた。この経験は、その後も何度か繰り返された。たとえば2003年2月、首都ラパス（La Paz）の路上で軍隊と警察が争ったことから［訳注：増税と給与引き下げに反対する警察官のグループが大統領宮殿前の広場を占拠し、陸軍部隊と銃撃戦になった］、ふたたび預金の取り付け騒ぎが起こった。このとき、S&Lは預金の5.5パーセント、銀行は同じく5.3パーセントを失ったが、MFIはわずか1.7パーセントの損失で済んでいる。2003年10月には、大統領のサンチェス・デ・ロサダ（Sánchez de Lozada）が辞任して、ほかの仲介機関がすべて預金を失い続けるなか、MFIは実際には預金を獲得した。こうした結果（他の機関が預金を失い、MFIが預金を獲得するというパターン）は、その後の危機でも繰り返されている（Gómez-Soto and Gonzalez-Vega, 2007）。

　この好結果には多くの条件が寄与している。MFI顧客の預金は、大半が予防的な備蓄と思われる。こうした備蓄は貧困層には特に大切だし、不安定な時期ほど蓄えを増やそうとする傾向が強くなる。この仮説は、こうしたエピソードのときに、残高1000米ドル未満の預金が大きく増え、それに比べて金額の大きな預金は減っていることから確認できるだろう。加えて、緊張の瞬間にも、預金者はMFIを信頼していたように思える。暴動で破壊されたMFI事務局も実際にはあるのだが、MFIに預金しておくことは、かなりな程度まで、強い顧客関係が暗示する相互依存の部分があったのかもしれない。預金構造（通貨、満期までの期間、預金者の特性）をさまざまに調整したうえで、ゴメス＝ソトとゴンサレス＝ベガ（Gómez-Soto and Gonzales-Vega, 2003）は、もしMFIの預金構造が銀行と同じだったら、預金の上下動はさらに少なかったことを示している（たとえば2002年7月のMFIの預金損失は4.6パーセントで済んでいたと思われる。ちなみに銀行は12.5パーセントと推測されている）。こうした行動は、MFIの（PAR率の低さにも反映しているような）持続可能性に関する認識と、機関と顧客との関係による範囲の経済の両方を反映している。また、MFIの経営者は、ショックの時期の預金契約で極度の勤勉さを見せ、預金に再保険を掛けていた。

5　並外れたアウトリーチ

　マイクロファイナンスは金融発展のためにも重要である。ボリビアのマイクロファイナンスは近年、金融システムの進化のエンジンとして、また金融制度安定のための碇として、重要な役割を果たしてきている。そうした視点から見れば、マイクロファイナンスは、非常な低所得と不完全な制度を特徴とするこの国にあって、金融深化のプロセスにも貢献してきている。さらには、アウトリーチのいくつかの次元——金融包摂のさまざまな力——においても、顧客（福祉）と社会（基礎の幅広い開発）にとっ

第2部　マイクロファイナンスのマクロ環境と組織的背景の理解

て大切な存在となっている（Littlefield, Morduch and Hashemi, 2003；Christen, Rosenberg and Jayadeva, 2004）。多くの場合は認知され、ときには異論を唱えられもするが、ボリビアのマイクロファイナンスの実績は、アウトリーチに関して傑出している。こうしたアウトリーチの成果は、いくつもの面で——幅広さ、深さ、価値（顧客へのサービスの質とコスト）、多様さ、そして持続可能性に保証された永続性において——並外れている（Schreiner, 2002）。

　アウトリーチの幅広さ（包摂）についてみれば、その前進ぶりは驚異的である。9200万人が暮らす国で、2008年12月の時点で110万の借り手が、ボリビア金融システムのいずれかの機関に未決済残高を持っている。これはボリビアの労働者の28パーセントに相当し史上最高である。対照的に、バンコソルが創設された1992年2月には、ボリビアの金融システム全体でも、借り手は7万6000人しかいなかった。ボリビアの国有銀行が活動の最盛期にあったときでも、借り手の数がシステム全体で1992年の数字を超えることはなかった（Trigo Loubière, 2003）。

　したがって、1992年から2009年の17年間に増えた100万人以上の借り手を加えれば、金融システムのアウトリーチの幅は、およそ15倍になったことになる。2008年末で見ると、そうした新しい借り手のうち、84万9000人（全体の77パーセント）がマイクロファイナンス機関の顧客だった。そのうち、50万1000人が規制対象MFIの借り手で、34万8000人が規制対象外IFDの借り手だった。このように、傑出したアウトリーチの幅広さは、規制対象および対象外のMFIにその大半を負っている。対照的に、2008年末の銀行の借り手は15万9000人（全体の14パーセント）だった。しかし残念ながら、こうしたデータが全面的に正しいわけではない。複数の機関から融資を受けている顧客がいるからである。クレジットビューローからの以前の情報に基づけば、システム内の借り手は平均して約1.25件の顧客関係を結んでいるので、先ほどまでの数字は、これにしたがって割り引かねばならない（Villafani-Ibarnegaray, 2003）。

　金融システム内の借り手の数は急速に増加して、2002年9月に80万8000人に達したが、その後は金融危機とともに減少して、2003年5月には56万3000人となった。したがって、システム全体としては、これだけの数の借り手が大きな揺れを経験したわけで、それは融資ポートフォリオに見られる揺れに等しい。しかし図9.7は、2つの対照的な物語を伝えている。実際に、危機によって、これだけの数の借り手が（ずっと緩やかだったが）揺れを経験したわけで、その点では、マイクロファイナンスをもってしても、他の金融仲介機関のアウトリーチの幅が急速に狭まるのを相殺することはできなかった。その後のマイクロファイナンスの借り手数は、1999年から2002年までに事実上の停滞を見せたが（大半はグループ貸付のテクノロジーが崩壊したため）、そこからは爆発的に増えて、2001年12月の29万8000人から、2009年6月には86

ボリビアのマイクロファイナンス

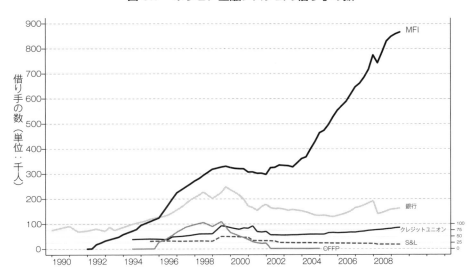

図 9.7　ボリビア金融システムの借り手の数

出所：Gonzalez-Vega and Villafani-Ibarnegaray (2010)
注：データは金融機関のタイプ別（銀行、クレジット・ユニオン、貯蓄貸付組合（S&L）、マイクロファイナンス機関（MFI）、および他のFFP（OFFP））に、1989年12月から2009年6月までを千人の単位で表示。

万7000人になっている。対照的に、ほかのタイプの金融仲介機関は、どこも、いまだに危機以前の借り手数を回復できていない。結果として、マイクロファイナンスとそれ以外との（アウトリーチの幅で見た）格差は、今も開き続けている。

図9.7からは、1996年3月以後、マイクロファイナンスの借り手が銀行の借り手を上回っていることもわかる。しかも2002年からは、規制対象MFIだけで銀行の借り手数を上回っている。また規制対象外IFDも、2002年以降は銀行を上回っている。さらに驚くことに、2007年からは、2つの村落銀行プログラム（クレセルとプロムヘル）だけで、銀行より多くの借り手を抱えるようになっている。ただし、銀行の平均融資規模は1万3000米ドルで、2つの村落銀行組織の平均融資規模（224米ドル）の約60倍である（Gonzalez-Vega and Villafani-Ibarnegaray, 2009）。また、ボリビアの金融機関を顧客数の数で見ると、上位10傑のうち9機関がMFIである（規制対象MFIが5機関、規制対象外が4機関）。

ボリビア金融システムの預金の変化も、10年ほど遅れて、同様の物語を伝えている（図9.8）。バンコソルが創設された1992年3月の時点では、33万4000人が銀行に預金していた。その後、銀行の預金者数は増加して、ピークだった2000年6月には99万人に達したが、当時の金融危機とそれに続く政治ショックによって急減し、

2004年3月には54万人となった。その頃——爆発的な増加を見せる直前——の規制対象MFIの預金者数は17万1000人で、銀行の3分の1以下だった。しかし2007年初めには、規制対象MFIが預金者数で銀行を追い越し、2008年の末には140万人に達した（2009年6月には160万人になっていて、大半が通帳預金口座である）。一方で銀行も、特に近年になって急速な回復を見せ、2008年末の預金者数は110万人に達している。というわけで、現在では、規制対象MFIがボリビア最大の預金動員勢力で、銀行のほぼ1.5倍の預金者を惹きつけている。さらに、小国であるにもかかわらず、ボリビアからは4つのMFIが、ラテンアメリカMFIの預金者数上位10傑にランクされている。具体的には、PRODEM FFP（4位）、バンコ・ロス・アンデス・プロクレジット（5位）、FIE FFP（8位）、バンコソル（9位）である（米州開発銀行多国間投資基金（Multilateral Investment Fund of Inter-American Development Bank, 2009）による）。

　規制対象MFIによる預金動員の成功は、アウトリーチが、幅の広さ（数）と多様さ（サービスのメニュー）の両面で達成されたことによる。他方、預金、クレジット、およびその他の金融サービスが幅広く届けられるようになったのは、マイクロファイナンス部門の物理的なインフラが劇的に増加したおかげである（図9.9）。この拡大ぶりを促進したものとしては、事務局の開設・運営に関する健全性基準が弾力化された

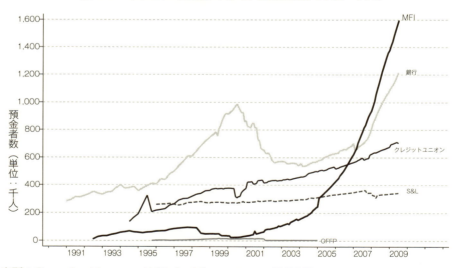

図9.8　ボリビアの金融システムの預金者数（単位：千人）

出所：Gonzalez-Vega and Villafani-Ibarnegaray (2010)
注：データは仲介機関のタイプ別（銀行、クレジット・ユニオン、貯蓄信用組合（S&L）、規制対象マイクロファイナンス機関（MFI）、およびその他のFFP（OFFP））に、1990年12月から2009年6月までを千人単位で表示。

ことが大きい。1996年12月までに、MFIは38の自治体で136の事務局を運営していた。対照的に銀行は、30の自治体に229の支店を置いていた。ところが2009年6月までには、銀行が（いくつかの合併があって）48自治体、206支店となっていたのに対し、MFIは112自治体、709支店に増えていた（うち327自治体が都市部以外で、そのうち85自治体が住民数5000未満である）。つまり、金融インフラの地理的なアウトリーチは基本的に変化していないが、1996年以降、マイクロファイナンスのサービスが届けられる土地の数は5倍になっているのである。図9.9に示すように、ボリビアのマイクロファイナンスは遠隔地域にまで到達している。地形が険峻で、インフラがほとんどないこの国では、そうした地域では、それまで金融サービスがほとんど利用できていなかった。このような空間的な拡大があったからこそ、マイクロファイナンスの業績は促進され、深いアウトリーチが達成されたのである。

しかし、ボリビアのマイクロファイナンスのアウトリーチの深さについては異論も多い。第1に、顧客の貧困に関する情報が（残念ながら）少なく、かつ散在している。入手可能なデータからは、顧客の大半が、貧困線より下の世帯のなかでも、上位50パーセントにいることが示唆されている（Navajas et al., 2000；González, 2002）。第2に、2008年末の時点で、まだ女性の借り手が全体の3分の2を占めているのだが、ほか

図9.9　自治体別に見たボリビアのMFI事務局の設置状況（1996年および2009年）

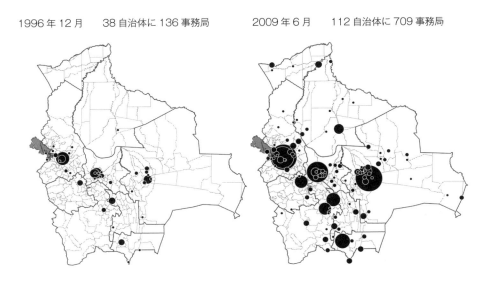

出所：Gonzalez-Vega and Villafani-Ibarnegaray (2010)
注：自治体ごとの事務局数を円の直径で表示。

第2部　マイクロファイナンスのマクロ環境と組織的背景の理解

の証拠から見て、ボリビアでは、アクセスにおけるジェンダーの違いが問題にされていないように思われる。第3に、マイクロファイナンスの平均の融資規模は、一貫して、さまざまな金融仲介機関のなかで最も小さい。しかも、1995年から2003年までの増大期が過ぎても、MFIの平均融資規模はほとんど変わっていない。2009年3月でも、融資規模は1141米ドルで、2004年とほぼ同じである。しかし、MFIには2つのタイプがあるので、こうして平均として合算することは、この両者の融資規模の違いを隠すことになってしまう。すなわち、規制対象外IFDの平均融資規模が339米ドルなのに対して、規制対象MFIでは1695米ドルで、1995年6月から326米ドルも増加しているのである。

　融資規模の変化はミッションドリフトと解釈できるのではないかとする研究もある（Armendáriz and Szafarz, 2010）。この問題を探求するために、規制対象MFIの顧客構成の変化を、融資規模から見ていこう。規制対象外IFDについては、利用できる同様の情報が手に入らない。しかし、大半の借り手はごく小規模な融資を受けている。さらに、こうした機関の平均融資規模は拡大しておらず、2003年以後はむしろ急速に小さくなっている。大きな理由はクレセルとプロムヘルの急速な拡大で、どちらも、システム内で最小規模の融資を提供している。

　図9.10は、規制対象MFIの借り手数の変化を、融資規模を基準に6つに分けて示したものである。1992年のバンコソルの創設以来、規制対象MFIでは、500米ドル以下の借り手数が着実に増え、2000年9月には12万5000人に達している。危機の時期の大幅な変動を経て、この数字は5万人にまで減少した（2001年12月）。この減少は、一部の主張のように、MFIが規制機関に転換した結果ではない（Mosley, 1996）。むしろ大半は、システムショックによってグループ貸付が失敗した結果である（Gonzalez-Vega and Villafani-Ibarnegaray, 2007）。グループ貸付に携わっていたMFIは借り手を失ったが、個人融資を提供していたところ（および規制対象のMFI）は借り手を獲得している。また、危機の時期に、与信グループの失敗によってバンコソルやPRODEMへのアクセスを失った借り手は、ほとんどが規制対象外MFI、とりわけ村落銀行プログラムに移り、こちらの顧客数を一気に膨らませた（Gonzarez-Vega and Maldonado, 2003）。このエピソードは、多様なタイプのMFIによる補完性が、ボリビアのターゲット層に大きな傘を提供していることを強調するものとなっている。

　貸付テクノロジーの修正が行われてからは、規制対象MFIの500ドル未満の借り手数は再び増えはじめて、2007年12月には15万5000人となっている。最近の危機、とりわけ2008年の急激な食料価格高騰によって、このセグメントはまたダメージを被ったようだが、2008年の末には13万3000人にまで回復した。また、IFDの借り手34万8000人についても、2008年末の時点で、大半がこの規模に収まっている。両者を合わせると、およそ49万1000人の借り手（マイクロファイナンス部門全体の58

図9.10 規制対象MFIの融資規模ごとの借り手数（1995年12月～2009年6月）

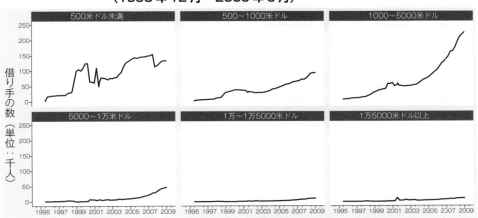

出所：Gonzalez-Vega and Villafani-Ibarnegaray (2010)
注：データは千人単位。機関は1995年12月から2009年6月まで。

パーセント）が、融資規模500米ドル未満ということになる。これは、アウトリーチの深さという点で、まちがいなくすばらしい実績である。図9.10では、500〜1000米ドル規模の融資を受けている顧客の数も急増している。同程度の小口の借り手数は、2008年末で9万3000人に達している。しかし、金融危機後で最も急速な増加があったのは、融資規模1000〜5000米ドルの借り手グループである。では、こうした借り手は、ボリビアではまだマイクロファイナンスといえる範囲で、その数は22万6000人に達している。したがって、規制対象MFIの借り手のうち、88パーセントに当たる44万9000人は、融資額が5000米ドル未満ということになる。これに規制対象外IFDの借り手を加えれば、ボリビアでは、マイクロファイナンスの借り手全体の94パーセントに当たる79万7000人が、5000米ドル未満の融資だということになる。

一方、規制対象MFIから5000米ドル以上の融資を受けている借り手も増えていて、2008年末で6万4000人に達している。この過程で、規制対象MFIは、大口顧客もわずかながら増やしている。もちろん、伝統的なターゲットグループを放棄したわけではないのだが、こうした大口の借り手が総ポートフォリオの56パーセントを占めていることから、規制対象MFIの平均融資規模が大きくなっているのは、こうした借り手の存在によってほぼ説明することができるだろう。とはいえ、平均は人を欺くものである。アウトリーチの深さについては、借り手数のサイズ分布の変化のほうが、正確で完全な物語を伝えてくれている。また、融資規模の変化は多くの要因に対応したものかもしれない。たとえば、一部借り手の事業がうまくいったとか、MFIが学習

第 2 部　マイクロファイナンスのマクロ環境と組織的背景の理解

したことで、顧客の「本当の」支払い能力をよく反映した規模の融資を提供できるようになったとかいったことである（Gonzalez-Vega et al., 1996）。

　さらに、ここで用いている融資規模の漸増戦略は、借り手数を融資規模の層に分類することにつながり、アウトリーチの価値（質とコスト）という点から、ボリビアのマイクロファイナンスの成功を説明する一助ともなる。実際に、融資と預金の規模、地域、経済活動の部門などから見て多様な顧客が存在することで、規制対象 MFI は規模の経済と範囲の経済を生み出し、それによって相当額の固定コストを薄めたり、リスクを分散したりできている。その結果としてコストが劇的に削減され、それが厳しい競争と相まって、大幅な金利引き下げを可能にし、そのことが、とりわけ小口の（といっても顧客の 88 パーセントを占める）借り手にとっての利益となっている。MFI が、高度に個別化された質の高いクレジットを小口の借り手に継続的に提供できているのは、こうしたコスト削減があったからこそである。とりわけ危機の時期のように、PAR 率が上がり、しかも貸付テクノロジーの見直しに高いコストがかかるというときには、このことは決定的に重要だった。

　ボリビアのマイクロファイナンスの物語のなかでも、アウトリーチに関して最も傑出した側面は、提供されるサービスの価値である。すなわち、融資や預金契約の条件が顧客の実際の需要に注意深く対応しているだけでなく、そのサービスの（顧客にとっての）コストが、過去 20 年で目に見えて下がってきているのである。とりわけ、かなり大きな人口セグメントについて、クレジットのコストが劇的に下がっている点が重要である。この目を見張るようなクレジットの低価格化には、いくつもの要因がある。第 1 に、もしエコノミストが好んで主張するように、アクセスの欠如（つまりは市場のないこと）が恣意的な高価格を要求されることに等しいとするならば、それまで一度もクレジットにアクセスしてこなかった（初めての）借り手を大量に包摂したことが、この低価格化の根底にある理由であると言える。

　第 2 に、取引コストが（とりわけ小口融資を受ける場合に）借入れコストに最も関連する要素だとするならば、貸付テクノロジーのイノベーションによって、ボリビアでのそうしたコストが大きく下がったことは、実際に──とりわけ貧しい借り手にとって──クレジットが安くなったことを意味している。そうしたイノベーションによって、たとえば（ⅰ）MFI がいっそう顧客に近くなり、それによって借り手の取引コストへの距離の影響を引き下げることができた、（ⅱ）融資金支払いの待ち時間が大幅に短縮され、それに伴って機会費用も下げることができた、そして（ⅲ）手順と要件が大幅に簡略化された。同様の組織と比べて大きな規模の融資を提供することができれば、もともとスクリーニングでは（集中的な学習から開発された）抜群の専門知識があり、これまでに培ってきた返済への強いインセンティブがあるのだから、別の場所にいる「同一の」融資申請者と比べれば、借入れ 1 ドル当たりでは低い取引コストを

提供することができるだろう。さらに、個人融資へのアクセスがあってグループ貸付を受けてこなかった借り手は、あらゆるレベルにおいて、グループ貸付に伴う取引コストや連帯責任のリスクを大きく節約してきている。また預金者は、口座開設の要件が融資ほど厳しくはなく、ATMへのアクセスに関するイノベーションを享受してきている。実際に、借り手と預金者の取引コストは、融資や預金の規模とは無関係なものが大半なのだから、小口取引をする顧客には、不釣り合いな負担がかかっていたことになる（Gonzalez-Vega, 2003；Gonzalez-Vega and Villafani-Ibarnegaray, 2007）。顧客と機関とのあいだの地理的、民族的、文化的、言語的、社会的な距離を縮めることで、また、顧客の時間と取引のタイミングを大切にすることで、そしてまた、伝統的な担保ではなく顧客関係を基礎としていくことで、ボリビアのマイクロファイナンスは、借り手の取引コストを劇的に削減したのである。

　第3に、マイクロファイナンスの成功は、ボリビアの金利の大幅削減につながっている。それまでのインフォーマルな貸金業者からマイクロファイナンスの提供者に乗り換えた借り手は、即座に、しかも大幅に実質金利が下がった。しかし、クレジットの低価格化で最も驚異的かつ有望な次元は、MFIの実質金利自体が継続的に低下したことである。図9.11は、バンコソルの設立された1992年2月以後について、規制対象MFIおよびその他の金融仲介機関の融資にかかる金利の変化を示したものである。ここでの金利は、総融資ポートフォリオに対する実質の財務利益として計算している。したがって、これには、金利支払いに加えてあらゆる手数料が含まれる。また、具体的な金利計算の方法とは無関係である。残念ながら、規制対象外IFDについては、利用できる同様のデータがない。

　1992年2月時点での年間の名目金利を比較すると、銀行の26.5パーセントに対して、規制対象MFI（この時点ではバンコソル）は76.2パーセントと、大きな開きがあった。その後、資金の国際コストが下がったことが主な原因で、銀行の金利は大きく下がり、約2年後の1994年12月には15.2パーセントとなった。また、当初の利率低下には手数料の引き下げも反映している（当局が銀行に手数料の透明化を強制したため）。それからは、ほとんど変化しないままに、かなりな期間を推移した（上下1ポイントの幅に収まっていた）。実際に2001年12月には、銀行融資の金利は、まだ年間14.0パーセントにとどまっていた。S&Lの金利は銀行の金利をほぼ追従していて、2001年12月には14.8パーセントとなっている。一方、クレジット・ユニオンの金利は一貫して高かったが、驚くほど安定もしていて、19.2パーセントの水準を維持している。対照的に、毎年のように新しい組織が仲間入りする規制対象機関は、MFIの金利が1992年以後、48.9ポイント下がって、2001年末の時点で年率27.4パーセントとなっている。銀行の金利が12.5ポイント下がったのを、主に資金市場の変化に対応したものだと仮定すれば、MFIの金利がそれにプラスして36.4パーセント下がった

第２部　マイクロファイナンスのマクロ環境と組織的背景の理解

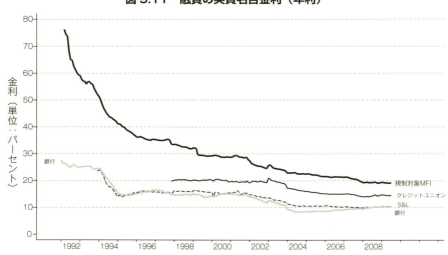

図9.11　融資の実質名目金利（年利）

出所：Gonzalez-Vega and Villafani-Ibarnegaray (2010)
注：金利は年利で、仲介機関のタイプ別（銀行、クレジット・ユニオン、貯蓄貸付組合（S&L）規制マイクロファイナンス機関（MFI））に、1991年12月から2009年6月まで表示。

のは、効率が向上したためだと考えられるだろう。

　2001年以降、銀行の金利はまた徐々に下がっていき、2004年6月には10.6パーセントとなって、その後はほぼこの水準にとどまっている。この間を通じて、インフレ率は非常に低く、まずまず一定していた。銀行の課す名目金利は2008年12月でもまだ10.5パーセントだが、この年はインフレ率が上がったので、実質はマイナス水準になったと思われる。一方、今世紀に入ってから、MFIの金利は確実に下がり続け、2008年12月で19.4パーセントとなっている。したがって、バンコソル創設からの17年で、銀行とMFIの金利差は、1992年の49.7ポイントから、2008年には9.0ポイントまで縮まったことになる。現在の金利差は、この2タイプの機関の顧客の特性、契約条件、融資規模を考えれば、ごくわずかだろう。融資商品のこうした違いを考えれば、金利差が少ないことは、いくつかの面では、銀行とMFIとの間に厳しい競争があることを示唆している。

　また、規制対象MFIの金利は、同じ時期（1992年から2008年）に、年間76.2パーセントから19.4パーセントへと、56.8ポイント下がっている。確かにこれは、クレジットの低価格化ということでは、大変な実績である。しかし、これは法令や上限金利、あるいはその他の形態での政府介入によって達成されたのではない（Gonzalez-Vega, 2003）。むしろ、継続的なイノベーションと学習、規模の経済と範囲の経済、さまざ

まな規模の融資を重ねることで得られるコスト面での優位性、いっそう効果的なポートフォリオの多様化、職員およびマネジャーのための適切なインセンティブ構造、さらなる効率向上といったものの結果である。非常に競争の激しい市場では、効率ということが、機関の存続にとって不可欠な条件となっている。制度設計の長所が、必要な追加条件を提供したのである。

　対照的に、銀行の金利は同時期に 16.1 ポイントしか下がっていないうえ、利下げの大半は、この時期の初めの頃に生じている。したがって、両者の違いは、かなりな程度まで、コストと債務不履行を抑え込むための、多様なイノベーションとインセンティブの強さの差が反映したものである。とりわけ、効率の追求に見られる明確な差が、さまざまな金融仲介機関の経営コストの変化に反映している。1996 年 2 月には、銀行の経営コストは、総融資ポートフォリオの比率で見て 5.8 ポイントだった。同じ時期の MFI の経営コストは 29.4 ポイントである。その後も銀行の経営効率は 2008 年末からほとんど変わらず、7.7 ポイントとなっていた。対する MFI の経営コストは 11.9 パーセントだった。これは 17.5 ポイントという突出した削減を意味していて、マイクロファイナンスの金利引き下げの最大要因となっている。

6　結　論

　ボリビアのマイクロファイナンスの業績は、金融深化への貢献に関しても、組織的金融のアウトリーチへの貢献に関しても突出している。しかし、このボリビアのマイクロファイナンスの成功について、単一の決定要因を認定することはできない。むしろ、数々の出来事がうまい具合に重なり、それが相互に強めあって、ひとつのダイナミックな道をたどったと見るべきである。

　このような、さまざまな出来事とイノベーションと制度設計がうまい具合に重なったということが中心であり、柱である。貸付テクノロジーのイノベーションは、ほかにもいくつもの場所でも数多く試みられたが、ボリビアは、実験の多様性とアプローチの柔軟性において群を抜いていた。この国の MFI は学習の意志がきわめて強く、試行錯誤を繰り返し、うまくいかないものは捨て、新たな商品や手順を探し続けた。時とともに変化する環境に合わせて修正・適応しようとして、実際にそれができたし、特定の顧客の細かい需要や特定の競争相手からの脅威、あるいはシステム的な負のショックにも対応していけた。また当初から、アプローチの多様性と好ましい環境があった。個人融資やグループ貸付、村落銀行といった方法でのアプローチが次々と花開いた環境だからこそ、ボリビアに特有の創造性とイノベーション過程のダイナミズムが生まれるような初期条件が作りだされたのだろう。体験による学習や状況に固有の

第2部　マイクロファイナンスのマクロ環境と組織的背景の理解

　知識の蓄積には時間がかかる。こうした初期条件のことを考えれば、ボリビアのマイクロファイナンスの進化は、経験の蓄積によって形作られた道をたどったと言えるだろう（つまりは、歴史に強く依拠していたということである）。

　このように、初期段階で、さまざまなアプローチの一つひとつが大きな成功を達成できたからこそ、ボリビアはきわめて幅広い実験室となり、さまざまなテクノロジーの特定の次元の効果度をテストすることができたのである。また、激しい競争という環境は、すべてのMFIに、つねに「緊張状態にある」ことを強いた。ごく近くに競争相手がいたために、あらゆる種類のシナジーと外部性が表出した。優れた実践は模倣され、あっというまに改良されもした。MFI間には大きな労働移動性があり、それまでの過程で人的資本が蓄積されていたので、そのストックから、システム全体が利益を得ることができた。職員の移動によってあらゆるレベルで異種交配が進み、イノベーションの広範な実施を可能となった。

　組織設計のいくつかの次元も重要な役割を果たしている。たとえば、（ⅰ）インセンティブ適合性の財産権構造によって、とりわけ地元の個人指導者が大胆な、しかし賢明な「所有者」として振る舞った、（ⅱ）非常に水平的なマネジメント構造だったことで、幅広い職員セグメントでの学習と、異論や成果に対する素早いフィードバックが可能となった、（ⅲ）組織に「部外者」感があり、いざというときに国に助けてもらえないという意識があった、（ⅳ）生き残るためには、市場でも社会でもつねに自らの価値を示して、持続可能性を守っていく「必要」があった、（ⅴ）この部門への政府介入が実質的に不在であることから、官僚主義や利益追求的な、あるいは政治的な駆け引きによってイノベーションが抑制されることのない組織構造が生まれた、（ⅵ）多くの組織には、最高レベルの国際ネットワークとつながることで外の世界から学ぶ能力があった。こうして、ボリビアはひとつのアリーナとなり、マイクロファイナンスのさまざまなアプローチによる暗黙のコンテストが熱心に行われたのである。

　こうした強さの2大源泉（テクノロジーと組織）のうえに積み上げられた健全性規制は、明らかとなった強い組織的能力に対応しつつ、そのプロセスを強化していった。MFIの場合でいえば、当局に先見の明があり、ほぼ正しいバランスを持った、非常に厳しい健全性要件を作りだすことで、安定性を保護しつつ、イノベーションの機会が確保された。一方、マイクロファイナンスの供給拡大は、活発なインフォーマル部門ではほとんど満たされていなかった金融サービスの需要を満たした。この部門は1980年代半ばの構造改革以後に現れたもので、ある程度機敏で・柔軟で・勤勉な人たちは、こうしたサービスが自分たちの多様な生活にとってきわめて大切なことに気づいていた。ハイパーインフレのショックのなかから現れてきたこともあって、マイクロファイナンスNGOからの非政治的な申し出は、この人口セグメントにとっては歓迎すべき新商品だった。こうして、急成長する経済での大きな需要に高価値サービ

スのデリバリーが合わさることで、返済の文化が強化された。そこでは、関係ということが大きな価値を持つようになり、返済の文化は、その後10年にわたって揺らぐことがなかったのである。

　要約すれば、テクノロジーと組織と規制枠組みとがダイナミックに進化し、具体的な試練に対応しながら、弁証法的に相互作用してきたということである。ボリビアのマイクロファイナンス部門は、その回復力ゆえに、大きなシステム危機のさなかにあっても、数多くの次元で、ほんの20年前には世界のほとんどが想像もしなかったような繁栄を見せた。結果として、マイクロファイナンスはボリビア金融システムの最近の進化におけるエンジンとなり、碇となってきた。そしてこの役割においては、規制対象と規制対象外の両方のMFIが、それまで排除されていた人口セグメントのかなりな部分を、高品質で低コストの金融サービスという傘の下へと取り込んできたのである。

注

＊クラウディオ・ゴンサレス＝ベガは、オハイオ州立大学（Ohio State University: OSU）の農業・環境・開発経済学（Agricultural, Environmental and Development Economics）教授、および農村金融プログラム（Rural Finance Program）責任者。マルセロ・ビジャファニ＝イバルネガライはOSUのポスドク研究員。長年にわたる研究では、OSUの農業研究開発センター（Ohio Agricultural Research and Development Center: OARDC）、USAID、サンチャゴの国連ラテンアメリカ・カリブ経済委員会（Economic Commission for Latin America and the Caribbean: ECLAC　スペイン語略称CEPAL）など、ボリビア内外の国際機関から資金提供をいただいた。幅広い取り組みにおいて共同執筆をいただいたなかでも、特にフランツ・ゴメス＝ソト（Franz Gómez-Soto）、アドリアン・ゴンサレス（Adrián González）、ホルヘ・H・マルドナド（Jorge H. Maldonado）、ロドルフォ・キロス（Rodolfo Quirós）、ホルヘ・ロドリゲス＝メサ（Jorge Rodoríguez-Meza）、およびビビアンネ・E・ロメロ（Vivianne E. Romero）にお礼を申し上げる。ここでの研究結果は、ボリビアの多くの同僚による助言と協力に多くと負っている。一部ではあるが、名をあげて感謝したい。ホセ・アウアド＝レマ（José Auad-Lema）、ペドロ・アリオラ（Pedro Arriola）、エドゥアルド・バソベリ（Eduardo Bazobery）、ネストル・カストロ（Néstor Castro）、ゴンサレス・チャベス（Gonzalo Chávez）、エドゥアルド・グティエレス（Eduardo Gutiérrez）、エヴァリン・グランディ（Evelyn Grandi）、ハンス・ハッセントイフェル（Hans Hassenteufel）、フリオ・セサル・エルバス（Julio César Herbas）、ミゲル・オイオス（Miguel Hoyos）、ルイス・カルロス・ヘミオ（Luis Carlos Jemio）、クルト・ケーニヒスフェスト（Kurt Koenigsfest）、マルセロ・マジェア（Marcelo Mallea）、レイナルド・マルコニ（Reynaldo Marconi）、ミサエル・ミランダ（Misael Miranda）、フェルナンド・モンポ（Fernando Monpó）、フアン・アントニオ・モラレス（Juan Antonio Morales）、エリザベス・ネイヴ（Elizabeth Nava）、セルジオ・ナバハス（Sergio Navajas）、シルビア・パラシオス（Silvia Palacios）、フェルナンド・プラド（Fernando Prado）、マリア・エレナ・ケレハス（Maria Elena Querejazu）、ピラル・ラミレ

第2部　マイクロファイナンスのマクロ環境と組織的背景の理解

ス（Pilar Ramírez）、カルロス・ロドリゲス（Carlos Rodríguez）、アントニオ・シヴィラ（Antonio Sivilá）、ジャック・トリゴ（Jacques Trigo）、カルメン・ベラスコ（Carmen Velasco）。また、フアン・ブフノー（Juan Buchenau）、ロベルト・P・クリステン（Robert P. Christen）、リヒャルト・マイヤー（Richard Meyer）、マリア・オテロ（María Otero）、リチャード・ローゼンバーグ（Richard Rosenberg）、マーク・シュライナー（Mark Schreiner）から、あるいはOSUプロジェクトの多くの参加者から、さらには本書の編集者であるベアトリス・アルメンダリズ（Beatriz Armendáriz）とマルク・ラビエ（Marc Labie）のセミナーやコメントからも、全般にわたるフィードバックをいただいた。この研究のためにデータを提供されたすべての機関、とりわけASOFIN［訳注：Asociación de Entidatdes Financieras Especializadas en Micro Finanzas（マイクロファイナンスに特化した金融団の体協会）］、ボリビア中央銀行、FINERURAL、国家統計局（INE）、および金融システム監督局（ASFI　前・銀行金融機関監督局（SBEF））に感謝する。そのほかのデータはOSUの調査および特定の金融機関より提供された。

参考書目

Armendáriz, B and J Morduch (2010). *The Economics of Microfinance* (2nd ed.) Cambridge, MA: The MIT Press.

Armendáriz, B and A Szafarz (2010). On Mission Drift in Microfinance Institutions. In *The Handbook of Microfinance*, B Armendáriz and M Labie (eds.). Singapore: World Scientific Publishing.（本書所収「マイクロファイナンス機関のミッションドリフト」）

Beck, T, A Demirgüç–Kunt and R Levine (2004). Finance, Inequality and Poverty. World Bank Policy Research Working Paper 3388, Washington DC.

Christen, RP, R Rosenberg and V Jayadeva (2004). Financial Institutions with a Double Bottom Line: Implications for the Future of Microfinance. *Occasional Paper 8*, Washington DC: Consultative Group to Assist the Poor.

Collins, D, J Morduch, S Rutherford and O Ruthven (2009). *Portfolios of the Poor: How the World's Poor Live on $2 a day*. Princeton: Princeton University Press.（邦訳『最底辺のポートフォリオ　1日2ドルで暮らすということ』野上裕生監修、大川修二訳　みすず書房　2011.2）

de Janvry, A, E Sadoulet, C McIntosh, B Wydick and J Luoto (2003). Credit Bureaus and the Rural Microfinance Sector: Peru, Guatemala and Bolivia. BASIS Report, University of California at Berkeley.

Evia, JL, R Laserna and S Skaperdas (2008). Socio- Political Conflict and Economic Performance in Bolivia. CESifoWorking Paper Series. Available at: http://papers.ssrn.com/sol3/papers.cfm?abstract id=1104954［2015年8月現在、https://www.aeaweb.org/annual_mtg_papers/2008/2008_306.pdf などで入手可能］

Frankiewicz, C (2001). *Building Institutional Capacity: The Story of PRODEM, 1987– 2000*. Toronto: Calmeadow.

Fry, M (1994), *Money, Interest and Banking in Economic Development*. Baltimore, MD: Johns Hopkins University Press.

Ghatak, Mand TWGuinnane (1999). The economics of lending with joint liability: Theory and practice. *Journal of Development Economics*, 60(1), 195–228.

Gavin, M and R Hausmann (1996). The roots of banking crises: The macroeconomic context. In *Banking Crises in Latin America*, R Hausmann and L Rojas-Suarez (eds.). Washington DC: Inter-American Development Bank.

Gómez–Soto, F and C Gonzalez–Vega (2007a). Precautionary wealth of rural households: Is it better to hold it at the barn or at the bank? Paper presented at the *International Conference on Rural Finance Research: Moving Results to Practice*. Food and Agriculture Organization, Rome.

Gómez–Soto, F and C Gonzalez–Vega (2007b). Determinantes del riesgo de liquidez y volatilidad diferenciada de los depósitos en el sistema financiero boliviano. Desempeño de las entidades de microfinanzas ante múltiples shocks sistémicos. *Latin American Journal of Economic Development*, 8, 53–86.

González, A (2002). Crecer and Pro Mujer poverty profiles. Poverty is complex and there are no simple indicators. Working Paper of the Rural Finance Program, The Ohio State University, Columbus, Ohio.

—— (2008). Microfinance, incentives to repay, and overindebtedness: Evidence from a household survey in Boliva. Ph.D. dissertation, The Ohio State University, Columbus, Ohio.

—— (2009). Consumption, commercial or mortgage loans: Does it matter for FIs in Latin America? MIX Data Brief 3.

González, A and C Gonzalez–Vega (2003). Sobreendeudamiento en las microfinanzas bolivianas, 1997–2001. Working paper of the Rural Finance Program, The Ohio State University. Available at: http://aede.osu.edu/programs/Rural Finance/bolivia.htm. ［2015 年 8 月 現 在、http://www.microfinancegateway.org/sites/default/files/mfg-es-documento-sobreendeudamiento-en-las-microfinanzas-bolivianas-1997-2001-9-2003.pdf で入手可能］

Gonzalez–Vega, C (2003). Deepening rural financial markets: Macroeconomic, policy and political decisions. Paper presented at the International Conference on *Paving the Way Forward for Rural Finance*, Washington DC. Available at: http://aede/osu.edu/ programs/RuralFinance/publications.htm. ［2015 年 8 月 現 在、http://www.ruralfinance.org/fileadmin/templates/rflc/documents/1180632426266_gonzalez_vega_deepening_fin_markets.pdf で入手可能］

Gonzalez–Vega, C and JH Maldonado (2003). Profundización crediticia entre los clientes de Crecer y de Pro Mujer. Working paper of the Rural Finance Program, The Ohio State University, Columbus, Ohio. Available at: http://aede.osu.edu/programs/ RuralFinance/Bolivia ［2015 年 8 月 現 在、http://www.arabic.microfinancegateway.org/sites/default/files/mfg-es-documento-profundizacion-crediticia-entre-los-clientes-de-crecer-y-promujer-9-2003.pdfg で入手可能］

Gonzalez–Vega, C and R Quirós (2008). Strategic alliances for scale and scope economies: Lessons from FADES in Bolivia. In *Expanding the Frontier in Rural Finance. Financial Linkages and Strategic Alliances*, M Pagura (ed.). Rugby, England: Practical Action Publishing.

Gonzalez–Vega, C and JL Rodríguez–Meza (2003). Importancia de la macroeconomía para las microfinanzas en Bolivia. *Cuaderno de SEFIR* 15, La Paz, Bolivia. Available at: http://www.aede.ag.ohio-state.edu/programs/ruralfinance/bolivia ［2015 年 8 月 現 在、http://www.microfinancegateway.org/sites/default/files/mfg-es-documento-importancia-de-la-macroeconomia-para-las-microfinanzas-en-bolivia-12-2003.pdf で入手可能］

Gonzalez–Vega, C and M Villafani–Ibarnegaray (2007). Las microfinanzas en la profundizaci ón del sistema financiero. El caso de Bolivia. *El Trimestre Económico*, 74(1), 5–65.

Gonzalez–Vega, C and M Villafani–Ibarnegaray (2010). *Las microfinanzas en el sistema financiero de Bolivia. Evolución, situación actual y perspectivas*. Santiago de Chile: Sección de Estudios del Desarrollo, CEPAL.

Gonzalez–Vega, C, M Schreiner, RL Meyer, J Rodriguez and S Navajas (1997). The challenge of growth for microfinance organisations: The case of Banco Solidario in Bolivia. In *Microfinance for the Poor?* H Schneider (ed.). Paris: Organisation for Economic Co-operation and Development.

Gonzalez–Vega, C, RL Meyer, S Navajas, M Schreiner, J Rodriguez–Meza and GF Monge (1996). Microfinance market niches and client profiles in Bolivia. Economics and Sociology Occasional Paper 2346, The Ohio State University.

Haider, E (2000). Credit bureaus: Leveraging information for the benefit of microenterprises. *Microenterprise Development Review*, 2(2), 1–8.

Hernandez, R and Y Mugica (2003). What works: Prodem FFP's multilingual smart ATMs for microfinance. Innovative solutions for delivering financial services to rural Bolivia. World Resources Institute. Available at: http://www.digitaldividend.org/pdf/ prodem.pdf. ［2015 年 8 月 現 在、http://www.wri.org/sites/default/files/pdf/dd_prodem.pdf で入手可能］

InterAmerican Development Bank. Multilateral Investment Fund (2009). *Microfinanzas Americas: Las cien mejores, 2009*. Available at: http://www.iadb.org/micamericas ［2015 年 8 月現在で 2011 年版にアクセス可能］

Jansson, T, R Rosales and G Westley (2003). *Principios y prácticas para la regulación y supervisión de las microfinanzas*. Washington DC: Banco Interamericano de Desarrollo.

Jemio, LC (2001). Macroeconomic Adjustment in Bolivia since the 1970s: Adjustment to what, by whom and how? Analytical insights from a SAM model. Kiel Working Paper 1031, The Kiel Institute of World Economics.

Ledgerwood, J and V White (2006). *Transforming Microfinance Institutions. Providing Full Financial Services to the Poor*. Washington DC: The World Bank.

Levine, R (1997). Financial development and economic growth: Views and agenda. *Journal of Economic Literature*, 35(2), 688–726.

—— (2005). Finance and growth: Theory and evidence. In *Handbook of Economic Growth*, P Aghion and S Durlauf (eds.), 865–934. Boston, MA: Elsevier Science.

Littlefield, E, J Morduch and S Hashemi (2003). Is Microfinance an Effective Strategy to Reach the Millennium Development Goals? Focus Note 24, Consultative Group to Assist the Poor (CGAP).

McKinnon, RI (1973). *Money and Capital in Economic Development*. Washington DC: Brookings Institution.

Maldonado, JH and C Gonzalez–Vega (2008). Impact of microfinance on schooling. Evidence from poor rural households in Bolivia. *World Development*, 36(11), 2440–2455.

Miller Wise, H and J Berry (2005). Opening markets through strategic partnerships: An analysis of the alliance between FIE and Pro Mujer. USAID: MicroReport 23.

Morales, JA (2007). Financial deepening and economic growth in Bolivia. Working paper, La Paz, Bolivia: Universidad Católica Boliviana.

Morales, JA and JD Sachs (1990). Bolivia's Economic Crisis. In *Developing Country Debt and Economic Performance*, Vol. 2, JD Sachs (ed.). Chicago: Chicago University Press.

Mosley, P (1996). Metamorphosis from NGO to commercial bank: The case of BancoSol in Bolivia. In *Finance Against Poverty*, D Hulme and PMosley (eds.). London: Routledge.

Navajas, S and C Gonzalez–Vega (2002). Innovación en las finanzas rurales: Financiera Calpiá de El Salvador. In *Prácticas prometedoras en finanzas rurales. Experiencias de América Latina y el Caribe*, MD Wenner, J Alvarado and F Galarza (eds.). Washington, Banco Interamericano de Desarrollo, Instituto Peruano de Estudios Sociales y Academia de Centroamérica.

Navajas, S, J Conning and C Gonzalez–Vega (2003). Lending technologies, competition and consolidation in the market for microfinance in Bolivia. *Journal of International Development*, 15, 747–770.

Navajas, S, M Schreiner, R Meyer, C Gonzalez–Vega, and J Rodriguez–Meza (2000). Microcredit and the poorest of the poor: Theory and evidence from Bolivia. *World Development*, 28(2), 333–346.

Quirós-Rodríguez, R, J Rodríguez–Meza and C Gonzalez–Vega (2003). Tecnología de crédito rural de Crecer en Bolivia. *Cuaderno de SEFIR* 9. La Paz, Bolivia. Available at: http://www.aede.ag.ohio-state.edu/programs/ruralfinance/bolivia ［2015 年 8 月現在、http://www.microfinancegateway.org/sites/default/files/mfg-es-documento-tecnologia-de-credito-rural-de-crecer-en-bolivia-6-2003.pdf で入手可能］

Rhyne, E (2001). *Mainstreaming Microfinance: How Lending to the Poor Began, Grew, and Came of Age in Bolivia*. Bloomfield, Connecticut: Kumarian Press.

Rhyne, E and M Otero (1994). Financial services for microenterprises: principles and institutions. In *The New World of Microenterprise Finance: Building Healthy Financial Institutions for the Poor*, M Otero and E Rhyne (eds.), 11–26. West Hartford, Conn.: Kumarian Press.

Rodríguez–Meza, J and C Gonzalez–Vega (2003). La tecnología de crédito rural de Caja Los Andes en Bolivia. Cuaderno de SEFIR 7, La Paz. Bolivia. Available at: http:// www.aede.ag.ohio-state.edu/programs/ruralfinance/bolivia ［2015 年 8 月現在 http://www.ruralfinance.org/fileadmin/templates/rflc/documents/1126264659907_La_tecnologia_de_credito_rural_de_caja_los_andes.pdf で入手可能］

Rodríguez–Meza, J and A González (2003). La tecnología de crédito rural de Prodem FFP. *Cuaderno de SEFIR* 8. La Paz, Bolivia. Available at: http://www.aede.ag.ohiostate. edu/programs/ruralfinance/bolivia ［2015 年 8 月現在 http://www.microfinancegateway.org/sites/default/files/mfg-es-documento-la-tecnologia-de-credito-rural-de-prodem-ffp-5-2003.pdf で入手可能］

Rodríguez–Meza, J and R Quirós–Rodríguez (2003). Tecnología de crédito rural de FADES en Bolivia. *Cuaderno de SEFIR* 10. La Paz, Bolivia. Available at: http://www.aede.ag.ohio-state.edu/programs/ruralfinance/bolivia ［2015 年 8 月 現 在、http://www.microfinancegateway.org/sites/default/files/mfg-es-documento-la-tecnologia-de-credito-rural-de-fades-en-bolivia-6-2003.pdf で入手可能］

Rojas-Suárez, L (2008). La bancarización en América Latina: obstáculos, avances y la agenda pendiente. Sao Paulo: FELABAN Annual Meetings.

Rosenberg, R (2008). Should governments regulate microfinance? In *Microfinance: Emerging Trends and Challenges*, S Sanduresan (ed.). Northampton, MA: Edward Edgar Publishing.

Shaw, E (1973). *Financial Deepening in Economic Development*. Oxford: Oxford University Press.

Schmidt, RH and CP Zeitinger (1998). Critical Issues in microbusiness finance and the role of donors. In *Strategic Issues in Microfinance*, MS Kimenyi, RC Wieland and JD Von Pischke (eds.).

Aldershot, England: Ashgate.

Schreiner, M (2002). Aspects of outreach: A framework for discussion of the social benefits of microfinance. *Journal of International Development*, 14(5), 591–603.

Stiglitz, JA (1990). Peer monitoring and credit markets. *The World Bank Economic Review*, 4(3), 351–366.

Trigo Loubière, J (2003). Crises in the Bolivian financial system: Causes and solutions. In *Financial Crises in Japan and Latin America*, E Demaestri and P Masci (eds.). Washington DC: Inter-American Development Bank.

Trigo Loubière, J, PL Devaney and E Rhyne (2004). Supervising and regulating microfinance in the context of financial sector liberalization. Lessons from Bolivia, Colombia and Mexico. Report to the Tinker Foundation. Boston, MA: Accion Internacional.

UNDOC (2009). Estado Plurinacional de Bolivia. Monitoreo de Cultivos de Coca. Junio 2009. La Paz, Bolivia: Oficina de las Naciones Unidas contra la Droga y el Delito and Gobierno del Estado Plurinacional de Bolivia.

Villafani–Ibarnegaray, M (2003). Evolución de la cartera de los Fondos Financieros Privados y BancoSol: Mirando las cifras desde una nueva perspectiva. Cuaderno de SEFIR No. 14, La Paz, Bolivia. Available at: http://www.unodc.org/documents/cropmonitoring/ Bolivia Coca Survey for2008 ES.pdf［2015年8月現在、http://www.microfinancegateway.org/sites/default/files/mfg-es-documento-evolucion-de-la-cartera-de-los-fondos-financieros-privados-y-bancosol-mirando-las-cifras-desde-una-nueva-perspectiva-1-2004.pdf で入手可能］

Villafani–Ibarnegaray, M (2008). Pooling versus separating regulation: The performance of banks and microfinance in Bolivia under systemic shocks. PhD dissertation, The Ohio State University, Columbus, Ohio.

Villafani–Ibarnegaray, M and C Gonzalez–Vega (2007). Tasas de interés y desempeño diferenciado de cartera de las entidades de microfinanzas ante múltiples shocks sistémicos. Se cumple el teorema de Stiglitz-Weiss en las microfinanzas bolivianas? *Latin American Journal of Economic Development*, 8, 11–52.

Von Pischke, JD and DW Adams (1983). Fungibility and the design and evaluation of agricultural credit projects. *American Journal of Agricultural Economics*, 62, 719–726.

Wiedmaier-Pfister, M, F Pastor and L Salinas (2001). From financial NGO to private financial fund: The formalization process in the Bolivian financial sector and its impact. La Paz, Bolivia: Rural Finance System Project (FONDESIF GTZ), Technical Bulletin 1.

Zabalaga, M (2009). Regulación y políticas públicas en microfinanzas. La experiencia de Bolivia. Presentation, Foro Latinoamericano de Marcos Regulatorios y Políticas Públicas para las Microfinanzas. Managua: REDCAMIF.

マイクロファイナンス
―― 戦略的マネジメントの枠組み

ガイ・スチュアート[*]（Guy Stuart）

　インド、アーンドラ・プラデーシュ（Andhra Pradesh）州カリーンナガル（Karimnagar）県ムルカヌール（Mulkanoor）の女性貯蓄協同組合（Women's Thrift Cooperative: WTC）は 1990 年に発足した。きっかけは、協同組合開発基金（Cooperative Development Foundation: CDF）が、初期のメンバーに協同組合という考え方を紹介したことによる。CDF の支援を受けながら、同協同組合はさまざまな方法を工夫して預金を動員し、それを組合員に貸付けていった。このムルカヌール WTC をはじめとして、CDF では 400 を超える男女の協同組合を設立し、およそ 20 年後には、合計の組合員数が 15 万人を超えるまでになった。こうした協同組合を村ごとに育てていくなかで、CDF は、協同組合の指導者と会計担当を育成し、彼らと共同して、提供する商品の改善を進めていった。また同時に、アーンドラ・プラデーシュ州の協同組合法改革のために積極的に闘い、その機能への政治介入を最低限に抑えるとともに、1995 年の相互扶助協同組合団体法（Mutual Aided Cooperative Societies Act）を成立させた。同法の成立後は、これを骨抜きにしようとする動きと闘っている。

　これに対して、バンコ・コンパルタモス（Banco Compartamos）は、メキシコ南部の諸州の人びとに小口融資を行う非営利組織の一部門としてスタートした。20 年足らずのうちに、何千という村落銀行を通じて 80 万人以上にサービス提供する組織とな

[*] ハーバード大学ジョン・F・ケネディ行政大学院　講師（公共政策）

ったが、自身が広範な従来型ネットワークを発展させたわけではない。コンパルタモスは、主流銀行とのパートナー関係を発達させ、それを通じて融資金を分配したり、返済金を回収した。また、販促担当（プロモトーレ）を通じて村落銀行とのつながりも維持している。そうしたなかで、コンパルタモスは非営利組織の一部門から「目的限定」金融会社（Sociedad Financiera de Objeto Limitado: SOFOL）へと改組し、全面認可の銀行となって、二国間組織やさまざまな基金、証券市場などから資金を集めて貸付資金を賄い、株式を一般国民に売却した。この株式売却は、同組織の当初出資者に莫大な利益をもたらすとともに、マイクロファイナンス分野では、同銀行の経営者およびオーナーの行動をめぐって物議を醸した。

　このまったく違う物語に共通するものはなんだろうか。そこに現れているのは、マイクロファイナンス組織（microfinance organization: MFO）の経営者ないし推進者になくてはならない多面的なスキル、すなわちミッションへの情熱、物事を完遂する能力、政治的スキルである。ほかのあらゆる組織の経営者と同様に、MFOも、効率的・効果的な経営システムを築き、複雑で動的な環境の中で強い戦略的ポジションに自らを位置づけつつ、宣言したミッション――この場合であれば、貧しい者への金融サービスの提供――を継続しなければならない。こうしたあらゆるスキルを、自らの組織のミッション、経営、環境を連携させるような形で採用しているとき、そのMFO経営者は戦略的マネジメントに関与していると言える。

　モア（Moor, 2000）は、非営利および公共部門の組織経営者が抱いている懸念を理解するための枠組みを作り上げたが、これにはミッション、経営、環境についての懸念が含まれている。モアは、組織のミッションとは「公的価値」――顧客に直接利益をもたらす価値と、その他の利害関係者に間接的な利益をもたらす価値――の創出であると主張した。さらに、優れた経営者は、効率的・効果的に資源を割り振ることで確実に公的価値を届けるとともに、自らの「認可」環境を管理して、組織の活動に必要な正統性と支持を受けられるようにするとしている。

　多くのMFOは非営利団体だが、所有形態とは無関係に、すべてのMFO経営者は、その仕事の性質ゆえに、戦略的マネジメントのさまざまな選択肢に直面する。ここでの枠組みは、そうした選択肢を分析するうえで意味を持つものである。以下の2つのセクションではこの点について解説するとともに、MFOがいかにして価値を創造しているか、いかにしてその認可環境を管理し、自らの仕事を可能にしているかについて述べていく。次いで、モアの枠組みを再考して、MFOがいかにして価値の問題と経営および認可環境とを調整しようとしているかを検討するとともに、この調整という考え方を用いて、マイクロファイナンスの内部にある重要な議論――持続可能性と極貧層へのアウトリーチに関する議論――を分析していく。そうするなかで、MFOの直面する課題を分析するうえでの、戦略的マネジメントの枠組みの有用性を示して

いけるだろう。「経営者の視点」を持つことで価値ある洞察が得られ、広範な政策上の疑問を MFO の戦略的課題に結びつけられるというのが筆者の主張である。最後には、さらなる研究に向けていくつかの提言を述べる。

1　価値の創造

　MFO は、貧しい者に金融サービスを提供することで価値を創造する。しかし、それを行う市場には、すでに多種多様な土着のインフォーマルな組織がひしめいている。すなわち、貸金業者、預金回収業者、さまざまな形態での貯蓄保険クラブ、そして各種の輪番制貯蓄信用講（Rotating Savings and Credit Association: ROSCA）などである（Rutherford, 2000: 31）。MFO とこうした土着の金融提供者との違いは、MFO がフォーマルな組織メカニズムを通して貧しい者に金融サービスを届けている点である。MFO には、顧客関係（client interaction）、商品変数（product parameter）、人的資源、現金の取り扱い、経理などをはじめとして、公式の方針や手順が数多くある。こうしたフォーマルなメカニズムがあることで、地域社会のネットワーク内での立場とは無関係に、貧しい者も平等な金融アクセスが得られる。また、貧しい者は、公正な扱いをされているという感覚を持つことができる。さらに、フォーマルであることで、MFO は多様な商品を提供することができる。情報と統治のシステムがあってこそ、組織は複雑さを管理して 2 つ以上の商品を提供することができるのだが、そうしたシステムは、フォーマルなサービス提供のメカニズムのうえに築くのが最適である。こうしたフォーマルなメカニズムが成功しているのは、ひとつには、MFO の顧客が埋め込まれている既存の社会的関係を利用できていること、それによって、フォーマル化の落とし穴のひとつである、顧客ベースの多様で具体的なニーズを満たせないということを避けられていることによる。この組み合わせがあるからこそ、売り出された金融サービスにアクセスしていくという、貧しい者の能力が高まるのである。

2　認可環境

　MFI は何もないところで価値創造活動をしているわけではない。MFO の経営には、競争相手である土着の金融提供者よりも多くの利害関係者がいて、MFO の事業のやり方に、さまざまに嘴を突っ込んでくる。そこに 2 つの次元がある。第 1 に、場所がさまざまである。利害関係者は、MFO の活動する地域環境内の主体のこともあれば、外部の主体のこともある。国内の主体のこともあれば国際的な主体のこともある。第

第2部　マイクロファイナンスのマクロ環境と組織的背景の理解

2に、及ぼしてくる支配力のタイプがさまざまである。MFOに影響を持つ立場にあることもあれば、できること・できないことを命じたり、資源の流れをコントロールしたりということもある。

　外部の利害関係者で、MFOのできること・できないことを規制してくるものとしては、規制機関や立法府の議員などがあって、これはMFOが営業する際のルール設定をしてくる。地域環境の内部にあって、MFOのできること・できないことを規制してくるものとしては、MFOの顧客自身や、地域コミュニティの指導者が含まれてくる。外部の主体で、MFOへ流れる資源を規制してくるものとしては、助成金の提供機関、社会的責任のある金融機関や投資機関、さらには利益の最大化をめざす金融機関や投資機関があげられる。これには国内機関も国際機関もあるし、政府、市民団体、あるいは民間部門の組織のこともある。最後に、地域環境の内部からMFOの資源の流れを規制してくる利害関係者もいる。それは顧客である。彼らは、預金活動を通じて、MFOがどれだけの資本を貸与にまわすかを決定し、融資の返済を通じて、MFOの実現収益の流れと資本の回収額を決定する。MFOに資金、あるいは時間と労力を寄付してくれる地域ドナーもあるだろう。

　さらに、MFOの経営者が直面する特有の利害構造には、組織自体の性質に付随するものと、活動する地域および国内の事情に付随するものがある。組織の性質に関しては、2つの変数が重要である。第1は組織の所有構造で、つまりは、その組織が営利組織なのか非営利組織なのか、あるいは協同組合組織なのかということと、それがほかの組織に従属しているのかどうかということである。第2はMFOの提供する商品で、つまりは、クレジット専門の金融機関なのか、貯蓄とクレジットの両方を扱っているのかということである。あとの方の変数は、MFOの活動する国の国内事情と強く影響し合う。それは政府が、クレジットを拡張するよりも、とかく預金動員を規制したがるからである。その結果（マイクロファイナンスの預金動員を、主流銀行の預金動員とは別の活動として規制するにあたって、その方法や程度が国によってまちまちなために）MFOの預金動員力は国内事情に大きく左右されてしまう。クレジット主導のMFOが発展途上国で広く活動している一方で、預金とクレジットの両方を扱うMFOがそうではないのも、多くの国では適切な規制環境がないためである。

　争うべき変数の数を考えると、MFOの経営者が直面する認可環境は非常に違ったものにならざるを得ない。例として、Box 10.1AとBox 10.1Bに、メキシコのコンパルタモスとアーンドラ・プラデーシュ州のWTCが直面した、非常に異なる認可環境について、部分的な説明[1]を示しておく。また、表10.1Aと10.1Bに、それぞれの組織の利害関係者の構造を、場所と支配という次元に沿って要約しておく。

■ Box 10.1A　メキシコのコンパルタモス

　コンパルタモスは大きな社会サービス組織の非営利部門から進化して、営利銀行となった。その存続期間を通じて、ほぼ1つの商品を1つのデリバリーチャネル［訳注：金融商品やサービスを顧客に届けるためのアクセスポイント］を通じて提供し続けた。すなわち、村落銀行を通じてのマイクロクレジットである。村落銀行のモデルでは、コミュニティ内の社会的なつながりに依拠して、その地域内で融資金の支出や回収を行う。したがって、コンパルタモスにとって鍵となる利害関係者は、個人としての顧客だけでなく、活動している地域の顧客が作るコミュニティである。この点は組織としてもはっきり認識していて、それは、現場の職員の肩書きに現れていた。彼らはクレジット担当者、あるいは融資担当者ではなく「販促担当」と呼ばれているのである。

　商品とデリバリーチャネルが一貫していたために、地域の認可環境にもある程度の一貫性があったが、それ以外の部分では、コンパルタモスが進化するにつれて、認可環境も変わっていった。1990年代半ば、アソシアシオン・プログラマ・コンパルタモス IAP（Asociacion Programa Compartamos I.A.P.　I.A.P は Institución de Asistencia Privada の略で、メキシコでは非営利組織を示す）には3つの直接サービスプログラムがあり、そのうちの1つがマイクロクレジット・プログラムだった。マイクロクレジット・プログラムの収入と支出は組織全般の収支の一部で、監査済み財務諸表からは、マイクロクレジット・プログラムのマネジメントが他のプログラムと共通であったことがうかがえる。しかし、1993年のCGAPからの融資では、マイクロクレジット活動について別に報告し、バランスシート、収支報告書、キャッシュフロー報告書も分けるよう求められた。さらに監査役からも、コンパルタモスがCGAPとの契約上の義務を果たしているかをチェックされるようになった。内容は3つの目標に関するもので、具体的には、稼働顧客の数（目標2万8000人に対して3万2254人）、デフォルト率（目標10パーセントに対して−0.206パーセント）、総資産利益率（目標−10パーセントに対して10.43パーセント）だった。対照的に、連邦政府から融資を受けた17万5000ペソ（メキシコ南部およびユカタン半島で活動するという協定の一部）については、特別な監査報告はまったく求められなかった。

　2000年、コンパルタモスは元の組織から分かれ、マイクロ事業へのクレジット提供に「目的限定」した、規制対象の営利金融会社となった。したがって、この時点からは監査も別になり、財務・規制面での利害関係者が増えて、複雑化していった。2001／2002年の監査報告からは、コンパルタモスが証券取引証明書（ある種の債券）を発行していたことや、多数の銀行および支援機関から融資を

第2部　マイクロファイナンスのマクロ環境と組織的背景の理解

受けていたことがわかる。さらには、メキシコの労働法で定める退職準備金の要件、メキシコ財務省（SHCP）の定める最低資本量の要件、銀行監督局（Comision Nacional de Bancarias y Valores: CNBV）の定める会計要件、および納税義務もあった。2006年5月の銀行への転換によって、コンパルタモスは、メキシコ銀行からの監督も受けるようになった。2005／2006年の監査報告からは、この組織が新たな水準の詳細な財務諸表を提出するよう求められていたことがわかる。最後に、2007年に株式を上場したことで、コンパルタモスは新たな利害関係者の一団に自らの内部を公開することになった。すなわち、この銀行の株式を日常的に公開で取引できる株主という存在に、である。

出所：Compartamos（1996, 2002, 2006）; Rosenberg（2008）

■ Box 10.1B　アーンドラ・プラデーシュ州の女性貯蓄協同組合

1981年、改革志向の経済協同組合を主張する者が、協同組合開発基金（Cooperative Development Foundation: CDF）を創設した。CDFは、特に女性の金融協同組合の創設、国の協同組合法の改革に焦点を当てていた。スタート時には、女性を既存の金融協同組合に統合しようとしたり、他の組織を通じて新しい協同組合への資金提供を試みたりといった失敗もあったが、1990年に、最初の女性貯蓄協同組合（WTC）が設立された。こうした協同組合の創設に当たって、CDFは、アーンドラ・プラデーシュ州農村部の既存の社会構造のなかで活動しなければならなかった。組合員（＝組合オーナー）になってほしいと思う村の女性から信頼を得るために、CDFは、地元コミュニティの指導者にその正統性を求めた。その結果、協同組合の指導者は、村でも高位のカースト集団出身者が多くを占めるようになった。

いったん動き出すと、協同組合の指導者は多層的な認可環境で活動した。指導者は3年ごとに選挙され、代表は12人の委員会のなかから選ばれた。組合が集まって協同組合協会を作り、月に1度の会合を開いた。さらにその協会が集まって連盟を作り、CDFが調整役となった。各協会は、組合指導者間で相互に説明責任を持つシステムを作り、預金の豊富な組合が融資需要の過剰な組合に貸付けできるようにした。連盟はフォーラムのようなもので、指導者が集まって、個別の組合が採用・実施するルールについてコンセンサスを形成していった。

CDFと各協同組合との関係は、連盟の作業の調整役という範囲を超えて広がっていった。協同組合の管理に当たる指導者を訓練し、組合の雇った経理担当者に研修を施し、組合のための監査システムを立ち上げた。さらに、協同組合の活動する規制環境も管理した。他の多くのマイクロファイナンス組織と同様

に、WTC も、一切の規制構造から外れたところで産声をあげた。CDF は、まだ国の協同組合法を変えるまでには至っておらず、1990 年に設立された協同組合は、既存の法律の下では未登録のままだった。1995 年、CDF の取り組みは実を結び、相互扶助協同組合団体法（Mutual Aided Cooperative Societies Act　MACS 法）が議会を通過した。CDF が推した協同組合は、MACS 法の下で急速に登録が進み、以来、その数は急増を続けている。2009 年の時点で、CDF の支援する貯蓄組合は 400 を超えている。

出所：Stuart and Kanneganti（2003）and Stuart（2007）

表 10.1A　コンパルタモスの利害関係者

規制／場所	活動に関して	資源に関して
地域内	●顧客（村落銀行モデルによる） ●親組織（2000 年まで）	●顧客（融資返済） ●親組織（2000 年まで）
地域外	●SHCP（2001 以後） ●CNBV（2001 年以後） ●税務当局（2001 年以後） ●メキシコ（2007 年以後）	●IADB、CGAP、アクシオン、UASID、および他のドナー機関、貸付機関 ●債券市場（2006 年以後） ●証券取引所（2008 年以後）

表 10.1B　WTC の利害関係者

規制／場所	活動に関して	資源に関して
地域内	●組合員 ●CDF ●地元コミュニティの指導者 ●カーストに関する村落の基準	●組合員（預金者および融資返済者として） ●協会に所属する他の協同組合（組合間融資を通じて）
地域外	●国の協同組合登録機関	●CDF（現物給付による研修と支援） ●CDF への資金提供者（これによって、CDF が協同組合に無償支援を提供できる）

3　公的価値——戦略的マネジメントの枠組み

　ここまでの2つのセクションでは、MFOの経営者が直面する主な懸念について述べてきた。MFOの経営者は、土着の金融提供者と競争し、また地元コミュニティとの協力のプロセスにおいて、貧しい人びとに金融サービスを届けることで、いかにして価値を生み出すかを考えなければならない。また、利害関係者の期待について敏感でありつつ、そうした期待を管理して、貧しい人びとに金融サービスを提供するための権威を維持できなければならない。

　モアは、こうした活動は公的価値の創造であると述べている。MFOの生み出す価値を公的ならしめているもの、それは、MFOのしていることが、貧しい者（融資利息やその他の料金支払いを通じてこの価値の代価を支払う者）と投資機関（貧しい者が支払う金額とサービス提供のコストとの差額に基づいてリターンを受け取る者）にとっての価値創出にとどまらないという事実である。認可環境についての議論で見たように、MFOの活動から価値を受け取る利害関係者は他にもいる。MFOに補助金を提供する者は社会面でのリターンを得るし、規制者や政治家、コミュニティの指導者は、MFOが合法的かつ正当なやり方で活動しているという保証を手に入れる。利害関係者の懸念と期待に応える過程で、MFOは、顧客と投資機関のために生み出す私的な価値に加えて、公的な価値をも生み出しているのである[2]。

　MFOが公的価値を生み出す事業をしていることを了解できれば、戦略的要素の多くが、収まるべきところに収まるようになる。第1に、なによりもこの概念は、MFOに、自分たちはすべての利害関係者にとって価値あるものを生み出しているのかと自問することを強要する。たとえば、自分たちの融資条件は、資金提供者や地元政治家が正当であると進んで受け入れるようなものになっているだろうか。なっていないならば、どうするべきなのだろう。別条件での融資を通じて、顧客にとっての同じ価値を生み出せるだろうか。それとも、資金提供者や地元政治家の支持を得るために、新たな戦略を開発する必要があるのだろうか。また、たとえば、強制預金を求めるMFOは、金融規制当局の規制要件を満たすことができるのだろうか。そうしたMFOは全面認可の銀行になる必要があるのだろうか。強制預金を何か別の名称に変更できるのだろうか。もし名称を変更したら、顧客はどのような反応をするだろう。あるいは、規制者との間に何らかの妥協を見いだせるのだろうか。

　こうした疑問から示唆されるのは、MFOが、顧客および利害関係者に合わせた価値を生み出さなければならないということである。経営と認可環境、経営と価値提案も、顧客および利害関係者に合わせて調整しなければならない。たとえば、先の議論でふれたように、MFOは、フォーマルなシステムを地元の金融サービス市場に導入

することで価値を生み出している。そのようなシステムは、顧客にとっての価値を生み出すが、助成金提供者や投資機関、規制者にとっての価値も創造する。こうした人びとは、わかりやすい計算書や報告書を作成できる能力を持った組織を評価するからである。この場合であれば、経営は、その組織の価値提案および認可環境の要件に合わせて調整される。MFOで長年にわたって経理や報告が不足していたという事実は、顧客のために価値を生み出すのに必要なフォーマルさが、他の利害関係者の求めるフォーマルさにまで至っていなかったか、または違うものだったという証拠である。私たちが長年にわたって目にしてきたものは、利害関係者の要求に応えて経理と報告を改善しようとするMFOの努力だったのである。

　この枠組みを容易に描く方法のひとつが「戦略トライアングル（strategic triangle）」で、3つの頂点が、それぞれ経営者が注意を払わねばならない要素を表し、各頂点を結ぶ3辺は、よく運営された組織においては各要素が互いに関連しているはずだということを表している（図10.1）。ここでは、わかりやすくするために、中核となる活動や条件、構造を示して、それぞれの要素どうしがつながるようにしておいた。戦略的マネジメントの最初の場面では、こうした活動、条件、構造が意味を持たなければならない。しかし、それだけではない。経営者の課題は、3つの要素すべてが互いに調整され、各辺上の活動や条件、構造が互いに矛盾しないようにするところにある。

　図10.1では、たとえば「フォーマルなシステム」を2カ所で記してあるが、これには整合性がある。なぜなら、これは価値を生み出すうえで経営的に重要であるとともに（MFOが任務を完遂するのに役立つ）、認可環境がMFOから期待するものだから

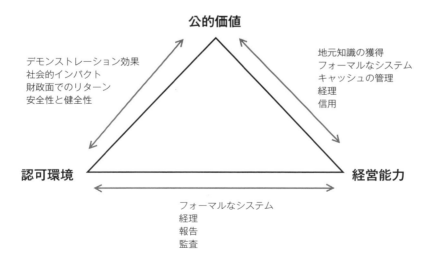

図10.1　マネジメント枠組みの戦略トライアングル

である。同様に、規制者（認可環境）が預金主導の組織に安全性と健全性を求めてくることと、MFOが預金顧客に価値を届けるには信用面での評判を得ることが必要となることとの間にも、整合性があると言えるだろう。この三角関係に矛盾があるとすれば、それはすでに引用したように、MFOによる地元知識の獲得活動と、安全性および健全性に関する規制者の懸念との間である。

要約すれば、公的価値に関する戦略的枠組みを使うことで、MFO経営者の直面する課題が明確になるということである。MFO経営者は公的価値の提案と認可環境、そして経営能力とを調整しなければならない。もちろん、組織の日々のマネジメントという現実を考えれば、この調整は決して完璧にはいかないこと、経営者は、組織が進化していくなか、その時々で、三角形の頂点のどれかに、ほかの2つよりも多くの時間を割かなければならないことが示唆される。しかし、それでも公的価値の枠組みは、経営者が戦略上の懸念を考えるうえで、シンプルかつ有効な方法を与えるものとなるはずである。

4　政策上の疑問に関する経営者の視点
――持続可能性、およびすべての貧者のための公的価値創出

経営者にとって有効である以上に、公的価値の戦略的マネジメント枠組みは、マイクロファイナンス分野における幅広い政策上の疑問や議論の分析手段としても役立つ。そこにMFO経営者からの見え方、すなわち経営者の視点が入るからである。公的価値という考え方には、価値の創出は、直接そのサービスを受け取る人びとの懸念以上の配慮を含むという考え方が内在している。他の利害関係者を考慮する必要があるということは、何に価値があるのか、その価値を創出するための最善の方法は何なのかということについて、ほかの定義をも考慮する必要があることを示唆している。これが政策上の疑問や議論の本質である。ここでは、経営者の視点が政策上の議論にいかに役立つかを感じてもらうために、MFOは極貧層に金融サービスを提供するために補助金を受け取るべきかという議論を見てみることにする。

過去30年にわたって、MFOには多額の公的投資や博愛主義的な投資が行われてきている。これは、ほぼすべてのMFOが無一文でスタートしたためであり、また、商業的な投資機関や銀行がMFOの活動への資金提供にほとんど関心を示さなかったためでもある。しかし今日では、多くのMFOが、自らの経営および財務コストを顧客からの収入で賄えるようになっている[3]。このように、顧客から生み出される収入でコストを賄う能力を身につけたことで、MFOは完全に自立できるのだから、一切の補助金を受けないようにするべきだという考え方が広まっている。持続可能性を強

調する者は、持続可能性に焦点を当てれば、それ自体でMFOのマネジメントが改善される、なぜなら、それによってMFOは、コスト効率のよい、顧客に焦点を当てた経営をせざるを得なくなるからだと主張する。さらには、MFOに持続可能性があって初めて、貧しい者は長期的にマイクロファイナンス・サービスを受け続けられるとも言っている。そして最後に、持続可能性があるからこそ、MFOは業界の全面的拡大に必要な多額の営利資本を惹きつけることができるのであり、それができて初めて、すべての市場潜在力に手が届くようになるのだとする。そうして業界としての潜在能力を十分に発揮できるようになれば、はるかに多くの貧困者にサービス提供ができるのだ、と。

対照的に、補助金はまだ必要だとする者もいる。とりわけ、極貧層へのアウトリーチに焦点を当てている者は、財政面での持続可能性に強く焦点を当てることでMFOが極貧層から離れ、それよりは豊かで、多くの利益を得られる貧困層へと移るのではないかと心配している。この議論からは、貧困層のすべてのセグメントに（補助金のある期間だけ）サービス提供することと、まだしも豊かな貧困層に（持続可能かつ恒久的な方法で）資金提供することとの間にトレードオフが内在することを示唆している。

こうしたトレードオフの考え方は理解できる。極貧層は、取引規模が小さいのに、生み出す収入に比べて運営コストが高いからである。さらに、極貧層は収入の流れが不規則なことが多い。その結果、固定額での定期的な支払いが難しいのだが、MFOとしてはこちらの方が望ましい。その方が少ない運営コストでサービス提供できるし、リスク軽減になるからである（Rutherford, 2004）。最後に、極貧層は遠く離れた農村地域に暮らしていることが多いため、MFOが到達しにくく、サービス提供に伴う取引コストも高くなってしまう。要するに、極貧層にサービス提供しても取引1件当たりの収入が少なく、相対的コストも絶対的コストも高くなりがちなのである。

公的価値の枠組みは、持続可能性の狭い定義を拒否することで、持続可能性と極貧層へのアウトリーチをめぐる議論を一新させる。この枠組みでは、持続可能性について幅の広い見方をしていて、公的価値を創出する意図のある経営者は、顧客でない者も含めて、多様なソースからの収入を確保できている限り、持続可能な組織を運営することができる。そのためには、経営者が、認可環境のために何か価値あるものを作り出す能力を備えていなければならない。すなわち、戦略トライアングルの3つの頂点すべてに注意を払うということである。マイクロファイナンスの文脈では、MFOの経営者が持続可能なMFOを運営するためには、顧客から収入を生み出すとともに、そのMFOの活動に価値を見いだすドナー機関から支援を受けることである。その結果、極貧層への資金提供は、たとえMFOが極貧層との取引ごとに損失を出しても、持続可能な事業となる。なぜなら、ドナー機関は極貧層へのサービス提供を価値のあることだと考え、そのためには進んで資金を出してくれるからである。

第2部　マイクロファイナンスのマクロ環境と組織的背景の理解

　このように議論を振り出しに戻すことの目的は、補助金そのものを復活させることではなく、持続可能性について幅広い定義を用いることで、狭い定義が持続可能性と極貧層へのアウトリーチをめぐる議論に持ち込んでくる内在的なバイアスに疑問を呈するとともに、MFOの持続についてドナー機関の資金が正当化される可能性を全面的に（とりわけ極貧層への到達という目的のために）探ることにある。
　先に述べたように、持続可能性への狭いアプローチを支持する主張は、効率的で・大規模で・恒久的な産業というイメージに基づいている。資金は国際資本市場で調達し、貧困層の中でも上位の貧困層へのサービス提供が増えるが、それでも極貧層へのサービス提供も増える。単純なフォーマル・モデルを用いて、ゴーシュとファン・タッセル（Ghosh and van Tassel, 2008）が示しているように、利益志向の資金提供者――ふたりは「doner（ドナー）」という語を用いているのだが、この語は「donation（寄付）」という関連語が持つ助成金的な要素を暗示している――が参入してくることで動的なプロセスが始まり、それによって、不均一な能力を持ったMFOが互いの戦略に反応しつつ、営利目的の投資機関によって増えた資金を確保しようとするようになる。ゴーシュとファン・タッセルが認定した反応平衡（reactive equilibrium）の状況では、MFOから極貧層へのサービス提供も増えるが、少し上位の貧困層へのサービス提供も大きな数になるので、ずっと大きな規模での活動の、全体としてのインパクトが薄まってしまう。さらに、最も効率的で効果的な（ゴーシュとファン・タッセルの言葉ではcapable（有能な））MFOが営利目的の資金を手に入れる一方で、あまり有能でないMFOは、引き続き、極貧層顧客へのサービス提供をターゲットとするドナー機関からの資金だけに依存することになる。
　こうした形式的な結果を引き出すこのモデルは、意図的に単純化したものではあるが、戦略的マネジメントの視点を精緻化して、MFO経営の現実という文脈に当てはめていくうえではよい出発点となる。第1に、ゴーシュとファン・タッセルはMFOを単一の主体として扱い、ほかのMFOの意思決定行動に継続的に修正を加えている。しかし、MFOは積極的な管理の必要な組織である。もし投資機関からの資金を惹きつける目的でポートフォリオミックスを変更するのなら、そのMFOは、クレジット担当者に提供しているインセンティブを変更するとともに、その変更のプロセスを管理しなければならない（組織の方向性に関して従業員の間で混乱が広がりやすいため）。それに加えて、経営陣は、微妙な組み合わせのインセンティブを開発して、個々のクレジット担当者が混合ポートフォリオを管理できるようにするか、クレジット担当者を、極貧層の担当と少し上位の貧困層の担当に分けていくかしなければならないだろう。それができないという理由はないが、ここから浮かび上がってくるのは、持続可能性（および形式的なモデルの結果）の狭い定義を主張する者の描くイメージが、実は経営者次第、すなわち、認可環境の要求に合わせて組織の経営能力を巧みに調節して、

貧困世帯という不均一な市場にサービスを届け続け、それを拡大していけるかどうかで決まるという事実である。

　第2に、このモデルには、持続可能性の狭い定義を主張する者が抱いている、ある前提が反映している。すなわち、MFOには、単なる利益志向ではないドナー機関や資金提供者から得られる以上の外部資金を受け入れる意志と能力があるということ、そして、MFOがその大規模な潜在能力を現実のものとするには、営利目的の資金提供者によるしかないということである。しかし、この点については実証的証拠が貧弱である。理由は、利用可能な資金のプールを育ててきたのが、営利目的の資金提供者の登場だけではないからで、二重の損益に関心を持つ社会的投資機関が現れたことや、預金動員に新たに焦点が当たるようになって、MFOが顧客から融資資本の一部を集める機会が提供されたことも理由となっている。またこの前提は、あらゆる民間の資金フローが枯渇している現在の経済危機においては、特に弱いものとなっている。

　この最後のポイントは、外部資金についてさらなる疑問を呈してくる。それは、どの資金提供者が信頼できるのか、という問題である。MFOによる極貧層へのサービス提供に関心があるドナー機関の場合は、関心を失ってなにか他のもの――金融サービスの提供以上に効果的な貧困層の生活改善を約束してくれるもの――に移ってしまう怖れがある。しかし民間資本も、資本市場の事情で枯渇してしまう可能性もあるし、MFOが顧客から収入を生み出そうとして遭遇するさまざまな問題に対応するなかで、資金を引き揚げるかもしれない。

　要するに、極貧層へのサービス提供に関心のあるMFOには、持続可能性の狭い定義を主張する者が前提としているよりも、多くの選択肢があるということである。さらに言えば、生み出される利益を超えたところでマイクロファイナンスに関心を寄せているソースから資金を調達するのが賢い選択になるだろう。そうしたソースのほうが、国際資本市場の変動によって資金提供の決定が揺らぎにくいし、貧困層の生活改善という長期的な活動にも関心が深いと思われるからである（ただし、どれが賢い選択かを見きわめるには、さらに実証的な研究が必要ではある）。

　最後に、ゴーシュとファン・タッセルのモデルは、民間資本へのアクセスが、MFOの間で効率性・有効性を高めるきっかけになるのかという疑問について、興味深い洞察を提供してくれている。このモデルでは、有能なMFOになれば営利目的の資金を惹きつけられるということであって、利益目的の資金が入ればMFOの活動が改善されるということではない。実証的証拠は、MFOへの民間資本投資と効率性との相関に関しては貧弱である。ヒュードン（Hudon, 2006）による100のMFOの分析は、補助金を受けないMFOと補助金を受けているMFOとで効率には変わりがないことを示唆している。何が経営者を動かして効率性・有効性の向上に向かわせるのかの検証には、さらに多くの研究が必要だが、1つ単純な仮説がある。それは、経営者が外

第2部　マイクロファイナンスのマクロ環境と組織的背景の理解

部資金の選択肢を増やしていくためには——その選択肢がドナー機関からの補助金であろうと、社会投資機関や営利目的の投資機関によるものであろうと——内部での活動を継続的に改善していかなければならないということである。

　要するに、持続可能性の狭い定義を主張する者は、マイクロファイナンスが投資機関による資金で大規模化し、効率的で利益のあがる事業を通して、潜在能力のすべてが達成される世界を思い描いているのである。そこでは、極貧層も含めた貧困者の不均一な市場にサービスが提供されるが、極貧層だけに焦点が当たることはない。ゴーシュとファン・タッセルのモデルは、形式的には、そうした世界をもたらすうえで営利目的の投資機関が果たす役割を説明している。しかし、マイクロファイナンスへの資金提供の現実はもっと複雑で微妙なところがあり、持続可能性の問題に対して経営者の視点でアプローチすることで、経営者は、内部の経営能力を認可環境に合わせて調整する戦略へと向かうことになる。MFOの経営者にとって幸いなことは、選択するべき資金源が数多くあることで、預金の動員も含めて、市場価格でのリターンをどこまで求めるかはさまざまである。その結果、経営者は、以下の疑問への答えに基づいて、補助金をいつ・どのように利用するかを戦略的に選択することができる。

（ⅰ）自分たちのMFOが関わりたいもので、自分たちのミッションと矛盾しないのだが、顧客から集める収入では賄いきれない活動があるか。またそれは、どこかの外部資金提供者が進んでコストを負担してくれそうな活動か。
（ⅱ）そうした外部資金を利用することで、将来的な財政困難に対する組織の脆弱性が上下するか。
（ⅲ）その新しい活動は既存の活動を妨げたり、現在の活動の実行可能性を危うくしたりしてしまわないか。

　もし答えが「イエス」や「脆弱性が下がる」「脆弱性が上がらない」、あるいは「ノー」であれば、そのMFOは、新しい、助成金付きの活動に取り組むことが適切である。答えのうちの1つでも難しいようなら、そのアイデアを放棄するか、生まれてくる問題に自力で取り組む方法を考えだす必要がある。結果として、持続可能性（狭く定義した場合）と助成金についての政策議論は、あれかこれかの硬直した選択ではなく、経営者が、利用可能な多様なタイプの助成金資金を賢く利用できるかどうか、資金提供者がそうした賢い利用を支援してくれるかどうかの問題になるのである。

5　結論と、さらなる研究のための提案

　マイクロファイナンスは、認可環境から正統性と支持を得られるやり方で、貧しい者に金融サービスを提供することによって公的価値を創出する。MFOが直面する課題を理解するためのこの枠組みは、実践者の多くが、これまで意識せずにしてきたことについて、明快な指針を提供する。この指針は、将来の問題に備え、組織の脆弱性を下げるための戦略を開発するうえで役立つはずである。

　また、この枠組みは、マイクロファイナンスの分野に「経営者の視点」での政策議論を提供するための有効な手段となる。本論では、この視点からのそうした議論の1つ（助成金と持続可能性についての議論）を取り上げて概観した。同様の分析になじみやすい議論は他にもある——マイクロファイナンスのイニシアティブはクレジット優先か預金優先か、金融オンリーか金融プラスか、MFOを株式公開企業に転換することのメリットは、などである。ほとんどの場合は、この枠組みに決まった正解などなく、たいていは「ケース・バイ・ケース」ということになるだろう。これはひとつには、この枠組みで鍵となる変数である認可環境が、非常に文脈特異的であるためである。

　また、この枠組みには、将来の研究の枠組みとなる可能性がある。MFOのケーススタディで、その立ち上げから大規模組織化までの進化を追跡したものはほとんどない。そのようなケーススタディがあれば、この枠組みの全般的価値についての洞察が得られるだろう。すなわち、それは本当にMFOがミッションや活動や認可環境を調整しなければならないケースなのか、それとも調整ミスをやり繰りできる経営者を連れてくれば済むことなのだろうか。また、MFOの成長の力学も明らかになり、戦略トライアングルのどの部分に、いつ最も注意を払えばいいのかについて、少なからぬ教訓が得られるだろう。さらに、MixMarketのような格付け機関による組織的なフィールドデータがますます利用しやすくなることで、新たに組織横断的な研究を実施して、戦略がMFOの成功にとって大きな意味を持つかどうかをテストする機会もでてくるだろう。戦略を独立変数として操作可能にすることは大きな課題だろうが、乗り越えられない壁ではない。そのような分析ができれば、格付け機関がMFOの長期的な生存能力を評価しようとする際に、きわめて有効なものとなるだろう。

　最後に、組織的な問題については、さらに具体的な分析が必要である。たとえば、どのような条件下なら金融プラスの戦略が成功するかについては、ほとんどわかっていない。効率への助成金のインパクトに関するヒュードンの研究（Hudon, 2006）は予備的なもので、この問題についてはさらなる研究が必要である。オックスファムUSA（OxfamUSA）とCAREが推進している預金グループの長期的な生存能力についても、興味深い問題があって、答えが求められている。こちらは、認可環境の潜在的

な反応とはほぼ無関係に、爆発的に数が増えていっている。

注

1. ここでの説明が部分的であるのは、筆者が執筆時点でアクセスできたソースが限られていたためである。コンパルタモスに関する記述は、MixMarket.org、Rosenberg（2007）、および Schaffer and Stuart（2004）で入手可能な、監査済み財務諸表に大きく依拠している。女性貯蓄組合（WTC）についての記述は、CDF 職員への聞き取り調査、女性指導者および同協同組合の一般組合員への聞き取り調査、年次報告、および会計データベースの詳細な分析を含めた、ずっと包括的なデータセットに依拠している。どれも Stuart（2003 and 2007）にさらに詳しく報告されている。
2. ここでいう公的価値（public value）は、単に経済学者のいう公益（public good）をマネジメント理論で翻訳したものではない。公的価値と私的価値（private value）との違いは、公的価値が、直接その商品ないしサービスを受け取る者以外の誰かによって支払われているという点である。この「誰か」も価値を受け取るのだが、その価値は、商品ないしサービスに内在する価値ではなく、商品ないしサービスがほかの誰かに特定の方法で届けられることのなかに存在するのである。
3. 便宜上、以下では、MFO から直接サービスを受け、顧客として金利および手数料の支払いを通じて代価を支払っている人びとについて言及していく。

参考書目

Compartamos (1996). Audited Financial Statements, 1995/6. Available at http://www. mixmarket.org/mfi/compartamosbanco/files ［2015 年 8 月現在、ファイルリストに挙がっていない］

―― (2002). Audited Financial Statements, 2001/2. Available at http://www. mixmarket.org/mfi/compartamosbanco/files ［2015 年 8 月現在、ファイルリストに挙がっていない］

―― (2006). Audited Financial Statements, 2005/6. Available at http://www. mixmarket.org/mfi/compartamosbanco/files

Ghosh, S and E Van Tassel (2008). A Model of Mission Drift in Microfinance Institutions. Working Paper.

Hudon, M (2006). Financial Performance, Management and Ratings of the Microfinance Institutions: Do Subsidies Matter? Working Paper, Solvay Business School, University of Brussels.

Moore, MH (1995). *Creating Public Value: Strategic Management in Government*. Cambridge, MA: Harvard University Press.

―― (2000). Managing for Value: Organizational Strategy in For-Profit, Nonprofit, and Governmental Organizations. *Nonprofit and Voluntary Sector Quarterly*, 9(1), 183–204.

Rosenberg, R (2007). CGAP Reflections on the Compartamos Initial Public Offering: A Case Study On Microfinance Interest Rates and Profits. CGAP Focus Note 42.

Rutherford, S (2000). *The Poor and their Money*. New Delhi, India. Oxford India Paperbacks.

—— (2004). GRAMEEN II at the End of 2003: A 'Grounded View' of how Grameen's New Initiative is Progressing in the Villages. Dhaka, Bangladesh: MicroSave.

Schlefer, R and G Stuart (2004). Corporate Values and Tansformation: The Microlender Compartamos. Kennedy School of Government, Case No. 1706.1.

Stuart, G and S Kanneganti (2003). Embedded Cooperation: Women's Thrift Cooperatives in Andhra Pradesh. Kennedy School of Government Working Paper Series, RWP03–026.

Stuart, G (2007). Organizations, institutions, and embeddedness: Caste and gender in savings and credit cooperatives in Andhra Pradesh, India. *International Public Management Journal*, 10(4), 415–438.

第 2 部　マイクロファイナンスのマクロ環境と組織的背景の理解

マイクロファイナンス機関が限界顧客のニーズを満たすうえで、どのような外部コントロールメカニズムが役立つのか

バレンティナ・ハルタルスカ[*]（Valentina Hartarska）
デニス・ナドルニヤク[**]（Denis Nadolnyak）

1　はじめに

　うまく運営されているマイクロファイナンス機関（MFI）は、わずかな資金を有効に活用して、優れた金融サービスを、多くの貧しい顧客に提供している。マイクロファイナンスの実践者は、ガバナンスとコントロールメカニズムがMFIの成功に不可欠だと主張してきている（Campion, 1998 ; Rock, Otero and Saltzman, 1998）。本論は、外的ガバナンス（「利害関係者と市場が行使するコントロール」として定義されるもの）と、説明責任メカニズム（これが機能することで内的ガバナンスが執行される）とが、MFIの持続可能性へのインパクトを通じて、どのようにMFIのアウトリーチに直接間接の影響を与えているかを探るものである。

　マイクロファイナンスは成長産業であり、MFIは民間および開発援助の重要なリソースを管理している。数年前まで、マイクロファイナンス活動への年間の資金提供は世界で10～15億米ドル、その90パーセントが先進国の納税者によるものだった（CGAP, 2004）。貧困層支援諮問会議（CGAP）による2008年の調査では、外国の投

---

[*] オーバーン大学（Auburn University）、CERMi
[**] オーバーン大学

資家とMFIを仲介するさまざまなマイクロファイナンス投資ビークル（Microfinance Investment Vehicles: MIV）の管理する資産が大幅に伸びて、2007年末時点で54億ドルに達した（2006年から約78パーセントの増加）と伝えている。増加分の大半は、TIAA-CRAFTやABPといった民間の機関投資家によるものだった。民間投資家の出資が増えたことから、どのような外部コントロールのメカニズムが機能し、それがMFIの業績にどう影響するのかをアウトリーチと持続可能性という視点から理解することが、今後ますます重要となっていくだろう。

規制者やドナーが権限を持っているといったMFI固有の特徴が、市場の支配能力に影響するかもしれない。本論では、近年の国際比較研究をいくつか要約することで、規制、情報開示、マイクロファイナンスの格付け、クレジットビューロー、および貧しい借り手への到達力をめぐる競争について、個別および複合したインパクトを探っていく。また、MFIの持続可能性についても考えていく。MFIが持続可能でなければ、市場での長期的な存在を維持して貧しい借り手に到達していく機会は得られないからである。

以下、本論は次のような構成になる。セクション2では分析の一般的な枠組みを示し、セクション3では規制に関する証拠を提出する。セクション4では格付けのインパクトに関する証拠を要約し、セクション5ではクレジットビューロー、競争、および情報開示に関する証拠について論じる。セクション6では結論を提示し、将来の研究に向けた提案を行う。

2 国際比較分析のための枠組み

マイクロファイナンス機関は驚くほど多様で、非政府組織（NGO）、銀行ないし村落銀行、協同組合、あるいはノンバンク金融機関などとして活動している。大半のMFIは貸付に焦点を当てているが、支払い施設を提供するものもあるし、およそ3分の1は預金動員もしている（MIXの市場データベースを基に筆者らが算出）。MFIがどの程度まで市場による支配に直面するかはさまざまである。これは、当局の規制対象となっているMFIもあれば、非営利または会員制の協同組合として組織されているところもあるためである（しかも、独立の金融規制当局であっても、継続中に監督の程度が変動することもある）。大半のMFIの資産基盤は補助金で、幅広い株式を保有しているところや会社組織になって公開取引されているところはほとんどない。規制の程度の多様さに加えて、このような特徴からも、MFIの限界顧客への到達能力に規制と市場の力がどう影響するかを理解することの必要性が強調される。

ほかの組織と同様に、MFIが機能し拡大していくための条件は、現在の責任を果た

第 2 部　マイクロファイナンスのマクロ環境と組織的背景の理解

すのに十分な流動性があることと、外部ソースから資金を集められることである。そこで、支持を続けるという、ドナーや債権者の意志が重要となる。現在、こうしたMFI の利害関係者が意思決定の基礎としているのは、監査済み財務諸表から得られるMFI の業績に関する情報、規制者から提供される情報、信用度、独立の格付け機関による世界的なリスク格付け、競合機関の業績との比較などである。規制者や主要なドナーが市場の力の効率に影響を及ぼしたり、MFI のミッションに介入してきたりすることもある。したがって実証的研究では、こうした要因によるものをコントロールして、単一のコントロールメカニズムのインパクトを正確に認定する必要がでてくる。

　大半の実証的研究は、国際比較による金融研究に倣って、銀行固有の（またはMFI 固有の）変数とその国に固有のマクロ経済および制度的要因の関数として業績を規定している（Barth et al., 2004；Hartarska, 2005；Hartarska and Nadolnyak, 2007 and 2008；Hartarska, 2009）。金融およびMFI に関する実証的な論文で、外的ガバナンスに焦点を当てているものは、この基礎モデルを補強するのに別のベクトルの説明変数を導入して、外部ガバナンス枠組みのインパクトを捉えようとしている（Barth et al., 2005；and Barth et al., 2007）。具体的には次のようなモデルである。

$$P_{it} = \text{constant} + \alpha' EG_{it} + \beta' MS_t + \phi' M_t + \varepsilon_{it} \quad (1)$$

　ここで、P_{it} は時間（t）におけるMFI（i）の業績指標を表し、EG_{it} は外部ガバナンスの枠組みのインパクトを捉える変数のベクトルである。このモデルは、当該のMFI が規制対象となっているかどうか、ないしは規制が迫っているかどうかの尺度を含んでいる。すなわち、格付け機関やクレジットビューロー、競合機関、および（初期の研究では）監査の利用を測定するための1 または複数の変数である。MS_t はMFI に固有の変数のベクトルで、発足からの年数、規模、ポートフォリオの質、組織のタイプなどである。M_t はマクロ経済におけるその国固有の変数で、インフレ、GDP、人口1 人当たりGDP などである。ε_{it} は誤差項となる。

　変数を慎重に選択したうえで、業績を測定し、MFI 固有および地域・国固有の条件での差違をコントロールすることが、実証的研究を成功させるうえでは決定的に重要である。ここで検討する研究では、MFI の財務実績の尺度として、経営面・財政面での持続可能性、ROA（純資産利益率）、ROE（株主資本利益率）が含まれている。アウトリーチの幅の尺度については、稼働中の借り手ないし顧客（借り手と預金者）の数を含むものが大半である。アウトリーチの深さの尺度はそれほど使われないが、これは利用できる適切な尺度がほとんどないことと、最近の理論的研究から、平均融資規模のような利用しやすい尺度を用いて顧客の貧困水準やミッションドリフトの可能性を測定することには問題があるとされていることが理由である（Armendáriz and

Szafarz, 2009)。さらに新しい研究では、アウトリーチと持続可能性ミッションの両方を古典的なコスト最少化の文脈に取り込むことで、コストの最少化を追求しつつ、多くの顧客にサービス提供するという目標を捉えているもの、そのために、コスト機能におけるアウトプットの測定を、融資や預金の量ではなく顧客の数で行っているものもある（Caudill et al., 2009；Hartarska and Mersland, 近日刊）。

3　規制と MFI の業績への影響

　MFI の規制に期待されるのは、それによって MFI が、預金、株式、および商業的借入れなどを通じて、それまで以上に幅広い金融サービスと多くの資金へのアクセスを提供できるようになることである（Arun, 2005；Gallardo, 2001；Lauer, 2008）[1]。期待される影響で、まだ実証的な結果によって支持されていないものとしては、規制による資金コストの低下がある（Rosemberg et al., 2009；Hartarska, Parmeter and Mersland, 2009）。MFI 規制に関しては、預金を受け入れる MFI は健全性規制の対象となるべきだが、預金を動員しない MFI は対象とするべきではなく、その中間の MFI については、ターゲットを絞った何らかの形態での規制を行い、資金源やサービス対象の顧客とリンクしたライセンス供与やモニタリングをするべきだというのがコンセンサスである（Hardy et al., 2003）。今のところ MFI は、義務的な参入規制、健全性の監督、あるいはなんらかの参入規制および結果モニタリング（段階的規制）のいずれかの対象となっている。Mixmarket が 2006 年に収集したデータは、規制対象の MFI が預金を集めている国、規制対象外の MFI が預金商品を提供できる国、MFI は規制対象となっているが必ずしも預金を集めていない国があることを示している（Hartasrska and Nadolnyak, 2007 の表 1 にまとめられた Mixmarket.org のデータ）。

　典型的な金融規制はマイクロファイナンス活動をカバーしていないし、法や規制が変更されてマイクロファイナンス活動が取り込まれるのは、大規模なマイクロファイナンス・ネットワークによる宣伝活動の結果か、MFI 部門が規制者の目にとまるようになってからのことである。規制者から注目されないことについては、マイナス面とプラス面の両方がある。規制が曖昧だと、融資活動の法的根拠についての解釈が規制側の裁量に任されてしまい、1999 年までのロシアのように、MFI の立場がいつまでも脆弱となってしまう（Safavian et al., 2001）。

　しかし、規制当局との関わりが相対的に少ないことで、一部のラテンアメリカ諸国では、MFI が設立・活動しやすいという面もあった（Christen and Rosenberg, 2000）。初期には、既存の規制対象外組織が規制と商業化を望んだが、これは、新たな競争相手の参入を妨害することで期待される利益が動機だったようで、アウトリーチに関して

は、却ってこの産業の潜在能力を限定してしまったかもしれない（Stigler, 1971）[2]。

　規制が関わってくることによるマイナスの影響としては、規制対象となることで、MFIがミッションドリフトを起こす可能性があげられる。すなわち、顧客を変更して、あまり貧しくない借り手を含めることで、多様な利害関係者の選好を満足させようという傾向がでてきかねないのである。実証的な研究では、持続可能性へのインパクトを通じて、規制によるアウトリーチへの直接間接の影響を探っている。利用可能なデータによって規制に関する前提が変わってくるが、到達する結論はどれも似かよっている。東ヨーロッパおよび中央アジアでのMFIの業績に対する内的・外的ガバナンスメカニズムの影響に焦点を当てた研究で、ハルタルスカ（Hartarska, 2005）は、主要MFIの調査データを用いて、調査のあった年に独立の金融当局から監督されていたMFIについては、借り手の数で測定したアウトリーチの幅に差がないことを発見している。ただし、監督対象のMFIはROAが低く、豊かな借り手にサービス提供していることもわかっている。

　ハルタルスカとナドルニヤク（Hartarska and Nadolnyak, 2007）は、Mixmarketのパネルデータのほか、内因性の規制状況を修正する実証モデルを用いている。これが必要となるのは、MFIの業績と状態（規制対象か規制対象外か）が、経営の質といった、観察されない個別の特徴に影響されやすいからである。固定効果パネル法（fixed effect panel method）は、観察できない個別MFIの不均一性——組織として多様な産業において重要なもの——を説明するうえで望ましい手法である。しかし、固定効果パネルによる推定値は、金利に関する政策変数がダミー変数で、規制状況が時間とともに変化しない場合には、用いることができない。この問題を解決するために、筆者らはハウスマン－テイラーIV法（Hausumann-Taylor IV method）を用いて、内因性の規制ダミーを固定効果モデルに入れ込んでいる。また、MFIの利用する資金源の数と競合機関の数は、規制と非営利状況（内因性として示される）を示す道具として用いている。結果は、規制が、アウトリーチ（借り手の数によって測定）にも持続可能性（経営面での持続可能性によって測定）にも影響しないことを示している。しかしこの結果は、規制対象MFIが豊かな借り手にサービス提供している証拠としては弱く、ハルタルスカ（Hartarska, 2005）、デミルギュス＝クントら（Demirgüç-Kunt et al., 2008）、カルら（Cull et al., 2009）の発見と一致している。カルらは、規制執行の厳格さがアウトリーチの深さ（平均融資規模で測定）にマイナスのインパクトを持つという証拠を発見している。

　さらに近年では、マースランドとストレーム（Mersland and Strøm, 2009）が、内因的な方程式の文脈におけるMFIの業績には、規制によるインパクトがないことを発見している（金融部門の成熟度指標で測定）。コーディルら（Caudill et al., 2009）は、ECA（ヨーロッパおよび中央アジア）地域では、規制対象のMFI銀行の効率（トランスログ型の

コスト関数を持つ混合モデルから推定される技術効率で定義）が時間とともに改善していることを発見している。ハルタルスカとマースランド（Hartarska and Mersland, 近日刊）は、同様の方法を用いて格付けされたMFIのサンプルを分析し、預金者と借り手の両方を含めた場合には、独立の金融規制当局が規制するMFIの方が効率的に、多くの顧客に到達しているが、借り手だけで見ると、必ずしも到達の効率がよくないことを発見している。しかし、もっと成熟した規制システムのある国で活動しているMFIは、低い効率で多くの顧客に到達しているので、効率へのインパクトは預金者の数が動因になっていると思われる。このことは、成熟した規制環境のある国の方が、MFIが預金者を惹きつけにくいことを示唆している。おそらく、ほかの銀行がすでに預金を集めていることがその理由だろう。

4　格付けのインパクト

　理論的な視点から格付けが価値を持つのは、それがまだ市場参加者の持ち合わせていない情報を生み出す場合である。新しい情報は、証券価格やドナー、債権者、投資家の資金提供決定に影響することで、支配的な役割を果たす。さらに言えば、格付けの有効性は、市場参加者が、特定のドナーおよび（預金を集めているMFIでは）規制者によって、市場のシグナルがどれだけ弱まると見ているかに依存している。これは、トラブルに陥ったMFIは救済されるという暗黙の保証があるためで、実証的な文献は、銀行格付けの最大の貢献は、規制者が問題のある銀行を認定し、必要な施策をとってこれを強化するのを助けるところにあることを示唆している（Morgan, 2002；Morgan and Stiroh, 2000）。

　大半のMFIは補助金が資産基盤で、株式を広く保有しているわけではない。しかも、ほとんどのMFIは債券を発行できないし、預金を集められるところは3分の1もない。規制対象のところもあれば対象外のMFIもある。それにもかかわらず、ほかの組織とまったく同様に、MFIが現在の責務を果たすため、あるいは拡張していくために、資金への適切なアクセスが必要である。信用と、独立格付け機関による世界的なリスク格付けが、特定のMFIに資金提供するというドナーや投資家の意思決定に支配的な役割を果たすこともある。

　MFIの格付けは、マイクロファイナンス格付け評価基金（Microfinance Rating and Assessment Fund: MRAF）によって支えられている。2001年に米州開発銀行と貧困層支援諮問会議が共同で設立し、2005年からはヨーロッパ連合も加わったこの基金は、事前承認したマイクロファイナンス格付け機関からの最大3段階の格付けに応じて階層的な補助金を提供していたが、2007年の末からは徐々に補助金を減らしてきてい

る。需要が弱くなっていることが明らかになってきたためと、主流格付け機関の有効性が疑問視されはじめてきたためである。

　典型的な信用格付けは、組織がどれくらい債務不履行になりやすいかを評価する。もともと、マイクロファイナンスの格付け機関は、負債だけを格付けするのではなく、アウトリーチと持続可能性の両方について組織の全体的な業績を評価する方法を開発していた。わかりやすい報告書を提出せよという圧力の下、格付け機関は、2004年後半には単一の文字スケールによる全体評価を始めた。

　MFIのアウトリーチを格付けすることの直接のインパクトについては、まだ突っ込んだ研究がない。入手可能な証拠は、MFIの資金集めの能力——したがってアウトリーチを維持する能力——を格付けすることによる、間接的なインパクトに関するものだけである。ハルタルスカとナドルニヤク（Hartarska and Nadolnyak, 2008）は、文字スケールによる評価より評価前の時期について、この問題を分析している。MFIを格付けしている5つの主要格付け機関を調査し、格付けのデータを、格付け以前および以後の、個々の財務およびアウトリーチのデータ（MixMarketのデータからとったもの）と照合したのである。

　第1に、ハルタルスカとナドルニヤクは、ロジスティック回帰（logistic regression）を用いて、どのMFIが格付けおよび格付け補助金を求めたかを調べた。その結果、格付けの対象となる見込みは、アウトリーチや財務成績といった業績指標によっては影響されないが、規模と創設からの年数に応じて（最大9年まで）増していくことがわかった。貸付に焦点を当てている（融資 - 総資産比の高い）MFIは、格付けされたうえで、格付け補助金（rating subsidy）を手に入れることが多かった。レバレッジ率の低いMFIは格付け補助金を求め、MRAFは、そうした目的に格付けを利用することを奨励した。創設から14年までの比較的新しいMFIが補助金を受け取る例が多かったが、規模は、格付け補助金の見込みに影響していなかった。

　次に，ハルタルスカとナドルニヤクは、どのような要因が、集めた株式および非預金債務の総額に影響するかを研究し、そのために、株式（債務）の変化を格付け用ダミーの関数として規定し、その前の時期におけるMFI固有指標およびマクロ指標を用いて、可能な内生性を修正している。これには、すべてのMFIについてデータつきのモデルが、そして、東ヨーロッパおよび中央アジア（ECA）のMFIついて2つのサブサンプルが含まれていた[3]。結果は、格付けされたMFIでも資金集めの能力は同じであることを示している。補助金付きで格付けされているMFIも、大半の回帰分析の結果によれば、集めた資金に多寡はなかった。例外はラテンアメリカでの株式のケースで、これは、この地域のMFIが、補助金付きの格付けを利用して株ポジションを改善せよという主要ドナーの要請に応えて、株式注入の前に格付けを獲得したものと思われる。

ハルタルスカとナドルニヤク（Hartarska and Nadolnyak, 2008）は、個々の格付け機関による格付けが資金集めに影響するかどうかについても分析して、すべての格付け機関が同じインパクトを持つわけではないという証拠を少なからず発見している。具体的には、プラネットレーティング（Planet Rating）の格付けした MFI は、格付け後の時期に、ECA 地域の大部分で借入れが増えたほか、世界全体でも増えていた。また ACCICON の格付けした MFI は、ラテンアメリカでの株式調達が増えていた。こうした結果は、負債と資金との間にはトレードオフがあって、それが格付け機関の選択に影響されるか、または潜在的な資金源からの要請があるのだろうと解釈できる。いっぽう予想に反して、マイクロフィナンサ（Microfinanza）が格付けした MFI は、レーティングファンド（Rating Fund）による補助金があったにもかかわらず、格付け後の時期に信用が低下していた。この地域の経営者には、格付けは外部コンサルタントの代替として有用であり、資本構成（キャピタリゼーション）改善の必要性といった問題を確認できることを指摘する者もいる[4]。

　最後に、この論文は、格付けが新たな情報を生み出すかもしれないという証拠を提出している。これは、格付けダミーが、数多くのラグ付きの業績指標（lagged performance indicators）を修正した後でも統計的に有意であるためである。こうした結果は、ECA 地域では、アウトリーチに優れた MFI の方が追加的な資金を集めやすいが、それでも余分な負債は集めにくいということも示している。これは、融資よりも補助金で顧客にサービス提供する MFI を支援するという、主要ドナーないし債権者の方針を反映しているのだろう。ドナーの選好が反映しているものとしては、ラテンアメリカの MFI は、債務総額に対する預金の比率の高いところほど追加の負債を集めやすく、ECA 地域の MFI では、預金集めを強調しないところほど自己資本比率が上がりにくいという発見もある。

　もうひとつ、興味深い結果として、これら以外の外部変数（預金保険など）も、また違った方法で、地域全体にわたる資金集めに影響している。たとえば、ECA 地域で預金保険のある国の MFI は、追加的な負債を惹きつけやすかったのに対して、ラテンアメリカで預金保険のある国の MFI は、追加的な負債は惹きつけにくいが、追加的な株式は惹きつけやすかった。これも、MFI 支援について地域でのドナーの選好を反映したもので、格付けの役割が小さいことを示唆している。

　この論文から得られるこの結論は、文字スケールによる格付け以前の時期について有効なものだが、格付けの確固としたインパクトについて、他の研究でも発見されていない。ウォン（Wang, 2007）は、文字スケールでの格付け以前および以後（具体的には 1999 年から 2006 年）の時期について、63 カ国 315 機関という大きなサンプルを用いている。ウォンはラグ付きの説明変数モデルを用いて、MFI 固有の変数における内生性をコントロールするとともに、二段階最小二乗法（two-stage least squares procedure. 2SLS）の手順を用いている。結果はハルタルスカとナドルニヤク（Hartarska and Nadolnyak, 2008）と一致していて、個々の格付け機関による格差的なインパクトを確認しているが、2SLS についてはインパクトが確認されていない。ウォンは、格付けのアップデートと補助金付きの格付けが資金集めに影響しないことも発見している。

さらに大きなデータセットと高品質のデータを用いて、ゴンサレスとハルタルスカ（Gonzalez and Hartarska, 2007）は、MFI によるさまざまな資本ソース、とりわけ商業資本へのアクセス、したがって間接的には資金コストと、格付けおよび格付けのグレードとの関係を調査している。この研究の主要な部分は、主要なマイクロファイナンス格付け機関が行うすべての格付けから得られる情報と、公的に利用可能な MixMarket のデータ、および 2000 〜 2006 年期における 1046 の MFI からの非公開 MBB データによる情報との、両方を含めたデータベースを組み上げている点である。ゴンサレスとハルタルスカは固定効果モデルを用いているが、これは、テストの結果から、ランダム効果にはこの方が望ましいことが示されたためである。分析には、いくつかの回帰的な従属変数が含まれている。たとえば債務（預金の正価）の変化、株式の変化、債務に対する商業資本の比率などで、これは格付け測定のための格付け変数、文字スケールの価値、補助金付き格付けダミーについてのものである。ほかにも、MFI 固有の特徴である規模、創設からの年数、法的地位、資本構造、返済履歴、さらにはその国に固有の変数や地域変数も含まれている。また、格付け機関ごとに文字スケールの使い方が違うので、ここでは格付け機関全体で標準化した格付けスケールに照らして、それぞれの MFI が受けた評価を比較し、その結果を基に、4 つのグループに分類されている。すなわち上側三分位、中側三分位、下側三分位、および格付けなし、である。

全体としてみると、ゴンサレスとハルタルスカは、格付けが金利の変数に対して正負いずれかの影響を持つことを示唆するような、統計的に有意な証拠を発見していない。しかし彼らは、この研究および関連する研究については慎重に解釈するべきだと指摘している。理由は、文献によって結果への影響が示唆されるいくつかの要因についてコントロールすることを、データが許容しないからである。たとえば、格付けが自主的なものだったか責任者の要請によるものであったか、あるいは、それが与信リスクについての格付けなのか世界的な格付けなのかに関しては、データを集めることができない。さらに、格付けと文字スケールによる評価は比較的最近になって導入されたものなので、格付け以後の MFI 業績のデータは、この研究の時点では利用できなかった。したがって、インパクトを拾いあげる能力には限界があるのである。

非常に重要なので指摘しておくと、上記の研究では、アウトリーチへのインパクトにのみ目を向けることはしていない。持続可能な MFI は限界顧客にサービス提供できるため、アウトリーチは間接的に説明されているだけである。ハルタルスカ（Hartarska, 2005）は、1999 〜 2002 年の時期に ECA 地域で活動した MFI について、

格付けされたMFIの方が格付けされないMFIよりもアウトリーチがよいという証拠を発見しているが、ハルタルスカ（Hartarska, 2009）によれば、世界の他の地域についてはそうした証拠は見つからなかった。また、グティエレス＝ニエトとセラーノ＝シンカ（Gutierrez-Nieto and Serrano-Cinca, 2007）は、社会目的と無関係な要因が格付けに影響することを発見している。これは、大規模で、利益性が高く、リスクの低いMFIほど格付けが高くなるためである。グティエレス＝ニエトとセラーノ＝シンカは、MFIの重要な社会的ミッションを考えれば、格付け機関は、社会的目標の達成度を正確に反映する格付け方法を開発するべきだと結論づけている。実際に、マイクロファイナンス格付けの新たな展開は社会性評価への注目であり、社会性を評価する製品を提供し、基準を統一するためのさまざまなイニシアティブが進行中である（たとえばSEEPネットワーク社会的業績作業グループ2008（SEEP Network Social Performance Working Group, 2008）による社会的業績マップ（Social Performance Map）および一般的社会評価枠組み（Common Social Rating Framework）など）。アウクラ、ハルタルスカ、およびナドルニヤク（Auklah, Hartarska, and Nadolnyak, 2009）による予備的な結論は、格付けが、2003～2005年の時期にはMFIのアウトリーチに影響していないことを示唆している。

　全体として、マイクロファイナンスの格付けの有効性に関する実証的証拠は、ドナーや格付け機関の望んだほどのインパクトを示していないようだが、金融関係の文献から得られる実証的証拠は、アメリカでは、与信格付けが規制と共生することの必要性を示していて、こちらとは一致している（Flannery, 1998；Morgan and Stiroh, 2000；Berger, Davis, and Flannery, 2000）。最近の国際比較研究では、一般に情報開示が進んでいるほど銀行の業績がよい一方で、格付けは、あらゆる方法のなかで最も効果の少ないことが示されている（Barth *et al*., 2005；and Barth *et al*., 2007）。

5　その他のコントロールメカニズム

　外部による報告や監査を義務づけることは、利害関係者と事業所との間の情報の非対称性を低減し、通常は資金コストを下げることになる（Healy and Palepu, 2001）。1999～2001年および2000～200年の2度にわたり、70カ国以上の銀行を対象として研究を行うなかで、バールトら（Barth *et al*., 2005 2007）は、商業銀行に影響を与えるコントロールメカニズムの多様な側面を捉える指標群を構築して、外部コントロールメカニズムの役割を調べている。そこからは、財務諸表の透明性、外部監査の強さ、および国際的な会計基準が、銀行の収益性と効率を高めることがわかっている。

　しかし、監査済み財務諸表のあるMFIは、そうでないMFIと比べて、アウトリーチも持続可能性も必ずしも優れてはいない（Hartarska, 2005；Hartarska and Nadolnyak,

2007)。いくつかの予備的な結論は、民間クレジットビューローの対象範囲が広いECA諸国のMFIは平均貸付金残高が多いことを示していて、最貧層の限界顧客からのミッションドリフトが起こっている可能性がうかがわれる（Auklah, Hartarska and Nadolnyak, 2009）。

競争が激化すれば、それが強い内部ガバナンスの代替となって、ミッションで動いている組織では、全体の効率が向上することもあるだろう（Hart, 1983；Schmidt and Tyrell, 1997；Besley and Ghatak, 2004）しかし、競争によって、組織と顧客との長期的な関係が台なしになることもあるだろうし、非営利の貸し手の間で非対称情報の問題が悪化して、すべての借り手にとって融資契約が悪くなることもあるだろう（Gorton and Winton, 2003；McIntosh and Wyndyck, 2005）。ボリビアやウガンダのような競争の激しいマイクロファイナンス市場での証拠は、激しすぎる競争によって、ボリビアの事例のように利益性が下がることもあることを示している。ただし、ウガンダやバングラデシュのように借り手に課せられる金利が下がり、それがアウトリーチに影響することもある（Porteous, 2006）。

国際比較研究は諸要因が複雑に関係し合った証拠を提供している。マースランドとストレーム（Mersland and Strøm, 2009）は、格付けされたMFIのサンプルを用いて、業績に影響がないことを発見しているが、ハルタルスカとナドルニヤク（Hartarska and Nadolnyak, 2007）は、MixMarketのデータのサンプルから、アウトリーチへの正のインパクトを示す弱い証拠を発見している。

ハルタルスカとマースランド（Hartarska and Mersland, 2012）は、格付けされたMFIのサンプルについて、内部・外部のさまざまなガバナンスメカニズムによるMFI効率へのインパクトに焦点を当てている（競争のインパクトについてはコントロールしている）。ここからは、競争の激しい環境にあるMFIほど効率が低いが、この効果は、内的統治の変数を含めると消えてしまうことがわかる。こうした結果は、マッキントッシュとワイディック（McIntosh and Widyck, 2005）による国レベルの研究結果が、競争の負のインパクトを示しているのと一致している。ハルタルスカとマースランド（Hartarska and Mersland, 2012）は、格付け機関の意見に基づく指標で競争を測定していることから、この競争指標でインパクトがないということは、格付け機関が、市場について期待されたほどには十分な情報を持っていないことを示唆しているのではないかと述べている。これは、ハルタルスカとナドルニヤク（Hartarska and Nadolnyak, 2008）、ゴンサレスとハルタルスカ（Gonzalez and Hartarsuka, 2007）と一致している。

6 結論

　外部メカニズムによるコントロールの役割に焦点を当てた実証的研究は、まだ始まったばかりである。主要な結論として、規制は、財政面での業績や到達した借り手の数に直接影響することはなさそうだが、ミッションドリフトにつながりかねないという証拠は少なからずある。これまでのところ、そうした証拠からは、文字スケールによる格付けでは資金集めは向上しないこと、むしろそれが非生産的な出費となって、アウトリーチへの焦点からリソースを移してしまいかねないことが示唆されている。マイクロファイナンスの格付けは、各MFIがアウトリーチというミッションに成功しているかどうかの情報を伝えるものではないし、これまでのところ、期待されたような質の高い情報を提供していない。このことは、信用格付け業界全般の問題とも一致している。競争は、効果的な内的コントロールメカニズムがない場合、アウトリーチを損ねることもある。予備的な結果は、国内で利用されるクレジットビューローとの間に負のつながりがあるかもしれないこと、融資が最貧層の借り手から離れていくかもしれないことを示している。

　こうした証拠は、用いられているデータと方法が一様でないので、それほど決定的なものとはならない。実証的研究は、金融研究を応用し、さまざまな推定技術に適用することで、方法論上の課題に対処していく。最大の課題は一部の説明変数の内生性で、普通はパネル設定、内生性方程式のシステム、パネル操作変数、または確率的フロンティア分析に、ラグ付き従属変数を用いることで対処する。

　また、結果は分析するデータセットに依存するが、そのデータセットはさまざまである。今のところ、国際比較研究に用いられる主要なデータセットは3つある。最もアクセスしやすいデータセットはMixMarketがまとめたもので、含まれるMFI人口が最大で、どこよりも幅広い。しかし、こうしたデータは自己報告によるもので、高度な分析に必要なものと比べれば、精度が落ちるかもしれない。これ以外に幅広く利用されているデータセットとしては、格付け機関の報告書からまとめたものがあるが、これは、資本集めの必要な、財政的に苦しいと思われるMFIのサブセットを含んでいる。したがって、選択の問題が重要となる場合もでてくるだろう。MBB（MicroBanking Bulletin）の編纂するデータセットは、MixMarketのデータセットを含んだ大規模なものだが、すべてが重なっているわけではなく、高品質なデータを含んでいる。しかし、このデータセットは外部の研究者には利用不可で、内部のWB調査にのみ利用されており、現在の政策的な優先事項やニーズに影響されている可能性がある。検討された論文のなかには、ここにあげたもののほかに、たとえば格付け機関や銀行規制者による調査データを組み合わせて採用しているものもあり、これが最も信頼できるよう

第 2 部 マイクロファイナンスのマクロ環境と組織的背景の理解

に思われる。

　最後に、研究者がこうしたタイプの分析に注目し始めていることから、高品質のデータ（できれば地域的な性質のもの）が収集・共有される希望はある。そうしたデータセットとしては、ポーランドの、中央・東ヨーロッパおよび新独立国マイクロファイナンスセンター（Microfinance Center for Central and Eastern Europe and Newly Independent States）によるものがある。データが幅広く利用できるようになるにつれて、独立した研究者が、これまで以上に高度な方法を適用して、市場によるコントロールメカニズムの影響を分析していくだろう。また、マイクロファイナンス機関だけでなく、広く金融仲介業界を苦しめている重要な問題についても、答えが見いだされていくことだろう。

注

＊ 筆者連絡先：Valentina Hartarsuka, Associate Professor, Department of Agricultural Economics and Rural Sociology, 210 Comer Hall, Auburn, L 36830. Tel: (334) 844-5666, Fax: (334) 844 5639；E-mail: hartarska@auburn.edu

1．金融仲介機関の規制を正当化するものは、市場のパワー、負の外部性、非対称な情報から生じる市場の失敗である（Freixas and Rochet, 1997）。今の MFI は地元独占として運営されているが、過去には、上限金利や計画信用（targeted credit）といった政策を用いて、独占的な農業開発銀行による貸出実行（loan disbursemen）に影響を与えることも試みられたが、結局は効果がなく、農村銀行は、貧農ではなく富農に貸し出していた（Gonzalez-Vega, 1977）。したがって、競争を支持するような規制枠組みの方が、単に地元独占を規制するよりも優れた選択かもしれない。MFI は、支払い施設を提供しているものの、ニッチ市場で活動しているので、金融システムにシステムリスク（負の外部性）を生じるほどの市場浸透度は——少なくともすべての国では——ない（Wright, 2000）。したがって、システムリスクを予防するための規制には大きな支持が集まらない。

　　金融仲介機関と預金者との取引に内在する情報の非対称性は、健全性規制と監督の理由となる。なぜなら、規制によって、分散した小口預金者の利益を保護できるからである（Dewatripont and Tirole, 1994）。預金を受け入れるマイクロファイナンス機関の規制が不適切な場合のコストは大きい。たとえばバングラデシュでは、規制対象外の名前も知らないような機関による詐欺のために、多くの貧困者が預金を失っている（Wright, 2000）。

2．規制対象外の組織からスタートして商業的な規制対象 MFI へと転換した例としては、PRODEM（1986 年にボリビアで NGO として設立され、1992 年にバンコソルとなった）、ミバンコ（マイクロファイナンス活動については 1982 年にまで遡る。1998 年に銀行に転換）、AMPES（Asociación de la Mediana y Pequeña Empresa　中小企業協会。1988 年から ServicioCrediticio というマイクロファイナンス活動があったが、のちに Financiera Calpia に再編して銀行の認可を受けた）などがある。

3．世界の他の地域については研究が少なすぎたため、個別での調査ができなかった。

4．筆者らによる、ECA 地域の経営者からの聞き取り調査。

参考書目

Auklah, J, V Hartarska and D Nadolnyak (2009). What External Mechanisms of Control Work Best for MFIs in the ECA Region. Working Paper, Auburn University.

Barth, J, M Burtus, V Hartarska, D Nolle and T Phumiwasana (2007). External governance nd bank performance: A cross-country analysis. In *Corporate Governance in Banking: An International Perspective*, B. Gup (ed.). Edward Elgar Publishing.

Barth, J, V Hartarska, D Noelle and T Phumiwasana (2005). A cross-country analysis of external governance and bank profitability. In *Regulation of Financial Intermediaries in Emerging Markets*, T Mohan, R Nitsure and M Joseph (eds.), pp. 46–86. New Delhi, India: Response Books, A Sage Publications Division.

Barth, JR, G Caprio and R Levine (2004). Bank regulation and supervision: What works best? *Journal of Financial Intermediation*, 13, 205–248.

Barth, J, D Noelle, T Phumiwasana and G Yago (2003). A cross-country analysis of the bank supervisory framework and bank performance. *Financial Markets, Institutions & Instruments*, 12, 67–120.

Berger, A, S Davies and M Flannery (2000). Comparing market and supervisory assessments of bank performance: Who knows what and when? *Journal of Money, Credit & Banking*, 32, 641–667.

Besley, T, and M Ghatak (2004). Competition and Incentives with Motivated Agents. Working Paper, London School of Economics.

Campion, A (1998). Current governance practices of microfinance institutions. Occasional Paper 3, The Microfinance Network, Washington DC.

Caudill, S, D Gropper and V Hartarska (2009). Which microfinance institutions are becoming more cost-effective with time? Evidence from a mixture model. *Journal of Money, Credit, and Banking*, 41(4), 651–672.

CGAP (2004). Foreign Investment In Microfinance: Debt and Equity from Quasi-Commercial Investors. Focus Note 25.

Christen, RP and R Rosenberg (2000). The rush to regulate: Legal frameworks for microfinance. CGAP Occasional Paper, Washington DC.

Cull R, A Demirgüç–Kunt and J Morduch (2009). Does regulatory supervision curtail microfinance profitability and outreach? Policy Research Working Paper Series 4948, The World Bank.

Demirgüç–Kunt, A, E Detragiache and T Tressel (2008). Banking on the principles: Compliance with Basel core principles and bank soundness. *Journal of Financial Intermediation*. 17(4), 511–542.

Dewatripont, M and J Tirole (1994). *The Prudential Regulation of Banks*. Cambridge, Massachusetts: MIT Press.（邦訳『銀行規制の新潮流』北村行伸、渡辺努訳　東洋経済新報社　1996.9）

Flannery, M (1998). Using market information in prudential banks supervision: A review of the US empirical evidence. *Journal of Money, Credit & Banking*, 30(3), 273–305.

Freixas, X and J Rochet (1997). *Microeconomics of Banking*. Cambridge, Massachusetts: MIT Press.

Gonzalez–Vega, C (1977). Interest rate restrictions and income distribution. *American Journal of Agricultural Economics*, 59, 973–6.

Gorton, G and A Winton (2003). Financial intermediation. In *Handbook of the Economics of Finance*, G Constantinides *et al.* (eds.). Elsevier Science.（邦訳『金融経済学ハンドブック』加藤秀明監訳　丸善　2006.2）

Gutierrez–Nieto, B and C Serrano–Cinca (2007). Factors explaining the rating of microfinance institutions. *Nonprofit and Voluntary Sector Quarterly*, 36(3), 439–64.

Hardy, D, P Holden and V Prokopenko (2003). Microfinance institutions and public policy. *Journal of Policy Reform*, 6, 147–58.

Hart, O (1983). The market mechanism as an incentive scheme. *Bell Journal of Economics*, 14, 366–382.

Hartarska, V (2009). The impact of outside control in microfinance. *Managerial Finance*, 35(12), 975–989.

—— (2005). Governance and performance of microfinance institutions in central and eastern Europe and the Newly Independent States. *World Development*, 33(10), 1627–1643.

Hartarska, V and R Mersland (*forthcoming*). What governance mechanisms promote efficiency in reaching poor clients? Evidence from rated MFIs. *European Financial Management*.

Hartarska, V and D Nadolnyak (2007). Do regulated microfinance institutions achieve better sustainability and outreach? Cross-country evidence. *Applied Economics*, 39(10–12), 1207–1222.

Hartarska, V and D Nadolnyak (2008). Does rating help microfinance institutions raise funds? Cross-country evidence. *International Review of Economics and Finance*, 17, 558–571.

Healy, PM and GP Krishna (2001). Information asymmetry, corporate disclosure, and the capital markets: A review of the empirical disclosure literature. *Journal of Accounting & Economics*, 31, 405–440.

McIntosh, C and B Widyck (2005). Competition and microfinance. *Journal of Development Economics*, 78, 271–98.

Mersland, R and O Strøm (2009). Performance and governance in microfinance institutions. *Journal of Banking and Finance*, 33(4), 662–669.

Morgan, D and K Stiroh (2000). Bond Market Discipline of Banks: Is the Market Tough Enough? Federal Reserve Bank of New York Staff Report, 95.

Morgan, D (2002). Rating banks: Risk and uncertainty in an opaque industry. *American Economic Review*, 92(4), 874–889.

Porteous, D (2006). The Enabling Environment for Mobile Banking in Africa. Report commissioned by DFID. Available at: http://www.infodev.org/en/Document.171.pdf

Rock, R, M Otero and S Saltzman (1998). *Principles and Practices of Microfinance Governance*. Washington DC: ACCION International.

Safavian, MS, DH Graham and C Gonzalez–Vega (2001). Corruption and microenterprises in Russia. *World Development*, 29(7), 1215–24.

Schmidt, RH and M Tyrell (1997). Financial systems, corporate finance and corporate governance. *European Financial Management*, 3(3), 333–61.

SEEP Network Social Performance Working Group (2008). *Social Performance Map*. Washington DC: THE SEEP Network END NOTES.

Stigler, G (1971). The economic theory of regulation. *Bell Journal of Economics and Management Science*, 2, 3–21.

Van Greuning, H, J Galardo and B Randhawa (1999). A Framework for Regulating Microfinance Institutions. The World Bank Policy Research Working Paper 2061, The World Bank, Washington DC.

Wang, Q (2007). Does Rating Help Microfinance Institutions Raise Funds? Analysis of the Role of Rating Agency Assessments' in Microfinance. MS thesis, Auburn University.

Wright, G (2000). *Microfinance Systems: Designing Quality Financial Services for the Poor*. London: Zed Books.

マイクロファイナンスにおける
コーポレートガバナンスの課題

マルク・ラビー[*]（Marc Labie）
ロイ・マースランド[**]（Roy Mersland）

1 はじめに

　優れたコーポレートガバナンスには、企業の業績を向上させ、長期的な企業の生き残りを助ける力がある（Thomsen, 2008）。マイクロファイナンス提供者の大半は、なんとか財政的に自立して、可能な限り最貧層の顧客に高品質のサービスを提供するという、社会目的を達成しようと苦闘している。したがって今日、この問題への関心が急速に高まっている。なぜなら、業界で最も弱い分野のひとつと言われているからである（CSFI, 2008）。本論の目的は、（i）ガバナンスを構成するものは何かを、マイクロファイナンスとの関連で読者に伝えること、（ii）これが業界にとってそれほど重要である理由を確認すること、（iii）マイクロファイナンスのガバナンスに関する既存の学問的研究を概観すること、（iv）マイクロファイナンスにおけるコーポレートガバナンス問題への取り組み方について、いくつかの考え方に光を当てること、である。さらに、新たな研究課題についての提案もしていく。

　マースランドとストレーム（Mersland and Strøm, 2009a）、およびハルタルスカ（Hartarska,

---

＊モンス大学ワロッケ・ビジネススクール、CERMi
＊＊ノルウェー・アグデル大学、CERMi

2005) による最近の研究から、成熟市場の企業にとってはベストプラクティスとなるガバナンスメカニズムが、一般に、MFI にはほとんど広がっていないことがわかっている。したがって、そうしたものとは違う、マイクロファイナンスに固有のアプローチでガバナンスシステムというものを確認し、理解を深めていく必要があるし、それができれば、MFI がその目標に到達し、長期的な生き残りの可能性を高める一助とすることができる。しかし「これ1つで誰にもフィット」する解決策を探しても、ほとんど役には立たないだろう。単一の標準的なベストプラクティスを探すのではなく、さまざまな状況・さまざまなタイプの MFI に応用できて、政策立案者をはじめ、それぞれのマイクロファイナンス市場の利害関係者に情報提供できるような、汎用性のある枠組みを確認する方がずっと見返りが大きいと思われる。

こうした議論に貢献するため、本論は以下のような構成になっている。セクション2では、コーポレートガバナンスに関するトピックを紹介するとともに、なぜこれが、マイクロファイナンス業界で注目を集めるだけの価値があるのかを確認していく。セクション3では、マイクロファイナンスのガバナンスに関する文献を概観し、伝統的なエージェンシー理論とボード・マネジメントによるこの業界のベストプラクティスを越えていくことの必要性を述べる。セクション4では、マイクロファイナンスのガバナンスへのアプローチを拡大・深化させていくことの必要性について述べる。セクション5では、マイクロファイナンスのガバナンス分析のための新たな枠組みを提案する。最後のセクション6では、結論を述べるとともに、マイクロファイナンスのガバナンスという複雑な問題を探求したいと考える研究者のために、新たな課題を提出する。

2 なぜマイクロファイナンス業界にとってガバナンスが大切なのか

マイクロファイナンスは、伝統的な金融から排除された人びとに金融サービスを提供する目的で作られた手段であり制度であると理解されているが、その歴史は長い。なかでも現代のマイクロファイナンスは1970年代以後に登場したもので、その多くを、協同組合運動や伝統的な「インフォーマルな」金融慣行――たとえば輪番制貯蓄信用講（Rotating Savings and Credit Association: ROSCA）――に負っている（Lelart, 1990；Bouman, 1995）。国際開発の視点からも、幅広い多様性を持った新しい制度ということで、マイクロファイナンスへの関心が高まっている。なかには、信用組合運動から直接でてきたものや（アフリカにおける信用貯蓄組合の主要ネットワークなど）、NGO にルーツを持つものがある（バングラデシュのグラミン銀行、ボリビアのプロデム＝バンコソ

ル、ケニアのK-REP銀行などが有名)。一方では、公的な銀行を再構築する過程で生まれたものもある(インドネシアのバンク・ラクヤットなど)。こうしたイニシアティブや、その他の何百という取り組みには、国内当局のみならず、国際的なドナー機関や開発の世界からも大きな関心が寄せられている(Reille and Foster, 2008)。出自がさまざまで利害関係者が多数・多彩なうえ、その関心や能力が競合することも多いという点は、マイクロファイナンスにおけるコーポレートガバナンスが興味深い研究分野となっているひとつの理由である。しかし、それがために、公的政策の形成という点では厳しい状況が続いている。

マイクロファイナンスの政策論議でガバナンスが前面にでてくるのには、いくつか理由がある。主なものをあげると、第1に、さまざまなタイプのサービス提供者が驚異的に増加したため、顧客と資産の数が急増し、管理構造が非常に入り組んでいる。第2に、制度や法律がたびたび変更されたために、信用組合のネットワークがますます複雑化し、多くのNGOが(株主が所有する)規制対象金融機関に転換していった。第3に、各組織が進化するなかで、初めは大半が単一商品(普通はクレジット)に絞っていても、やがて完全な金融機関に近づいて、クレジットだけでなく、貯蓄や、なかには振替、送金、支払いシステム、保険といったタイプの金融サービスも提供するようになり、こうした機関が前提とするリスクに備えられるようになった。第4は債務管理で、初めはドナー機関が主要な資金源であることが多く、それほど注目されなかったのだが、今では急速に重要度を増している。地元の預金者、国の公的資金、そして多くの国際的なマイクロファイナンス投資ビークル(Microfinance Investment Vehicles；MIVs)が、マイクロファイナンスの成長を促して、MFIの重要な利害関係者となりつつある。第5に、マイクロファイナンスに対する公権力の態度も変化している。当初の冷たい態度に代わって積極的な政策が採られるようになり、この業界の健全な発展に好ましいと考えられる規制・監督の枠組みが提供されつつある。第6は、マイクロファイナンスへの国際的な関心が信じられないほど高くなったことで、国際連合が2005年を「マイクロファイナンス年」とし、2006年にはノーベル平和賞がグラミン銀行とムハマド・ユヌスに贈られるほどになった。今日では、欧米人の大半がマイクロファイナンスのことを知っているし、何千何万という国際NGO、政治家、有名人がマイクロファイナンスを称賛し、さらに多くの主体に参加を働きかけている。

こうした変化が重要なことはまちがいない。しかし、今は批判的な声も上がっていて、マイクロファイナンスのインパクト、効率、倫理が疑問視されてきている[1]。国際社会が好んで用いるビジネスモデル、マイクロファイナンス提供者の長期的な生き残り、一見すると高貴な目的についても同様である(Dichter and Harper, 2007など)。しかし、こうしたところでこそ、コーポレートガバナンスの議論が必要になってくるのである。基本的には、マイクロファイナンスにおけるコーポレートガバナンスとは、

そのミッションへの道筋を見失うことなく、サービス提供の長期的な生き残りを保証することである。いくつかの機関は、大きな危機を経験し、そこから、組織の発展をコントロールすることの重要性を示してくれている。これを如実に表しているのが、たびたび引用される、コロンビアのコルポソル／フィナンソル（Corposol/Finansol）の事例である。今ではフィナメリカ（Finamerica）といった方が通りのいいこの組織は、起業家的NGOとして設立された。CEOが全体を支配していて、受動的な取締役会を率いる会長から強く支持されていた。初期には、このNGOの文化と、さまざまな職員間でのクロス管理によって大きな成功が可能だった。やがて、組織はトラブルに陥る。ピラミッド型の官僚主義的な組織構造が持ち込まれたことで、職員に誤ったインセンティブが設定され、取締役会とその他の利害関係者（一方では国際協力機関やマイクロファイナンスのネットワーク、他方では債務を提供する民間銀行）によって緩やかに支配されるようになったためである（Austin, Gutierrez, Labie and Ogliastri, 1998）。さらに近年では、ベニンやモロッコといった国の主要機関でも危機が発生している。

　コーポレートガバナンスは普通、組織が運営・管理されるシステムないしメカニズムと定義される（OECD, 1999）。ガバナンスのメカニズムは、MFI自身（取締役会、監査、CEOの性格、インセンティブなど）によって内部から定義することもできるし、市場での競争や公的規制などを通じて外部から定義することもできる。この定義で強調されるべき点は主に2つある。第1に、「コーポレートガバナンスはシステムである」という考え方は、そこに含まれる多様なメカニズムが合わさって企業が運営・管理されるということを意味している。したがって、そこには、多くの専門家が取締役会の役割のみに焦点を当てたときに主張するような、単一のツールに基づく単一の関係は存在しない。第2に、この定義は、ガバナンスが単なる「事後管理」ではなく、組織をどう運営するかの問題であることを強調している。ある面では、これはジェラール・シャロー（Gérard Charreaux）によるコーポレートガバナンスの定義、すなわち「幹部らの裁量権を制限することを目的とする一組のメカニズム」[2]（Charreaux, 1997;1）に近い。しかし、この定義には弱点がひとつある。管理の究極の目的、企業としての目標である。実際に、マイクロファイナンスのような分野では、組織は複数の目標で性格づけられるのが普通で（大半は財政的ものと社会的なもの）、どれが最優先されるかは、必ずしも明確ではない。そこで筆者らは、OECDによる表現にわずかな修正を加えて、次のような定義を提案したい。すなわち「コーポレートガバナンスとは、ミッションおよび目標に到達するために組織が運営・管理されるシステムないしメカニズム」である。このように定義をわずかに拡大することの利点は、これによって戦略的な計画と管理の基準（つまりは目標）が与えられることと、「業界の基準」ではなく、各組織にとっての具体的な基準が与えられることである。詰まるところ、マースランド（Mersland, 2009）が示しているように、マイクロファイナンスは多様な組織

が実践しているので、優先課題がどこも同じというわけではないのである。各 MFI は、組織形態に関してだけでなく、商品、方法論、社会的優先事項、利益追求行動においても違っている。補助金への依存度や歴史的なルーツなどは言わずもがなである。したがって、マイクロファイナンスのガバナンスに必要なものは、業界固有のアプローチだけでなく（Mersland and Strøm, 2009a）、所有形態や目標、さらには状況に固有なアプローチも必要であると言えるだろう。

3　マイクロファイナンスのガバナンスに関する文献を概観する

　マイクロファイナンス業界のコーポレートガバナンスに関する文献は、大半が、業界をどう規制するか、取締役会の構成と手続きをどうするかについてのコンサルタント報告やガイドラインで、協同組合や非営利組織（NGO など）にみられる「ガバナンス構造の弱さ」を警告するものとなっている（Campion and Frankiewicz, 1999；Council of microfinance equity funds, 2005；Rock et al., 1998；Otero an Chu, 2002；Jansson et al, 2004；Clarkson and Deck, 1997）。こうした報告の出発点は共通していて、どれも、MFI を欧米企業とも大差ないものと見ているように思える。そこで、成熟市場の正規企業からのガバナンス勧告がマイクロファイナンス業界用に「翻訳」されるのだが、大半の場合、それを支える実証的な証拠はごく限定的でしかない。

　理論の面では、金融業のガバナンスは一般に 4 つ視点から研究されている。すなわちオーナーシップの管理、取締役会の運営、規制と監督、そして市場の圧力である（Adams and Mehran, 2003）。最近では、マイクロファイナンスのガバナンスに関しても具体的な研究がいくつか行われてきている。コンサルタント報告に関しては、この 4 つの伝統的なアプローチが採用されていて、金融業のガバナンスがマイクロファイナンスの（そしてある程度までは NGO の）ガバナンスへと「翻訳」されている。こうした研究の目的は、まず何よりも、MFI の財政的ないし社会的な業績に影響するガバナンスメカニズムを確認することにある。興味深いのは、こうした研究は重要なメカニズムの確認に苦闘していて、業界のガイドラインで推奨されている研究には、あまり重要なものがないという点である。

　たとえば、ハルタルスカ（Hartarska, 2005）や、マースランドとストレーム（Mersland and Strøm, 2009a）は、取締役会の構成や規模、経営者のインセンティブ、オーナーシップのタイプ、規制といった伝統的なガバナンスメカニズムの効果について研究している。しかし、この 2 つの研究を概観してみると、発見された内容には一貫するものがほとんどなく、どちらも、ガバナンスの有意な影響を確認するのに苦労している。

マースランドとストレーム（Mersland and Strøm, 2009a）は、女性がCEOで内部監査が取締役会に直属している場合には財務面での業績がよくなり、取締役会の構成が国際的になるとコストが嵩んで運営の自足性が下がることを発見しているが、それ以外のガバナンス変数は、有意でない、あるいは一貫性がないと判断されている。ハルタルスカ（Hartarska, 2005）は、従業員を限定的に参加させた独立の取締役会への支持を発見している。2つの研究の一方で有意とみなされた変数が他方でも研究されているという例はない。

実際には、この2つ研究で見つからなかったものが最も興味深い。まず、ハルタルスカ（Hartarska, 2005）もマースランドとストレーム（Mersland and Strøm, 2009a）も、規制や営利的なオーナーシップ構造がMFIの業績を向上させていないことを発見している。ハルタルスカとナドルニヤク（Hartarska and nadolniyak, 2007）によれば、規制にまったく効果がないことを確認しているし、マースランドとストレーム（Mersland and Strøm, 2008）は、MFIのオーナーシップがそれほど重要でないことを確認している。また、ハルタルスカ（Hartarska, 2005）もマースランドとストレーム（Mersland and Strøm, 2009a）も、ガバナンスは大切だと結論づけているものの、伝統的なガバナンスメカニズムは、成熟市場の企業と比べて、MFIにはあまり重要ではなさそうだとしている。いずれも、マイクロファイナンス業界におけるコーポレートガバナンスの効果について理解を深めるためには、さらに優れたデータと、代替となるガバナンスメカニズムの研究が必要だとしているのである。

また、最近の2つの研究が、独特のアプローチをとっていて特に興味深い。第1はハルタルスカとマースランド（Hartarska nad Mersland, 2010）で、これは、MFIの二重の目標を計算に入れることで、いくつかのガバナンスメカニズムの効果を同時に評価している。ほかの研究が、ガバナンスのインパクトを、社会的な次元と財政的な次元に分けて推定しているのに対して、ハルタルスカとマースランドは確率的費用フロンティア分析（stochastic cost frontier analysis）を用いて、MFIにおける目標の二重性を捉えようとしているのである。それによって、この研究は、大半のMFIの全体的なミッション——社会的な目標と財政面での目標に同時に到達しようとする苦悩——に初めて適応したものとなっている。ここでの発見は、MFIにおいては、CEOの立場と取締役会会長の立場がひとつになったり、取締役会での内部者（従業員）の割合が大きくなったりすると、二重の目標に到達するうえでの効率が下がることを示している。また、取締役会の効率は非線形に変化すること、人数は8〜9人がベストであることも発見している。こうした発見は、先にふれたコンサルタント報告で与えられている助言のいくつかを確認するものを、強固な理論的・学問的な根拠に基づいて確認してするものになっている。しかし、ハルタルスカとマースランド（Hartarska nad Mersland, 2010）は、商品市場の競争が効率を向上させるという一貫した証拠を見出してはいな

い（ただし、弱い証拠は発見していて、成熟した規制環境のある国の MFI は、金融当局による規制の単位として活動する方が、多くの顧客に到達できるとしている）。

同じくマースランドとストレーム（Mersland and Strøm, 2009b）の最近の研究は、複数のガバナンスメカニズムが互いの代替または補完として働く（Demsetz and Lehn, 1985）という前提で実施されている。そこでマースランドとストレームは、ガバナンスメカニズム相互の連携がないかを探しつつ、非営利的 MFI と営利的 MFI では違ったガバナンス設定が見つかると仮定していた。発見は、この仮定を確認するものとなった。取締役会と CEO の性格が取締役会の構成および規模の代替・補完として働き、外部的ガバナンスメカニズムの存在が内部メカニズムの設定に影響して、オーナーシップのタイプが内部ガバナンスの設定に影響していたのである。マースランドとストレームは、マイクロファイナンスの業績におけるガバナンスの影響を研究するならば、研究者は相互作用の効果を含めるべきだと結論づけている。

4　エージェンシー理論と取締役会運営を超えて

これまでにふれた研究は、一歩の前進を示してはいたが、カバーすべき分野はまだ多く残っているし、理論的な視点も拡げていかなければならない。MFI が活動している市場は競争が限定されたところがほとんどで、経営者労働市場（manager labour market）が薄く、公的に割り当てられた MFI はごくわずかしかない。こうした事実は、伝統的なガバナンス研究における基本メカニズムである「市場原理」の可能性を限定してしまう。さらに、規制の影響は、普通の金融業界では強いのだが、マイクロファイナンス業界では限定的でしかない。理由は、規制が不適切であることや、規制と規制者の能力（規制される側を実際に監督する能力）との間に大きなギャップがあるためである。

「市場原理」と規制がマイクロファイナンスのガバナンスの「ツールボックス」に入っていることは滅多になく、一般には取締役会と「プロフェッショナルな」オーナーに限定されている（Campion and Frankiewicz, 1999；Council of microfinance equity funds, 2005；Jansson et al., 2004）。筆者らは、これは近視眼的だと言いたい。コーポレートガバナンスによる取締役会へのインパクトの本当の効果は、大半の業界では小さいものであることが多いし（Thomsen, 2008）、オーナーシップのタイプも、銀行（Altunbas et al., 2001）や MFI の業績の余地因子としては貧弱である（Mersland and Strøm, 2008）。この点では、たとえば、ラビーとソータ（Labie and Sota, 2004）によるケーススタディが興味深い。ラビーとソータは、コロンビアのマイクロファイナンス NGO の分析から、取締役会が非常に活発でさかんに支援してくれる組織ですら、戦略的な方向性や管理

が、取締役会による監督からではなく、中心となる幹部役員間の微妙なバランスから生まれてくることを示している。このことも、MFI のガバナンスには、今まで以上に総合的なアプローチが必要であることを示している。

どうすれば、マイクロファイナンスのガバナンスへのアプローチを拡げることができるだろうか。第 1 に、筆者らは、歴史的な視点を持って学ぶべき教訓を探すことを提案する。マイクロファイナンスは近年の現象ではない。何世紀も前から、貧しい者のための金融システムはいくつもある（Hollis and Sweetman, 1998）。マースランド（Mersland, 2010）は最近の研究で、歴史的な文献をチェックして、19 世紀のヨーロッパおよびアメリカにおいて貯蓄銀行の生き残りを可能にしたガバナンスメカニズムを確認している。その論文での発見は、取締役会が大きな影響力を持たなかったことを示している。大切だったのは、①銀行協会（今日の MFI ネットワークと似ているが、それよりもずっと進んでいた）、②負債ないし資産の成熟度（要求に応じて引き出せる預金額）のミスマッチ（これにより経営者は優れた銀行経営を強いられた）、③地元コミュニティが「自分たちの銀行」を監視していたこと、④ドナーが自らの個人的な評価を危険にさらしていたことである。取締役会や規制、市場原理はそれほど重要ではなかった。

第 2 に、リスク分析に焦点を当てることを提案する。組織的なガバナンス問題は、危機が目に見えるようになってから、あるいは始まってしまってから大きな注目を浴びることが多い。実際に、すべてがスムーズに流れているように思えるときは、どうやってガバナンスを向上させるかなど考えないのが普通である。しかし、バランスシート、資金へのアクセス、株主価値、職員雇用が危うくなってくると、ガバナンスが議題の上位にくるようになる。ここから、以下のように考えることができる。すなわち、多くの利害関係者にとって、ガバナンスは何よりも先ず「危機回避のためのツール」である。この点については、ガレマら（Galema et al., 2009）の最近の研究が、課題設定に役立つ。この論文での従属変数は業績の変動性（variability）である。そこでは、従業員など多くの MFI 利害関係者にとって最大の目標は倒産の回避であるということが前提条件となっている。ガレマら（Galema et al., 2009）は、強力な CEO がいると業績の変動性が高まるためにリスクが大きくなることを示している。

第 3 に、本当の利害関係者のアプローチを採用することが、視野を広げる助けとなる。MFI の潜在的な利害関係者すべてに注意を払うことで——普通、その数は多いのだが——最も影響力の大きいガバナンスメカニズムは何かということについて、視野を広げることができる。その一環として、アギヨンとティロール（Aghion and Tirole, 1997）のいう「本当の権威」の立場に明確に焦点を当てることは、MFI が本当はどのように経営されているのかについての理解を拡げるうえで、はっきりとした貢献になるだろう。この方向での第一歩を、CERISE [3] が推進しているタイプの分析に見ることができる。そこで提案されている枠組みの基盤となる考えは、優れたガバナンスは、

財政面での持続可能性や規制への適合度を確保する能力だけでなく、明確な戦略的ビジョンと高水準の透明性にも基礎を置くべきだというものである。利害関係者のアプローチを採れば、このすべてが容易に思えてくるだろう。そこには組織の重要な主体（労働者、選挙による代表者、顧客、コミュニティ、資金提供者、株主など）がすべて含まれているからである（Lapenu, 2002）。これを基礎として、CERISE は、ガバナンスの分析は3つのステップでできるとしている。第1のステップは、組織内で本当に権力を持っているのが誰かを見つけることで、これは、オーナーは誰か、意思決定者は誰かという2つの基準に基づいて行う。第2のステップは、その権力がどのように行使されているかに焦点を当てることで、決定のためにどのような情報が提供されるかに目を向けていく。そして第3のステップは、機能不全とリスク分析に焦点を当てることである[4]。

　CERISE の枠組みは確かに興味深い。MFI に関連すると考えられる各種の疑問（権限、透明性、利害関係者の参加に関するもの）に焦点を当てている。実際に、マイクロファイナンスの方法論は非常に分散的な手順を基礎とするのが普通で、これは、このタイプの組織には透明性と利害関係者の参加が意味を持つという考えを支持するものだから、幅広いアプローチとして有用である。しかし、それでも筆者らは、もっと詳細な枠組みが提案できれば、さまざまなタイプの・さまざまな存在段階にあるマイクロファイナンス組織にとって、何が最も優れたメカニズムかを確認できるのではないかと考えている。

5　マイクロファイナンスのガバナンスのための新しい枠組み

　シャロー（Charreaux, 1997）は、コーポレートガバナンスのメカニズムを分類する分析枠組みを提案している。これはマイクロファイナンスのために作られたものではないが、潜在的なガバナンスメカニズムの幅広いリストを確認するための、最初のアプローチとして利用することができる。

　シャローの枠組みは、メカニズムが「意図的」なものかどうか、およびその性格が特定的か非特定的かという2つを基準にしている。あるメカニズムが「意図的」とされるのは、それが初めからコーポレートガバナンスを改善するために設計されている場合である。ガバナンスにおける役割がそのメカニズムの「間接的影響」であって、存在の最大の理由ではない場合には、そのメカニズムは自然発生的なものだとされる。特定的か非特定的かの区別は、あるメカニズムが「特定の企業のために設計されている」場合には「特定的」、ある組織群全体のために作られている場合には「非特定的」

表 12.1　コーポレートガバナンスのメカニズムの分類

	特定的なメカニズム	非特定的なメカニズム
意図的なメカニズム	●直接の株主支配（総会） ●取締役会 ●給与および賞与のメカニズム ●内部監査 ●公式の体制と組織図 ●オーナーシップ構造	●法環境（規制・監督手順） ●法に則った監査 ●消費者の協会 ●国内および国際協会とネットワーク
自然発生的なメカニズム	●インフォーマルな（関係の）ネットワーク ●経営者のクロス管理 ●企業文化 ●評判（従業員間の）	●預金者 ●財務提供者（MIVなど） ●労働市場 ●政治市場 ●メディア環境 ●ビジネス文化

出所：Charreaux（1997：427）より
注：「特定的なメカニズム」は「特定の企業」のために作られたものを意味する。「非特定的なメカニズム」は類似した企業群全体（すべてのMFIまたはすべての企業など）のために作られたものを意味する。「意図的なメカニズム」はコーポレートガバナンスが目的で作られたものを意味する。「自然発生的なメカニズム」は、存在はしているが、もともと「コーポレートガバナンス」という目標をもって確立されてはいないものを意味している。

とされる。

　もちろん、表12.1は、すべてのメカニズムがすべての事例において該当するというのではない。むしろ実際にはその逆で、シャロー（Charreaux, 1997）は、表全体を見わたして、与えられた組織にとって鍵となるメカニズムを確認するのがよいとしている。したがって、この枠組みは、特定の組織のためにどのようなコーポレートガバナンスを構築すればよいかを理解するためのもの、ということになる。

　筆者らの考えでは、このタイプの枠組みは、以下の3つの理由から、興味深い第一歩となる。第1は、取締役会や市場競争など、たびたび主張されるガバナンスメカニズムが、実は全体のなかのごく一部にすぎないということである。第2は、規制・監督、取締会による管理など、文献で普通に分析され、政策立案者が主張するメカニズムは意図的なものだということである（前者は非特定的だが意図的、後者は特定的で意図的）。したがって、過小評価されることが多いが、全体としてひとつの役割を果たすメカニズムはあり得るし、実際にある。それがいわゆる「自然発生的なメカニズム」で、その役割は意図的なものではなく、むしろ非計画的な外部性から派生してくるものである。

　第3に、この枠組みが明確にふれているわけではないが、結果は、一定の段階（組

織の誕生および揺籃期）で非常に意味のあるメカニズムがある一方で、ずっと先になってからしか役割を果たさないものもあることを示している。したがって、この分析枠組みは、ダイナミックな視点を生み出す潜在性がある。たとえば、その始まり以後、NGO が自発的で特定的なメカニズム（たとえば企業文化や経営者間のクロス管理）だけに依存していたものが、成長して構造が複雑化するにつれて、意図的で特定的なメカニズムの役割が大きくなり、さらに進んで、地元の競争相手や規制が現れてくると、非特定的なメカニズムの重要性が増してくるといったことである。

　シャロー（Charreaux, 1997）の枠組みを適用することで、さまざまなタイプの MFI に優れたガバナンスを提供するだけの潜在力を持ったメカニズムがはっきりと見えるようになるだろう。最初の試行は信用組合の事例ですでに行われていて、ネットワーク管理の重要性が示されている（Labie and Périlleux, 2008；Périlleux, 2008）。しかし、これではすべての次元が揃ったわけではない。特定の時期に重要な利害関係者を確認する方法が必要だ。長期的に優れたガバナンスを維持するうえで主要な役割を果たすと思える、最も有力なメカニズムのタイプを確認するためである。

　したがって、鍵となる利害関係者を確認することが根本となる。実際に、これがなければタダ乗りのリスクがある。そうなれば、誰もがこれ幸いと、何があっても誰かがモニターしていてくれると思い込むようになってしまう。この点で大きな教訓の得られるのがコルポソル（Corposol）の成長物語で、あの時は、多くの主体（マイクロファイナンスの国際ネットワーク、主要なドナー機関、銀行、コロンビアの政府当局、富裕なビジネスマン、大学関係者）が関係していたことで、誰もが自信に満ちあふれていた（Labie, 1998；Austin et al., 2000）。このような状況を回避するためには、各段階で、優れたガバナンスを確保するのに最も効率的と思われるタイプの利害関係者を確認することが重要で、それ以後は、そのタイプの利害関係者に通常伴うタイプのメカニズムに特別な注意を払うのである。

　これは、組織内での余剰分配（賃貸料抽出）を分析することで達成できる。実際に、資産理論では、剰余利益から利益を得る者が真のオーナー（したがって、ガバナンスが最も問題となる利害関係者）だとされている（Hansmann, 1996）。このアプローチを用いた研究も進行中のようだが、優れたガバナンスにとって鍵となるメカニズムを確認するのにどれだけ役立つかは不透明である（Hudon and Périlleux, 2008）。

　別の方法としては、ミンツバーグの分析枠組みがある（Mintzberg, Quin and Ghoshal, 1995）。ミンツバーグのモデルでは、組織分析の鍵となるのは、意思決定の本当の権限がどこにあるかを確認することである。ミンツバーグは、組織内で権限を握る余地のある利害関係者のカテゴリーを確認している。内部連携については、5つのタイプの利害関係者、すなわち戦略の司令塔（トップのマネジメントチーム）、ミドルライン（仲介スタッフ）、オペレーションの主役（実際のオペレーションを担当する者）、テクノス

トラクチャー（プラニングとオペレーションのスペシャリスト）、そしてサポートスタッフが確認されている[5]。ミンツバーグによれば、組織を支配している主体ないし利害関係者は、自らが中心になって、監督メカニズムのタイプや集中ないし分散の水準を強いてくる。そしてそのことで、自らの組織コントロールを維持していく。外部連携については、潜在的な利害関係者をすべてあげているが、主なものは、組織が働きかける対象となるさまざまなタイプの大衆、さまざまな水準の公権力、そしてもっと直接的な組織の「パートナー」（顧客、納入業者、共同経営者、労働組合、競合相手）である。ミンツバーグは、外部連携は、受動的（権力を内部連携に委ねる）、支配的（外部連携の主体のひとつによる支配）、または分裂的（外部連携の多様な主体が組織を支配しようとする）のどれかになるとしている。したがって、ミンツバーグの提案するカテゴリーを用いれば、どのような成長段階の、どのようなタイプの組織についても、組織を支配している利害関係者が誰かを確認することが可能になるといえるだろう。またそこから、優れたガバナンスを確保するのに役立つとされているタイプのメカニズムに疑問を投げかけることも可能となるだろう。

6　新たな研究課題

　本論の目的は、マイクロファイナンスのガバナンスについて概略を述べるとともに、実際に MFI を管理・運営しているメカニズムについて、幅広い研究を喚起することにある。これまでのセクションでの分析に基づいて、筆者らは新たな研究課題を提案したい。ここにあげる課題の動因となるべきものは、エージェンシー理論を超えた、複数理論的なアプローチと動きである（Dennis, 2001）。以下にあげる 8 つのパターンが、新たな研究を刺激することになるだろう。

　第 1 に、筆者らは歴史的な研究を提案する。どのようなガバナンスメカニズムが、過去のマイクロファイナンスのシステムの生き残りに役立ち、どのようなものが、システムの消滅とともに機能しなくなったのだろうか（Hollis and Sweetman, 2001）。こうした歴史的に重要なメカニズムを確認することで、研究者は、今日の MFI における過去の影響を研究することができるだろう。たとえば、マースランド（Mersland, 2010）を受けて、MFI のネットワークは現在の MFI のガバナンスにどのように影響しているのか、預金者のモニタリングや負債の成熟度がいかに経営者を規律に従わせているのか、コミュニティに深く埋め込まれた MFI はそうでない MFI と違いがあるのか、ガバナンスに積極的な役割を果たすドナーのいる MFI はそうでない MFI と業績に違いがあるのか、といったことを調査する時期が来ている。

　第 2 に、ガバナンスをリスクとの関係で理解することが必要である。その場合の自

然なステップは、MFIの多様なリスク(業績、生き残り、環境面)を確認し、こうしたリスクのそれぞれを管理ないし低減するのに役立つガバナンスメカニズムを探すことであろう。

第3に、その本質から、また、MFIに限定された「市場原理」と公的規制を伴った文脈で活動するのが一般的であることから、筆者らは、MFIは利害関係者の視点から分析されるべきであると考えている。マイクロファイナンスのコーポレートガバナンスは、単に取締役会が優れたマネジメントをするとか、適切な利害関係者が適切な職員に適切なインセンティブを与えるとかいう問題ではない。マイクロファイナンスのコーポレートガバナンスは、マイクロファイナンス機関そのものが多様であり、また複数の目的を持った組織であるが故に、複雑な問題なのである。しかし、マイクロファイナンス機関は多くの人びとから信頼されている組織でもある。だからこそ、MFIのガバナンスに真の影響力を持つ利害関係者が誰なのかを、さらに深く理解する必要があるのである。

第4に、シャロー(Charreaux, 1997)の枠組みが示しているように、マイクロファイナンスのガバナンスはメカニズムの組み合わせであり、別の次元との代替や補完が可能なものとして見る必要がある。ほかのもので代替できるメカニズムはどれで、互いに補完できるメカニズムはどれなのだろうか。

第5に、シャロー(Charreaux, 1997)の枠組みを用いることで、企業文化や経営者のクロス管理といった、特定的で自然発生的なガバナンスメカニズムについても、さらによく知る必要がある。こうしたものは、マイクロファイナンスのガバナンスに関する文献では、まだほとんど探求されていない。また、これを、ミンツバーグの組織枠組みと組み合わせることもできるだろう。

第6に、MFIはオーナーシップ構造についても、法律上の登録形態で見ても、そして組織の目標に関しても、非常に多様である。MFIどうしのこうした違いが、そのガバナンス構造にどう影響しているかについては、絶対に理解を深めていく必要がある。これは、さまざまな成長段階における、さまざまなタイプの機関について最も効率的なメカニズムは何かを研究することで、さらに拡げていくことができるだろう。

第7に、さまざまな研究は、地域の文脈や制度がMFIのガバナンスにどう影響するかを理解するのに役立つことだろう。たとえば、セイベル(Seibel, 2009)は、MFIのガバナンスが地元の文化に依存していることを示している。このような論文がもっと必要だし、ほかの制度上ないし文脈上の要因の影響を研究した論文で、MFIのコーポレートガバナンスを分析する際に考慮に入れるべき鍵となる偶発事件はどのようなものかを確認できるものも必要である。

最後に第8として、マイクロファイナンスは国際的なビジネスであり、国境を越えた提携や協力が普通に行われている。ドナー、ネットワーク、投資家、政策提唱者と

いった国際的な主体がMFIのガバナンスにどのように影響しているかを理解するための、いっそうの努力が必要となっている。

注

1．ここではこうした課題については議論しない。理由は、こうした課題は本書でも、いくつかの論文で中心的に扱われることが明らかであるためである。たとえば、インパクトに関してはカランとゴールドバーグが寄稿しているし、効率についてはカラ、ガレマとレンシンク、ヒュードンとバルケンホール、セラノ＝シンカらの文章が、倫理に関してはヒュードンのものがある。
2．この1文（the set of mechanisms that aim at limiting the discretionary power of the executives）は筆者がフランス語から英語に訳したものである。
3．CERISE（Comité d'échanges, de réflexion et d'information sur les systèmes d'épargnecrédit）はフランスの研究センター（CIDR, CIRAD, GRET & IRAM）のグループ。
4．この最後のステップによって、先にふれた第2のアプローチとの並行処理が可能となる。
5．ミンツバーグの枠組みには、第6の要素もあることを忘れないでほしい。ミンツバーグはこれを「イデオロギー」とよんでいて、組織のメンバーが共有している一連の価値観全体を意味している。本文のリストにこれを含めていないのは、個人のカテゴリーとマッチしないためである。

参考書目

Adams, RB and H Mehran (2003). Is corporate governance different for bank-holding companies? *Economic Policy Review*, 9, 123–142.

Aghion, P and J Tirole (1997). Formal and real authority in organizations. *Journal of Political Economy*, 105(1), 1–29.

Altunbas, Y, L Evans and P Molyneux (2001). Bank ownership and efficiency. *Journal of Money, Credit, and Banking*, 33, 926–954.

Austin, J, R Gutierrez, M Labie and E Ogliastri (1997). Finansol: Financiera Para Microempresas. Harvard Business School Case, Harvard University, N9-398-073 (en español).

—— (1998). Finansol. Harvard Business School Case, Harvard University, N9-398-071 (in English).

—— (2000). Dos casos colombianos de gerencia social: La Corporación de Acción Solidaria Corposol y la Compañía de Financiamiento Comercial Finansol. Universidad de los Andes, Monografías de Administración, Serie Casos, 55.

Bouman, FJA (1995). Rotating and accumulating savings and credit associations: A development perspective. *World Development*, 23, 371–384.

Campion, A (1998). Current Governance Practices of Microfinance Institutions. Microfinance Network, Washington.

Campion, A and C Frankiewicz (1999). Guidelines for the Effective Governance of Microfinance Institutions. Microfinance Network, Occasional Paper No. 3.

Campion, A and V White (1999). Institutional Metamorphosis: Transformation of Microfinance NGO into Regulated Financial Institutions. Microfinance Network, Occasional Paper No. 4.

Charreaux, G (1997). Le gouvernement des entreprises. *Economica*. Paris.

Churchill, CF (1997). Establishing a Microfinance Industry, Governance, Best Practices, Access to Capital Markets. Microfinance Network, Washington. March 22, 2011 15:42 9.75in x 6.5in b980-ch12 Handbook of Microfinance FA Corporate Governance Challenges 297

Churchill, CF (ed.) (1998). Moving Microfinance Forward: Ownership, Competition, and Control of Microfinance Institutions. Microfinance Network, Washington.

Clarkson, M and M Deck (1997). Effective Governance for Micro-Finance Institutions. *Focus*, No. 7. CGAP.

Council of Microfinance Equity Funds (2005). The Practices of Corporate Governance in Shareholder-Owned Microfinance Institutions: Consensus Statement of the Council of Microfinance Equity Funds. Microfinance Network, Washington.

CSFI (2008). *Microfinance Banana Skins — Risks in a Booming Industry*. Centre for the Study of Financial Innovation, London.

Demsetz, H and K Lehn (1985). The structure of corporate ownership: Causes and Consequences. *Journal of Political Economy*, 93(6), 1155–1177.

Denis, DK (2001). Twenty-five years of corporate governance research . . . and counting. *Review of Financial Studies*, 10, 191–212.

Dichter, TW and M Harper (eds.) (2007). *What's Wrong with Microfinance?* Essex: Practical Action Publishing.

Duca, DJ (1996). *Nonprofit Boards, Roles, Responsibilities and Performance*. New York: John Wiley & Sons.

Galema, R, R Lensink and R Mersland (2009). Do Powerful CEOs Have an Impact on Microfinance Performance? *First European Research Conference on Microfinance*, Brussels.

Hansmann, H (1996). *The Ownership of Enterprise*. Cambridge, Massachusetts: The Belknap Press of Harvard University Press.

Hartarska, V (2005). Governance and performance of microfinance institutions in central and eastern Europe and the newly independent states. *World Development*, 33, 1627–1643.

Hartarska, V and R Mersland (2010). What Governance Mechanisms Promote Efficiency in Reaching Poor Clients? Evidence from Rated Microfinance Institutions. *European Financial Management*. doi: 10.1111/j.1468-036X.2009.00524.X

Hartarska, V and D Nadolnyak (2007). Do regulated microfinance institutuions achieve better sustainability and outreach? Cross-country evidence. *Applied Economics*, 39, 1–16.

Hollis, A and A Sweetman (1998). Microcredit: What can we learn from the past? *World Development*, 26, 1875–1891.

—— (2001). The life cycle of a microfinance institution : The Irish loan funds. *Journal of Economic Behavior & Organization*, 46, 291–311.

Jansson, T, R Rosales and G Westley (2004). *Principles and Practices for Regulating and Supervising Microfinance*. Washington DC: Inter-American Development Bank.

Labie, M (1998). La pérennité des systèmes financiers décentralisés spécialisés dans le crédit aux petites et micro-entreprises — étude du cas "Corposol-Finansol" en Colombie. Thèse de doctorat,

Université de Mons Hainaut.

―― (2001). Corporate governance in microfinance organizations: A long and winding road. *Management Decision*, 39(4), 296–301.

Labie, M and J Sota (2004). Gobernabilidad y organizaciones de microfinanzas: la necesidad de delimitar las funciones de una Junta Directiva. *Revista española de Desarrollo y Cooperación*, Instituto Universitario de Desarrollo y Cooperación, Universidad Complutense de Madrid, No.13, otoño-invierno, 135–148.

Labie, M and A Périlleux (2008). Corporate Governance in Microfinance: Credit Unions. Working Paper No.08/003, Centre Emile Bernheim, Solvay Business School. Université libre de Bruxelles.

Lapenu, C (2002). La gouvernance en microfinance: grille d'analyse et perspectives de recherche. *Revue Tiers Monde*, 43(172), 847–865.

Lelart, M (1990). La tontine, pratique informelle d'épargne et de crédit dans les pays en voie de développement. *AUPELF–UREF*, John Libbey Eurotext, Paris.

Mersland, R (2009). The cost of ownership in microfinance organizations. *World Development*, 37, 469–478.

―― (2010). The governance of non-profit microfinance institutions ― lessons from history. *Journal of Management and Governance*. doi: 10.1007/S10997-009- 9116-7

Mersland, R and RØ Strøm (2008). Performance and trade-offs in microfinance institutions ― does ownership matter? *Journal of International Development*, 20, 598–612.

―― (2009a). Performance and governance in microfinance institutions. *Journal of Banking and Finance*, 33, 662–669.

―― (2009b). What Explains Governance Structure in Nonprofit and For-profit Microfinance Institutions? *First European Research Conference on Microfinance*: Brussels.

Mintzberg, H, JB Quin and S Ghoshal (1995). *The Strategy Process* (European Ed.). London: Prentice Hall.

OECD (1999). *OECD Principles of Corporate Governance*. Paris: OECD Publications.（邦訳『OECDコーポレート・ガバナンス原則』OECD事務局、外務省訳・監修　外務省　2004. 7）

Oster, SM (1995). *Strategic Management for Non-Profit Organizations. Theory and Cases*. New York and Oxford: Oxford University Press.

Otero, M and M Chu (2002). Governance and Ownership of Microfinance Institutions. In *The Commercialization of Microfinance*, D Drake and E Rhyne (eds.). Bloomfield: Kumarian Press.

Périlleux, A, E Bloy and M Hudon (2009). Productivity surplus distribution in microfinance: Does ownership matter? Working Paper 2009/8, Warocqué Research Center, Warocqué Business School, Université de Mons (UMONS).

Périlleux, A (2008). Les coopératives d'épargne et de crédit en microfinance face aux problématiques de gouvernance et de croissance. Working Paper No. 08/007, Centre Emile Bernheim, Solvay Business School. Université libre de Bruxelles (ULB).

Reille, X and S Foster (2008). Foreign Capital Investment in Microfinance. Focus Note. Washington, CGAP.

Rock, R, M Otero and S Saltzman (1998). Principles and Practices of Microfinance Governance. *Microenterprise Best Practices*. Development Alternatives.

Seibel, HD (2009). Culture and Governance in Microfinance: Desa Pakraman and Lembaga

Perkreditan Desa in Bali. *2nd International Workshop on Microfinance Management and Governance*, Kristiansand, Norway.

Thomsen, S (2008). *An Introduction to Corporate Governance — Mechanisms and Systems*. Copenhagen: DJØF Publishing.

第 3 部

商業化へ向けた現在の流れ

企業責任か、社会的成果と金融包摂か

ジャン＝ミシェル・セルヴェ[*]（Jean-Michel Servet）

　多くの利害関係者や観察者にとって、社会的な経済部門および連帯に基づくマイクロファイナンス的包摂の目標[1]は、ずっと以前から明らかであった。その主たる目標は「貧困と闘う」ことだった。2008年にジュネーヴで開かれた世界マイクロファイナンス・フォーラム（World Microfinance Forum）で、ムハマド・ユヌスと議論した際、アクシオン・インターナショナルの前代表で、ラテンアメリカでのマイクロファイナンス投資ファンドの責任者を務めているマイケル・チュウ（Michael Chu）は、地球上に暮らす貧困層のうち約5億世帯が排除されており、利用可能な金融サービスを活かせていないと語った[2]。しかし、たとえそうであっても、マイクロクレジットは、2015年までに世界の貧困を半減させるとしたミレニアム開発目標に、特に国家的戦略計画を通じて貢献するための道具だと考えることができる。

　しかし顧客を、とりわけその社会的な構成という観点から分析してみると、彼らが人口のうちの最貧層に属しているようには思えない。マイクロファイナンス活動は、低所得で周辺化された集団の割合の高いことが多い地域――すなわち都市周辺と（それより少ないが）農村地域――で行われている。ほとんどの場合、この集団は、顧客を構成するこうしたゾーンの中では利益をあげる潜在力が最も大きく、最もキャパシ

---

[*]ジュネーヴ国際開発研究大学院（IHEID）　開発研究所共同研究201、CERMi

ティが高い。さらに言えば、さまざまなインパクト研究は、所得におけるクレジットの積極的な役割を世界レベルで決定的に証明したわけではなく[3]、世帯の財源は代替性が非常に大きい。マイクロクレジットファンドが利用されるのは、たいていは一定期間のリソースや支出をうまく管理するためで、生産的な目的で投資を大幅に増やすためではない[4]。その結果、過剰債務の問題が繰り返されているように思われる。

徐々にではあるが、マイクロファイナンスサービス（大半は短期のマイクロクレジット）を大衆に提供するという目的と、サービスを販売するマーケティング環境によって、この部門は新たな時期を迎えるに至った（Guérin, Lapenu, Doligez, 2009）。貧困との闘いという問題をめぐっては、金融包摂として一般化することへの疑問が次々と起こってきている。

1　二重の曖昧な動きに翻弄されるマイクロファイナンス

2つの動きが起こりつつある。

1つめは、顧客に対応するなかから、補助金に縛られないリスクカバーが模索されたことである。例外的な状況（人口密度に関連するものなど）を除けば、これが可能となるのは高金利の時だけである。それ以外の選択肢としては、協同組合や相互タイプの組織の多くが、利益の少ない預金を利用している。しかし財政的な均衡は、現実かつ完全に達成されてきた目標というよりも、ドナー機関が課してくる戦略という面が大きい。金利を優遇された公的ないし民間のファンドなら、財政面での持続可能性という、この制約に合わせることができる。主要な財務調査、イノベーション、研修活動での外部支援もある。注目すべきは、非政府組織や規制対象外金融機関が本格的な金融組織に転換する場合に、それが自らのプロジェクトを強化したい、それによって預金を再貸付に利用したいという、その組織自身の欲求と結びついている場合が多いことである。こうした当初の転換が基礎となって、営利組織へと変化するための条件が整っていったのである。

2つめは、マイクロファイナンス機関が営利目的の投資センターとなったことである。国際的な資金調達に関しては、ポートフォリオの多様化を求めたことが、マイクロファイナンス機関への関心を高めることにつながっている。今は、そうした投資はポートフォリオの5パーセントを超えないこと、混合構成にしてリスクを下げることが推奨されている。マイクロファイナンス機関への融資ないし株式注入という形態でのマイクロファイナンスへの国際投資は、2004年から2006年にかけて3倍となり、2008年までは年間25パーセントの高率での成長が続いた。資産も2006年の40億ドルから2008年の70億ドルへと増大し、これを104の基金が分け合っていた（Lutzel,

2009)。これには、主要な商業銀行や機関投資家の貢献も付け加えるべきだろう。

　このようなマイクロファイナンスの利益性の探求、大衆への便宜の提供、そしてこの部門への金融投資の発達は、すべてリンクしている。進化ということは、主要な非政府組織のプロ化を示唆する。非政府組織の多くは、自らの行動分野と多様な法律の範囲を超え、コンサルタント業や仲買業を伸ばす方向へと切り換えていった。そしてその目的のために、マイクロファイナンスサービスの提供をひとつの機会と考えたのである。これによって、マイクロファイナンスに特化していた非政府組織や開発プロジェクトは銀行となった。ボリビアのバンコソル、ケニアのエクイティ（Equity）、カンボディアの ACLEDA、インドの SKS マイクロファイナンス（SKS Microfinance）、メキシコのフィナンシエラ・インデペンデンシア（Financiera Independencia）、およびコンパルタモスなどは、たびたび引き合いにだされている。マイクロファイナンス機関商業化の例として最後にあげたコンパルタモスについては議論が多い。2007 年、バンココンパルタモスは株式の 30 パーセントを公開した。その時点で 60 万人の顧客にほぼ 100 パーセントの実質年率で貸付を続けていたところ、株式は 1 日で 20 パーセント以上という、驚くような急騰を見せた。これがきっかけとなり、組織転換が進行中であること、とりわけ一部の突出したマイクロファイナンス機関の将来に関して、世界に衝撃が走った。この部門で活動する者の多くは、2000 年まで NGO であり、それゆえ公的な補助金や財団からの資金を得て発展してきた組織で、創設者を含めた少数の株主は、いったいどうやってこれだけの短期間にこれほどの富を蓄積できたのかと訝った。

　利害関係者や研究者の間では、財政面での業績と社会的成果を同時に大きく成長させることの親和性に疑問を持つ者が急増している。この親和性については、意見のコンセンサスはない（Balkenhol, 2007）。利益性が営利組織にのみ妥当なことではないこと、マイクロファイナンス部門の民間投資と言われるものに公的機関の存在が色濃いこと（特にドイツの開発援助（Development Aid）による支援）も、状況をさらに混乱させている。

2　社会的責任の認知

　UNDP や世界銀行による過去 5 年間の報告書で疑似新語となって以来、いわゆる「社会的責任」という言葉の使用が急増している[5]。官民のファンドを支えているドナー機関のほか、マイクロファイナンスに投資している市民社会組織も、支援の成果に関する情報を期待するようになっている（Audran, 2008；Lutzel, 2009）。

　実際には、マイクロファイナンス機関への民間投資は、そのとき流れているネガテ

ィブな情報に翻弄されているので、近年の報道におけるマイクロクレジット熱とは真っ向から矛盾している（France 24；Kholiquzzaman, 2007；Fouillet, 2006；France 2, 2009；Fubini, 2009）。経済不況も、借り手の払戻率の（したがって利益率の）低下につながる。さまざまな証券取引所が完全に崩壊し、一部マイクロファイナンス機関（コンパルタモスなど）の株価が下落したことは、こうした問題における利益喪失につながった。コンパルタモスの株は、2007年6月には6.5米ドルで取り引きされていたが、2009年3月には1.5米ドルまで下がった。エクイティ銀行（ケニア）の株価は、2006年秋の5米ドルから、2008年7月には30米ドル超にまで上昇し、2009年3月初めに9米ドルにまで下がった後、2009年4月のはじめに18米ドルまで戻した。BRI（バンク・ラクヤット・インドネシア）の株はジャカルタ証券取引所で取り引きされていて、2004年の2000米ドルから、2007年秋には8000米ドルまで上昇し、その後は2008年12月に2800米ドルまで落ちて、2009年4月はじめには5000米ドルで落ち着いた。しかし、主要なマイクロファイナンス銀行の株価下落は、大手国際銀行や、今あげた国々の証券取引所と比べても、相対的にましだったと指摘することはできる。結果として、この分野にはまだ投資機会が残ることになった。

　マイクロファイナンス（とりわけマイクロクレジット）にはつねにポジティブな効果があるという建前に一定の留保を設けることは、マイクロファイナンス部門内で社会的責任への感度を高めることにつながっている。これは国際金融のみならず、多国間および二国間の協力に関しても言えることで、たとえばアクションエイド・バングラデシュ（ActionAid Bangladesh）やバングラデシュ・ウナヤン・パリシャド（Bangladesh Unayan Parishad: BUP）といったNGOは、アフマド・カジ・ホリクーザマン（Ahmad Qazi Kholiquzzaman）教授の指導による報告書の準備を支援していて、科学的な視点からも深刻さの点からも、この国に対するマイクロクレジットのインパクトの正確な姿を伝えるものとなっている（Kholiquzzaman, 2007）。しかし経済的な影響については限定的である。「マイクロ借入れが経済基盤を提供することで借り手が所得貧困から抜け出し、所得および生活水準を大きく上げていくということはない。それどころか、多くの者は進行性の負債症候群に罹ってしまい、さらなる貧困へと滑り落ちていく」。このインパクトの低さとネガティブな効果は、資金援助を受けている活動の比重が非常に大きいためだが、そうした活動は生産的ではなく、本質的に商業的である（借り手の手に入るのは融資金の37パーセント）。経済的低開発性という罠は、マージン重視と多くの非生産的な仲介が原因に外ならない。地代に13パーセント、リキシャによる移動に8パーセントが費やされ、家畜の育成に回るのはわずか7パーセントである。また、子どもの教育や結婚費用のことも計算に入れなければならない（7パーセント）。これに加えて、それまでのローンも返済しなければならない（6.4パーセント）。さらに、マイクロクレジットの実際のコストは、貸出機関が公示する額より相当高いことも指

摘しておく必要がある。これは世帯の収入の大幅減につながる。実際の金利は、グラミン銀行の場合で、公示金利10パーセントに対して30.5パーセント、BRACとASAでは15パーセントに対して44.8パーセント、PROSHIKAは14パーセントに対して42.3パーセントである。同報告書は力説している。「回答者でマイクロクレジットを利用している者は、一般に、基本的な経済活動に縛られたままで、拡大して持続的に成長することに大きな希望を持てない者が多い。理由は、市場の飽和状態や（商品とサービスの大半が地元市場向けであるため）、生産性向上の見込みが限定的であるためである」

このような、生産と交換のシステムにリンクした次元を超えて、非経済的と考えられる次元に焦点を当てたとしても、見えてくるものはやはりネガティブである。顧客（とりわけ女性顧客）のうち、マイクロクレジットが就学率の上昇につながったと答えたのはわずか16パーセントで、マイクロクレジットは数ある要因のひとつにすぎなかった。同様に、生活水準が上昇した者の4分の3は、マイクロクレジット以外の理由によるものだとしている。見たところ、教育と医療の分野で違いを生み出したのは、公共政策と市民社会組織の努力のようである。付け加えれば、マイクロクレジットのおかげで独立した活動ができるようになったと言っているのは、借り手10人のうち1人だけである。さらに困惑するのは、面談した女性の82パーセントが持参金の額が上がったと答え、家庭内で道徳的・肉体的暴力を受けている者（回答者の27.8パーセント）のうちの60パーセントが、本人らの知る限りでは、マイクロクレジットを受けるようになってから暴力が増えたとしていることである。こうしたことは、家庭内での新たな経済的・財政的地位から生じたもので、暴力が減少したと答えた女性は27.3パーセントにとどまっている。しかし、ポジティブな結果もある。マイクロクレジットの経営について見方が変わらなかったと答えた女性が28パーセントだけだったことも、そのひとつである。

金融組織の財務格付けの設定には10年を要した。社会的格付けはもっと最近のものだが、こちらも過去2～3年で急速に成長している（Guérin, Lapenu, Doligez, 2009；Lutzel, 2009）。専門家のなかには、かつて貧困水準や顧客の所得水準向上、さらには受益者とされる者の能力に対するマイクロファイナンスのポジティブな影響が疑問視されたことにショックを受け、この問題に関して公の場での議論をすべて拒絶しておきながら、その後は一転、恥ずかし気もなく巧みに適応して、この種の進化のための奉仕を申し出るようになった者もいる。そういう者にとっては"オイシイ"状況になったのである。このことは、開発ブローカーとしての彼らの有能さを示すものでもある。それ以後の文脈では、南北の意味での金融フローが逆の流れよりも優勢になっているため、彼らのポジティブな貢献と寄生虫的な姿勢とを区別するのは難しい（Gutmer, 2007）。

しかし、組織の社会的責任を考えるうえでは、これを倫理と混同しないことが必要である。後者（倫理）の任務は、組織に責任を持つ者が自身のために設定した目標のなかで、選択と優先順位を決定する基準を確立することにある。倫理やイデオロギーは、組織による特定のタイプの業績について研究することを命じる。選択は、社会や環境の分野のこともあれば、労務関係や組織の内部ガバナンスのこともあるし、具体的な顧客や地元コミュニティに関するものもある。一方では、倫理は道徳基準に基づいていて（Labie, 2007；Somé, 2008；Marek in this Handbook）、たとえば金利の制限や、イスラム金融の場合のように、自己金融活動に付属するリスクを統合することで代替するようなものもある。これには、イスラム共同体での一定の活動（養豚場やアルコール飲料、一部地域での武器、ポルノグラフィー、タバコ、その他の地域での遺伝子組み換え作物など）への融資禁止も含まれる。しかし他方、倫理は、追求する目標（ローカルなものとグローバルなものの両方）と、その達成のために採用される手段との間の一貫性を示唆する。したがって、社会的責任への取り組みが違ってくることもありうる。

倫理ないし社会的責任に関するこうしたアプローチには、重なる部分も出てくる。この重なりが混乱を生むのであり、本論ではそこを明確化しつつ、イデオロギー的・実践的な含意を強調していこうと思う。

第1の視点は、さまざまな成果ないし業績を計算に入れる。そこに共通する特徴は、どれもが直ちに金融に関連しているわけではないということである。こうした成果ないし業績は、時には社会的なものとなる（主には貧困との闘いであり、社会的に持続可能な開発という視点での特定の人口カテゴリーに向けた差別との闘いである）。また、環境面で持続可能な成長を支持することで、環境に焦点を当てることもできる。たとえばマダガスカルのSIPEMは、木炭を使用する活動への資金提供を拒否しているが、これは、木炭使用が旧市街の森林破壊につながるためである。

第2の視点は、組織の社会的道徳的責任を、特定分野での活動の中心に置く。したがって、金融機関の社会的責任は、すべての集団の金融包摂を推進するものになるべきである。もっと正確に言えば、金融サービスはターゲット集団のニーズを満たすために誂えられるべきであり、そのコストは、提供されるサービスを利用できるくらいまで抑えられるべきである。

留意しておきたいのは、投資家には、個人、財団、宗派組織など、さまざまなタイプがあるということである。したがって、投資の動機についても、倫理的なもの、道徳的なもの、社会的なものなど、さまざまなタイプを見いだすことができる。こうした多様な動機には、さまざまな指標が対応するはずである。社会的成果、環境面での成果、共有、あるいは厳格な倫理的行動を基礎とした新たな評価は——この4つが重なることもあれば総合指標の対象となることもあるだろうが——意味のある投資をしたいと思っている投資家を惹きつけるものとなるだろう。しかしそのためには、一定

水準の報酬も求められるだろう。幸い、こうした投資のための市場もあるし、新タイプの商品や相場の開発に関わるプレーヤーも少なくない。たとえばM・ユヌス（M. Yunus, 2007）は、ソーシャルビジネスへの投資と、そうした企業のリスト化促進を目的とする証券市場の設立を提案している。同様に、企業は、株価の評価やメディアイメージの良し悪しに影響を受けていて、それが一定の顧客に影響して、新たな従業員を雇用するかどうかが変わってきたりする。マイクロファイアナンスに与えられる援助の多くは、その基礎に、こうした手順があるのである。

3　社会的成果および環境面での成果の評価基準としての社会的責任

　個人資本の投資多様化は、社会的投資ないし持続可能な開発への投資をすることで、市民的な次元を担うことができる。同じことは、企業が直接、または財団を通じて創造・維持するある種の活動についても言える。マイクロファイナンス機関のスポンサーリストを書き上げていてわかることは、そうした財団が企業であり、その活動が金融からかけ離れていることである。カルフール（Carre Four）のような商業グループもマイクロファイナンスを支えている。こうした関わりは、大スーパーマーケットの確立された地域に支援が特定されていれば、流通企業にとって意味がある。たとえば、それによって近隣の小規模なサービス提供者の成長が推進されるとか、特定の従業員のプロとしての成長を促し、そこからマイクロ起業家が育つとかいったことである。ハイパーマーケットの社会的責任が完全に正当化され、有効なものとなるのは、たとえば、フェアトレード、公共医療、環境といった部門である。同様に、自動車保険のグループなら、公共交通のシーズンチケット購入に補助金を出すなどして、顧客に自動車の利用を控えるよう勧めることもできる。それ以外にも、マイクロクレジットへの支援がスポンサー自身の活動とまったく無関係な例はたくさんある。したがって、アコーホテルズ（Accor Hotels）、イタリアのファッションブランドであるベネトン（Benetton）、セメント製造業のラファージュ（Lafage）、農業食品グループのネスレ（Neslé）やダノン（Donone）、マネジメントと情報技術のコンサルタント企業であるキャップジェミニ・ソゲッティ（Capgemini Sureties）、あるいはフォード（Ford）のような自動車製造業者などがあげられる。フランスで最も有名なマイクロファイナンス組織のスポンサーとして、プラネットファイナンス（Planet Finance）のほか、アクサ（Axa）、シティグループ（Citigroup）、クレディ・アグリコール・プライベート・エクイティ（Credit Agricole Private Equity）といった金融グループがあるし、これ以外にも、マイクロファイナンスとのつながりが意外に思える企業は、マ

イクロソフト（Microsoft）、プジョー（Peugeot）、オランジュ（Orange）、SFR、スエズ（Suez）、アコーホテルズ、旅行代理店のダイレクツアーズ（Directours）、ガラス製造業のグラバーベル（Glaverbel）、ボンバルディア・トランスポーテーション（Bombardier Transportation）、果てはジュエリーのダマス（Damas the Art of Beauty）まで数多くある。

　たとえば、オランダ開発金融公庫（Financierings-Maatschappij voor Ontwikkelingslanden: FMO）は「マイクロファイナンス機関のための社会環境分野ガイド（*Social and Environmental Field Guide for Micro Finance Institutions*）」という、マイクロファイナンスにおける優良事例集を発表し、ILOの設定する基準に適合しようとしている。この文書はフランス語に翻訳されているが、それを支援したのはソシエテ・ジェネラル（Société Général）という銀行である。マイクロファイナンスの特異性のひとつは財政的な成果を求めることで、その意味は、先に見たように、マイクロファイナンスというものが、貧困の判断基準またはターゲット・オーディエンスの周縁性と言われるものを基礎に定義されているところにある。留意すべきは、女性（男性より貧しいと考えられる）、難民、遠隔地域の居住者などの割合である。貧困を理解するためには、個人の所有する稼働資産、住宅、旅行や移動性（エンパワーメント）、一定の食料品目の消費、医療施設の活用、教育へのアクセスなどを基礎として、調査用のシンプルな判断基準を定義することができる。問題は、貧困者や女性を特定の商品やサービスへのアクセス能力で分類することが、必ずしも彼ら／彼女らの福祉向上につながらないことである。それぞれのケースについて、多様な判断基準の典型を文脈化することが必要なのであって、貧困の普遍的な定義が存在すると考えてはいけない。ミレニアム開発目標（Millennium Development Goals: MDGs）は、可能な価値のピラミッドが数多くあるなかの、ひとつの象徴にすぎないのである。

　経済的に不利な状況にあると考えられる特定の集団にマイクロクレジットを提供することは、必ずしもポジティブな効果を生み出さない。福祉を悪化させる原因としては、次のようなものがある。

- 過剰債務――債務が返済できないためではなく、何よりもまず、クレジットとそこから生じる支払いによって貧窮化すると理解される[6]。
- 重い作業負荷――主に女性に関わるもの。純粋に生産的な仕事とは別に、定期的な会合への強制参加など、生活のなかで女性に割り振られる義務もある。
- 労働環境の悪化――危険、不健康、健康に有害、児童労働、学校へ行かせない。
- 生産システムおよび地元取引からの貨幣の（したがって所得の）流出――これは、資金援助による活動の利益とは対照的に、金融費用が徴収されるため、究極的にはコミュニティの富裕化よりも貧窮化につながる（Morvant-Roux, 2009）。この問題は、マクロレベルではいっそう今日的な意味を持ってくる。公的および民間の開発援助

ツールとして、マイクロファイナンスは、他の外部支援による介入と同じ、精査の対象とするべきである。そうした介入は、大きな自然災害や紛争の後の人道的緊急事態では非常に有効だと考えられるが[7]、恒久的な構造的支援としては、半世紀以上にわたる開発援助は、効果的で恒久的な自立的成長の原動力としての価値を証明できていない。援助への大幅な依存が急速に進むため、そのようにして支援されたプロジェクトやプログラムの影響は、自立してからも異常に長く続く。例外は、東南アジアの国々の政策が示したように、国の側に、そうした外部支援を管理運営するという強い意思がある場合である。世界的に見て、外部援助のネガティブなインパクトを最もよく抑えられるのは、消費モードや輸入、外部企業への依存に変化があったときである。さらに、歴史的に見て、国の開発が本当に進むのは、不十分な国内救済を資本が埋め合わせしている時ではなく、国自体が正味の資本輸出者になる時なのである[8]。

　選んだ目標の親和性に関する問題もある。これは裁量権の問題を生む。たとえば、雇用創出と所得創出の両方の活動を目的とした場合、いつどんな場所でも、環境破壊となる汚染や土地の過剰開発（皮革工場によく見られるようなもの）はないと言い切れるだろうか。そのような活動は、国際組織が児童労働や債務奴隷状態（debt bondage）との闘いにおいて設定した「ディーセントワーク（decent work）」の基準を満たさない雇用条件の企業を助けることにもなるだろう。

　また、マイクロクレジットの形態によっては、人口のある部分については平均所得が増えても、大多数については所得格差や脆弱さ、不安定さが拡大し続けてしまうものがある。平均所得の増大が全体にとって利益となるのは、富裕層の所得拡大が自動的に貧困層の条件改善につながっている場合のみである。

　マイクロファイナンス活動の存在と、一定の判断基準に基づく状況の改善を記録して、それを前者によるものとするのでは十分ではない。医療や教育への、さらには孤立をなくすことへの直接介入が本当の理由かもしれないからである。バングラデシュの事例がこれに当たる。

　最後に、高邁な目標を設定するだけでは十分ではない。それが大なり小なり達成できたことを確認するのに必要な手段がなければならない。善意を善そのものと混同してはならない。組織の道徳的責任は、前向きの目標を守るだけではなく、その金融活動のインパクトと効果をモニターする手段を提供することでもある。

第3部　商業化へ向けた現在の流れ

4　金融機関のビジネスの中心における
マイクロファイナンスの社会的責任

　今述べたような市民的責任を企業が果たそうとすると、その戦略は、社会一般のなかでも特殊なニーズや、自らの支援するプロジェクトによる特定の成果を優遇するものになりがちである。しかし、このアプローチは、共同体の組織が私物化され、基本的なニーズが無視されるというリスクを伴っている。このリスクは財閥支配的なもので、多くを出資した者が他の者の幸福を決定してしまうので、こうした目標の定義では、受益者とされる者の関与がなくなってしまう。市民的責任は、民主社会が舵を失って危険な漂流現象を起こす原因ともなりうるのである（Servet, 2007a；Servet, 2010）。

　金融の視点からいうと、マイクロファイナンスにおける社会的責任は、人びとの金融包摂への直接貢献を通して定義される。これは、人口のさまざまなカテゴリーのニーズを、人びとの能力に見合った価格、文化的に受け入れられる形態で、効果的・効率的に満たすような、利用可能なサービスと理解しなければならない。この視点からいうと、社会的責任は、組織が取り組むさまざまな社会的関与のすべてをカバーす

図13.1　任意のありうる関与について相対的な重さを可視化したレーダーチャート

ソーシャルレーティング１	ソーシャルレーティング２
 中程度の社会的成果	 強い社会的成果
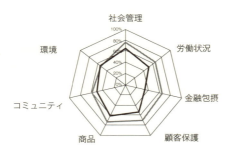	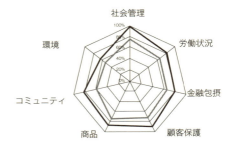

図 13.1 （続き）

程度	MFI	ベンチマーク	コメント／解釈
ソーシャルレーティング			ベンチマークよりも高い／同じ／低い。主な長所と短所。
全体評価	%	%	非常に強い／強い／満足できる／まずまず／弱い。社会管理、労働状況、金融包摂、顧客保護、商品設計、コミュニティに対する社会的責任、環境の各項目について。
社会管理	%	%	株主の社会的志向。取締役会の社会的関与。社会的ミッションの組織化。
労働状況	%	%	雇用状況。労使関係。機会の多様性と平等。訓練と教育。労働の衛生と安全。
金融包摂	%	%	将来を見据えた革新的な金融包摂戦略。金融排除された人びとをターゲットに。金融包摂への障害の除去。
顧客保護	%	%	過剰債務の回避。投資条件の透明性。倫理的な職員行動。顧客関係の質。規制および自発的規範の遵守
商品	%	%	市場調査とセグメンテーション戦略。クレジット商品、預金商品、保険商品、送金サービス、および非金融サービスの多様性、コスト、および応用。
コミュニティ	%	%	雇用創出へのインパクト。出資した活動の社会的スクリーニング。地元および国際コミュニティへの統合
環境	%	%	MFI に向けた環境政策（電気、燃料、水、紙の使用）。出資した顧客に向けた環境政策（環境スクリーニング）

出所：Symbiotics SA, Genève（2009）

るわけではない。先に検討したように、これには顧客、従業員、その組織が活動しているコミュニティが関連してくるほか、多くの分野——貧困への取り組み、とりわけ特定の人口カテゴリーを意思決定に含めることを通じてのエンパワーメントの実現や、環境の保護を含めたさまざまな分野——が関わってくる。こうしたさまざまな関与は、図 13.1 のようなレーダーチャートにしてみると、任意の関与の相対的な重さを可視

化することができる。シンビオティクス SA（Symbiotics SA）［訳注：マイクロファイナンス専門の投資顧問会社］の例のように、関与の全体を示す総合指標を提案することで、投資家が、投資策の選択と背負うリスクをヘッジできるようにすることも可能である（普通は総合的な金融指標を提示する）。

金融包摂の度合いを計算に入れることは不可欠である。不平等は世界中に溢れているからである。国にもよるが、フォーマルな金融サービスへのアクセスには、世帯の1パーセントからほぼ100パーセントまで幅がある[9]。大陸間でも大きな開きがあるし、地域や地方での差も大きい。ラテンアメリカでは、国別に見てもニカラグアの5パーセントからチリの60パーセントまであるが、一般には25～40パーセントの間で変動している。アフリカでは、包摂率は20パーセント未満が普通で、特に東アフリカで低い。南アジアでは、パキスタンとブータンでのアクセス率がそれぞれ12パーセント、16パーセントであるのに対して、インドと中国は40パーセントを超えている。ここでは国別の平均について述べているが、これでは、国内に見られる大きな地域差が覆い隠されてしまう。すなわち、いわゆる「発展途上」にある国の大半では、平均所得の人びと、すなわち「極貧」はおろか「貧困」にも決して分類されない人たちに、基本的な金融サービスへのアクセスがないのである（Demirgüç-Kunt, 2007）。このようにアクセスが限定されているのは、法的な制限や規制による障害だけが原因ではなく、一定の地域に物理的にそうした機関がないことも理由となっている。また、金融リテラシーのない者が多いことも原因で、そのため、一定の金融サービスが（不適切であるとともに）ほぼ利用不可能となっている。

したがって、さまざまな金融文脈において、意味のある要因を定義することが必要なのであり、それが、マイクロファイナンスサービスの創造と提供を主要な活動とする機関に特有の責任を理解する助けとなるのである。こうした責任は、結果だけでなく、こうした機関が金融サービスを生み出し、それを顧客ないしユーザーに流通させるプロセスにも適用される。こうした責任は、顧客およびユーザーに向けたものである。さらには、同じマイクロファイナンス部門で競合、協力している他のプレーヤーとの関係にも適用される。

金融包摂の度合いを評価するためには、サービスの分布（人口中の融資件数や銀行口座数）について知り、それで金融包摂の成否を宣言するのでは不十分である。サービスの適用度や質についても評価する必要がある（主にはクレジット獲得の非金銭的コストを通じて行う）。

近年、議論の焦点となっているのは金利水準で、とりわけメキシコのコンパルタモスの事例を考察したものが多い。コンパルタモスの年利はほぼ100パーセントとなっていたが、CGAPが発表した研究（Rosenberg, 2009）は、貸し手の視点を投影したものと理解することができる。ただしこれは、活動の利益性と（収入があったかどうか

はともかく）資金投入した用途の問題が、検討の中心となっていないという意味においてのことである（こちらの問題は、どれほど有効で、十分な文書証拠であっても、考慮されていない）。前提として、活動から得られるリターンは支払われる金利より大きいこと、多くの投資がマイクロ企業に行われたことが考えられる。ただし、これは現在もまだ証明されてはいない。年利100パーセントという水準は、マイクロクレジットの提供者が新ブランドの高利貸しになったことを示唆しているのかもしれない。また、高い金利水準はそれだけで存在するものではない。ある活動で金利100パーセントの融資を受けても、150パーセントが返ってくるなら、借り手としては約50パーセントのマージンがある。しかし、たとえ融資に対する実効金利が30パーセントだけでも、たとえばその活動のマージンが少なければ（たとえば20パーセント）、貸し手にどれほどの善意があろうとも、借り手は融資によって窮乏化することになる。借り手はいつでも融資を拒否できるという考えは幻想である。たとえば収穫前で現金の入ってくるのを待っている時期であれば、一時的に借金せざるを得ない。これは、金融機関どうしの金利競争が激しくない国では、フォーマルな金融部門が融資を通じて生み出す富を差し引くことにつながるし、悪くすれば、日々、収入と支出を異時点間で管理することにもなりかねない。マイクロクレジット機関の発達の前にも、私的な貸金業者や「悪徳業者」が同様の金利を課していたと思うかもしれないが、それは地元で発生したものであり、地元コミュニティとの関わりもあって、含まれるリスクを適切に見積もることができていた。債務者にかけられる圧力という点から見ても、結果として、そこに支出の「内因化（endogenisation）」があったと考える強い理由がある。これは、外部ソースからの資本借入れとは違う。組織が提示する金利を額面どおりに受け取ることを拒否し、代わりに実際の融資コストを計算する動きが、マイクロファイナンスの中から生まれてきた。これは、必ずしも利益のあがらない、あるいは利益があっても少ない預金、固定された分担金、残りの資本収支などではなく、元々の借入れ総額に基づく利息計算などを含めてのことである。さまざまな活動の間での利益性の比較や金利に関する詳細な研究を行って、その金利水準が借り手にとって持続可能かどうかを判断していくことが求められる。

　ニーズが満たされているかどうかを判断するには、顧客と面談して、特に需要とニーズのギャップを確認する必要がある[10]。金融サービスへのアクセスに関して人口の多くのセクションが困窮している状況では、喫緊のニーズがなくても、金融サービスの利用が強要されてしまう。たとえば、不安定さや脆弱さに対処するのに、預金や保険や送金の方が有効な場合でも、財政支援の提供されることが多い。したがってここでは、生産的な財政支援の可能性が促進されるのは、活動の多様性がほとんどなく、リターンが少ないために、融資が過剰借入れにつながる場合であることを指摘しておく。このニーズは、一年のうちの特殊な時期ないし病気の場合に、スウィングライン

（swingline）［訳注：借入申込当日の借入金引出が可能なライン］でのクレジットを受けるためである（脱資本化（decapitalization）によって将来の収入が縮小するのを回避するため）。

偶然だが、世界の金融包摂が非常に限定的であるにもかかわらず、金融サービスへのアクセスと使用に関する世界的な指標[11]は、ミレニアム開発目標の下で採用された指標に入っていない[12]。同じことは、国連開発計画（United Nations Development Program）の準備した人間開発基準（human development criteria）にも言えるし、さらに驚くことには、世界銀行の発表する世界開発報告（World Development Report）についても言える。人間開発を測定するために保持されたものの中に金融指標が欠落していることは、第1回マイクロクレジットサミットが開かれた1997年から、ムハマド・ユヌスとグラミン銀行がノーベル平和賞を授与された2006年までに、マイクロクレジットのメディア露出が急増してきていることとの差をますます大きくしている。しかし、開発分野のさまざまな多国間組織が提案する指標は多様化してしまい、厳密な意味での経済的水準を超えてしまっている。言及の範囲は、医療、教育、環境、コミュニティ生活への女性の参加、住宅の状況にまで及んでいる。こうした指標が第一に光を当てているのは、人間活動の私有化・商品化のプロセスが加速される過程で、人びとが生産力を高めていく能力である（Appadurai, 1986；Servet, 2007b）。結果、企業は金融化を拡張・強化している。もちろん、すべての人間社会が従う金融慣行は非常に多様だし、それを非常に異なる性格の機関を通じて行っている[13]。しかし、こうした金融活動への依存度が高まっていることと、人口の大多数の日々の運命を改善するのに貨幣的な手段を用いていることから、人間社会が——この視点から見れば——20世紀の後半を通じて質的な変化を経験したことを確認することができる。金融を通じた依存度の変化は、資金を提供するべき社会の編成に変化をもたらしている（Servet, 2006）。

世界全体でのフォーマルな金融包摂がこれほど限定的であり、その金融化の緊急性がますます強まり、抑圧的でさえある文脈が存在する中で、金融領域における活動能力という視点がこれほど脱落していることを、どのように解釈すればよいのだろう。こうした不注意は、金融包摂に向けた闘いのための早急かつ普遍的な活動の義務を国際社会に感じさせないという結果をもたらす。低所得者層も含めた現代社会のすべてで金融化の拡大と強化が起こってきたことはわかるが、金融サービスへのアクセスは（まだ）基本的人権とは一般にみなされていない。貨幣的手段および金融手段の使用は、集団および個人のアイデンティティを構成する要素とは考えられていないのである。しかし、存在のリスクに対処し、収入増加を達成する機会をつかみ、リソースを長期的に管理・拡大する能力は、金融手段利用の中心となることが増えている。金融サービスへのアクセスは、現代社会においては必須のものであり、日々の活動に不可欠なものとなっているのである[14]。

金融サービスは行動の手段だと見られているが、それ自体としては、本当はニーズでもなければ個人や集団のアイデンティティを構成する要素でもない。それよりも、むしろ乗り物（ビークル）としての性格が強い。マイクロクレジットは、これまでのところ最も認知されたマイクロファイナンスサービスで、一般には所得創出活動、とりわけMDGsの円滑化を目的としたプログラムの出現を促進するツールと見られている。しかし、1人当たり平均所得の高い国でこそ、マイクロクレジットは労働政策にまで高められているが、発展途上国では、マイクロクレジットが新規事業の資金に用いられることは例外的である。マイクロクレジットは、主として経済的な行動手段と見られているが、その所得に対する乗数効果は明確に認められているわけではないし、とりわけ高い正確性を持って定量化されていないので、いくつかのケーススタディを除けば、マクロ経済レベルで一般化することはできない。つまり、重要な社会資源や支出のフローを長期的に管理するための必要条件とは考えられていないのである。結果、社会のさまざまな利害関係者の社会的責任について熟考したうえで、金融面での一般的金融包摂とそれに続く政治的な関与へとつながることは例外的で、むしろ食料、水へのアクセス、医療、教育、住宅、教育といった別のニーズについて考えられることの方が多い。こうした要件は、意図的な民主社会においては、それ自体として、人類が生存するための基本的なものだと考えられている。社会は、ジェンダーに関する条件も含めた公正な政治的表現へと拡大されている。しかし、金融はまだそこには至っていないのである。

5　結論

本論は投資家の話からスタートした。次に、現場で活動するマイクロファイナンス機関の社会的責任に主に焦点を当てて分析した。投資家の社会的責任は依存的な結果責任というだけではない。たしかに、彼らの支持するサービス提供機関がさまざまな選択を行えば、それが即時かつ間接的な影響を及ぼすし、そのような影響の総体によって左右される部分もあるが、責任の一端は、その機関への貸し手および投資家にもある。非制限的な意味では、いくつかの選択肢に言及することができるだろう。

- 外国通貨よりも地元通貨での融資という選択。
- 地元金融資源の動員という選択。強力な外因性の影響を受けないためで、たとえば補償基金などを通じて行う。
- 国によっては、金融サービスへのアクセスがまったくない貧困層の多くを雇用している部門をターゲットにするという選択。これは通商よりも農業が望ましい。通商

の方が投資に対する利益率はずっと高くて、利益のでるのも速いが、経済的離陸への効果は事実上ゼロである。
- 国際的な財政支援が難しいと考えられ、ほとんど切り捨てられている地理的ゾーンという選択（主にサハラ以南のアフリカ）。
- マイクロファイナンス部門の新興組織を支援するという選択。そうした組織を発展させるためだが、すでに実績のある機関を支援するのと比べるとリスクが大きい。
- ポジティブと考えられる結果を公表する際に、あらゆる文脈の要素を計算に入れるという選択。このことは、競合機関が有害な幻想を抱くのを防ぐとともに、彼らが自分たちの行動分野の文脈内のみ（人口密度、不安定、平均所得など）で目標設定するのに役立つはずである。また、そうでなければ、彼らにしても目標を達成することはできない。
- ネットワーク、セミナー、グループ討論などへの参加を通じて情報の拡大を助けるという選択。これによって、マイクロファイナンス部門の業績とイノベーションを全般的に改善する方向で、参加的競争を通じて貢献することになる。

こうしたことを実行する時、社会的責任の問題は、その機関と利害関係者だけのものではなくなる。彼らは多様な立場とレベルで介入し、資金調達したり、人びとに金融サービスを提供したりするが、それ以外にも、技術面での受託者（専門家や評価担当者）、公的権威（地元、国、国際レベル）、非政府組織（この部門では非常に活動的）、そして研究者が、この問題には関わってくる（Wampfler, 2006）。専門家には専門家に固有の社会的責任がある。現在の危機は、体制順応主義の危険に光が当たるようになっている。このことは、共通の信念に関して異端の立場をとっていては、意見を聞いてもらうのが難しいことを示している。

　金融機関だけではない。マイクロファイナンスサービスの製造や流通分野でのプレーヤーも、特定の活動分野における社会的責任の問題を通して関わっている。実際に、今まさに社会的排除と金融面での周縁化に直面している集団について、そのアクセス能力と利用能力への疑問が生じてきている。このことは、そうしたサービスを生み出し届けること、およびその全体的なインパクトについても当てはまる。こうしたサービスは、供給者の利益のためだけに利用されかねず、したがって、社会の持続可能な発展を危うくする可能性がある[15]。

　マイクロファイナンスサービスという分野が存在し、そのカテゴリーの利害関係者は、その立場ゆえによいプレーヤーで、それ以外（金融仲介機関、なかでも商業銀行のような特定のカテゴリー）は有害だとか、他者の善意を台なしにするなどと考えるのは、あまりに単純である。マイクロクレジットは、それ自体としては、仲介の形態として良くも悪くもない。マイクロクレジットは金融上のテクニックであって、特定の文脈で

利用され、特定の大衆をターゲットとした場合に、人口の特定層の状況を改善するか、もしくは逆に脆弱化したり、どうかすると（劇的に）悪化させたりもする（Fernando, 2006 ; Kholiquzzaman, 2007 ; Servet, 2006）。マイクロファイナンスを通じた特定の形態での介入が、文脈によっては人口の特定層にとってポジティブなものにもなれば、ニュートラルないしは有害なものにもなる。そうした活動の、マクロ経済レベルでの開発ダイナミクスの進展を促進することもあれば、反対に鈍化させたり、邪魔したりすることもある。したがって、金融活動における多様な利害関係者の効果的な役割を、その特定の立場を越えて明らかにしていくことが必要なのである。

さまざまなマイクロファイナンス主体の社会的責任についての考察は、この部門が急速に成熟していることを示している。過去には、一般には顧客と地元コミュニティに、あるいはもっと拡げて開発に、マイクロファイナンスがどのようなポジティブな側面をもたらすのかについて疑問が呈された。もし今日、良し悪しはそれ自体によるのではなく文脈に、すなわちその用途と関わってくる主体によるのだということが認識できれば、調査の焦点はこの疑問にこそ当てられるはずである。

こうした視点から、最後のコメントとして、財務上の業績を他の（社会、環境面での）成果と単純に対立させるのは間違いだということを強調しておきたい。システム上の追加コストの問題ではない。このアプローチは、たとえば融資の返済率を向上させ、更なる関与を通じて顧客ロイヤリティを築き、一定の取引コストを引き下げることができる。一般に、一連の社会的責任を重視する組織ほど未来像が明確であり、したがって、内的なショックと同様、外的なショックにもうまく対処できる立場にある。このことは、過剰借入れ——やがて返済の急激な減少につながりかねない——の防止にも当てはまるし、マイクロ保険システムを確立して、顧客の福祉を向上させることもできる。組織の社会的責任を推進することは、思いやりの新しい形態ではなく、中・長期的な財務成績への貢献ともなるものなのである。企業の社会的責任を解釈するための最初のアプローチは、回復すべきコスト、支えられるべき損失として考えることである。2つめアプローチは、長期的に健全な組織の一部として仮定されるべきリスクに照らして考えることである。企業の社会的責任を活動路線の内部に位置づけておけば、法的手続きの可能性や、市民による社会組織や地元コミュニティ、活動家グループ、外国政府などからの大衆的／公的なバッシングに備える助けとなるだろう。こうしたことが起こるのは、なにかの活動が、特定の場所で、分野的な危機や物理的・文化的な環境悪化があった直後に、人口層にネガティブな影響を与えていると見られた時である。金融問題においては、こうしたリスクは他の問題の場合よりもずっと抑制されている。しかし、それでもビジネス活動全般にわたって、社会的に責任ある行動を発展させていくための一般的な枠組みは提供されている。3つめのアプローチは、それによってビジネスが強化ないし創造されるというポジティブなイメージから、社

会的責任を投資と考えることである。はじめの2つの解釈は仮定されるリスクを扱ったもので、本質的に防御的だが、3つめのアプローチは積極的なもので、攻撃的というレッテルすら貼りたくなる。このアプローチは、社会的責任を、それを守ろうと決めた組織にとっての機会に変えていく。すなわち、特定の利益を動員して共通の利益を求めていくということなのである。

注

1．ここで「マイクロファナンス的」として考えている機関には、さまざまな立場のものがある。民間のものもあれば公的な金融体制もある。銀行としての地位の有無もある。たとえば非政府組織でも、事実上は金融を主とした活動をしていたり、それが専業だったりしている（Servet, 2006）。
2．「貧困の定義を少し拡張してみれば、世界の人口65億人のうち、40億人は不満足な状況に暮らしていると考えることができる。平均4人家族として10億世帯である。そのうちマイクロクレジットから利益を得るのが半分だと仮定すると（それでも全員が金融サービスから利益を得るわけではないが）、5億世帯が取り残されることになる」（M. Chu, in: World Microfinance 2008）
3．Armendáriz and Morduch（2005）、Roodman and Morduch（2009）、Servet（2006）。
4．職人および農民（無給）単位の仕事の包含について、経済的なカテゴリーを用いたChayanov（1925, trans. 1966）の批判は、現在も非常に大きな意味を持っている。
5．Benedict XVI（2009）を参照。
6．これは特に、同時にいくつかの借金先を利用した結果で、そのうちのいくつかはインフォーマルなものである（本書のGuérin, Morvant-Roux and Servetの記事を参照）。
7．Agbodjan（2007）による書誌学的評価を参照。
8．Mende（1973; pp. 13-14, 170-171, 182-183）が、外的援助の有害なインパクトを明らかにしている。これ以外の問題については、Myrdal（1968）、Robinson（1962）、Amin（1970）を参照。Keith Griffinが、ラテンアメリカの例を用いて、このテーマで多くの仕事をしている。Griffin（1969）およびGriffin（1970）を参照。

同時に、こうした議論は、外国からの援助が積極的な役割を果たして国内貯蓄の弱さを埋め合わせるというNurske（1953）の理論に異義を唱えるものとなっている。外国からの援助に関するさらなる批判に関してはAyres（1962）が、Gordon（1961）の歴史的研究に大きく依拠しているので参照してほしい。同じ路線では、特にBairoch（1996）を参照。
9．Claessens（2006）、Demirgüç-Kunt（2007）、Morvant-Roux（2007）。
10．借り手のニーズをさらに理解するには、成功した話ではなく、ドロップアウトして債務の返済に失敗した理由の分析に集中する方が有効である。
11．こうした差違の詳細な分析と、Rapports Exclusion et liens financiers（排除関係と金融リンク）（Paris, Economica）、First Report（1997）、Eighth Report（2009）での先進的な定義については、Gloukoviezoff（2010年）の論文を参照。
12．http://millenniumindicators.un.org/unsd/mifre/mi_goals.asp ターゲットと目標を参照。[2015年8月現在、http://mdgs.un.org/unsd/mdg/Host.aspx?Content=Indicators/OfficialList.htm で確認

13. Servet（2009）にある携帯電話による支払いの例を参照。
14. 貨幣・金融についての関係や繋がりへのこうしたアプローチについては、Aglietta and Orlean（1998）、Servet（1998）、Théret（2008）、および Zeliser（1994）を参照。
15. Servet（2009）での、支払いのための携帯電話の利用を参照。

参考書目

Agbodjan, ED (2007). L'usage de la microfinance dans les situations de post-conflit: une revue de la littérature. *Autrepart*, 44, 227–240.

Aglietta, M and A Orléan (eds.) (1998). *La Monnaie Souveraine*. Paris: Odile Jacob.（邦訳『貨幣主権論』中野佳裕、中原隆幸訳　藤原書店　2012.6）

Amin, S (1970). *Accumulation on a World Scale: A Critique of the Theory of Underdevelopment* (tr. from the French). New York: Monthly Review Press.

Appadurai, A (ed.) (1986). *The Social Life of Things: Commodities in Cultural Perspective*. Cambridge: Cambridge University Press.

Armendáriz, B and J Morduch (2005). *The Economics of Microfinance*. Cambridge, MA: MIT.

Audran, J (2008). Microfinance, Inclusion financière et création de valeur sociale. Audelà des bonnes intentions, la gestion de la performance sociale dans les véhicules d'investissement en microfinance. Mémoire Master IHEID.

Ayres, CE (1962). *The Theory of Economic Progress*. New York: Schocken Books.（邦訳『經濟進歩の理論』一泉知永訳　文雅堂書店　1957.5）

Bairoch, P (1996). Globalization, myths and realities: One century of external trade and foreign investment. In *States Against Markets: The Limits of Globalization*, R Boyer and D Drache (eds.), pp. 128–142. London: Routledge.

Balkenhol, B (ed.) (2007). *Microfinance and Public Policy, Outreach, Performance and Efficiency*. London: Palgrave–Macmillan/ILO.

Benedict XVI (2009). *Caritas in Veritas*. Libreria Editrice Vaticana.

Chayanov, A (1925, trad. 1966). *The Theory of Peasant Economy*. London: Irwin.

Claessens, S (2006). Access to Financial Services: A Review of the Issues and Public Policy Objectives. *The World Bank Research Observer*, 21(2): 207–240.

Demirgüç–Kunt, A, T Beck and P Honohan (eds.) (2007). *Finance for All? Policies and Pitfalls in Expanding Access*. Washington DC: BIRD.

Dialogue européen n°1, novembre 2008, European Microfinance Platform, *Le rôle des investisseurs dans la promotion des performances sociales en microfinance*, 121 p.

Fernando, JL (ed.) (2006). *Microfinance. Perils and Prospects*. London: Routledge.

Fontaine, L (2008). *L'économie morale*. Paris: Gallimard.

Fouillet, C (2006). La microfinance serait-elle devenue folle? Crise en Andhra Pradesh. *Bulletin d'information du Mardi*, CIRAD/GRET, Espace Finance.

France 2 (2009). Envoyé Spécial, *Banquier des pauvres*. 14 mai 2009. http://www. daily-motion.com/playlist/x9afce banquier-des-pauvres-2-2-envaye-spe news ［2015 年 8 月 現 在、http://www.

dailymotion.com/video/x9afce_banquier-des-pauvres-2-2-envoye-spe_newsで視聴できる］

France 24 (2008). Reportage. http://www.france24.com/fr/20080324-le-magazine-laction-humanitaire-humanitaire?q=node/1078209.［2015年8月現在、視聴不可］

Fubini, F (2009). Microcredito: Ora I poveri si ribellano. *Corriere della Sera*.

Gloukoviezoff, G (2006). From financial exclusion to over-indebtedness: The paradox of difficulties of people on low income? In *New Frontiers in Banking Services*, L Anderloni, MD Braga and EM Carluccio (eds.). 191–212. Springer.

Gloukoviezoff, G (2010). *L'exclusion bancaire*. Paris: Puf.

Gordon, W (1961). The contribution of foreign investments: A case study of United States foreign investment history. *Inter-American Economic Affairs*, Spring Issue.

Griffin, K (1969). *Underdevelopment in Spanish America*. London: Allen and Unwin.

—— (1970). Foreign capital, domestic savings and economic development. *Oxford Bulletin of Economics and Statistics*, 32(2), 99–112.

Guérin, I, C Lapenu and F Dolingez (2009). La microfinance est-elle socialement respon- sable? *Tiers Monde* (197) Jan–Mar.

Gurtner, B (2007). Un monde à l'envers: le Sud finance le Nord. In *Financer le développment par la mobilisation des ressources locales, Annuaire suisse de politique de développement*, 26(2): 57–80. Genève, IUED.

Kholiquzzaman, AQ (ed.) (2007). *Socio-Economic and Indebtedness-Related Impact of Micro-Credit in Bangladesh*. Dhaka: The University Press Limited.

Labie, M (2007). Réflexions préliminaires pour une approche éthique de la gestion des organisations en microfinance. *Ethics and Economics*, 5(1): 1–8.

Lutzel, E de, B Coupez and N Reille (2009). Paradoxes et défis de la microfinance: Une industrie qui résiste à la crise, une nouvelle classe d'actifs. In *Rapport sur l'argent dans le Monde 2009*, Paris, Association d'economie financière.

Mende, T (1973). *From Aid to Recolonization: Lessons of a Failure* (tr. from French). New York: Pantheon Books.

Morvant–Roux, S (ed.) (2009). Microfinance et Agriculture, *Rapport Exclusion et Liens Financiers 2009*, Paris: Economica.

Morvant–Roux, S and JM Servet (2007). De l'exclusion financière à l'inclusion par la microfinance. *Horizons Bancaires*, 334: 23–35.

Myrdal, G (1968). *Asian Drama: An Inquiry Into the Poverty of Nations*. New York: Pantheon.（邦訳『アジアのドラマ：諸国民の貧困の一研究』板垣与一監訳、小浪充、木村修三訳　東洋経済新報社　1974）

Nurske, R (1953). *Problems of Capital Formation in Underdeveloped Countries*. Oxford: Basic Blackwell.（邦訳『後進諸国の資本形成』土屋六郎訳　巌松堂出版　1977）

Robinson, J (1962). *Economic Philosophy*. Chicago: Aldine Pub. Co.（邦訳『経済学の考え方』宮崎義一訳　岩波書店　1966．4）

Roodman, D and J Morduch (2009). The Impact of Microcredit on the Poor: Revisiting the Evidence. Working Paper, No. 174, Center for Global Development.

Rosenberg, R, A Gonzalez and S Narain (2009). The New Moneylenders: Are the poor being exploited by high microcredit interest rates? CCAP Occasional Paper No. 15.

Servet, JM (1998). *L'euro au quotidien, une question de confiance*. Paris, Desclée de Brouwer, collection sociologie économique.

—— (2006). *Banquiers aux pieds nus, La microfinance*. Paris: Odile Jacob.

—— (2007a). Au-delà du trou noir de la financiarisation. In *Annuaire suisse de politique de développement*, 26(2): 25–56. Genève, IUED.

—— (2007b) . Les illusions des objectifs du Millénaire. In *Institutions et développement: La fabrique institutionnelle et politique des trajectories de développement*, Lafaye de Michaux, E, E Mulot and P Ould–Ahmed (eds.). 63–88. Rennes: Presses universitaires.

—— (2009). Responsabilité sociale versus performance sociale en microfinance. *Revue Tiers Monde*, No. 197.

—— (2010). *Le Grand renversement. De la crise au renouveau solidaire*. Paris: Desclee de Brouwer.

Somé, Y (2008). La responsabilité sociale des organisations de microfinance: Quels critères pour une meilleure contribution de la microfinance à l'inclusion financière? l'exemple du Burkina Faso. Mémoire Master IHEID.

Tiers Monde (2009). La microfinance est-elle socialement responsable? 197 (Jan–Mar).

van Oosterhout, H (2005). *Where Does the Money Go? From Policy Assumptions to Financial Behaviour at the Grassroots*. Utrecht: Dutch University Press.

UNCDF (2005). *Microfinance and the Millennium Development Goals*. International Year of Microcredit 2005.

Wampfler, B, I Guérin and JM Servet (2006). The Role of Research in Microfinance. *European Dialogue*, 36: 7–21.

World Bank (2007). *World Development Report 2008: Agriculture for Development*. Washington: World Bank.（邦訳『世界開発報告2008　開発のための農業』田村勝省訳　一灯舎　2008. 3）［2015年8月現在、http://www-wds.worldbank.org/external/default/WDSContentServer/IW3P/IB/2008/05/22/000333038_20080522025746/Rendered/PDF/414550JAPANESE1OFFICIAL0USE0ONLY1.pdf でも入手可能］

World Microfinance Forum (2008). Is it fair to do business with the poor? *Symposium Special Issue*. Geneva.

Yunus, M and K Weber (2007). *Creating a World Without Poverty, Social Business and the Future of Capitalism*. New York: Public Affairs.（邦訳『貧困のない世界を創る：ソーシャル・ビジネスと新しい資本主義』猪熊弘子訳　早川書房　2008.10）

Zeliser, V (1994). *The Social Meaning of Money. Pin Money, Paychecks, Poor Relief and Other Currencies*. New York: Basic Books.

社会的責任投資家とマイクロファイナンス機関との連環（リンク）の重要性

エルナ・カレル＝ルエディ* （Erna Karrer-Rüedi）

　銀行は、健全な経済発展のために不可欠な仲介機関であり、資本を提供する者と借りる必要のある者とをつなぐ連環（リンク）として機能している。これは中核任務であり、現在の危機は、このリンクの役割と重要性について警鐘を鳴らすものとなっている。この中核機能はマイクロファイナンスの中心でもあって、資本提供者——ここでは社会的責任投資家（socially responsible investors: SRIs）とよぶ——とマイクロファイナンス機関（MFI）とを結んでいる。そして、そのMFIが到達しようとしている先にいるマイクロ起業家は、潜在的に利益のあるプロジェクトを自ら選択し、それに投資したいのに、十分なサービスを受けられずにいる。

　本論では、第1に、社会的責任投資家とMFIとのリンクの今日的意義について検討する。第2に、このリンクによって、社会的インパクトのある投資がどの程度まで育つのかを、女性のエンパワーメント、医療の向上、教育の例を用いて考える。第3に、自立を達成することの重要な役割に光を当てる。第4にマイクロファイナンスのバリューチェーンを通じての——すなわちSRIからマイクロ起業家への融資までの——効率向上の必要性を検討する。第5には、このリンクにとって特に重要なものとして、マイクロファイナンスのミッションへの関与について、特に社会的責任投資家に光を当てて考察する。そして最後に、現在の2つの難問について検討する。どちら

＊クレディ・スイス

も、マクロ経済レベルでこのリンクを不安定化させる潜在力を持っている。すなわち、マイクロファイナンスは持続可能な開発よりもインフォーマル経済の加速につながっているのではないかということ、そして、2008年の金融危機によって、向こう何年にもわたって国際資本フローが大幅に減少したらどうなるのか、ということである。

1 社会的責任投資家とマイクロファイナンス部門とのリンク

マイクロファイナンスは、金融包摂と世界の貧困撲滅のための強力なツールである。言い換えれば、貧困の克服において、世界中の多くの個人にとって有効な触媒であることはすでに証明されている（Yunus, 2007；Iskenderian, 2008；Sachs, 2006；Easterly, 2007）。マイクロファイナンスの主たる要素はマイクロクレジットだが、それ以外にもマイクロ預金、マイクロ送金、マイクロ保険などもある。マイクロクレジットによって、マイクロ起業家は、普通の金融システムを通じては得られないクレジットへのアクセスが得られるようになる。

したがって、今も40億人以上が1日4米ドル未満で暮らしているこの地球社会において、マイクロファイナンスの確固とした発展に貢献することは重要なことである（International Finance Corporation, 2008；Prahalad, 2006）。マイクロファイナンスの目的は、十分なサービスを受けられていないが経済活動を行っている人びとに金融サービスへのアクセスを提供することである。資本へのアクセスと利用の可能性を保証するためには、社会的責任投資家（SRI）とマイクロファイナンス機関（MFI）、ひいてはマイクロ起業家との間に強いリンクが必要となってくる。

2008年の時点で、117億米ドル以上が、54のドナーおよび投資家によってマイクロファイナンスに委ねられている（Littlefield, 2009）。今のところ、資金の53パーセントはドナーが、47パーセントは投資家が提供している。マイクロファイナンス投資ビークル（MIV）は危機があっても成長を続けていて、2008年12月の時点で103のMIVが存在しており、管理下にある資産は66億米ドルと推定されている（Reille, 2009）。MIVは社会志向の投資家を惹きつけ、公的な投資家、機関投資家、個人投資家を含めて大量にプールしている。貧困層支援協議グループ（Consultative Group to Assist the Poor: CGAP）のエリザベス・リトルフィールド（Elizabeth Littlefield）は、個人投資家が2008年も引き続きマイクロファイナンスファンド成長の原動力となり、MIVの資金源の約34パーセントに達していることを強調している（Littlefield, 2009）。

この流れに光を当てるために、クレディ・スイスによるマイクロファイナンスへの関与に目を向けてみよう。クレディ・スイスはパートナー企業であるレスポンサビリ

ティ（responsAbility）とともに、2003年にマイクロファイナンスファンドを立ち上げた。その最大の目的は、マイクロファイナンス部門のニーズと社会的責任投資家のニーズを連関させることである。社会的責任投資家は二重のリターンのある投資先を探している。すなわち、財政的なリターン（収益）と社会的なリターン（成果）である。一方のMIFは、マイクロ起業家に少額融資を提供するための資本を必要としている。

実際に、クレディ・スイスの顧客の一部からマイクロファイナンスに投資したいという明確な要請があったことが、MIVの立ち上げを考える重要な要因だった。これは、本当の長期的パートナーシップの上に立って顧客のニーズに焦点を当て、しかもその期待を超えていくという、クレディ・スイスの公約と手を携えて進んでいる（Vayloyan, 2008）。加えて、2000年代初めには、マイクロファイナンス部門は非常に透明性が低く、市場で利用できる商業志向のMIVはごくわずかだった。マイクロファイナンスという概念すらほとんど知られていなかった。個別のマイクロファイナンス機関には投資できても、多様な地理的地域の多様なMFIの全体を見わたしてきわめて多角的なオファーをしていくような余裕はとてもなかっただろう。それゆえ、リンクを築くことは、まずはマイクロファイナンスという新興部門についての——その目的と努力と、そして徐々にその社会的インパクト、期待されるリターン、関連するリスクについての——相互理解を発展させることであった（INSEAD, 2009）。

レスポンサビリティ・グローバル・マイクロファイナンスファンド（rAGMF）を立ち上げるための基礎はあった。しかし、実際に自分の投資による善行を願う投資家のグループが大きくなるまでには時間がかかった。初めの3年間、流入はゆっくりとしか増えず、2006年末までに1億米ドルに届かないくらいだった。マイクロファイナンスは、十分なサービスを受けておらず、クレジット履歴もなければ（たいていは）担保もない人びとに、無保証の融資を提供する部門だと思われていた。そのマイクロファイナンスへの投資に、社会的責任投資家が幅広い信頼を置いて貸付をするようになったのは、ようやくここ2年半ほどのことである。rAGMFがどこにも負けない業績を確立していることはたしかである。デフォルトになったMFIはなく、財政的リターンは堅調で、変動も少ない。2009年9月末までに、クレディ・スイスの社会的責任投資家とマイクロファイナンス部門とのリンクは、およそ8億8400万米ドルのキャピタルフローを生み出した（図14.1）。これは社会的責任投資家と、究極的には、金融サービスへのアクセスを獲得したマイクロ起業家とのリンクによるものである。

今では、rAGMFをはじめとする約100のMIVを通じて、マイクロファイナンス機関への資本流入が確立されている。

こうしたファンド成功の背後にある原動力は何なのだろうか。重要な要素のひとつは、先に述べたような投資家との確固とした関係が、時間をかけて確立されてきたことである。また関連する要因として、機関だけでなく個人としても、営利目的での投

社会的責任投資家とマイクロファイナンス機関との連環（リンク）の重要性

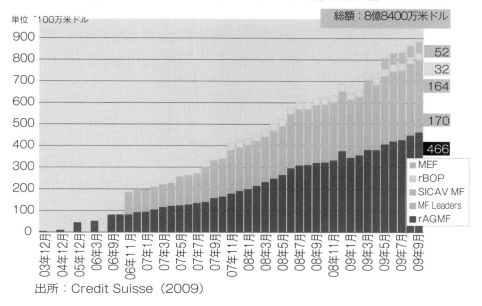

図14.1　rAGMFのマイクロファイナンス向け資金の量

出所：Credit Suisse (2009)

資を活用して社会的・環境的な善を生み出そうとする人びとが増えてきて、もの言う投資家の周縁部から、主流金融機関の中核へと移動してきたことがあげられる。こうしたインパクト投資家は、純粋に博愛主義的な介入ではなかなか到達できない規模での解決策を提供できる事業やファンドに積極的に資本を投入しようとする（Freireich, 2009）。

したがって、インパクトのある投資のひとつの方法としての——つまりは、金融アクセスとアウトリーチを得るために懸命に努力している、マイクロファイナンスという垂直的多角化の進んだ部門に確固としたリンクを見つけたいというSRIのニーズへの対応としての——マイクロファイナンス概念を受け入れた、クレディ・スイスの経営トップの深い関与こそが成功の決め手だったと言えるだろう。

2　リンクが社会的インパクトを育てる

マイクロファイナンスは金融手段へのアクセスを提供する——自助努力し、自らすすんでよい生活を確保して、貧困を自身にとっても家族にとっても過去のものにしようとする人びとを支えている（Velasco, 2009；Counts, 2009）。マイクロファイナンスという考え方にとりわけ希望を見いだしているのは、貧しい女性である。女性の地位が

向上するのは、家庭でもコミュニティでも、融資と預金の管理に責任を持つようになった時である。自分で収入を生み出し管理する能力があれば、貧しい女性のエンパワーメントが推進される。調査によれば、クレジットを女性に拡張することで家族の、とりわけ子どもの生活の質に大きなインパクトが生じているという。貧しい女性でも、やはり「最高の信用格付け」を得ようとする。たとえばバングラデシュでは、男性よりも女性の方が、債務不履行になる例がずっと少ないことが示されている（Yunus, 2008）。

女性のための世界銀行（Women's World Banking：WWB）が1970年代末に設立され、プロムヘルが1990年に設立されたのも、こうしたことが念頭にあってのことである。こうした機関の目的は、女性に内在する能力を開放し、金融サービスと情報へのアクセスを支援することで、発展途上国の貧しい家庭の経済的地位を向上させることである。当時ですでに、女性には力がある、小規模事業を展開して資産を築き、破滅的な損失に対する予防措置をとるための手段を与えられれば、自分や家族の人生を変え、ひいては貧困から這い出せるだけの力を持つことができると考えられていたのである。

ここで女性投資家には、マイクロファイナンスへの徹底した関与と献身が存在しているという仮説が成り立つかもしれない。社会的責任投資家は「ソフト」なトピックと見られることが非常に多く、したがって、女性と結びつけられることが多い。マイクロファイナンス投資家についての当初の分析も、まさにこのことを明らかにし、かつ確認している。すなわち、女性が女性を支えているのである。

女性のエンパワーメントと貧困削減の2つは、ミレニアム開発目標（MDGs）にもあがっていて、社会的責任投資家は大いに賛同している。少額の融資によって、貧しくとも経済活動をしている人びとが、自分の事業を始めることができる。これは、なによりも生活の向上という結果をもたらし、地元経済の変容に役立つ。クレディ・スイスの顧客は、社会的責任投資に確固とした関与を示していて、特にマイクロファイナンスについては、あらゆる投資家の「ライフスタイル」となっている。とりわけ女性の間ではそうで、たとえば、スイスの個人投資家によるマイクロファイナンス投資額の70パーセントは女性によるものである（Credit Suisse, 2008）。こうした女性投資家の多くは、自身も、現在の地位にたどり着くために困難な、時には差別的な労働環境で必死に働かなければならなかったと語っている。そうではない女性も、今は自分が権限のある地位に就いていることに感謝し、世界の女性にも平等を達成する機会が与えられるようにしたいと願っている。金融手段へのアクセスを提供することで、ほかの女性が自らのスキルを最大限に活用して貧困から抜け出せる、そんな投資活動をしようと努めているのである。

rAGMFは男性にも女性にも融資を提供している。しかし長年にわたる活動中、融資の大半は女性向けで、およそ55〜60パーセントを占める。これはなにも、資金提

供する MFI の選定に当たって女性顧客の割合を事前に決めておき、それをもとに資格基準を定めているのではない。男女間のギャップが拡大していることは重要だと考えられているが、この側面は社会的指標との関連が強く、排除の基準とはなってない（ResponsAbility, 2008）。

　忘れてならないのは、世界銀行の国際金融公社（International Finance Corporation: IFC）によれば、女性は今も、金融手段へのアクセス獲得が最も難しい。グラミン銀行の創設者でノーベル賞受賞者のムハマド・ユヌスは（同銀行は女性にのみ融資している）、もし女性が世界の金融慣習を形成していれば、現在の金融危機はまず起こらなかっただろうと述べている。「女性は男性よりも用心深い。システムダウンをもたらすような大きなリスクをとることはないだろう」。

　マイクロファイナンスが金融手段へのアクセスを提供しているからといって、ジェンダーの側面を軽視することはできない。むしろ、これはマイクロファイナンスの重要な要素のひとつである。そこで次の側面として、自立の達成におけるリンクの役割の重要性を検討していこう。

3　リンクは自立の達成に決定的な役割を果たす

　マイクロファイナンスは、公共部門の利益と民間部門の原理がユニークに融合したものと受け取られることが多い。こうした展開は、自立を実現するうえで——とりわけ、資本フローを継続的かつ拡大させながら提供し、しかもマイクロファイナンスのミッションをその原理に忠実なまま維持するということにかけては——非常に大きな機会だと見ることができる。そこで、ここではマイクロファイナンスにとっての資本ニーズについて、そして、持続可能な成長を支えるというニーズや、マイクロファイナンスの継続を脅かしかねない大きな混乱を回避するというニーズと、マイクロファイナンスがどう対処しているかについて詳しく見ていこうと思う。

　先にふれたように、2008 年には約 66 億米ドルの資本が、国際資本市場によってマイクロファイナンスに提供されている。3000 億米ドルのニーズを満たすには、相当大きな資本フローが必要なことは明白である（Dieckmann, 2007）。この難題に対応するため、マイクロファイナンス部門は現在、ミッションを動機とする自己像に支配された部門から、民間資本のニーズと利益に対応する部門へと変貌する途上にある。これまで以上に多くの貧しい人びとに金融サービスを提供するためには、これは絶対に必要なプロセスである。マイクロファイナンスのクレジット商品に 3000 億米ドルの需要があることを考えただけでも、公的資金への依存から民間資本の提供へという移行（Marc de Sousa Shields, 2007）が、並行して起こるのでなければならない。

マイクロファイナンスのコミュニティから本当のマイクロファイナンス部門へと成長するプロセスにおいて、マイクロファイナンス機関とその利害関係者は、社会的目標と開発目標、そして財政的リターンの達成ニーズとの間でバランスをとるために苦闘してきたし、これからもつねに試練に遭遇することだろう。初期段階には、財政的リターン自体を目的とする機関はほとんどなかったが、今では多くの組織が、自立のための要件だと受け止めはじめている。どの組織も、初期のような公的補助金がなくなっても市場で生き残りたいと考えているからである（Steidl, 2007）。

　マイクロ貸付への疑似商業的アプローチの発達は、初期 MFI の成功にとって重要な要因だった。具体的には、ボリビアのプロクレディト（Pro Crédito、現在はバンコ・ロスアンデス（Banco Los Andes））やプロデム（バンコソルおよびプロデム FFP の母体）、エルサルバドルのセルビシオ・クレディティシオ AMPES（Servicio Crediticio AMPES. 後にフィナンシエリア・カルピア（Financiera Calpiá）に改称。現在はバンコ・プレクレディト（Banco ProCredit））などによって、マイクロ貸付が持続可能性と利益性を基礎として管理可能であることは証明済みである。

　こうしたことを念頭に、rAGMF は、資金提供を受ける資格のあるマイクロファイナンス機関を包含している。条件は、少なくとも 3 年間は成功の実績があることと、監査済みの年次報告書および事業計画を示せることのみである。もちろん、これ以外にも多くの側面があって、ポートフォリオの質やバランスシート分析といったものも考慮されている。

　1980 年代や 1990 年代には、先見性のある MFI の大半が、いつかは補助金のフローが止まること、商業的な資本源が入ってこざるを得ないことをわかっていた（Steidl, 2007）。大規模な MFI が相当程度の商業的成功を達成してきた一方で、推定 1 万といわれる MFI のなかで今日、その段階に至っているものは多くない。2001 年にマイクロバンキング・ブルテン（Microbanking Bulletin: MBB）に報告のあった 124 機関中、完全に自立した金融機関は 64 機関のみであった。ドイツ復興金融公庫（Kreditanstalt für Wiederaufbau: KfW）は、概算で 100 〜 200 の MFI について、経済的に生存可能と考えられると報告している。MixMarket にリストアップされている 1100 の MFI のデータ分析からは、2006 年にはそのうちの約 60 パーセントが黒字であったことがわかる。

　自立した MFI に投資している民間の資本提供者からの圧力が強まっていることが、このプロセスを加速していることは間違いない。しかし自立は、とりわけ MFI の経営やガバナンスの質からも見なければならない（Banana Skins, 2009）。そこでクレディ・スイスでは、2008 年にキャパシティ・ビルディングのイニシアティブを立ち上げた。これは長期的な博愛主義的マイクロファイナンスのプラットフォームで、クレディ・スイス財団（Credit Suisse Foundation）を通じて数百万米ドルの助成金を与えるものとなっている。このイニシアティブは、ACCION、FINCA、オポーチュニティー・イン

ターナショナル（Opportunity International）、スイスコンタクト（SwissContac）といったマイクロファイナンス・ネットワークとともに活動し、世界のマイクロファイナンス機関にマネジメント研修を提供すること、調査を通じて金融サーベイへのアクセスを促進すること、イノベーションを体系的に育てること、さらには建設的な対話と新たなソリューションをも目的としている（Buholzer, 2008）。

リンクは、自立に到達するうえで、決定的かつ多面的な役割を演じることができる。そのうちの2つが、継続的な資本フローと、この部門で働く人びとのスキルと知識への投資であることは間違いない。しかし、まだ先は長い。

以下の3つのセクションでは、マイクロファイナンス・リンクの更なる発展のために、特に関連する3つの側面について考えていく。すなわち、マイクロファイナンスのバリューチェーンを通じての効率性、ミッションへの深い関与、そして、社会的責任投資に対する投資家の態度の変化である。

4 リンクはマイクロファイナンス・バリューチェーンの効率を高める

マイクロ融資の借り手に課される金利が非常に高いことは、以前から観察されている。この率は法外な高利だと評されることも多いが、実際には最も基本的な経済原理の産物であって、貸し手ばかりか、借り手にとっても利点がある。貸付に課される金利は多くの要素からなる機能で、そこには取引コスト、エージェンシーの問題、モラルハザードなど、さまざまな問題が含まれている（Armendáriz and Morduch, 2005）。加えて、マイクロ融資の貸し手は、先進世界の銀行と比べて、絶対的にも相対的にも相当高い取引コストをかけているのである。

マイクロファイナンス（この場合は特にマイクロクレジット）の成功は、マイクロ起業家が確実かつ期限までに、融資金に利息分を添えて返済してくれることが基礎である。マイクロ起業家は金融についてはほとんど知識のないことが多く、ましてや金融システムのことなどわからないのだから、MFIには、マイクロ融資の潜在的な借り手の信用価値を評価するという大きな責任がある。クレジット・アドバイザーと借り手との緊密な協力が、マイクロファイナンスビジネスにおいては重要な成功要因を構成していて、顧客が過剰債務に陥るのを防ぐのに役立っているのである。

クレディ・スイスは約1年前に、CGAPのマイクロファイナンス顧客保護投資家イニシアティブ（Microfinance Client Protection Investor Initiative）に調印していて、そのなかで推進されている原理と、MFIに課す金利の慎重な管理を公約している。具体的には、6つの原理のひとつである「透明性ある価格設定」によって、価格設定・条件・

金融商品の条件（利子、保険料、あらゆる手数料など）が透明であることと、顧客に理解できる形で適切に開示されていることが義務づけられている。

　透明性への要求の強まりは、進行中のベンチマーキングとひと組のものなので、最終的には資金提供のコストに圧力がかかって、継続的な効率向上へとつながるだろう。貸付プロセスに伴う資金提供のコストを押し上げる３つの要因に目を向けることで、転貸しのための資金コスト、融資損失などのリスクのコスト、そしてさまざまな活動上のコスト（顧客の確認とスクリーニング、融資申請の処理、融資金の支払い、返済の集金、返済の遅れや不払いのフォローアップなどのコスト）を識別することができる。融資管理に関しては、マイクロクレジットは、個人的な接触に大きく依存した産業である。これは非常に時間がかかるうえに資源集約的なので、各融資担当者が到達できる潜在的借り手の数はごく限られてくる。対照的に、商業銀行の信用貸付のプロセスは高度なテクノロジーで支えられていて、たとえばクレジットスコアリング、顧客とのコミュニケーション、支払いプロセスなどがコンピュータ化されている。それに対してマイクロ融資の貸し手は、テクノロジーのない手作業であることが主な理由で、まったく同じプロセスでも、融資１件当たりの効率が大幅に落ちる。しかも、問題をいっそう複雑にしていることがある。すなわち、発達した商業機関は１人の借り手に多額の貸付をすることがあるのに対して、マイクロ融資の貸し手は、その名称が示すとおり、ごく少額を大勢の借り手に貸付けている。そのため、トータルの平均活動費用が、借り手の数に応じて多くなってしまうのである。

　こうした要素が合わさって、融資規模の割合には、１件当たりの絶対取引コストが商業銀行と比べて高くなっているのである。自立に関する単純な事実として、活動を続けていくには事業コストをカバーできなければならない。たとえば、レスポンサビリティは、マイクロファイナンス機関に５パーセントの利益寄与をめざしている。しかもこれは、クレジットの分析・処理・モニタリングで19パーセント、引当金率で３パーセント、そして平均の借り換えコストで７パーセントを控除したうえで、である（ResponsAbility, 2008）。こうすることで、いっそう長期的な、補助金依存のない、しかも存続可能なビジネスモデルの設定が可能となるのである。

　しかし、経済原理に基づけば、取引コストは——したがって金利は——時間とともに下がっていくと期待される。顧客窓口や現場、さらには事務管理部門での新テクノロジーの活用によって、取引コストは何倍も削減することができる。例として、オープンソーステクノロジーに基づくマイクロファイナンスのためのイニシアティブ（open source technology-based initiative for microfinance: Mifos）を見てみよう。これは、すべてのマイクロファイナンス機関がテクノロジーへのアクセスを増大させられることを目的とした、業界をあげての努力であり、究極的には、世界中の貧困層への到達拡大と取引コスト削減を同時に可能にするものである。

顧客窓口でも現場でも、取引コスト削減のためのテクノロジーを活用する機会はほぼ無限にあると思われる。改善できる分野としては、低額の手数料で使える小切手口座、現金為替、送金、給与支払いカードなどがある。また、モバイルバンキングにも機会がある。世界の携帯電話の加入者数は、現在の30億から、2015年には50億に増えると予測されている。モバイルサービス企業と提携することで、MFIには、遠隔地域に浸透するまたとない機会が提供される。そのほか、売り場専用端末、スマートカード、生体認証などを含めたテクノロジーによるソリューションやイノベーションも、遠隔地にあって十分なサービスの行き届かない発展途上世界の市場に進出し、取引コストを削減するのに役立てられる（The Banker, 2008）。

結論として、こうした高金利にもかかわらず、マイクロ融資が今も借り手にポジティブな限界利益を提供できているということを念頭におくことが重要である。さらに、マイクロファイナンス業界の事業遂行能力が成長するにつれて、こうした利益が増大するだけのポテンシャルも存在している。そうなればコスト引き下げにも貢献するだろうし、翻って、それが借り手に課せられる金利を引き下げる一助ともなるだろう。

5 リンクはマイクロファイナンスのミッションを高める

マイクロファイナンスのバリューチェーンの効率向上はひとつの要素だが、ミッションへの深い関与も、マイクロファイナンスのリンクにとって非常に重要な要素である。MFIは、社会的リターンと財政的リターンの組み合わせこそが機能するビジネスモデルであることを示し、それによって金融サービスに強力かつポジティブな光を当てることができる。先に述べたように、極小規模の融資は大規模な融資よりもコストがかかるので、この単純な理由からして、極小規模の融資を必要としている貧しい人びとがサービスを受けにくくなるのは明らかなように思える。しかし、社会的なインパクトに焦点を当てつつ、十分な財政的リターンを実現して成長に必要な資本を惹きつけるというのであれば、トレードオフは避けられない。

もういちどrAGMFに目を向けてみよう。このファンドのポートフォリオは、社会的インパクトについて定期的な評価を受けている。そうした情報のかなりの部分は、四半期または1年ごとにMFIから直接引き出されている。たとえば、MFI顧客のセグメントはマイクロバンキング・ブリテン（MBB）の方法を基礎に分類されている。同様に、MFIのタイプは借入れ総額を基礎に、また、ポートフォリア・アット・リスク（PAR）はMBBなどのソースに基づいて評価している。MFIのアウトリーチや人口学的発達を推定する際にはUNDPや世界銀行のデータが用いられ、つねに、MFI自身が収集したデータと併せて計算されている（responsAbility, 2009）。

先に述べたように、貧しい人びとはクレジット、預金、保険といった金融サービスへのアクセスを欠いていることが多い。サハラ以南のアフリカでは、銀行口座を持っている者は人口の4パーセントしかいない。金融サービスへのアクセスがないことには、いくつか理由がある。第1は、発展途上国の農村地域に銀行の支店がないことである。フォーマルな金融機関は、収入が大きくてコストやリスクの低い都市地域を好む。都市地域以外ではこうした金融サービスが不在であるために、農村の人びとは対処メカニズムを奪われている。クレジットと保険から排除されていれば、収入や物価のショックを生き抜く能力も低くなるし、食料消費を適正水準に維持することもしにくくなる。金融サービスへのアクセスは、貧しい人びとが対処しなければならない多様なリスクを低減・移転するうえで、重要な役割を演じている。マイクロファイナンス革命は、金融サービスの分野で一連のイノベーションを生み出し、蔓延する市場の失敗に取り組み、貧しい世帯に金融サービスを提供してきている（Sheeran, 2008）。

歴史的には、マイクロファイナンスサービスへの需要は、フォーマルな金融部門が低収入顧客のニーズに奉仕できないこと、したがらないことが理由だとされてきた。しかし近年では、マイクロファイナンス産業が進化してきて、広範な法律制度の下で、MFIの活動を包含するようになっている。これには、伝統的なNGOに加えて、規制対象金融機関（RFI）が増加していることも含まれる。WWBをはじめ業界内の多くの機関が懸念しているのは、民間資本の流入が原因で「ミッションドリフト」が起こるのではないか、フォーマル部門へ転換したMFIでは、利益創出の圧力が高まってくるのを前に、貧困緩和への焦点がぼやけてしまうのではないか、ということである。

フォーマル化による個別MFIへの影響については、利用可能な情報が不足している。それに対応して、WWBでは、約25のマイクロファイナンス機関から成るコントロールグループを追跡・分析して、MFIのフォーマル化におけるミッションドリフトの問題をめぐる定量的な枠組みを設定しようとした。この研究では、金融と非金融の両方の流れが、転換MFIの選択セットを非転換MFIと比較した場合に現れる顧客とポートフォリオの成長、平均融資規模、利益性、預金の動員、株主の構成なども含めて分析されている。

フォーマル化した機関ではミッションドリフトが不可避なのかという疑問については、さまざまな見方が存在している。驚くことではないが、転換MFIでも非転換MFIでも、指導者の意見としては、各人が代表を務める機関の法的地位が好まれている。転換を決断した指導者は、適切なチェックと厳しい監督があれば、各機関はダブルボトムラインの2つの目標の間でうまくバランスを取れると主張する。フォーマル化しないことを明確に選択した指導者は、MFIミッションへの深い関与と非営利機関としてのMFIの地位との間には強い相関があると見ている（Frank, 2008）。

マイクロファイナンス産業は市場の力を制御し、確固とした根拠に基づいて部門を

向上・拡大させることができる。投資家に長期的な視点がある限り、マイクロファイナンスの社会的ミッションと財政的ミッションの繋がりがなくなることはない。先に検討したように、こうした二重のリターンを求める投資家は、どんどん増えてきている。

しかし、難問もいくつか残っている。たとえば、マイクロファイナンスは、持続的な開発よりもインフォーマル経済の加速につながっているのではないだろうか。2008年の金融危機によって、向こう何年にもわたって国際的な資本フローが大幅に減少してしまったら、どうなるのだろう。

6 課題と誤解

6.1 マイクロファイナンスとインフォーマル経済

貧困者向けの成長と貧困削減に焦点があることから、経済発展のプロセスにおけるインフォーマル経済の役割は、これまでかなりの注目を集めてきた。マイクロファイナンスはインフォーマル部門に大きく貢献していて、フォーマル経済への貢献はないのだろうか。また、そのことは何を暗示しているのだろう。フォーマル部門とインフォーマル部門との結びつきを理解することはきわめて重要である。

批判的な立場の者が1年以上にわたって主張してきたのは——それが、アウトリーチと量的成長が非常に成功した段階の後だったのも偶然ではないだろうが——マイクロファイナンスによる資金提供は「ごくごく小規模で最も持続可能性の低いマイクロビジネス」を含めたインフォーマル部門を支援してきたということだった（Bateman, 2009）。そして——と批判的な人びとは続ける——新たなマイクロ企業が、非顧客マイクロ企業に以前から存在していた雇用と収入の流れに取って代わってしまったのだ、と。それに加えてミルフォード・ベイツマン（Milford Bateman）は、マイクロファイナンスに支えられた新たなマイクロ企業の多くが短期間で崩壊しているとも述べている。

マイクロファイナンスはインフォーマル部門に——具体的には、インフォーマル部門がほかの経済と同様に進化すると仮定して、一般に認められたフォーマルな成長政策が、そのままインフォーマル部門の政策として一般に認められるのかどうかという問題に——取り組まなければならない。そこで、インフォーマル部門とそれ以外の経済との繋がりを質的にも量的にも理解することが決定的に重要となるのである。

マロニー（Maloney, 2003）は、インフォーマル部門の規模が（研究対象の国にもよるが）、インフォーマル部門の進化とは独立して増減する平均インフォーマル収入に対して、循環・反循環の両方の反応を見せることを示している。加えて、発展途上国の都市部労働市場に関する最近の実証的証拠も、インフォーマル部門の労働規模と収入

についての以前の概念と——それ故フォーマル部門との関係とも——矛盾している。

　以前の研究で最も重要な批判は、インフォーマル部門の異質性が適切に考慮されていないというものである。発展途上国や新興国の多くの世帯は、フォーマル部門とインフォーマル部門の両方と関わっているので（Blunch, Canagarajah, and Raju, 2001）、世帯主の雇用部門が、労働供給や他の世帯構成員の部門選択に強い影響を持っていることがある。しかし、それよりも重要なことは、集合的労働供給に関わる世帯の意思決定が、世帯内での重要度の移転も含めた、生活水準の観察単位としての世帯だということである。西アフリカのケースでは、アザム（Azam, 2004）が、フォーマル部門の職員がインフォーマルな事業に多額の投資をしているという証拠を少なからず発見していて、たとえば、平均で40人が1つのフォーマル部門の収入で支えられているとしている。そこで、労働供給の意思決定と個人による所得創出がそれぞれの世帯内で起こり、それに他の世帯構成員の意思決定が伴うと仮定すると、フォーマル部門とインフォーマル部門との「二分論」という概念の重要性はかなり失われる。またインフォーマル部門とフォーマル部門の間の関係を、個人調査ないし事業調査の分析に基づいて評価することの価値も疑問になってくる（Lachaud, 1990）。

　したがって、インフォーマル部門であるが故にマイクロファイナンスは、持続可能性がないとする考え方は、時期尚早な結論なのではないだろうか。次に、金融面でも経済面でも厳しい時代ということで、新興市場のMFIへの国際資本フローの継続性に目を向けてみよう。

6.1.1　経済的に厳しい時代のリンクの安定性

　経済危機に関する最近のIMFの研究によると、アメリカ発の証券化された債務に基づく金融部門の損失のうち、57パーセントをアメリカの銀行が、39パーセントをヨーロッパの銀行が負担していたが、アジアの金融機関の被害はわずか4パーセントだった（International Monetary Fund, 2009）。ヨーロッパとアメリカの現象を考慮すると、今は世界のすべての地域でGDPの成長が急激に減速しているように思える。デカプリング化の希望は、最新の金融危機とその資本市場への影響とともに消えた。新興国や開発途上国の市場は、危険回避行動が急増したことと、その結果生じた資本流入の突然の停止によって、ほぼ即座に打撃を受けた。

　米ワシントンDCに本部を置く国際金融協会（Institute of International Finance: IIF）［訳注：世界の大手民間金融機関が参加する国際組織で、1983年に設立。国際金融システムの安定を維持するために、金融リスク管理の支援、規則・基準の策定などを行っている］は、世界の新興市場経済（北アフリカのモロッコのような中程度の所得の国々が中心）へ流入する民間部門の金融フローが崩壊して、2007年の9286億米ドルから、2009年にはわずか1653億米ドルになったと推定している。国際的な商業銀行は、中程度所得の国々

社会的責任投資家とマイクロファイナンス機関との連環（リンク）の重要性

への融資を、600億ドル前後削減すると予測されている（ちなみに2007年は4100億ドルの純増だった）。

2008年には世界的な外国直接投資（FDI）の成長サイクルが終わり、世界中のフローが20パーセント以上ダウンすると思わなければならない。世界的な金融危機によって、金融リソースへのアクセスが内的にも外的にも減ったことで企業の投資キャパシティが弱まったほか、投資の傾向も、成長予測の崩壊とリスクの高まりによって深刻な影響を受けている。自らが危機の震源地であったために、2008年の先進国は、総FDI流入量が3分の1も縮小するという憂き目にあった。発展途上経済は、そのインパクトを遅れて感じ始めたが、最終的にはさらに大きなものになるだろう（UNCTAD, 2009）。

また経常赤字は、預金と経済投資との格差を反映するものであり、国際金融市場での資金調達が必要となる。国際的な資本・貨幣市場は現在苦しい状況にあって、黒字国と比べて赤字転落中の国にとっては大きな不利益となっている。経常収支をGDPに関する正味の直接投資で補正してみると（こうしたフローは本質的に長期的なものと判断され、したがって急な変化が起こりにくい）、ルーマニア、バルト海諸国、ブルガリア、南アフリカ、トルコ、ハンガリーといった国の方が、リスク選好が下がる時期には、アジアやラテンアメリカ諸国、さらにはロシアよりも脆弱であることがわかる（Credit Suisse, 2009）。世界的な景気減速と金融市場のストレスも、これからの四半期には、世界のFDIフローにネガティブなインパクトをもたらすと考えられる。

発展途上国や新興国の市場で国際資本フローが必要とされているが、国外居住者から貧しい国に残った家族への送金が急減したことや、労働者が仕事や就労許可やビザを失って帰国したことによって、事態は悪化している。

マイクロファイナンスの資本フローについて現在の状況を見てみると、基本的に2

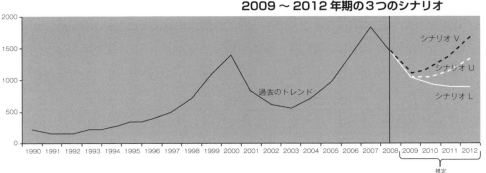

図14.2　世界のFDIフロー──1990～2008年の実績および2009～2012年期の3つのシナリオ

出所：UNCTAD──FDI/TNCのデータベースおよびUNCTAD自身の推定に基づく。

第3部　商業化へ向けた現在の流れ

つの展開がある。ひとつは、MFIへの資本の流れがまだ途切れていないことを示している。そして、もうひとつは――ここでは予防的なアプローチなのだろうが――たとえばマイクロファイナンス強化ファシリティ（Microfinance Enhancement Facilities: MEF）が設立されるなどして、特にMFIで再融資の資金が不足した場合などに継続的な成長のために資本を提供するようになってきたことがあげられる。

　ルクセンブルクで登録されたMIVの資本フローは、2006年はじめ以来、金額が継続的に増加している。しかし、2008年10月からはカーブが鈍っているのもわかる（とはいえ長期的に見れば、わずかだがまだ伸びている）。rAGMFにも同様のパターンが見られる。金額は過去2年で3倍になっており（新規の純資産が減少し、2008年末に向かってカーブの平坦化につながったものの）継続的な流入が見られる。

　しかし、2009年3月にCGAPが公表した調査では、対象となった世界の400以上のMFIのうち、多くの回答者が、現在の経済状況はMFI顧客の融資返済に悪影響を与えていると報告している。この調査では、MFIのポートフォリオの質が低下していることが示されていて、回答者の69パーセントがポートフォリオ・アット・リスク（Portfolio At Risk: PAR［訳注：小口融資の延滞率］）の増加を報告していた。融資の拡大も、やはり例外的な成長のあった10年が過ぎてからは停滞している。また、回答者の65パーセントが、過去6カ月間で総融資ポートフォリオは横ばいか、減少したと答えて

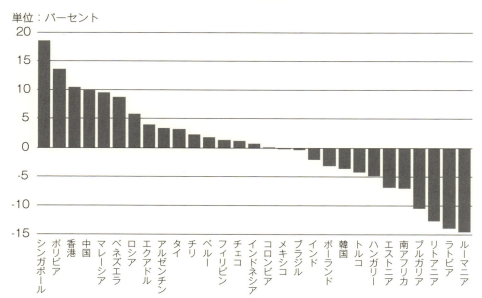

図14.3　2008年のGDPに関する正味の直接投資で補正した経常収支

出所：Credit Suiss（2009）

いる（Reille, 2009）。

　したがって、マイクロファイナンスの活動が世界経済と無関係で、金融市場が真に国際的だと仮定することはできない。マイクロファイナンス部門とそれ以外の経済との相互依存が進んでいることは明らかだと思われる。

7　結　論

　マイクロファイナンスをめぐるテーマや側面の多くは、本論で検討したように、大いに議論の余地があるものと見られている。しかし、本論で示したように、社会的責任投資家はリンクを通じて価値ある資本を提供しているし、それによって、十分なサービスを受けていない人びとが金融手段へのアクセスを獲得し、自身の選択したビジネス活動を追求できるようになってきている。このリンクがなければ、村落の外にあるリソースは利用できず、したがって、ピラミッドの底辺にいる人びとは、金融サービスへのアクセスがほとんどないだろうし、アウトリーチは今よりもずっと排他的なものになり、ごく少数の起業家に限定されてしまうだろう。

　しっかりと確立したリンクがあれば、たとえ困難な時期にあっても、マイクロファイナンスのアウトリーチを伸ばし、同時に、善を成すユニークな機会を投資家に提供することができると確信している。

注

＊筆者は、クレディ・スイスにおける社会的責任投資、とりわけマイクロファイナンスのスペシャリストである。ここで表明される見解や意見は筆者のものであって、必ずしもクレディ・スイスを代表するものではない。eメールの宛先は e.karrer-rueedi@alumni.ethz.ch。特にクレディ・スイスのプライベート・バンキングで投資商品およびサービスの世界責任者を努めるアルテュール・ヴェロイアン博士（Dr. Arthur Vayloyan）には格別の感謝をしている。マイクロファイナンスに関するインスピレーションと洞察に溢れ、先見の明ある博士の考えを、本論では広範に取り入れさせてもらっている。

参考書目

Armendáriz, B and J Morduch (2005). *The Economics of Microfinance*. Cambridge MA: MIT.

Azam, JP and F Gubert (2004). Those in Kayes: The Impact of Remittances on their Recipients in Africa. IDEI Working Paper, Institut d'Economie Industrielle, Toulouse.

Banana Skins (2009). Microfinance Banana Skins 2009: Confronting Crisis and Change. Centre for the Study of Financial Innovation, New York.

Banker (2008). *The Right Tool for the Unbanked*. Available at: http://www.thebanker.com/news/fullstory.php/aid/5567/The right tools for the unbanked.html ［要登録］

Bateman, M (2009). Three Perspectives on the Achievements, Challenges and Future of Microfinance. *Research Quarterly*. Credit Suisse, Zurich.

Blunch, NH, S Canagarajah and D Raju (2001). The informal Sector revisited: A Synthesis across Space and Time. Social Protection Discussion Paper Series, 0119, World Bank, Washington DC.

Buholzer, R (2008). *Launch of the Microfinance Capacity Building Initiative*. Zurich: Credit Suisse.

Counts, A (2009). Three Perspectives on the Achievements, Challenges and Future of Microfinance. *Research Quarterly*. Credit Suisse, Zurich.

Credit Suisse (2008). *Microfinance*. Zurich.

―― (2009). *Global Research*. Zurich.

De Sousa Shields, M (2007). Challenges in the Transition to Private Capital. In *From Microfinance to Small Business Finance*. B Leleux and D Constantinou (eds.). England: Palgrave Macmillan Publishers.

Dieckmann, R (2007). *Microfinance: An Emerging Investment Opportunity*. Frankfurt am Main: Deutsche Bank Research.

Easterly, W (2007). *The White Man's Burden: Why the West's Efforts to AID the Rest have done so much Ill and so little Good*. USA: Penguin Books. （邦訳『傲慢な援助』小浜裕人、織井啓介、冨田陽子訳　東洋経済新報社　2009. 9）

Economist (2009). *Microfinance — Sub-par but not Subprime*. London.

Elmer, P (2009). How to build your own MFI. In *Credit Suisse Salon*. Credit Suisse, Zurich.

Emling, D, J Tobin and R Buholzer (2009). Mikrofinanz — Werkzeug zur Armutsbek ampfung. *Schweizer Monatshefte*. No. 967, Einsiedeln.

Frank, C (2008). *Stemming the Tide of Mission Drift: Microfinance and the Double Bottomline*. Women's World Banking Focus Note, New York.

Freireich, J and K Fulton (2009). *Investing for Social & Environmental Impact*. Cambridge, MA: Monitor Institute.

Golstein Brouwers Van, M (2008). *The Crisis in the Financial Sector: Opportunities for Change?*. The Netherlands: Triodos Bank.

Hechler-Fayd'Herbe, N and Y Luescher (2009). Microfinance after the Global Crisis. *Research Quarterly*. Credit Suisse, Zurich.

Institute of International Finance (2009). *2009 to see sharp declines in Capital Flows to Emerging Markets*. Geneva.

International Finance Corporation (2008). *Frontier Focus: IFC in the World's Poorest Countries*. Washington DC.

International Monetary Fund (2008). *Reshaping the Global Economy*. 46(1). Washington DC.

Insead (2009). Microfinance at Credit Suisse: Linking the TOP with the BOP. Case Study. Fontainbleau.

Iskenderian, ME (2008). Investing in Empowerment for the Benefit of Society. In *Insights into Microfinance — The goal of social businesses is the maximization of social benefit*. T Eigenmann, E Karrer-Rueedi et al. (eds.). Zurich: Credit Suisse Salon.

Karrer-Rueedi, E (2009). Microfinance in the Spotlight. In *Credit Suisse Salon*. Credit Suisse, Zurich.

Lauchad, JP (1990). *Urban informal Sector and the Labor Market in the Sub-Saharan Africa*. D Turnham *et al.*, OECD Development Centre, Paris.

Littlefield, E (2009). Three Perspectives on the Achievements, Challenges and Future of Microfinance. *Research Quarterly*, June 22 2009, 1–6. Zurich: Credit Suisse.

Maloney, W (2003). Informal Self-Employment: Poverty Trap or Decent Alternative. In *Pathways out of Poverty — Private Firms and Economic Mobility in Developing Countries*. G Fields and G Pfeffermann (eds.). Boston: Kluwer Academic Publishers.

Prahalad, CK (2006). *The Fortune at the Bottom of the Pyramid: Eradicating Poverty Through Profits*. New Jersey: Wharton School Publishing.（邦訳『ネクスト・マーケット：「貧困層」を「顧客」に変える次世代ビジネス戦略』スカイライトコンサルティング訳　英治出版　2010.7）

Reille, X *et al.* (2009). MIV Performance and Prospects: Highlights from the CGAP 2009 MIV Benchmark Survey. CGAP Brief, Washington DC.

ResponsAbility (2008). *Social Performance Report*. Zurich: ResponsAbility Social Investments AG.

―― (2009). Mission and Performance. ResponsAbility Social Investments AG, Zurich.

Sachs, J (2006). *The End of Poverty: Economic Possibilities for our Time*. Penguin Books.

Sheeran, J (2008). The Silent Tsunami: The Role of Microfinance in the Global Food Crisis. *Microfinance Insights*. 9.

Steidl, M (2007). Challenges in the Transition to Private Capital. In *From Microfinance to Small Business Finance*. B Leleux and D Constantinou (eds.). England: Palgrave Macmillan Publishers.

Symbiotics (2009). Luxembourg Microfinance Investment Vehicles. In http://www.syminvest.com/microfinance-investment-vehicle/luxembourg. ［2015年8月現在、http://www.e-mfp.eu/sites/default/files/resources/2014/02/Symbiotics%20Lux%20MIVs%20-%20EMW%20-%202008%2011%2012.pdf にて入手可能］

Tobin, J *et al.* (2009). Microfinance Roundtable: Wherever there's a Will, there is a Way. *Credit Suisse Bulletin*. Zurich.

UNCTAD (2009). *Global FDI flows halved in 1st Quarter of 2009*. Geneva.

Vayloyan, A (2008). Microfinance, Innovation and Client-Centricity. In *Insights into Microfinance — The Goal of Social Businesses is the Maximization of Social Benefit*. T Eigenmann, E Karrer–Rueedi *et al.* (eds.). Zurich: Credit Suisse Salon.

Velasco, C (2009). Interview with Carmen Velasco, Pro Mujer International. *Women's Forum Newsletter*. Zurich: Credit Suisse.

Yunus, M (2007). *Creating a World Without Poverty: Social Business and the Future of Capitalism*. New York: Public Affairs.（邦訳『貧困のない世界を創る：ソーシャル・ビジネスと新しい資本主義』猪熊弘子訳　早川書房　2008.10）

―― (2008). Consigning Poverty to the Museum. In *Insights into Microfinance — The Goal of Social Businesses is the Maximization of Social Benefit*. T Eigenmann, E Karrer–Rueedi *et al.* (eds.). Zurich: Credit Suisse Salon.

マイクロファイナンス機関の
ミッションドリフト

ベアトリス・アルメンダリズ* (Beatriz Armendáriz)
アリアーヌ・サファルス** (Ariane Szafarz)

　本論は、マイクロファイナンスのなかでも理解の遅れた、往々にして「ミッションドリフト」とよばれる現象に光を当てるものである。この現象は、多くのマイクロファイナンス機関に見られる傾向で、規模拡大の過程で平均融資規模が拡大していく。筆者らは、これが取引コストの最少化のみによって起こる現象ではないと考えている。逆に、貧困削減を志向するマイクロファイナンス機関でも、融資規模の拡大によってミッションから逸脱していく可能性はある。その理由は「漸進的貸付（progressive lending）」でも「相互補助（cross-subsidization）」でもなく、その機関の掲げるミッションどうしの相互作用であり、貧困者の顧客と、少し余裕のある非銀行利用顧客とのコスト格差であり、地域固有の顧客パラメーターである。1期だけの単純な枠組みの中でも、ミッションドリフトの出現する条件を特定することはできる。筆者らの枠組みから、ミッションドリフトと相互補助とを画す一線はごく細いものであること、そのために、あるマイクロファイナンス機関が貧困削減のミッションから逸脱しているかどうかを実証的研究によって確立することが難しいことがわかる。また本論では、非常に貧しく、かつ相対的に少数の人びとのいる地域で活動しているために、社会的目標から逸脱していると誤って受け取られかねない機関があることも示していく。既存

＊ハーバード大学、ユニヴァーシティ・カレッジ・ロンドン、CERMi
＊＊ブリュッセル自由大学（ULB）、ソルヴェイ・ブリュッセル経済経営学院、サントル・エミール・ベルンハイム、CERMi

の実証的研究では、ミッションドリフトと相互補助とを識別できないため、貧困層に金融サービスを提供している機関にどのようにリソースを振り分けるかということに関して、ドナーや社会的責任投資家を誤導してしまう可能性がある。相互補助とミッションドリフトを区別することの難しさについては、ラテンアメリカと南アジアで活動するマイクロファイナンス機関の経験の対比に光を当てて論じていく。

1 はじめに

「ミッションドリフト」とは何か。マイクロファイナンスの視点からこの疑問に答えるには、マイクロファイナンス機関（MFI）がどのように自身を宣伝しているかを探ることから始めなければならない。MFI の主要なミッションとは何か。ここでの議論をしやすくするために、とりあえず、ある特定の MFI が、自分たちの主目的ないしミッションは貧困削減だと語っていると考えてみよう[1]。次に、これも議論をしやすくするために、貧困の優れた代理指標は平均融資規模だと仮定しよう。平均融資規模が小さいほど、マイクロファイナンスの専門用語でいう、アウトリーチの深度が大きい[2]。すると、ミッションドリフトとは何かと問う代わりに、シンプルに「MFI を駆り立てて、時間とともに平均融資規模を増大し、それによってアウトリーチの深度を下げさせるものは何か」と問うことができるだろう。この問いには、端的な答えが２つある。１つめは漸進的貸付である。これはマイクロファイナンスの業界用語で、そこには、既存顧客が各クレジットのサイクルの終了時点で「きれいな」返済記録を守れていれば、それまでより高いクレジット限度額に到達できるという考え方がある[3]。２つめは相互補助で、これは、平均融資規模の比較的小さい、大勢の貧困層顧客に資金を融通する目的で、少し余裕のある非銀行利用層に手を伸ばすことに繋がるとする。この２つの説明は、MFI の社会目標と合致している。

たしかに、ミッションドリフトは MFI が平均融資規模を拡大する現象と関連しているが、少し余裕のある顧客への到達は、漸進的貸付や相互補助が理由ではない。マイクロファイナンスでミッションドリフトが起こるのは、少し余裕のある非銀行利用層に到達する一方で、その MFI が、貧困層顧客を締め出した方が利益がでると思った時である。この定義にしたがえば、ミッションドリフトが表にでてくるのは、公表されたミッションが、MFI の平均融資規模最小化と合致しない時のみとなる。そうしたケースはよくあるので、筆者らの定義には、結果が観察しやすく、実証的に測定できるという利点がある。

フィドラー（Fidler, 1998）による個別 MFI の経験を基にした包括的な文献レビュー、コープステーク（Copestake, 2007）およびゴシュとヴァン＝タッセル（Ghosh and

Van Tassel, 2008）による先駆的な理論研究、そしてカルら（Cull et al., 2008）による最近の実証的研究を基礎として、本論は、マイクロファイナンスのなかでも理解の遅れた、往々にして「ミッションドリフト」とよばれる現象に光を当てるものである。この現象は、多くのマイクロファイナンス機関に見られる傾向で、規模拡大の過程で平均融資規模が拡大していく。筆者らは、これが取引コストの最少化のみによって起こる現象ではないと考えている。逆に、貧困削減志向のマイクロファイナンス機関でも、融資規模の拡大によってミッションから逸脱していく可能性はある。その理由は「漸進的貸付」でも「相互補助」でもなく、その機関自身のミッション間の相互作用であり、貧しい顧客と、少し余裕はあるが銀行は利用できない顧客層とのコスト格差であり[4]、地域固有の顧客パラメーターである[5]。クリステン（Christen, 2000）は、ポートフォリオの成熟とともに戦略などいくつか要因を列挙している。たしかに、こうしたものによって、MFIが貧困削減志向から逸脱しなくても、融資規模が大きくなることはある[6]。

　1期だけの単純な枠組みの中でも、ミッションドリフトの出現する条件を特定することはできる。筆者らの枠組みから、ミッションドリフトと相互補助とを画す一線はごく細いものであること、そのために、あるマイクロファイナンス機関が貧困削減のミッションから逸脱しているかどうかを実証的研究によって確立することが難しいことがわかる[7]。また本論では、非常に貧しく、かつ相対的に少数の人びとのいる地域で活動している機関が、社会的目標から逸脱していると誤って受け取られかねないことも示していく。既存の実証的研究では、ミッションドリフトと相互補助とを識別できないため、貧困層に金融サービスを提供している機関にどうリソースを振り分けるかということに関して、ドナーや社会的責任投資家を誤導してしまう可能性がある。相互補助とミッションドリフトを区別することの難しさについては、ラテンアメリカと南アジアで活動するマイクロファイナンス機関の経験の対比に光を当てて論じていく。

　議論をシンプルにするために、筆者らのモデルは静的なものになっているが、利益性のある規模拡大というプロセスに光を当てることはできている。そしてそこからは、融資の滞納を回避しようとしてコストをモニタリングする中で、MFIが、少しでも余裕のある顧客を優先してターゲットにする傾向が浮かび上がってくる。簡単にいえば、少し余裕のある非銀行利用顧客は、貧しい顧客と比べてコストがかからないのである。そこで、MFIがそうした（比較的コストのかからない）顧客に過剰に焦点を当てているのは利益志向のドナーが動機なのではないか、ミッションから離れてドリフトするのは、更に多くのリソースを惹きつける方法が唯一これだからではないか、というのがゴシュとヴァン＝タッセル（Ghosh and Van Tassel, 2008）のモデルである。あるいは、MFIがミッションから逸脱してドリフトするのは、そうした機関自身が社会的責任

投資家を惹きつけようとしているからかもしれない。典型的な例が商業的な MFI で、実証的な文献ではしばしば引き合いに出されている。一般にこうした文献は、ミッションドリフトの代理指標として、商業的 MFI の提供する融資の規模が、たとえば非政府組織（NGO）の MFI が提供する融資と比べて大きいことを用いている。カルら（Cull et al., 2009）も、さまざまな地域で活動するさまざまな MFI を調査した最近の実証的研究で、貧困についての代理指標として平均融資規模を用いていて、ミッションドリフトがマイクロファイナンス商業化という近年の流れの結果であることを示唆している。

貧困についての代理指標として平均融資規模を取り上げることが、実証研究では急速に広がっている。本論はこのアプローチの利点に焦点を当てることで、実証的研究に携わる者になんらかの指針を提供できることを願っている。筆者らの中心的な議論に最も近いのは、ゴンサレス＝ベガら（Gonzalez-Vega et al., 1997）のいう「融資規模漸動（loan size creep）」、すなわち、小口融資の顧客数を増やすよりも、余裕のある顧客をターゲットにして融資規模を少しずつ大きくしていくという考え方である。融資規模漸動の考え方は、端的に解釈すれば、MFI が余裕のある顧客——普通は規模のやや大きな融資を求める人びと——を活用して利益性を高めようとするのは、小口融資の処理に含まれる取引コストを——こちらは経営自立の妨げとなるので——最少化しようとするのがきっかけだということである。本論ではこうした見方を捨て、取引コストの最少化だけがミッションドリフト現象の根源ではないことを示していく。取引コスト以外にも、貧困層にサービス提供している MFI は、特定地域でサービスを受けられる可能性のある貧困層顧客の数など、地域固有のパラメーターに拘束されている。政策的な視点からは、ドナーや社会的責任投資家は、ミッションドリフトを示唆する既存の実証的努力を取り入れるのに慎重であるべきである。こうした結果は、ドナーや社会的責任投資家の意思決定にバイアスを加えてしまいかねない。そうなれば、相互補助を通じて貧困層に有望な財政見込みを提示している資金提供組織が不利になってしまう。

本論の構成は次のとおりである。セクション２では、世界の MFI を、到達している顧客数で順に並べ、その上位 10 機関について、いくつかの基本的な定型化事実を述べるとともに、その多様なミッションについても述べていく。貧困削減というミッションを重視する機関のうち、４つはアジアにある。ラテンアメリカに拠点を置く３つの MFI は、貧困削減ミッションを重視するとは謳っていない。しかしその場合でも、社会的志向は明確である。セクション３では、マイクロファイナンスにおけるミッション達成の理論的な概念を簡単に検討する。セクション４では、基本的なモデルを示して、取引コストの最少化のみを根拠とするミッションドリフト理論では誤導が起こりかねないことを示していく。セクション５では、最も重要な地域固有パラメー

ターが——それが何かについては、MFIによって大幅に違ってくるだろうが——潜在的なミッションドリフトの根源にあることを示していく。こうしたパラメーターは、相互補助をミッションドリフトと区別しようとするうえで決定的なものとならざるを得ない。とりわけこのセクションでは、MFIと各地域に広く存在する多様性によって、一部の機関が貧困削減／アウトリーチ最大化という目標から逸脱しやすい理由を説明できることを示していく。今も貧困層へのサービス提供を重視する機関が少なからずあるのは事実だが、重要な役割を演じるパラメーターが少なくとも2つある。1つは、貧困層にサービス提供する方が、やや富裕な銀行口座非利用者にサービス提供するよりもコストが大きいこと、もう1つは、サービス提供の対象者を増やしていく余地である。こうした鍵となるパラメーターの相互作用から、どのMFIが貧困削減／アウトリーチ最大化という目標から逸脱しやすいかを言い当てることができる。セクション6では、南アジアおよびラテンアメリカでの対照的な経験に照らして、このモデルを検討していく。セクション7では、結論とともに、将来の研究への道筋を開いていく。

2　貧困削減ミッションの全体像

表15.1は、到達している顧客数に関して、マイクロファイナンス・インフォメーション・エクスチェンジ（Microfinance Information Exchange: MIX）市場でランク付けしたマイクロファイナンス機関（MFI）の上位10傑を示したものである。2列目はアウトリーチの代理指標で、その国でそのMFIがサービス提供している総人口のパーセントで示している。バングラデシュのグラミン銀行とベトナムのVBSPがアウトリーチでトップになっているが、これは両国の貧困者数が最も多いからであろう。このパラメーターについては、貧困の概念の捉え方（平均融資規模を用いていること）に賛否両論があるので、分析の後半でもう一度詳しく述べることになる[8]。

右端の2列は、各MFIの主要ミッションとその他のミッションで、MIXの各MFIの紹介記事にあるものを示している[9]。領域の一方の端を見ると、バングラデシュのBRACのような機関は、所得創出活動のための金融サービスを提供することで貧困を削減するだけでなく、非識字率や疾病との闘いも主要ミッションとしている[10]。この3つの目標は、人間開発指数（Human Development Index: HDI）で捉えられるような、包括的な貧困概念とよく一致している[11]。領域の反対の方を見ると、南アジアでは、インドのスパンダナのような営利MFIが目立つようで、その主要ミッションは、最大の金融サービス提供者になることと、利害関係者の福祉を最大化することとなっている。この場合、貧困層顧客も潜在的には利害関係者に含まれるが、その福祉は、それより余裕のある顧客の福祉と平等に価値付けられているのだろう。アジアの

マイクロファイナンス機関のミッションドリフト

表15.1 10大マイクロファイナンス機関のミッション

機関	アウトリーチ（国の人口に対するパーセント）	国	法的地位	主要ミッション	その他のミッション
グラミン銀行	4.43	バングラデシュ	規制対象銀行	貧困削減	女性に焦点
ASA	3.31	バングラデシュ	NGO	所得創出	女性の統合
VBSP	5.43	ベトナム	国有規制対象銀行	貧困削減	低金利
BRAC	2.92	バングラデシュ	NGO	貧困削減	識字率と疾病
BRI	1.44	インドネシア	規制対象銀行	小規模起業家への幅広い金融サービス	最高のコーポレートガバナンスおよび関係者の利益
スパンダナ	0.8	インド	規制対象金融機関	第一級の金融サービス提供者	関係者の利益のための市場性があって公平なソリューション
SHARE	0.7	インド	規制対象金融機関	貧困削減	女性に焦点
カハ・ポプラル・メヒカナ	0.58	メキシコ	規制対象協同組合	会員の生活の質向上のための協同組合	よそに負けない金融商品を会員に提供する
コンパルタモス	0.55	メキシコ	規制対象銀行	開発機会の創出	「信頼関係」の開発
BCSC	1.34	コロンビア	規制対象銀行	「大衆的」金融をリードする	コミュニティ成員間での社会的目標の開発

出所：Mix Market 2007 Report and Grameen Foundation

2つのMFIを単純に比較すると、さらに深刻な実証的発見の基底部分にたどりつく。すなわち、BRACの2007年の平均融資規模が188米ドルであるのに対して、スパンダナでは199米ドルとなっていることである。この11米ドルの差から、スパンダナはBRACよりもミッションドリフトを起こしやすい機関だといえるだろうか。

なにか「常識」と関連しつつ矛盾するようでもあるのだが、MFIの法的地位は、貧困削減ミッションの重要な決定要因としては現れてこないようである。機関の性格は左から4列目に示されている。ポイントとなる事例は有名なグラミン銀行（バングラデシュ）で、ここは、主要ミッションを貧困軽減としているのに、自らNGOを名乗っていない。理論上、グラミン銀行は協同組合だが、動員している資金の多くは組合員からのものではなく[12]、実態は法的地位と大きくかけ離れている。しかし、貧困削減を主要ミッションとして謳っているMFIはグラミン銀行だけではない。とりわけ10大MFIのうちの4機関は、まったく同じように、貧困削減ミッションを明確に宣言している。興味深いのは、この4機関がすべて南アジアにあることである。とりわけ南アジアは、世界銀行による最近の推定によれば、貧困状態に暮らす個人の数が引き続き最大なので、この事実だけでも、原理的には、大変な数の貧困層をマイクロファイナンス産業に惹きつけるはずである。しかし他方、たとえばラテンアメリカのような低・中所得の国々では、金融システムが未発達なために、少し余裕はある非銀行利用顧客にとって、MFIが魅力的な資金源となっている。

貧困の概念を平均融資規模と同一視することを始めたのはモズリー（Mosley, 1996）で、ボリビアのバンコソルがミッションから逸脱していったことの説明として、経営自立のために、それまでより少し余裕のある顧客に規模の大きい融資を提供したところ、小口融資を求める貧困層にまわるべきリソースが犠牲になったのだとした[13]。それ以来、平均融資規模は定量的研究における代理指標として最も広範に利用され、バンコソルのような一部のMFIが貧困削減／アウトリーチ最大化のミッションを犠牲にして経営自立を優先させていることを示してきた。加えて、MFIはアウトリーチに関する重要な指標として、また主要ミッションに力を入れている印として、平均融資規模の小ささを謳うことが多い。たとえばMIX（Mix, 2008）は、表15.1で示したうちの、貧困削減を掲げる4つのMFIの2007年の平均融資規模を175米ドルだと報告している（残りの6機関は1065米ドル）[14]。

少なからず驚きなのは、ミッションドリフトに関する文献が金利についての考察を横に置いていることである[15]。金利についての考察は本論の範囲外ではあるが、表15.1に挙げたうちの、貧困削減重視の4つのMFIが推定で約17パーセントという平均金利を見直している一方で、残りの6つが平均して28パーセントを課していることには留意しておきたい[16]。この6つのうち、4つが商業的MFIである[17]。

というわけで、ミッションドリフトの優れた代理指標がMFIの傾向――少し余裕

はあるが銀行を利用できないので、平均規模の比較的大きな融資を求めてくる顧客にサービス提供しようとすること——と関連していると仮定することには、実際には少し無理があるのだが、実証的研究はそのようにしている。しかも、あながち間違っているわけではない。表15.1は、実証的な研究に携わる者が念頭においていると思えるものを補強しているように見える。その極端な例がバングラデシュのASAで、平均融資規模は10機関中で最少の約67米ドルのまま、過去4年にわたって非常に安定している。逆の極端な例はメキシコのバンコ・コンパルタモスで、こちらの平均融資規模は、10機関の平均を上回る450米ドルに設定されている。バンコ・コンパルタモスはミッションドリフトを起こしたMFIの例とされることが多く、その一方でASAは、コスト最少化機関として称賛されることが多く、非常に効率的な運営をしながら、多くの貧しい顧客にサービス提供している。

上記の例は、ここまでのミッションドリフトの意味をかなりよく表している。一般的にいって、ミッションドリフトが見られるのは、MFIがNGOから商業営利銀行に移行する時で、そのプロセスで平均融資規模が増大していく[18]。この点で典型的な例がバンコ・コンパルタモスである（Ashta and Hudon, 2009）。なぜバンコ・コンパルタモスが、さらに拡げてラテンアメリカのMFIが、アジアに拠点を置くMFIと比べて商業化志向が強いのかという疑問は、学問的な記事にのぼってきたことがない。筆者らは、この疑問についてセクション6で詳しく述べていくつもりである[19]。

表15.1の第6列は、MFIが、女性顧客の優先といったミッションも掲げていることを示している。これは、発展途上国の女性が貧困層の中でも最も貧しいことを示すUNDP報告とよく合致している[20]。したがって、MFIが貧困削減ミッションに誠実であるかどうかを評価するもうひとつの指標は、ジェンダーとの関係である。平均融資規模もジェンダーも、マイクロファイナンスの商業化と貧困削減への影響に関するカルら（Cull *et al.*, 2009）の実証的調査で考察されている。カルらは、最近の商業化の傾向は平均融資規模の拡大と女性への焦点の鈍化を伴うことから、貧困層にとって「悪い」ニュースだと結論づけている。

しかし、カルら（Cull *et al.*, 2009）のようなMFI横断的な実証研究は、取り込む際に十分に注意するべきである。この点を強調するために、表15.1にもどってみよう。成果をあげているMFIは南アジアないしラテンアメリカにあり、前者は一般に低所得地域、後者は中所得地域と考えられている。どちらの地域も、たとえばサハラ以南のアフリカと比べるとマイクロファイナンスが盛んである（Armendáriz and Vanroose, 2009）。平均融資規模は、どちらの地域も驚くほどの差はない。しかし常識で考えれば、それも異常だろう。とりわけ、最近のOECD報告によれば、ラテンアメリカの1人当たり平均GDPはアジアの3倍近くもあるのである。このカルらの論文のポイントは、こうしたMFI横断的な回帰分析をどう解釈したところで、平均融資規模の大きさが

相互補助によるものなのか、ミッションドリフトによるものなのかを識別できないというところにある。

しかし他方、ゴシュとヴァン＝タッセル（Ghosh and Van Tassel, 2008）は、ミッションドリフトの問題を扱うのに最も正確なアプローチは、融資規模でもジェンダーでもなく、貧困ギャップ率（poverty gap ratio）［訳注・貧困線以下にいる人びとの不足額の平均］だとしている。ゴシュとヴァン＝タッセルのモデルは、貧困削減とミッションドリフトの概念を明確化するには最も適切なモデルである。しかしこのアプローチは、実証的研究に携わる者にとって、ほとんど指標とはならない。理由は、実際に貧困を測定するのが難しいことと、貧困ギャップ率の基礎となる貧困線の推定自体、すでにして数理経済学者の間で賛否が分かれているからである[21]。

カルら（Cull et al., 2009）とゴシュとヴァン＝タッセル（Ghosh and Van Tassel, 2008）の違いは、注目している項目にもある。すなわち前者が商業的MFIということを強調して、ミッションドリフトが起こるのは、そうした機関がいっそう多くの社会的責任投資家を惹きつけようとするからだとしているのに対して、後者は、営利的なNGOに力点を置いて、MFIが利益志向のドナーからいっそう多くの資本を惹きつけようとするからだとしているのである。どちらの論文も、ミッションドリフトを、少しでも多くの資本を惹きつけてMFIに資金提供するための装置として認識している。どちらの立場も第三者の存在――カルら（Cull et al., 2009）では社会的責任投資家、ゴシュとヴァン＝タッセル（Ghosh and Van Tassel, 2008）では利益志向のドナー――が鍵となっている。以下の部分で、筆者らは、MFIが貧困削減のミッションから逸脱していく理由を説明するのに、ドナーや社会的責任投資家を含めて全体像を複雑化する必要がないことを主張していくつもりである。簡単にいえば、ミッションドリフトというやや曖昧な概念を明確化することは、ドナーや社会的責任投資家といった「第三者」の存在を抜きにしても可能だということである。

3　理論的視点から見たミッションドリフト

少し驚くかもしれないが、経済学では「ミッション」という概念はほとんど用いられないし、詳しく研究されてもいない。経済学の文献では、ミッションは目標と同一視されている。顕著な例外は公共政策での伝統で、最初に始めたのはウィルソン（Wilson, 1989）である。この研究で焦点を当てているのは、政府関係者が機関のミッションに執着する動機（インセンティブ）である。ウィルソンの伝統を引き継いだのがドゥワトリポンら（Dewatripont et al., 1999）である。こちらは、エージェントが複数のミッションを追求するという、ホルムストロームとミルグロム（Holmstrom and

Milgrom, 1991）のプリンシパル・エージェント・モデル（principal-agent model）を用いて、組織は、複数のミッションを追求することで利益があるかもしれないが、その一方で焦点がぼやけて自律性が低下し、政府関係者任せ・エージェント任せにつながりかねないことを示している。

　純粋に理論的な視点からは（ゴシュとヴァン＝タッセル〈Ghosh and Van Tassel, 2008〉という顕著な例外はあるものの）、MFIの客観的機能のモデル化が、プリンシパル・エージェントのアプローチを採用して、逆淘汰とモラルハザードの問題に光を当てている（この2つの問題は、潜在的にはMFIとピアグループとの間の契約設計を通じて回避することができる）。このアプローチの例は多いので、たとえばStiglitz（1990）、Banerjee *et al.*（1994）、Besley and Coate（1995）、Armendáriz（1999）、Conning（1999）、Conning（1999）、Ghatak,（2000）、Armendáriz and Gollier（2000）、Jain and Mansuri（2003）、Tedeschi（2006）、Labie *et al.*（2010）などを参照してほしい。

　これまで多くの人びとが、精緻なモデルを書き上げ、抵当がない場合の最適な財務契約について重要な洞察を得ようとしてきた。そういう人びとが採用しているプリンシパル・エージェントのアプローチなのだから、その利点を過小評価はしない。しかし本論での筆者らのアプローチには、3つの重要な点で大きな違いがある。第1は、ゴシュとヴァン＝タッセル（Ghosh and Van Tassel, 2008）とは対照的に、ここでは最大化すべき1つのミッションないし目標にだけ焦点を当てている。しかも、この目標最大化機能に含まれる存在はただひとつ、MFIそのものである[22]。第2に、具体的なミッションないし目標がしっかりと定義されている。それは「典型的なMFIは貧困削減のミッションを持つものとみなす」ということである（したがって、典型的なMFIはアウトリーチを最大化するものとみなす）[23]。そして最後にこれが大切なことなのだが、筆者らのモデルは、ミッションドリフトとは、アウトリーチ最大化をめざすMFIが、さまざまなコストに直面しつつ、貧しい者も少し余裕のある者も含めた多様な顧客にサービス提供する中で、最適化をめざしてきたプロセスの結果であることを示しているのである。

4　取引コストでミッションドリフトは起こらない

　ミッションドリフトに関する大半の議論は、取引コストを中心とするのが普通である。融資規模を顧客の貧困水準の代理指標として用いたカルら（Cull *et al.*, 2008）による近年の発見は、利益水準が最高であるMFIでは、アウトリーチに関する実績が最も低いことを示している。また、融資規模が大きくなると平均コストが低くなっている。このことは、最貧層の顧客をターゲットにしている機関が財政自立の追求に苦し

んでいるという考えを支持している。取引コストは、なぜMFIがアウトリーチ最大化という目標からドリフトするのかを説明するうえで、重要な役割を演じているのだろうか。以下では、取引コストにのみ根拠を置いたミッションドリフト現象には理論的支持のないこと、したがって誤導的であることを示していこうと思う。

資本量Kが貧困層顧客への融資拡大の唯一の資金源であるようなMFIを考える。このMFIが同じ金額sの融資を通じてN人の顧客にサービス提供しているとする。もしMFIが定数のコストF（$F<K$）と変数の取引コスト$T(N)$に直面すると仮定する。すると、このMFIの総コストは次のように与えられる。

$$C = F + T(N) = f(N) \quad \text{ただし} f(0)=F \text{でかつ} f'(.) \geq 0 \tag{1}$$

このMFIの目標が、マイクロ融資を通じてアウトリーチを最大化することだと仮定すると、このMFIは融資規模s（予算の制限にしたがう）を管理することでアウトリーチNを最大化することになる。具体的に、このMFIの最大化プログラムは次のようになる。

$$\underset{s \geq 0}{\text{Max}} \ N$$
$$\text{s.t.} \ K = sN + f(N) \tag{2}$$

コストがゼロの時は$f(N)=0$で、このMFIの最大化関数は単純に次のようになる[24]。

$$\underset{s \geq 0}{\text{Max}} \ \frac{K}{s} \tag{3}$$

また、自明な解は、すべての可能な値Kについて難点解 $s^* = 0, N^* = +\infty$ となる。

$f(N) \neq 0$の時には総コストが増加するので、ほかの条件がすべて等しければ、コストが上がるにつれて、このMFIが顧客へのサービス提供に使える資源の総額が減ることは明らかである。たとえば、取引コストが線型の場合を考えてみよう。これはつまり$f(N) = F + yN$でかつ$y > 0$ということだから、このMFIの目標関数は次のようになる。

$$\underset{s \geq 0}{\text{Max}} \ \frac{K - F}{s + \gamma} \tag{4}$$

そして$s^* = 0$の時、ふたたび最適解に到達する。しかし留意する点として、この特定のシナリオの下では、$K = sN + F + \gamma N$なので（極小）融資の数は有限になる[25]。特に$N^* = \frac{K-F}{\gamma}$である。したがって、線型の取引コストはアウトリーチを下げるが、そのようなコストだけが最適な融資規模を変容させるのではない。さらに、資料で示しているように、この結果は二次式およびその他のタイプの取引コスト関数に

についてロバスト（頑健）である。したがって、次の結論が得られる。

結果1：すべての融資が同じなら、取引コストによって融資の件数は削減されるが、規模は拡大されない。したがって、ミッションドリフト現象を取引コストのみの直接的な結果とする標準的な主張に、理論的な支持があるとは思えない。

こんどは、MFIが2つのタイプの顧客から、あるいは同じことだが、2つのタイプの金融商品（それぞれ1、2とする）から選べる場合を考えてみよう。商品1は貧困層が利用できるもので、その規模は$s_1 \geq 0$で、このMFIが選ぶものと仮定する[26]。一方の商品2は、少し余裕はあるが銀行を利用できない顧客が利用する。後者の顧客は、最小規模$s_2 \geq \underline{s}$、このMFIによってのみ資金提供される投資プロジェクトの立ち上げを要するとする[27]。今、コスト関数$f(N_1, N_2)$は、それぞれの商品の融資件数に依存するとする。すなわちタイプ1の顧客についてはN_1、タイプ2の顧客についてはN_2である。この場合の、このMFIの目標関数は次のようになる。

$$\begin{array}{c} \text{Max} \\ s_1, s_2 \geq 0 \end{array} (N_1 + N_2)$$

$$\text{s.t.} \quad K = s_1 N_1 + s_2 N_2 + f(N_1, N_2) \tag{5}$$

$$s_2 \geq \underline{s}$$

先の例では、$f(N_1, N_2) = 0$の時、極小融資を有限件数だけ拡大することで、このMFIの最適解に到達した。しかしタイプ2の融資は$\underline{s}$に拘束されるので、このMFIは、タイプ1の顧客（すなわち貧困層）にのみサービス提供することになる。ここで留意すべきは、この設定ではアウトリーチが最大化されていること、および融資規模に関する最適解がこのモデルから生じていて、このMFIのミッションなどからは生じていないということである[28]。

タイプ1の顧客からタイプ2の顧客への移行が存在することを正当化するためによく引き合いに出される理由からは、コストの考察との密接な関係が窺われる。ここでは、タイプ2の顧客の方がMFIにとってコストがかからないような、非対称性のコスト関数を考えていく。この主張を定式化するために、タイプ1の融資に重みを置いた追加的なコスト関数を仮定してみよう[29]。

$$f(N_1, N_1) = \gamma_1 N_1 + \gamma_2 N_2, \quad \gamma_1 \geq \gamma_2 > 0 \tag{6}$$

このMFIの目標は、この場合、次のようになる[30]。

$$\max_{s_1, s_2 \geq 0} (N_1 + N_2)$$

$$\text{s.t. } K = (s_1 + \gamma_1) N_1 + (\gamma_2 + s_2) N_2 \qquad (7)$$

$$s_2 \geq \underline{s}$$

このMFIは、こんどはトレードオフに直面している。すなわち、一方では、貧しい顧客に単位コスト γ_1 の極小融資を数多く提供することでミッションに執着し、それによって利益をあげることができる。しかし他方では、貧困削減のミッションを犠牲にして、それより低い単位コスト γ_2 で規模の大きい融資を求めてくる、少し余裕はあるが銀行を利用できない顧客にサービス提供して利益をあげることもできる。従来どおりにタイプ1の顧客にサービス提供すれば、s_1 が極小で、$N_1 = \dfrac{K}{\gamma_1}$ という状況になる。反対に、タイプ2の顧客だけに焦点を当てれば、$s_2 = \underline{s}$（少し余裕のある借り手から求められる閾値）で、$N_2 = \dfrac{K}{\gamma_2 + \underline{s}}$ という結果になる。この単純な線型の設定では、どちらの解も最適解で、$\gamma_2 + \underline{s}$ はパラメーターの値に左右されることになる。特に $\dfrac{K}{\gamma_2 + \underline{s}} > \dfrac{K}{\gamma_1}$ （もしくは $\gamma_2 + \underline{s} < \gamma_1$）の場合、このMFIはタイプ2の顧客にだけサービス提供することになる。

$$N_1^* = 0, \quad N_2^* = \dfrac{K}{\gamma_2 + \underline{s}} \qquad (8)$$

こうした結果が、貧困層顧客への資金提供が非常に高くつく状況によって生じていることは明らかである。他方、少し余裕はあるが非銀行利用の層のサービス利用者数は、こうした借り手へのサービス提供のコストが下がるとともに、また、生活状況のいい借り手がそれぞれに利益性のある投資のために求めてくるスタートアップ費用が下がるとともに、減っていく。しかし、そうした顧客へのサービス提供自体は、MFIがドナーや社会的責任投資家から集められる資本の総量ととともに増えていく。

$\gamma_2 + \underline{s} > \gamma_1$ の時、すなわち貧困層へのサービス提供にコストがかからない時には、次の式が得られる。

$$N_1^* = \dfrac{K}{\gamma_1}, \quad N_2^* = 0 、 \qquad (9)$$

MFIが最適条件でサービス提供できる貧困層顧客の数は、ここでも、貧困層へのサービス提供のコストとともに減っていくが、MFIの集められる資本の総額とともに増えてもいく。この分析から次のことがわかる。

結果2：貧しい顧客と、少し余裕のある非銀行利用顧客という2つのタイプの顧客が存在する場合、MFIは、貧困層には高く、少し余裕のある非銀行利用顧客には低いという取引コストの格差に直面し、最終的には、貧困層にサービス提供するか、少

し余裕のある非銀行利用顧客にサービス提供するかになるが、その両方ということはない。したがって、アウトリーチ最大化という目標に誠実なMFIが、貧しい顧客と少し余裕のある非銀行利用顧客の両方のポートフォリオを抱えて利益をあげることはない。ごく単純にいって、MFIが貧しい顧客と少し余裕のある非銀行利用顧客の両方に同時にサービス提供しても何も得られないからである。留意すべきは、$\gamma_2 + s = \gamma_1$の時、MFIは、どちらのタイプの顧客にも無差別にサービス提供しているのかもしれないが、少し余裕のある非銀行利用顧客へのサービス提供は、貧困削減ミッションに有害となりかねないということである。よって、貧困層顧客と少し余裕のある非銀行利用顧客との取引コストの格差だけからミッションドリフトが生じることはあり得ない。

5　MFIの多様性によるミッションドリフト

先のモデルでは、顧客の2タイプを、貧困層では高く、少し余裕のある非銀行利用顧客には低いという、2つのコスト関数と同一視した。しかし、どちらのタイプの顧客も、アウトリーチ最大化への貢献では同じである。言い換えれば、先のセクションで述べたシナリオでは、貧しい顧客へのサービス提供と少し余裕のある非銀行利用顧客へのサービス提供との間のトレードオフを、MFIが「混合」ポートフォリオによって解決することはできないということである。少し余裕のある顧客はコスト効率がよいが、アウトリーチの最大化というMFIの目標への貢献が目に見えて少ないというわけではない。ここで、少し余裕のある非銀行利用顧客が、特定のMFIの目標関数において比重が小さいと考えてみよう。そうした顧客はコスト効率がよく、したがって$\gamma_2 + s < \gamma_1$の時の利益性も高いのだが、重荷にもなる。すぐ後で示すように、MFIの目標関数についてのこのシンプルな性格付けは、ミッションドリフトや相互補助へと繋がりかねない。さらに、こうした目標関数は、顧客数や平均融資規模といった、定量化と観察が可能な変数を用いて入念に構築されている。具体的には、MFIの最大化プログラムは次のようになる。

$$\begin{aligned}&\underset{s_1, s_2 \geq 0}{\text{Max}} \quad (N_1 + \delta N_2), \quad 0 \leq \delta \leq 1 \\ &\text{s.t.} \ K = (s_1 + \gamma_1)N_1 + (\gamma_2 + s_2)N_2 \\ &\quad s_2 \geq \underline{s}\end{aligned} \qquad (10)$$

ここで、パラメーターδは、MFIが少し余裕のある顧客を包含することでミッションから逸脱していった場合、それにつれて抱く懸念の度合いを捉えたものである。この懸念はMFIに固有のものだが、MFIの利益性の差によって容易に捕捉することが

できる（表15.1 参照）。N_2 を $\tilde{N}_2 = \delta N_2$ に替えれば、式（10）が式（7）に等しくなることは明らかである。すると、$(\gamma_2 + s_2) N_2$ は $\frac{(\gamma_2 + s_2)}{\delta} \tilde{N}_2$ で置き換えられるので、突き詰めていくと、少し余裕のある顧客をポートフォリオに含めることで、MFI は負担するコストが増えることになる。具体的に、$\frac{\gamma_2 + s}{\delta} = \gamma_1$ となるような δ を選択した場合は、両方のタイプの顧客が共存することになる。ここでの筆者らの主要ポイントは、貧しい顧客と少し余裕はあるが非銀行利用の顧客とのこのような共存が、相互補助によるものなのかミッションドリフトによるものなのかを識別することは、実践では難しいだろうということである。

しかし他方、少し余裕のある非銀行利用顧客のコストを減らすこともできる。すなわち、$\gamma_2 + s < \gamma_1$ の時、コスト関数のパラメーターを結びつけている格差が $\gamma_1 \geq 0$、$\gamma_1 > \gamma_2$ となり、$\gamma_2 + s$ の符号が負になればよいのである[31]。$\gamma_2 + s < 0$ の時は、実際に相互補助が可能である。そこで、アウトリーチの最大化を目標とする MFI にとっての「相互補助」について、もっともらしい説明をするなら、少し余裕のある非銀行利用顧客を優遇する意図的なバイアスが理由だとすることができる。こうした借り手は、実質的に、貧しい借り手に対する正の外部性を作りだしているからである。

普通、農村部の顧客と比べて都市部の貧困層は識字率が高く、書類にも容易に記入できるし、MFI に融資を求める際に何らかの形の担保を申し出ることさえできる（Armendáriz and Morduch, 2000）。その存在は機関のミッションにとって重荷ではないので、少し余裕のある非銀行利用借り手が、たとえば都市地域に圧倒的に代表されていることも、必ずしも、都市部の MFI が貧困削減のミッションから逸脱していることを意味していることにはならない。しかし、ミッションドリフトと相互補助を実践で区別するのは、不可能ではないにせよ、かなり難しいと思われる。

しかし理論的な視点からいうと、つい先ほど述べたように、相互補助が可能となるのは、少し余裕のある非銀行利用顧客に利益性がある時だけである。しかも、潜在顧客としては、非常に貧しくて銀行を利用できない層は比較的小さいとも言える。とすると、MFI の紹介を見て、そこが大勢の少し余裕のある非銀行利用顧客にサービス提供していたとしても、その MFI が必ずしもミッションからドリフトしていることにはならない。コストの面からは、その機関がサービス提供できる貧困層の人数に上限があるということも言えるだろう。多くの中程度の所得の地域においても、少し余裕のある非銀行利用者の方が、貧しくて銀行を利用できない者よりも多いし、それがまた、以下で詳しく検討するアジアとラテンアメリカの対比をさらに正当化するものともなるのである[32]。

今度は限界例の $\delta = 0$、すなわち MFI の目標が貧困者のみにサービス提供することである状況を考えてみよう。この場合、少し余裕のある非銀行利用層は、利益の出るサイドビジネスとして（$\gamma_2 + s < 0$）、ミッションには貢献しないが、貧困層へ到達す

マイクロファイナンス機関のミッションドリフト

るための追加資本を提供してくれるか、そうでなければ、利益性がなく（$\gamma_2 + \underline{s} > 0$）、単純に無視されるかである。正反対の例の $\delta = 1$ では、MFI は両タイプの顧客に同じ重みを与える。これは先の式（7）になる。中間の例となる $\delta \in (0, 1)$ では、どのタイプの顧客にサービス提供するかに関する MFI の決定は、MFI の目標関数において、少し余裕のある顧客によるものとされる加重 δ とコスト比 $\frac{\gamma_2 + \underline{s}}{\gamma_1}$ との間の格差の方向によって変わってくる。

$\delta \in (0, 1)$ がどのような値であっても、貧困層が比較的多数を占めるような母集団の中では、アウトリーチの深度から見て、MFI の顧客集団の規模が潜在的に大きいことは確かである。対照的に、銀行を利用できない貧困層の数が比較的小さい地域では、アウトリーチの深度が制約されるため、貧困層への到達には——とりわけ人口密度の低い地域では——コストがかかる。したがって、同じ非銀行利用層でも、貧しい顧客から少し余裕のある顧客への移行に必要な閾値は、地域固有である。表面上、アウトリーチの浸透度はバングラデシュのような国で高く、グラミン銀行だけでも 600 万以上の顧客に到達しているし、平均融資規模も比較的小さい。それに比べて、たとえばメキシコのバンコ・コンパルタモスは顧客数でせいぜい 10 分の 1、平均融資規模は 3 倍となっている。したがって、ある機関がミッションに誠実であるかどうかの優れた代理指標は平均融資規模だけで与えられるという考えを額面通りにとるならば、南アジアとサハラ以南のアフリカで活動している機関を除いて、あらゆる MFI はミッションから逸脱していることになる。これはよくて混乱、悪くすれば誤った理解へと導いてしまいかねない[33]。

こうした結果を要約したものが表 15.2 である。2 つのタイプの顧客の間で MFI が無差別になる設定のポイントがあって、優れたベンチマークを提供してくれている。すなわち、$\gamma_2 + \underline{s} = \gamma_1 \delta$ という設定である。この設定では、δ が減少しても、MFI がミッションから逸脱するにつれて、投資プロジェクトに融資してもらえる貧困層の人数が増えることで、MFI のコストが相殺されている。任意の δ について、γ_1 が増加すると（あるいは、代わりに $\gamma_2 + \underline{s}$ が減少すると）、その MFI は、貧困層へのサービス提供のコスト増加分を融通するために、ミッションから逸脱していく。

図 15.1 が示しているのは、MFI が貧困層へのサービス提供（δ で捉えられる。MFI 固有）、およびコストのパラメーター γ_2、γ_1、$\underline{s}$（地域固有）に与える重みの相互作用から、無限の結果が生まれるということである。なかでも最も重要なものが（a）ミッションドリフト、（b）ミッションドリフトなし、（c）相互補助である。

図 15.1 は、このモデルで起こりうる 3 つの結果を表している。この図では、パラメーター γ_1 は固定した正の値をとるが、$\gamma_2 + \underline{s}$ は正負のあらゆる実数値をとる。

表15.2　MFIの懸念と地域固有パラメーターによって可能となる結果

		$\gamma_2 + s = 0$	$\gamma_2 + s = 0$	$0 < \gamma_2 + s < \gamma_1 \delta$	$\gamma_2 + s = \gamma_1 \delta$	$\gamma_2 + s > \gamma_1 \delta$
$\delta = 0$		$N_1 = +\infty$ $N_2 = +\infty$ 相互補助	$N_1 = \dfrac{K}{\gamma_1}$ N_2 は未確定 ミッションドリフトが起こりうる（判断次第）	不可能	$N_1 = \dfrac{K}{\gamma_1}$, $N_2 = 0$ ミッションドリフトなし	$N_1 = \dfrac{K}{\gamma_1}$, $N_2 = 0$ ミッションドリフトなし
$0 < \delta \leq 1$		$N_1 = +\infty$ $N_2 = +\infty$ 相互補助	$N_1 = \dfrac{K}{\gamma_1}$ $N_2 = +\infty$ ミッションドリフト	$N_1 = 0$ $N_2 = \dfrac{K}{\gamma_2 + s}$ 完全なミッションドリフト	$N_1 \in \left[0, \dfrac{K}{\gamma_1}\right]$ $N_2 = \dfrac{K - \gamma_1 N_1}{\gamma_2 + s}$ ミッションドリフトが起こりうる（判断次第）	$N_1 = \dfrac{K}{\gamma_1}$, $N_2 = 0$ ミッションドリフトなし

さらに δ は $[0, 1]$ の間で変動する。少し余裕のある顧客のコスト（タテ軸の $\gamma_2 + \underline{s}$）が重荷となるわけだが、これは、MFI がどこまで貧困層へのサービス提供を継続できるかを決定する重要な要因となる。相互補助ゾーンは $\gamma_2 + \underline{s}$、すなわち、少し余裕のある非銀行利用顧客から MFI が引き出せる「利益」の負の値と対応している。無差別線である $\gamma_2 + \underline{s} = \gamma_1 \delta$ を除いて、相互補助ゾーンは、グラフ中で唯一、2つのタイプの顧客が共存する場所である。したがって、このモデルの重要な予言は以下のようにまとめられる。

結果3：非銀行利用の貧困層顧客と少し余裕のある非銀行利用顧客の両方を対象に、大勢にサービス提供しているマイクロファイナンス機関が必ずしもミッションドリフトを起こしている機関なのではない。貧困削減に貢献するというこうした機関の公約が、少し余裕のある非銀行利用顧客を対象とするサイドビジネスと両立することはある。こうした顧客によって相互補助が可能となり、アウトリーチの最大化という MFI の目標をめざせるからである。

図15.1　起こりうる結果

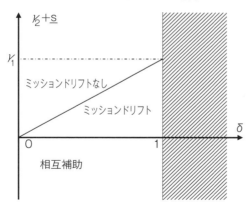

6　ラテンアメリカとアジアの対比

　マイクロファイナンスは1970年代の半ばに、人の疎らなラテンアメリカと人の密集するアジアで、並行する運動として始まった（Armendáriz and Morduch, 2010）。また最近になって、マイクロファイナンス活動が最も盛んな2つの地域はラテンアメリカとアジアだということが、ようやく定着してきた（Armendáriz and Vanroose, 2009）。これは先に掲載した表15.1である程度捕捉されていて、サービス提供している顧客の数から見た10大MFIは、すべてアジアかラテンアメリカにある[34]。貧困に関する世界銀行による最近の推定（2004）は、南アジアには世界の貧困層のおよそ31パーセントが暮らしているのに対して、ラテンアメリカでの同様の推定値はわずか8パーセントとなっている。

　先のセクションで見たように、貧困層へのサービス提供にコストがかからなければ、アウトリーチ最大化をめざすMFIのミッションドリフトは起こりにくい。これは人口密度の高い南アジアでも事実だろう。なにしろ、貧しいと考えられる個人の数が4倍もあるのだから、ラテンアメリカと比べれば、貧困層へのサービス提供はずっと容易になる[35]。貧しい個人が多いことから、アジアでは、ラテンアメリカと比べてγ_1が相当小さい。このことは、δが同じでも、アジアのMFIは、アウトリーチの浸透度が非常に深いMFIを自称しやすいということを意味している。

　しかし他方、ラテンアメリカは相互補助の余地がずっと大きい。これは、ハイチとニカラグアを除いて、ラテンアメリカでは、1人当たりGDPが平均で南アジアの3倍もあるためである（OECD Report, 2005）。今もラテンアメリカは、全体として中程度の収入の地域である。しかし、銀行部門の開発は非常に遅れている。それ故に筆者らは、少し余裕はあるが銀行を利用できない層のラテンアメリカの人びとは、ほぼMFIから金融サービスを提供されていると推測している。また筆者らのモデルは、もしそのような個人へのサービス提供に利益性があるなら、相互補助の余地が大きいことを予言している。これは実証的に探索する価値のある推測であろう。この推測からは、平均融資規模のみを見て、ある機関がミッションドリフトを起こしたと判断するのは非常に誤解を招きやすいことが示唆されている。もっと多くの情報が必要なのである。そうした機関は、ミッションドリフトを起こした機関というレッテルを予め貼られながら、相当数の貧しい顧客とポートフォリオに維持しているのだろうか。それとも、貧しい顧客が少し余裕のある顧客に締め出されているのだろうか。こうしたことこそ、実証的研究に携わる者にとって本当の課題なのである。

　しかし、ラテンアメリカのMFIが、ゴンサレス＝ベガら（Gonzales-Vega et al., 1996）の定義のように、規模拡大しながら貧しい顧客を締め出しているかどうかを実証的に

評価するためには、動的な分析が必要となる。筆者らは、この観察には探求する価値があると強く信じている。本論が印刷に回る頃には、アルメンダリズら（Armendáriz et al., 2013）が、この方向での更なる調査を行っているはずである。こうした調査は、実証的分析にいっそうの指針となり、MFI が実際にミッションから逸脱しているかどうか、いっそう明確な姿を届けてくれるはずである。重要な疑問は目の前にある。すなわち、現在のマイクロファイナンス商業化には、最近のカルら（Cull et al., 2009）の論文が示唆するように、本当に貧困者に対するバイアスがあるのだろうか、ということである。

7　結びに代えて

　本論では、ごくシンプルなモデルを提出して、アウトリーチの最大化をめざす MFI がミッションから逸脱する可能性のあることを示してきた。このモデルは、ミッションドリフトが MFI に固有のパラメーター（貧困層にサービス提供するために MFI が与える重みなど）と国に固有のパラメーター（貧困層に到達するためのコストに関連したもの）との相互作用から生じることを予言する。政策的な視点からは、筆者らのモデルは、ドナーや社会的責任投資家が、少し余裕のある非銀行利用層にサービス提供している MFI によって、誤った方向に容易に導かれうることに光を当てている。この予言は示唆に富んでいる。というのは、少し余裕のある非銀行利用層を維持することは、MFI が貧困層へのサービス提供を向上させるうえでの課題を表しているからである。筆者らのモデルは、このテーマでの将来の実証的研究の指針とするために意図してシンプルなものとしているが、ミッションドリフトに関する全体像をさらに完全なものにするためには、金利や市場構造についての考察も含めていくべきである。しかし、ここではデータ面での制約が大きな問題となっている。

　また、国に固有の考慮事項によって金利が相対的に高くなることもある。サハラ以南の国々はラテンアメリカよりもずっと多くの貧困者人口を抱えているのに、アウトリーチはラテンアメリカの方が高いという事実は、ひとつの明快な例である。このことから、人口の疎らな地域――貧しい世帯へのアクセスに時間がかかり、利益性のあるプロジェクトの範囲が限られ、マイクロファイナンスの経験が不足している地域――で活動している MFI のための補助金が必要だということになるだろう。ここでも、こうした地域固有の考慮事項が、自立よりも社会的な目標を優先するドナーに重要な指針を提供することになるだろう。

　しかし、独占的な力によって金利が高くなることもある。このことは、ミッションドリフトの概念が、ここでも実証的研究を誤導しているのではないかという疑問を生

じさせる。独占的な金利は、平均融資規模の小さいことと相まって、ミッションドリフトが本当は何を意味しているのかについて、さらに透明な全体像を届けてくれる。ミッションドリフトに関するこの考え方は、さらに詳しい調査をする価値のあるものである。倫理的な配慮は横に置くとしても、マイクロファイナンス商品の独占価格は、逆淘汰とモラルハザードによる非効率を生み出す。これも、ミッションドリフトの概念の一部とするべきではないだろうか。実証的な視点からは、平均融資規模をミッションドリフトの代理指標にとどめず、少なくとも金利を全体像に統合しつつ、市場構造に合わせて調整していくことが、正しい方向への一歩である。

　最後に大切なことだが、洞察を得るには動的なモデルを構築することである。動的なモデルでは、なぜ MFI は、貧困優先の NGO から利益優先の商業的 MFI に移行するのかといった、重要な疑問に取り組むことができる。これは本当に事実なのだろうか。顧客の多様性は、時間とともに表れてくる必然なのだろうか。そもそも、なぜ MFI は、貧困削減の目標から逸脱するリスクがあるのに、規模を拡大したがるのだろうか。地域に固有の考慮事項は横に置くとしても、MFI は、規模拡大の過程で、少し余裕のある顧客を意図的に活用するべきなのだろうか。ドナーからの援助が枯渇するような状況に陥らないようにすることが、MFI がアウトリーチを拡大するために実行可能な解決策なのだろうか。それとも、ドナーの援助自体が、アウトリーチの拡大に依存する変数なのだろうか。

注

＊クラウディオ・ゴンサレス＝ベガ（Claudio Gonzalez-Vega）、マレク・ヒュードン（Marek Hudon）、マルク・ラビー（Marc Labie）、ジョナサン・モーダック（Jonathan Morduch）から、初期の原稿について非常に有益なコメントを戴いたことに感謝する。アナベル・バンローズ（Annabel Vanroose）の専門知識と技術的支援に深く感謝する。

1．本論のセクション2で示すように、これは非現実的な仮定ではない。
2．たとえば、Mosley（1996）、Armendáriz and Morduch（2010）、Cull *et al.*（2008）を参照。この貧困の定義の利点に関する詳しい議論については、Schreiner（2001）を参照
3．漸進的貸付とその背後の理由付けに関するさらに完全な説明については、Armendáriz and Morduch（2010）を参照。
4．エージェンシーの問題も、この全体像に入ってくるかもしれない（Aubert *et al.*, 2009；Labie *et al.*, 2010 を参照）。
5．本論の焦点は、貧困削減を志向するというミッションから逸脱して「漂う（ドリフトする）」マイクロファイナンス機関にあるが、利益志向のドナーがきっかけでそうしたドリフトが起こる状況を考えることもできる。以下で議論するように、後者のシナリオは Ghosh and Van Tassel（2008）で分析されている。ミッションドリフトの根源は、株主が自立という目標を追求することで、貧困削減という目標の優先順位を下げてしまうところに

もあるかもしれない。
6．以下では「アウトリーチの最大化」と「貧困削減というミッションないし目標」とを同じ意味に使用する。
7．ある機関がミッションから逸脱しているかどうかを実証的に評価するひとつの方法は、そのMFIが、成長過程において、ポートフォリオ規模の成長に合わせて貧困層を締め出しているかどうかを見ることである。しかし、これに関して余分な夾雑物の実証的分析をするためには、しっかりと定義された貧困の概念が必要となる。ところが、これがまた物事を複雑にする。実証的な研究をする者は、ミッションドリフトを平均融資規模の拡大と関連づける傾向がある。筆者らが以下で主張しているように、そもそもここに、誤った理解につながる潜在性があるのである。したがって本論は、理論的・実証的に健全な基盤なしに実証的研究を推進していくことへの「警告」と見ることができる。
8．しかし、アウトリーチ数が誤った方向に理解を導くこともあることには留意しなければならない。アウトリーチ数は、機関がサービス提供している顧客数を示しはするが、そうした数値は市場構造への配慮を隠してしまう。たとえばグラミン銀行、ASA、BRACというバングラデシュの3大機関は、合わせて2000万近い顧客にサービス提供しているが、コンパルタモスはメキシコ国内に競争相手がほとんどなく、サービス提供している顧客の数は、MIXが提供するデータによれば、2007年で60万人にすら達していない。
9．特別な例はグラミン銀行で、MIXに報告されているミッションステートメントはN/A（該当ナシ）となっている。この機関のミッションステートメントはグラミン財団（本部はアメリカ）のウェブサイトから取得した。
10．この段階での筆者らの主張は、各機関自身が謳っている主要ミッションに関するもので、そうした目標を達成する手段に関するものではない。特にBRACの場合、主要ミッションは貧困削減である。しかしBRACは、それ以外のミッションも、女性自営労働者連合（Self-Employed Women's Association: SEWA）のような関連団体を利用してはいるものの、自ら謳っている。
11．人間開発指数（HDI）は、収入、医療、教育なども含めた幅広い貧困概念を伝えてくれる。この指標がどのように導かれるかについては、国際連合が毎年発行している「人間開発報告書（Human Development Report）」を参照。
12．グラミン銀行の場合は、自ら全面的に規制対象の銀行であると謳っている点で、かなり特異であること留意しておくべきだろう。しかし現実には、グラミン銀行は組合員のものであり、したがって協同組合として定義することができる。また一方で、組合員から動員する預金が少ないことから、銀行と協同組合のハイブリッドのようにも思える。
13．正確には、平均融資規模と1人当たりGDPの比率である。これに関する非常に包括的な議論については、Schreiner（2001）およびDunford（2002）を参照。
14．人口1人当たりの比較の方が意味深いのは明らかである。MIXは、2007年の1人当たりの平均融資規模を報告していない。しかし2006年については、4つの貧困削減志向のMFIの1人当たり平均融資規模は24.94パーセントとなっている（残りの6機関は34.6パーセント）。この概算では、予想どおり両者の差が縮まっているが、貧困削減志向ではないMFIの方が10ポイント高いというのは、やはり無視できない。興味深いことに、地域で見ると、2006年のパーセント数には一貫性がある。とりわけ、表15.1に示した4つの貧困削減志向のMFIはすべてアジアにあって、1人当たりの平均融資規模は23.94パーセントとなっている。これに対して、同じアジアにあっても貧困削減志向ではないMFIでは

28.31 パーセントとなっている。驚くことではないが、ラテンアメリカの3つの MFI の平均は 40.89 パーセントで、全体のなかで最も高くなっている。
15. 金利に関する包括的な説明については、Hudon（2007）を参照。
16. 金利の代理指標は MIX の MFI 紹介から取得した。そこには「財務収益比」として記載されている。これはおおまかに言うと、現金での財務収益を平均総ポートフォリオで割ったもので、たとえばカルら（Cull et al., 2008）が平均金利の代理指標として用いている。しかし筆者らは、貧困削減を主要ミッションと謳っている MFI とは違い、残り6つの MFI は、カハ・ポプラル・メヒカナ（Caja Popular Mexicana）で 16.12 パーセント、コンパルタモスで 68.48 パーセントと、金利幅が大きいことを指摘しておかなければならない。
17. しかし Cull et al.（2008）は、商業的 MFI と NGO を区別して、後者の方が高い金利を課していることを示している。カルらの説明は、NGO が高コストに直面しながら、比較的貧しい顧客にサービス提供しているという事実に依拠している。対照的に、Ghosh and Van Tassel（2008）は、NGO が高い金利を課すのは、こうしたタイプの MFI が利益志向のドナーから資金提供されているからだとしている。
18. NGO から全面的に規制対象の銀行への道を歩むことは、MFI がミッションから逸脱する必要条件ではない。Gonzalez and Rosenberg（2006）、Cull et al.（2008）が実証しているように、全面的に規制対象の商業 MFI と比べると、NGO は高い金利を課すことが多い。金利についての考察は、Ashta and Hudon（2009）がバンコ・コンパルタモスに関する研究で示唆しているように、ぜひミッションドリフトの包括的概念の一部とするべきである。ここでは純粋に理論的な視点から、また話をシンプルにするために、金利についての考察を分析の範囲外としているが、筆者らは、本論の結論部分でこの重要な問題を提起している。
19. 顕著な例をライン（Rhyne, 2001）に見ることができる。しかし、ラインの歴史的な分析は、大半がボリビアに焦点を当てたもので、理論というレンズを通して見たものではない。
20. たとえば、Armendáriz and Vanroose（2009）、Agier and Szafarz（2010）を参照。
21. Blundell and Preston（1998）。詳しい議論については、Blundell and Preston（1998）を参照。
22. 簡単にいえば、ドナーないし社会的責任投資家は、筆者らの枠組みでは何の役割も果たさないということである。こうしたものを導入することで、マイクロファイナンスでの重要なプリンシパル・エージェント・モデルの洞察を得るのには役立つかもしれないが、筆者らは、主要な結果は基本的に同じになると推測している。
23. アウトリーチと貧困は別の概念である。しかし、筆者らはこの2つの用語を相互に入れ替え可能なものとして用いている。理由は2つある。第1は、貧困は非常に一般的な概念ではあるが、アウトリーチの概念はマイクロファイナンスと緊密な関係にあるからで、筆者らは、アウトリーチの概念の使用にもっと容易に対処できる、なにか検証可能な結果を引き出せないかと思っている。第2は、何が最も正確な貧困の定義であり尺度かという議論に踏み込むことは、貧困線のような小うるさい概念に依拠しなければならず、本論の範囲を超えてしまうからである。
24. この MFI が NGO で、融資規模とリンクした額の補助金を受け取っている場合でも、$K = K(s)$、$K'(.) \leq 0$ で、結果は同じであるところに留意してほしい。
25. 融資 K に利用できる資本は外因性である。さらに、ここでは返済確率を無視しているが、安定状態では、返済確率が K の値を増大させることもある。ここでは、極小融資は返済を無視できる程度の有限数である。
26. この過程で暗示されているのは、この MFI がすべての交渉力を握っているということ

である。これは、独占力を享受しているいくつかの大型 MFI については真かもしれない。この仮定に替わる理由付けとしては、この MFI の提供する融資の規模にインセンティブ互換性があるということがある。

27. この仮定で暗示されているのは、このローン市場ですべての顧客に融資提供している MFI が 1 つしかないということである。たとえこの MFI が完全に優位にあっても、またどちらのタイプの顧客も、その市場で活動しているすべての MFI からまったく同じ融資契約を突きつけられると仮定したとしても、融資契約にインセンティブ互換性があるかぎり、筆者らの結論は変わらない。

28. これの逆はあり得ない。なぜならミッションドリフト（この場合は大規模融資）は、最適化が別の目標関数について成り立つ場合にしか考えられないからである。

29. ここで念頭においているのは、貧困層へのサービス提供にコストがかかるのは、モニタリング努力が多く必要だからであり、この追加的努力が MFI の負担になっているということである。もっと一般的にいえば、この仮定は、貧しい顧客が多いほど儲けが少なくなる理由をすべて要約していると考えられる。すなわち、貧困層は金融リテラシーがなく（そうでなければ生産性が低く）、ビジネスの知識も限られていて、研修を必要としているといったことである。筆者らのモデルは融資の返済について詳しく説明するものではないので、この仮定についてのシンプルかつ現実的な解釈は、最貧層にサービス提供している MFI が、金融仲介機関の資本を犠牲にすることで、負担すべき追加コストを捻出していると考えることである。

30. 煩わしい概念を回避するために、ここでは $F = 0$、または K が $K - F$ を表していると仮定している。

31. これは、信用リスクが無視できる場合には十分に起こりうる。ひとつは、借り手が十分に裕福であるため、もうひとつは、銀行関係者がスクリーニングや行動のモニタリングに時間を掛けることを厭わないためである。その場合、こうした顧客は、コストよりも利益を提供してくれる。さらに一般的にいえば、筆者らの単純化したモデルは K を固定的な外因性予算としているので、γ_1 と γ_2 を正味のコスト——すなわち、安定状態のリスク中立的な視点において期待される償還に伴う利益をコストから引いたもの——と解釈することができる。この考えにしたがえば、$\gamma_1 \geq 0$ で、かつ $\gamma_2 + s < 0$ と仮定することは、非常に貧しい顧客はコストがかかるので、サービス提供はひとえに MFI の社会的ミッションが理由であるということ、その一方で、それほど貧しくない顧客は MFI にとって利益性があるということを意味している。

32. 具体的には、一方の端には（表 15.1 参照）低収入の国があって、たとえばバングラデシュは、2007 年の 1 人当たり収入が 1400 米ドルとなっている。反対の端には、中の上程度の収入の国があって、たとえばメキシコの 2007 年の 1 人当たり収入は 1 万 4500 米ドルである。驚くことではないが、MIX が発表したこの年のデータによれば、グラミン銀行（バングラデシュ）だけで 600 万を超える稼働顧客がいるのに対し、メキシコのバンコ・コンパルタモスは 80 万人をわずかに超える程度である。グラミン銀行の平均融資規模は 79 米ドルで、コンパルタモスは 450 米ドルとなっている（注 9 で説明したように、MIX は 2007 年以後の 1 人当たりの平均融資規模に関するデータは公表していない）。

33. たとえば、ラテンアメリカのプロムヘルは、世界で最も貧困削減志向の強い MFI のひとつである。

34. しかしクリステン（Christen, 2000）は、ラテンアメリカ諸国は非常に多様で格差が大き

第3部　商業化へ向けた現在の流れ

いことを指摘している。ニカラグアやハイチなどは、アジアの同等の国と変わらない貧しさである。

35. ヴァンローズ（Vanroose, 2009）は、人口密度を、アウトリーチの決定において積極的かつ重要な係数と考えている。

参考書目

Aniket, K (2007). Does Subsidising the Cost of Capital Really Help the Poorest? An Analysis of Saving Opportunities in Group Lending. ESE Discussion Paper No. 140.

Armendáriz, B (1999). On the design of a credit agreement with peer monitoring. *Journal of Development Economics*, 60(1), 79–104.

Armendáriz, B and C Gollier (2000). Peer group formation in an adverse selection model. *Economic Journal*, 110(465), 632–643.

Armendáriz, B and J Morduch (2000). Microfinance beyond group lending. *The Economics of Transition*, 8(2), 401–420.

—— (2010). *The Economics of Microfinance*, 2nd ed. Cambridge, MA: MIT Press.

Armendáriz, B and A Vanroose (2009). Uncovering three microfinance myths: Does age matter? *Reflects et Perspectives de la Vie Economique*, 48(3), 7–17.

Armendáriz, B, B d'Espallier, M Hudon and A Szafarz (2013). Subsidy Uncertainty and Microfinance Mission Drift. Center for European Research in Microfinance (CERMi), ULB.

Ashta, A and M Hudon (2009). To Whom Should we be Fair? Ethical Issues in Balancing Stakeholder Interests from Banco Compartamos Case Study. Manuscript, Center for European Research in Microfinance (CERMi), ULB.

Aubert, C, A de Janvry and E Sadoulet (2009). Designing credit agent incentives to prevent mission drift in pro-poor microfinance institutions. *Journal of Development Economics*, 90(1), 153–162.

Banerjee, A, T Besley and T Guinnane (1994). Thy neighbor's keeper: The design of a credit cooperative with theory and a test. *Quarterly Journal of Economics*, 109(2), 491–515.

Besley, T and S Coate (1995). Group lending, repayment incentives and social collateral. *Journal of Development Economics*, 46(1), 1–18.

Christen, RP (2000). *Commercialization and Mission Drift: The Transformation of Microfinance in Latin America*. Consultative Group to Assist the Poor (CGAP), Washington DC.

Conning, J (1999). Outreach, sustainability and leverage in monitored and peer-monitored lending. *Journal of Development Economics*, 60, 51–77.

Copestake, J (2007). Mainstreaming microfinance: Social performance management or mission drift?, *World Development*, 35(10), 1721–1738.

Cull, R, A Demirgüç-Kunt and J Morduch (2007). Financial performance and outreach: A global analysis of leading microbanks. *Economic Journal*, 117(517), 107–133.

—— (2009). Microfinance meets the market. *Journal of Economic Perspectives*, 23(1), 167–192.

Dewatripont, M, I Jewitt and J Tirole (1999). The economics of career concerns, Part II: Application to missions and accountability of government agencies. *Review of Economic Studies*, 66(1), 199–217.

Dunford, C (2002). What's wrong with loan size? Freedom from Hunger. http://www.

ffhtechnical.org/publications/summary/loansize0302.html.「2015 年 8 月 現 在、https://www.freedomfromhunger.org/what%E2%80%99s-wrong-loan-size に概説があるが、貼ってあるリンクからは入手できない。https://www.microfinancegateway.org/user?destination=node/34075 から入る場合は登録が必要」

Fidler, P (1998). *Bolivia: Assessing the Performance of Banco Solidario*. Case Studies in Microfinance, Sustainable Banking with the Poor. Washington DC: World Bank.

Foster, J, J Greer and E Thorbecke (1984). A class of decomposable poverty measures. *Econometrica*, 52(3), 761–766.

Ghatak, M (1999). Group lending, local information and peer selection. *Journal of Development Economics*, 60, 27–50.

Ghatak, M (2000). Screening by the company you keep: Joint liability lending and the peer selection effect. *Economic Journal*, 110(465), 601–631.

Ghosh, S and E Van Tassel (2008). *A Model of Microfinance and Mission Drift*. Department of Economics, Florida Atlantic University.

González, A and R Rosenberg (2006). *The State of Microfinance — Outreach, Profitability, and Poverty: Findings from a Database of 2600 Microfinance Institutions*. Washington DC: Consultative Group to Assist the Poor (CGAP).

González-Vega, C, M Schreiner, RL Meyer, J Rodriguez-Meza and S Navajas (1996). *BANCOSOL: The Challenge for Growth for Microfinance Organizations*. Ohio State University, Columbus, Ohio: Economics and Sociology Occasional Paper 2332.

Hermes, N and R Lensink (2007). The empirics of microfinance: What do we know. *Economic Journal*, 117(517), F1–F10.

Holmstrom, B and P Milgrom (1991). Multitask principal-agent analyses: Incentive contracts, asset ownership and job design. *Journal of Law, Economics and Organization*, 7, 24–52.

Hudon, M (2007). Fair interest rate when lending to the poor. *Ethics and Economics*, 4(2), 1–8.

Jain, S and G Mansuri (2003). A little at a time: The use of regularly scheduled repayments in microfinance programs. *Journal of Development Economics*, 72, 253–279.

Labie, M, PG Méon, R Mersland and A Szafarz (2010). Discrimination by Microcredit Officers: Theory and Evidence on Disability in Uganda. WP–CEB: No. 10-007, ULB.

McIntosh, C and B Wydick (2005). Competition and microfinance. *Journal of Development Economics*, 78, 271–298.

Mosley, P (1996). Metamorphosis from NGO to commercial bank: The case of Bancosol in Bolivia. In *Finance Against Poverty*, D Hulme and P Mosley (eds.). London: Routledge.

Navajas, S, M Schreiner, RL Meyer, C Gonzalez-Vega and J Rodriguez-Meza (2000). Microcredit and the poorest of the poor: Theory and evidence from Bolivia. *World Development*, 28(2), 333–346.

OECD Development Centre (2005). *Report*. Paris, France: OECD Publications.

Rhyne, E (2001). *Mainstreaming Microfinance: How Lending to the Poor Began, Grew and Came of Age in Bolivia*. New York: Stylus Publishing.

Sen, A (1999). *Development as Freedom*. New York: Random Publishers.（邦訳『自由と経済開発』石塚雅彦訳　日本経済新聞社　2002.4）

Schreiner, M (2001). Seven Aspects of Loan Size. Typescript, Center for Social Development, Washington University in Saint Louis.

―― (2002). Aspects of outreach: A framework for discussion of the social benefits of microfinance. *Journal of International Development*, 14, 591–603.

Stiglitz, JA (1990). Peer monitoring and credit markets. *The World Bank Economic Review*, 4(3), 351–366.

Tedeschi, GA (2006). Here today, gone tomorrow: Can dynamic incentives make microfinance more flexible? *Journal of Development Economics*, 80, 84–105.

Vanroose, A (2008). What factors influence the uneven outreach of microfinance institutions? *Savings and Development*, 32(2), 153–174.

Wilson, JQ (1989). *Bureaucracy: What Government Agencies Do, and Why Do It*? New York: Basic Books.

World Bank (2004). *Annual Report 2004*. Washington DC: The World Bank.

章末資料

筆者らは、次のように問題を考えている。

$$\text{Max}_{s \geq 0} N$$

$$\text{s.t. } K = sN + f(N)$$

方程式 $G(s, N) = K - sN - f(N) = 0$ は、暗に、$N = g(s)$ を最大化するものとして関数 g を定義している。すなわち

$$g'(s) = -\frac{\frac{\partial G}{\partial s}}{\frac{\partial G}{\partial N}} = \frac{N}{s + f'(N)} > 0$$

したがって、最大化の問題については、解はつねに端点解 $s^* = 0$ で、次のようになる。

$$K = f(N) \Rightarrow N^* = f^{-1}(K).$$

たとえば、二次の取引コストが $f(N) = F + aN^2$、$a > 0$ の時、最適条件は $s^* = 0$ で、

かつ $K - F = aN^2 \Rightarrow N^* = \sqrt{\frac{K-F}{a}}$ で求められる。

マイクロファイナンスへの社会的投資
―― リスク、リターン、貧困層へのアウトリーチとのあいだの
　　トレードオフ

リンツ・ガレマ＊　（Rients Galema）
ロベルト・レンジンク＊＊　（Robert Lensink）

1　はじめに

　金融へのアクセスは、持続的な経済成長を生み出すためにも世界の貧困削減のためにも、きわめて重要なメカニズムである。金融サービスのアクセスに関するデータは限られているが、貧困層に、満たされない巨大な金融サービス需要のあることは明らかである。たとえばベックら（Beck, et al., 2007）は、発展途上経済の人口の約40～80パーセントがフォーマルな金融部門へのアクセスを欠いていると推定している。金融サービスへのアクセスは、発展途上国間でも大きな格差がある。世界銀行（World Bank, 2008）によれば、大半の発展途上国では、人口の50パーセント未満しか銀行口座を持たず、サハラ以南のアフリカ諸国の大半で、人口の80パーセント以上に銀行口座がない。

　貧困層の金融サービスへのアクセスが限定されているのには、多くの理由がある。教育の欠如、担保がないこと、小口取引のため金融機関にとってコスト高につながること、などである。しかし、1970年代末頃からは、貧困層にサービス提供する専門

＊フローニンゲン大学
＊＊フローニンゲン大学、ヴァーヘニンゲン大学、CERMi

的なマイクロファイナンス機関が、グループ貸付のスキームや動的インセンティブ、地元の融資担当者の採用といった革新的な方法によって、こうした問題の克服に努めてきている。マイクロファイナンス運動には、導入された新たなプログラムについても到達した顧客の数についても、すばらしいものがある。今日では、1万を超えるMFIが、85を超える国々で、1億を超えるマイクロ起業家にサービスを提供している。商業的な資金源へのアクセスが増加したことが原動力となり、マイクロファイナンス融資の量は近年急上昇していて、2001年には推定40億米ドルだったものが、2006年には250億米ドルにまでなっている。しかしディークマン（Dieckman, 2007）によれば、マイクロファイナンス部門は今も2500億米ドルの資金ギャップに直面していて、潜在的なマイクロファイナンス市場の大きさが窺われる。

現在、非政府組織がマイクロファイナンス顧客全体の約半分にサービス提供しているのに対して、商業的な機関によるサービス提供は20パーセント未満にとどまっている（Cull et al., 2009）。非政府組織が資金の約40パーセントを補助金から受け取っていることから、これからも、潜在市場にサービス提供できるだけの補助金を集められるかは疑問である。それに代わって、マイクロファイナンス部門の営利部分である商業的マイクロファイナンスが、まだ手つかずの潜在的マイクロファイナンス需要に資金提供していくことが必要である。実際に、商業銀行や個人投資家、機関投資家といった主流金融機関が、マイクロファイナンス市場に関心を持つようになっている。とりわけ年金ファンドが、マイクロファイナンスへの投資に熱心なようである。しかし、現在の非政府組織の急増ぶりと、そうした組織が最貧層の借り手に提供している極小融資の利益性が限定的であることから、補助金や社会的投資はこれからも重要であると思われる。

本論では、社会的投資家——財政面での業績と並んで、投資による社会的成果も大切にする投資家——に焦点を当てる。社会的投資家によるマイクロファイナンスへの投資は大きく増え始めていて、2007年までの投資額は40億米ドルにのぼっている（CGAP, 2008）。社会的投資家は、マイクロファイナンスによる財政面でのリターンと社会的成果の両方を大切にする。利益が少なくリスクも大きいが、ほかより貧しい借り手に到達できそうな（アウトリーチの高くなりそうな）マイクロファイナンス機関（MFI）にすすんで投資しようとする。

マイクロファイナンスへの投資について最も議論の分かれる疑問のひとつは、リスクおよびリターンと貧困層へのアウトリーチとの間にトレードオフが存在するかどうかということである。さらに、もしもそうしたトレードオフがあるようなら、社会的投資家は、アウトリーチの高さを達成するために、どこまでリターンの減少やリスクの増大を受け入れるのだろう。本論では、アウトリーチとMFIのリターンの間には負の相関があるということに、新たな証拠を付け加えていく。そしてそのうえで——

むしろこちらの方が重要なのだが——MF投資の財政的リターンと貧困層へのアウトリーチとの間のトレードオフについて、初めてその定量化を試みる。もっと具体的にいえば、本論の狙いは、ポートフォリオのアウトリーチを高めることの代価——マイクロファイナンスに投資する者が、少ないリターンないし高いリスクを受け入れることで支払うべきもの——を導き出すことにある。本論の結果は、社会的投資家が財政面のリターンと社会的成果との間のトレードオフを評価する助けとなるだろう。

方法論としては、社会的投資家がさまざまなMFIによるポートフォリオを構築すると仮定して、マーコウィッツ（Markowitz, 1958）による平均分散の枠組みを採用して、平均分散アウトリーチによる最適ポートフォリオを構築する。具体的には、アウトリーチを追加的な制約としてポートフォリオ最適化のプロセスに組み入れ、さまざまなレベルのアウトリーチについて、平均分散の効率的なポートフォリオを得るのである。本論は以下のように進めていく。まずセクション2で筆者らのデータを提出する。セクション3では、リスク－リターン－アウトリーチのトレードオフがあるかどうかを検討し、記述統計学を用いてこれを支持していく。セクション4では、リスク－リターン－アウトリーチのトレードオフを定量化し、セクション5で結論を述べる。

2　データ

今回は、1997～2007年の時期を扱ったMixMarketのデータセットを用いて、社会的投資家が直面するリターンおよびリスクとアウトリーチとのあいだのトレードオフの定量化を試みる。MixMarketのデータセットはwww.mixmarket.orgで公的に入手することができる。数字上のデータはすべて当時の為替レートで米ドルに換算している。MFIの数は過去11年のあいだに爆発的に増加した。1997年には、筆者らのデータセットには約25のMFIしかなかったが、2006年には800ものMFIがリストに入っていた。MFIは自発的にMixMarketのデータベースに参加することができるが、データの入力はMixMarketが緻密にモニターしている。参加機関はデータを支持する文書（監査済みの財務諸表や年次報告書など）を併せて提出しなければならない。こうしたデータを提供するためには、報告するMFIには適切な情報インフラが必要となる。したがって、MixMarketのデータベースは、世界で最もうまく運営できているMFIのランダムなサンプルが提出されていると考えられる（Krausu and Walter, 2009；Gonzalez, 2007）。MixMarketによって報告されたデータは補助金目当てに修正したものではない。こうした補助金は、投資家からは、銀行を破産から守る盾（商業銀行でいう「大きすぎて潰せない（too-big-to-fail: TBFT）」式の支援）と見られている（Krausu and Walter, 2009）。しかし、補助金の頻度と規模は不安的で、それゆえ投資リスクとなっている。残念な

がら今回の研究では、このリスクを説明することはできていない。

3 リスク−リターン−アウトリーチのトレードオフ

　分析に移る前に、まずはリターンとアウトリーチ、リスクとアウトリーチの間にどの程度のトレードオフがあるかを考えてみよう。リターンとアウトリーチとのトレードオフを考える際の一般的な合意として、貧しい借り手に到達する方が裕福な借り手に到達するよりもコストがかかる。200米ドルの融資100件を管理・モニターする方が、20万米ドルの融資1件よりもコストがかかることは明らかである。ある程度までなら，小口融資を提供することで大きくなったコストを、規模の経済でカバーすることもできる。2000人の顧客がいても、たいていのMFIは、規模によるメリットの大半を得られる（Rosenberg et al., 2009）。これは、おそらくマイクロファイナンスの労働集約的な性質によるもので、運営費は給与が中心であることと、それに比べて固定費用が低い構成になっているためであろう（Rosenberg et al., 2009）。学問的な文献も、業績とアウトリーチの間にトレードオフがあるという証拠を発見している。エルメスら（Hermes et al., 2011）は、確率的フロンティア分析（stochastic frontier analysis: SFA）において、アウトリーチが伸びるとともに効率が落ちることを発見しているし、カルら（Cull et al., 2007）も、平均融資規模が大きくなるにつれて運営費が少なくなっていくことを発見している。

　小口融資の提供によるコストの高さをカバーするために、MFIは金利を高く設定している（Rosenberg et al, 2009）。金利が高いために、小規模な融資を提供するMFIは利益も小さくなる（Cull et al., 2009）。それでも、大規模な融資を提供するMFIと比べれば、利益はほどほどでしかない。例をあげれば、筆者らのデータセットでは、平均的規模が1000米ドル未満の融資の平均資産運用率（ROA）は0.08パーセント、1000米ドルを超える融資では1.8パーセントである。小規模融資と大規模融資のこの業績の差は、統計的に有意な1パーセント以上あって、小口融資を提供するMFIへの投資は、社会的投資家の関心だけが理由になっていることを示唆している。

　リスクとアウトリーチのトレードオフを考えると、マイクロファイナンスが成功するパターンのひとつは、借り手が非常に貧しくて、しかも返済率が非常に高い場合である。加えて、貧しい借り手は普通インフォーマル部門で活動しているが、この部門は経済全体との相関が低く（Ahlin and Lin, 2006）、貧しい借り手はマクロ経済のリスクと直面することが少ない。このことは、そこにはトレードオフがないこと、すなわち、貧しい借り手に到達することは必ずしもリスキーではないことを示唆している。しかし、投資家が関心を持っているのは、借り手のリスクよりもMFIのリスクの方で、

こちらは MFI のタイプによってかなりの差がある。カルら（Cull *et al.*, 2009）は、貧しい借り手のなかでも少し余裕のある層にサービス提供することの多い組織と、最貧層にサービス提供している組織とではタイプが違うことを示している。少し余裕のある借り手にサービス提供することの多い MFI は、営利組織の立場をとっていて、個人貸付の手法を採用し、融資1件当たりの運営コストを抑えているので利益性が高く、補助金への依存が少ない。対照的に、最貧層の借り手へのサービス提供が多い MFI は非営利組織の立場をとっていて、グループ貸付の手法を採用し、融資1件当たりの運営コストが高いので利益性が悪く、補助金への依存が大きい。

　後者のタイプ（普通は非営利組織）の方が高リスクになる理由はいろいろある。第1に、たしかにこうした組織も利益をあげてはいるが、補助金を除いた利益は受け取る補助金の総額次第なので、補助金リスクが生じてくる。第2に、非政府組織はほかの MFI より小規模なところが多い。筆者らのデータセットでは、総資産額の中間値が非政府組織の MFI で170万米ドル、ほかの MFI では370万米ドルとなっている。財政面でつまずくと、こうした小規模機関には悪性のショックを吸収するだけの財政的な余裕がない（信用収縮やシステム全体にわたる返済率の低下などがこれに当たる）、これはつまり、小規模機関の方が高い流動性リスクに直面するということである。第3に、非営利組織は広範な預金基盤を持たないのが普通なので、借り換えリスクに晒されることが多くなる。実際にこのことは、事業拡大を望む非政府組織の多くが規制対象機関になっていく、重要な理由となっている。

　図16.1には、貧しい借り手にサービス提供する MFI の方が高リスクになる理由が顕れていたものである。この図は、総資産利益率に対する平均融資規模が2000米ドル未満の MFI の散布図になっている。明らかに、平均融資規模が小さいところほど利益率が分散していて、とりわけ500米ドル未満のところでその傾向が強い。カルら（Cull *et al.*, 2009）は、顧客の大半が、最貧層の借り手にサービス提供している非政府組織からサービスを受けていることを示しているが、この結果もそれと一致していて、平均融資規模1000米ドル未満の MFI が2579機関あるのに対して、同1000〜2000米ドルの MFI は828機関となっている。筆者らは、平均融資規模の大きいグループほど（単純にその規模のために）分散が大きいと予測していたのだが、未報告の分散テストも、平均融資規模1000米ドル未満の MFI の方が、同1000〜2000米ドルの MFI よりも総資産利益率のばらつきが有意に大きいことを示している。

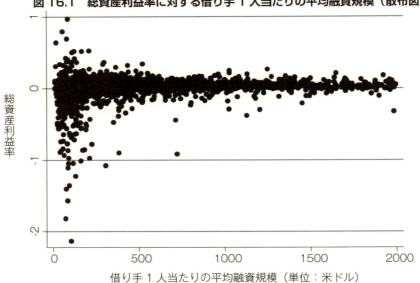

図16.1 総資産利益率に対する借り手1人当たりの平均融資規模（散布図）

4 リスク－リターン－アウトリーチのトレードオフを定量化する

　リスクおよびリターンとアウトリーチのあいだにトレードオフのあることは確認できたので、このトレードオフの定量化に移ろう。主流の金融では、リスクとリターンに関して投資家の直面するトレードオフは、マーコウィッツ（Markowitz, 1958）のポートフォリオ最適化の枠組みで表現するのが普通である。この枠組みにしたがえば、投資家は最適なポートフォリオウェイトを選択して、ポートフォリオの正味のリターンを最大化し、ポートフォリオの標準偏差を最少化しようとする（以下、それぞれ「期待収益」「標準偏差」とよぶ）。最適なポートフォリオは凹曲面上にあるように表現される。これが平均分散フロンティア（mean-variance frontier）で、曲線状の各点が最適ポートフォリオである。平均分散フロンティアは、Y軸上に期待収益、X軸上に標準偏差をとったスペースに引くことができる。平均分散フロンティア上のポートフォリオが最適とは、期待収益を大きくするには、同じフロンティア上でリスクを大きくするしかないという意味である。つまり投資家は、フロンティアより上にあるポートフォリオを得ることはできないということである。
　リスク－リターン－アウトリーチのトレードオフを定量化するために、筆者らはマーコウィッツの枠組みを採用してアウトリーチを含めている。具体的には、予想される平均融資規模のそれぞれの価値について平均分散フロンティアを引く。そのために、

フロンティア上の各ポートフォリオが特定の予想平均融資規模（MFIの平均融資規模のポートフォリオの加重平均）を持つようなポートフォリオ最適化問題を対比させている。これによって、予想平均融資規模の各レベルについて平均分散フロンティアを作る。すると、予想平均融資規模の小さいフロンティアは、予想平均融資規模の大きいフロンティアの下に位置するようになる。予想平均融資規模を徐々に下げていくことで、ポートフォリオのアウトリーチを増大させた場合に、リターンの低さないしリスクの高さを受け入れて投資家が支払う代価の値を発見しようというのである。この方法についての公式の議論を章末資料に提示しておく。

　ポートフォリオの最適化については、比較的長期にわたるデータが必要だが、MixMarket には、十分な年月にわたるリターンを報告している MFI がわずかしかない。したがって、9年間のリターンがわかっている MFI のサンプルを選択してみると、1998～2006 年の時期に 19 の MFI が含まれている。フロンティアの構築には株主資本利益率（ROE）を用いているが、総資産利益率を使っても同等の結果が得られる。表16.1 は要約統計を示したものである。これを見ると、大半の MFI がラテンアメリカおよびカリブ海地域にあって、かつ非営利の立場をとっていることがわかる。一般に、非営利組織は平均融資規模とリターンが銀行より小さいようだが、例外もあって、サンプルにも相当な多様性が見られる。

　予想平均融資規模のそれぞれについて、平均分散フロンティアを構築すると、図16.2 が得られる。図16.2 では、予想平均融資規模の大きい平均分散フロンティアが、予想平均融資規模の小さいフロンティアの上に位置している。ここから、予想平均融資規模の値の大きいものについては、制約があまり強くないことがわかる。しかし、値が低くなると急激に制約が強くなっている。これは、予想平均融資規模の値が下がることで、平均分散フロンティアの急速な下方シフトが起こったためと思われる。

　リターンとアウトリーチのあいだのトレードオフを定量化するために、さまざまな標準偏差について、期待収益と予想平均融資規模とのあいだの関係をプロットしたのが、図16.2 の鉛直断面図である。たとえば、予想平均融資規模を下げた時に、6.5パーセントの標準偏差でどれだけリターンが減るかを知るためには、X軸上の 6.5パーセントのところに鉛直線を引けば、すべての平均分散フロンティアと交わる。各交点を見れば、期待収益と平均融資規模の値がわかるので、それを用いて、期待収益に対する予想平均融資規模のグラフを組み立てることができる。これがリターン－アウトリーチ曲線である。複数ポートフォリオの標準偏差についてのグラフを得るには、標準偏差を 3 パーセントから 10 パーセントまで動かし、ステップ幅として 0.5 パーセントをとる。

　図16.3 は、その結果得られるリターン－アウトリーチ曲線を示している。10 パーセントの標準偏差の時にいちばん上のリターン－アウトリーチ曲線が得られ、3パー

第3部 商業化へ向けた現在の流れ

表16.1 要約統計

MFI	地域	タイプ	総資産利益率		株主資本利益率		平均融資規模	
			平均	標準偏差	平均	標準偏差	平均	標準偏差
1 Asociación de Consultores para el Desarrollo de la Pequeña, Mediana y Microempresa	ラテンアメリカおよびカリブ海	非営利	0.05	0.04	0.19	0.16	347.22	63.71
2 Association Al Amana for the Promotion of MicroEnterprises Morocco	中東および北アフリカ	非営利	0.00	0.15	0.05	0.19	254.67	128.27
3 Association pour la Promotion et l'Appui au Développement de MicroEntreprises	アフリカ	非営利	0.07	0.06	0.14	0.13	693.11	270.47
4 Banco Compartamos, S.A., Institución de Banca Múltiple	ラテンアメリカおよびカリブ海	銀行	0.26	0.12	0.49	0.10	264.00	123.35
5 BancoSol	ラテンアメリカおよびカリブ海	銀行	0.02	0.01	0.14	0.10	1375.78	259.08
6 D-miro	ラテンアメリカおよびカリブ海	非営利	0.05	0.08	0.08	0.11	334.89	183.03
7 FINCA Peru	ラテンアメリカおよびカリブ海	非営利	0.05	0.04	0.06	004	143.22	18.27
8 Fondation Zakoura	中東および北アフリカ	非営利	0.04	0.05	0.10	010	138.89	53.64
9 Fondo Financiero Privado PRODEM	ラテンアメリカおよびカリブ海	ノンバンク	0.02	0.02	0.11	0.09	1555.22	778.26

表16.1 (続き)

	MFI	地域	タイプ	総資産利益率 平均	総資産利益率 標準偏差	株主資本利益率 平均	株主資本利益率 標準偏差	平均融資規模 平均	平均融資規模 標準偏差
10	Fundación Mundo Mujer Popayán	ラテンアメリカおよびカリブ海	非営利	0.15	0.04	0.24	0.05	366.89	108.99
11	Fundación WWB Colombia — Cali	ラテンアメリカおよびカリブ海	非営利	0.06	0.04	0.17	0.12	580.22	193.80
12	Fundación para el Apoyo a la Microempresa	ラテンアメリカおよびカリブ海	非営利	0.08	0.03	0.14	0.05	458.89	72.90
13	Hattha Kaksekar Ltd.	東アジアおよび太平洋	ノンバンク	-0.01	0.06	0.01	0.10	275.33	137.68
14	KSK RPK	東ヨーロッパおよび中央アジア	協同組合	0.01	0.01	0.02	0.02	5361.44	2504.00
15	MIKROFIN Banja Luka	東ヨーロッパおよび中央アジア	ノンバンク	0.05	0.08	0.12	0.49	1524.89	656.72
16	MiBanco	ラテンアメリカおよびカリブ海	銀行	0.04	0.02	0.20	0.13	902.11	377.43
17	Programas para la Mujer — Bolivia	ラテンアメリカおよびカリブ海	非営利	0.06	0.02	0.08	0.03	147.22	20.09
18	SHARE Microfin Ltd.	南アジア	ノンバンク	-0.01	0.05	0.06	0.16	83.78	14.47
19	Women's World Banking — Medellín	ラテンアメリカおよびカリブ海	非営利	0.06	0.01	0.16	0.04	444.67	158.92

この表では、筆者らのサンプル中にある19のMFIについて要約統計を報告している。選んだのは、少なくとも9年分のリターンがわかっていて、かつ、その共分散行列が正定値になっているMFIである。MFIのタイプは非営利(NGO)、銀行、ノンバンク金融機関、および協同組合(または信用組合)がある。

第3部　商業化へ向けた現在の流れ

図16.2　さまざまな予想融資規模についての平均分散フロンティア

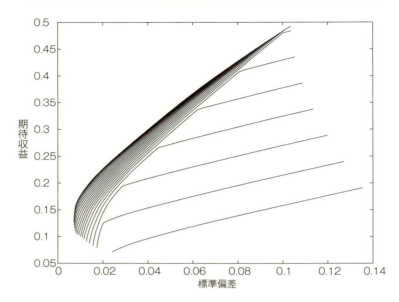

図16.3　さまざまな予想融資規模についてのリターン－アウトリーチ曲線

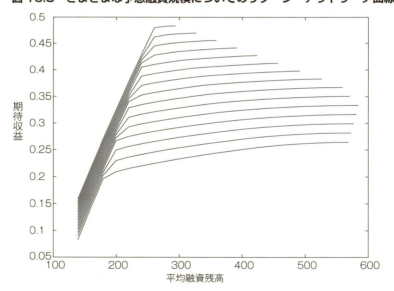

セントまで徐々に標準偏差を下げていくと、そこから下のリターン－アウトリーチ曲線が得られる。いちばん上のリターン－アウトリーチ曲線は、ポートフォリオの平均融資規模が下がるにつれて急激に落ち込んでいくが、低い標準偏差の曲線ほど落ち込みが緩やかになっている。したがって、予想平均融資規模を小さくしようとした場合、予想収益の落ち込みは、標準偏差の大きいポートフォリオの方が、標準偏差の小さいポートフォリオよりもずっと大きいことになる。これは、標準偏差の大きいハイリターンのポートフォリオでは、一定の平均融資規模から選択する資産の数がずっと少な

表16.2　リスク－リターン－アウトリーチのトレードオフ

平均融資規模	期待収益	弧弾力性（％）
パネルA：平均融資規模－期待収益		
標準偏差 = 0.03		
$138.89 → $179.36	0.083 → 0.196	320.8
$179.36 → $568.91	0.196 → 0.264	28.3
標準偏差 = 0.065		
$138.89 → $199.59	0.124 → 0.289	222.2
$199.59 → $526.12	0.289 → 0.383	31.2
標準偏差 = 0.1		
$138.89 → $240.06	0.158 → 0.430	172.9
$240.06 → $294.24	0.430 → 0.483	58.1
平均融資規模	期待収益	弧弾力性（％）
パネルB：平均融資規模－標準偏差		
収益 = 0.15		
$138.89 → $179.36	0.091 → 0.021	-495.7
$179.36 → $462.62	0.021 → 0.008	-104.9

この表はリスク－リターン－アウトリーチのトレードオフを示している。矢印は、平均融資規模の縮小と、それに対応する期待収益ないし標準偏差の変化を示すのに用いた。弧弾力性は、平均融資規模を1パーセント縮小した時の、期待収益ないし標準偏差の変化の平均をパーセントで示している。実際の弾力性は関数形式がなく、測定できないので、ここでは推定値を以下のように定義している。

$$AE_{x,y} = \frac{(x_2 - x_1) / ((x_1 + x_2)/2)}{(y_2 - y_1) / ((y_1 + y_2)/2)}$$

ここで、xは期待収益ないし標準偏差を、yは平均融資規模を示す。下付文字1は矢印の左側を、同じく2は右側を示す。

第3部 商業化へ向けた現在の流れ

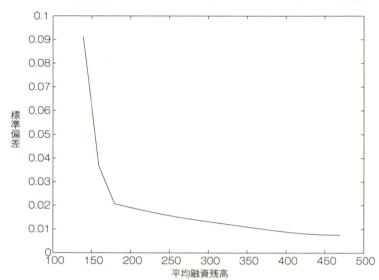

図 16.4 期待収益 15 パーセントの時のリスク-アウトリーチ曲線

いためである。

　図 16.3 および表 16.2 を見ると、投資家が 6.5 パーセントの標準偏差（下から 7 番目の曲線）を選ぶと、予想平均融資規模が 179.36 米ドルから 138.89 米ドルまで縮小し、コストが株主資本利益率（ROE）の 11.3 パーセントとなることがわかる。同じ投資家がポートフォリオの平均融資規模を 568.91 米ドルから 179.36 米ドルへ縮小すれば、コストは ROE の 6.8 パーセントにとどまるだろう。表 16.2 に示すように、弧弾力性に関しては、第 1 の例では、アウトリーチの 1 パーセント減少が収益の 320.8 パーセント増加につながっているのに対して、第 2 の例では、アウトリーチを 1 パーセント増大しても 28.3 パーセントの収益増にしかつながっていない。したがって、社会的投資家は、平均融資規模の小さいポートフォリオについては、リターンと平均融資規模との非常に厳しいトレードオフに直面していることになる。

　次に、図 16.2 の水平断面をとりあげて、リスクとアウトリーチの間のトレードオフを定量化してみよう。この場合は、15 パーセントの期待収益を示すために y 軸上の 15 パーセントのところから水平線を引くと、すべての平均分散フロンティアと交わる。この各交点において、さまざまな標準偏差と予想平均融資規模が得られる。これにより、15 パーセントの収益の得られる予想平均融資規模に対する標準偏差のグラフができるので、ここから、平均融資規模が小さくなると、どれだけ標準偏差が大きくなるかがわかる。ここでは、1 つの収益水準についてのみ、予想平均融資規模に対する標準偏差をとっているが、これは、すべての平均分散フロンティアと交差する

収益値の範囲が非常に狭いためである。先に示した数字と同様に、図16.4のグラフにある捻れは、平均融資規模の小さい範囲ではアウトリーチとリスクとの間に非常に強いトレードオフがあることを示している。とりわけ、収益を15パーセントに維持するためには、平均融資規模を179.36米ドルから138.89米ドルまで下げることになり、標準偏差の7パーセント上昇を受け入れなければならなくなる。これは弧弾力性の-495.7パーセントと対応している。

5　結　論

　本論では、マイクロファイナンスにおける社会的投資家が、リスクおよびリターンとアウトリーチとのあいだのトレードオフに直面することを示してきた。リターンとアウトリーチとのトレードオフは、非常に貧しい借り手への貸付に多くのコストがかかるためである。リスクとアウトリーチとのトレードオフは、最貧層の借り手にサービス提供するタイプのMFIへの融資はリスクが大きいことが多いためである。こうしたタイプのMFIは普通は小規模の非営利機関で、大規模な営利組織と比べると、補助金、流動性、借り換えリスクに左右されるところが大きい。しかし、社会的投資家はこうしたトレードオフを進んで受け入れている。すなわち、リターンの一部を諦めたり大きなリスクを負担したりして、平均的に見て貧困削減をよく進めているMFIのポートフォリオを取得しているのである。

　大きなアウトリーチを得るために、どれだけのリターンを諦めなければならないか、あるいはどれだけ多くのリスクを負担しなければならないかを定量化するために、本論ではマーコウィッツ（Markowitz, 1958）のポートフォリオ最適化の枠組みを用いた。今回は、合理的な大きさの平均融資規模（約180米ドル超）については、トレードオフはそれほど大きくないことがわかった。しかし、平均融資規模が180米ドルよりも小さくなると、トレードオフが非常に明白になる。平均融資規模が小さい場合には、投資家は、株主資本利益率の11パーセント低下か、そうでなければ標準偏差の7パーセント上昇を受け入れなければならない。

　もちろん、ここでの結果が筆者らの小さなサンプルに固有のもので、そのままMFI全体に一般化できないことは承知している。また、平均融資規模をアウトリーチの代理指標として用いることにもいくつか問題がある。第1の問題は外れ値が関係している。ごく少数の大口借り手がいると、それが平均融資規模の値を歪めてしまい、そのMFIはアウトリーチが低く見えてしまうのである。第2に、小規模の貸付を大規模な貸付で相互補助してやれば、全体のアウトリーチを上げることができる。アルメンダリズとサファルス（Armendáriz and Szafarz, 2009）は、ラテンアメリカのような比較的

豊かな地域では実際に広い範囲で相互補助が行われていて、こうした国々で観察される平均融資規模の大きさが、必ずしもミッションドリフトの印ではないことを示唆していると論じている。第3に、平均融資規模を国ごとに比較するのは問題である。これは、国が違えば発展段階も違うためで、ある国での大型融資が別の国では小型融資ということもある。

　しかし、それでも筆者らは、本論で提出したアプローチが、マイクロファイナンス投資の財政面でのリターンと社会的成果とのトレードオフを明確に示していると考えている。さらに追加的な研究がなされなければならないし、ずっと多くのデータを収集しなければ確固とした結論には到達できないが、本論で示したテクニックは、マイクロファイナンス投資家が、財政面でのリターンと社会的成果とのトレードオフを評価する際に、大きな価値をもつと考えている。

参考書目

Ahlin, C and J Lin (2006). Luck or Skill? MFI Performance in Macroeconomic Context. BREAD Working Paper, 132.

Armendáriz, B and A Szafarz (2009). On mission drift in microfinance institutions. CEB Working Paper, 9.

Beck, T, A Demirgüç-Kunt and M Soledad Martinez Peria (2007). Reaching out: Access to and use of banking services across countries. *Journal of Financial Economics*, 85: 234–266.

Consultative Group to assist the Poor (CGAP) (2008). Foreign capital investment in microfinance: Balancing social and financial returns. Focus Note 44.

Cull, R, A Demirgüç-Kunt and J Morduch (2009). Microfinance meets the market. *Journal of Economic Perspectives*, 23(1), 167–192.

Cull, R, A Demirgüç-Kunt and J Morduch (2007). Financial performance and outreach: A global analysis of leading microfinance banks. *Economic Journal*, 117: F107–F133.

Dieckmann, R (2007). Microfinance: An emerging investment opportunity. Deutsche Bank Research.

Gonzalez, A (2007). Resilience of microfinance institutions to national macroeconomic events: An economic analysis of MFI asset quality. MIX discussion paper no. 1.

Hermes, N, R Lensink and A Meesters (2011). Outreach and efficiency of microfinance institutions. *World Development*, 39(6), 938-948.

Krauss, N and I Walter (2009). Can microfinance reduce portfolio valatility? *Economic Development and Cultural Change*, 58(1), 85–110.

Markowitz, H (1958). *Portfolio Selection: Efficient Diversification of Investment*. New Haven, Conn: Yale University Press.（邦訳『ポートフォリオ選択論：効率的な分散投資法』鈴木雪夫監訳、山一証券投資信託株式会社訳　東洋経済新報社　1981.10）

Rosenberg, R, A Gonzalez and S Narain (2009). The new moneylenders: Are the poor being exploited by high microcredit interest rates? Consultative Group to assist the Poor (CGAP) occasional paper.

World Bank (2008). *Finance for All?* Policies and Pitfalls in Expanding Access. A World Bank Policy

Research Report. Washington DC: The World Bank.

章末資料：方法論

筆者らは、さまざまな水準のアウトリーチについて、平均分散モデルによる最適化を制約することの影響を評価している。平均分散フロンティアのグラフ化に当たっては、100種類の期待ポートフォリオ収益 $E[R]$ について、以下の二次方程式を解いた。

$$\min_{x} x'\Omega x$$
$$\text{s.t. } x'\bar{r} = E[R]_j \qquad j = 1,\ldots,100 \qquad (1)$$
$$x'\iota = 1$$
$$x \geq 0$$

ここで、x は加重のベクトル、Ω はリターンの平均 – 共分散行列、$\bar{r}$ は最適化に含まれる資産の期待収益のベクトル、ι は1のベクトルを示す。

この最適化をさらに制約するには、最適のポートフォリオの平均融資規模を、先に限定したいずれかの値 $E[ALS]$ よりも小さくなるよう要請する。$E[ALS]$ が低いほど、最適化は制約される。この方法でそれぞれの $E[ALS]$ の平均分散フロンティアをプロットするには、以下の二次方程式を解いて行う。

$$\min_{x} x'\Omega x$$
$$\text{s.t. } x'\bar{r} = E[R]_j \qquad j = 1,\ldots,100$$
$$x'\iota = 1 \qquad (2)$$
$$x \geq 0$$
$$x'\overline{ALS} \leq E[ALS] \quad E[ALS] = \min(\overline{ALS2}),\ldots,\max(\overline{ALS2})$$

ここで、$\overline{ALS}$ は資産の予想 ALS のベクトル、$ALS2$ は同じベクトルから最大と最小のベクトルを除いたものである [1]。高い $E[ALS]$ 値でプロットしたフロンティアのほうが、低い $E[ALS]$ 値でプロットしたフロンティアよりも上にあるのは明らかである。

注

1. これが、1件の資産のみに基づくポートフォリオ形成を防ぐためである点に留意。

効 率

ベルン・バルケンホール* (Bernd Balkenhol)
マレク・ヒュードン** (Marek Hudon)

1 はじめに

　マイクロファイナンスは、フォーマルな銀行システムから排除されてきた人びとにサービス提供する新しい開発政策戦略とし、ここ20年にわたって称賛されてきた。この部門は過去10年で目を見張るような発展を遂げ、今では、伝統的な金融機関から排除されてきた1億5000万近い貧しい人びとに金融サービスを提供するようになっている。

　しかし、たとえマイクロファイナンスが持続可能な開発のための新しい政策としてつねに提示されるようになったとしても、ドナー資金からの独立に至っているMFIはごくわずかだということは認識しておかねばならない。利益をあげていると主張している何十という機関も、一見して高い取引コストをカバーするために、補助金に依存しているのである（Armendáriz and Morduch, 2005）。

　さらに、MFIは、補助金を受け取ることで活動を発展させてきた。世界銀行・貧困支援諮問機関（CGAP）の推定を調べてみたところ、過去20年にわたって、この部

---

*国際労働機関（ILO）、ジュネーヴ大学
**ブリュッセル自由大学（ULB）ソルヴェ・ブリュッセル経済経営学院（SBS-EM）サントル・エミル・ベルンハイム、CERMi、ブルゴーニュ・スクール・オブ・ビジネス

門は官民のドナーからの補助金という形でなんと年間10億米ドルもの資金を集めている（CGAP, 2005）。それ故、包含的な金融部門を作る、あるいは貧しい顧客に金融サービスを届けるための効率とプロ意識を高めるというマイクロファイナンスの約束（CGAP, 2004）にはずっと異論がでているし、ドナーやマイクロファイナンス経営者には、まっさきに疑問が突きつけられている。ドナーのほとんどが財政的自立ないし社会的成果に焦点を当てているが、その一方で、二重決算（ダブルボトムライン）の一部として、近年では、マイクロファイナンスにおける公的政策の議論に効率指標が導入されるようになっている（Balkenhol, 2007）。同様に、効率に関する研究も、2005年まではほとんど行われていなかったが[1]、今ではアカデミックな部門の新たなテーマとなりつつある。

本論では、効率こそがドナーや経営者にとって鍵となる評価基準であること、これを用いれば、個々のMFIが支持に値する機関なのか標準以下なのかを、そのMFIが商業的成功に力点を置いているか貧困へのインパクトを大切にしているかとは無関係に、しかも、財政的な業績のみでは得られないほど非常に正確に識別するのに役立つのだと主張していく。MFIは、小口の平均的な取引をしている多くの貧しい人びとへの到達効率を、程度の差こそあれもっと改善できるし、可能な限り短期に財政面での正の成果を求めていくことで、これも程度の差はあるが、もっと効率的になることができる。そして、このどちらも、効率フロンティア（efficiency frontier）の上ないしその近くにあるか、もしくはそれに向かって進んでさえいれば、任意の生産関数について、また任意の活動環境において、支持する価値があるのである。そして最後には、マイクロファイナンスにおける効率の新たなパラダイムを支持し、公共政策への影響や多様な主体に、そしてその主体がさらに難しい人口層に到達しようとするときに直面する課題を含めて考えていく。

この短い導入部の後には、データベースを提示して、理論と実践の間のトレードオフをピンポイントで指摘していく。そして第3に、マイクロファイナンスにおける効率の概念を定義し、鍵となるドライバーをいくつか提供する。第4に、この部門とその測定に使えるさまざまな指標を提供する。いくつかの結論を引き出す前に、続けて最近の流れをいくつか紹介し、公共政策の議論に効率ということを盛り込んでいこうと思う。

2　マイクロファイナンスの理論と実践における効率

マイクロファイナンスの業績は、財政面での成果とともに社会的なインパクトの問題でもある。どのMFIもこの2つの目標をミッションと戦略のなかに併せ持ってい

るが、どこも、その組織なりにどちらかに力点を置いている。他よりも商業的な MFI もあれば、機関の自立最優先ではなく、顧客サービスに力を入れている MFI もある。このように、利益性も貧困へのインパクトも、それ自体としては業績の正当かつ不可欠な次元なのだが、一方を他方よりも優先してしまうと、マイクロファイナンス全体としての考え方と衝突するように思える。このジレンマから、業績の第3の次元としての効率に、改めて関心が集まっている。個別 MFI の目標ミックスとは無関係に、効率はあらゆる MFI の業績に共通する次元である。なぜなら、任意のセットのインプットに対するアウトプットの最大化と、任意のセットのアウトプットに対するインプット使用の最少化が、それぞれシンプルに測定されるからである。

効率への関心の高まりは、マイクロファイナンス提供機関への公的支援を合理化することが、概念的にも実践的にも困難になってきたことから生まれている。これがとりわけ困難となるのは、MFI が貧しい人びとをターゲットとし、社会的に有効なサービスを提供しているものの、財政面で全面的に自立するには痛みが伴う場合である。そんな場合に、商業的な成功だけを尺度として、MFI が補助金を含めた公的支援に値するかどうかを判断することが適切だとはとても思えない。逆に、社会改善の証拠だけで、MFI が業績をあげていると評価するのも十分ではない。自立へ向けたビジネス面での洞察もいくらかは必要となる。

マイクロファイナンスにおける社会的目標と財政目標という難しい組み合わせをバランスさせるうえで、効率という考え方は非常に便利である。たとえばドナーとしては、ある MFI が成熟して完全に財政自立するのに10年かかると考えていたのに、その10年が過ぎてしまい、補助金を継続するべきかどうかを決定しなければならないといった場合などは、特にそうだろう。財政自立への途上にある効率的な MFI に補助金を出す方が、非効率な MFI に補助金を出すよりも——ましてや、すでに財政自立のできている MFI に補助金を出すよりも——望ましいことは明らかである。

しかし、効率の測定はどの MFI でも同じではない。MFI はそれぞれ生産関数が違い、アウトプットとインプットも、同じところは2つとしてないためである。融資のみを提供するところもあれば、預金も受け付けるところもあるし、大半は幅広いアウトプットを提供している。同時に、MFI の用いるインプットにも違いがある。IT（情報技術）はインプットだが、すべての MFI で同じように使われているわけではない。ボランティア労働も、協同組合の形で組織されている一部の MFI では利用可能なインプットだが、NGO やノンバンク MFI ではそうではない。同じことは、マイクロファイナンス機関の利用しているインプットについても当てはまる。市場条件での融資、ソフトローン［訳注：国際開発機関の提供するような、緩やかな貸付条件の借款］、助成金／株式、顧客の預金、およびその他の金融資源などが、さまざまな MFI によってさまざまな比率で利用されている。その結果、マイクロファイナンスでは、可能な生産関数が1

つだけではなく、いくつも存在しているのである。

3 効率の定義と動因（ドライバー）

　ミクロ経済では、効率は、インプットの量およびコストを、アウトプットの量および収入に関連させる。企業が効率的であるのは、任意のインプットの量またはコストに対するアウトプットの量または収入が最大化している場合である。別の言い方をすれば、任意のアウトプットについて、インプットの量ないしコストが最小で運営されていれば、その企業は効率的であるということである。

　ミクロ経済では、効率とは、職員、資金、設備といったインプットを、融資、預金、その他の金融・非金融サービスに最小のコストで変換するという問題になる。「技術効率（Technical efficiency）」の尺度は、顧客数と融資担当者の人数との比率である。「配分」効率（allocative efficiency）」の尺度は、アウトプット価格（金利、手数料）とインプット価格（賃銀、資本コスト、設備のレンタル費用）との関係になる。予備的な効率指標は職員（主には職員の生産性に対する融資担当者）と関連するものだったが、新しい指標では、これから見るようにわずかな修正を加え、さらに一般的なマネジメントに焦点を当てている。新しい効率指標は、機関の業績について、単なる職員の生産よりも幅広い視点を提供するものとなっているのである。

　アウトプット変数の選択はMFIの業績ランキングに影響する。ラテンアメリカのMFI30組織を評価するなかで、ニエト、シンカ、モリネロ（Nieto, Cinca and Molinero, 2004）は、効率における業績が選択するインプット変数とアウトプット変数の記述内容に左右されることを示している。たとえばラテンアメリカの3大MFIであるFIE、ロスアンデス、FONDESAは、「平均融資」をアウトプット変数にして効率を測定すると高い値の効率を達成しているが、顧客となった借り手の数をアウトプット変数にして測定すると、女性のための世界銀行（Women's World Banking: WWB）の2つの系列組織（コロンビア）がトップに躍り出てくる（von Stauffenberg, 2002）。

　技術効率ないし生産性価値（融資担当者1人当たりの融資件数）が優れているために効率スコアがよくなっているMFIもあれば、任意の水準の経常経費に対する収入の最大化（経常経費の効率的な使用——配分効率）のおかげで高スコアになっているMFIもある。

　具体的にどの変数を「インプット」ないし「アウトプット」として選択するかは、金融取引をどう解釈するかで変わってくる。仲介モデルでは、インプットである「預金」が、アウトプットである「融資」に変換される。生産モデルでは、預金はアウトプットと見られる。金融サービスは、労働力、金融資源、情報技術通信（ITC）設備

といったインプットによって生産されるからである（Nieto, Cinca and Molinero, 2004）。

　財政面での業績は貧困へのインパクトよりも測定がしやすいことから、アウトプット側にもインプットの側にも、金融的集計値を用いた効率比が多く集まっている。それに比べると、マイクロファイナンスの社会的成果が効率指標の因子となることは少ない。次のセクションでは、効率の主要なドライバーについて説明するつもりである。

　ミクロ経済における効率は、大半が「経常経費／平均総融資ポートフォリオ」で定義されている。この比率の値は3つのドライバーで決まる。

- 平均融資残高
- 職員コスト
- 職員の生産性

　最初の平均融資残高（GDPのパーセントで表す）はよく用いられる貧困指標で、顧客の債務吸収能力（debt absorption capacity）とMFIの貧困重視を反映している。MFIは、いったん具体的な設立場所を決定したら、もう自由に顧客を変えることができない。その場所での平均融資残高は、経常経費を圧縮するには少なすぎるかもしれないが、それはMFIの側の意図的な選択である。このようなMFIに、平均融資残高が小さいという理由だけで「非効率」というレッテルを貼ることはできない。任意の市場セグメント内では、効率的なMFIもそうでないMFIもあって、平均融資残高そのものは効率とほとんど無関係である。この貧困指標は、実践者からも学問的な研究者からも、なんどか批判されてきている。たとえばダンフォード（Dunford, 2002）は、大口融資を申請できるのが裕福な顧客だけであることは明らかだが、それに対応して、小口融資を申請するのが極貧層だけであることを示す証拠はないと主張している。しかも、マイクロファイナンスのための介入では、多くの分野でクレジットが不足しているので、裕福な層であっても小口融資を求めて競争せざるを得ない。けれども、平均融資残高は、それが概算でしかないにもかかわらず、同程度に計算の容易な代替指標がないことから、今も最も一般的に用いられる指標となっている。

　効率の第2のドライバーは職員コストである。給料その他の労働力コストは、任意の水準のスキル、経験、信頼性に対する具体的な労働力市場での需給を反映している。もちろん、地元市場をよく見ないで融資担当者を採用したために職員コストが高くなってしまうこともあるだろう。しかし、職員コストの高さが、スキルや経験の客観的不足の結果であることもある。したがって、MFIの支払う賃金を比較するときには、類似した労働力市場を前にして類似したデリバリー技術を用いている（生産関数が類似している）MFIをグループにまとめるべきである。貧困重視のMFIで1人当たりGNPに対する賃銀の比率が低いからといって、それが必ずしも支払い比率の高騰

や職員の生産性の不満足を反映しているわけではない。実際に、自立していないMFIでも1人当たりに支払われる賃金は低いし、職員の生産性も同じ水準のように見える（Christen, 2000）。そうしたMFIの運営コストが高水準なのは、活動の労働集約度が高いといった、別の生産関数に根ざした別の因子によるものである。

第3のドライバーは職員の生産性である。効率は、昔から、主に職員の生産性を通して分析されてきた。たとえば、2001年4月に公表されたマイクロバンキング・ブリテンの第6号も、生産性に焦点を当てている。大半のマイクロファイナンス機関は元もとグループ貸付の提供がほとんどだったので、これも重要な指標のひとつだった。しかし、経営構造だけでなく、多くの因子が影響してくるため、機関どうしで職員の生産性を比較するのは難しい。職員の生産性を決めるのは組織とマネジメントだが、他にも、活動場所やデリバリーの方法によっても左右される。農村地域で個人顧客へのアプローチを採用しているMFIは、都市地域でグループ貸付と個人貸付を組み合わせているMFIよりも、職員の生産性が低くなりやすい。取引が小口で回数が多ければ、職員関係の出費が大きくなる。スクリーニングや交渉、管理、モニタリングには、大口取引と同じだけ職員の時間がかかるからである。そうした場合には、連帯責任など、コスト削減につながるデリバリー技術が役立つが、それも体系的なものにはならない。理由は、そうした技術が世界的に受け入れられているわけではないからで、バングラデシュでは驚くほどうまくいくかもしれないが、他でもそうだとは限らないのである。

職員の生産性の違いは、非効率な経営者のためかもしれないし、背景の違いということもありうる。たとえばマリのケース・ヴィラジュワジー（Caisses Villageoises）は、職員の3分の2をボランティアに頼っていた。マリ国内で他のMFIとの競争が増えてくるにつれて、ケース・ヴィラジュワジーはこうしたボランティアの維持が困難になり、有給職員を募集せざるを得なくなった。すると経常経費が急上昇して、財政面での業績のベンチマーク遵守に悪影響がでてしまった[2]。

したがって、マイクロファイナンスの効率の3つのドライバーは、MFI経営者の管理下にある部分と、管理を超えた部分とがある。外因性のドライバーは、全原価での価格設定および外化を通じてのコスト削減を制約する。言い換えれば、全面的にコストをカバーする水準で金融サービスの価格設定をすることは、一部は別として、すべてのMFIに適したやり方ではないということである。ここまでは、効率に関する重要なドライバーについて考えたので、こんどは、この部門で用いられる具体的な指標に目を向けてみよう。たとえあらゆる指標がMFIの評価に有効だとしても、やはり一定の種類の機関にとっては、いくつかの指標が特に価値の大きいことがわかる。ミニマリストで2～3のローン商品に特化している機関にはその機関に適した指標があり、他の機関にはもっと適切な指標があるということである。

4　効率指標とその尺度

　マイクロファイナンスのために合意されたガイドライン（Microfinance Consensus Guidelines, CGAP, 2003）は、効率のための9つの比率を提示している。そのうちの2つは、あるアウトプットを別のアウトプットを結びつけるもの（支払われた融資の件数に対する支払われた融資の価値）、2つの比率は、あるアウトプット（稼働している借り手／顧客の数）をあるインプット（融資担当者／職員の数）と結びつけたものである。4つの比率は、経常経費（もしくはそのサブセット）とあるアウトプット（平均総融資ポートフォリオまたは稼働している借り手／顧客の数）を結びつけている。こうした効率指標すべてのうち、ひとつの比率だけを取り出して「最も一般的に用いられているMFIのための効率指標」としているのが、経常経費／平均総融資ポートフォリオまたは総資産である[3]。

2005年以後にマイクロバンキング・ブリテンがリストアップしている5つの指標

- ・経常経費／融資ポートフォリオ　　　　修正済み経常経費／修正済み平均総融資ポートフォリオ

- ・人件費／融資ポートフォリオ　　　　　修正済み人件費／修正済み平均総融資ポートフォリオ

- ・平均給与／1人当たりGNI　　　　　　修正済み平均人件費／1人当たりGNI

- ・借り手1人当たりのコスト　　　　　　修正済み経常経費／修正済み平均稼働借り手数

- ・融資1件当たりのコスト　　　　　　　修正済み経常経費／修正済み平均融資件数

　［訳注・GNIは国民総所得（Gross National Income）］

　最も一般的に用いられる効率指標である「経常経費／総融資ポートフォリオ」は、先にあげた「ミニマリスト」のMFIに適している。預金を基礎とするMFIにこれを適用したら、自分たちの第一のアウトプットは幅広い預金商品だから、基準を変える必要があると言ってくるだろう。しかし、金融サービスに加えて、広範な識字コース、HIV/AIDSへの予防啓発、法律相談など、多くの非金融サービスを提供しているMFIでは、また別の複雑さが生じてくる。厳密なことをいえば、こうしたものもやはり「アウトプット」であり、本来は、効率指標の因子に入れないといけないものなのである。
　では、どの技術を使えばMFIの効率を明確に記述できるのだろうか。他の経済部

門で、利益最大化の単位が、職業安定所、スポーツ施設、老人の家、あるいは医療保険といったダブルボトムラインの単位と競合するところでは、包絡分析法（data envelopment analysis: DEA）のような線型のプログラミング技術が適用されて、よい成果をあげている。最近の出版物でも、ニエトら（Nieto et al., 2004）のように、マイクロファイナンスにDEAの手法を用いたものが多い。

　DEAをMFIの業績の尺度に適用することの利益は、3つの特殊性にある。どれもMFIの現実状況にフィットするもので、第1に、DEAでは、業績を評価する組織どうしが均一でなければならない。つまり「同じリソースを用いて、量はばらばらでも、同じアウトカムを調達する」ということである（Thassoulis, 2001: 21）。これは、違ったタイプのMFIが隣接して活動している環境では——たとえばクレジットを基本とするNGOが貯蓄信用組合のような違ったタイプのNGOと競争し、それぞれがリファレンス・グループとして構成されるような環境では——大きな意味を持ってくる。

　また第2に、DEAは、企業のマネジメントが影響しうる業績ドライバーとそれ以外のコントロール不能な変数とを区別する。このことは、マイクロファイナンスでは道理にかなっている。理由は、市場と規制の文脈に違いがあるためで、たとえば金利に上限のある国とない国がある。預金集めを禁じている国もあれば、そうでない国もある。政府が小売りのマイクロファイナンスに積極的に関わってくるところもあれば、そうでないところもある。

　そして第3に、DEAは、1つのユニットがいくつかのインプットを用いていくつかのアウトプットを製造することを許容する。インプット使用の増減の結果としてアウトプットミックスが修正されているかどうかを考慮した尺度になっているのである。時間経過に伴う生産範囲の修正と、マイクロファイナンスに見られるさまざまな種類の労働力および資本の利用を考えると、これも、効率を測定するうえでのDEAの魅力的な特徴となる。

　MFIの効率は、現在の位値の代わりに効率フロンティア上で生産すれば達成できると思われるインプット使用の経済として表現することができる。たとえば0.79という数字は、そのMFIがフロンティア上で運営すれば、融資担当者の職員時間などのインプットを21パーセント節約できるということを示している。数値は非効率のパーセントとしても表すことができ、この場合なら（1 − 0.79）／0.79で27パーセントである。次のセクションでは、マイクロファイナンス部門での効率に関する最近の流れを示していこう。

5 効率と財政自立──最近の流れ

　MBBのデータによれば、「運営費／融資ポートフォリオ」で測定されるMFIの効率は、2004年から2008年にかけて全体として改善し、2004年の23パーセントから、2006年には19.2パーセントまで下がっている。しかし重要なばらつきがあって、2006年の効率は、成熟した機関が18.4パーセントで、新しい機関の27.8パーセントよりもよい。また、農村部の銀行が7.8パーセントでNGOの27.1パーセントよりもよく、預金を基本とするMFIが15.6パーセントはそれ以外のMFIの22.6パーセントよりもよい。個人貸付を行っているMFIは15.4パーセントで、グループ貸付のMFIの34.4パーセントよりもよい。規模の効果も、大規模MFIの平均効率が16.4パーセントで、小規模MFIの29.1パーセントよりもよいことの理由になりそうである。また、予想されたことだが、財政自立のできているMFIは、まだ自立できていないMFIよりも全体として効率がよく、前者が17.8パーセント、後者が27パーセントである。ハルタルスカら（Hartarska *et al.*, 2009）はもっと複雑な方法──準パラメータ平滑係数モデル──を用いて、平均の22パーセントにのぼるサンプルについて、重要な範囲の経済を発見している。しかし、5分の1のMFIについて範囲の不経済も発見している。
　ところが驚くことに、営利MFIと非営利MFにはほとんど差がなく、それぞれ18.3パーセント、19.8パーセントとなっている。アフリカが唯一効率の悪化した地域で、平均で27.7パーセントから29.5パーセントとなっているが、それ以外の地域では、大なり小なりはっきりした改善が見られている。最も顕著なものはMENA（中東および北アフリカ）地域である。
　効率と財政自立は、関連こそしているが、マイクロファイナンスにおける機関業績としては明確に異なる次元である。完全な市場環境では、効率を、融資ポートフォリオに対する産出額および運営コストと同一視してもよいだろうが、活動主体の多くが利益最大化ユニットではない市場においては、この指標で業績を全面的に把握することはできない。これは、決して珍しくはない2つのシナリオで説明することができる。1つめは、MFIが規模の経済を制約するような環境で活動している場合で、農村地域や遠隔地では、単位当たりの取引コストの高さが全面的に顧客に転嫁されたら、利用不可能なほどの高金利になってしまうだろう。もうひとつのシナリオは、すでに財政自立しているMFIが引き続き助成や補助を受けるケースで、これはドナーが、すべてのコストを顧客に課すことなしに非金融サービスを流通させてほしいと思っている場合である。
　外的な理由でそれ以上コストを圧縮することはできないが、かといってコストをすべてカバーできるほどの金利を顧客に課したくはないというMFIを、一般的に「非

効率」と考えることはできない。実際に、貧困重視の MFI で非常に小規模な取引に携わっているところは、すでに相当高い金利を設定していることが多い。またそういうところは、他の MFI と比べて地域内での職員の生産性が高く、デリバリー技術や職員給与の圧縮も進んでいる傾向がある（Christen, 2000）。分配および技術上の効率に関しては、すでに効率フロンティアにかなり近いところで活動していると思われる。経営上の効率もすでに限界まで推し進めていると見える。したがって、全面的な財政自立を獲得しようと思えば、平均融資規模を引き上げて高級市場へ進出せざるを得なくなってしまう[4]。

435 の MFI に関するデータベースを基礎とした最近の実証的論文で、レンジンクら（Lensink *et al*, 2011）は、確率的フロンティア分析（stochastic frontier analysis: SFA）を通じて、MFI のアウトリーチと効率に負の相関があることを発見している。MFI どうしの競争が激化していることも、この部門の社会的ボトムラインに影響しているかもしれない。実際にマッキントッシュら（McIntosh *et al.*, 2005）は、裕福な借り手は MFI どうしの競争激化から利益を得るだろうが、貧しい借り手にとっては福祉水準の低下につながることを示している。

ハルタルスカら（Hartarska *et al*, 2009a）は、コスト関数を用いて、東ヨーロッパおよび中央アジアで活動している MFI が時間とともにコスト効率を向上させているかどうかを判断している。結果は、同地域の MFI の約半数が時間とともにコスト効率を向上させているが、残りの約半数では改善が見られなかった。前者のタイプの MFI は補助金への依存を抑え、預金に依拠するようになっているのだろう。

6　効率と公共政策——どのインセンティブが効果的か

マイクロファイナンス市場の成長と競争力のためには、ドナーや政府は、財政上の業績や貧困へのアウトリーチを越えて、これまでほとんど見過ごしにされてきた次元について体系的に考えていく必要がある。それは効率である。驚くことに、補助金による MFI の業績へのインパクトに関する証拠は非常に少ない。

ウードンとトラカ（Hudon and Traca, 2009）は、MFI の効率に対する補助金のインパクトに関して、予備的な証拠をいくらか提出している。効率に対する補助金の影響は、学問や政治の世界では集中的な議論のテーマである。一方では、過剰な補助金が生産性へのインセンティブを下げ、最終的に貧困層への金融サービス提供における自立の見込みを抑止してしまうことを怖れる者がいる。補助金は、非効率な機関を優遇することで市場を歪め、MFI 内の規模と効率の両方の効果をなくしてしまうと考えるのである。ウードンとトラカ（Hudon and Traca, 2009）は、クロスセクション回帰（cross-section regression）を用いることで、補助金を受けている MFI の方が、ある閾値までは、補助金を受けていない MFI よりも効率的であることを発見した。こうした結果は、小規模の（「スマートな」）補助金によって MFI の職員生産性が向上するという考え方を補強するものだが、一定の閾値を超えると、補助金は限界状態にある生産性を下げてしまい、文献で起こってきているモラルハザードの議論と一致してくる。

　効率の決定要因は、デリバリー技術の選択や担保の要件、漸進的貸付など、MFI の管理によって影響を受けるだろう。他方、こうした管理をすり抜けるものもあって、たとえば顧客密度や、顧客が実行できる所得創出活動の範囲といった決定要因については、経営者が責任を負うことはできない。効率ドライバーの第3のカテゴリーは内因性とも外因性とも明確に定量化できないもので、たとえば融資担当者に支払う賃金などである。公平さという観点から、業績に合わせて補助金を固定、修正、あるいは段階的廃止していくためには、政府やドナーは、外因性の効率ドライバーのみを用いるべきである。

　大なり小なり効率的な MFI を定量化するには、比較可能な一群の MFI に関する情報が必要となる。比較可能性には、MFI の位置自体が貧困－利益性の連続体のどこなのか、活動しているのは農村地域か都市地域か、独占状態にあるかどうかなど、いくつかの基準がある。アウトプットミックスと生産関数（グループ貸付か個人貸付か、担保に基づく貸付か無担保貸付かといったテクノロジー、デリバリー技術）の類似性も基礎となる。したがって、MFI の効率測定は、効率フロンティアに最も近い機関（いわゆる「ベスト・イン・クラス」）との関係になる。ベスト・イン・クラスの考え方を用いることで、特異点を無視して最も効率的な機関に焦点を当てる代わりに、評価する MFI の多様なミッションと組織形態を考慮することができる。

　さまざまな生産関数は MFI のさまざまなクラスターを定義する。それぞれの違いは、MFI の管理が、労働力や資本その他のインプットの量と価格、さらにはアウトプットミックスの量と価格にどこまで影響するかである。クラスター分析などの多変数テクニックは、任意の国における MFI のタイプを決定する。クラスター情報は、MFI の方向性とミッションを計算に入れ、明確に貧困重視の MFI、商業的な MFI、そしてその中間に分類する。DEA のような線型プログラミングのテクニックは、フロンティアからの距離を捕捉し、MFI がまだ効率フロンティアからどれくらい離れているのか、時間が経てば近づいていけるのかを判断するのに役立つ。MFI の効率の比較は、単一の国の文脈内で行い、多くの外因性因子をコントロールするのが最も望ましい。

　効率の絶対水準は、インプットとアウトプットの変数を基礎として確立することができる。すなわち、顧客の数、融資担当者の数、職員の数、運営費（またはサブセットとしての「職員費」）、融資の件数、全体の融資ポートフォリオなどである。一定密度の MFI を擁するすべての国に体系的に DEA を適用し、それを2年ごとに繰り返し

ていけば、どのMFIがベスト・イン・クラスかわかるだろう。これを定期的にアップデートしていければ、MFIの経営者やドナーは、効率フロンティアへ向けたMFIの動きを追跡できるようになる。

　効率目標に到達するためには、明確なインセンティブベースの契約が必要である。ドナー機関とMFIとの間の業績ベースの契約には効率目標を含ませ、MFIの経営者が責任を負う分野と、経営者のコントロールを越える文脈的因子とを区別するべきである。加えて、業績契約は、先にふれた効率指標に基づいて確立されたベンチマークデータと参照すべきMFI（「ベスト・イン・クラス」）があれば、進歩が達成されるべき期間を明記することもできる。MFI経営者が責任を持てるようにしたければ、効率を向上させられなかったときの結果を業績契約に明記するべきである。言い換えれば、MFIの経営者が、契約を守れなかったときのコストがどのようなものかを、補助金の削減ないし取り消しという形で予想できるようにしておくべきだということである。

　最も大切なことは、契約によって、効率を向上させることで期待できる報酬とインセンティブをMFIに知らせるべきだということである。これは、1国内にさまざまなタイプのMFIを許容するが、国内のマイクロファイナンス市場が均一であればあるほど、報酬とインセンティブの定義は容易になる。究極的には、もっと合理的で透明なシステムによって補助金をMFIに分配しいくべきである。他のタイプのMFIを犠牲にして1つのタイプのMFIを優遇するのではなく、支援のためのリソースを各タイプに効率よく当てはめることで、あらゆる形態のMFIでずっと経済的なリソース使用ができるよう働きかけ、貧困層への広範な・競争力のある・多様な金融サービス提供を可能としていくのである。

　こうした方法論的な考慮を計算に入れるなら、業績のタイミングに関する別の政策問題にも取り組む必要がでてくる。ドナーは機関の業績を動的な視点から見るべきである。すなわち、個々のMFIが効率水準の向上にむけて進んでいることが、他のMFIと比較したランク付けに劣らず重要だということである。

　2つめの問題は、効率評価の限界に関係している。先に例を示したように、MFIによってはすでに効率フロンティアに非常に近いところにあり、したがって経営効率はもう限界まで押し上げていると思えるところがある。そういうところが全面的な財政自立を獲得するためには、平均融資規模の引き上げや高級市場への進出を除けば、コスト削減の手段がほとんど残されていない。いくつかの最低基準に達したなら、ドナーはもっと社会的な機関を優遇するようになるだろう。もちろん、そうした最低基準は、MFIにとっては厳しいものであるに違いない。

第3部　商業化へ向けた現在の流れ

7　結　論

　MFIの効率は、学問や政治の世界では集中的な議論のテーマとなっている。効率については、5年前にはほとんどなにもわかっていなかったが、今では多くの著者が、自らの出版物に効率指標を含めるようになっている。こうした学問的な関心と平行して、ドライバーと指標も、過去数年に急速な進化を遂げた。運営費比率と職員の生産性は初めから最も頻繁に用いられる指標だったが、今はDEAやSFAといったアプローチを用いた新たな調査が、金融部門の効率分析と急速に肩を並べるようになってきている。

　最近の数字がマイクロファイナンスにおける効率の向上を示しているのは、ひとつには規模の経済によるものである。しかし、そうした数字の多くは、効率指標というものが、それを用いる方法、地域、そしておそらくその機関が貧困重視であるかどうかによって変動することを示唆している。本論では、それぞれ環境が違うなかで、非常に違った顧客にサービス提供しているのに、すべての機関が同じ効率水準に到達することを期待するのではなく、比較可能なMFIの一群に関する情報を求めるべきであると主張してきた。ベスト・イン・クラスのアプローチは、このことを実践する可能性を示してくれている。この考え方では、効率には影響するが、経営者の管理からは逸脱してしまう重要な外的な因子のいくつかが考慮されているからである。

注

1．例外としては、Bazoberry（2001）、Brand（2000）、あるいはChristen（2000）などがある。
2．あるMFI職員が述べたように「はじめは誰もがコミュニティのために無料で働くのが当たり前でした。残念なことに、最近は、ほかのNGOが職員に給料を支払うようになって競争になり、ケース・ヴィラジュワジーにとっては難しい状況になってきています。結果、うちの拡張サービスで研修を受けた現金出納係の多くが、賃金のいい他のNGOで働くようになりました。……そういうNGOは非現実的に低い金利での競争も仕掛けてきています。ドナーからの資金がたくさんあるからです」（GLANによるアンケート調査への回答。言語はフランス語［訳注・英語より重訳]）。
3．「合意されたガイドライン」は、この指標が誤った解釈につながるかもしれないと警告している。すなわち「小口融資を提供しているMFIがターゲット市場に効率的にサービス提供していても、ほかと比較すると不利になるだろう……同様に、預金その他のサービスを提供しているMFIも、そうしたサービスを提供していないところと比較されると不利になるだろう」
4．CGAPのCommercialization and Mission Drift — the Transformation of Microfinance in Latin America, Occasional Paper No. 5: 16（「商業化とミッションドリフト―――ラテンアメリ

カのマイクロファイナンスの変容」オケージョナルペーパー No. 5: 16）によれば、たとえばラテンアメリカの代表的な9つの MFI のうち7つまでが、1990〜99年の時期に、1人当たり GNP 比で実質平均未払い融資残高を増やしているにもかかわらず、貧困パリティの下にとどまっている。ポートフォリオが明らかに貧困重視でなくなったのは、プロクレディト・カハ・デ・ロス・アンデス（Procredito Caja de los Andes）および ADEMI の2つだけである。

参考書目

Armendáriz, B and J Morduch (2005). *The Economics of Microfinance*. Cambridge, Mass.: The MIT Press.

Balkenhol, B (ed.) (2007). *Microfinance and Public Policy*. Basingstoke: Palgrave Macmillan and ILO.

Bazoberry, E (2001). We aren't selling vacuum cleaners: PRODEM's experience with staff incentives. *MicroBanking Bulletin*, 6, 11–13.

Brand, M (2000). More bang for the buck: Improving efficiency. *MicroBanking Bulletin*, 14, 13–18.

Caudill, S, D Gropper and V Hartarska (2009). Which microfinance institutions are becoming more cost-effective with time? Evidence from a mixture model. *Journal of Money, Credit, and Banking*, 41(4), 651–672.

CGAP (2003). Phase III Strategy 2003–2008. Available at: http://www.cgap.org/ assets/images/CGAP%20III%20Stragery forWeb.pdf.［2015年8月現在、http://pdf.usaid.gov/pdf_docs/Pnacs770.pdf で入手可能］

—— (2005). CLEAR Report on Madagascar.

Christen, R (2000). Bulletin highlights. *MicroBanking Bulletin*, 4, 41–47.

Dunford, C (2002). What's Wrong with Loan Size? Unpublished paper. Davis: Freedom from Hunger. www.freefromhunger.org.

Gutiérrez Nieto, B, C Serrano Cinca and C Mar Molinaro (2004). *Microfinance Institutions and Efficiency*. Discussion papers in Accounting and Finance, AFO4-20. University of Southampton.

Hartarska, V, C Parmeter and R Mersland (2009). Economies of Scope in Microfinance: Evidence from a Group of Rated MFIS. Working Paper.

Hartarska, V, NV James and R Mersland (2009). *Scale Economies and Input Price Elasticities in Rated MFIs*. Aubum University Working Paper.

Hartarska, V and R Mersland (2009). What governance mechanisms promote efficiency in reaching poor clients? Evidence from leading MFIs R&R. *European Financial Management*.

Hudon, M and D Traca (2011). On the efficiency effects of subsisidies in microfi- nance: An empirical inquiry. *World Development*, 39, 966-973.

Lensink, R, N Hermes and A Meesters (2011). Microfinance: Its Impact, Outreach, and Sustainability. *World Development*, 39, 875-881.

McIntosh, C, A de Janvry, E Sadoulet (2005). Flow rising competition among microfinance institutions affects incumbent leaders. *The Economic Journal*, 115, 984–1004.

Thassoulis, E (2001). *Introduction to the Theory and Application of Data Envelopment Analysis*.

Norwell: Kluwer Academic Publishers.

Von Stauffenberg, D (2002). *Latin America's Top MFIS*. Available at: http://www.iadb.org/features-and-web-stories/2007-12/english/latin-americas-top-mfis-4305.html.［2015年8月現在、http://www.iadb.org/en/news/webstories/2007-12-26/latin-americas-top-mfis,4305.html で入手可能］

マイクロファイナンス機関の社会的財政的効率

カルロス・セラノ＝シンカ[*]（Carlos Serrano-Cinca）
ベゴーニャ・グティエレス＝ニエト[**]（Begoña Gutiérrez-Nieto）
セシリオ・マル・モリネロ[***]（Cecilio Mar Molinero）

　本論では、マイクロファイナンス機関（MFI）の業績を検証する。MFIには、財政的な側面と非営利という側面の2つがある。したがって、その業績を評価するには、各種の財務比率だけでなく、社会的な指標を用いるのが適切である。筆者らは、ある機関がさまざまなアウトプットを生み出すために用いるさまざまなインプットの相対的な比率を評価する方法として、包絡分析法（Data Envelopment Analysis: DEA）を用いることを提案する。筆者らは、これまでに主成分分析（Principal Components Analysis）、クラスター分析（Cluster Analysis）、重回帰分析（Multivariate Regression Analysis）などを用いてきた。その結果は、変数を減らしてもMFIの業績が説明できることを示している。本論の終わりには、社会的効率指標の使用を拡張することの必要性について検討する。筆者らは、これを、MFIの業績評価において適切なものと考えている。

[*]サラゴサ大学
[**]サラゴサ大学、CERMi
[***]ケント大学

1 はじめに

　伝統的な銀行と比較した場合、マイクロファイナンス機関（MFI）は非常に大きな仲介マージンをとっている。フェルナンド（Fernando, 2006）は、アジア太平洋地域のMFIを研究して、大半のMFIが年間30～70パーセントの名目金利を課していることを発見した。しかしここでは、地元の貸金業者がその10倍にもなる金利を課していること、それと比較すれば、MFIの金利はずっと低いことを指摘しておく必要がある。MFIの金利が高いのは、小口融資のコストが大口融資と比べて割高だということが、少なくともひとつの理由となっている。MFIには2つの目的がある。まず、社会的な視点から貧困層への融資が求められる。MFIの評価はアウトリーチで決まるが、融資が小規模なほどアウトリーチは高くなる。しかし、MFIには持続性と財政効率も求められる。これは、収入が支出を（あるいは少なくともその大半を）カバーしていなければならないということである。本論では、このアウトリーチと効率という2つの目標の関係を考えていく。筆者らは、効率を測定するさまざまな業績指標を、社会的効率に集中して用いることを提案する。筆者らの視点からは、すぐれたMFIは貧困層へ融資を行うべきだが、それは効率よく行われるべきであり、言い換えれば、インプットの利用を最適化するべきである。これに関しては、グティエレス＝ニエトら（Gutiérrez-Nieto *et al.*, 2009）の提出した考えにしたがっている。

　MFIの評価は、伝統的にヤロン（Yaron, 1994）のアプローチを用いて、アウトリーチと持続性を考慮に入れて行われてきた。財政的側面か社会的側面のどちらかに集中するべきなのか、それとも両者は相互補完的なのかについては、長い間議論となっている。その辺りはコーニング（Conning, 1999）、ウォラーら（Woller *et al.*, 1999）、コープステイク（Copestake, 2007）、カルラ（Cull *et al.*, 2007）を参照してほしい。「制度主義者（institutionalist）」の視点は持続性に力点を置いて、MFIは自前のリソースで生存可能であるべきであり、外部ドナーに依存するべきではないと主張する。「福祉主義（Welfarism）」の主張は、社会的側面が第一に来るべきで、MFIの役割は貧困層を支えることだとしている。この2つの視点は共存が可能である（Morduch, 2000）。

　MFIは金融機関であり、資金を集めて融資にまわしている。伝統的な銀行との違いは、貧困層に貸付けていることと、融資が少額だということである。こうしたマイクロクレジットを支える担保は、伝統的な銀行が求めるものとは違っているが、債務不履行（デフォルト）の率は一般に低い（Morduch, 1999）。しかし、いくらMFIが伝統的な銀行と違う活動をしていても、その業績の測定については関心を持つべきである。伝統的な銀行の業績測定に用いられているツールも適切かもしれないが、マイクロファイナンスの文脈に合わせて手を加える必要がある。これには、CGAP（CGAP,

2003)が「マイクロファイナンスのために合意されたガイドライン（Microfinance Consensus Guidelines)」を提供して、マイクロファイナンスに固有の財務比率をリストアップしてくれている。これは4つのカテゴリーに分かれている。すなわち、持続性ないし利益性、資産ないし負債の管理、ポートフォリオの質、そして効率ないし生産性である。

　これ以外に銀行とMFIの違いとしては、MFIが、預金を受け入れるだけでなく、助成金も受け取っていることがあげられる。助成する側の団体は、MFIの財政的側面とともに、社会的側面も評価する。すると当然のことながら、MFIの業績を評価するためには社会的側面、すなわちアウトリーチ活動を考慮に入れる必要がでてくる。これまでのアウトリーチの定義は「その深さ、利用者にとっての価値、利用者にとってのコスト、幅、長さ、範囲などに関して見た時の、マイクロファイナンス組織のアウトプットの社会的価値」である（Navajas, et al., 2000: 335)。筆者らは、この6つにもう1つ、アウトリーチの次元を追加したい。すなわちアウトリーチの効率である。筆者らは、社会的アウトプットは効率の文脈内で研究されるべきであると考えている。言い換えれば、MFIは、使えるリソースに見合う範囲で最大量の社会的アウトプットを提供するべきだということである。

　本論の目的は、利益性、生産性、持続性、アウトリーチ、財政効率、社会的効率といった側面を考慮に入れながら、マイクロファイナンス機関の評価について世界的な概要を提示することにある。効率分析のツールとしては包絡分析法（DEA）を用いる。そのうえで、社会的側面と財政的側面を組み合わせ、MFIの社会面・財政面での業績を分析できる効率指標を提案していく。筆者らは、さまざまな指標どうしの関係を調べ、1つの実証的研究にまとめている。使用している数学ツールは、多変量統計学（multivariate statistics)、主成分分析（principal components analysis)、クラスター分析、重回帰分析である。

2　MFIの業績の測定

　このセクションでは、MFIの業績の測定によく用いられる指標についていくつか検討する。企業の業績評価では、財政アナリストは、利益性、債務支払い能力（ソルベンシー)、あるいは債務構造といった側面に集中する。金融機関で鍵となる概念は、リスクと効率である。金融機関は決してリスクを外部化してはならないというのが常識で、2008年の金融危機は、金融機関が自らの活動に内在するリスクをコントロールできなくなったらどうなるかを如実に示している。本論では、資産や負債の管理、あるいはポートフォリオの質といったリスクについては（これはこれで興味深いだろ

うが）扱わない。災害リスクマネジメントについては、パントーハ（Pantoja, 2002）が、マイクロファイナンスの文脈で研究している。

2.1 効　率

　効率は、あらゆる金融機関にとって鍵となる特性である。効率の研究では、一般的には各種の財務比率を用いる（Brownlow, 2007）。最もよく利用される比率は、無利子支出（職員給与）／（総収入 − 金利支出）、である。この比率が低いほど、その機関は効率がよい。この比率が下がるということは、運営コストが減少しているか収入が増大しているかだから、その機関は、利幅の低下や収入減への備えがよくできていることになる。たとえば、この比率が40パーセントという値だとすると、この機関は、1ドル入ってくる毎に40セントを支出していることになる。しかしMFIについていえば、この指標に問題がないわけでない。MFIのなかには、収入が支出よりも少ないために、この比率が負の値になるところが少なくないからである。

　これ以外にも、単一指標によるMFI業績の分析をためらう理由はある。それは、筆者らが、効率というものを多次元の概念だと考えているからである。MFIが労働力、資本、テクノロジーといったいくつかのインプットを採用しているとして、労働力の使用は効率的だがテクノロジーの利用は非効率ということもありうるし、その逆もある（たとえば、情報テクノロジーの集中的な利用は金融部門の競争に影響を与えている）。従業員の効率——普通は生産性として言及される——という側面もある。最後に、ある機関が戦略としてアウトソーシングを選択した場合、職員効率などの指標は改善するだろうが、他の指標は悪化してしまうだろう。

　財務比率のほかにも、多様なインプットとアウトプットに基づいて効率を計算するテクニックはある。バーガーとハンフリー（Berger and Humphre, 1997）は、金融機関の効率に関する130の論文を、それぞれのアプローチで採用されているテクニックにしたがって分類している。リストアップされたテクニックは、確率的フロンティアアプローチ（Stochastic Frontier Approach: SFA）、無伝播アプローチ（Distribution Free Approach）、シックフロンティアアプローチ（Thick Frontier Approach: TFA）、自由処分性ハル（Free Disposal Hull）、インデックス番号（Index Numbers）、混合最適戦略（Mixed Optimal Strategy）、そして包絡分析法（DEA）である。結果を見ると、最もよく用いられるテクニックはDEAで、チェックした論文中62本で使用されていた。DEAは、銀行の支店のように、インプットもアウトプットも共通している均質なユニットどうしを比較するのに用いることができ、線型計画法（Linear Programming）を用いることで、さまざまな比較を行うことができる。DEAの利点は、同じユニット中でインプットとアウトプットの両方を測定しなくてもよいところである。

DEAが計算するのは「相対的効率（relative efficiencies）」で、相対的というのは、最善の結果に1の値を割り振るという意味である。テクニックとしては、MFIのような非営利団体に適していて、コストや利益といった従来の対象が不適切なケースにも適用できる。DEAの入門としてはThanassoulis（2001）、Charnes *et al.*（1994）、あるいはCooper *et al.*（2000）などがある。しかし、DEAでは均質性にいくつか条件が課される。市場の条件が違えば利幅に影響がでるので、違う国の機関との比較を成立させるには注意が必要である。そうした条件としては、市場規制やインフラの違いのほか、人口密度なども関係してくる。

　DEAは、これまでもMFIの効率分析に用いられてきている。例としては、Gutiérrez-Nieto *et al.*（2007）、Flückiger and Vassiliev（2008）、Gutiérrez-Nieto *et al.*（2009）などを参照してほしい。MFIの効率の分析にSFAを用いている例としては、Caudill *et al.*（200）、Hartarska and Mersland（2009）、あるいはHermes *et al.*（2009）などがある。

　文献を見ると、金融機関の効率のモデル化では、まったく違う2つのアプローチが優勢である。これは、機関を金融市場における仲介機関と見るか、生産ユニットと見るかによる。この点については、Athanassoupoulos（1997）およびCamanho and Dyson（2005）を参照してほしい。仲介モデルでは、各機関は利益をあげることを目的に預金を集めて融資を行う。預金および獲得した融資はインプットとなる。各機関は融資を行うことに関心があり、融資が、この種の研究では伝統的なアウトプットとなっている。例としては、Berger and Humphrey（1991）を参照してほしい。生産モデルでは、取引の処理、預金の受け入れ、資金の貸付けなどを目的として、金融機関が物理的なリソース（労働力やプラントなど）を利用する。このモデルでは、マンパワーと資産がインプット、処理する取引（預金や融資）がアウトプットとして扱われる。例としては、Vassiloglou and Giokas（1990）およびSoteriou and Zenios（1999）を参照してほしい。筆者らの考えでは、MFIには生産モデルが適している。理由は助成金での融資を強調していることで、実際に多くのMFIが、仲介モデルの重要な側面である預金集めをせずに、寄付や補助金を受け取っている。

2.2 利益性と持続性

　個別企業の業績を分析する際には、アナリストは各種の利益性に関する比率を用いることが多い。しかし、これは金融機関の場合には好ましいアプローチではなく、むしろ効率性に関する比率が重要だと考えられている。この違いについての説明はある。たとえば「総資産利益率（returns on assets: ROA）を考えてみよう。ROAは総利益を総資産で割ったもので、工場や設備のような資産によって利益を生み出す企業という

文脈では意味がある。しかし、金融機関の粗利益は必ずしも総資産と関係していない。金融機関はマージンで儲けている。マネーを売買しているのだから、そうした取引が生み出す黒字について研究する方がずっと意味があるのである。したがって、収入と支出を関連づけて考える効率性比率の方が、利益性比率よりも実態をよく表すことになる。実際に、効率の改善が名目金利を引き下げる方法になることもある。この文脈では、たとえばグッドウィン゠グルーン（Goodwin-Groen, 2002）が、ボリビアのバンコソルの事例に言及していて、バンコソルは、効率向上によって、過去10年で名目金利を50パーセントから約24パーセントにまで引き下げているのである。残念ながら、この例からの一般化はできないが、マイクロファイナンスは金融深化の発展にとって重要なものである。ボリビアには発達したマイクロファイナンス市場があって利幅が小さくなっており、その結果、MFI業界内でM&Aが進んでしまっている（Silva, 2003, González- Vega and Villafani-Ibarnegaray, 2007）。

　ほかに、MFIの事例で重要な比率として、自給と関連したものがある。経営自給率（operational self-sufficiency: OSS）は、MFIが経営上の収益を通じて自身のコストをどこまでカバーできているかを測定する。定義は、金融収益／（金融支出＋融資の評価損＋経営支出）である。財政自給率（financial self-sufficiency: FSS）も同様だが、こちらは経営収益と支出に対する数々の修正を考慮に入れて、活動に補助金を受け取らない場合にMFIがコストをどれだけカバーできるかをモデル化してくれる。ウォラーとシュライナー（Woller and Schreiner, 2009）は、財政自給率（FSS）を、非営利組織における利益性相当物としてみている。FSSが基本的に効率性比率の逆数になることに留意してほしい。

　MFIは、持続性ということに関して多くの改善に取り組んできている。Mixmarket.orgの提供するデータを少し調べただけでも、1998年には、データベースに含まれる95機関中42機関（44パーセント）でOSSが100未満となっていて、収入が支出より少ないことが窺われたが、その5年後には、この割合が35パーセントにまで下がっていた。最も近いデータセットは2006年に対応したものだが、ここではさらに下がって26パーセント（853機関中226機関）となっている。カルら（Cull *et al.*, 2007）は、検証したMFIの半数以上が利益をあげていること、残りも利益性と財政持続性に近づきつつあることを発見している。

2.3　社会的業績

　MFIは伝統な銀行機関の果たす機能の多くを行っているが、その社会的な機能はまったく違っている。MFIは、ほかの方法では金融サービスから排除されてしまう社会成員に貸付けているのである。また、貸付ける資金は、顧客の預金からのもあるが、

助成や寄付によるものもある。ドナーは、MFI の財政的側面を評価するが、社会的側面にも価値を認めている。この2つの方向があることから、MFI は、財政面と社会面という二重決算（ダブルボトムライン）に基づいて評価される。現時点で、社会的な面の測定に関して世界的に合意された基準は存在していない。このテーマでの議論については、Zeller et al.（2002）、Navajas et al.（2000）および Cull et al.（2007）を参照してほしい。

　社会的業績は、今のところ、ヤロン（Yaron, 1994）の視点から派生するアウトリーチ指標を用いて評価されている。ハルム（Hulme, 2000）は方法論的な側面を研究して、MFI の社会的側面の評価における3つのパラダイムを確認し、それぞれ科学的パラダイム（scientific paradigm）、人間主義的パラダイム（humanistic paradigm）、参加学習的パラダイム（participative learning paradigm）と名付けている。ナバハスら（Navajas et al., 2000）は、アウトリーチの代理指標の一覧表を提出している。アウトリーチの幅の指標として顧客数を取り上げているので、顧客数が多いほどアウトリーチの幅が広いことになる。アウトリーチの深さの指標は顧客1人当たりの平均融資額を取るのが一般的で、例としては、Cull et al.（2007）または Copestake（2007）を参照してほしい。いずれにせよ、平均融資規模を社会的指標として用いることについては大きな議論があるので、こちらの例としては、Armendáriz and Szafarz（2009）を参照してほしい。小口融資を提供している MFI はアウトリーチが深いと理解されている。しかし「小口」の意味するところは文脈によって異なる。国際的な比較ができるようにするために、一般的には、この比率を1人当たり国民総所得（GNIPC）で割っている。ほかによく使われる指標としては、貧困線より下または収入が1日1ドル未満の顧客の数ないし割合（パーセント）がある。

　女性の借り手の割合も社会的指標としてよく用いられる。これは多くの MFI が女性の支援を目的のひとつに謳っているためである。UNDP は、女性が貧困層の中でも最も貧しいことを示しているし、女性は家族の健康と教育の主たる提供者であると考えられている。しかし他方、マイクロファイナンスが必ずしも女性のエンパワーメントになっていないことを示唆する証拠もある。これについては、Goetz and Gupta（1996）、Rahman（2001）、Mayoux（1999）、Armendáriz and Roome（2008）などを参照してほしい。ほかにもアウトリーチの指標として考えられるものが、Cull et al.（2007）に提供されている。

　筆者らは、社会的効率の指標を計算することが非常に大切だと考えている。こうした指標を計算することで、財政的なインプットと社会的なアウトプットを関連づけることができる。ひとつ考えられる指標としては、借り手と職員1人当たりの比率がある。これは、稼働している借り手と職員の比率として定義される。この比率は、職員が顧客を管理する効率を測定するものである。ほかにも、認可された融資の件数、女

第3部　商業化へ向けた現在の流れ

性顧客の数、あるいは極貧顧客の数といった分子変数をふくめることで、同様の比率を考えることができるだろう。

　財政効率でそうしているように、DEA を社会的効率の計算に用いることもできる（Gutiérrez-Nieto et al., 2009）。このアプローチでは、インプットは財政効率の計算に用いるものと同じだが、アウトプットで MFI の目的を考慮に入れることができる。すなわち、女性への融資件数、貧困閾値より下の顧客数、あるいはコミュニティへのインパクト（コミュニティ内で、MFI の融資から利益を得ている者の数によって測定する）などである。

3　実証的研究

3.1　サンプルとデータ

　本論の目的のために、筆者らはマイクロファイナンス・インフォメーション・エクスチェンジ社（Microfinance Information exchange, MIX）のデータベースを使用している。これは Mixmarket.org で入手できる。MIX は業界を通じて標準化されたデータを公表することで、比較とベンチマーキングを可能にしてくれている。ラインとオテロ（Rhyne and Otero, 2006）は、MIX が「完全な財務諸表の作成が可能で、かつ公表の意思のある」MFI からのデータを集めている点を強調している。マースランドとストレーム（Mersland and Strøm, 2009）も「MixMarket のデータベースの例に見られるような、第三者が収集・標準化した MFI データは、自己申告によるデータより高く評価しなければならない」としている。以前の研究（Gutiérrez-Nieto et al. 2008）で筆者らは、大規模な MFI でインターネットによる露出度の高いところの方が、小規模で目に付きにくい MFI よりも多くの情報をインターネットに公開していることを発見した。また、営利目的の MFI は財務情報をインターネットで公開することが多いのに対して、NGO による MFI は社会的情報の公開が多いこともわかっている。ザカリアス（Zacharias, 2008）は、MixMarket のデータを用いて、自己申告バイアスに関するそれまでの洞察を確認している。いずれにせよ、MixMarket のデータはマイクロファイナンスの研究において強力なデータが伝統的に欠落していた点を大きく改善してくれたというのが、ザカリアスの結論である。

　MIX が公表している財政情報には、貸借対照表勘定と損益勘定も含まれている。各 MFI について、アウトリーチとインパクトに関する社会的情報も公表されている。本論で使用したデータは 2003 年のもので、含まれている 189 の MFI の全情報が利用可能だった。このデータセットは先にグティエレス＝ニエトら（Gutiérrez-Nieto et al. 2009）が使用したものだが、以前の研究では MFI の社会的効率を分析したので、こ

マイクロファイナンス機関の社会的財政的効率

こでは多変量統計のテクニックを用いて、すべての指標に目を向けていく。現在の研究では、7つの財務比率と3つの社会的指標を用いているほか、さらに、財政的アウトプットと社会的アウトプットを含んだ7つの DEA 効率モデルも計算している。研究に用いた変数を表 18.1 に示す。

7つの財務比率は CGAP（CGAP, 2003）の分類からとった。初めの4つの比率は、持続性／利益性を合わせたカテゴリーに属している。すなわち、株主資本利益率（ROE）、総資産利益率（ROA）、経営自給率（OSS）、利益幅（MARGIN）である。あ

表 18.1　調査における変数とそれらの定義

財務比率	ROA	総資産利益率……（正味の経営収入から税金を差し引いたもの）／総資産
	ROE	株主利益率……（正味の経営収入から税金を差し引いたもの）／株式総数
	MARGIN	利益幅……正味の経営収入／財政収入
	OSS	経営自給率……財政収入／（財政支出＋貸付損失準備金費＋経営支出）
	PERS_PROD	職員1人当たりの借り手数……稼働中の借り手数／職員数
	C/B	借り手1人当たりのコスト……経営支出÷稼働中の借り手数
	OE/L	経営支出÷総融資ポートフォリオ
社会的指標	AVG_L	借り手1人当たりの平均融資残高……総融資ポートフォリオ／稼働中の借り手数
	AVG_Lpc	借り手1人当たりの平均融資残高／1人当たり国民総所得
	%W	女性の借り手の割合……女性の借り手数／稼働中の借り手数
DEA 効率	DEA_L	総融資ポートフォリオ（L）をアウトプットとした時の DEA 効率モデル
	DEA_R	財政収入（R）をアウトプットとした時の DEA 効率モデル
	DEA_LR	L と R をアウトプットとした時の DEA 効率モデル
	DEA_W	稼働中の女性の借り手（W）をアウトプットとした時の DEA 効率モデル
	DEA_P	貧困者数（P）の代理指標をアウトプットとした時の DEA 効率モデル。説明は本文を参照。
	DEA_WP	W と R をアウトプットとした時の DEA 効率モデル
	DEA_LRWP	L、R、W、P をアウトプットとした時の DEA 効率モデル

との3つは効率／生産性に関する指標で、職員の生産性（PERS_PROD）、経営費率（OE/L）、そして借り手1人当たりコスト（C/B）である。

ここでは、3つの社会的指標も併せて用いている。借り手1人当たり平均融資残高（AVG_L）、借り手1人当たり平均融資残高を GNI で割ったもの（AVG_Lpc）、そして女性の借り手の割合（%W）である。初めの2つはアウトリーチの深さの指標で、値が大きいほどアウトリーチの深度が小さい。

7つの DEA 効率尺度は、EMS（Efficiency Measurement Software：効率測定ソフトウェア）を用いて計算した。これは無料で入手できるパッケージで、ドルトムント大学のホルガー・スキール（Holger Scheel）が配付している。規模に関する収穫一定（constant returns to scale）については CCR モデルを用いた（Charnes et al. 1978）。金融機関での効率というテーマに関する文献レビューの発見を受けて、筆者らは3つのインプットと4つのアウトプットを設定した。3つのインプットは金融関係の文献ではまったく標準的なもので、総資産、経営コスト、従業員数である。アウトプットの選定は、アウトリーチと持続性に関するヤロン（Yaron, 1994）の見解を基礎とした。2つは財政的なもので、総融資ポートフォリオ（L）と収入（R）、残りの2つは社会的なもので、女性の借り手の数（W）と貧しい顧客および比較的貧しい顧客の数を考慮に入れた指標（P）である。まず、P の計算方法を説明する。

MFI の顧客すべてが貧しいわけではないことを考慮して、筆者らは、機関内で貧しい顧客がどれくらい優勢かということの代理指標となりうる指標（P）を作ろうと試みた。P の計算の詳細は Gutiérrez-Nieto et al. (2009) を参照してほしい。大雑把に言えば、ある機関の顧客数にその機関の貧しい顧客の割合（パーセント）を掛けたのである。この割合は、使用したサンプル内の平均融資規模を1人当たりの収入に合わせて修正したものを、検証している機関の1人当たり収入に合わせて修正したもの（AVG_Lpc）と比較して推定した。AVG_Lpc は、まず以下の式を用いて、値が0～1の範囲になるように変換している。

$$\frac{AVG\_Lpc_i - \min(AVG\_Lpc_i)}{\max(AVG\_Lpc_i) - \min(AVG\_Lpc_i)}$$

変数は、定数（AVG_Lpc の値の範囲）で割ってもわずかしか変化しないので、データの統計上の性質に影響することはない。その意味で、これは、データの標準偏差で割って標準化するのに等しい。$-\min(AVG\_Lpc)$ は、すべてのデータから定数を除去するので、元のデータを変更することになるが、これもデータの統計上の性質には影響しない。しかし、この変換には、通常の統計で用いる標準化法に比べて利点がある。それは指標のあらゆる値が正になることと、DEA が（ここで用いている形では）、すべてのインプットとアウトプットを正にするよう求めてくることである。

こうして、7つの DEA 効率尺度が得られた。このすべてが同じインプットを含んでいる。すなわち総資産、経営コスト、職員数である。以下では、略号に含まれているアウトプットを示すことで区別することにする。たとえば DEA_L は単一のアウトプットとして総融資ポートフォリオ（L）を含んでいる。DEA_LRWP は総融資ポートフォリオ（L）、財政収入（R）、女性の借り手（W）、貧困（P）の4つのアウトプットを含んでいる。残りの略号は DEA_R、DEA_LR、DEA_W、DEA_P そして DEA_WP である。

3.2 結果

データを検討するために、筆者らは、ピアソン相関係数を計算して一連の分析を行った。すなわちクラスター分析、主成分分析、そして特性フィッティング（回帰を基礎とするテクニックで、主成分分析の結果の解釈に用いられるもの）である。

3.2.1 相関分析

表18.2は、各比率と DEA 効率との間のピアソン相関係数の値をまとめたものである。ここからは、これについて議論していく。

1. 同じカテゴリーに属する指標の信頼性 信頼性は、同じ概念を測定する指標間に一貫性があることを示唆する。任意のカテゴリーに属する指標間の相関が強い時には、結果に信頼性があると理解できる。ここでは、持続性ないし利益性に関する比率同士に強い有意な正の相関があることがわかっている。1つだけ例をあげれば、OSS と ROA と相関は 0.72 である。財政的効率の指標間にも正の相関がある。

社会的指標に目を向けると、女性顧客の割合（%W）と AVG_Lpc との相関は負である。これは、少額融資が女性に対して行われていることと一致しているうえ、多くの MFI が貧しい女性に貸付けていることから、うなずける。普通、マイクロファイナンスを利用する女性は家庭内の活動に従事しているので、労働日を、マイクロファイナンスによる所得創出活動の時間と家事の時間とに分けている。

社会的効率の指標にも信頼性が見られる。DEA_P と DEA_W との相関係数の値は 0.87 である。これは予想されたことで、女性のエンパワーメントが貧困との闘いにおける有効な武器であるという主張は以前からなされている（Premchander, 2003）。この発見は、効率的に貧困と闘っている機関は、女性の支援においても効率的であることを意味している。さらに「職員1人当たりの借り手数（PERS_PROD）」と社会的効率指標にも、強い有意な正の相関が見られた。たとえば PERS_PROD と DEA_P との相関は 0.72 である。これも予想されたことで、PERS_PROD も DEA_P も、職員が顧客に対処する能力を測定している。

第3部　商業化へ向けた現在の流れ

表18.2　ピアソン相関係数

	ROA	ROE	MARGIN	OSS	PERS_PROD	C/B	OE/L	DEA_L	DEA_R	DEA_LR	DEA_W	DEA_P	DEA_WP	DEA_LRWP	AVG_Lpc	%W	AVG_Lpc
ROA	1	0.77 (0.00)	0.82 (0.00)	0.72 (0.00)	0.10 (0.34)	-0.07 (0.50)	-0.75 (0.00)	0.36 (0.00)	0.25 (0.02)	0.34 (0.00)	0.09 (0.38)	0.11 (0.38)	0.12 (0.28)	0.31 (0.00)	0.20 (0.06)	-0.10 (0.36)	0.08 (0.48)
ROE		1	0.62 (0.00)	0.65 (0.00)	0.12 (0.26)	-0.11 (0.28)	-0.55 (0.00)	0.38 (0.00)	0.25 (0.02)	0.37 (0.00)	0.15 (0.16)	0.21 (0.05)	0.21 (0.05)	0.37 (0.00)	0.15 (0.16)	-0.09 (0.39)	-0.02 (0.86)
MARGIN			1	0.72 (0.00)	0.13 (0.22)	-0.02 (0.82)	-0.67 (0.00)	0.42 (0.00)	0.26 (0.01)	0.41 (0.00)	0.10 (0.37)	0.12 (0.27)	0.12 (0.25)	0.36 (0.00)	0.18 (0.09)	-0.10 (0.37)	0.09 (0.43)
OSS				1	0.21 (0.05)	0.00 (1.00)	-0.46 (0.00)	0.52 (0.00)	0.32 (0.00)	0.50 (0.00)	0.14 (0.19)	0.20 (0.07)	0.19 (0.07)	0.43 (0.00)	0.25 (0.02)	-0.10 (0.36)	0.01 (0.96)
PERS_PROD					1	-0.40 (0.00)	-0.19 (0.07)	0.27 (0.01)	0.17 (0.12)	0.26 (0.00)	0.56 (0.00)	0.72 (0.00)	0.72 (0.00)	0.54 (0.00)	-0.20 (0.06)	0.11 (0.29)	-0.36 (0.00)
C/B						1	0.29 (0.01)	-0.14 (0.20)	0.24 (0.02)	-0.19 (0.07)	-0.46 (0.00)	-0.51 (0.00)	-0.51 (0.00)	-0.32 (0.00)	0.66 (0.00)	-0.32 (0.00)	0.44 (0.00)
OE/L							1	-0.53 (0.00)	-0.24 (0.02)	-0.53 (0.00)	-0.12 (0.26)	-0.18 (0.09)	-0.19 (0.08)	-0.46 (0.00)	-0.16 (0.14)	0.13 (0.24)	-0.12 (0.26)
DEA_L								1	0.33 (0.00)	0.90 (0.00)	0.14 (0.19)	0.24 (0.02)	0.26 (0.02)	0.80 (0.00)	0.38 (0.00)	-0.07 (0.49)	0.12 (0.26)
DEA_R									1	0.50 (0.00)	0.12 (0.28)	0.15 (0.17)	0.15 (0.16)	0.45 (0.00)	0.55 (0.00)	-0.06 (0.55)	0.08 (0.46)
DEA_LR										1	0.21 (0.05)	0.31 (0.00)	0.32 (0.00)	0.83 (0.00)	0.30 (0.00)	-0.04 (0.68)	0.07 (0.51)
DEA_W											1	0.87 (0.00)	0.89 (0.00)	0.59 (0.00)	-0.33 (0.00)	0.62 (0.00)	-0.46 (0.00)
DEA_P												1	0.99 (0.00)	0.67 (0.00)	-0.33 (0.00)	0.30 (0.00)	-0.49 (0.00)
DEA_WP													1	0.68 (0.00)	-0.33 (0.00)	0.34 (0.00)	-0.48 (0.00)
DEA_LRWP														1	0.17 (0.10)	0.20 (0.06)	-0.15 (0.16)
AVG_Lpc															1	-0.37 (0.00)	0.50 (0.00)
%W																1	-0.55 (0.00)
AVG_Lpc																	1

2. 社会的効率と財政的効率との正の相関 社会的効率（DEA_WP）と財政的効率（DEA_LR）との相関は、ゼロからは有意に離れているが低い（0.32）。原データを調べてみると、社会的効率が財政的効率よりも高いのは、89 の MFI 中わずか 13 機関となっている。これは、財政効率は将来の機関の生存能力を確保するものだから、MFI が社会的に効率的であるためには財政面でも効率的でなければならない、という解釈と一致している。ただし、財政的には非効率だが、外部からの寄付に支えられて機関が生き残るということはありうる。最後に、社会的な動機の強い MFI における取引コストの影響も無視することはできない。パクストンら（Paxton et al., 2000）は、貧困層へのサービス提供と財政的な生存能力との間にトレードオフがあることを確認している。これは、小口融資は大口融資と比べて取引コストが高いためである。

3. 利益性と財政的効率との有意な相関 ROA と OE/L との相関値は − 0.75 である。これは明らかに予想されたことで、融資を行うのに経費がかかると（OE/L の値が大きいと）利益性が低くなることが示されている。さらに、利益性と DEA 財政的効率との間にも正の相関が見つかっている。ただし、この相関はそれほど強くはない。最も強い相関は OSS と DEA 財政的効率との間に見られるもので、最大のものは OSS と DEA_L との間の 0.52 である。OSS の定義と効率指標に共通するものが多いことはすでに指摘したとおりだ。

4. 利益性比率と社会的指標（または社会的効率の指標）とには有意な正の相関はない 一般に、アウトリーチと持続性を関連づけた実証的研究から見えてくる結果はまちまちである。例としては、ウォラーとシュライナー（Woller and Schreiner, 2009）、カルら（Cull et al., 2007）やコープステイク（Copstake, 2007）を参照してほしい。筆者らの研究からは、この文脈での有意な関係はまったく表れていない。持続性（OSS）とアウトリーチの深さ（AVR_Lpc）との相関係数は 0.01 である。また、財政的効率とアウトリーチをの間にも有意な相関は見られない。DEA_R と AVG_Lpc との相関は 0.08 である。

最後に、利益性と社会的効率の間にも、有意な相関はまったく見いだせない。たとえば ROA と DEA_W との相関係数の値は 0.09 である。利益性と社会的効率は、それぞれの道を歩んでいると言えるだろう。しかし、この流れを変えるかもしれない事実もいくつかある。たとえば営利目的の外部ドナーが参入し、そこから MFI が金利を引き上げて、やがてミッションドリフトにつながるようなケースである（Ghosh and Van Tassel, 2008）。MFI が生き残るためには利益性がなければならない、利益性があるのは投資をうまく管理して利益性のあるプロジェクトにつないでいるからだ、という主張も理解できる。しかし、ここでの結果は、MFI が自身の社会的機能を理解しつつも、自らの努力を利益の最大化に向けていないことを明らかにしている。

3.2.2 主成分分析

表18.1に示したすべての指標の値は、すべてのMFIについて計算し、ケース（MFI）による変数（指標）の表として処理した。このデータセットについて主成分分析を行ったところ、4つの成分が1よりも大きい固有値を伴うことがわかった。第1の成分が分散の35.7パーセント、第2の成分が25パーセント、第3の成分が10.8パーセント、第4の成分が6.7パーセントを占めた。

成分負荷は、普通意味を与えるために用いるもので、これは表18.3に示した。89の機関を初めの2つの主成分についてグラフ化したものが図18.1で、頭文字を使った略語で識別確認できるようにしてある。初めの2つの主成分がデータの分散のほぼ61パーセントを占めていることから、このグラフはMFIをよく表していると言える。これについては次に議論することになる。

図18.1の解釈には、特性フィッティングとよばれるバイプロットの変異型を用いている（ケースとして同じ空間内の変数を表すのに用いられる）。特性フィッティングでは、変数を座標の中心から発する標準化指向のベクトルとして表していて、矢の先は、その変数の値が大きくなる方向を示している。ベクトルの向きの計算は重回帰分析を

表18.3 因子加重

	主成分1	主成分2	主成分3	主成分4
説明される分散	35.7%	25.0%	10.8%	6.7%
DEA_LRWP	0.883	-0.029	0.383	-0.120
DEA_LR	0.738	0.310	0.370	-0.309
DEA_WP	0.731	-0.584	0.124	0.081
DEA_P	0.722	-0.581	0.118	0.077
DEA_L	0.699	0.365	0.331	-0.364
OSS	0.654	0.441	-0.237	0.201
OE/L	-0.651	-0.394	0.306	0.261
DEA_W	0.637	-0.626	0.072	0.244
ROE	0.613	0.378	-0.418	0.170
MARGIN	0.612	0.485	-0.419	0.125
ROA	0.610	0.493	-0.524	0.161
PERS_PROD	0.609	-0.408	0.152	-0.018
AVG_L	0.036	0.752	0.487	-0.025
AVG_Lpc	-0.253	0.668	0.177	-0.244
C/B	-0.428	0.558	0.313	0.495
DEA_R	0.414	0.362	0.486	0.423
%W	0.184	-0.594	-0.054	0.306

用いて行う。17 の変数すべてが図 18.1 に表されているので、必要となる回帰は 17 通りとなる。回帰では、MFI が観察結果で、従属変数がその MFI にとっての変数の値、独立変数がグラフ内の MFI の座標（それぞれの MFI にとっての成分負荷）となっている。ベクトルは共通の長さに標準化し、4つの次元空間にプロットした。こうすることで、グラフ上のベクトルの長さがそのグラフの解釈における意味を伴うようになる。ベクトルは図 18.1 で、それぞれに伴う変数の名前と合わせて見ることができる。

変数とグラフの軸を表すベクトル間の方向余弦を表 18.3 で見ることができる。方向余弦が単位元に近いほど、軸の解釈との関連が強い。これを考慮に入れて図 18.1 を見ると、各機関についての全体的な業績尺度として、第 1 主成分の負荷を解釈することができる。図 18.1 を見ると、効率性比率と利益性／持続性の指標がすべて右、すなわち第 1 主成分の方向を差していることがわかる。3つのインプットと4つのアウトプットをすべて含んだ DEA モデルが、水平軸と最もよく重なっている。

女性の借り手の割合（%W）は、垂直軸に近いところにあり、かつ下を向いている。これはアウトリーチの尺度となる。上向きのものでは、AVG_L と AVG_Jpc が、この第 2 主成分に近い。この 2 つの指標の値が大きいほど、アウトリーチの深度は小さく

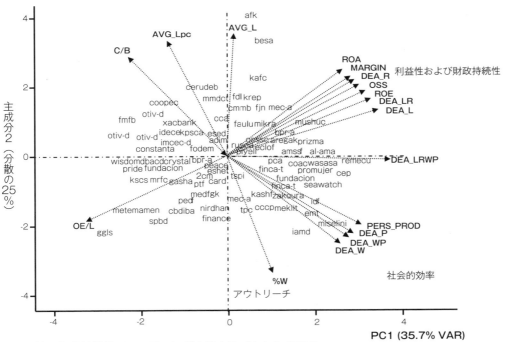

図 18.1　主成分 1 対主成分 2

注：矢印は特性フィッティングの指向性ベクトルを表す。

なる。したがって筆者らは、第2主成分を「アウトリーチ」だと解釈している。

　第1と第2の主成分の意味を解釈したことでコンパスが手に入った。これによって、地図上の位置から、各MFIについて、その数字の意味を知り、長所と短所を発見することが可能となった。留意すべきは、右上側を指すベクトルが、利益性と財政効率の比率を伴っていることである。このことから、地図の右上側に位置する機関は、利益性と財政的効率で突出していると推測できる。地図の右下側には、社会的効率の顕著な機関を見いだすことになる。右側の中ほどに位置する機関は、社会的効率と財政効率の両方でよい業績をあげているわけで、世界的な業績の視点から見て最も優れているといえる。左側に位置する機関は、相対的な効率の低さによる問題があることを示しているが、こうした非効率の原因を注意深く研究することなしに価値判断を表明することには慎重でなければならない。またグティエレス＝ニエトら（Gutiérrez-Nieto *et al.*, 2009）がしているように、国の影響や、活動している国の違いによる条件も考慮に入れるべきである。

　残りの主成分については、ここでは深く議論しないが、第3の成分が利益性比率と効率比率の対比になっていることにはふれていく。第4の成分については、比率C/B（借り手1人当たりのコスト）によって十分に説明されている。

3.2.3　クラスター分析

　今度は、さまざまな比率と効率指標との関係に集中してクラスター分析を行い、こうした変数の分類法を考えていく。分析は、変数をゼロ平均と単位分散に標準化するところから始まる。変数はさまざまな単位で測定されるからである。クラスタリングアルゴリズムとしては、階層的クラスターをウォードの距離尺度（Ward measure of distance）とともに用いた。これによって、グループ内の均質性とグループ間の異質性を最大化することができる。図18.2は、こうして得られた系統樹を示したものである。十分に定義された4つのクラスターを、この系統樹のなかに確認することができる。

　第1のクラスターは、DEA効率の形式でも、比率PERS_RPRODを通じても、社会的効率の指標を含んでいる。このクラスターには図18.1の右下側を向いたベクトルが含まれる。ほかにこのベクトルに含まれているのは、％W（女性顧客の割合）と比率OE/Lだが、この2つは高い水準でクラスターを作るので、別のクラスターとして確認されていたこともありうる。第2のクラスターには、C/Bと、社会的指標であるAVG_LおよびAVG_Lpcがある。これに伴うベクトルは、図18.1の上へ向かう位置にある。第3のクラスターは利益性の指標（ROA、ROE、MARGIN、およびOSS）を含んでいる。第4のクラスターには、財政的アウトプットのあるDEA効率が集まっている。

　これまでの研究から、筆者らは、業績全体の尺度を1つ選ばなければならないとし

図18.2 ウォード法を用いた系統樹

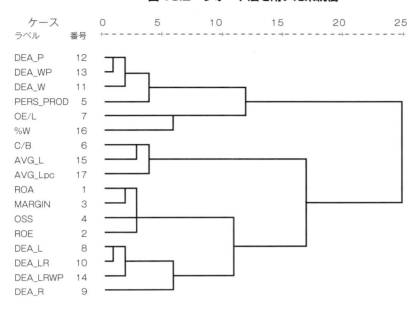

たら、望ましいのはDEA_LRWPだと結論する。この尺度が第1主成分を最もよく表している。財政的アウトプットと社会的アウトプットの両方を含んでいるので、全体としての効率の尺度だということができるだろう。しかし、1つの指標だけを用いることは推奨しない。17という指標は多すぎるだろうが、1つのMFIの業績を評価するには、少なくとも4つは使用するべきだろう。すなわち、利益性を表す比率、財政的効率を表す比率、社会的効率を表す比率、そして社会的指標である。

4 最終考察

　MFIは、それがなければ従来型の金融システムからは排除されてしまう人びとに融資を行うことで、重要な社会的任務を果たしている。しかし、MFIが金融商品を扱っていること、したがって、財政的業績と社会的業績の両方の評価が必要となることを忘れてはならない。

　MFIも金融機関であるから、この世に存在する最も標準的な商品であるマネーを扱っている。マネーの売買はマージンのビジネスであり、効率的な運営はきわめて重要となる。運営が効率的であれば、名目金利を引き下げることができるからである。かといって、すべての機関が等しく効率的であるわけではない。そこで重要となってく

るのが、相対的な効率の研究である。そして、それが本論の目的であった。

　筆者らは、MFIの相対的な効率を評価するためにDEAを用いた。DEAは、金融機関の効率評価に広範に用いられている。このテクニックは線型計画法のアプローチを用いて多重比較を行うもので、特定の機関に配分されてきたリソースをシステムのほかの部分に配分すればもっとうまく活用できるのか、という疑問に答えてくれる。筆者らは、89のMFIからのデータを用いて実証的な研究を行った。モデルには、財政効率の研究と社会的効率の研究の両方を含めるようにした。用いたのは、財政的アウトプット（融資と収入）と社会的アウトプット（女性顧客の数、および貧しい顧客の数の代理指標）のほか、一連の財務比率と社会的指標である。この研究に含まれる変数の総数は17にのぼった。

　予備的なデータ分析からは、財政効率と利益性比率とのあいだに有意な相関が発見された。また、社会的効率と財政効率とのあいだにも正の（ただし弱い）相関が発見された。女性顧客の支援における効率と貧困層支援の効率の相関は、正でかつ有意であった。社会的効率と利益性との関係は見いだせなかった。持続性に関する比率とアウトリーチのあいだにも、統計的に有意な相関は発見されていない。

　さまざまな指標と指標の間に存在するかもしれない関係をさらに深く理解する目的で、主成分分析とクラスター分析も行った。もし何か1つだけ指標を選ぶとすれば、筆者らは社会的アウトプットと財政的アウトプットに関わるもの、第1主成分との相関の強いものを選ぶだろう。そういう選択をするなら、17の変数を持つデータセットの分散の大半を説明できる。しかし、実際に適用した次元圧縮法のテクニック（dimensionality reduction techniques）から判断すると、単一の指標で落ち着いてしまうのは賢明ではない。少なくとも4つの指標は維持する必要があると思われる。すなわち、利益性に関する比率、財政効率の指標、社会的効率の指標、そしてアウトリーチの指標である。

　忘れてならないのは、この研究の依拠している変数とMFIの数が限定的であることである。これ以外にも、MFIの機能の仕方の別の側面を測定する変数を追加し、含まれるMFIの数を増やし、カバーする年数を延ばすなどして、これを拡張していくことが賢明である。データは、ここで述べた結論を引き出せるほどには分散していない。現時点で、今回用いたMixMarketのデータベースに欠点があることは間違いない。社会的データも不足しているし、MixMarketに自己申告しているMFIにも利益性についてのバイアスがある。また、さまざまな国を分析していることから、データの標準化も必要である。

　MFIは継続的に効率を向上させてきているものの、まだ伝統的な銀行業が達成している水準からはほど遠い。この問題の専門家は、こうした効率向上を継続しなければならないこと、それを達成するための方法は、職員の生産性を高めるか運営費をカッ

トするかだということで、大半の意見が一致している。効率向上のひとつの方法はテクノロジーへの投資で、多くのMFIがこの方向での行動を考えている。ほかに効率を向上させる方法としては、口座を開設して預金を集めるなど、金融商品を増やしていくことが考えられる。預金は、機関の視点からは財政コストの引き下げになる。預金には、インターバンク市場での借入れよりも価格が安いという見返りがあるからである。いずれにせよ運営費は、特にこれから預金市場に参入しようとするMFIにとって、無視できないものである。しかし、そのためにはMFIの規制強化が必要になるので、議論すべき重要な課題である。

　もし、すべてのマイクロファイナンス機関が管理コストの会計システムを実施するようになり、コストと収入を一つひとつの活動に割り振れるというのであれば、そうした活動の一つひとつを実施する際の効率を分析することもできるだろう。それならば、MFIの活動の一つひとつについて、財政効率と社会的効率を計算することができる。ただし、少なからぬMFIが、マイクロクレジットの供与という主要任務を超えて、預金集め、寄付の受け取り、出稼ぎ者の決済手続き、保険の販売といったビジネス活動に携わっていることは考慮に入れておかなければならない。

　最後に、本論では、MFIの社会的効率を測定でき、かつ社会的アウトプットを含める形で定義された指標の利用を提唱してきた。筆者らの視点から見た「最善」のMFIは、貧困者や女性への融資によって社会的任務を果たしつつ、それを非常に効率的に行う機関、すなわち、インプットの利用が最適化されている機関である。筆者らは、アナリストやドナー、さらには格付け機関が格別の努力をして、MFIの社会的成果を収集し、文書化し、評価していくことを重要だと考えている。そしてその時には、MFIがその社会的目標を達成する際の効率——アウトリーチの効率——も考慮に入れるべきなのである。

参考書目

Armendáriz, B and N Roome (2008). Empowering women via microfinance in fragile states. Working Papers CEB 08–001.RS. Solvay Brussels School of Economics and Management, Centre Emile Bernheim (CEB). Université Libre de Bruxelles.

Armendáriz, B and A Szafarz (2009). On Mission Drift In Microfinance Institutions. Working Papers CEB 09–015.RS. Solvay Brussels School of Economics and Management, Centre Emile Bernheim (CEB). Université Libre de Bruxelles.

Athanassopoulos, AD (1997). Service quality and operating efficiency synergies for man- agement control in the provision of financial services: Evidence from Greek bank branches. *European Journal of Operational Research*, 98(2), 300–313.

Berger, AN and DB Humphrey (1991). The dominance of inefficiencies over scale and product mix economies in banking. *Journal of Monetary Economics*, 28, 117–148.

—— (1997). Efficiency of financial institutions: International survey and directions for future research. *European Journal of Operational Research*, 98, 175–212.

Brownlow, D (2007). Bank Efficiency: Measure for measure. International Banking Systems Journal 16, http://www.ibspublishing.com/index.cfm?section=features&action=view&id=10065. ［2015 年 8 月 現 在、https://ibspublishing.com/archive-2007/ibs-journal/ibsj-archive/2007/bank-efficiency-measure-for-measure で入手可能］

Camanho, AS and RG Dyson (2005). Cost efficiency, production and value-added models in the analysis of bank branch performance. *Journal of the Operational Research Society*, 56, 483–494.

Caudill, S, D Gropper and V Hartarska (2009). Which microfinance institutions are becoming more cost-effective with time? Evidence from a mixture model. *Journal of Money Credit and Banking*, 41(4), 651–672.

CGAP (2003). *Microfinance consensus guidelines. Definitions of selected financial terms, ratios and adjustments for microfinance* (3rd ed.). Washington DC, USA: Consultative Group to Assist the Poor.

Charnes, A, WW Cooper and E Rhodes (1978). Measuring the efficiency of decision- making units. *European Journal of Operational Research*, 2, 429–444.

Charnes, A, WW Cooper, YA Lewin and ML Seiford (1994). *Data Envelopment Analysis: Theory, Methodology and Applications*. Dordrecht, The Netherlands: Kluwer Academic Publishers.（邦訳 『経営効率評価ハンドブック：包絡分析法の理論と応用』 刀根薫、上田徹監訳　朝倉書店 2007.6)

Conning, J (1999). Outreach, sustainability and leverage in monitored and peer-monitored lending. *Journal of Development Economics*, 60, 51–77.

Cooper, WW, LM Seiford and K Tone (2000). *Data Envelopment Analysis: A Comprehensive Text with Models, Applications, References and DEA-Solver Software*. Dordrecht, The Netherlands: Kluwer Academic Publishers.

Copestake, J (2007). Mainstreaming microfinance: Social performance management or mission drift? *World Development*, 35(10), 1721–1738.

Cull, R, A Demirgüç-Kunt and J Morduch (2007). Financial performance and outreach: A global analysis of leading microbanks. *Economic Journal*, 117(517), 107–133.

Fernando, NA (2006). *Understanding and Dealing with High Interest Rates on Microcredit. A Note to Policymakers in the Asia and Pacific Region*. Manila: Asian Development Bank. http://www.adb.org/Documents/Books/interest-rates-microcredit/Microcredit-Understanding-Dealing.pdf. ［2015 年 8 月現在、http://www.ruralfinance.org/fileadmin/templates/rflc/documents/1153144135194_Microcredit_interest_rates_ADB.pdf で入手可能］

Flückiger, Y and A Vassiliev (2008). Efficiency in Microfinance Institutions: An Application of Data Envelopment Analysis to MFIs in Peru. In *Microfinance and Public Policy: Outreach, Performance and Efficiency*, B Balkenhol (ed.). Houndsmill, UK: Palgrave, McMillan Publishers, pp. 89–109.

Ghosh, S and E Van Tassel (2008). A Model of Mission Drift in Microfinance Institutions. Working Papers 08003, Department of Economics, College of Business, Florida Atlantic University, USA.

Goetz, AM and RS Gupta (1996). Who takes the credit? Gender, power, and control over loan use in rural credit programs in Bangladesh. *World Development*, 24(1), 45–63.

González-Vega, C and M Villafani-Ibarnegaray (2007). Las microfinanzas en la profun- dización del sistema financiero. El Caso de Bolivia. *El Trimestre Económico*, 293, 5–65.

Goodwin-Groen, RP (2002). Making Sense of Microcredit Interest Rates (Donor Brief'06), Consultative Group to Assist the Poor, Washington DC, USA.

Gutiérrez-Nieto, B, C Serrano-Cinca and C Mar-Molinero (2007). Microfinance Institutions and Efficiency. *Omega*, 35(2), 131–142.

Gutiérrez-Nieto, B, Y Fuertes-Callén and C Serrano-Cinca (2008). Internet reporting in Microfinance Institutions. *Online Information Review*, 32(3), 415–436.

Gutiérrez-Nieto, B, C Serrano-Cinca and C Mar-Molinero (2009). Social efficiency in microfinance institutions. *Journal of the Operational Research Society*, 60(19), 104–119.

Hartarska, V and R Mersland (2008). What governance mechanisms promote efficiency in reaching poor clients? Evidence from rated MFIs. *European Financial Management*, forthcoming.

Hermes, N, R Lensink and A Meesters (2008). Efficiency and outreach of microfinance institutions. Centre for International Banking, Insurance and Finance Working Paper.

Hulme, D (2000). Impact assessment methodologies for microfinance: Theory, experience and better practice. *World Development*, 28(1), 79–98.

Mayoux, L (1999). Questioning virtuous spirals: Microfinance and women's empowerment in Africa. *Journal of International Development*, 11, 957–984.

Mersland, R, RO Strøm (2009). What Explains Governance Structure in Non-Profit and For-Profit Microfinance Institutions? http://ssrn.com/abstract=1342427.

Morduch, J (1999). The microfinance promise. *Journal of Economic Literature*, 37, 1569–1614.

—— (2000). The microfinance schism. *World Development*, 28(4), 617–629. [2015年8月現在、アクセス可能]

Navajas, S, M Schreiner, RL Meyer, C González-Vega and J Rodríguez-Meza (2000). Microcredit and the poorest of the poor: Theory and evidence from Bolivia. *World Development*, 28(2), 333–346.

Paxton, J, D Graham and C Thraen (2000). Modeling group loan repayment behavior: New insights from Burkina Faso. *Economic Development and Cultural Change*, 48(3), 639–655.

Pantoja, E (2002). *Microfinance and Disaster Risk Management. Experiences and Lessons Learned*. Washington DC: World Bank.

Premchander, S. (2003). NGOs and local MFIs — how to increase poverty reduction through women's small and micro-enterprise. *Futures*, 35(4), 361–378.

Rahman, A (2001). *Women and Microcredit in Rural Bangladesh: An Anthropological Study of Grameen Bank Lending*. Boulder, USA: Westview Press.

Rhyne, E and M Otero (2006). *Microfinance through the Next Decade: Visioning the Who, What, Where, and How*. Boston, USA: ACCION.

Silva, S (2003). Microfinance institutions win a coveted seal of approval. *Microenterprise Americas*, Autumn, 12–17.

Soteriou, A and SA Zenios (1999). Operations, quality and profitability in the provision of banking services. *Management Science*, 45(9), 1221–1238.

Thanassoulis, E (2001). *Introduction to the Theory and Application of Data Envelopment Analysis*. Dordrecht, The Netherlands: Kluwer Academic Publishers.

Vassiloglou, M and D Giokas (1990). A study of the relative efficiency of bank branches: An application of data envelopment analysis. *The Journal of the Operational Research Society*, 41, 591–597.

Woller, G, C Dunford and W Woodworth (2002). Where to microfinance? *International Journal of Economic Development*, 1(1), 29–64.

Woller, G and M Schreiner (2009). Poverty lending, financial self-sufficiency, and the blended value approach to reconciling the two. *Journal of International Development*, forthcoming.

Yaron, J (1994). What makes rural finance institutions successful? *The World Bank Research Observer*, 9(1), 49–70.

Zeller, M, M Sharma, C Henry and C Lapenu (2002). An operational tool for evaluating poverty outreach of development policies and projects. In *The Triangle of Microfinance*, M Zeller and RL Meyer (eds.). Baltimore and London: John Hopkins University Press, pp. 172–195.

第 4 部

満たされない需要を満たす
―農業融資の課題

マイクロファイナンスは農業融資のための適切なツールか

ソレーヌ・モルヴァン=ルー* (Solène Morvant-Roux)

　農業はすでに世界の主要懸案事項となり始めている。農産物価格はその性格上、変動幅が大きい。食料安全保障はもはや保証されたものではなく、短期的には、食料価格の高騰が多くの国の貧困層にとっての問題となっている。こうした状況は、生き残りに苦闘している南の国々の小作農にとって、人並みの暮らしを手に入れる機会でもある。となれば、農民にはさらなる投資と増産が必要となる。だからこそ、金融へのアクセスということが決定的に重要なのである。新しい農村金融のパラダイムは、金融サービスを提供する多様な主体、とりわけ政府の役割を再定義した。公的補助は、新しいマイクロファイナンス機関（MFI）を創設して金融包摂を推進する方向に変わってきた。現在の焦点は金融包摂やアウトリーチの深度であり、その一方で、コストをカバーできるだけの金利を課して財政自立を達成することにある。このように、特定の経済部門への融資ではなく金融包摂を強調することでは、農業向けおよび農村地域におけるマイクロファイナンス側の関心の低さ、すなわち金融ニーズに対する金融サービスの適応度の低さへとつながっている。

　クレジット市場への公的介入を基礎とする「旧い農村金融のパラダイム」とは対照的な、金融市場の構築を基礎とする新しい有望なアプローチがなされているのだが、

＊スイス・フリブール大学政治経済学部　RUME（農村部のマイクロファイナンスと雇用）とCERMi

それにもかかわらず、発展途上国の小作農の大半は、今も金融サービスへのアクセスから排除されている。

1 はじめに

　世界の貧困層の75パーセントは農村地域に暮らしている。そこでの生き残りは農業（食料生産のための農業と換金作物の生産）に依存していて、気候や市場の変化といったリスクに晒されているうえ、その特徴として、相対的に利益性が低い（World Bank, 2007）。生産活動を高めようとすると、農家は、金融サービスを含めた多くの制約に直面する。発展途上国の農民の大半は、現実に金融システムから排除されている。アフリカや南アジアで農業に従事していて、銀行口座を保有している者はせいぜい5〜6パーセントだ。それに対して先進国では、農業銀行が早くから大きな役割を果たしたことで、農業の近代化や農家の銀行システムへの包含が進んだ。

　南半球の国々では、1960年代および1970年代に支配的だった介入主義の論理（「旧い農村金融パラダイム」）が、状況の現実を考慮できず、コストがかかり、結局は本当のニーズに対処するうえで有効でないということで、各方面からの批判を浴びてきた。自然、市場規制に向けた流れが、社会正義をめざす最善のベクトルとして、公共政策に採用された。しかし、金融自由化と過去30年にわたるマイクロファイナンスの急成長の結果、普遍的な解決策と見えたものにも疑問が生じてきた。すなわち、貧困層や周縁人口、とりわけ農村に暮らす者のために構築され提示されてきた金融システムでは不十分だということである。貧困削減のためには農業部門の成長が重要であるにもかかわらず[1]、この部門は、クレジットや預金、保険といった金融サービスへのアクセスをほとんど享受していないことが多い。こうした文脈において、またマイクロファイナンスがまだ埋めきっていないギャップを埋めるために、市民社会、民間部門、そして政府による新しいプレーヤーの集団が見られるようになってきているのである。

　農業金融の特異性を考慮して、現在の流れは二元論的なアプローチでない方向に向かっていて、パラダイムの変化のための——とりわけこの部門の自立という目標のための——基盤を否定しないようになっている。ぜひ確認しておく必要があるのは、数も種類も多い官民のプレーヤー間の相互作用を可能にするような、仲介的なアプローチである。このアプローチは1990年代に発展したもので、現在は主として契約面でのイノベーションに基盤を置き、商品だけにとどまらず、ガバナンススキームに関するイノベーションへと移行している。さまざまな地域、とりわけラテンアメリカの公的金融制度を再構築したダイナミクスは非常に有望である。となれば当然、公共政策

の有効性を高めることも、官民両部門をつなぐ革新的なパートナーシップの確立を通じて可能となるだろう。農業システムの中には、勇気づけられるような実例が数多く示されている。

本論では、旧い農村金融パラダイムの時代は農業が視野の中心で、特定部門の活動に資金が提供されていたが、今は、それに替わる新しいパラダイムへ向けたシフトが起こり、金融包摂に向かっているという証拠を示していく。次いで、農業への金融面でのオファーが、供給も不十分なら適応度も低いという証拠を示す。最後に、これ以外のカテゴリーのイノベーションについて述べる。すなわち、生産面でのイノベーションと制度面でのイノベーションである。

2 農村金融の旧いパラダイムから新しいパラダイムへ

2.1 介入主義アプローチの失敗から、農村金融の新しいパラダイムという約束へ

1960年代および1970年代の「旧い農村金融のパラダイム」は、農村金融へのアクセスを促進したいという公権力の欲求を基礎としていた。目的は、農業の近代化による農業発展の推進だった。最も多く見られたアプローチは、国有の開発銀行を通じた政府による直接介入や、クレジット市場でのドナーの直接介入などで、ソフト金利や寛大な保証などで条件を優遇していた。しかし、このシステムはコストがかかるうえに、持続性がなかった。理由は返済率が悪かったことで、最終的に、望むような影響を与えて農業生産を発展させることはできなかった（Nagarajan and Meyer, 2005）。したがって、デール・アダムズ（Dale Adams）のいう「農業クレジットI」は、銀行との契約による農業重視のクレジットに、農業システムの近代化（緑の革命）が組み合わさったものと分類された。短期的な施しによる解決策、融資の返済不履行、汚職など、このアプローチについてよく知られる失敗は、公的介入ばかりか、農業そのものの全否定へとつながっていった。D・アダムズが「農業クレジット・ゼロ」とよぶ1980年から現在までのパラダイムは、こうしたところから生まれたのだった。このシステムで発達した金融はマイクロファイナンスだけである。マイクロファイナンスは有効だが限定的な道具であって、農業への資金提供を目的としたものではない。マイクロファイナンスの焦点は、主に都市地域、女性、短期融資、定期返済、消費の円滑化、高金利といったところにあるからである。

農村金融の新しいパラダイムは、特定の経済部門への投資を促進するのではなく、金融包摂を推進するアプローチを基礎としている。たとえばメキシコでは、Patmir（Programa de asistencia t'ecnica al microfinanciamiento rural：農村のための技術支援プログ

ラム）という公共プログラムが2000年代初めにメキシコ農牧農村開発漁業食糧省（SAGARPA）によって実施された。これは農村地域の金融仲介機関に支援を提供するためのもので、金融サービスへのアクセスのマス化を狙いとしていた。この目的が、こんどはアプローチの標準化に、そして農業向けの金融サービスよりも容易に実施できる金融商品の開発につながったのである。

　新しいパラダイムのこうした特異性は、どれも農業融資とは両立しづらい。しかも、さまざまな利害関係者とりわけ公的介入の役割が再定義されている。農村クレジット機関が作られる時には（特にマイクロファイナンスのために）公的補助という形で支援が提供されるが、新しい公的機関はそうした範囲をはるかに超え、部門規制を重視して構築されており、徐々に発展していくマイクロファイナンスに特化した法的枠組みを備えている。ターゲットの定め方についていえば、公的介入は主に中規模農場が中心で、小自作農は、今のところ、人口の中でも利益性のない層と考えられている。

2.2　供給は引き続き不十分か、もしくは小自作農の金融ニーズに適応していない

　発展途上国の農村金融に対するこうした新しいアプローチによって希望がでてきたこと、とりわけマイクロファイナンス部門が登場・急成長している[2]ことがあるにせよ、農業部門への金融サービス供給が依然として不適切で、ほとんどの場合、小規模農地のニーズがごく不完全にしか満たされていないことは認めざるを得ない。

　マイクロファイナンスに目を向けると、その特徴として、国ごとに（一定の国では地域間にまで）大きな格差がある。バングラデシュのように、非常に高いレベルの浸透を達成している国もあるが、ほかの地域（とりわけサハラ以南のアフリカ）ではずっと浸透率が低くなっている。しかも、大きな格差は国内の、都市ゾーンおよびそれを取り巻く郊外地域と、だいたいが周縁化されたままになっている農村地域との間に存在している。マイクロファイナンスは、サービスの提供しやすい都市地域およびそれを取り巻く郊外地域に集中している。一方、農村の機関では、融資ポートフォリオのうちの、農業活動への資金提供を意図した部分が非常に多様になっている。2006〜2007年のインドでは、マイクロファイナンス部門が提供した融資の8パーセントが農業への直接の資金提供で、14パーセントが畜産にまわっていた。残りの78パーセントは家計消費、マイクロ企業への資金提供、商業などに振り向けられた。しかも、マイクロファイナンスは農業、機械化、灌漑、土地開発には事実上、クレジットを提供していなかった（Pillarisetti, 2007）[3]。

　このように、1980年代および1990年代に起こったマイクロファイナンス革命は、一般的にいって、アフリカおよび南アメリカの大半の都市地域に限定されたものだっ

た。農村地域に到達した場合も、アジアの一定の地域に見られるように、農村部のマイクロ企業向けというのが一般的だった。こうしたアプローチは、農民が作物生産に投資するのを助けることよりも、収入源を多様化することが動機になっていた。農村および都市部のマイクロファイナンス顧客は、一般に人口密度の高い低所得地域にいるのだが、そういうところの経済活動は農業ではない。一部のマイクロファイナンス機関、たとえばマダガスカルの CECAM やマリのカフォ・ジギニュー（Kafo jiginew）は、小自作農をターゲットに、金融ニーズを満たすために始まっているが、大多数の機関は農民をターゲットとはしていない。

同時に、銀行部門の自由化に伴って政府が退いても、それを埋め合わせるだけの成長が農村地域の商業銀行部門にはなかったし、ましてや農村への融資増に向かうこともなかった。それどころか、多くの銀行は農村の支店を閉じてしまったのである（Zeller, 2003）。したがって、入手できるデータは、どちらかというと一般的で、あれこれの結果が入り交じり、しかも特定の地理的地域にしか関心のないものばかりである。しかし、農業が今も資金不足であること、供給があっても、たいていは農業生産のニーズをごく不完全にしか満たしていないことを認めなければならない[4]。こうした状況は、本質的には、こうした活動への融資が全体としてコストがかかり、リスクが大きく、利益が少ないこと、しかもそれが、農村地域で金融サービスを確立しようとした時に普通指摘されるような困難をはるかに超えていることによる。農業には少なからぬ特異性があり、金融スキームはそれを理解し、考慮に入れるべきなのである。

農業には、他の部門の経済活動と明確に違う側面がいくつもある。家族経営の農家にもアクセスできるような金融サービスが発達するのを妨げている要因は数多くあるし、十分に確認もされている。こうした活動の場となるのは孤立した地域で、特徴としては、人口密度が低くてインフラがないこと[5]、気候条件に依存していることと生産サイクルが一時的であること、収入が季節ごとであることと（もっと一般に）現金収入の割合が限られていること、農産物の価格が変動すること、法的経済的な保証があまり信頼できないこと、などがあげられる。それ故、農家の金融ニーズを深く理解して、それをこうした活動に伴うリスクと組み合わせ、農業向けの金融パッケージを作り上げるとなると、さらに追加的な障害がでてきてしまう。加えて、金融仲介機関がサービス提供によって生じるコストをカバーするために、また、自らをリスクから守るために適用する金利は、大半の農産物の伴う利益性の低さと両立しないことも多かった。

こうした制約に直面しているのだから、農村地域に設立された機関が財政的な利益をあげるうえで多くの困難を経験するのも、往々にして公的補助金に逃げ込まざるを得なくなるのも、偶然ではない。利益性への圧力から、こうした機関は戦略上の選択を強いられ、たいていは農村および農業を無視して、都市およびそれを取り巻く郊外

地域での組織確立へと向かう。そしてそうした地域で、非営利組織からの強い競争に晒されてしまう（Servet, 2008）。市場の論理は、新しいパラダイムによって推進されてきた多くの契約上のイノベーションと相まって、すぐに財源が見つかるという農村世界への——もっと具体的にいえば農業への——約束をまったく果たさずにきているのである。

3　農業への融資——イノベーションへのニーズ

農業融資を発展させるためには、製品とサービスだけでなく、制度的な側面も含めた、さまざまな種類のイノベーションが非常に重要となる。課題は2つある。周縁化された人びとへのアウトリーチ向上を通じた金融包摂の改善と、金融ニーズの多様性に適合した金融サービスである。

3.1　商品のイノベーション

古典的なマイクロクレジットは少額に限定したものが多いのに対して、短期融資は、投資のためだけでなく、世帯レベルでの他の出費のためにも有望なツールであることが示されている。商品を担保として用いることで、借り手にとっても貸し手にとってもリスクが軽減される（Nair *et al.*, 2004）。ほかに、一定の条件はあるが有望なイノベーションとしては、倉庫証券（ウェアハウス・レシート）［訳注・倉庫の営業者が寄託者からの請求で発行する有価証券］制度の経験がある。生産者が生産物を預け、その預かり証券をもらえるようにすることで、貸し手は、保管された商品を担保として使えるので、クレジットのリスクを軽減することができる。価格の季節性という文脈では、このメカニズムは農家世帯の販売価格を向上させるだけでなく、食料安全保障（食料備蓄）にも貢献することが経験で示されている。このシステムは、まだ実施上の課題が多いとはいえ、農家が金融サービスへのアクセスを手に入れるのに役立つという意味では、非常に有望である（Coulter and Onumah, 2002）。

これ以外にも、効率的で持続可能な、しかも小自作農にもアクセス可能な金融サービスを推進する方法が、制度的組織の観点で発見されている。たとえば、都市部の借り手と農村部の借り手とのあいだや、同じ農村地域内の農業活動とそれ以外のリスクの少ない活動との間でポートフォリオを多様化して、リスクを軽減するなどがこれに当たる。マリ、マダガスカル、ペルーなどのさまざまな文脈において、農村地域に到達して農家の金融ニーズを満たすために設立されたマイクロファイナンス機関が、作物生産への依存を減らし、リスク管理を向上させる目的で、ポートフォリオの多様化

を採用している。こうした機関は、都市地域での活動からスタートした。ただ、ガバナンスとミッションドリフトの問題は別にしても、この戦略は、スキル修得のためのキャパシティビルディングにコストがかかるかもしれない。金融商品の開発は、都市部と農村部では違った専門知識が求められるからである。スキルの修得は農村地域では非常に難しいが、農業活動金融にふさわしい特殊知識を開発するうえでは、これが不可欠である。一つの可能性としては、公的支援と、そうした特殊知識の修得に伴うコストをカバーする方へ向けることが考えられるだろう。

　農業のアウトプットは気象条件に大きく左右される。今は気候変動との関係を示す証拠も増えているし、作物被害につながる異常気象の例も増えている。したがってリスク管理、とりわけ気候リスクの問題は、農業金融サービスの発展に向けた本質的な条件だと考えられている。

　したがって解決策は、気候保険および保険付き融資に見いだすことになるだろう。問題は、低収入の農家が、深刻な気象条件による農業損失の補償をどこまで受けられるかということと、そうしたスキームでどうやって利益を出せるのかということである。実際に、これを実施するのは非常に難しい。気象に関する時系列のデータを利用して、インデックスベースの気象保険商品を作り出す必要があるし、損失評価の問題もある（FAO, 2005）。農業産品は、そのリスクレベルの特異性の故に、保険スキームを利益の出ないものにしてしまう。保険料が世界の農業生産価値のわずか0.4パーセントしか集まらない理由も、これで説明することができる。公的補助のない国の大半では、保険会社は農業保険をまったく提供できないだろうし、その意思もないだろう。

　こうしたことから、政府と民間保険会社とのパートナーシップが求められるのである（Pagura, 2008）。

　しかもこうした文脈で、また農業融資の特殊な性格を前にして、現在の流れは二元論的アプローチではなくなってきている。パラダイム変化の根本理由となっているものを放棄することなしに、現在の流れは事実上、官民の分離についての一枚岩理論の限界を強調し、政府、民間部門、そして市民社会のそれぞれの役割と行動範囲について再定義を促している（Bouquet, 2007）。マイクロファナンス運動は、主には契約面でのイノベーション（担保の義務づけ、あれこれの返済奨励手段、さまざまな金融商品）を基礎として、その上に農村金融の新しいパラダイムを発展させてきているのだから、ガバナンスに関しては、まだイノベーションの余地が残っている。今は、制度的なモデルをはるかに越えて、多様なプレーヤーの間で一定の均衡を手探りしている状態なので、そうしたバランスが見つかれば、過去の過ちを避けるのに大いに役立つはずである。

第4部　満たされない需要を満たす──農業融資の課題

3.2　開発銀行が農業開発のエンジンに転換

　こうした農村金融のための新しいパラダイムを前にして、公的な金融機関は当初、発展途上国での金融パッケージの構築に参加することの正当性を完全に失っていた（Gonzales–Vega, 2003）。しかし、支配的なイデオロギーとは対照的に、ラテンアメリカおよび一部アジア、ないしはアフリカの国々での議論は、もはや公的な金融機関の創設や維持を単純に疑問視するのではなく、そうした機関をもっと効果的に機能させ、託されている開発目標に最大限役立てるという方向になっている。

3.2.1　ラテンアメリカでの経験

　ラテンアメリカには、108の開発金融機関（Development Financing Institutions: DFI）があり、そのうちの32機関が農業のための融資を提供している。理由は、元もとその目的のために設立されているか、ふだんから経済活動の多様な部門に融資しているかのどちらかである。こうした機関の一部に見られる最近の変化は、興味深い教訓をいくつも与えてくれている。こうした組織の有効性は、政治的介入の制約を狙ったガバナンスを通じて、実際に民間部門の参加推進につながっている（政治的介入はこうした機関を脆弱化する要因となる）[6]。

　グアテマラのバンルーラルSA（Banrural S.A.）の経験は2つの点で興味深い。その統治機構の革新的な性格が、財政面での業績目標とマッチしていたのである。バンルーラルSAは、グアテマラの国立農業開発銀行であるBandesa（Banco Nacional de Desarrollo Agricola）を改編して設立された。当時（1990年代前半）の選択肢で最も信頼がおけ、しかもいくつかの多国間組織から支持されたのは、Bandesaを直ちに民営化することだった。しかし、地元プレーヤーによって改編されたことで、ほかにも、新たなモデルの創出をめざしたオプションが生み出された。また同時に、開発推進のミッションに役立つ一定の特徴が、Bandesaから引き継がれることにもなった。このミッションは、民営化というオプションが選択されていたら、損なわれていたと思われる。

　バンルーラルSAのガバナンスモデルには独創的な点がいくつもある。まず、これは混合資本による銀行で、公共部門が株式の30パーセントを保有し、残りの70パーセントを民間の株主が保有している。内訳は、協同組合運動が20パーセント、農民組織が20パーセント、その他さまざまな民間株主（NGO、マイクロ企業など）が残りの30パーセントである。このモデルでは、総会中に株主のカテゴリーごとにリーダーを選出することができる。各グループはそのグループの構成員にしか株式を売却できない。したがって管理委員会の構成は、さまざまなカテゴリーの株主を代表するものとして維持される。結果、恒常的な交渉と株主間コンセンサスの模索を必要とするシステムとなったのである。経営レベルでは、この銀行は2つのレベルで機能して

いる。国内のほぼすべての主要都市に配置された支店を通じての直接的レベル（一次的事業）と、孤立した地域で活動しながらマイクロファイナンスに携わっている団体（NGO または協同組合）をターゲットとした、借り換え融資限度枠を通じての間接的レベル（二次的事業）である。融資担当者はすべての顧客を訪問し、事業の評価と世帯収入のフローを基礎に決定を下す。

　農村地域を中心とするサービス拠点が大きく成長したおかげで、バンルーラル SA は、農村地域および農業に向けたオファーを開発できてきた。提供される金融サービスの品質がよいことも、中心的な役割を果たした。こうした融資限度額でのオファーをはじめて以来、バンルーラル SA は、150 を超える地元金融組織を通じて、7 万 5000 を超える顧客にサービス提供してきている。ポートフォリオのうち、農業向けの割合は 2000 年で 12 パーセントだが、目標ではさらに増やすこととなっている。金利は年率 16 パーセントとかなり低いが、これは融資限度額が安価で運営コストのレベルが低いためである。一方、農業クレジットのデフォルト率は 1 パーセントとなっている。

　このモデルの独創的な特徴のなかでも、特に注目したいところが 2 点ある。1 つは、市民社会の組織が新しい銀行に投資する可能性がでてきたことである。これによって、こうした組織が公的世界で考慮され、認識される機会が多くなるだろう。もう 1 つは、国家が行政機関を通じて、株主として農村開発戦略に向けた考えを管理委員会と共有しながら、銀行の機能を推進していくという可能性で、これも政府プログラムによるイニシアティブを支え、高めていく手段となる。全体として、バンルーラル SA は、利益性と対象範囲という点から見て模範的な機関のように思える。国、協同組合、地元ないし農家の組織、非営利組織といった多様な株主間のバランスをとる役割も果たしている。

　このように、ラテンアメリカの開発銀行では今も公的部門が重要な役割を果たしているのだが、その輪郭は、近年になって大きな変化を遂げている。今は農業部門の開発銀行にもさまざまな形態があって、まったくの公的組織で農業に特化しているものから、借り換えや混合資本、あるいは複数の部門を抱える機関まである。障害があって融資が農業部門に限定される時でも、これほど多種多様な対応ができれば、魅力的な選択肢が数多く見つかる。公共部門に管理される機関（一般に権力を持った現政権に依存している）から民営化に至るまでのところで、改革に向けた選択肢が数多くあるので、金融開発に専心するそうした組織の統治構造の内部に変化をもたらすことができる。こうした選択肢があることで、民間のイニシアティブの最も優れたところを伸ばすことができる一方で、国家（ある特定の時期の「政府」とは区別すること）の権力に支えられて開発に関わっている組織の積極的な側面を維持することも可能となるのである。

しかし、こうした金融機関の顧客や構成員が参加するという点でいえば、ガバナンスに関わっているところでも（チリ、アルゼンチン、ペルー、コロンビアではそうなっていない）、提供する金融サービスの種類の決定に当たって果たしている役割は、まだ周縁的であることがほとんどであることは指摘しておくべきだろう。たとえばメキシコでは、農業の代表が政治的な役割を果たすことはあるが、どのような金融サービスを提供するかの決定に関与することはない。ここでも、グアテマラのバンルーラルSAの経験は例外的である。すなわち、一方では顧客が運営組織に参加し、他方では経営者が、サービス存続のためには顧客ニーズに可能な限り対応することが重要だと確信しているのである。

3.2.2 アジアおよびアフリカでの経験

これ以外にも、農業部門の制約に適応した金融商品の創造をめざして、アジアの多くの国が金融機関の再編を経験している。ここではタイのBAAC（Bank for Agriculture and Agricultural Cooperatives：タイ農業・農業協同組合銀行）を例に引いてみよう。BAACのガバナンスは、所有権の大多数が政府関係の構成員に支配されている（株式の99パーセントを財務省が握り、残りの1パーセントを農業協同組合が保有している）のだが、短期的な戦略が強調されていて、中長期的な安定——政府機関の特徴であり、持続可能性のある商品を構築するうえで不可欠なもの——に反する形になっている。しかし他方、再編によって事業の利益性への集中度が増し、預金を惹きつけることに力点が置かれたことで、外部財源への依存度が大幅に下がった。2003年、BAACは、タイの農業世帯全体の92パーセント近くに当たる530万世帯に到達している。

インドでは、NABAED（National Bank for Agriculture and Rural Development：全国農業農村開発銀行）が、協同組合銀行や地域農村銀行などの農村金融機関（rural financial institution: RFI）のカテゴリーごとに準備されたDAP（Development Action Plan：開発行動計画）を通じて、下からの制度開発を牽引した。こうしたDAPを通じての金融部門の改革によって、多くの機関が自身のシステムや手順、クレジットおよび預金プログラム、さらには人事管理の方法を変更するようになった。どれもが利益性を高めると同時に、自身のクレジットプログラムを広範に流通させることに関心を持ってのことだった。最初の結果は特段の成功ではなかったが、それでも、こうした地区の中央協同組合銀行や地域の農村銀行といった機関の多くが、農業への融資を維持しつつ、なんとか利益をあげられるようになった（Pillarisetti, 2007）。

農業およびマイクロファイナンス機関に専心する国立銀行とのつながりが生産的であることは、マリでも証明されている。マリでは、国立農業開発銀行（Banque Nationale de Développement Agricole: BNDA）が借り換え機関という形で支援することで、各機関が流動性リスクを低減できている。D・ザイベル（D. Seibel）の行った研究は、

預金貸付組合のネットワークであるカフォ・ジギニューが、融資限度額と、BNDAや他の商業銀行からの預金口座を利用して、農業活動の季節性による年間キャッシュフローの変動を低減していることを示している（Seibel, 2008）。一般的な法則として、南半球の国で農業に資金提供するために金融スキームを確立する過程では、望ましい対話者として、生産者組織の立場が優勢であることを強調しておくべきだろう。金融機関のガバナンスに生産者組織を参加させることが推奨されてもよい。

セネガルNGO連盟（FONGS）は、セネガル農業金融公庫（Caisse Nationale de Credit Agricole du Senegal: CNCAS）への参加を奨励している。これは同銀行の資本の4パーセントを取得したことで理事会の席が認められたためで、目的は、農業クレジットの唯一の機関を確保することにある。また、CNCASの農村金融政策に影響を与え、特に農村地域の金融を確実に発展・持続させることも目標としている。この戦略は、農村金融および農業金融の分野での顕著な進歩につながっている。具体的には、

● CNCASのネットワークが拡大し、農村の生産者までの距離が縮まった。
● 金利が18パーセントから7.5パーセントまで下がった。
● CNCASのネットワークと各地に分散している地元の貯蓄信用組合とのつながりをめぐる対話が始まった。

しかし、上記の例は、農業融資の特殊な性格に適応した独創的な組織モデルのアイデアが、我々の知るような現実と対応していないことを如実に示している。金融サービスへのアクセスに向けた戦略の中で組織モデルを選択することが、唯一の決定要因ではないのである。

とはいえ、ここで見えてきているのは、開発金融機関のガバナンス形態によっては——とりわけラテンアメリカに見られるように——民間部門が市民社会とともに統治機構に参加できるということであり、協力して支援を（原則的には借り換え機関という形で）提供するとともに、金融部門を構造化することができるということであり、そしてまた、この興味深い妥協が、農業のための資金源を強化・安定させるということなのである。こうした経験は、農業部門と相性のいい短期的利益性の需要を強調することで、この経済部門のニーズをうまくカバーすることにつながっている。したがって、農業融資における国家の役割も変わらなければならない。主権と結びついた機能は、法規制の枠組みを開発する活動に制限されるが[7]、そうしたことを超えて、国家による介入はつねに正当化できる。国民各階層間の平等に懸念のある場合には特にそうである。

しかしほとんどの文脈では、公的介入は、民間部門の開発を促進して金融排除を削減することに焦点が当てられている。この金融包摂のアプローチは、まだ、農業にお

第4部　満たされない需要を満たす——農業融資の課題

いて民間部門の果たす指導的役割とはなっていない。これを支持しているのがバージェスとパンデ（Burgess and Pande, 2005）である。バージェスとパンデは、1977年から1990年にかけてのインドで、社会金融プログラムによって農村銀行のネットワークが拡大し、非農業部門の成長率は伸びたのに、農業部門の成長率が伸びなかったことを示している。こうした結果は、農業においては、民間部門が国家の指導的役割を代替しないという事実を強く支持している。興味深いので指摘しておくと、メキシコでは、国家介入によって、クレジットへの補助金を通じた小規模農場へ支援することは断念したが、商業的農業は今もこの種の国家支援から利益を得ている（Morvant-Roux et al., 2009）。

　実際に、公共の銀行にさまざまな利点のあることが、新興国での研究から確認されている。そこに見られるのは、小規模農場、女性、小規模事業など、伝統的に商業銀行の提供するサービスからは利益を得てこなかった部門への関与が増えていることと、経済活動のそうした部門や人口層への関与が、民間の銀行と比べての安定性、永続性に優れているということである（とりわけ Voguel, 2005, and Micco and Panizza, 2005 を参照）。公的補助によって、最も不利なグループへの到達も可能になる（Balkenhol, 2007）。さらに拡げて考えれば、農業金融の問題が近接性、イノベーションと多様性、そしてリスク低減の結合から構成されているのと同程度に、ほかの介入方法も農業部門で経験されてきている。

　こうした点から見ると、金融機関のみならず、生産者、卸売業者、バイヤー、加工業者など、業界のあらゆるプレーヤーの、どこもが数多くのリスクに直面しているのであり、そのことが、そうしたリスク低減のために協力する努力を正当化することになる。その結果、戦略的同盟を通じて、今まさに、すべての当事者による反省的思考が行われている。その狙いは、各カテゴリーの比較優位を集め、相互のダイナミクスを刺激し、全プレーヤーにとってのリスクを軽減することなのである。

　現在、こうした2部門間での相互作用の強化を狙ったイニシアティブが、いくつか進行中である。その目的は、長期的な関係を築くことと、さまざまな主体（生産者、借り手、バイヤー、加工業者）のリスクを低減することである。

　こうしたパートナーシップは多様な形態をとっている。

- バリューチェーンのなかのあるリンクに焦点を当てたもの（たとえば MFI と備蓄施設との、あるいは MFI と輸出業者とのパートナーシップ）。
- バリューチェーン全体への取り組み（バングラデシュにおけるダノン（Danone）のビジネスモデル）。
- パートナーシップには直接的なもののほかに NGO などの第三者を動かして、触媒、支援者、時にはサービス提供者の役割を演じてもらうなどの間接的なものがある。

近年は、バリューチェーンを作る主体が「仮想保証人（virtual guarantor）」という限定的な役割を果たす例がある。そうしたケースでは、生産者が、たとえば大きなバイヤーや加工業者とつながっているというだけで、金融機関の目には信用価値があるしるしだと映る。バリューチェーンの主体が金融取引に直接関わることで、伝統的なアプローチで生産者に与信サービスを提供することもできるだろう（Gonzales-Vega et al., 2006）。

　開発の資金提供を民間のリソースに委ねることで、プレーヤーが公的な行動に完全に取って代わるべきではない。公的な行動は、単独でも、一定水準の集合的一貫性を推進することができる。そしてそうした一貫性が、こうした活動にとって、またこうした活動が謳っている開発目標にとって、不可欠なのである。

4　結　論

　国家と市場という2つのモデルの限界を考えた時、これに替わるアプローチはすでにいくつも登場しているし、もっと注目されるべきである。それと平行して、国際的な経済状況から農業が——とりわけ発展途上国の農業が——ふたたび世界の懸念事項の中心になろうとしている。この文脈では、発展途上国の食料ニーズを満たすという大問題が、地域の生産者によって保証されなければならない。しかし、どのような条件下であれば、農村地域はこの成長需要を満たすことができるのだろうか。発展途上国の農民にしてみれば、こうした文脈は機会を提供してくれるが、この歴史的な幸運をつかむためには、投資によって生産を増大する必要がある。このことは、適切なクレジットおよび保険のシステムへのアクセスの存在を暗に前提している。こうした課題を前にして、国家が農業融資のための支援スキームにおいて果たすべき役割は大きい。

　これまで、自由化という文脈のなかで、多くの国の政府は金融包摂を最重要視してきた。そのため戦略的な経済部門、とりわけ農業生産への資金提供という60年代の優先事項は横に置かれてきた。しかも、金融包摂とともに、所得創出活動の多様化ということが流れとなった。農村地域では農業が最も利益が少ないことから、今の農村人口は、マイクロクレジットを新しい生産活動に投資するよう奨励されている。こうした収入源の多様化は、世帯の脆弱さを低減すると考えられている。対照的に、農家の金融ニーズのための商品を開発するマイクロファイナンス機関はほとんどなくなってしまった。

　しかし、本論で光を当てた現在のイニシアティブには、有望なものがいくつもあ

第4部　満たされない需要を満たす——農業融資の課題

る。もちろん、こうした新しい形でのパートナーシップの有効性を、農業生産者の多様な金融ニーズを満たす公共政策のルールとしても評価していくには、まだまだ時間が必要ではある。これまでに実施された調査と分析は限定的なものばかりで、一般化するには至っていない。国家の役割に絞った研究は、農業の特異性をほとんど考慮に入れていないので、当然、視野が限られてくる。地域レベルでの交差分析（Cross analyses）は非常に価値が高い。理由は、そうした研究が、規範的になることなく解決策を提供し、それ故にさまざまなプレーヤーの意思決定の指針とできるような経験の確認につながるからである。

注
1．「……農業によるGDPの成長は、非農業部門によるGDPの成長と比べて、少なくとも2倍は貧困削減に貢献する」（WDR, 2008: 7 より要約）。
2．マイクロファイナンス部門の年間成長率は、1997年から2005年までで30パーセントを超えている（Daley–Harris, 2006）。しかし、この数字からは国ごとの、また個々の国の地域間に存在する大きな格差が見えてこない。
3．しかし、一部のネットワークが「やればできる」式のアプローチを採用して、農家のニーズに資金を供給したことは強調しておくべきだろう。そのような事例が、西アフリカの金融機関連盟（Confederation of Financial Institutions: CFI）である。このネットワークが1998年、2001年、2004年の3年にわたって認めた融資条件の分析から、1～3年で満期を迎える中期融資については、1998年の5パーセントから2004年の36パーセントへという大きな変化が示された。ニーズへの対応という問題が現在進行中で、大きな地域間格差が根強くあるとはいえ、こうした結果は勇気を与えてくれる。
4．ここでも、CIFネットワークの提供するデータは、多くの文脈で観察されている流れに反している。これは、同ネットワークに参加している機関が2006年に認めた融資のうち、40パーセントが農漁業活動への融資に向けられているためである。ポートフォリオの残りは、工芸に8パーセント、商業サービスに52パーセントである。こうした結果は、大きな地域格差はあるものの、勇気を与えるものである。実際に、WAEMU（Union économique et monétaire ouest-africaine：西アフリカ経済通貨同盟）で見ると、この数字はそれぞれ19パーセント、21パーセント、60パーセントとなっている（Ouedraogo and Gentil, 2008）。
5．新しい情報通信技術を用いた現在の経験は、地理的な孤立や人口密度の低さといった問題への解決を、一定程度まで提供できるだろう（Ivatury, 2006）。
6．開発銀行のラテンアメリカでの経験に関する分析は、Trivelli and Venero（2007）を基礎としている。
7．金融市場への直接の公的介入をめぐっては、躊躇する声が多い。市場を歪めることと、そのマイナス影響を怖れる声もある。各種の協会や信用組合は、農村の不利益な地域での金融サービス需要をカバーしようと自発的に取り組んでいるので、そうした民間部門にマイナス影響がでることを怖れているのである。

参考書目

Balkenhol, B (ed.) (2007). *Microfinance and Public Policy: Outreach, Performance and Efficiency*. London: Palgrave MacMillan.

Bouquet, E (2007). Construir un sistema financiero para el desarrollo rural en México. Nuevos papeles para el Estado y la sociedad civil. *Revue Trace*, 52.

Burgess, R and R Pande (2005). Can rural banks reduce poverty? Evidence from the Indian social banking experiment. *American Economic Review*, 95(3), 780–795.

Coulter, J and G Onumah (2002). The role of warehouse receipt systems in enhanced commodity marketing and rural livelihoods in Africa. *Food Policy*, 27, 319–337.

Daley-Harris, S (2006). *State of the Microcredit Summit Campaign, Report 2006*. Washington: Microcredit Summit Campaign.

González-Vega, C (2003). Deeping Rural Financial Markets: Macroeconomic Policy and Political Dimensions. Paper Presented at the Conference Paving the Way Forward: An International Conference on Best Practices in Rural Finance, Washington DC.

González-Vega, C, G Chalmers, R Quiros and J Rodriguez-Mega (2006). Hortifruti in Central America: A Case Study About the Influence of Supermarkets on the Development and Evolution of Creditworthiness Among Small and Medium Agricultural Producers. *microREPORT 57*, AMAP Publication. Development Alternatives Inc. and The Ohio State University.

Ivatury, G (2006). La technologie au service de systèmes financiers inclusifs. CGAP, Focus note 32.

Micco, A and U Panizza (2005). Public Banks in Latin America. Background Paper Prepared for the Conference. *Public Banks in Latin America: Myth and Reality*, IDB, Washington.

Morvant-Roux, S (2008). What Can Microfinance Contribute to Agriculture in Developing Countries? *Proceedings of the International FARM Conference*.

Morvant-Roux, S (ed.) (2009). *Microfinance pour l'agriculture des pays du Sud, 8ième rapport, Exclusions et liens financiers*. Paris: Economica, pp. 458.

Morvant-Roux, S, I Guérin, M Roesch and J–M Servet (2009). Politiques d'inclusion financière et financement de l'agriculture. Le cas de l'Inde et du Mexique. *Mondes en Développement*, 38-2010/3-n°151.

Nagarajan, G and RL Meyer (2005). Rural Finance: Recent Advances and Emerging Lessons, Debates, and Opportunities. Working Paper AEDE-WP-0041-05, Department of Agricultural, Environmental, and Development Economics, The Ohio State University.

Nair, A, R Kloeppinger-Todd and A Mulder (2004). Leasing: An Underutilized Tool in Rural Finance. World Bank Agricultural and Rural Development, Discussion Paper 7.

Ouedraogo, A and D Gentil (eds.) (2008). *La microfinance en Afrique de l'Ouest: Histoires et innovations*. Paris: CIF-KARTHALA.

Pagura, M (ed.) (2008). *Expanding the Frontier in Rural Finance: Financial Linkage and Strategic Alliances*. Rugby: Practical Action Publishing.

Pillarisetti, S (2007). Microfinance for Agriculture: Perspectives from India. Paper for the International Conference. *What Can Microfinance Contribute to Agriculture in Developing Countries?* Paris.

Seibel, D (2008). Self-Reliance vs. Donor Dependence: Linkages Between Banks and Microfinance Institutions in Mali. In *Expanding the Frontier in Rural Finance: Financial Linkage and Strategic Alliances*, M Pagura (ed.), pp. 147–168. Rugby: Practical Action Publishing.

Servet, J–M (2008). Inclusion financière et responsabilié sociale: Production de plus values financières et de valeurs sociales en microfinance. *Revue Tiers-Monde* 2009/1 (197).

Trivelli, C and H Venero (2007). *Banca de desarrollo para el agro: experiencias en curso en América Latina*, Lima (Perú): Instituto de Estudios Peruanos.

Voguel, R (2005). Costs and Benefits of Liquidating Peru's Agricultural Bank. USAID– EGAT– AMAP.

World Bank (2007). *World Development Report 2008: Agriculture for Development*. Washington DC.

Zeller (2003). Models of Rural Financial Institutions. Paper Presented at Paving the Way Forward: An International Conference on Best Practices in Rural Finance, Washington DC.［邦訳『世界開発報告　開発のための農業』田村勝省訳　一灯舎　2008.3］

マイクロクレジットの需要はどれほどなのか
―― セルビア農村地域の事例

ウィリアム・パリエンテ[*]（William Parienté）

　マイクロクレジットプログラムなどによるクレジット市場への介入は、低所得者に信用制約があり、しかも既存のクレジットソースでは満たされない積極的なクレジット需要があるという前提の下に展開されている。マイクロクレジットプログラムは世界に大きく広がってきたが、信用制約のある低所得者のための重要なポテンシャルは今もなお、特に農村地域に残されている。

　本論は、クレジットの需給ギャップの関数分析に貢献するものである。用いるのは、セルビア農村地域で実施した研究から得られた実証的成果である。この国では、相当な信用制約があるところに、マイクロクレジット・サービス需要の全体的な低さが組み合わさっている。

　ここでは、各世帯のクレジット行動を直接分析するのではなく、消費者選好の分析を通じて、農村世帯のクレジット需要を評価している。分析に用いた選択ベース・コンジョイント（choice-based conjoint: CBC）法は、多くの属性を持つ商品の需要分析によく利用される手法である。興味深いことに、従来のマイクロクレジットの属性を持ったクレジット商品への需要が非常に低いことも見えてくる。次には、マイクロクレジット需要に影響する世帯的な特性に目を向けていく。

　最後に、今回の研究結果から、マイクロクレジットの発展を妨げる要因について詳

---

[*] IRES、ルーヴァン・カトリック大学、JPAL

しく述べることにする。

1　はじめに

　金融サービスはさまざまな理由で——物理的・人的資本の蓄積のために、また保険市場がない状態での消費平滑化のために——不可欠である。したがって、クレジットへのアクセスがないと、経済の生産性や家計の移動性に大きな影響がでかねない。信用制約から、農業に関する文脈では、たとえばローリスク・ローリターンの生産ないし資産ポートフォリオの選択につながることもあるだろう（Rosenzweig and Biswanger, 1993）。

　マイクロクレジットプログラムなどによるクレジット市場への介入は、低所得者に信用制約があり、しかも既存のクレジットソースでは満たされない積極的なクレジット需要があるという前提の下に展開されている。マイクロクレジットプログラムは世界に大きく広がってきたが、そのアウトリーチは、一部の農村の文脈では、限定的なものにとどまっている。信用制約を抱えたままの低所得者のために、マイクロファイナンスサービスの有効性を向上させる余地は大いにある。

　クレジットへのアクセスに程度差があったり信用制約が存在したりするのは、クレジットの需要と供給が釣り合っていないためである。クレジット市場の不完全性や、それによる信用割り当てに関する影響については多くのことが述べられているが、クレジット需要の測定に関する実証的証拠はほとんどない[1]。クレジット需要の評価が複雑であるのにはいくつか理由があるが、最も大きいのは、金融需要が信用取引のさまざまな条件——金利、成熟度、分割返済の頻度、猶予期間、支払いのタイミング、取引コストなど——によって左右されることである。第2の理由は、信用制約があるために、信用取引が観察されないことが必ずしも金融需要の不在を意味しないことである（それは、信用取引も信用制約もない場合にのみ当てはまる）。そして第3に、クレジットが多様な目的に利用できる場合、農業生産のための資金調達など、具体的な用途への需要を評価するのが難しいということがあげられる。

　発展途上国でのクレジット需要の推定を試みた研究もあるが、その推定値はたいていバイアスがかかっている。実際に、需要と供給の要因を識別するのは難しく、ほとんどのデータは、借り手でない者を切り捨ててしまっている（David, 1979；David and Meyer, 1980）。

　したがって、全体として、クレジット需要が信用契約のパラメータによってどう違ってくるかを厳密に評価する方法は存在しない。クレジット需要感応性を評価した試みで最も成功したものは、南アフリカでのランダム化実験によるもので（Karlan and

Zinman, 2008)、金利および融資期限が、銀行の元顧客プールにランダムに割り振られている。カルランとジンマン（Karlan and Zinman）は、金利が貸し手の標準金利より低い時の需要は相対的に弾力性に乏しいが、物価が基準を上回っている時には非常に弾力性があることを示している。しかし、カルランとジンマンの実験には一定の限界がある。第1に、これは特定のタイプの顧客（すでに顧客となっている人たち）について考察している。第2に、金利が現在の標準金利を上回っている場合、彼らの過去の経験から、需要の弾力性に下方バイアスがかかっている可能性がある。そして第3に、焦点の当たっているのが、クレジットの属性のうちの、金利と融資期限という2つに限定されている。しかし、融資申し込みの意思決定では、それ以外の要因（たとえば規模など）も重要となってくるだろう。

　本論は、クレジットの需給ギャップに関する分析に貢献するものである。用いるのは、セルビアの農村地域で実施された研究から得られた実証的成果である。この国では、相当な信用制約があるところに、マイクロクレジットサービスのアウトリーチ（と需要？）の非常な低さが組み合わさっている。

　ここでは、各世帯のクレジット行動を直接分析するのではなく、消費者選好の分析を通じて、農村世帯からのクレジット需要を評価している。分析に用いた選択ベース・コンジョイント（CBC）法は、多くの属性を持つ商品の需要分析によく利用される手法である。本論の実証的成果が基礎としているのは、2002年の生活水準測定調査（Living Standard Measurement Surveys: LSMS）の事後調査からのデータで、約2000の農業世帯の代表的サンプルについて実施されたものである。

　本論の構成は以下の通りである。セクション2では、セルビア農村部での金融サービスの利用状況について述べる。セクション3では、選択ベース・コンジョイント法を用いて、セルビア農村部の農業世帯のクレジット需要を分析する。そしてセクション4で、マイクロクレジットの発展を妨げる要因に目を向けて、結論を述べる。

2　セルビア農村部のクレジット市場

　調査対象としたセルビアの農村地域では、農業活動が主な収入源となっている。約40パーセントの世帯が農業に直接依存している一方で、2番目に重要な収入源は所得の社会的移転［訳注：社会保険、社会扶助、児童手当など］である。農業以外の事業からの収入はごく限られていた。

　セルビアの農業世帯が利用している金融サービスの幅は広くない。調査の行われた2007年以前では、農業世帯のほぼ3分の1に当たる29パーセントが、インフォーマル部門としか信用取引を行っていなかった。15パーセントの世帯は、一部だがフ

ォーマル部門の融資にアクセスできていた。60パーセントは信用取引にまったく関わっていなかった。家庭が最もよく利用するクレジットソースは消費者としての買物行動で、友人や親戚がこれに続いている。銀行からのクレジットに関心があるのは全世帯の7パーセントだけで、投入サプライヤーからのクレジット（6パーセント）よりわずかに多いだけである。また、農村世帯の5パーセントが、その前年に、政府プログラムからの補助金によるクレジット（スタートは2004年）にアクセスできていた。重要な点を指摘しておくと、インフォーマルなクレジットソースの利用に関する数字は少し控えめだと思われる。こうしたものは、家計調査のアンケートで捕捉するのが特に困難だからである。

表20.1も、調査時点でマイクロファイナンスがほとんど不在だったことを示している。

2.1 潜在需要

クレジットへのアクセスを測定する方法は、未払い負債のある世帯の割合や担保付き融資の規模だけではない。農村世帯には、なにがしかのクレジットを要望しても、受け取る額が求める額より少なかったり、まったく拒否されたりしているところもある。クレジットへの需要はゼロではないのに、クレジット市場から自己排除している

表20.1 クレジットへのアクセス

クレジットへのアクセス	（％）
未払い負債	40
銀行	7.2
マイクロクレジット	0.6
協同組合	0.85
親戚	9.92
友人	11.56
国のクレジットプログラム	4.5
自治体のプログラム	3.6
現物（店主、納入業者など）	25
高利貸し	1.31
その他	0

表 20.2　潜在需要の課題

世帯の割合	（%）
市場の条件でもっと借入れる意志がある	38
過去1年でクレジットの必要はあったが申請していない	28.5
＜申請しない主な理由＞	
断られるのが怖い	7.1
返済できなくなるのが怖い	24.4
適切な担保がない	8.14
拒否されたクレジット需要	7

世帯もある。

　セルビアの農村地帯では、調査の前年で38パーセントの世帯が市場の条件でもっと借入れたいと考え、28.5パーセントが、クレジットを必要としながら申請していなかった。こうしたクレジット市場からの自己排除は、拒絶されることへの怖れ、融資を受けられても返済できないことへの怖れ、あるいは適切な担保がないことなどで説明できる。さらに、7パーセントの世帯が、調査の前年にクレジットの申請を拒絶された経験があった（表20.2参照）。

　こうした潜在需要の推定値は信用制約の概算に過ぎないが、これを、フォーマルおよびインフォーマル部門での取引が限定されていることと結びつけて考えると、クレジットへの相当なニーズがあることは明らかである。このようなニーズは、今のところ既存の資金源では対処できていないことから、クレジット市場での何らかの介入へ向けた可能性はあることを示している。

　次のセクションでは、新しいアプローチでクレジット需要を評価していく。

3　選択ベース・コンジョイント分析による需要の評価

　このセクションでは、クレジット商品のタイプの違いがクレジット需要に果たす役割を掘り下げて行く。クレジットの観点から金融需要へのインパクトを評価するには、具体的に記載された選択方法を用いて消費者選好を分析する方法が有力で、その一例が選択ベース・コンジョイント（CBC）分析[2]である。この手法は、商品に多くの属性がある時によく用いられる。実際に、クレジット商品の属性には、同時に需要に

も影響を与えるものが多い。

　CBC法の基盤となっているのは、消費者理論とランダム効用理論（random utility theory）である。消費者理論では、商品の効用はその特性ないし属性によって分割可能な効用に分解することができるとする。またランダム効用理論は、効用を特性ないし属性の機能であるとしている。

　CBCの実験では、異なる属性の組み合わせが、異なる商品として回答者に示される。これは、任意の商品属性を単独で示したのでは、回答者がその相対的な重要性を正確に判断するのが難しいからである。言い換えれば、個々の属性が孤立している場合と、いくつもの属性が組み合わさって1つの商品になっている場合とでは、認知のされ方が異なるのである。また、CBC実験では、属性や属性水準の可能な組み合わせをすべて提示するのではなく、可能な商品の組み合わせによる部分集合をランダムに選択して提示する。回答者は、提示されるいくつかの商品から1つの商品だけを選ぶよう求められる。したがってこの過程で、それぞれの属性の相対的な評価と、その属性のどの水準が好まれるかが判断できるのである。この方法の利点は、現実に近い比喩的な例をいくつか暗示することで、市場の状況を可能な限り再現できるところにある。

　筆者の知る限りでは、CBCのアプローチで金融需要を評価するのは、今回が初めての試みである。セルビア農村部の農業世帯に適用することで、それぞれのクレジット特性について好まれるクレジット条件が確認できるだろう。また、どのクレジット特性（融資規模、金利など）が世帯から最も高く評価されているのか、融資を受ける意思決定に最も影響しているのかといったことも確認できるだろう。CBCを用いることで、セルビアの一部地域で利用できる既存供給への需要も評価することができる。これは、セルビア農村部では特に重要である。この地域では、従来型金融部門のアウトリーチが今も限定的で、政府やマイクロファイナンス機関が介入しての大規模な補助金によるクレジットプログラムなど、クレジットへのアクセス向上をめざした潜在プログラムが少なからず存在しているからである。

3.1　選択ベース・コンジョイント分析の設計

　CBCの選択集合の設計は、具体的な文脈の中で筋の通った結果（回答者から見て信用できる結果）を得るために非常に重要で、たとえ偶然にでも、その商品が実際の市場に存在していれば、その設計は非常に現実に近いということになる。セルビア農村部でのCBC実験では、世帯が最も高く評価する属性（世帯での金融サービスの認知と用途に関して、先行する量的調査があるので、それにしたがう[3]）と、政府、銀行、マイクロファイナンス機関のクレジットプログラム[4]が通常用いる属性水準を選択集合の基礎とした。

選択ベース・コンジョイントの設計は、最も重要な属性を反映した6つの属性から成り[5]、セルビアの既存の信用制約をほぼ代表するいくつかの水準に設定されている（表20.3）。たとえば、銀行は普通年間12パーセントほどの金利を課し、大規模な融資（平均1万6000ユーロ）を提供していて、融資期間は一般に1年以上、猶予期間があり、半年毎ないし1年ごとの返済となっている。また、銀行のクレジットはたいていユーロとリンクしている。政府補助金によるクレジットプログラムはそれより金利が低いのが特徴で、3～5パーセントの範囲である。これは長期クレジットおよび短期クレジットのもので、表中に示した4パーセントという金利は、2つの平均をとっている。融資規模は、短期の1000ユーロから長期の1万6000ユーロまでさまざまで、猶予期間があり、返済は1年毎となっている。長期クレジットはユーロとリンクしているが、短期クレジットはリンクしていない。マイクロクレジット組織は一般に小規模な融資（平均400ユーロ）を高い金利（15パーセント）で提供している。1年にわたる毎月返済で猶予期間はなく、普通、ユーロとのリンクはない。

この6つの属性の順列と、それに伴う水準（2、3、または4）とから、432通り（2×2×3×3×3×4）の組み合わせが可能となる（いわゆる「全階乗」）。ここから、18

表20.3　属性と水準

因子／属性	水準
金利	4%
	12%
	15%
融資期間	1年
	2年
	5年
融資規模	400ユーロ
	1000ユーロ
	6000ユーロ
	16000ユーロ
猶予期間	1年
	なし
ユーロとのリンク	リンク有り
	リンクなし
返済頻度	毎月
	半年毎
	1年毎

の直交因子（6つの因子×タスクごとに3枚のカード）による直交設計ができあがり、64のタスクが生じる[6]。このタスクを4つのタスクから成る16のブロックに分け[7]（1人の回答者が64タスクすべてを評価できないため）、各回答者が評価するのは1ブロックのみとして、すべてのブロックを回答者間でまわしていく。各タスクの選択集合は4つの選択肢から成る。すなわち、3つの信用制約（言葉と図で示して回答者に理解しやすくしておく）と、もう1つ「ナシ。このなかのどれも選ばない」という選択肢である。それぞれのケースについて、回答者は選択肢A、B、C、もしくは「ナシ」を選ぶよう求められる。選択集合の例を章末資料の図A.1に示しておく。

3.2　推定の戦略

農村世帯はプロファイルの各集合から1つの選択肢のみを選ぶよう求められるので、ランダム効用モデル（random utility model: RUM）を用いて、選択が属性水準（および、のちにいくつかの社会経済的特性）とどう関連しているかを推定していく。選択ベース・コンジョイント分析の推定は条件付きロジットの特定化による（Maddala, 1983）。条件付きロジットモデルでは、代替となる具体的な変数（結果（j）および個人（i）によって変化する）を用いて、選択される結果を予測する。条件付きロジットモデルにおいて、結果Jを観察すると予測される確率は次のように与えられる。

$$P(Y_i = J) = \frac{e^{\beta' z_{ij}}}{\sum_{j=1}^{J} e^{\beta' z_{ij}}}$$

ここで、Jは既存の選択肢からの結果選択、βは推定したいパラメータのベクトル、z_{ij}は個人（i）およびアウトカム（j）の融資属性の特性水準である。

条件付きの多項ロジットモデル分析（multinomial logit model analysis: MNL）の鍵となる前提は、無関心な選択肢からの独立性（independence of irrelevant alternatives: IIA）である。したがって、回答者に提示された選択肢間の比較は、ほかのプロファイルが選ばれる可能性に影響されないことが前提となる[8]。

さらに、さまざまなパラメータは線型の効用モデルを通じて特定化されるので、独立変数間のトレードオフの計算が可能となる。

3.3　結　果

選択ベース・コンジョイント分析の単純観測度数を章末資料の表A.1に示す。合計で7974の異なるタスクが回答者に提示され、それぞれについて、3つの融資に対応

する異なる3つの選択肢と「ナシ」の選択肢がある。興味深い結果のひとつは、事例の75.8パーセントで選択肢「ナシ」が選ばれていることで、つまりは、回答者のうち24.2パーセントしかクレジットの利用に関心を示さなかったわけである。しかも、農村世帯の58パーセントは、すべての融資契約を断っているのである。

属性水準による融資利用への影響は、セクション3.2で提示した条件付きロジットモデルで推定している。条件付きロジットの結果は、括弧内のオッズ比およびz統計値で表示される。オッズ比から、変数が1単位増加するごとに、その融資契約を選択するオッズの変化割合が与えられる（基底クラスでの比較による）。

章末資料の表A.2は、条件付きロジットモデルの結果を示している。最も驚くのは、先にふれたように、選択肢「ナシ」に伴うオッズ比と有意水準の大きさで、これは、農業世帯の相当な割合が、どのような融資オプションが提供されるかにかかわらず、あらゆる融資契約を拒否していることを示している。

融資の属性レベルによる融資利用への影響は、方向については一般に予想される通りの結果となったが、各属性とその水準の相対的な重要性については、それほど単純ではない。金利は、利用に至る最も強力な決定要因である（オッズ比が最大ということ）。融資を受け入れる確率は、金利が4パーセント、12パーセントの時には、15パーセントの時のそれぞれ4.4倍、1.25倍となる。これは、金利が3パーセント下がった時の弾性比が1.25、11パーセント下がった時には4.4ということである。

予想されたように、回答者の効用は価格とともに下がっていて、金利が市場金利に近くなると急激に需要が下がってくる（章末資料の表A.1では、金利15パーセントの融資オプションが選ばれたのはわずか3パーセント）。市場金利がこれほど受け入れられにくい理由としては、補助金による融資（農村クレジットスキームによって提供）の存在が消費者の期待を歪めていること、農村世帯のクレジット経験が限定されていること、あるいは農村世帯で投資への期待収益が低いことなどが考えられる。

融資期間について言えば、この選好は、農業の生産サイクルに適応した返済日程の必要性を反映している。返済期間が5年の場合だと、返済期間1年の場合と比べて選択する確率が1.4倍になる（返済期間2年の選択肢と比べると1.2倍）。返済日程に関しては、1年ごとの返済が、毎月返済よりもはっきりと好まれている（選ばれる確率は1.42倍）。半年ごとの返済と比べても、わずかながら好まれている（同1.08倍）。

融資規模については、中規模融資が好まれている。回答者は小規模融資（400ユーロ）を選びたがらず、1000ユーロ、6000ユーロの規模の融資と比べて、それぞれ2.4パーセント、2パーセントだけ確率が下がっている。しかし大規模な融資（1万6000ユーロ）も敬遠されていて、これも1000ユーロ、6000ユーロと比較すると、それぞれ2パーセント、1.8パーセントだけ確率が下がっている。今回のコンジョイント分析で選択可能な範囲では、1000ユーロの融資が、ほかの3つの融資規模よりも好ま

れていた。

　最後に、猶予期間の存在が、融資契約の受け入れに際して強力な決定要因となっている（猶予期間のある場合には、選ばれる確率が1.7パーセント増える）のに対して、ユーロとのリンクによる影響は小さい（確率が1.1パーセント減る）

　まとめると、農業世帯が一般に融資契約を受け入れやすい条件として、金利は低い方がよい、返済期間は長い方がよい、融資に猶予期間がある方がよい、ユーロとリンクしていない方がよい、返済日程は間隔が空いているほどよい、ということになる。融資規模の影響はそれほど単純ではなく、1000ユーロおよび6000ユーロの中規模融資の方が、400ユーロの小規模融資や1万6000ユーロの大規模融資よりも好まれる。属性のすべての水準で、融資の選択に対して統計的に有意な影響がある。

3.4　個々の特性との相互作用効果

　上記の推定値によって、クレジット需要に対する属性水準の平均的な影響の方向と大きさが与えられる。こうした影響は、世帯および農場の特性によって不均等であることが多い。こうした特性は選択肢とある程度の相互作用があり、融資契約の選択に影響してくるので、条件付きの多項ロジットモデルの特性と合わせた混合モデルが特定化され、推定される。このモデルには、選択肢と属性水準（先に同じ）に加えて、属性水準と具体的な世帯の特性との相互関係という新たな変数が含まれてくる。特に目を向けるのは、世帯の規模、財産、家長の年齢、投資ニーズによって、さらにはクレジット市場での農業世帯の経験（信用履歴の存在）によって、需要がどう変動するかである。したがって、次のような個々の変数——消費水準（財産水準の代理指標として）、世帯の規模、農業世帯主の年齢、農場の規模（投資ニーズの代理指標として）、フォーマルなクレジットの経験——は、属性水準と相互に作用する。

　章末資料の表A.3～A.6は、個々の特性をそれぞれ別個にモデルに加えた結果を表している。

　回答者の過半数（58パーセント）がすべての融資契約を拒否しているなかで、個々の特性が、他の融資契約よりも選択肢「ナシ」を選ぶ確率とどう相互作用しているかを見ておくことには価値がある。財産、農場の規模、クレジットの経験、および世帯の規模は、全体として、すべての融資契約を拒否する確率を下げるが、世帯主の年齢は確率を上げている。個々の特性と選択肢「ナシ」との相互関係に伴う係数は、いずれも有意である。

　単位当たりの消費水準が100セルビアディナール（調査時点で約20米ドル）上昇すると、すべての融資契約を拒否する確率が約15パーセント下がり、貧しい世帯ほど融資を求めようとしないことが浮かび上がってくる。1エーカー[9]の土地を持って

いると、この確率がおよそ 16 パーセント下がることから、農場が大きいほどクレジットのニーズも大きいことが示されている。すべてのクレジット契約を拒否する確率は、過去 12 カ月間にフォーマルな融資に全くアクセスできていない世帯と比べて、できている世帯が 3 倍となっていて、需要が存在していること、各世帯がフォーマルな融資の要件をよく理解していることを反映している。世帯の特性に関しては、クレジット契約を拒否する確率は、世帯規模が大きくなるほど低く、1 人増えるごとに 20 パーセント下がっていることから、クレジット需要が消費ニーズとリンクしていることが窺われる（消費ニーズは世帯規模が大きくなると増えると予想される）。他方、世帯主の年齢が 1 歳上がるごとに、融資契約を拒否する確率が 3 パーセント上がっている。この発見は重要で、セルビア農村部の世帯主の平均年齢が 62 歳、そしてその約半数が引退している。年齢に関しては当初、クレジットのニーズは世帯の生産経験とともに増えていき、次いで下がるだろうと予想されていた。しかし、年齢もクレジットへのアクセスに影響していて、少なからぬ人が、一定の年齢制限が過ぎてもクレジットの権利を得られずにいる。このことは、拒否率の高さの隠れた説明となっている。

　こんどは個々の特性と融資属性との相互作用を見てみよう。章末資料の表 A.3 は、消費水準との相互作用が、辛うじて有意な 2 つを除いて、ほとんど有意でないことを示している。消費が 1 単位増えると、1000 ユーロではなく 400 ユーロの融資を選択する確率が 7 パーセント増えている（ただし 10 パーセント水準で有意ではない）。需要は、融資規模で測定しているので、財産とともに辛うじて増えている。

　農場の規模（章末資料の表 A.4）と融資属性とのあいだには、さらに明確な相互作用がある。農場規模と融資規模の需要については正の影響があって、土地が 1 エーカー大きくなるごとに、1000 ユーロの融資よりも 1 万 6000 ユーロの融資を選ぶ確率が 10 パーセント上がり、1000 ユーロではなく 400 ユーロを選ぶ確率が 12 パーセント下がっている。農場の規模によって、猶予期間のある融資や少ない支払い頻度（大きな規模の融資とつながる水準）を選ぶ確率も上がっているが、融資期間への影響はなく、大規模な農場では、大規模な融資を受けて毎年返済し、猶予期間をつけることが可能だが、必ずしも返済期間の長期化は求められていないことが示唆される。

　フォーマル部門での経験（章末資料の表 A.5）にも、融資属性との有意な相互作用がいくつかある。フォーマルなクレジットへのアクセスのある世帯は（辛うじて有意という程度だが）市場金利での融資を受ける意志を持つところが多く、猶予期間付きの 1000 ユーロのクレジットにも関心が高い。こうした相互作用は、農村クレジットプログラムについての知識に潜在的に影響されている。ただし、農村クレジットプログラムの 2 つの特性についてみると、1000 ユーロの融資にはっきりした選好があるのに、最低金利についてはそうではない点が興味深い。

　最後に、世帯主の年齢（章末資料の表 A.6）は、小規模な融資契約を選ぶ確率を有意

第4部　満たされない需要を満たす──農業融資の課題

に押し上げている（年齢が1歳上がると、1000ユーロよりも400ユーロのクレジット契約を好む傾向が1.4パーセント上昇している）。

3.5　セルビア農村部における既存クレジットソースおよびマイクロファイナンスの需要はどれほどなのか

相互作用の影響を含めなければ、離散選択モデル（discrete choice model）によって、構成する属性水準の影響を足し上げることで、各融資契約の予想効用を推定することができる。

条件付きコンジョイント分析の結果は、セルビア農村地域におけるクレジット供給の現状および農村世帯に利用可能な主要融資と比較する。

しかし、コンジョイント分析のために選択した属性と水準で、市場で利用可能なすべての融資契約を代表させることはできない。これは農村地域でクレジットを供給するプレーヤーが多いためで、少なくとも6つの（ある程度まで）商業的な銀行、農村クレジットスキーム（商業銀行を通じて流通）、およびさまざまなマイクロクレジット機関がある。しかも、クレジットの条件は借り手の特性によってさまざまであると考えられる。

表20.4は、農村世帯に利用可能ないくつかのフォーマルなクレジット契約について示したものである。具体的には、農村地域で活動するマイクロファイナンス機関が提供するマイクロクレジット商品と、農村クレジットスキームによる短期および長期のクレジット、そして、農村地域でクレジットを提供している金融機関および商業銀

表20.4　クレジットの供給者

	RCA 短期	RCS 長期	ノンバンク1-短期	ノンバンク2-短期	銀行3-長期	銀行4-短期	マイクロクレジット1	マイクロクレジット2
金利（％）[10]	4	4	15	15	12	15	15	15
融資期間（年）	1	5	1	1	5	1	1	1
融資規模（ユーロ）	1,000	16,000	1,000	6,000	6,000	1,000	400	400
猶予期間	あり	あり	あり	あり	なし	なし	なし	なし
ユーロとのリンク	なし	あり	なし	あり	あり	あり	なし	なし
返済日程	1年毎	半年毎	1年毎	毎月	毎月	毎月	毎月	毎月

マイクロクレジットの需要はどれほどなのか

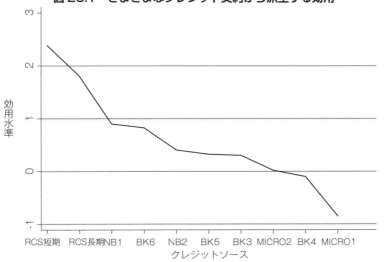

図 20.1 さまざまなクレジット契約から派生する効用

凡例：RCS＝農村クレジットスキーム　　NB＝ノンバンク　　BK＝銀行
　　　MICRO＝マイクロファイナンス

行による、さまざまな特性を持った一連の融資である。

　図 20.1 は、セルビア農村部に潜在するフォーマルなクレジット供給の商品について、そこから由来する世帯効用を分析したものである。これを見ると、農村クレジットスキームによる短期および長期のクレジットという融資構造が、銀行による融資構造よりも好まれているのがわかる。主な理由は金利の差と猶予期間の存在である。商業的融資の範囲にもさまざまな効用水準がある。たとえば、ノンバンク 1 による農業融資には、猶予期間があり、返済日程が 1 年毎で、融資規模は 1000 ユーロだが、いちばん金利が高い訳ではないなど、融資を受ける確率に対して正の効果のある特性がいくつかある。融資特性と価格とのあいだには明らかなトレードオフがある。銀行 5 による中規模のクレジットは、価格は低い（12 パーセント）が需要は低い。これは猶予期間がないことと、ユーロとリンクしていることが理由である。

　マイクロファイナンスの需要に関しては、マイクロクレジット機関による典型的な融資構造が最も人気がない。実際に、マイクロファイナンス商品属性の大半が、農村世帯が融資を受ける確率を下げるものになっている。すなわち金利が高く、返済期間が短く、猶予期間はなく、融資規模も（程度はそれほどでもないが）小さい。マイクロファイナンス商品の受け入れがこれほど少ないことは、マイクロクレジットという商品が農村ニーズに対して適切ではないことを反映している。毎月返済で猶予期間なしというのは、生産サイクルに適応しておらず、農村世帯の異時空間的最大化という問

題を解決しない。一部の MFI による融資が非常に小規模（400 ユーロ）であることも、農業という文脈で必要な長期的投資を行う可能性を限定してしまうだろう。さらに、農業世帯は、マイクロファイナンスの金利が市場水準に近いことも嫌っている（ただしこれは、伝統的な銀行にも同様の金利を課しているところがあるのだから、マイクロファイナンスに固有のことではない）。この市場金利に対する大きな嫌悪感が、政府による農村クレジットプログラムの人気――CBC の結果によれば最大の効用を提供しているし、利用可能な地域での強い需要（これまでのところ供給を上回っている）によっても確認できる――を説明している。

4 結論

　セルビアの農村地域は、農業活動が重要で、相当な信用制約があり、フォーマルな金融サービスがあまり利用されないという特徴がある。本論の目的は、マイクロファイナンスによる介入のポテンシャルを理解することで、まだ満たされていないクレジットニーズに取り組むことである。典型的なマイクロファイナンス商品が、農村活動の特異性に必ずしも適応していないことから、マイクロファイナンスが利用される可能性は低い。したがって、マイクロファイナンスが信用制約を低減させる能力は限られているように思われる。

　半数（58 パーセント）が、市場で利用可能な現在の融資にまったく関心を持っていないことを示している。農村人口には鍵となる特性がいくつかあって、クレジット需要に影響をおよぼしている。そのうち、財産、農場の規模、クレジットの利用経験、および世帯の規模については、どれもクレジットへの需要を押し上げるが、世帯主の年齢は需要を引き下げる。クレジット需要に最も影響の大きいクレジット属性は、金利、融資規模、および猶予期間の存在である。

　農村世帯は、ほかの条件が同じならば、金利が低い方が融資契約を受け入れやすい。同様に、返済期間が長く、猶予期間があり、ユーロとのリンクがなく、返済と返済の間隔が長い方が受け入れやすい。しかし、セルビア農村部にある既存のフォーマルなクレジット供給への世帯需要と比べると、マイクロファイナンスのポテンシャルは非常に限られている。実際に、マイクロファイナンス商品に典型的な属性水準の大半は、融資を利用する確率を大きく下げている。具体的には金利水準、融資規模（一部の商品について）、猶予期間のないこと、そして（程度は低いが）支払い日程である。しかも、マイクロファイナンス商品は、既存のあらゆる金融商品のなかで最も人気がない。市場水準での金利を課しているのはマイクロファイナンスと銀行だが、これへの大きな嫌悪感は、農業活動の利益性が相対的に低いこと、生産水準が不安定であること、さ

らにはクレジットや民間銀行に親しみがないことも反映していると考えられる。農業活動には、借り換え日程、返済の遅れ（猶予期間）、生産サイクルに適応した満期が必要である。最後に、農業世帯のクレジットニーズには、マイクロファイナンスの融資規模ではアプローチされていない部分があり、農民を長期投資から遠ざけることにもなっていると考えられる。

このように、マイクロクレジットのアウトリーチを妨げる潜在的な要因はいくつもあるように思える。マイクロクレジット商品の特異性である融資規模の小ささ、毎月の返済、グループ保証などは、農業活動に適応しないのかもしれない。

マイクロクレジット機関は、もっと生産サイクルに適応した返済方法を開発し、融資規模を拡大するなどしていけば、こうした農村地域の人口に固有なニーズに応えられるように、商品を適応させられるかもしれない。

しかし、たとえ金融商品の多様化によって世帯の満足度と需要を増やしたとしても、それではMFIの活動が中立なものとはならないだろう。商品の多様性を増すということは、余分なコストを生み出すことにもなりかねない。上記のような商品の変更によって、融資が債務不履行になるリスクに影響がでるかもしれないし、モニタリングの強度も上げていかなければならなくなるだろう。ただし、最近の発見には、こうした怖れを視野に入れているものもある。たとえばフィールドとパンデ（Field and Pande: 2008）は、インドでは、毎月返済でも毎週返済でも債務不履行に影響がないことを示している。

たとえ商品の不適切さがマイクロファイナンスサービスへの需要の低さの重要な決定要因のひとつだとしても、極小融資があれば利益を得られる（金利よりも大きい収益を生み出せる）のに、まだ利用していない農村世帯は相当な割合で存在しているだろう。実際に、セルビアの農村世帯の58パーセントはあらゆる契約を拒否している。これ以外にも、クレジット需要を妨げている要因がきっと働いているはずである。たとえばリスクが嫌だとか、農業活動に特徴的な大きな不安定性だとかいうことなら、保険メカニズムのような別の介入方法によって低減することができるだろう。

注

1. 信用制約の測定は、さまざまな理論的枠組みのなかで、どの方法を採用するかによって違ってくる。実証的な研究は、信用制約をさまざまなレベルで扱ってきた。消費アウトカムを通じてこの制約を評価しようと試みた研究もある（Japelli, 1990；Zeldes, 1989）。いくつかの研究（Godquin and Sharma, 2005）は、農業モデルの枠組みのなかで、生産と消費の制約を評価しようと試みている。さらに、生産レベルで制約を評価しようとするものもある。Sial and Carter（1996）は、パキスタンの小規模農家がクレジット・プログラムに参加したあとの、資本の潜在価格を評価している。また別の文脈では、Banerjee and Duflo（2008）

が、インドで補助金付き融資に変更があったのを利用して、農家間の資本の限界生産性を比較している。
2．コンジョイント分析という手法についての包括的な記述は Green and Srinivasan（1978 and 1990）に見ることができる。
3．12のフォーカスグループによる討論が、セルビアの4つの地域で実施された。参加者は、自分に取って大切な融資属性のすべてに言及するよう求められた。それをグループ全体で集約したうえで、最も重要な5つの属性が選択されている。
4．属性と価値は、セルビアの農村クレジット市場における既存供給をなんらかの意味で反映している。Churchill and Iacobucci（2002）が示唆しているように、多様な属性の範囲が通常見られる範囲よりもかなり大きいのだが、それでも、選択肢が信用できなくなるほどではない。
5．Dufhues、Heidhues、Buchenrieder（2004）によれば、属性は20を超えるべきではない。
6．ただし、同じカードを含んでいることから（選択肢がイベントである場合）、落としたタスクが1つある。その結果、タスクは全部で63となるが、ほぼ直交計画となっている。
7．Bennett（1999）にしたがって、サブサンプル中の最少人数を約50にして、関心の対象間で十分な検出力ないし統計上の有意を確保するべきである。
8．IIAの仮定は、無違反という帰無仮説の下で、ハウスマン－マクファーデン検定によって試されている。
9．1エーカーは約0.4ヘクタール。
10．各機関の金利には、今回のコンジョイント分析で提出されたものよりも大きな幅がある。たとえば、プロクレジット（Pro-credit）の金利は明らかに15パーセントを超えている。
11．推定できるパラメータは12だけなので（水準の総数を足し上げたものから属性の数を引いて算出）、各属性の水準のいくつかを基礎カテゴリとして用いている（金利15パーセント、融資期間5年、融資規模1万6000ユーロ、猶予期間なし、ユーロとのリンクなし、返済頻度は1年毎）。

参考書目

Amin, S, A Rai and G Topa (2003). Does microcredit reach the poor and vulnerable? Evidence from Northern Bangladesh. *Journal of Development Economics*, 70, 59–82.

Armandariz de Aghion, B and J Morduch (2005). *The Economics of Microfinance*. London: The MIT Press.

Banerjee, A and E Duflo (2008). Do Firms Want to Borrow More? Testing Credit Constraints Using a Directed Lending Program. Working Paper.

Bennett, JW (1999). Some Fundamentals of Environmental Choice Modelling. Research Report 11, University of New South Wales.

Churchill, G and D Iacobucci (2002). *Market Research, Methodoligical Foundations*, 8th ed. London: Harcourt Publishing.

Crépon, B, F Devoto, E Duflo and W Parienté (2008). Poverty, access to credit and the determinants of participation to a new microcredit program in rural areas of Morocco. *Ex Post Impact Analyses Series 2*, Agence Française de Développement, Paris.

David, C and R Meyer (1980). Measuring the farm level impact of agricultural loans. In *Borrowers and Lenders: Rural Financial Markets and Institutions in Developing Countries*, J Howell (ed.), pp. 201–234. London: Overseas Development Institute.

Dufhues, T, F Heidhues and G Buchenrieder (2004). Participatory product design by using conjoint analysis in the rural financial market of Northern Vietnam. *Asian Economic Journal*, 18(1), 81–114.

Evans, TG, AM Adams, R Mohammed and AH Norris (1999). Demystifying nonparticipation in microcredit: A population-based analysis. *World Development*, 27(2), 419–430.

Field, E and R Pande (2008). Repayment frequency and default in microfinance: Evidence from India. *Journal of European Economic Association*, 6(2–3), 501–509.

Filmer, D and L Pritchett (2001). Estimating wealth effects without expenditure data or tears: An application to educational enrollments in states of India. *Demography*, 38(1), 115–132.

Gine, X, T Harigaya, D Karlan and B Nguyen (2006). Evaluating Microfinance Program Innovation with Randomized Control Trials: An Example from Group versus Individual Lending. Asian Development Bank Economics and Research Department Technical Note Series, 16.

Godquin, M and M Sharma (2005). If only I could borrow more! Production and consumption credit constraints in rural Philippines. IFPRI mimeograph.

Green, PE and V Srinivasan (1978). Conjoint analysis in consumer research: Issues and outlook. *Journal of Consumer Research*, 5, 103–123.

Green, PE and V Srinivasan (1990). Conjoint analysis in marketing: New developments with implications for research and practice. *Journal of Marketing*, 54, 3–19.

Iqbal, F (1986). The demand and supply of funds among agricultural households in India. In *Agricultural Households: Models Extensions, Applications and Policy*, I Singh, L Squire and J Strauss (eds.). Baltimore and London: John Hopkins University Press.

Jappelli, T (1990). Who is credit constrained in the US economy? *Quarterly Journal of Economics*, 105(1), 219–234.

Karlan, D and J Zinman (2008). Credit elasticities in less developing countries: Implications for microfinance. *American Economic Review*, 98(3), 1040–68.

Maddala, GS (1983). *Limited-Dependent and Qualitative Variable in Econometrics*. Cambridge University Press.

Navajas, S, M Schreiner, L Meyer, C Gonzalez-Vega and J Rodriguezmeza (2000). Microcredit and the poorest of the poor: Theory and evidence from Bolivia. *World Development*, 28(2), 333–346.

Paulson, AC and R Townsend (2004). Financial constraints and entrepreneurship in North Thailand. *Journal of Corporate Finance*, 10, 229–262.

Rosenzweig, MR and HP Binswanger (1993). Wealth, weather risk and the composition and profitability of agricultural investments. *Economic Journal*, 103(416), 56–78.

Sial, MH and MR Carter (1996). Financial market efficiency in an Agrarian economy. Micro-econometric analysis of the Pakistani Pubjab. *The Journal of Development Studies*, 32(5), 771–798.

United Nations (2005). *The Millennium Development Goals Report 2005*. United Nations Department of Public Information.

World Bank (1990). *World Development Report 1990: Poverty*. New York: Oxford University Press.

—— (2007). Rural Credit Household Survey: Republic of Serbia. Unpublished report.

Zeldes, SP (1989). Consumption and liquidity constraints: An empirical investigation. *Journal of Political Economy*, 97(2), 305–346.

第4部 満たされない需要を満たす——農業融資の課題

資料

表 A.1 属性選択の頻度

属性	水準	提示（%）	選択（%）
金利（%）	4	0.50	0.13
	12	0.24	0.04
	15	0.26	0.03
融資期間（年）	1	0.50	0.07
	2	0.25	0.09
	5	0.25	0.09
融資規模（ユーロ）	400	0.24	0.05
	1000	0.25	0.11
	6000	0.26	0.10
	16000	0.25	0.06
1年の猶予期間	あり	0.50	0.10
	なし	0.50	0.06
ユーロとのリンク	あり	0.50	0.07
	なし	0.50	0.09
返済頻度	毎月	0.51	0.07
	半年毎	0.25	0.09
	1年毎	0.25	0.10

表 A.2　融資契約選択の決定要因(1)

条件付きロジット回帰からの推定オッズ比 [11]

金利：4%	4.42
	(19.06)
金利：12%	1.25
	(2.28)
融資期間：1年	0.73
	(-5.35)
融資期間：2年	0.89
	(-1.7)
融資規模：400ユーロ	0.83
	(-2.15)
融資規模：1000ユーロ	1.99
	(9.86)
融資規模：6000ユーロ	1.74
	(7.77)
猶予期間	1.69
	(10.5)
ユーロとのリンク	0.89
	(-2.43)
返済：毎月	0.70
	(-5.97)
返済：半年毎	0.92
	(-1.28)
ナシ	30.32
	(29.73)

注　オッズ比およびT統計値は（ ）内

第4部　満たされない需要を満たす──農業融資の課題

表 A.3　融資契約選択の決定要因(2)
条件付きロジット回帰に世帯消費への相互作用の影響を合わせた推定オッズ比

金利：4%	4.54	(10.10)
金利：12%	1.39	(1.78)
融資規模：400 ユーロ	1.50	(-4.87)
融資規模：6000 ユーロ	0.90	(-0.88)
融資規模：16000 ユーロ	0.53	(-4.75)
融資期間：1 年	0.69	(-3.38)
融資期間：2 年	0.83	(-1.54)
猶予期間	1.60	(5.06)
ユーロとのリンク	0.78	(-2.71)
返済：毎月	0.64	(-3.91)
返済：半年毎	0.84	(-1.32)
ナシ	21.12	(15.24)
消費×金利：4%	0.9999	(-0.19)
消費×金利：12%	0.9996	(-0.71)
消費×融資規模：400 ユーロ	0.9993	(-1.50)
消費×融資規模：6000 ユーロ	0.9998	(-0.43)
消費×融資規模：16000 ユーロ	0.9998	(-0.47)
消費×融資期間：1 年	1.0002	(0.56)
消費×融資期間：2 年	1.0003	(0.68)
消費×猶予期間	1.0002	(0.69)
消費×ユーロとのリンク	1.0005	(1.63)
消費×返済：毎月	1.0003	(0.94)
消費×返済：半年毎	1.0004	(0.83)
消費×ナシ	0.9986	(-2.10)

注　オッズ比およびT統計値は（　）内

表 A.4　融資契約選択の決定要因(3)

条件付きロジット回帰に耕作地への相互作用の影響を合わせた推定オッズ比

金利：4％	4.44	(0.91)
金利：12％	1.12	(0.44)
融資規模：400ユーロ	0.70	(-2.06)
融資規模：6000ユーロ	0.71	(-2.20)
融資規模：16000ユーロ	0.31	(-5.93)
融資期間：1年	0.69	(-2.56)
融資期間：2年	0.77	(-1.52)
猶予期間	1.27	(1.91)
ユーロとのリンク	0.84	(-1.42)
返済：毎月	1.06	(0.37)
返済：半年毎	1.12	(0.63)
ナシ	28.33	(12.32)
土地×金利：4％	1.0022	(0.06)
土地×金利：12％	1.0188	(0.39)
土地×融資規模：400ユーロ	0.8932	(-3.46)
土地×融資規模：6000ユーロ	1.0466	(1.59)
土地×融資規模：16000ユーロ	1.0926	(2.51)
土地×融資期間：1年	1.0068	(0.25)
土地×融資期間：2年	1.0238	(0.75)
土地×猶予期間	1.0564	(2.37)
土地×ユーロとのリンク	1.0122	(0.53)
土地×返済：毎月	0.9160	(-3.13)
土地×返済：半年毎	0.9577	(-1.35)
土地×ナシ	0.8645	(-2.95)

注　オッズ比およびT統計値は（　）内

表 A.5　融資契約選択の決定要因(4)

条件付きロジット回帰にフォーマルなクレジット経験への相互作用の影響を合わせた推定オッズ比

金利：4%	4.72	(15.14)
金利：12%	1.41	(2.72)
融資規模：400ユーロ	0.51	(-7.41)
融資規模：6000ユーロ	0.88	(-1.61)
融資規模：16000ユーロ	0.54	(-6.88)
融資期間：1年	0.78	(-3.4)
融資期間：2年	0.93	(-0.89)
猶予期間	1.60	(7.42)
ユーロとのリンク	0.84	(-2.72)
返済：毎月	0.46	(-3.62)
返済：半年毎	0.95	(-0.66)
ナシ	22.74	(22.95)
クレジット×金利：4%	0.88	(-0.78)
クレジット×金利：12%	0.74	(-1.47)
クレジット×融資規模：400ユーロ	0.57	(-3.48)
クレジット×融資規模：6000ユーロ	0.98	(-0.15)
クレジット×融資規模：16000ユーロ	0.79	(-1.6)
クレジット×融資期間：1年	0.82	(-1.63)
クレジット×融資期間：2年	0.89	(-0.79)
クレジット×猶予期間	1.22	(1.93)
クレジット×ユーロとのリンク	1.15	(1.30)
クレジット×返済：毎月	0.78	(-1.99)
クレジット×返済：半年毎	0.91	(-0.64)
クレジット×ナシ	0.30	(-5.68)

注　オッズ比およびT統計値は（　）内

表 A.6　融資契約選択の決定要因(5)

条件付きロジット回帰に年齢への相互作用の影響を合わせた推定オッズ比

金利：4%	3.71	(4.02)
金利：12%	2.01	(1.70)
融資規模：400ユーロ	0.18	(-5.25)
融資規模：6000ユーロ	0.84	(-0.68)
融資規模：16000ユーロ	0.30	(-3.99)
融資期間：1年	0.55	(-2.30)
融資期間：2年	0.59	(-1.81)
猶予期間	2.64	(4.46)
ユーロとのリンク	1.30	(-1.23)
返済：毎月	0.68	(-1.49)
返済：半年毎	1.11	(-0.37)
ナシ	2.98	(2.45)
年齢×金利：4%	1.0035	(0.60)
年齢×金利：12%	0.9917	(-1.15)
年齢×融資規模：400ユーロ	1.0148	(2.64)
年齢×融資規模：6000ユーロ	1.0005	(0.10)
年齢×融資規模：16000ユーロ	1.0089	(1.73)
年齢×融資期間：1年	1.0048	(1.08)
年齢×融資期間：2年	1.0074	(1.45)
年齢×猶予期間	0.9922	(-2.10)
年齢×ユーロとのリンク	0.9931	(-1.86)
年齢×返済：毎月	1.0003	(0.08)
年齢×返済：半年毎	0.9967	(-0.68)
年齢×ナシ	1.0285	(3.62)

注　オッズ比およびT統計値は（　）内

第4部　満たされない需要を満たす──農業融資の課題

図 A.1　融資需要のコンジョイント分析に使用した選択集合の例

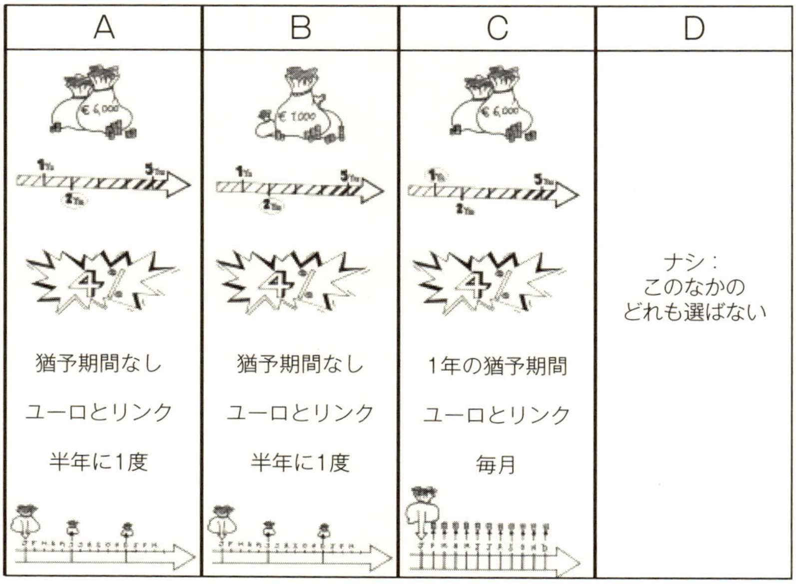

A	B	C	D
猶予期間なし ユーロとリンク 半年に1度	猶予期間なし ユーロとリンク 半年に1度	1年の猶予期間 ユーロとリンク 毎月	ナシ： このなかの どれも選ばない

農村部のマイクロファイナンスと農業バリューチェーン
―― ニカラグアにおける地方開発基金（FDL）の戦略と展望

ヨーハン・バスティエンセン* （Johan Bastiaensen）
ピーター・マチェッティ** （Peter Marchetti）

1 はじめに

　近年のマイクロファイナンスは、小さな農村部のみならず、成熟しつつある都市部の市場においても合併や統合が進んでいる。しかし、僻地農村地域でのアウトリーチは相変わらず貧弱で、農業活動に関連する農村マイクロファイナンスの展開は、現在も「最前線の課題」にとどまっている（CGAP, 2006: 9）。だが、世界の貧困者の3分の2以上は農村地域に暮らしているし、その大半が、農村経済の大幅な多様化にもかかわらず、やはり生計の大部分を農業活動に依存している。したがって、これまでの多くの経済学者の認識は正しかったと言える。すなわち、農業生産の拡大と小自作農の参加強化こそが、貧困（および極度の貧困）削減戦略の鍵なのである（World Bank, 2008）。僻地農村地域での（とりわけ農業面での）アウトリーチの不足は、当然のことながら、貧困に対する世界的な戦いのなかで重要な役割を果たすと謳っているこの産業にとって、大きな問題となってくる。
　しかし、農業の成長がすべてそのまま貧困削減につながる訳ではない。現在の文脈

＊アントワープ大学開発政策・経営研究所（IOB）
＊＊地方開発基金およびグアテマラ AVANCSO

第4部　満たされない需要を満たす──農業融資の課題

では、学者や政策立案者は、世界の農業市場における劇的な変化を十分に考慮する必要がある。世界の農業市場は急速な統合が進行中で、発展途上国の加工業者は、世界的な農業食品チェーンに次々と組み込まれ、これまで以上に厳しい要求を突きつけられている。そしてその各チェーンも、少数のグローバル企業による統制・支配が拡大している（Ruban *et al*., 2006；Gonzalez-Vega *et al*., 2006；Vermeulen *et al*., 2008）。従来のような、緩やかにつながった分散型の現物市場は、意図を持って統制されるバリューチェーンに徐々に取って代わられている。こうしたグローバルな農業バリューチェーンは、原理的には、地元の小自作農をはじめとする発展途上国の貧しい利害関係者に脅威と機会の両方を提供するはずなのだが、実際には、所得集中と社会的排除を激化させ、環境面でも有害な結果を生じることが（特に現在のラテンアメリカの文脈では）大半である。大多数の小自作農は、そうした新しい動的バリューチェーンに好条件で参加することができず、変化の乏しい現物市場部門から抜け出せずにいる。ここで鍵となる課題は、①こうしたグローバルなバリューチェーンは、実際にどのようにして地方レベルまで形成されていくのか（Roduner, 2004）、②そうしたグローバルなバリューチェーンが生きた地方社会へと接合され、力の不均等な数多くの主体の行動と利害が交差することで、地方と国と世界の各レベルが互いに絡みあうなか、どのようにして、グローバリゼーションという実態が生まれてくるのか（Hart, 2002）、そして、③潜在的なバリューチェーンのうち、各地の具体的な文脈で実際に展開されるようになるのは（あるいは、展開されずに終わるのは）どれなのか、ということである。

　今でこそ、包含的な開発と貧困削減をめざした農業バリューチェーンの重要性に関する意識の高まりがあるが（Ruben *et al*., 2006: preface）、つい最近まで、アナリストがそうした意識をマイクロファイナンスに関する議論と結びつけることはなかった（Gonzalez–Vega *et al*., 2006、Quiros, 2006；Meyer, 2007、Miller and Da Silva, 2007、World Bank, 2009など）。バリューチェーン分析の側から財務的要素に注目することはほとんどなく（Meyer, 2007: 5）、あってもたいていは、トレーダークレジット（trader credit）、コントラクト農業、倉庫証券など、チェーン内で運営している「埋め込まれた」金融メカニズムに限定されていた（Fries and Akin, 2004）。つまり、農業バリューチェーンの議論とマイクロファイナンスに関する議論は、それぞれ、まったく別の世界で行うのが主流だったのである。本論の主要ポイントは、このギャップを埋める必要があるということ、およびそれによって、これまで以上に適切なモデルを開発し、いっそう包含的な農村開発へ向けて、マイクロファイナンス戦略を改善していくというところにある。とりわけ、マイクロファイナンスが受け身にならず、積極的な役割を果たすべきであるということを、農業バリューチェーンの構築・再構築に関して、効率の向上、社会的包摂、ジェンダー公正（gender justice）を視野に入れながら論じていく。また、この視点から、いわゆる「ファイナンスプラス（finance plus）」のアプローチを支

持して、マイクロファイナンスを、根底にある社会変化のプロセスや補完的サービスと接合していくことの必要性も強調していく。こうしたアプローチなしには、農村マイクロファイナンスによるせっかくの貢献が、現在の排他的で、男性中心で、環境破壊をもたらす農業成長モデルと結び付いてしまう危険性があるからである。

　本論では、ニカラグアの地方開発基金（Fondo de Desarrollo Local：FDL）の経験に言及しながら議論を進めていく。FDL は成熟過程にあるマイクロファイナンス機関で、農業生産への融資に中心とし（2008 年のポートフォリオ約 7000 万米ドルのうちの 62 パーセント）、長期投資への税額控除に占める割合も大きい。事業活動を行っている女性の連帯グループを優先していて、農業部門の顧客のドロップアウト率はわずか 5% である[1]。これまでにも、顧客と企業とのあいだに持続可能なインタフェースを築き、いくつもの金融商品について、事業として実行可能なテクノロジーを他に先駆けて開発してきたが、現在は統合的バリューチェーンアプローチへと少しずつ、段階的に進歩を遂げつつあって、金融サービスと、共同設立者で提携機関でもあるニトラパン（Nitlapán）などが提供する金融以外のサービスとを組み合わせ、農業バリューチェーンへの農村小規模生産者による参加を増やし、利益を増大させている。

　以下では、まず理論的枠組みを展開する。前半では「開発」と「貧困削減」に関して簡単に述べる。次いで、FDL の実績に言及しながら、社会的埋め込み（social embeddedness）および制度的起業（institutional entrepreneurship）が、取引コストを削減するうえでも、マイクロファイナンスのための実行可能なガバナンス構造を構築するうえでも、鍵となることを詳しく説明する。そしてそのうえで、こうした課題を、バリューチェーンの分析および変容に関する筆者らの枠組みに結びつけて考察する。後半では、筆者らの枠組みを、ニカラグアおよび FDL の事例に適用する。始めに、ニカラグアでの農業の成長とバリューチェーンの発展に関する最近の傾向について概要を述べ、その排他的で環境破壊的な特性を示していく。次いで、FDL が、他の主体と提携しながら、これまで以上に統合的な戦略――代替となる成長の道筋を強化して、現在の進化のあり方に意義を申し立てられる可能性を秘めた戦略――に向けて進化しようといるようすを分析し、その結果を提示する。なかでも重要性の高い畜産部門については、変革の力を持った戦略が生まれつつあるので、特に詳細に分析する。結論部分では、貧困との戦いにおいて国際補助金のよりよい利用について、FDL の戦略が示している可能性の初期評価を行っていく。

2 マイクロファイナンスと包含的バリューチェーンの発展——理論的枠組み

2.1 主体志向の開発アプローチ

　筆者らの枠組みの出発点はアマルティア・セン（Amartya Sen）のいう「開発の中核は自由、すなわち個人が価値ある暮らしを送る自由の享受である」という主張である（Sen, 1999）。なかでも焦点を当てるのは、センのいう「行為主体的自由（agency freedom）」、すなわち、人びとが、自分たちの生活や生計を自分たちの望む形に協力して作りあげる力、また、そのために必要な条件を創造し、議論し、変えていく実践的な力である。筆者らは、こうしたセンの主張をロングの主張で補完したい。すなわち、人間の行為的主体性を決定的に左右するのは、さまざまな「プロジェクト（project）」のうち、自身の「プロジェクト」と十分に合致するものに他者を参加させていく能力だということである（Long, 2002: 17）[2]。したがって、この相互参加についての適合、異議申し立て、交渉のプロセスの分析は、多様な主体の生計戦略（livelihood strategy）は互いに無関係だとする、新古典派の見方を超えるものでなければならない。デ・ハーンとズーマース（De Haan and Zoomers, 2005: 32）が指摘するように、人びとの生計は「生活の経済的ないし物質的目標を超える」ものと理解する必要がある。デ・ハーンとズーマースは、ウォールマン（Wallmann, 1984）の言葉を引用している。すなわち「生計とは、単に雨露を凌ぐ場所を見つけたり作ったり、金銭をやり取りしたり、食料を入手して食卓に乗せたり、市場で取引したりという問題では決してない。生計とは、情報を保持・流布し、技能や他者との関係を管理し、個人の意味と集団のアイデンティティを肯定することでもある」のである。このように、生計は、物質的な福利の問題であるのと同じ程度に、他者との関係や、社会的に有効な知識・意味の問題でもある。したがって、生計は、個人のプロセスであるとともに社会関係のプロセスでもある。このプロセスは、個人戦略と多様な集団行動とが交差するところで形成され、そこから、集団としての変化の道筋が立ち現れてくる。そしてその道筋のなかで、各主体の個人戦略が幅広く可能となり、また制限もされる。これこそが、多様な生活プロジェクトというインタフェース問題に取り組まねばならない理由である。開発イニシアティブへの同意、操作、もしくは異議申し立ての際には、この問題についての議論を避けて通ることはできない——論じている行動や介入が、バリューチェーンや金融市場など、いかなる領域のことであっても、である。

2.1.1 交換および生計戦略のシステム

　資源に関わる財産権のほかに、市場内外での交換システムへのアクセスも、個人の

生計戦略の環境を可能にしたり制限したりする。既存の交換システムへの貢献として、筆者らは、農村マイクロファイナンスと農業バリューチェーンを統合して発展させることで変化を起こせると考えている。買い手と売り手とのあいだの商品・サービス取引があらゆる交換システムと市場の中核であることは明らかである。こうした取引は、官民による支援的サービス（運輸、保管、法律、および情報の各サービス、技術支援、金融サービス）だけでなく、利用可能なインフラ（道路、通信、電力、市場）の提供によって可能となったり制限されたりする。また、こうした取引は、既存の社会的ネットワーク、広く行われているフォーマル／インフォーマルな「ゲームのルール」、および認知された意味体系といった、いっそう広範囲な制度的環境にも動的に根ざしているし、また、貧困者、マイクロファイナンス、およびバリューチェーン企業家との間で衝突し、あるいは一致するさまざまなルールにも根ざしている（Gibson et al., 2004: 12；Rankin, 2001, 2002, 2008）[3]。

　ウィリアムソン（Williamson, 1991）は、理想的な形態の水平的「市場」——価格に厳密に支配される自律した行為者が参加するもの——と、垂直に統合された「階層組織」——中央当局が支配し、市場価格については細かく対応しないもの——と、そして両者のハイブリッドとを区別している。実際には、バリューチェーンには何らかの「市場」戦略と「階層組織」戦略が必ず混じり合っているもので、その割合は、交換される商品やサービスの特性、およびそのバリューチェーンが根ざしている制度的環境や力関係によっておおよそ決まってくる。現在のマイクロファイナンスと農業バリューチェーンは、取引のガバナンスに関して、それぞれ相反する方向に進んでいるように思われる。マイクロファイナンスは、これまで以上に客観的な金融市場へ向かって進化していて、いわゆる「インフォーマル」な個人金融サービスに取って代わりつつあるが、これが根ざしている相互関係的な市場取引は、不平等な力関係にある生産者間、あるいは生産者と政治色の強い金融サービス（国営開発銀行またはその撤退後の空白を埋めているNGOが提供するもの）とのあいだに存在するパトロン - クライアント関係（patron-client relationship）と固く結びついている。当然のことながら、農村（マイクロ）金融に関する論説は、機能不全に陥った非市場的な金融構造のなかでの市場創出に力点が置かれている[4]。

　他方、農業バリューチェーンはというと、こちらはさまざまな理由から、チェーン全般にわたる主体どうしによる、いっそう意識的で階層的な連携に向けて進化している。国家主導の販促委員会が単独で行った初期の自由化実験は、機能不全に陥って失敗に終わった。しかし同じ時期、スーパーマーケットを通じた小売りの割合は不安定ながらも増加し、やがて世界の食品市場が急速な変化を遂げたことで、商品の品質、納入時期、加工、食品の安全性、環境面での認証が重視されるようになった。このことは、富裕国か貧困国かを問わず、高価値食品セグメントにおいてとりわけ顕著であ

った（Ruben et al., 2006；Reardon et al., 2004）。反省と意識的な試みが行われ、高価値食品のニッチ市場の創出・向上がめざされた（Quiros, 2006）。こうした新たな好機を主導して支配権を握ったのは、たいてい多国籍企業である。したがって、現在の一次農産物の生産者は、強力な（しかもその力をさらに強めつつある）世界規模の買い手とチェーン内で直接対峙しているわけで、取引の多くは、今もって中央当局による直接の管理を受けていない。したがって一次生産者にとっては、意識的に連携を強めた階層的な農業バリューチェーンに統合されることで、依存度が高まるうえに増収入の見込みも不安定という、2つの問題が生じてきている[5]。したがって、ロデュナー（Roduner, 2004: 5）が力説したように、生産者が「どのように」世界市場とつながるかということが、単に世界の農業市場へのアクセスを獲得することよりも重要になるのである。一次生産者に力がなく、互いに熾烈な競争があるような条件下では、底辺に向けてのレースが起こるリスクがある。そうなれば、世界的な農業市場に多くの生産者が参加することが「窮乏化成長」への道筋となりかねない。

　世界の食品市場で起きている変化が新たな農業開発戦略の将来像にとって重要な意味を持っていること、そしてそれが世界の貧困削減の鍵となることは明らかであることから、筆者らは、そうした戦略と農村マイクロファイナンス発展の政策との結びつきをいっそう明確にする必要があると考えている。本論では、マイクロファイナンス革命の性質に関する主流派の見解が少なからず不完全であるばかりか、誤導的な部分すらあること、そしてそれが、マイクロファイナンスと農業バリューチェーンの開発戦略が絡みあう機会を見えにくくしていることを検証していく。

2.1.2　農村向けマイクロファイナンス

　マイクロファイナンス業界の常識として、農村および農業向け（マイクロ）金融市場の創出は、都市部での（マイクロ）金融市場の創出よりも難しい。農村向け金融には（農業向けではそれ以上に）高い取引コストとリスクが付きものとなっている（Zeller, 2006）。共変動する天候リスクがいくつもあるうえ、市場との結びつきが弱く、しかもその市場は区分化されていて、変動が激しい。さらには官民による相補的なサービス──たとえば民間のビジネス研修や法的支援、および公共の教育・医療サービス──へのアクセスが不足していることもあって、農業金融は、都市部での金融と比べて本質的にリスクが大きいというわけである。

　しかし、リスクの高さは必ずしも取引コストと釣り合ってはいないし、農村の貧困や脆弱性そのものが、代価を支払ってクレジットサービスを利用するだけの能力や意志を阻害しているとも考えられる。さらには、営利目的のクレジットサービス業に対する有効需要が低いことも、農村の貧困や脆弱性が原因だと考えられている（Gonzalez-Vega, 2003）。筆者らは、貧困と、そして農業クレジットへの有効需要の低

さを不可避とするこうした考えに異を唱えるとともに、妥当な金利の農業クレジットが安定供給されれば——特にそれがいっそう広範囲な力学および追加的サービスに接合された場合には——需要を刺激できると考えている。そのためには、取引コストを下げ、効率（ROA：純資産利益率）を上げるとともに、利益率（ROE：株主資本利益率）を約4～5パーセントまで引き下げなければならない。

　農村部の取引コストが高くなる原因には、物理的な条件（人口密度の低さ、顧客・市場・組織の空間的な分散、道路の不備、貧弱な電気や通信インフラなど）とともに、有害な制度的条件（複雑で不均一かつ多元的な規範的枠組みがあるために、各種の法執行機構の信頼性が揺るがせになり、とりわけ融資保証として従来のような担保となることが通常は不可能になってしまう）があると考えられている[6]。しかし農村地域の物理的条件を除いて、こうした要因の大部分は、農村金融サービスの地元地域への埋め込みという適切な戦略によって緩和できると筆者らは考えている。

　FDLでは、小規模生産者向け農業ファイナンスに関する世間の常識や定説に反して、社会的に埋め込まれた（embedded）農業向けマイクロファイナンスが、埋め込みのない都市マイクロファイナンスよりも少ない取引コストで実際に発展を遂げている。FDLに関して驚くべきは、地方コミュニティに自らを埋め込み、農業金融商品に特化することで開発インパクトを追求してきたことである。これは、利益を抑えながら、同時に効率を向上させてきたことを意味する。表21.1の計算結果は、FDLのポートフォリオの80パーセント近くを占める主要な農業および都市金融商品について、その取引コストのデータを比較したものである。まず注目すべきは、FDLが農業活動向けの上限金利を低めに設定していることで、これは、農業の収益性が都市での活動と比べて大幅に低いことがわかっているためである（都市向けと農業向けとを比べた利益性の推定値については、Bastiaensen and Marchetti, 2007: 150 を参照）[7]。都市向けの金利はFDLの平均金利の102パーセントから152パーセントであるのに対して、農業向け金利は61パーセントから99パーセントとなっている。さらに重要なのは、農業向けローンの運営費および滞納準備金が、都市向けローンよりも一貫して少ないことである。また同時に、表21.1からわかるように、論理的には融資規模の影響を受けやすいはずの取引コストが、FDLの実践では、農業向け金融商品については比較的低い水準にとどまっている。生産性の高い農業向けマイクロファイナンスで運営費と滞納準備金が低くなっているのは、ひとつには商品設計が鍵となっていて、投資向けの長期金融商品に運転資本向けの短期融資を組み合わせ、同じく長期の顧客に提供されている。しかし筆者らは、FDLが地元のコミュニティ、慣習、規範の中に社会的に埋め込まれていること（以下を参照）こそが、農業向け商品の取引コスト削減の鍵であると考えている。

第4部 満たされない需要を満たす──農業融資の課題

表21.1 取引コスト、金利の構成比率、ポートフォリオウェイト、平均融資規模──2008年1月

主な金融商品	実効金利 (1)	利ざや (2)	滞納準備金 (3)	運営費 (4)	利益／補助金	ポートフォリオ中の割合	平均融資規模	FDLの平均金利と比べた割合
都市向け								
都市部の中小企業	27.58%	19.58%	4.20%	8.78%	6.59%	2.75%	6,684	102%
都市部の商業、サービス業、生産業への投資	25.96%	17.96%	4.17%	8.78%	5.01%	4.00%	3,004	96%
都市向け補助金付き金融商品 (5)								
都市部のマイクロ企業	32.19%	24.19%	2.84%	21.82%	−0.46%	4.00%	1,138	119%
都市部の連帯グループ（商業、サービス業）	40.97%	32.97%	1.97%	37.77%	−6.77%	3.64%	317	152%
賃金労働者向け（多目的ローン）	27.58%	19.58%	3.52%	22.35%	−6.30%	5.00%	225	102%
住宅ローン	27.58%	19.58%	4.18%	16.21%	−0.81%	4.19%	697	102%
農業向け								
農業および畜牛 5000ドル未満	25.36%	17.36%	1.46%	11.30%	4.61%	9.92%	3,479	94%
農業および畜牛 5000ドル〜1万ドル	24.44%	16.44%	1.46%	11.30%	3.69%	22.77%	6,987	91%
農業投資ローン	21.58%	13.58%	3.11%	9.45%	1.02%	7.43%	2,410	80%
農業向け補助金付き金融商品								
農業連帯グループローン	26.85%	18.85%	3.05%	20.70%	−4.89%	7.30%	278	99%
開発ポートフォリオ（グリーンパッケージ）	16.54%	8.54%	2.98%	11.14%	−5.58%	4.00%	1,973	61%
農村部連帯ローン（女性生産者への投資）	21.58%	13.58%	3.05%	11.29%	−0.76%	1.74%	469	80%
農村部連帯ローン（女性への投資）技術支援付き	16.54%	8.00%	3.67%	11.29%	−6.96%	1.00%	511	61%
開発ポートフォリオ（乳牛、スペシャルティコーヒー、灌漑）	16.54%	8.54%	2.98%	11.14%	−5.58%	0.63%	612/1,078 /1,337	61%

(1) 手数料など、顧客に請求されるコストすべてを含む。
(2) 利ざや＝金利−平均コスト（2008年のFDLで8%）
(3) 取引コスト計算における主要な要素である滞納準備金は、都市向け商品に関しては企業規模に大きく左右されるが、農業向け商品の場合はそれほどでもない。
(4) 各商品には、FDLの総ポートフォリオにおけるウェイトに従って、集中型および分散型の間接費が賦課されている。
(5) このこの分野の商品については、都市部の中規模企業からの補助金は一部のみで、大半はもっと効率の高い農業商品から拠出されている。

このように、都市向けマイクロクレジットは、特に効率的というわけではないが、それでも、小〜中規模の企業に対する大規模融資という区分では収益性が非常に高いこと、その一方で、小規模顧客を対象としている非常に高効率の埋め込み型農業向けクレジットは、まだ内部補助金が必要であることがわかる。こうして相対的な収益性と効率性を見わたしてみると、全体としては、大規模な都市向けおよび農業向けローンが小規模な都市向けおよび農業向けローン（補助額の多い農村開発投資ローン含む）を補助するという、相互補助の図式が読み取れる。このように、表21.1からは、優先度の高い部門向けの金融商品を補助することで収益性と開発上の配慮とのバランスを取り、それによってミッションドリフトを避けるという、FDLの戦略が見えてくる。またこの表からは、地方においては取引コストが比較的低く、内部助成へのニーズも高すぎないことから、都市部の貧しい女性やマイクロ企業への融資への補助が可能になっていることもわかる。

こうしたことから、FDLのような開発志向のイニシアティブは、農業活動での取引コストさえ克服すれば、高度な内部相互補助システムを開発して、営利志向の強いMFIが見向きもしない、貧しい小作農と極貧の都市部マイクロ企業の両方をターゲットにできることが示唆される。こうした結果から、次のような仮説を立てることができる。すなわち、農業金融が依然としてマイクロファイナンスにとって最前線の課題にとどまっている本当の理由は、取引コストの高さ自体ではなく、また農業の本質的なリスクでもなく、マイクロファイナンスが農業活動では都市部と同程度の利益が得られないことなのである。後述するように、FDLで農村部の取引コストが低い最大の要因は、地元社会に埋め込まれたマイクロファイナンス活動にある。したがって、マイクロファイナンスの「プロ化」によって客観的な手順や法律上のテクニックが推進されていることも、最も資金のない企業、とりわけ（極貧に対する答えがあるはずの）農業金融からのミッションドリフトを説明するものとなるだろう。マイクロファイナンスが都市に基盤を置き続ける本当の理由はここにある。いわゆる「成功している」MFIの大部分は、ポートフォリオを都市部に集中させ、中小企業に重点を置きながら、FDLよりも高い金利をマイクロ企業に課している。FDLの農業および農村関係の業績は世間の常識に逆行するものであり、マイクロクレジット格付け機関からすれば、社会的に埋め込まれた金融サービスが実際にどう機能しているかを評価するまでは、まったく信じられないものとなっている。ここで十分に考慮するべきは（さらなる調査ができれば有益だが）、FDLが初めてその実践を確立するに際して、地元の農業ネットワーク内で激しい「歴史的」な議論や衝突があったことで、それがFDLの社会的埋め込みにつながり、さらには、埋め込まれた「資本主義商品としての」金融取引が現地で適法と認められるようになったのである（この経緯の詳細については、Rocha（2002）、Bastiaensen（2000）、Bastiaensen and D'Exelle（2002）を参照）。したがって、

第4部　満たされない需要を満たす──農業融資の課題

　以下に述べる理論的な部分は、単なる推測ではなく、FDL の実践によって裏打ちされたものである。

　FDL が農業金融の取引コスト引き下げに成功することは、ニトラパンとの共同介入によって、以下で分析するように農業金融とバリューチェーン発達とのシナジーを生み出すうえでの必須条件だった。FDL が、特に貧しいマイクロ企業向けの業開発ポートフォリオに的を絞り、内部補助金を戦略的に活用しなければ、そのような介入は不可能だっただろう。この文脈では、まずは国際的な公的補助金の不合理な使い方について調査し、疑問を投げかけるところから始めるべきである。現在は、そうした補助金の多くが、都市部および農村部にあって収益性の高い商業的マイクロファイナンス機関の補助に使われている一方で、たいていの農業向けマイクロファイナンスは、マイクロファイナンスとバリューチェーンとのあいだにシナジーを生み出すための資金を、比較的裕福な都市部および農村部のマイクロファイナンス顧客の財布から、やり繰りせざるをえない[8]。しかし、資金の内部移転によって運営費を相互補助する必要があるのは、コスト高な農業向け金融商品についてのみ考えていてはいけない。ファイナンスプラス（セクション3を参照）の観点から、技術支援や商業支援の付いた追加的な補助金についても考えていくべきである。実際、マイクロファイナンスとバリューチェーンを部分的に結合させるという、FDL とニトラパンが切り拓いた新たな領域は、予想されたよりも進展が遅れている。理由は、世界のマイクロファイナンスおよび開発の業界で、補助金が誤った方向に使われているためである（以下のセクション 2.1.3 節も参照）。

　また、農業向けマイクロファイナンスの課題は都市向けの革新的な契約方式を模倣すればよい、場合によっては農村向けに新たな契約方式を作ればよいと思われがちだが、筆者らは、そうした傾向が、本来必要な、顧客と MFI との適切なインタフェースを「ボトムアップ」で地域に特化して作り出すということを大きく阻害してきていると考えている。そこで鍵となる課題が「社会的埋め込み」ということで、これよって筆者らは、金融市場における取引が、もっと広範な地元の制度的環境に不可避的に埋め込まれているということを強調したい。そのような環境を構成しているのは、さまざまな社会的ネットワークとそれに付随する規範上・認知上の枠組み、および日常の慣行なのであって、どれも、本来の意味での「官僚的秩序と完全主義」を示すものではない[9]。たしかに、マイクロファイナンス組織は、クリーバー（Cleaver, 2001: 13）が「官僚的機関（bureaucratic institutions）」と呼ぶもの、すなわち「明確な組織的構造、契約、法的権利に基づくフォーマルな組織」に対応している。クリーバーはこれを「文化や社会組織、日々の慣行に基づき、一般に、しかし誤って『インフォーマル』と呼ばれている」社会的に埋め込まれた機関と対照しているが、どちらのカテゴリーについても明確な区別はできないとし、官僚的機関についても、実際には「制度

的ブリコラージュ（institutional bricolage）」のプロセスによって社会的に埋め込まれているか、将来的に埋め込まれることもあると正しく強調している[10]。筆者らの論点もまさにそこで、農村部マイクロファイナンスは、通常の「可能性フロンティア」を超えて、取引を、マイクロファイナンス自身と顧客、および顧客と他の主体とのあいだの具体的なインタフェースの中へ深く埋め込むまでに発展できると考えている。

　こうした社会的埋め込みは、非常に狭い地域の政治における、論争、妥協、不完全な行為主体性といった領域に表れる。これが「機能する」ための条件は、マイクロファイナンス機関がこうした舞台にうまく関わって、地元地域で受け継がれているさまざまなものに関する原理や価値観、規範を採用・適用し、既存の社会ネットワークを介して活動することであり、そこでの目的は、機能的な社会的インタフェースを作りだして契約による金融取引を適切に支援することにある。言い換えれば、現行の制度的環境と慣行が社会的・規範的なテンプレートを提供してくれるから、マイクロファイナンス機関の規則や機構と顧客とのあいだのインタフェースで取引が行われている期間は、これを動員すればよいということである。すべての金融契約は、そうした広範囲にわたる、またはその土地固有の環境で機能するものだから、ある地域で効果を上げた「契約上の革新」が、他の地域や特定の種類の顧客に対して有効でなかったとしても、不合理なことはなにもない。金融市場が機能するうえで、地方の制度的環境が有害となることも実際にはあるが[11]、農村部で「インフォーマルな制度」が広がっていることを、フォーマルな規則や法律制度に導かれた「現代的」市場の登場を阻害するものとのみ見る傾向は、農村とりわけ農業に関する「マイクロファイナンスの約束（microfinance promise）」にとって、非常に危険である。農村マイクロファイナンスが形式化しつつあるなか、現在の傾向が続けば、農業を営む多くの貧しい顧客は不可避的に排除され、金融の可能性フロンティアは再び後退してしまうだろう[12]。

　たしかに「マイクロファイナンスの約束」（Morduch, 1991）の原点には契約上の革新があるが、その成功は単に契約形態の革新的な特徴によるものではなく、既存の社会的ネットワークや一般的な認知形態、慣習、規範や規則とつながって、それを信頼したことによると、筆者らは考えている。その一例が、名誉に関する女性の道義心を動員したことで、これは、バングラデシュでの金融取引という新たな文脈のなかで、女性の返済意欲を高めるという方策となった[13]。したがって、発展可能な農業向けマイクロファイナンスを創出するには、金融取引にまつわる社会・規範面での革新的な領域に関して、比較的融通の利かない契約に基づいて、顧客とMFIと相互に工夫して対立を解消していくことが不可避的に必要となる。この領域を「インタフェース上」に構築ないし再構築するに際しては、社会的なテンプレート（ネットワーク、規則・規範、認知、動機）を利用することができるし、また利用する必要がある。どれも、経済市場の発達を、とりわけ「契約文化」および企業家としての価値観という観点か

ら成功させるのに役立つものである。そのためには、少し戦闘的な「制度についての起業家精神」(Bastiaensen, 2000)、MFI のブリコラージュ、地元の主体によるイニシアティブが必要となる。それがあれば、金融取引にまつわる契約面・組織面での革新的な実践を通じて、制度のうえで利用可能なものをあちこちから掻き集めて、交渉でまとめ上げることもできるだろう[14]。

　ニカラグアという文脈のなかで、FDL は、貧困者相互の関係における「反補助金文化」の原理、小作農の自治という夢、そして強い労働倫理を動員しようと試みる。その一方で、支配的なパトロン−クライアント関係という不平等交換の原理とは距離を置いている（Bastiaensen and D'Exelle, 2002）[15]。しかし同時に、顧客選別のための情報を安価かつ効果的に得るためには、また、地域における正当性（local legitimacy）と（またおそらく）契約履行への効果的な参加を確保するためには、地元のネットワークに依拠し、つながっておく必要があることも明らかである。したがって、顧客と金融機関とのあいだに有効なインタフェースを作りだし、それを社会的に維持していくことは、革新的な社会的領域を生み出すための、継続的で・多方面的で・現実的な「闘争」という性格を持ちながら、既存の価値観とネットワークのバランスのうえに積み上げつつ、しかし同時にそれを変えていくことになる。そこには農村の市場社会強化に貢献する潜在力があるからである。特に、これまで排除されてきた「銀行で引き受けられない」顧客と MFI が効率的に取引できるようになれば、契約上および起業活動上の慣行や関係性のアクターネットワークとの連携を通じて、相当な制度的外部性が生じてくる可能性がある。同様に、生産者組織をはじめとするさまざまな主体は、マイクロファイナンス内の社会的テンプレートを一部利用しつつ、抵抗したり、破壊したり、回避したり、変形したりするだろう。そうすることで、彼らは自らの能力と信頼性を効果的に強化し、かつ誇示することができる。それによって彼らの「市場市民権（market citizenship）」が向上し、MFI と貧しい顧客との金融取引を超えるまでになることで、貧しい顧客にとっての機会という真の門戸が開かれ、生き残るためだけの生計戦略から卒業できるようになる。金融取引を可能にする社会的領域の創出と、農業バリューチェーンのアクターネットワーク強化とを結びつける機会を見出す必要があるのは、まさにこの地点である。とりわけ、利益は増えるが要求も厳しいチェーンの内部において、貧しい主体が排除される傾向を緩和する機会を見つける必要がある。

　これは、筆者らが農業ファイナンスに対して、たとえばゴンサレス・ベガら（Gonzalez-Vega et al., 2006）が例示したアプローチ以上に積極的な役割を与えていることを意味している。たしかに「既存または潜在的なバリューチェーンの関係性は、広い範囲の金融サービスへのアクセスを促し……生産者の信用度を高める」という見解には同意できるし、したがって「金融介入の拡大によって、小自作農の現代的チェーンへの参加増を促す方法」を探る（Gonzalez-Vega, 2006: 5）ことも認めてもよい。しかし彼らは、

MFIについても食品チェーンの現行のガバナンスについても、変革の必要性も分析しておらず、むしろ、食品チェーンの既存および潜在的価値の持つダイナミズムが「農村部の金融深化のペースとスタイル」(2006: 5)に影響を与えると主張しているように思われる。言い換えれば、既存のマイクロファイナンスと既存の食品チェーンがほぼ自動的に金融深化に、さらには農業向けマイクロファイナンスの民主化にさえつながるとみなしている印象を受けるのである。ゴンサレス・ベガら(Gonzalez–Vega *et al.*, 2006)は、既存のチェーンや潜在的なチェーンが主流派の商品枠組みのうちに厳密に納まる姿を思い描いて、適正な価格設定こそが成功のレシピだと考えているようだが、もっと深いレベルでの制度性(institutionality)が問題になっていることや、「価格設定可能な」価値とは異なるさまざまな「社会的通貨(social currency)」については、これがバリューチェーンを民主化し、資金の少ない生産者をバリューチェーンに組み込むうえで非常に重要であるにも関わらず、ほとんど注目していない(Long, 2003: 115–25)。筆者らは、包括的な農村部開発と貧困削減に貢献するマイクロファイナンス機関を作り上げるためには、これまで以上に積極的で、同時に謙虚な変革戦略が可能かつ必要であると考えているのである。

2.1.3 バリューチェーン

ここまで述べてきたように、世界の農業市場には大きな変化が起こりつつある。バルク品としての農作物から、差別化と(多くの場合は)加工によって価値を高めたスペシャルティプロダクトへのシフトによって、これまで以上に「事前」「事後」の集中的かつ慎重な調整が、とりわけ各主体がチェーン全体の業績向上を望む場合には必要となっている。これを達成するには、生産と作物取引を組織してハイブリッドバリューチェーンを作り、そこに混合市場と階層的ガバナンス、あるいは複数企業の垂直統合まで組み込んでいった方が、ただ現物マーケットでの取引を間接的に事後調整しているよりもよい。したがって、農産物の取引システムは、多くがバリューチェーンの形を取っている。

ところで、バリューチェーンはどのように概念化されるのだろうか。一般的な定義では、バリューチェーンとは「商品やサービスを、構想段階から製造過程を経て……最終消費者に届け、使用後に最終的に廃棄するまでに必要な活動のすべての範囲を表す」制度的な取り決め、となっている(Kaplinsky and Morris, 2000: 4)。かなり技術的かつ経済学的なこの定義を補完するのに有効な視点を与えてくれているのがゴレッティ(Goletti, 2004)で、彼によれば、バリューチェーンとは、異なる経済主体どうしの結合ないし連携であり、集まって組織化することで、それぞれの活動の生産性とその付加価値を高め、利益をもたらし、競争力を向上させるもの、ということである。

「バリューチェーン」という概念が生まれる契機としては、相補的・歴史的な源流

第4部　満たされない需要を満たす──農業融資の課題

がいくつかあって、それぞれに重要な視点を提出しつつ、この概念の解析能力に貢献してきている。歴史的に見て最初の芽生えと言えるのは、フランスで始まった「フィリエール（filière）」というアプローチである（IRAM, 2006）。簡単にいえば、このアプローチは、物理的な商品の流れを分野ごとのバルク品レベルで静的かつ説明的に表現したもので、だいたいは植民地の輸出商品と関連していた。分析はその国境の範囲内にとどまるのが普通で、単純なコモディティ価格の分析だけに限定される。当初は、チェーン内の各主体のガバナンスや相互関係にはほとんど関心が寄せられておらず、中央集権的な植民地経営が暗に前提とされていたが、やがて、こうした視点も取り入れられるようになった（IRAM, 2006）。「フィリエール」のアプローチから生まれた重要な考え方は、ミシガン大学のサブセクターアプローチ（sub-sector approach）に引き継がれ、さらに精密なものとなっていった（Boomgard et al., 2002）。第2の貢献となったのは、マイケル・ポーター（Michael Porter）のバリューチェーン分析（Porter, 1985）である。ここでの主な焦点は、個別企業の競争力と、上流のサプライヤおよび下流のマーケティングチェーンの性質や組織との関連である。ポーターは、価値創出と収益性の重要な根源として、システムの費用効率の重要性と、商品の差別化による独占的ニッチ市場の創出を強調している。サプライヤ、一次生産者、加工業者、卸売業者、小売業者による強固なバリューチェーンどうしが相互に結びついたものを「バリューチェーンシステム」とよぶ。そこでは、企業間の垂直的な連係が有効に働くことが、競争力を獲得するうえで極めて重要となる。またこの視点では、バリューチェーンシステム内の企業どうしの水平的な相互ネットワーク（クラスタ）が、たとえ互いに競合するように見えても、実は非常に重要である。なぜなら、相互学習、効果的な集団行動の基盤としての実践的知識の共有、将来像、モチベーションなどに関して大きな、また往々にして非常に重要な、集積利益（agglomeration rent）が生まれるからである。こうしたクラスタ・ダイナミクスは、特に中小企業にとって、競争力と生き残りの鍵となる（Parrilli, 2007）。

　これ以外のバリューチェーン分析のアプローチとしては、グローバル・コモディティ・チェーン（Global Commodity Chain）の政治経済的な観点がある（Gereffi and Korzeniewicz, 1994；Gereffi, 1999）。暗示的ではあるが、このアプローチは、ポーターのアプローチで言及されないままになっていた。しかし非常に有効なことに関する重要な洞察となっている。ここでの焦点は、全体としてのコモディティチェーンないしバリューチェーン、すなわち、当たり前のように国境を越えて、ありとあらゆる媒介手段によって各地の生産者と世界中の消費者を結びつける国際ネットワークにある。また、この政治経済的な視点は、多方面にわたる力点が企業競争力から力関係へ、そして、重要資源とネットワークの管理がグローバルチェーン内で不均等であることから生じる付加価値の分布へと移ることを示唆してもいる[16]。さらにこのアプローチは、

ガバナンスの重要性も強調している。すなわち、チェーン内で関係する参加者どうしの調整のために、チェーン内で指針を提供し実施するだけの能力を持った、中心的な主体に頼らざるを得ないということである。こうしたガバナンスがシステムとしてのチェーンの効率性と競争力を保証・向上させ、それによって付加価値の総量を高めるためには必要なのである。しかしゲレフィ（Gereffi, 1999）は、通常のチェーンガバナンスでは、単独またはごく少数の支配的な主体がいて、いずれかの主要資源を取り仕切り、付加価値の総量ばかりか、チェーン参加者への付加価値配分も影響力を振るい、利益を独占するだけの力が支配的な主体にあるからであると指摘している[17]。それゆえ、チェーン内の主体どうしの力の不均等が収入の分配に影響し、さらには「機会退蔵（opportunity hoarding）」（儲かる局面を潜在的な競争者から隠すことによる「競争優位」の保護）や「搾取」（弱者の努力に対する不釣り合いに低い報酬）をもたらす可能性がある。農業バリューチェーンは通常、買い手主導のチェーンであるので、ごく少数の（多国籍）企業がチェーンのガバナンスで優位に立ち、加工段階での大きな支配権と、収益性も価値も高い消費者市場（ブランド、スーパーマーケット、輸出チェーン）へのアクセスを握ることが増えていくと思われる。

　付加価値の総量と分配の両方に関係しているのが「アップグレーディング」という戦略的ないし戦術的な概念で、これはチェーン内の特定主体のレベルでもチェーン全体のレベルでも理解することができる。アップグレーディングは、付加価値のレベル向上を達成するために行われるさまざまなイノベーションのことで、商品やプロセスの改善で、チェーン内の主体にとって新しいもの、それがあれば、つねに変化していく基準に照らしても競争力のあるポジションがチェーン構造全体として維持継続できるようなものと理解しなければならない（Giuliani et al., 2003）。アップグレーディングには次の4種類に分けることができる。すなわち、①プロセスのアップグレーディング（チェーン内の個々のリンクおよびリンクどうしの内部プロセスの効率を向上させる）、②商品のアップグレーディング（新商品を導入したり既存商品を改良したりする）、③機能のアップグレーディング（企業内の活動の配分を変更したり、活動の中心をバリューチェーンの別のリンクに移したりして付加価値を増大させる）、④チェーンのアップグレーディング（質の高い新たなバリューチェーンへと移行する）である。

　経済学者にとってのガバナンスは、主に個々の企業の経営や、企業間関係の管理の問題である。もちろん、ガバナンスにはそうした面もある。しかし、ノーマン・ロング（Norman Long, 2002）による社会学的な視点はこれに重要な点を付け加えていて、とりわけコモディティ化が進んでいない（小作農の）農村社会に関係している。ロングは、バリューチェーンがつねに社会的なプロセスであって、それを推進する特定の主体には、関係する他者を巻き込むだけの力がある点を強調している。たとえば、いずれかの農業産品に関心を持つ加工ないし輸出企業が数多く貿易業者のネットワーク

と提携することで、こんどは逆にその貿易業者が幅広い第一次生産者の努力を動員・結集できるだろう。マイクロファイナンスの場合と同様に、こうした製品「市場」の創出には複雑なアクターネットワーク内にある多くの社会的インタフェースの管理が含まれてくるし、それは不可避的に、さらに広範な現地の制度的背景（ネットワーク、規則、規範、慣行、認識、価値観）に根ざし、接合したものとなる。

　したがって、具体的なバリューチェーンの組織および機能は、つねに、多方面にわたる社会的な闘争——生計の道筋、経済的・非経済的な価値[18]、「市場」のイメージ、技術モデルをめぐる闘争——の結果なのである。貧困者が「さまざまな取引において最終的には敗者となる」という傾向（Bastiaensen et al., 2005, p. 981）を考えると、彼らが社会的に排除されていて、多方面にわたる組織力が相対的に不足していることは、貧困者が収益力のあるバリューチェーンにアクセスできないこと、および能力や動機に合致したチェーンが存在しないことの理由のひとつとなる。ドルワードとキッド（Dorward and Kydd, 2005）が示しているように、こうした社会的排除に加えて、取引の失敗や、資産などの資源管理力の不足といった問題があるために、貧しい世帯は既存の機会に対応することができない。農業バリューチェーンに参加する中小企業を増やすためには、普通は制度面・組織面での変化、取引コスト、資産という3つのレベルでの変化を同時に起こさなければならないのである。

　最後に注意してほしいのだが、農村に関するダイナミクスに関する筆者らの分析を（そして農業に関するものでさえも）別々のバリューチェーンに関する断片的な見解に限定してはならない。具体的なバリューチェーンが機能するかどうかは、普通、広範囲にわたる知識および支援体制に——企業間の垂直方向のネットワーク（チェーン）と水平方向のネットワーク（クラスタ）、さらには金融機関も含めた補完的インプットの提供者からなる大きな網に——組み込まれ接合しているかどうか、そして、切り込んでいく地域のネットワーク、慣行、認識と規範の枠組みに全体的に合致しているかどうかによって決まる。またチェーンの主体、とりわけ一次生産者は、さまざまな生計戦略に従事することも多いと思われるので、それが良くも悪くもチェーン内での業績に介入してくるだろう。したがって、バリューチェーンがうまく発展するかどうかは、農村地域の幅広い展開とダイナミクスによって得られるシナジーにも、少なからず左右される。さらには、複雑なバリューチェーンの成功の鍵を握る、人的交流の同質性や、動機・認知枠組みの整合性も、地域開発の成功の性質を決定するものとなるだろう（Schejtman and Berdegué, 2003；Echeverria and Ribero, 2002）。

　バリューチェーンの概念に関するさまざまな論文を総括していくと、以下のような補完的な特徴が見えてくる。「ファイナンスプラス」のアプローチを、農業バリューチェーンに参加する農村中小企業の収益性を高めるさまざまなプロセスと接合する際には、これを念頭におくべきである。

(a) 当該農業チェーンの全体的な効率と競争力——既存チェーン（への中小企業の参加）の改善、または中小企業の機会を拡大した新たな農業チェーンという形をとることが可能である。
(b) 公正で均整のとれた付加価値分配——中小企業がチェーンに参加することの動的価値を高め、特に「窮乏化成長（immiserising growth）」の危険を回避することができる。
(c) 重要な資産および組織的資源の不足、取引の不履行、差別的な社会的プロセスを理由とする中小企業の排除——排除された集団の経済的、社会文化的解放の必要性を意味する。
(d) 価値と意義をめぐる攻防——この結果によって、具体的なバリューチェーンの開発に当たって集団の努力をどこに集中するのか、バリューチェーンをどのように組織し管理するのかという選択において、誰の考えや利益が優先されるかが決まる。これは、さまざまな主体とそれぞれのネットワーク、およびの認識上のサブコミュニティの「主張」や相対的な力関係が関わる問題であり、社会的排除の問題と密接に関係している。

2.1.4 変革的バリューチェーンアプローチ：「ファイナンスプラス」

上記のすべてから、筆者らは、変革的なバリューチェーンへのアプローチを主張する。ほとんどの場合、貧しい農業生産者は、リスクが大きく・降雨依存型で・画一的なバルク品の生産に縛りつけられている。卸先は昔ながらの市場で、ほとんどは地元の現物市場相手であるため、付加価値が生まれにくい。リスクも脆弱性も大きく、市場における取引では、階層型で不平等な昔ながらの社会的慣習が横行している。こうした貧しい生産者の収入についても、発展可能な農村部マイクロファイナンス分野の開発についても、利益のある展開はほとんど見込めない。したがって、成長可能なマイクロファイナンス分野が包含的な農村開発に貢献するだけの活気あるものとなるためには、それに伴って、伝統的部門と非伝統的部門の両方の農業部門において、意識的に管理されたバリューチェーンが推進され、そこに貧しい被排除層が、利益を得られるような形で参加することが不可避であると筆者らは考えている。しかし、そのような利益ある参加を実現するには、変化に向けた多額の投資と意識的な行動が必要となるのは明らかである。

ここにこそ、農村マイクロファイナンスの重要な役割がある。これには、社会的埋め込みと制度的起業によって、交渉に基づく社会制度の領域を確立することが必要だからである。それは平等な当事者どうしによる契約関係を特徴とし、差し迫った取引コスト問題の解消を目的とする。たいていは非常に革新的なものとなるだろうが、このような社会制度の領域は、さらに広範囲にわたる制度的再接合に向けた、そしてそれが不可避的に接合されていくバリューチェーンに向けた土台となることができるだ

ろう。そうなれば、マイクロファイナンスは能動的な主体としての運営が可能となり、投資と制度革新の両方を推進し、農業の価値を創出・変革して、土地はあるが貧しい農民、土地を持たない農民、それ以外の企業家、女性や若者など、農村部の被排除集団に利益をもたらすことができるだろう。こうした「ファイナンスプラス」の戦略では、マイクロファイナンスを周囲から分離した実態と考えるのではなく[19]、むしろ関連する他の主体、とりわけ顧客―受益者の運動や協会――それぞれが好ましいと思う変化の道筋を明確にし、そのことによって自分たちの声を聞いてもらい、国や個人企業家、NGOなどから最低限必要な協力を取り付けて、その道筋を実現可能なものにできている主体――の戦略と連携する範囲でしか約束を果たせないことを認めるべきである。

　変革的なバリューチェーンアプローチを「ファイナンスプラス」戦略に結びつける場合、とりわけ、資本化は進んでいないが生産性の高い企業と提携して成功しようと望む場合には、必要な資金と社会的学習のために、追加的な補助金が必要となることは避けられない。こうした補助金は、内部の資金源（比較的余裕のある顧客層を対象とする金融活動からの利益）だけでは生み出せない。そこで鍵となるのが、稀少な外部補助金をどう生み出すかという問題であり、さらに重要なのが、それをどのように活用するかである。この点から見て、筆者らは、国際的な開発協力事業からの融資で賄われた農業や農村部への投資がおしなべて失敗していることと、内外からの補助金をFDLがずっとうまく活用していることとが、顕著な対照をなしていると考えている。筆者らの考えでは、国際的な資金援助による現行プログラムのほとんどは、顧客迎合主義とエリート集団による支配という疫病に苦しみ、そのため、非効率的で排他的な傾向を軽減するどころか、かえってそれを後押しする結果となってしまっている。この状況を変えるためには、こうした補助金を、農村部のガバナンスや持続的な融資という、市場ベースでの制度改革とこれまで以上に接合していくことが条件になるだろうし、それをしていくのは農村部門への浸透力、とりわけ有望なバリューチェーンの開発や変革との接合能力を持ったマイクロファイナンス機関だろう。筆者らは、世界銀行（World Bank, 2008）が、農村部への投資は成長と持続的な貧困削減という点で社会的・経済的な見返りが非常に大きいとしている点に全面的に賛同しているが、今述べたような、農村部の経済的・社会的ガバナンスのいっそう適切な制度的接合こそが、農村部投資を大幅に増加させるうえでの重要な条件だと考えているのである。

3 農業金融におけるバリューチェーンアプローチにむけて──ニカラグアにおけるFDL

3.1 国としての背景

　ニカラグアは中央アメリカ諸国で最も農家・農村の多い国で、近年では唯一、農業分野が成長している国でもある（Grigsby and Pérez, 2007）。およそ140万人が農民として直接農業に従事しており、その59パーセントが貧しい自作農である。ほんの一握りの富裕層を除いて、農村部で農業に従事していない人びとの大半は土地を所有しておらず、賃金労働に大きく依存している。外国（主には隣国のコスタリカ）への出稼ぎ者または移住者からの仕送りが、割合は不明だが、多くの農村住民の大きな補完的収入源となっている[20]。しかし、移住には克服しがたい障壁があることから、農村社会の最貧困層は、移民からの仕送りによる恩恵は比較的少ないと思われる。ニカラグアでは、所得の不均衡が非常に大きく、さらに格差が広がりつつある。UNDPは、所得不均衡の指標であるジニ係数がニカラグアでは0.56だと推定していて、世界有数の高さとなっている。貧困も、他の中央アメリカ諸国に比べて高い水準が続いている。2005年には、ニカラグアの人口の47パーセントが貧困（1米ドルの貧困線未満）で、16パーセントが「極貧」と考えられていた。貧困は圧倒的に農村部に集中していて、貧困層の75パーセントが農村部に住んでいる。この10年で農村部、農業分野が大きく成長したにもかかわらず、農村部での貧困削減は遅れており、残念な結果となっている。

　農業分野についていえば、ニカラグアは世界および全国規模での動的な食品チェーンへの統合が遅れていて、近隣諸国よりもシステム面での競争力が劣っている。しかしながら、このところはコスタリカをはじめとするラテンアメリカ諸国に急速に追いつきつつあって、たとえば、スーパーマーケットは2000年代初頭にはすでに10〜20パーセントを占めるようになっていたし（Reardon et al., 2005: 4）、いくつかの農業チェーンでは大規模なアップグレーディングが行われている。またグローバル化、とりわけ現在ニカラグアで広がりつつあるいくつかの自由貿易協定[訳注]は、農村部の経済にとって脅威でもあり、好機でもある。食品価格や農産物価格の上昇によって楽観論も生じているが、現在の不況が始まった頃から、ニトラパンは、以前にも増してバリューチェーンの改善の必要性を明確に重視するようになっている。こうした文脈において最大の課題となるのは、いかに生産─加工─マーケティングというチェーンをアップグレーディングして、どんどん要求が激化する国内外の消費者市場での競争力を獲得・維持していくかである。ニカラグアで大きな努力がなされ、比較的成功しているのは、コーヒー（物産品および有機農法によるもの）、牛乳・乳製品製造、カカオ、

第4部　満たされない需要を満たす──農業融資の課題

スーパーマーケット向けの根菜・野菜に関するバリューチェーンで、もう少し控えめなものとしては、農村ツーリズムがある。ニトラパンとFDLは、国内のアウトリーチということから、こうしたチェーンのすべてに参加している。

しかし、こうした農村部バリューチェーンのダイナミズムの復活は──とりわけ最も変化の激しい部門である食肉・乳製品の取引で復活したことが──残念ながら、包含的な開発や貧困削減にはつながっていない。このプロセスからは、動的チェーンにおける中小の生産者の排除がさらに進んでいるという徴候が明確に現れているからである。したがって、現在の農村部の成長モデルは二極化を進める方向になっている。これが国内の不平等を拡大する一因であることは明らかだし、近年の成長の成果が貧困削減という点で非常に残念なものであった理由の説明にもなっている。同じく、ほとんどの農業活動で重要な問題になっているものとして環境劣化があって、とりわけ、急成長中の乳製品・食肉チェーンの持続可能性にとって重大な脅威となっている。農村部経済の拡大、とりわけ牛の粗放的畜産は、農業開拓地をどんどん取り込んでいくことで成り立っているため、残された熱帯林を次々と破壊していっている。ニカラグア環境省によると、現在の粗放的な路線の農業システムは、年間70,000ヘクタールの土地を農業用に取り込んでいて、膨大な環境コストとなっている。

3.1.1　FDLとニトラパンの対応

本来ならばダイナミックな成長が見られるはずの農村部および農業部門で、排他的な傾向や環境面でのさまざまな傾向について懸念が高まるなか（Grigsby and Pérez, 2007, 2008）、FDLは、小作農と中小企業を基盤とする農村経済の発展を支援するというミッションと、効率性の高いマイクロファイナンス機関であることとを両立するべく尽力してきた。まずは実行可能な社会的インタフェースをいくつもの僻地農村地域で築き、取引コストの問題が解消できるようにし、それができた時点で、最初は圧倒的に農業を中心としたポートフォリオを作成し、そこに、農村部の生産者向けに相当額の長期投資を含めるようにしたのである（表21.2参照）。それ以後は、とりわけ乳製品および食肉のポートフォリオが急激に増大している。

しかし、ニトラパンとFDLの理事会は、社会的なインパクトのためには、もっと意図的な取り組みによって金融と農業バリューチェーンとを結び付け、小規模生産者がアクセスして利益を得られるような支援が必要なのだと、すぐに自覚するようになった。2003年まで、バリューチェーンにおけるニトラパンないしFDLの役割は、卸売業者や加工業者のための供給組織であって、ニカラグア西部および北西部のオイルシード（ゴマ種子、ピーナッツ、大豆）市場が中心だった。こうした取り組みは、大半がエリート層の交渉を通して行われ、農村部にいる生産者の参加は最小限でしかなかった。こうした当初の取り組みは、FDLと生産者の双方に利益をもたらした。これは、

市場の予測がつけやすくなったことで価格リスクが大幅に減ったからだが、必ずしも顧客にとって市場の公正さや効率が向上したわけではなく、小規模生産者の市場アクセスがわずかに改善された程度だった。2005年以降は、コーヒー、野菜、果物、牛乳、チーズ、食肉生産に結び付いたバリューチェーンへの取り組みに重点が移り、一貫性が高まっていった。先に確認した排他的な傾向を考えると、バリューチェーン開発のための融資に向けた新しい包括的アプローチ戦略において鍵となるニーズは、小規模生産者の市場アクセスとチェーン内での地位向上、そして可能ならば、バリューチェーンの全体的なアップグレーディングに貢献し、国としての付加価値の増大である。

同時に、FDLおよびニトラパンの理事会は、小規模生産者とりわけ農村部女性が、小規模取引やサービス活動の運転資金にまわる短期クレジットよりも、農業をはじめとする生産的な投資クレジットにアクセスできるよう、特に注目していくべきだと強調するようになった。最後に残った重大な懸念事項は、融資対象となる農業活動の、環境面での持続可能性であった。とりわけ乳製品や畜牛の生産は、農業ポートフォリオの40パーセントを占めていて、農業開拓地の拡大による環境破壊につながっていることは明らかだった。そのためFDLは、収益性マージンの一部を用いて、最も収益性の高い事業から暗黙のうちに収益を移転することで、内部補助金付きの「開発ポートフォリオ」を開発しはじめた。これは、だいたいは長期の投資商品を数多く組み込んで幾分コストを抑えたもので、対象は資本金の少ない中小農業企業、そして農村部女性顧客であった（表21.2参照）。

2008年には、この「開発ポートフォリオ」の顧客の約60パーセント、投資の40パーセントが農村部の女性向けのさまざまな種類の小規模農業投資で、女性向けの産業投資も少なからずあった。例としては、自宅での野菜や根菜や果物の生産、小規模畜産（家禽類、豚、羊）、乳牛、小さな加工所、地元の食品加工活動などである。ソーラーパネルを除けば、開発ポートフォリオでの生産品は、小規模企業の投資ニーズにつながっていて、いずれも、コーヒー、乳牛、肉牛、野菜・根菜・果物などのチェーン内におけるポジション向上をめざしている。開発ポートフォリオは、乳製品・食肉チェーンに集中しているが（ポートフォリオの75パーセント超）、これも、農村部女性の生産活動の大半が乳肉両用牛に関連していること、さらに養牛における環境問題が理由となっている（以下参照）。

開発ポートフォリオの構造には、FDLおよびニトラパンによる現在の「最先端」が強く反映されていて、バリューチェーンアプローチのさらなる統合に向けて一歩を踏み出すものとなっている。実際には、小規模小作農による畜牛生産の資本化や融資は、バリューチェーン内でそれ以上の変革を行わなくても、すぐに大きな結果を生み出してくれる。コーヒーや果物、野菜については、小規模企業の振興はチェーン内での変革に左右される部分が大きく、成果も得にくい。これは、FDLもニトラパンも、

第4部 満たされない需要を満たす——農業融資の課題

表21.2 FDLおよび関連するニトラパンの開発プログラムの融資ポートフォリオ（2008）

	顧客	%	ポートフォリオ（米ドル）	%	平均融資規模（米ドル）
融資ポートフォリオの概要—FDL					
非農業ポートフォリオ	39,835	48	26,296,122	38	660
農業ポートフォリオ	42,501	52	43,640,372	62	1,027
長期農業ローン	21,009	26	31,202,787	45	1,485
投資（補助金付き危険資本）	1,271	2	4,813,800	7	3,787
開発ポートフォリオ（危険資本＋技術支援／バリューチェーン）	7,438	9	7,419,644	11	998
FDLポートフォリオ合計	82,336	100	69,936,494	100	849
開発ポートフォリオ—FDL					
投資ローン—農村部女性（乳牛）	3,791	58	1,896,300	33	500
グリーンパッケージ（シルボパストラル（混牧林）による畜牛生産の集約化）	1,163	18	2,349,700	41	2,020
ソーラーパネル	956	15	895,300	15	937
遺伝子改良した乳牛	280	4	258,200	4	922
灌漑設備（野菜／果物）	173	3	219,800	4	1,271
再転換コーヒー	164	3	166,900	3	1,018
FDL開発ポートフォリオ合計	6,527	100	5,786,200	100	887
開発ポートフォリオ—ニトラパン					
肉牛フランチャイズ	171	19	596,290	37	3,487
乳牛の貸出	425	47	518,985	32	1,221
設備・機械	299	33	489,700	30	1,638
用地への通路＋技術支援	16	2	28,489	17	1,779
ニトラパンのポートフォリオ合計	911	100	1,633,444	100	1,793
FDL／ニトラパンの開発ポートフォリオ合計	7,438		7,419,644		998

出所：FDL、ニトラパン

まだマーケティングや加工段階での経験が浅いことによる。また、2007年に比べて融資の平均額が20パーセント増加したことも付け加えておかなければならない。ここには、資本金の乏しい生産者をバリューチェーンに巻き込むことの難しさが反映している。一般に、資本金の少ない生産者は、開発ポートフォリオ内で目立った業績を継続してあげられないことが多いが、これも、農業開発における国際補助金の分配が不適切で、今も、低資本の生産者にはほとんど行きわたっていないことの反映である。現在の乳製品・畜牛開発の道筋にとっては、環境問題が将来的な持続可能への脅威となっているが、これに対処するうえで鍵となる金融商品のひとつが、投資の半分近く、および開発ポートフォリオの4分の1を占めている「グリーンパッケージ」である。これは金利に適度な補助金を付けたもので、シルボパストラル［訳注：混木林。同一の土地で林業と畜産業を行う。］をベースとする家畜生産の集約化を促し、長期的な持続可能性を確保するとともに、土壌や水や森を、大規模な畜牛飼育による破壊的な影響から守る道筋を示すものとなっている。また、ニトラパンとFDLは現在「環境サービスへの拠出（Payments for Environmental Service: PES）」という革新的な計画に共同投資している。これは先に、地球環境ファシリティ、世界銀行、CATIEが試験プロジェクトとして融資・実施して成果をあげたもので、現在はIADBとCABEIの支援を受け、新しく改良された計画が実施されている[21]。こうした取り組みは、中・大規模生産者に対する畜牛ローンの通常ポートフォリオにもつながっている。

　こうしたものをはじめ、さまざまな投資商品と直結しているのが、補完的な技術支援およびマーケティング支援を提供するためのFDLの金融サービス補完戦略で、大半の資金をFDLが負担している。この戦略の陰にある動機は経験からの発見、すなわち、市場やチェーンへアクセスしたり参加したりして多くの利益を得るには、貧しい顧客がもっと大規模な変革を実践することが必要だが、たいていの場合、クレジットのみではそこまではいけないということである。2004年から2008年にかけて、FDLは、ニトラパンが顧客に提供した非金融サービスの平均50パーセントに融資していた。残りは開発機関が補ったのだが、それまでは、金融サービスと非金融サービスのシナジーを高めるために開発機関が資金を使うことはほとんどなかった。現在、FDLは、バリューチェーンの他の主体との提携を通じて、顧客向けに経営サービスの仲介も行っている。提携相手は、テクノサーブ（Technoserve）のようなNGOやNCBA（National Cooperative Business Association「全米協同組合事業協会」）のCLUSAインターナショナルプログラム、農業投入財や農業機械の民間供給業者、ニトラパンの「企業インキュベーション」プログラムなどである。ただし、これに付随する資金の総額は、まだFDL自身の投資額を下回っている。

　クレジットやリースサービス、投資商品、技術支援、マーケティング支援などのあらゆるポテンシャルと最終的なインパクトを評価する唯一の方法は、こうしたものが

第4部　満たされない需要を満たす——農業融資の課題

相互作用しながら、どのように機能しているか、顧客や他の主体とどのように結びついているか、それによって、問題となるバリューチェーンにおいて、社会面・環境面で大きな利益をもたらす変革の道筋がどのように推進されているか、とりわけ、統合の進んだサービスが実際に優先度の高いグループとつながることや、チェーン参加による利益増大の――ひいてはバリューチェーン全体の発展にとっての――大きな制約的拘束にうまく対処できているか否かを分析することである。紙面が限られているため、ここでは、FDLとニトラパンの存在が最も発達している、乳製品―畜牛のバリューチェーンに焦点を絞ることにする。

3.1.2　乳製品―肉牛のバリューチェーン

ニカラグアの農業活動のなかでは、乳製品と畜牛の活動が収益性の高く、確実な分野であることは間違いない[22]。しかし、上述のとおり、現在の大規模成長モデルでは、小規模生産者の参加も環境面での持続可能性も保証されていない[23]。従来、畜牛生産者は、小規模はもちろん、中規模であっても、乳肉両用の生産方法を用いており、酪農に適した遺伝子を持つ乳牛に特化することも、肉牛の肥育で儲けの多い「仕上げ」段階に携わることもしてこなかった。FDLの顧客には、儲けの多い仕上げ段階に従事できるだけの資源を有している者はほとんどいない。ここで重要となるのは、利益のある牛乳市場や食肉市場へのアクセスが欠如しているために、飼っている牛のアップグレーディングができないことである。肉牛チェーンにおいては、一般に小規模生産者が、若い牡牛を大規模な専門の肥育業者に売る。専門の肥育業者は広大な牧場を配下に入れていて、非常に大規模な養牛システムを経営しているのだが、これは費用面でのメリットこそ大きいものの、環境面では疑問が残る。また大規模生産者は、数少ない畜牛売買業者とならんで、十分な頭数に到達できるだけの規模と生産能力があるので、産業用食肉処理場と協定を結んで、年間を通じて計画的に畜牛を引き渡すことができるし、それ故に、付加価値の大きいセグメントに直接アクセスして、スーパーマーケットや比較的儲けの大きい輸出市場に流通させることで、さらに利益をあげることができる[24]。このような市場支配と金融資本へのアクセスのおかげで、大規模生産者と売買業者というこのセグメントは、土地を所有して家畜のシェアクロッピング（物納小作）を営み、土地はあるが資本のない中・大規模の農民とともに、さらに多くの家畜を肥育する。このシェアクロッピングは現地の牛の価格に大きく作用する。それ故、大規模生産者と売買業者は、食肉処理場の利用権を独占し、大きく値を上げることで、利益の大半を手に入れているのである。中小の農家が（ほとんどないが）まれに家畜の肥育に成功した場合や、年老いて乳の出なくなった牛を売る必要がある場合には、インフォーマルな屠畜業者や地方自治体の運営する食肉処理場に依頼するのだが、そこからの納入先は、需要も儲けも少ない地元市場になる。それが

嫌なら仲買人に売るしかないが、売値はほとんど変わらない。ニカラグアの畜牛・食肉市場が国際的な文脈にうまく接合できていないにもかかわらず、畜牛事業は（理論上、活動の種類と市場への接合具合によって利益率は変わるものの）すべての関係者に非常に多くの利益をもたらしている。これが小自作農にとっては不利益であることは明らかである。その理由は、養牛業が本質的に粗放的に行われるものであり、したがって、広大で安い土地の利用可能性に依存しているということでほぼ説明できる。2007年、FDL の概算では、乳肉両用牛および乳肉混合飼育への投資リターンは40〜60%、養牛の成長段階では60〜90パーセント、仕上げの肥育段階では120〜150パーセントとなっていた。また、正確なデータはないものの、ニカラグアの付加価値の大半を、商業的食肉処理場と、全国規模および国際的な畜牛仲買人が獲得していることは間違いない。ニトラパンの推定によると、国内の付加価値合計のうち、スーパーマーケットの獲得分が14パーセント、食肉処理場39パーセント、全国規模の仲買人12パーセント、地元の仲買人5パーセント、生産者はおよそ30パーセントである。

　FDL は、畜牛の重要性と全体的な収益性を考えて、肉牛チェーンのさまざまな主体に大きく関与していっており、乳肉両用牛向け、および養牛の成長・仕上げ段階向けの「通常」の貸付期間を延長して12〜24カ月とし、金利も21.6〜24.4パーセントとしている（2008）。しかし、こうした支払い能力のある層の既存需用に対する融資は、社会的に望ましくない集中化を招くのみか、環境にも損害を与えかねない。そこに気付いた FDL は、パートナー機関のニトラパンと協力して、いくつかのイニシアティブをスタートさせ、社会的に包含的で、環境面での健全性に集中したシルボパストラル養牛システムを支援しようとしている。この点に関しては、この方向での変革を誘導し、支援しようと意図的に務めている他の機関やイニシアティブとの連携が、戦略上の鍵である。図21.1 は、主な提携やパートナー関係をまとめたものである。

　基本となる提携は、ニトラパンの「起業開発事業（Entrepreneurial Development Services：EDS）」とのものである。FDL は、顧客である畜牛農家向けの技術支援サービスを、EDS からコマーシャルレート（企業向けの割引価格）で買う。技術支援は、事前に選択したテーマによる各地でのワークショップと、農場現場でのオーダーメイドのコンサルタントサービス（数量限定）から成る。これまでのところ、技術支援はシルボパストラルにおける集約化、とりわけ、生産性の高い牧草地と常設の飼料バンクの設置に重点がおかれている。こうした取り組みにより、牧草地の飼育能力が格段に高まるほか、乾期に餌不足になるリスクを低減することができる（特に乳製品の生産では意味がある）。また、季節に応じた移牧のために、農業開拓地からさらに先にある第二農場にアクセスできることも必要なので、これにも対処してきている。さらに、こうした分野のさまざまな取り組みとつながっているものとして、地球環境ファシリティ（Global Environmental Facility、2003–2007）が資金提供している「環境サービスの

第4部　満たされない需要を満たす――農業融資の課題

図21.1　乳製品および食肉チェーンにおけるFDLの提携関係

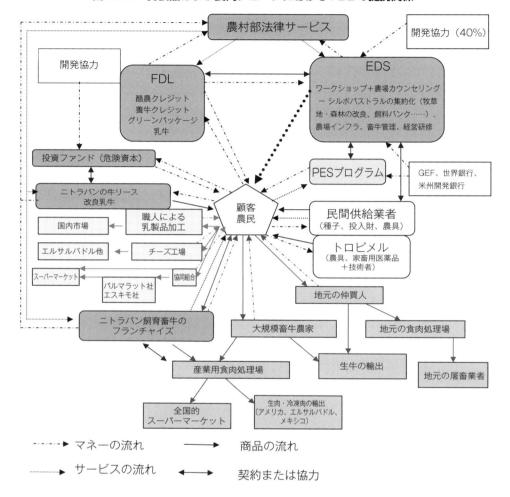

ための支払（Payments for Environmental Services：PES）」での試行プロジェクト（炭素貯蔵と生物多様性保全）があるし、もっと近いものとしては、米州開発銀行（Inter-American Development Bank：IADB）とPESによるプロジェクトがある。こちらは、飼料バンクや改良牧草地で（森林があってもなくても）炭素貯蔵量が増加したら、農民に報酬が支払われる。ほかに重要な技術支援項目としては、基本的な農場インフラ（清潔な搾乳環境と慣行など）の整備と維持、畜牛管理の改善（繁殖、衛生管理、遺伝的改良）があげられる。こうした活動の文脈では、改良済みの種子や農具（主に飼料裁断用の粉砕機）を供給している民間業者と補完的な商業提携が結ばれてきている。特殊なケースといえるのがトロピメル（Tropimel）で、これは地元の小規模企業による技術支援サービ

スのネットワークであって、農具や太陽エネルギー機器、家畜用医薬品の販売と結びついている。こうした革新的な小規模企業は、その多くが併行してさまざまな小規模取引を行っていて、自らも、FDLのクレジットやEDSの経営研修サービスから支援を受けている。EDSの経営サービスも、生産者の市場アクセス支援に取り組んでいて、集乳センターや商用食肉処理場の見学を企画したりしている。しかし、今のところインパクトは非常に限定的なものにとどまっている。理由は、小自作農が特定の市場セグメントに参加する機会を持てずにいる原因が、情報へのアクセスの問題だけではないからである。とはいえ、集団的な販売イニシアティブを支援する目的でニトラパンが行ってきた技術サービスや研修サービスは、これまでのところ、まだ計画段階を越えるものではないし、戦略的な地元パートナー（酪農業協同組合など）との提携を行うための方針策定もこれからである。

しかし、販売システムの変革に向けた非常に重要なビジョンが、ニトラパンの「肉牛フランチャイズ化事業（meat cattle franchising operation）」で達成されている。このケースでは、ニトラパンは伝統的な畜牛共有契約を再編した。すなわち、以前は、裕福な牧場経営者も貧しい経営者も、地元の市場価格で計算した収益を平等に分け合っていたのを、まったく異なる「近代的な」、契約の面でも透明、フォーマルなものにしたのである。基本的な仕組みはこうである。フランチャイズ企業と提携農家が、明快かつ詳細でフォーマルな契約を取り交わし、集約化の進んだ生産環境で、成長段階や肥育段階の肉牛を飼育する。ニトラパンは、農家と双方合意のうえで、まず質の高い子牛を購入し、技術支援や家畜用医薬品など、必要なものを投入する。農家の方は、土地と適切な飼育環境（インフラ、水、牧草地、飼料作物）、労働時間を提供する。事業のリスクは双方が負う。シェアクロッピング契約と同様に、純利益は関係者間で分配されるが、それに先立って、必ず、細目のすべてを盛り込んだ正式の受取証が、算定項目すべてに関する証明書類を添えて届けられる。契約による事業で相互透明性の推進が重要視されているのは、ニカラグアの農村部では相互の騙し合いが横行しており、それが、このケースのような、農業バリューチェーンによる利益増大に必要な協力体制の改善や複雑化の障害となっているからである[25]。またここでは、正の外部性との重要な結びつきとならんで、FDLの金融取引における「契約文化」の促進が見られる。筆者らは、FDLの活動地域内での投資が比較的成功していることと、国による、政治色の強い、恩顧主義的な投資プログラムが惨憺たる結果を残しながら、相変わらず（上述のように）公式の開発援助と併せて資金提供されていることとの違いを説明するうえで、これを重要な要素だと考えている。全体としては、資本化の進んでいない、主には中規模の生産者が、それまで肥育事業に携われるなどとは夢にも思っていなかったところから、畜牛チェーンに深く関わるようになってきている。

重要なのは、ニトラパンが、事業全体の調整や計画に先立って、約2000頭の畜牛

について、一括して産業用食肉処理場と交渉していることである。これによってニトラパンは、一度に大きな頭数を提供できるというだけでなく、牛の体重が適切であること、品質が平均以上（若い、禁止物質不使用）であること、取り決めたスケジュールに従って届くことが保証されるということからも、大きな価格優位を得ている。地元売買業者や伝統的なシェアクロッピングとは違い、ニトラパンは、食肉処理場での価格を基準にして提携農家に取り分を支払う（普通は地元での価格が基準になる）。2009年3月、地元市場価格が26.3C$/lb（ニカラグアコルドバ／重量ポンド）を下回っていた時期に、ニトラパンは、食肉処理場に卸した牛から42.9 C$/lbを受け取っていて、価格プレミアムは61パーセント強だった。プログラムにかかる追加費用とニトラパンの取り分（50パーセント）を勘定に入れれば、8カ月の肥育事業による純収入は、通常の方法（現地価格での評価と低い集約度）による見込み収益と比べて1頭あたり42米ドル、77パーセントの増加である。重要な——少なくとも潜在的な——利点のひとつは、フランチャイズ化事業によって、中小規模の農家、とりわけ道路から遠いために集約性の高い牛乳生産に関われない農家が、収入の少ない成長段階だけではなく、収入の多い肥育段階にも参加できるようになるという点である（もちろん、それでも肥育段階に参加できる条件が揃わなかったり、参加意欲のない小自作農が多かったりはする）。

これまでは、努力の大半が事業の設立に向けられていて、貧しい牧場経営者の接合にはあまり注意が払われていなかったため、そうしたところでは必要な条件（主には牛への給餌能力）がまだ整っていない。そこで現在では、研修サービスや、ニトラパンの小ユニット単位であるトロピメルと協同して、合弁事業契約への参加条件を備えた小規模農業事業を育てていく取り組みが行われている。

これに関してニトラパンは、支払い請求のできない（non-reimbursable）小規模投資ファンドを運用していて、そこから、リスクの高い初期投資（農具、家畜用医薬品、種子、有刺鉄線）に資金提供している[26]。フランチャイズ企業がFDLの畜牛クレジットを補填することも多いが（現在のIADB–PESプロジェクトもその一例）、これは、FDLがクレジットの出し過ぎに非常に慎重になっているためで、したがって多くの生産者が、かなり大きな遊休生産能力を持っている。合弁事業契約では、家畜はニトラパンの資産のままなので、単純にFDLが事業を行うよりもリスクが少なくて済む。また、養牛における環境対策の一環として、先にふれた企業インキュベーションプログラムが、ニカラグア太平洋岸地域の、比較的開発が進んだ人口密集地域での小規模養牛に力を入れているので、市場競争が比較的激しい地域でありながら、こちらでも、小資本生産者の取り込みがやりやすくなっている。そしてここでも、危険資本向けの投資ファンドを使った融資によって、鶏糞と簡便な配合飼料（砂糖の副産物、刈り株、野菜廃棄物）を用いた革新的な屋内での肉牛肥育などが行われている。

最後に紹介するのは、搾乳方法の改善を行っているリース事業である。ここまでに

農村部のマイクロファイナンスと農業バリューチェーン

ふれたどの事業にもまして、この事業は、土地があっても貧しい人びとへの資本供給において重要な役割を果たしている。ただし、営利化段階では積極的に携わってはいない。貧しい農家にとっては、牛を1、2頭飼えるようになるだけで、家族の食事が大きく変わるのはもちろん、もっと見込みのある蓄積戦略に関われるようにもなる。このリース事業では、こうした貧しい農家に優れた血統の乳牛を飼う機会を提供するが、直ちにその牛を買い取る必要はない。リース契約なので、農家の負担は、技術支援を受けるための出資金も含めたリース料のみとなり、初期リスクが最少化される。これまでの経験から、事業が成功すれば資本化のプロセスが一気に加速することがわかっている。その主な原動力は子牛で、これは借り主の資産となる。技術支援はきわめて重要で、品種改良した牛（もちろん純粋種ではないが、多産牛であることは変わりない）には定期的に適切な飼料を与える必要がある。これも、ニカラグアの養牛集約化をめざした戦略に合致するものだし、当然のことながら、このケースでも、太平洋岸地域における超集約的な乳牛飼育の促進が含まれている。実際にこれまでの経験は、土地へのアクセスが乳牛経営を成功させるうえでの必須条件でないことを示している。ある野菜農家などは、わずか0.17ヘクタールの土地で5頭の乳牛を飼っている。1頭あたり1日8～10リットルの乳量の牛を牛舎で飼育し、牛糞を集めて野菜畑の肥料に使う一方で、鶏糞と、自分の畑やほかの生産者、近所のスーパーマーケットなどから集めた野菜廃棄物を牛の飼料としているのである。

　このような接合された介入によるインパクトを暫定的に評価するなら、食肉チェーン内において、飼育牛のフランチャイズ化を中心とするパッケージは、バリューチェーンの競争力向上とパートナー間の付加価値配分の改善の両方について、有効であると言えるだろう。これからは、大多数の貧しい生産者を対象にバリューチェーンをアップグレーディングして、非効率的な国内の食肉処理場を超えるものにしていかなければならない。そのためには、伝統的な「ハンバーガーコネクション」を跳び越えて、差別化された、価値の高い食肉市場に直接アクセスできるようにしていくことである（Flores and Delmelle, 2006）。これまでのところ、このプログラムは、小自作農どうしを結びつけるという点ではあまり効果的ではなく、太平洋岸地域で危険資本を使って貧しい生産者に対処しているのは例外的である。同様に、国際補助金やFDLからの利益を増やして、技術変革に関する研修の要素を強化していく必要がある。またこのプログラムは、環境面での畜牛の健全化という点でも、PESと協力しながら、大きな成果をあげてきている。しかし、資本の少ない生産者でも、生産強化のための合理性が内在しているところがあるので、これを牧草地の改良や飼料バンクという形でさらに集約していけば、環境面で、現在のPESのイニシアティブ以上のプラスを生み出すことができるだろう。

　乳製品チェーンの機能は、貧しい生産者の資本化について強いインパクトがあるこ

とを示していて、とりわけアクセスのよい地域では効果が大きいのだが、遠隔地域ではそれほどではない。また、生産段階での集中については、チェーンの競争力へのインパクトがあまり明確ではない。人口密集度の高い地域では、道路インフラや消費者需要の増加が有利に働くため、資本化とアップグレーディングによって乳製品生産者の競争力が高まる。いっぽう僻地では道路が不足しているうえに、全国規模のチーズ業者が機会を独占して強い制約を課してくるので、太刀打ちができない。一般に、貧しい生産者ほど動的チェーンに参加する際の「参入障壁」が大きいし、たとえアクセスできたとしても、そのアクセス方法は明らかに利益の少ないものとなる。何より苦しいのは、道路へのアクセスがないことと財政面での制約があることで、生乳の品質基準を満たすのが難しくなっている。さらに、保険に加入していないことから、努めてリスクを避けようとして、不利ではあるが融通の利かせやすい相互契約（inter-locked contract）（とりわけエルサルバドルのチーズ製造会社の仲介によるもの）を結びたがる。その結果、大規模な乳製品メーカーが動的生乳チェーンの優位性から不釣り合いな利益をあげ続ける一方で、交通アクセスのよい牛乳生産地域での土地集中が進みつつ、貧しい農家は農業開拓地のさらに周縁地域へと追いやられてしまう。小規模ながら工業的な乳製品生産という夢を地に足のついたものにし、国全体で生乳チェーンをアップグレーディングするためには、もっと抜本的な改革が必要となるだろう。そのような改革には、僻地の地元住民と地方自治体の首長を含めた社会経済的な結合も含まれてくるだろう。

　ミクロな視点で考えると、小自作農へのインパクトを最大化するには、さまざまな介入やサービスの組み合わせとシナジーが必要となる。そのためには、地域におけるさまざまな系統の活動を強固に接合していくことが極めて重要である。この点に関して、現時点でのFDLとニトラパンの実績は、まだ最適からはほど遠い。どちらの機関も、またそれぞれの各種プログラムも独立に運営されていて（これからもそうしていかざるを得ない）、マイクロファイナンス、リース、フランチャイズ、法律コンサルタントや技術コンサルタントといった多様な事業の組織理論への対応に追われている。そうした事業の中には、外部から補助金を受けているものもあれば、内部の財源のみで運営しているものもある。そこで近年では、職員研修で戦略分野の視点を取り入れるようにしていて、特に参加型の実地調査に職員を積極的に関わらせ、進行中の介入や製品について、合同評価や政策開発が行われるようになってきている[27]。またこれには、その過程で、協同組合をはじめとする各種の生産者団体、民間企業、地方自治体、関連省庁の地元担当者、NGOといった他の地域主体と、可能な限り積極的に連携するという意図もある。そうすることで、地域開発の視点を作りだし、それを実用的な知見として機能させて、特定地域で活動するFDLやニトラパン、およびその他の協力団体による共同行動へと結びつけるのである。これを成功させるうえで鍵と

なる課題は、どうすれば小規模企業や自営業者、賃金労働者など、これまで排除されてきた部門のための戦略的プロジェクトを合わせて接合し、地域開発の過程でそうした人びとの声を聞いて、十分な配慮をしていけるような、適切な方法を見つけだすことだろう。そのためには、参加型の実地調査を想定して、地元および外部のさまざまな関係者が動的ソーシャルインタフェースで繰り広げる闘争や交渉に、真剣に取り組むことが必要であるのは明らかである。

4　結　論

　現時点ではなはだ不完全ではあるものの、上記の事例のように、肉牛・乳製品部門では、FDLおよびニトラパンによる介入の統合が急速に進められていて、本論の中心仮説を実証してくれている。すなわち、マイクロクレジットには、有望な農業バリューチェーンを推進・再接合して、効率性や平等性、環境面での持続可能性を高めていくうえで、いっそう積極的な役割を果たしていけるだけのポテンシャルがあるし、またそれが必要だということである。そのような積極的な役割を果たすためには、金融サービスだけでなく、技術支援や法務サービス、投入物の供給、マーケティング支援などの非金融サービスも展開して、両者のあいだにシナジーを生み出さなければならない。また、これと同等もしくはそれ以上に重要となるのが、地元および地元以外の他の主体との連携で、農業チェーンの発展について、および合同での社会学習過程に関われる小規模生産者の参加について戦略的な見解が類似した（あるいは少なくとも大きく違いすぎない）者どうしが結びつくことが大切である。こうした提携は、農村社会とその経済的ガバナンスに関する幅広い地域制度変革のプロセスに深く根ざしたものでなければならない。地域に埋め込まれた「契約文化」は、マイクロファイナンスの取引コストを削減し、農村部の金融取引の効率性を高めるために工夫されたものだが、この革新的な制度的プラットフォームを基礎とすることで、今述べたような、広範囲にわたる制度的再接合への有望な道が開かれる。主体のネットワークやビジネスのやり方、顧客に対する考え方をめぐる交渉のなかでFDLが見せる制度面での企業家精神は、農業バリューチェーンの経営強化と「民主化」への足がかりとなるだろう。また、この社会的ガバナンスの革新という文脈からは、政治的恩顧主義とエリート層による占有が支配的ななかで、農村開発のための公的補助金が、現状では非効率・不平等・ジェンダー不公正な使われ方をしているという、根強い問題からの脱却の道も開けてくるだろう。同様に、持続可能性と貧困削減の一体化を謳う業界にあって、低い金利や有利な融資条件、露骨な助成金を通じて商業志向のMFIに補助金がまわり、それで銀行への転換が進むというお粗末なやり方から、FDLの実例にある

第4部　満たされない需要を満たす──農業融資の課題

ような、開発と変革への志向を明確に意識したイニシアティブに移行していくべきである。そうすれば、国内外からの大切な資金がうまく活用されることが保証できるだろうし、今述べたような根本的な制度変革や関連投資に共同出資することも可能となるはずである。

しかし、課題は正確に把握しなければならないし、これから先のタスクを過小評価してはならない。今日の開発業界では、バリューチェーンへの介入がとみに広がりつつある（Merlin, 2005；USAID, 2009）。これは、バリューチェーンの分析や介入の要素を明示するということでは非常に適切なのだが、いわゆる「ビッグD型開発」の落とし穴を回避できるかどうかについては、いくつもの疑問がある。ビッグD型開発とは、社会工学を用いたトップダウン型の介入で、開発の進んだ中心部から未開の周縁部へと向かうもの、というほどの意味で、1949年のトルーマン米大統領による演説あたりから始まり、その後も何度も形を変えながら、21世紀まで進化してきている（Hart, 2001）。しかし、ビッグD型開発の立案者が見逃していることがある。それは、小文字のリトルd型開発で実際に起こっていることの重要性、すなわち「地理的な格差がありながらも空間的には相互に関連し、ビッグD型開発に関する論説や実践と弁証法的に相互関連した、創造と破壊の過程としての資本主義の発達」ということである（Hart, 2009）。筆者らの見方では、このあとには、意味やネットワークやルールや利益をめぐって、地元からグローバルな場まで、さまざまな主体間での複雑な闘争と交渉のプロセスが進行していくことになる。バリューチェーン改革の立案者らは、変革の負の側面を見落としているばかりか、資本主義が発展してきた多様な道筋の、きわめて重要な点を見落としてしまっていて、それによって、せっかく練り上げた計画を台無しにしてしまっているのである。想定される変化が表面上のものだけでないことは、ホンジュラスにおける女性の土地アクセスに関する分析で、カソロ（Casolo, 2009）が示している通りである。

チェーンのアップグレーディングとチェーン内の主体に関するビッグD型パラダイムには、中央による支配と均質化を温存してしまう危険性がある。問題は、主たる概念の境界が、地方の領域に到達する前にすべて決まってしまっていることにあるからである。一般的な「参加型（participative）」の開発アプローチでは、住民の間で協議が行われ、それを受けて、その課題に関連する地元組織への融資が行われるのだが、このアプローチのあとには、こうした境界が強固に植え付けられることが多い。ロング（Long, 1999: 19）は「インタフェース分析は、潜在的に相反する社会的・規範的な利益と、論争の絶えない多様な知識体系とによって構成される複合的な意味を相手に格闘している」と述べているが、筆者らはこれを、複合的な意義も、さまざまな組織も、権利を与えられた社会層も、排除されている社会層も、他者による・別の価値を担った実践がなければ、現実に存在することはできないという意味だと解釈して

いる。グローバルなコモディティチェーンは、地域で表現なしには存在しえない。したがって、バリューチェーンでの共同行動の根底にある「実行可能な知識（actionable knowledge）」についての枠組みを形成するカテゴリーおよび社会的な境界は、インタフェースでのさまざまな出会いのなかで相互に生み出されるべきものであって、単に「住民の声を聞く」ことで再検討や改良、あるいは調整すべきものではない。バリューチェーン開発においてマイクロファイナンスが積極的な役割を果たすためには、いわゆる「リトル d」型開発という複合的な政治の舞台で進行中の闘争と協調行動をさまざまな方法で促進し、そこに接合していくことが、根本的に必要なのである。

注

フリオ・フローレス（Julio Flores）、エリザベス・カンポス（Elizabeth Campos）、マニュエル・ベルムデス（Manuel Berúmdez）、アルトゥーロ・グリグズビー（Arturo Grigsby）、フランシスコ・ペレス（Fransisco Pérez）、ミゲル・アレマン（Miguel Alemán）、レア・モンテス（Lea Montes）、アルフレド・ルイス（Alfredo Ruíz）、マルセロ・ロドリゲス（Marcelo Rodríguez）との共同研究

1. FDL は、2005 年にマイクロファイナンス優秀賞（米州開発銀行の主催。規制対象外機関の部）、2006 年に中米経済統合銀行マイクロファイナンスマネジメント賞を受けたほか、2006 年には CGAP 透明性認証も受けている。また、2008 年にも、中南米マイクロファイナンス協会である「レドカミフ（Redcamif）」から、中南米において財務指標が最も優れているマイクロファイナンス機関として認定されている。
2. だからこそ「貧困」は、根本的に他者との関係の過程として理解しなければならない（さらに詳しい議論については De Herdt and Bastiaensen（2008）を参照）。
3. 社会資本に関する自由主義的な理論から距離を置くことで、社会資本を「政治を超えた領域」と見るのではなく、貧困者の行為主体性に焦点を当てることができる。しかも、その際に「現在の政治経済局面が生み出した不平等の構造的要因」を曖昧にすることなく、貧困者による地元の社会のネットワークについての、またマイクロファイナンス機関による国際的なネットワークについての、どちらの「負の側面」にも相応の注意を向けることができる（Rankin, 2002: 11-15）。
4. しかしこのことは、補完的な「埋め込まれた」金融取引には、どのような種類のものであれ、もはや果たすべき役割がないという意味ではない。こうした取引は、クレジットをめぐる家族や友人間でのサービスから、バリューチェーン内の取引やコントラクト農業、あるいは「パトロン」や政治色の強い国家機関を相手にした「顧客」取引まで、広範に行われている。
5. 一次生産者は、たとえ付加価値の競争で負けたとしても（それは十分に予測できることだが）、絶対的な付加価値という点では得をすることもありうる。実際、農家は、いくら他に方法がないとしても、この絶対的付加価値の向上という条件に合致しなければ、バリューチェーンに参加しようとはしないであろう。
6. たとえ融資が法律上の文言では適切に保護されていても、特に抵当に入っている土地を

第4部　満たされない需要を満たす──農業融資の課題

売却しようとした段階で、その地域ではそれが違法だとなって、金融機関から強い抵抗を受けて、拒否されてしまう可能性がある。

7. 上限金利を厳しくする法律が制定されるのではないかという恐れから、2009年は都市向けに高い金利を設定しにくくなっていて、却って都市部から農村部への内部補助金を考える余地が減ってしまっている。もちろんこれはパラドックスであって、金利上限の一律引き下げの主張は、実際には農村部の金利を上昇させ、場合によっては、農村部で利用可能な融資の余地をなくすことになりかねない。

8. さらに不合理なことに、FDL 内の農業マイクロファイナンス機関が都市部の貧しい女性に課している金利は、国際補助金を受けているマイクロファイナンス機関の金利より数ポイント低くなっているのが普通である。

9. この社会的埋め込みについては、政治的に純潔なものがないことが強調されるべきである。これは「社会資本における資本（capital in social capital）」(Rankin, 2001, 2002: 15) の事例や制度的「群衆（assemblage）」(Rankin, 2008) で生じる関係、あるいは「ブリコラージュ（bricolage）」(Cleaver, 2001) と同様である。

10. クリーバー（Cleaver, 2001: 28) の考察では、「抽象的で一般化された『設計原理』から生まれた計画に依拠した合意が、結果として、不適切な制度的解決となることもある。これは、意思決定や協力的関係というものの社会的・文化的な埋め込み深度を把握できていないことによる」。それ故、クリーバーは「制度理論」(institutional theory)」に強い疑問を抱いている。理由は、この社会工学的なアプローチが、進んだ「現代的」制度設計を、発展途上国の「広範囲にわたる制度面での欠陥（widespread institutional deficiencies）」を特徴とする文脈に移転することを提案しているからである。クリーバーが言及しているのは水管理についてであるが、バリューチェーンとマイクロファイナンスにおけるアクター・ネットワークに真剣に取り組もうとするなら、この考察は非常に重要なものとなる。なぜならクリーバーは、特に制度が機能するうえでの行為主体の根源的な重要性、とりわけ目に見えない無形の側面を正しく強調しているからである。それゆえクリーバーは、どれほど高度な制度的ブリコラージュ分析であっても、制度理論が提案するような類の社会工学に情報をもたらすことはできないという結論に到達するのである（Cleaver, 2001: 29）。

11. 貧しい農村に支配的なパトロン─クライアント関係による価値観、認識の枠組み、社会的なネットワークは、FDL の歴史的な経験において、適切なクレジット文化を発展させるうえで重大な妨げとなってきた。詳しい分析については、Bastiaensen and D'Exelle (2002) を参照。

12. Bastiaensen and Marchetti（2007）が、農村マイクロファイナンスの発達に向けた現在の脅威に関する分析を提供してくれている。筆者らがメインストリーミングのパラダイムを疑問視する理由は、それが、MFI の金融業界への統合にはイデオロギー的に固執していながら、現行の規制の枠組みによる反開発的な影響の可能性について十分な考慮をしていないためで、その枠組みは、国際的な民間銀行業界のものをほぼそっくり持ち込んだにすぎない。この枠組みは、公式の業務書類と国が支援する法的枠組みのみに依拠しているため、農村部の顧客の大部分、とりわけ公式書類や権利書を提出できない顧客は不可避的に排除されてしまう。またこれは、外国から持ち込んだ契約設計や関連規範を何の疑問もなく押し付け、それを国家権力による支えのない外部の法的権威が施行することを意味しているわけで、筆者らはこれを、重要な基本原理に背く行為と考えている。本来のマイクロファイナンスのイノベーションと、必然的に生まれる「制度的ブリコラージュ」によって、金

融取引を地元農村の制度的空間に適切に埋め込むことは可能である。さらに、規制対象のMFI銀行に株主特権を認めさせることは非常に問題であり、かつ不要である。実際、マースランドとストレーム（Mersland and Strom, 2008: 600）が主張するように、貧困者志向の銀行業で多数を占めてきたのは「相互的な非営利の所有であって、投資家による所有ではなかった」。また、マースランドとストレームは、企業の所有形式と経営効率とのあいだに関連性は見られないと述べている。

13. グループによる連帯責任制の金融テクノロジーは万能策ではない。実際、マイクロファイナンスのマイクロポリティクスでは今も対立の多い、面倒な分野である。

14. 「制度的企業家精神」と「制度的エンジニアリング（institutional engineering）」とを区別しておく必要がある。後者の場合は、外部の制度設計や規則を地元の現実に強制するのに対して、前者では、農村という社会的空間内で相互に作用し、交渉し、内外の制度設計や規則を十分に調整して、機能する新たな実践へとまとめていく能力がポイントとなる。

15. 筆者らは、農村の社会空間には、好ましい制度と好ましくない制度の両方が今なお存在しているだろうと考えている。重要なことは、好ましくないと合意されている制度が、金融取引を左右する社会的インタフェースの内部で、相伴って動員されてはならないということである。この原理は、農村の顧客が「ソフト」な金融機関と「ハード」な金融機関を比較的簡単に区別できる理由をも説明している。ソフトな金融機関にはほとんど「クレジット文化」がないために、必ずしもハードな機関の取引には影響しないのである。

16. ただし、この2つのアプローチがまったく相容れない訳ではない。「企業競争力」が相対的な力関係につながることは明白である。

17. 利益にはいくつかの源泉がありうるし、内因性のもの（技術的な強み、主要な人的資源へのアクセス、組織または関係性での優越、マーケティング統制など）と、外因性のもの（主要なリソース、インフラ、有利な政策環境、金融コストなど）の両方が考えられる。

18. こうした進行中のプロセスでは、商品化されていない価値や関係に異議が唱えられ、変更されることがある（農業チェーン内に女性の労働者や企業家が進出するのを禁じるジェンダー規範など）。しかし逆に、バリューチェーンにおける市場論理に合わせて修正・適応していくこともある（女性や子どもの無給労働が市場活動の収益性に貢献している場合など）。

19. この意味で、マイクロファイナンスの有益なインパクト（の欠如）に関して白熱している昨今の議論には、この決定的なポイントを無視することで、重要な点を見逃しかねないところがある。期待されるインパクトを実現するためには、こうしたいくつもの変数の共進化が必要なのであり、しかもそれは、往々にして、その土地固有のものなのである。

20. 2006年には、収穫期で約6万のニカラグア人が、コスタリカで恒久的または一時的に農業に従事していたと思われる。

21. FDLとニトラパンが過去に行ったPESおよびシルボパストラル集約化に関する詳細な分析については、Van Hecken and Bastiaensenz（2009）を参照。

22. 国際的な不況による現在の食肉および牛乳の価格低下は、食肉・乳製品部門では、過去15年間以上で初めての急落である。

23. ニカラグアにおける牛乳バリューチェーンの中心地であるマティグアス（Matiguas）では、国際企業が、生産者からの生乳購入のネットワーク構築を急ピッチで進めている。この15年間で小規模生産者は、大規模地主の土地で働く有能な「コロノ（colono）」とともに姿を消し、給与労働者と入れ替わっている。こうした土地所有権の明け渡しプロセスに

伴って、EUとリオ・ブランコによる農村開発プログラム（PRODERBO UE）や、フォンデアグロ（FondeAgro）—スウェーデン国際開発協力庁（SIDA）といった国際機関による強力な介入が行われた。FDLとニトラパンも、非常に深く浸透していた（Baumeister and Fernández, 出版年不明）。

24. ニカラグアの国際食肉輸出市場への進出は非常に不十分で、相当数の生きた牛が近隣国での畜殺用に売られているほか、未加工の食肉の大半が、アメリカのファストフード・チェーンでハンバーガーなどに使用されている。適切な加工や直接的な商業化が、まずは近隣のメキシコや中央アメリカ諸国の市場でできるようになれば、大きな付加価値が得られるだろう。

25. 地域への社会的埋め込みや慎重な選択にもかかわらず、不正な生産者によるモラルハザードの問題は、相変わらず大きな課題である。とりわけ現在の経済危機という文脈においては、契約上の義務から逃れたり、酷い場合にはシェアクロップで飼育する家畜を売ったりすること（つまりは盗み）への誘惑が急激に高まっているケースが見受けられる。また、いわゆる「不返済運動（No Payment Movement）」、すなわち「高利貸し」的なマイクロファイナンス機関への債務契約の取り消しを求める動きに対して、現在の政府は弱腰で、曖昧な態度をとっているので、あまり当てにならない。今の状態では、法的措置に訴えたり、地元警察の支援を求めたりして契約上の義務を執行しようとしても（さらには、盗まれた家畜を取り戻そうとしても）現実的に難しいからである。

26. リスク管理の一環として、FDLは、まだ自身の能力を証明できていない農家には、できるだけクレジットを提供しないようにしている。しかし、そうした小規模農家がひとたび農場を改良して運営能力を示せば、FDLが引き継ぐのが普通になっている。

27. フランダース大学協議会（Flemish Inter-University Council：VLIR）とベルギー開発協力（Belgian Development Cooperation）の出資による試験プロジェクトが最近始まっている。

訳注

米・中米・ドミニカ（共）自由貿易協定（DR-CAFTA）が、2006年4月に発効。メキシコとの間では、1997年12月自由貿易協定（FTA）に調印し、1998年発効。2008年1月に台湾、2009年1月にパナマとFTAに調印。2010年5月中米EU経済連携協定合意、2012年6月署名、2013年8月発効。2012年10月にチリとのあいだでもFTAが発効。（出所：http://www.mofa.go.jp/mofaj/area/nicaragua/data.html）

参考書目

Agarwal, B (1994). *A Field of One's Own: Gender and Land Rights in South Asia*. Cambridge, UK: Cambridge University Presss.

Bastiaensen, J (2000). Institutional entrepreneurship for rural development: The Nitlapán banking network in Nicaragua. In *Rural development in Central America*, R Ruben and J Bastiaensen (eds.), pp. 151–170. Houndsmill: Macmillan.

Bastiaensen, J and B D'Exelle (2002). To pay or not to pay? Local institutional differences and the viability of rural credit in Nicaragua. *Journal of Microfinance*, 4(2), 31–56.

Bastiaensen, J and P Marchetti (2007). A critical review of CGAP–IADB policies inspired by the Fondo de desarrollo local, Nicaragua. *Enterprise Development and Microfinance*, 18(2/3), 143–157.

Baumeister, E and E Fernández (s.d.). Políticas de transformacíon agraria y contextos locales: el caso del municipio de matiguas durante la revolucion sandinista, 1979–1990. Mimeograph.

Boomgard, J, S Davies, S Haggblade and D Mead (1992). A subsector approach to small enterprise promotion and research. *World Development*, 20(2), 199–212.

Casolo, J (2009). Gender levees: Rethinking women's land rights in Northeastern Honduras. *Journal of Agrarian Change*, 9(3), 392–420.

CGAP (2006). Good Practice Guidelines for Funders of Microfinance. Microfinance Consensus Guidelines (2nd Ed). Washington DC: CGAP.

Cleaver, F (2001). Reinventing Institutions: Bricolage and the Social Embeddedness of Natural Resource Management. In *Securing Land Rights in Africa*, TA Benjaminsen and C Lund (eds.), pp. 11–30. London: Routledge.

Collins, D, J Morduch, S Rutherford and O Ruthven (2009). *Portfolios of the Poor: How the World's Poor Live on $2 a Day*. Princeton University Press. (邦訳『最底辺のポートフォリオ ──1日2ドルで暮らすということ』大川修二訳　みすず書房　2011.12)

De Haan, L and A Zoomers (2005). Exploring the frontier of livelihood research. *Development and Change*, 36(1), 27–47.

De Herdt, T and J Bastiaensen (2008). The circumstances of agency. A relational view of poverty. *International Development Planning Review*. 30(4), 339–357.

Dorward, A and J Kydd (2005). *Making Agricultural Markets Systems Work Better for the Poor: Promoting Effective, Efficient and Accessible Coordination and Exchange*. Project Report, Preparation of the DFID RNRA Team Working Paper 2: Making Markets Work for the Poor.

Echeverri, R and MP Ribero (2002). *Nueva ruralidad. Visión del territorio en América Latina y el Caribe*. San José: Instituto Interamericano de Cooperación para la Agricultura (IICA).

Flores, S and G Delmelle (2006). Detailed Market Chain Analysis for Smallholders Affected by the CAFTA Agreement in Nicaragua. Draft Report to IFPRI. Proyecto 2005X138NIT.

Gereffi, G and M Korzeniewicz (eds.) (1994). *Commodity Chains and Global Capitalism*. Westport, CT: Praeger Publishers.

Gereffi, G (1999). International trade and industrial upgrading in the apparel commodity chain. *Journal of International Economics*, 48(1), 37–70.

Gibson, A, H Scott and D Ferrand (2004). *Making Markets Work for the Poor. An Objective and an Approach for Governments and Development Agencies*. Woodmead: ComMark Trust.

Goletti, F (2004). The Participation of the Poor in Agricultural Value Chains. A draft Research Program Proposal. Ha Noi, Vietnam, Agrifood Consulting International for Making Markets Work Better for the Poor Project, Asian Development Bank.

Gonzalez-Vega, C (2003). Deepening rural financial markets: Macroeconomic, policy and political dimensions. Paper presented at *Paving the Way Forward for Rural Finance: An International Conference on Best Practices*.

Gonzalez-Vega, C, G Chalmers, R Quiros and J Rodriguez-Meza (2006). Hortifruti in Central America. A case study about the influence of supermarkets on the development and evolution of creditworthiness of small and medium agricultural producers. *MicroREPORT* No. 57, USAID, Rural and Agricultural Finance Program. Available at: http://www.microlinks.org/ev0 2.php?ID=12564 201&ID2=DO TOPIC［2015 年 8 月現在、http://www.ruralfinance.org/fileadmin/templates/rflc/documents/1210947203795_Hortifruti.pdf で入手可能］

Grigsby, A and E Pérez (2007). Structural Implication of Economic Liberalization on Agriculture and Rural Development in Nicaragua. First Phase: National Synthesis.

—— (2008). Procesos de Diferenciación en la Población y la Economíia Rural. Segunda fase del proyecto "Structural Implication of Economic Liberalization on Agriculture and Rural Development in Nicaragua." Managua, Nitlapán-University of Michigan.

Hart, G (2001). Development critiques in the 1990s: *Culs de sac* and promising paths. *Progress in Human Geography*, 25(4), 649–658.

—— (2002). *Disabling Globalization: Places of Power in Post-Apartheid South Africa*. California Studies in Critical Human Geography. Berkeley: University of California Press.

—— (2009). Developments after the meltdown. *Antipode*, Special Issue, 41, 117–141.

Hulme, D and P Mosley (1996). *Finance Against Poverty*. London: Routledge.

IRAM (2006). L'Analyse de Filières et les Enjeux Actuels des Politiques Agricoles. Note Thématique, 2.

Kaplinsky R and M Morris (2000). A Hand Book for Value Chain Research. Available at: http://www.acdivoca.org/acdivoca/［2015 年 8 月現在、http://www.prism.uct.ac.za/papers/vchnov01.pdf で入手可能］

Legovini, A (2002). The Distributional Impact of Loans in Nicaragua: Are the poor worse off? World Bank Nicaragua Poverty Update, Annex 8.

Long, N (1999). The Multiple Optic of Interface Analysis. Unesco Background Paper on Interface Analysis http://www.utexas.edu/cola/insts/llilas/content/claspo/ PDF/workingpapers/multipleoptic.pdf（2009 年 3 月 30 日時点）［2015 年 8 月現在、http://lanic.utexas.edu/project/etext/llilas/claspo/workingpapers/multipleoptic.pdf で入手可能］

Long, N (2001). *Development Sociology: Actor Perspectives*. London: Routledge.

Marconi, R and P Mosley (2004). The FINRURAL impact evaluation service: A costeffectiveness analysis. *Small Enterprise Development*, 15 (3), 18–27.

Merlin, B (2005). *The Value Chain Approach in Development Cooperation*, 2nd Ed. Eschborn: GTZ.

Mersland, R and R Stroem (2008). Performance and trade-offs in microfinance organisations. Does ownership matter? *Journal of International Development*, 20, 598–612.

Meyer, RL (2007). Analyzing and financing value chains: Cutting edge development in value chain analysis. Presentation at the *3rd African Microfinance Conference: New Options for Rural and Urban Africa*. Kampala, Uganda.

Miller, C and C Da Silva (2007). Value chain financing in agriculture. *Small Enterprise Development and Microfinance*. 18（2/3), 85–108.

Morduch, J (1999). The microfinance promise. *Journal of Economic Literature*, 37（4), 1569–1614.

Parrilli, MD (2007). *SME Cluster Development: A Dynamic View of Survival Clusters in Developing Countries*. Basingstoke and New York: Palgrave-Macmillan.

Porter, ME (1985). *Competitive Advantage*. New York: Free Press.（邦訳『競争優位の戦略——いかに高業績を持続させるか』土岐坤、中辻萬治、小野寺武夫訳　ダイヤモンド社　1985.12）

Quiros, R (ed.) (2006). Financiamiento de las cadenas agrícolas de valor. Resumen de la conferencia

Financiamiento de las Cadenas Agrícolas de Valor. Costa Rica.

Rankin, K (2001). Governing development: Neoliberalism, microcredit, and rational economic women. *Economy and Society*, 30（1）, 18–37.

―― (2002). Social capital, microfinance, and the politics of development. *Journal of Feminist Economics*, 8（1）, 1–24.

Rankin, KN (2008). Manufacturing rural finance in Asia: Institutional assemblages, market societies, entrepreneurial subjects. *Geoforum*, 39, 1965–1977.

Reardon, T, J Berdegué and CP Timmer (2005). Supermarketization of the "Emerging Markets" of the pacific Rim: Development and trade implications. *Journal of Food Distribution Research*, 36（1）, 3–12.

Reardon, T, P Timmer and J Berdegué (2004). The rapid rise of supermarkets in developing countries: Induced organizational, institutional, and technological change in agrifood systems. *Electronic Journal of Agricultural and Development Economics*, 1（2）, 168–183.

Roduner, D (2004). (Draft) Report on Value Chains. Analysis of existing theories, methodologies and discussions of value chain approaches in the development cooperation sector. Bern, LBL, mimeograph.

Ruben, R, M Slingerland and H Nijhoff (2006). Agro-food chains and networks for development. Issues, approaches and strategies. In *Agro-Food Chains and Networks for Development*, 1–28. Dordrecht: Springer Verlag.

Schejtman, A and J Berdegué (2003). *Desarrollo Rural Territorial*. Santiago de Chile: Centro Latinoamericano para el Desarrollo Rural (RIMISP).

Sen, A (1999). *Development as Freedom*. Oxford: Oxford University Press.（邦題：『自由と経済開発』石塚雅彦訳　日本経済新聞出版社　2000.6）

USAID (2009). Microlinks. Enterprise development and Value Chain Resources. http://www.microlinks.org/ev en.php?ID=9651 201&ID2=DO TOPIC.（2009年3月30日現在）［2015年8月現在、アクセス不能］

Van Hecken, G and J Bastiaensen (2009). The Potential and Limitations of Markets and Payments for Ecosystem Services in Protecting the Environment. IOB Discussion Paper 2009–1. Antwerpen, University of Antwerp, IOB.

Vermeulen, S, J Woodhill, FJ Proctor and R Delnoye (2008). Chain-wide learning for inclusive agrifood market development: A guide to multi-stakeholder processes for linking- small-scale producers with modern markets. International Institute for Environment and Development, London, UK, and Wageningen University and Research Centre, Wageningen, the Netherlands.

Williamson, O (1991). Comparative economic organization: The analysis of discrete structural alternatives. *Administrative Science Quarterly*, 36.

World Bank (2001). *World Development Report 2001. Attacking Poverty: Opportunity, Empowerment, and Security*. Washington DC.［邦訳『世界開発報告〈2000/2001〉貧困との闘い』西川潤、五十嵐友子訳　シュプリンガー・フェアラーク東京　2002.4］

―― (2008). *World Development Report 2008: Agriculture for Development*. Washington DC.（邦訳『世界開発報告2008　開発のための農業』田村勝省訳、一灯社　2008.3）

―― (2009). *Moving Out of Poverty. Success from the Bottom-Up*. Washington DC.（邦訳『世界開発報告2009　変わりつつある世界経済地理』田村勝省訳、一灯社　2008.11）

Zeller, M (2003). Models of rural financial institutions. Paper presented at *Paving the Way Forward for Rural Finance: An International Conference on Best Practices*, Washington DC, 2–4 June 2003.

第5部

満たされない需要を満たす
―― 預金、保険、超貧困層への照準

女性と小口預金

ベアトリス・アルメンダリズ*（Beatriz Armendáriz）

1　はじめに

　マイクロファイナンスの顧客の大半を占めているのは女性である。また、最も貧しいのも女性である[1]。2006年のマイクロクレジットサミットキャンペーンは、8200万人の最貧困層顧客のうち、6900万人が女性だと推定している[2]。しかもこれは増加傾向にあって、1999年から2005年までに、女性顧客数は570パーセントも増加している。ドナーや社会的責任投資家はこの数字に満足するかもしれない。女性は、最貧層であるだけでなく、健康や教育の最大の仲介者でもあるからである[3]。

　しかし、マイクロファイナンスの女性顧客は今もなお、深刻な預金制約に直面している。アルメンダリズとモーダック（Armendáriz-Morduch, 2010）が述べているように、貧しい世帯は、マイクロファイナンス機関（MFI）によるマイクロローンなどの金融サービスにアクセスできるが、利用可能な預金商品はほとんどなく、あったとしても、取引コストの急騰を含めた小口預金の「高頻度取引」のために利用が困難な状況にある。

　貧しい世帯は、少額ながらも貯蓄したいという強い希望を抱いているし、その能力も有している。そこで小口預金なのである[4]。しかし、同じ立場の男性と比べると、

＊ハーバード大学ユニバーシティ・カレッジ・ロンドン、CERMi

第5部　満たされない需要を満たす──預金、保険、超貧困層への照準

　貧しい女性の方が貯蓄に関心があり、割引率も低い。しかし、貯蓄の蓄積ができない理由が無数にある。その主たるものは安全な隠し場所であり、コミットメント貯蓄商品の不足であって、後者については、多くの MFI はまだ採算の取れるものを提供できていない。

　女性は、貯蓄の安全性に加えて、柔軟性と適度な強制力を求めている。柔軟性を求めるのは、MFI と契約した融資の高頻度返済（毎週ないし隔週）に充てるためや予期しない出来事のために、往々にして、自身の小口預金から引き出さなければならないためである（Wright, 2005）。また適度な強制力については、女性が自ら選択してマイクロファイナンスのプログラムに加入したり、輪番制貯蓄信用講（Rotating Savings and Credit Association: ROSCA）などのインフォーマルな貯蓄契約を結んだりすることが多い。こうしたもので貯蓄が強制されるのは、双曲線選好（hyperbolic preference）のためか、もしくは、フォーマルないしインフォーマルな貯蓄契約が、消費を迫る男性パートナーや親戚、友人などの圧力からなけなしの貯蓄を守る手段として受け取られているためである。

　本論では、アフリカとアジアで行われた既存研究から引きながら、マイクロファイナンスにおいて女性がインフォーマルな貯蓄手段を用いるのは、MFI が適切な（安全で・柔軟で・強制力のある）小口預金商品を提供できていないことへの対応であることを述べていく。たとえば、ケニアなどに見られる ROSCA は、目前の消費のために出費を要求してくる夫から、女性がなけなしの貯蓄を守るうえで、インフォーマルで便利な方法なのである（Anderson-Baland, 2002）。

　貯蓄のための適度な強制力についても多くの研究があって、低所得の世帯が、預金集金人などのインフォーマルな手段を利用している（Rutheford, 2000）。他方、フィリピンなどの MFI によるコミットメント貯蓄商品 SEED は、女性が、割引選好（discounting preference）について現在よりも将来の消費に重きを置いていること、および自己管理に問題があることを自覚していることを示しているし、そのことは、数多くの女性が SEED 方式の商品を歓迎していることを示唆している（Ashraf-Karlan-Yin, 2006）。また、アフリカでの最近の研究からも、ROSCA などのインフォーマルな貯蓄手段には、女性が貯蓄できるような「適度な強制力」があることがわかっている（Gugerty, 2007）。しかし、インフォーマルな貯蓄が便利で・安全で・適度な強制力を持つのであれば、小口預金におけるマイクロファイナンスの本当の役割とは何なのだろうか。本論では、とりわけこの疑問に焦点を当てて切り込んでいく。非常に高い取引コストに直面しているマイクロファイナンスに、貧しい女性顧客から小口預金の制約を取り除き、それによって長期間にわたる円滑な消費や健康、教育に関する家計支出の支払いを可能にするということが、はたしてできるのだろうか。

　本論の構成は次のとおりである。第1に、ケニアをはじめとするアフリカ諸国に根

強く存在しているROSCAが、おそらくは、MFI預金が女性顧客と正面から向かい合ってこなかったことへの対応であることを示す。第2に、フィリピンなどのアジア諸国のMFIには、女性向けの適切な貯蓄商品の導入によって預金額を急増させる潜在力があること、しかし、先に述べたようなインフォーマルな手段の方が、貯蓄強制力への需要をずっと効果的に満たせるとことを述べていく。そして第3に、小口預金を集める際に大半のMFIが直面する制約と、そうした制約を回避する方法に光を当てる。ここからは、女性の場合マイクロクレジットについてはMFIを利用するのが合理的だが、小口預金については、インフォーマルな手段の方が安全性や柔軟性が高いうえに、適度な強制力をも提供してくれるのだから、MFIを使うのは合理的ではないことという推論になる。最後に、低所得経済における女性の小口預金量を増やす推進力として、移動銀行や無店舗式テレフォンバンキングの可能性について論じることにする。

2　なぜMFIと併行してROSCAが普及しているのか

　マイクロファイナンスはフォーマルな少額借入れ手段であり、女性の小口預金の手軽な保管手段として描かれることが多い。これはある部分では正しい。グラミン銀行および世界の同種組織を例に挙げよう。こうした銀行の最大の使命は、貧しい女性に小口預金を含めた金融サービスへのアクセスを提供し、貧困から抜け出す手助けをすることである。これまで、グラミン銀行をはじめとする世界のこうした組織は、2種類の小口預金サービスを提供してきた。すなわち、貯蓄期間が連続5年以上であることを条件に、顧客が組織を脱退する時にのみ引き出しのできる「強制貯蓄」口座と、少なくとも原則としては、融資サイクルの期間中いつでも預金を引き出せる「任意貯蓄」口座である[5]。しかし、強制貯蓄の柔軟性のなさに対する懸念が大きくなってきた（隠れた担保だという批判が頻発した）ことから、古典的なグラミン式小口預金モデルの改良版が、いわゆるグラミンIIモデルの一環として、2003年に登場した。グラミンIIは柔軟性の高いマイクロファイナンス商品を提供していて、なかでも人気のあるのが、グラミン年金スキームである[6]。しかし、小口預金だけではマイクロクレジット需要に応えきれない。外部の資金源が必要である。だが、いくつかの例外こそあるものの、MFI自身が自立（self-sustainability）の実績を証明しない限り、小口預金とマイクロクレジットとのギャップは、商業銀行や海外ドナー、そして社会的責任投資者や慈善団体では埋まらない。

　同様の取り組みは、完全な商業マイクロファイナンス銀行を含めた他のMFIでも行われているが、こちらも、高まるマイクロクレジット需要に十分な資金を提供でき

第5部 満たされない需要を満たす──預金、保険、超貧困層への照準

るほどの小口預金を集めているとは言えない。原因のひとつは、ROSCA など、MFI と併行するインフォーマルな機関に女性の小口預金が流れていることである。実際、ROSCA に関する最近の証拠を見てみても、これが女性の小口預金動員の水路となっている例が多い[7]。さらに、ROSCA はいたる所にあって、インドネシアのように小口預金が盛んで、小口預金を基盤とする銀行として世界で最も有名なバンク・ラクヤット・インドネシア（BRI）があるような国にも存在している[8]。

インドネシアのような国においてさえ ROSCA が女性を惹き付けているのはなぜだろう。ROSCA の参加者は通常、自ら選んで女性グループに参加する。グループは、あらかじめ期間を決めて定期的に会合を開き、各参加者から負担金を集めて共用の「小口預金の壺」に入れる。会合のたびに１人の参加者に壺の中の全額が与えられる。初期の会合で壺を受け取った女性には社会的な圧力がかかるので、その後も負担金の支払いを続ける。これが、すべての参加者に壺がまわるまで続く[9]。壺の割り振りは、無作為の場合もあれば、あらかじめ決まっている場合もある。当然のことながら、最後に壺が回ってきた女性は、ROSCA の期間のすべてを使って、その金額を自力で貯めたかのような満足感を得るにちがいない。

ROSCA の魅力については、さまざまな解釈がある。シュアン・アンダーソンとジャン・マリ・バラン（Siwan Anderson and Jean-Marie Baland, 2002）は、著名な論文でケニアの ROSCA に関する調査結果を報告し、その発見内容はアフリカの大半の世帯に当てはまるとしている。そのアンダーソンとバランの現地調査のうち、主だった２つの説明は説得力があって、注目しておく価値がある。第１に、既婚女性の場合、医療や教育などの家計支出に貯蓄しようとしても、夫がすぐ消費したがるので、すぐに対立が起こってしまう。この問題を回避するために、女性は ROSCA のことを「秘密」にし、預金や借金を行っていることを隠す。あるいは、夫が妻の ROSCA への参加を見て見ぬふりをすることもある。これは男性に時間非整合的（time-inconsistent）な選好があるためで、たとえば ROSCA を自己鍛錬の道具としてとらえ、本当は自分で課したい訓練を女性が自ら行うものとして、参加を許すのである。第２に、参加者同士が平等に支え合うなかで、各メンバーが、夫との日々の関わりに自信を持つようになる。さらに広い視点でみれば、ROSCA では、各参加者と夫との軋轢の最小化を狙ったさまざまな仕組みを通して、女性どうしの連帯が強まると言える。

「連帯」という語は、グループメンバーの自助に関するマイクロファイナンス用語として用いられた場合には、連帯責任条項の下での MFI への返済を意味することが多いが、既存の連帯として、アンダーソンとバランがケニアの ROSCA に固有の事例として取り上げているものはこれとは違い、返済に関して連帯を強いる融資担当者などのような、メンバー自身の資源に関係しない「第三者」が存在しない。標準理論では、仲間内での貯蓄や貸付といった副次的な資金移動がメンバー自身の資源と結び

ついている方が、返済や履行に関する連帯が強まることになっている（Stiglitz, 1990）。簡単にいえば、ROSCAには外部財源が存在しないので、MFIと比べてモラルハザードの発生率が低いということである。また、アンダーソンとバランが分析した事例では、小口預金ファンドや女性間の副次的な資金移動が家庭内の対立の最少化に役立つことも示唆されている。不正行為があればグループから排除されるということが、特にROSCAへの参加を秘密にしている場合には、確実で強力な脅威となるからである。マイクロファイナンスの話に移ろう。返済しない場合には将来の再融資から排除するという脅しは、実行できるかどうかはなはだ疑問だし、最悪の場合には実行不能である。実際にも、グラミン方式のマイクロファイナンスにおける連帯グループで、メンバーが債務不履行になったからといってグループ全体が排除されることはないし、グラミンIIでは、連帯責任も、違反したら排除という脅しも、明確に廃止されている。このような脅しはグループ内に緊張を生じるだけで、連帯は生まれないと思われるからである（Yunus, 2002；Dowla-Barua, 2006；and Armendáriz - Morduch, 2010）。

　マイクロファイナンスの場合とは異なり、ROSCAのようなインフォーマルな制度では、社会的結合や真の連帯が生まれるのが普通のことで、例外ではないのだろう。ROSCAのメンバー間での副次的な資金移動は非常な重みがある。これは、特にこうした資金移動が融資と受け取られるためでもあるし、そうした融資がメンバー自身の財源から拠出されているためでもあり、したがってモラルハザードの発生率も低くなる。緊張ということについても、グループ貸付型のマイクロファイナンス文献ではしばしば生じる問題だが、ROSCA内ではほとんど、もしくはまったく存在しない。したがって、このようなインフォーマルな手段で女性の小口預金を促進し、動員するのはよいことである。こうしたことは、MFIにはとても真似できない。融資担当者を置いて連帯責任を課し、結果的に小口預金を利用させるようなやり方では、必ずしも顧客の福祉向上につながらない。

　ここには重要となる前提条件がある。MFI経由での小口預金をROSCA経由のものと比較するに当たって筆者が意味しているのは、グラミン方式の連帯だということである。この方式では、参加者は「連帯責任条項」によって——暗黙裡に、または明確に——つながっていて、返済しないメンバーは他のメンバーの（小口預金も含めた）資源に対して負の外部効果を生みだす。連帯責任方式は返済率、グループ内の（プラスのものもマイナスのものも含めた）緊張、および小口預金に影響を及ぼしている可能性があるのである。

　本来なら助け合うべきであるグループのメンバー内に緊張が——しかもMFIの課す連帯責任条項によって——生じるとしたら、そうした緊張は、女性と男性パートナーとの摩擦を悪化させ・ないし追加したりすることにしかならないだろう。結果的に女性は無力化（disempower）され、医療や教育への支出を賄うという財政的ニーズも、

第5部　満たされない需要を満たす──預金、保険、超貧困層への照準

この摩擦によって阻害されることになりかねない（Armendáriz-Roome, 2008）。

したがって、なぜ ROSCA が普及しているのかという問いへの答えは、MFI に比べてモラルハザードの発生率が低いから、ということになる。社会的結合が強く、グループメンバー内での連帯も強力で、副次的な資金移動（つまりは小口融資）が見込めるということは、家庭内の対立を最小化し、パートナーから小口預金を守る方向に働く。このどれもが、ROSCA をはじめとするインフォーマルな小口預金の長所なのである。

インフォーマルな手段による小口預金は ROSCA だけではない。女性は、マイクロファイナンスの小口預金機関に不満を抱いている（Women's World Banking, 2003 を参照）一方で、スチュアート・ラザフォード（Stuart Rutheford）が 2000 年に行った研究では、預金集金人によるものを含めた 10 種類を超えるインフォーマルな小口預金手段について、顧客の満足が報告されている。

しかし、こうしたインフォーマルな手段には不利な面もある。マイクロファイナンスと異なり、インフォーマル故に、コミュニティ外の財源による資金提供がないのである。したがって、長期的な消費を円滑にし、まとまった額の投資を行うには MFI からの小口融資を利用し、それと併行して、ROSCA や預金集金人といったインフォーマルな手段を経由して小口預金を動員し、医療や教育への支出を賄うという今のやり方は合理的であり、女性の福祉向上につながっていると考えられる。インフォーマルな制度は、①モラルハザードの発生率が低いことから安全性が高く、②副次的な資金移動（アラカルト的な小口資金）を含めた強い連帯があって融通が利き、③貯蓄強制力もある。最後の貯蓄強制力については、以下で考察する。

3　コミットメント貯蓄の需要──MFI で満たすことができるのか

女性顧客がなんらかの規律を求めていることや貯蓄商品で自分を強制したいと思っていることについては、十分に証明されている。西アフリカの預金集金人の例を見てみよう[10]。預金集金人は、関係の確立した顧客の家に日参し、合意した額を集金して、あらかじめ定められた手数料を取る。世帯を取り仕切る女性の預金回数が 1 カ月に 30 回を下回ると、抜けた回数に応じて追加の手数料を支払う。これが自己規律になる。コミットメント貯蓄商品は、こうしたタイプのインフォーマル契約でも最も顕著なものとなっている。女性が小口預金商品による強制貯蓄への意欲をこれほどはっきり示していて、現に集金人との対面式でそれを実行しているのに、MFI がインフォーマルな小口預金の仕組みをうまく模倣できていないように思えるのはなぜなのだろう。

アシュラフ、カーランおよびイン（Ashraf-Karlan-Yin, 2006）は、コミットメント貯蓄への需要をきわめて重要なものとして捉えている。具体的には、この3名の研究者は、フィリピンのあるMFIと提携して無作為実験を行っている。実験では、サンプルとして参加する女性を、無作為に、トリートメントグループとコントロールグループに割り当てた。また、無作為割り当てに先だって、ベースライン調査も行っている。これにより、MFIの顧客の特性把握が可能となった。トリートメントグループの女性には、SEED（Save, Earn, Enjoy Deposits「貯めて稼いで楽しく預金」）という「コミットメント商品」が提供された。SEED口座の開設を選んだ女性には引き出し制限（自主的なもの）があるが、制限の埋め合わせに、市場を上回る利息が預金口座に入ることはない。トリートメントグループに割り当てられた710人の女性のうち、約200人がコミットメント預金口座を開設した。

アシュラフ、カーランおよびインが検討しているなかに、興味深い疑問が2つある。1つは、一部の女性（双曲線選好を示す女性）にSEED方式の商品需要があるなら、なぜ最初からそのような小口預金商品の市場が存在していないのか、ということ、もう1つは、MFIによる新たな小口預金商品の導入は小口預金に長期的な正の効果をもたらすかということである。

第1の疑問への答えとして、アシュラフらはROSCAなどのインフォーマルな仕組みを引き合いに出し、インフォーマルな手段ではあるが、SEEDのような小口のコミットメント預金商品への需要は満たされつつあり、したがって市場は存在しているのであって、MFIは、遅ればせながらそれに追いつこうとしているのだと主張している。米国のフォーマル金融機関が提供している貯蓄商品Save More Tomorrow、通称SMarTも、フィリピンのSEED小口預金商品と似た考え方の商品である、とも述べている。

第2の疑問に対しては、アシュラフ、カーランおよびインらは、サプライサイドの考え方を基礎に、説得力のある答えを提出している。とりわけ、もしMFIがコミットメント貯蓄商品への需要を大きいと評価すれば、そうした商品は利益があると期待されるから、当然ながら大規模に導入してくるだろう。定型化事実に基づいて、アシュラフらは、SEED方式の商品導入によるインパクトは長期間続くだろう、フィリピン国内の提携組織の他支店をはじめ、他の農村部銀行もすでに導入を検討しているからだと述べている。

しかし、この結論には少なからぬ条件が付く。とりわけ、双曲線選好を持つ200人の女性は教育水準が比較的高かった。またこの女性たちは、自分たちの自己管理に問題があり、それが自身の貯蓄能力を阻害して、医療や教育に関してまとまった額の投資をできなくしていることに気付いていたようで、その点で、知的水準も高かった。

つまりフィリピンの実験では、教育水準も知的水準も高い女性顧客のうち、マイク

ロファイナンス商品を用いて強制貯蓄をしようとしたのは24パーセント（200人の女性）だけだったということで、問題としては、(a) MFIがコミットメント貯蓄商品で利益をあげるには、この数字は小さすぎるのではないか、(b) フィリピンでは比較的成功したコミットメント商品であると考えられても、他国で営業するMFIが導入した場合には、それほど成功しないのではないか、そして (c) 比較的裕福な借り手にしか到達していなかったのではないか、といったことが考えられるだろう。

4　さまざまな課題

　MFIが直面している問題は、女性の小口預金への需要が、実際は「パッケージ」への需要であることだと思われる。パッケージは、少なくとも3つの要素を含んだものでなければならない、すなわち安全性、柔軟性、そして強制力である。一般に、低収入の女性は、わずかな貯蓄でも安全であることを望む。たった1ドルの損失ですら大きな痛手だからである。また同時に、柔軟性も求める。これは、農村部経済では特異な出来事が重なることが多いためで、その理由としては、天候の急激な変化、教育水準の低さ、健康状態の悪さなどが挙げられる。また、女性は少額の強制貯蓄をしたいとも思っている。これには、アシュラフ、カーランおよびイン（Ashraf-Karlan-Yin, 2006）が提示する双曲線選好や、アンダーソンとバラン（Anderson-Baland, 2002）がケニアに関する論説で述べているような家庭内の対立のほかに、社会的な圧力も理由となっている。すぐに使える小口預金があると、宗教的な行事や家族・友人への援助などでそれを引き出せと言われた場合、要求を拒否して家庭内に貯蓄を置いておくのが、多くの女性にとってはきわめて難しいのである（Jean-Philippe Platteau, 2000）。

　このような非常に複雑なパッケージへの女性の需要を満たし、小口預金を効果的に動員するのは、MFIにとって相当な難題となる。定型化事実には、これが「商業化」と「営業年数」によって実現可能であることを示唆するものもある。商業化については、たとえばマルグリート・ロビンソン（Marguerite Robinson, 2006）は、完全な規制下にあって十分に監督されているMFI（商業的MFIなど）でなければ、預金事業で収益を上げられない、そのためには次の3つの条件を満たさなければならない、と述べている。第1は、商業MFIの存在する国が政治的に安定しており、それなりの規制枠組みが整っていること、第2は、当該のMFIに、強力な業績記録、マイクロファイナンス市場に関する広範な知識、金融仲介についての豊富な専門知識、そして、過剰流動性に対処するのに適した投資戦略について潤沢な専門知識を有していること、そして第3に、商業MFIは、小口預金と大口預金を同時に集めなければならない。なぜなら、この戦略によって口座あたりの平均預金額が高まり、預金動員による利益が生ま

れるからである（本書でアルメンダリズとシャファルツ（Armendáriz - Szafarz, 2010）が示しているような内部補助）。ロビンソンは、預金動員に成功した例として3つのMFIを挙げている。これを表22.1に示す。

しかし、さらに完璧なイメージを描くには、女性の小口預金がどれくらい動員されているかの比の割合まで含める必要がある。後述するケニアの銀行の事例においては、移動銀行や、いくつかの新技術の利用が、女性にとっての小口預金の制約を（少なくとも部分的には）取り除く手段となっているようである。

ロビンソンの考察とは反対に、世界銀行（1999）は、小口預金動員の成功を決める主たる要素はMFIの営業年数であるとしている。サンプルとなった206団体でみると、貯蓄銀行と商業銀行が、低所得世帯の貯蓄の90パーセント以上を動員している。19世紀後半に設立されたBRIは別として、カンボジアのACLEDA銀行もケニアのエクイティ銀行も、それほど重要な役割を果たしてはいない。その最大の理由として、同報告は、貯蓄機関や商業銀行といった昔から存在する金融機関に比べて、この2行が比較的歴史が浅いことを挙げている。

世界銀行の調査結果と同様に、世界貯蓄銀行協会（WSBI: World Savings Bank Institute）の報告書（World Savings Bank Institute, 2007）でも、インド、メキシコ、タンザニア、タイの4カ国だけで7000万人近く——マイクロファイナンスの推計顧客数の約半数——が貯蓄銀行を利用しているという。ただし、貯蓄銀行の顧客が必ずしも最貧困層ではないという批判はあるかもしれない。そこで、そうした批判に応えるべく、WSBIでは顧客調査の結果を公表している。その調査によると、貯蓄顧客7000万人のうちの約16パーセントが貧困者だと考えられる。しかし、この場合も、女性の小

表22.1　インドネシア、カンボジア、ケニアにおけるMFI預金の伸び

機関名	普通預金高	普通預金高	貯蓄預金高	貯蓄預金高
BRI（インドネシア）	15,979,848	29,869,197	2,599,686,690	3,244,874,360
年	(1996)	(2003)	(1996)	(2003)
ACLEDA銀行（カンボジア）			180,622,000	423,401,000
年			(2006)	(2007)
エクイティ銀行（ケニア）	155,883	252,186	27,869,571	44,465,375
年	(2002)	(2003)	(2002)	(2003)

出所：Goodwin-Groen (2006)、ACLEDA Bank Plc Annual Report (2008)、CGAP Agricultural Microfinance Case Study 4 (2005)

口預金についてのデータはほとんど見当たらない。

5　結　論

　本論では、MIFがまだ女性の小口預金に対する需要を満たせていないことを述べてきた。取引コストの高さもそうした理由の説明にはなるかもしれない。しかしMFIは、安全性、柔軟性、そして貯蓄強制力という、預金についての女性の懸念をまだ完全に内面化できていない。安全性は、営業年数と関連しているように思われる。ROSCAなどのインフォーマルな機関は数百年前から続いているし、MFIでもBRIなどの創設は19世紀にまでさかのぼれる。他方、ACLEDAなど、全面商業化された比較的新しいMFIは、小口預金でも、比較的裕福な顧客向けだという誤った印象を与えかねないし、女性顧客の割合や平均貯蓄水準が開示されないことも、よくて疑いの目で、最悪の場合には商業化の負の副産物と見られているところがある。いずれにせよ、現在の商業化の傾向は、一般に女性を大切にしてはいないようである[11]。したがって、小口預金の安全性という女性の需要は、創設から日の浅いMFIでは——たとえ、こうした商業志向の機関が全面的な規制対象となったとしても——満たされそうにない。さらなる取り組みが必要である。

　同じ女性の需要でも、小口預金の柔軟性については、新しい技術や移動銀行が登場してきたことで、明るい展望がありそうである[12]。とりわけケニアのエクイティ銀行（Equity Bank）などのMFIが新しい技術を採用したことで、非常に柔軟なサービスが実現されそうである。特筆すべきは、無店舗式テレフォンバンキングにGSMネットワークを用いている点で、ケニアのエクイティ銀行は、英国政府国際開発省（Department for International Development）の後援を受けて、移動銀行や携帯電話技術を用いて小口預金を集めたり、その場で小口融資の手続きを行ったりしている。安全性も提供されている。移動銀行に使用する4輪車には、熟練スタッフと現金のほかに警備員も乗務しているからである。

　移動銀行や無店舗バンキングサービスは貯蓄の強制力も提供する。移動銀行車は僻地の村であっても、毎週、あらかじめ決められた時間に決まってやってきて、衛星通信用のパラボラアンテナを介してGMS通信を行うからである。これならば、SEED方式の商品を導入すれば、もっと強い強制力を望む声にも容易に応えられるだろう。ケニアのエクイティ銀行は、現時点で、僻地の農村に暮らす女性顧客の45パーセントに到達している。

　したがって、女性が小口預金に求める安全性、柔軟性、強制力を満たすには、MFIでも新しい技術を採用し、移動銀行やGSM技術を活用しているケニアのエクイティ

銀行の先例に倣う必要があるかもしれない。ただし、小口預金動員に向けた新しい技術の導入には、やはりドナーの支援が必要となる。

しかし、たとえドナーから多大な支援を受け、移動銀行サービスや無店舗技術を導入したとしても、家庭内の対立や、友人・親戚からの社会的圧力という問題は残る。とりわけ、たとえば女性が小口預金を自己管理でき、連帯も強まるという「秘密」のROSCAの長所に関しては、MFIでは模倣し難い。

医療と教育での目標をもっとうまく達成したいと願う女性の間に連帯のネットワークを育てつつ、その一方で対立や社会的圧力を最小化するというのは、今なお難しい課題である。本論が出版されるこの時点でも、筆者は、MFIがこうした課題に明確に取り組んでいる例を知らない。理由としては、データが不足していることやそもそもこのようなデリケートな問題を扱うのが不可能であることが挙げられる。すべては慣習的な規範や行動に依存しているのだが、多くの場合は女性への偏見があるために、これを変えていくのはきわめて難しいと思われる。

ひとつの希望は、経済発展のスピードが速まることである。これにはマイクロファイナンスの向上が後押しとなるだろう。また、女性の権利保護に積極的な非政府組織（NGO）も、ミッションで動いているMFIと連携していくだろう。しかし、ドナー機関がNGOとMFIとの潜在的な相補性を利用しようとして漁夫の利を得ようとする場合には、慎重になるべきである。家庭内の対立や、親戚や友人との間の恩義の問題に「第三者」から嘴を容れられるのは、小口預金をしている大多数の女性が歓迎しないところだからである。

注

＊初期の草稿に有用なコメントを寄せてくれたMarc Labieに謝辞を申し上げる。

1．United Nations（2000）を参照。（邦訳『人間開発報告書2000　人権と人間開発』横田洋三、吾郷眞一、北谷勝秀訳、UNDP東京事務所編　国際協力出版会（発売・古今書院）2000.11）
2．Daley-Harris（2009）を参照。
3．United Nations（2000）を参照。
4．小口預金と非小口預金の区別については、これまでにも多くの試みがなされている（特にHulme–Moore–Barrientos, 2009を参照）。主たる問題は、小口預金が状況に固有なものであることと、たいていの場合、数が少ないところにある。著者らは、MFIの特定のケースについてではあるが、MIXの市場データを提示して、多くの条件こそつくものの、MFIが保持する小口預金の口座残高が0～5514米ドルの範囲であることを示している。
5．Women's World Banking（2003）。
6．Dowla–Barua（2006）を参照。

7. 包括的な考察については、Bouman（1995）を参照。
8. インドネシアの ROSCA は「アリサン（Arisan）」「シンパンピンジャム（Simpan Pinjam）」などと呼ばれているる（Hosps, 1995）。
9. グーガティ（Gugerty, 2007）の推計によると、ケニアの ROSCA では、壺を使った小口預金の受取額は平均 25 米ドルで、これは毎月の家計支出の全国平均の 1／3 に相当する。
10. CGAP に関するラザフォード（Rutheford, 2006）の報告を参照。
11. Cull *et al.*（2009）を参照。
12. IT と預金については、Mas（2009）を参照。

参考書目

ACLEDA Bank (2008). *Annual Report*.

Anderson, S and JM Baland (2002). The economics of ROSCAs and intra-household resource allocation. *The Quarterly Journal of Economics*, 117(3), 963.995.

Armendáriz, B and J Morduch (2010). *The Economics of Microfinance*, 2nd Ed. Cambridge, MA: MIT Press.

Armendáriz, B and A Szafarz (2010). On Mission Drift in Microfinance Institutions. In *The Handbook of Microfinance*, B Armendáriz and M Labie (eds.). Singapore: World Scientific Publishing.［本書『マイクロファイナンス機関のミッションドリフト』に所収］

Armendáriz, B and N Roome (2008). Gender Empowerment in Microfinance. In *Microfinance: Emerging Trends and Challenges*, S Sundaresan, (ed.). New York: Edward Elgar Publishing.

Ashraf, N, D Karlan and W Yin (2006). Tying odysseus to the mast: Evidence from a commitment savings product in the Philippines. *Quarterly Journal of Economics*, 635.672.

Bouman, F (1995). Rotating and accumulating savings and credit associations: A development perspective. *World Development*, 23, 371.384.

CGAP (2005). *Equity Building Society of Kenya Reaches Rural Markets*. CGAP Case Study No 4. Washington DC.

Cull, R, A Demirgüç-Kunt and J Morduch (2009). Microfinance meets the market. *Journal of Economic Perspectives*, 23(1), 167-192.

Daley-Harris, S (2009). *State of the Microcredit Summit Campaign Report*. Microcredit Summit Campaign.（邦訳『マイクロクレジットの現状 サミット・キャンペーン・レポート 2009 年版』日本リザルツ　2015 年 8 月現在、http://resultsjp.org/wp/wp-content/uploads/2014/08/S0906.pdf で入手可能]）

Department for International Development, Financial Deepening Development Fund (2008). Kenya．金融情報については http://www.financialdeepening.org/default. asp?id=717&ver=1 ［2015 年 8 月時点でアクセス不能］

Dowla, A and D Barua (2006). *The Poor Always Pay Back: The Grameen II Story*. Bloomfield, CT: Kumarian Press.

Goodwin-Groen, R (2006). *Where Are They Now? The Performance of Seven Microfinance Deposit-Taking Institutions From 1996-2003*. Washington DC: CGAP.

Gugerty, MK (2007). You can't save alone: Commitment in rotating savings and credit associations in Kenya. *Economic Development and Cultural Change*, 251-282.

Hospes, O (1995). Gender Differences in ROSCAs in Indonesia. In *Money-Go-Rounds: The Importance of ROSCAs for Women*, S Ardener and S Burman (eds.). Oxford: Berg Publishers.

Hulme, D, K Moore and A Barrientos (2009). Assessing the Insurance Role of Microsavings DESA Working Paper 83.

Mas, I (2009). The economics of branchless banking. *Innovations*, 4(2), 57-75.

Platteau, JP (2000). *Institutions, Social Norms and Economic Development*. Amsterdam: Harvard Academic Publishers.

Robinson, M (2006). How can Commercial Banks Mobilize Savings from the Poor? In *Poor People Savings, Q&As With Experts*. Washington DC: CGAP, http:// www.cgap.org.

Rutheford, S (2000). *The Poor and Their Money*. New Delhi: Oxford University Press.

——— (2006). Why Do Poor People Save? In *Poor People Savings, Q&As With Experts*. Washington DC: CGAP. http://www.cgap.org.

Stiglitz, J (1990). Peer monitoring and credit markets. *World Bank Economic Review*, 4(3), 351-366.

United Nations (2000). *Human Development Report*. (邦訳『人間開発報告書2000　人権と人間開発』横田洋三、吾郷眞一、北谷勝秀訳、UNDP東京事務所編　国際協力出版会（発売・古今書院）　2000.11）

Women's World Banking (2003). What do microfinance costumers value? *What Works* 1 (1). New York: Women's World Banking. https://www.womensworldbanking.org/ にも掲載［該当論文は http://www.womensworldbanking.org/publications/publications_what-do-microfinance-customers-value/ より入手可能］

World Bank (1999). *A World Bank Inventory of Microfinance Institutions, Sustainable Banking With The Poor*. Washington DC: The World Bank.

World Savings Bank Institute (2007). *Who Are The Clients Of Savings Banks*? Brussels: WSBI.

Wright, GAN (2005). *Understanding and Assessing the Demand for Microfinance*. Nairobi, Kenya: MicroSave, Market-led Solutions for Financial Services.

Yunus, M (2002). *Grameen Bank II: Designed To Open New Possibilities*. Dhaka: Grameen Bank. http://www.grameen-info.org/bank/bank2.html.［2015年8月現在、http://www.grameen-info.org/designed-to-open-new-possibilities/ で入手可能］

貧困層の貯蓄能力を高める
―― 分割払い計画、およびそれらの変形についての覚書

スチュアート・ラザフォード[*]（Stuart Rutherford）

　富裕国の貯蓄、保険購入、ローン返済に関しては、定期的な分割払いを利用する世帯が圧倒的に多い。途上国で貧困層向けの分割払い計画を他に先駆けて開発してきたのはマイクロファイナンスのプロバイダーで、最初はローンの返済スケジュールとして、後にはいわゆる「コミットメント」貯蓄口座[1]や保険のための預金支払いスケジュールとして利用されるようになった。まだ広く理解されていないのだが、実は、ごく少額を頻繁に貯蓄ないし返済する機会があるということは、マイクロファイナンス成功の重要な推進力であって、こちらの方が、それ以外のよく知られた側面――グループ形成、連帯責任（joint liability）[2]、マイクロエンタープライズへの投資への注目など――よりもはるかに重要なのである。本論では、バングラデシュからの証拠を用いて、まず、貧困者向けの金融ツールとしての分割払い計画の力を示し、次に、これを他のイノベーションとどう組み合わせれば貧困世帯の貯蓄能力を高めることができるかについて述べていく。

---

[*]セーフセーブ・バングラデシュ、マンチェスター大学ブルックス世界貧困研究所

1　分割払い計画の優勢

　先進国では、個人や世帯のローンの大半が、定期的な分割払いで返済される。この方法はすっかり定着している。住宅ローンを長期にわたる月払いで返済するようになったのは、20世紀初めにバンクオブアメリカなどの金融業者が先駆けである。自動車などの高額な品物も、月払いの分割クレジットで購入するのが当たり前になっている。教育ローンも同じ方法で返済されたりする。普通の家財のような低価格品にさえ、小売店は定期払いの分割クレジットを提供している。日本のように、デパートの客が、支払いをクレジットカードにするかデビットカードにするか、一回払いにするか、あるいは定期的なスケジュールの複数払いで額を抑えるかを問われるのが当然になっている国もある。クレジットカード自体が代金後払いという選択肢を提供し、あらゆる物の購入へと、分割払い手段の利用を拡大している。

　金融とは、時間を通じてお金を動かすトリックである。分割払い計画を使えば、まだ稼いでいない収入で今すぐ家が買える。ローン契約とは、ローンを返済できる金額が貯まるまで、将来の収入から定期預金を連続的に貸し手に預託するという、借り手からの約束である。物事を複雑にしないために、サービスの価格——未払利息——も、定期的な月々の支払いとして分割払い分に加えるものとしよう。分割払い計画を提供することで、貸し手は、消費者金融をここまで大きなビジネスにすることができた。20年ないし25年後に一括返済するような住宅ローンでは、提供する貸し手も、それを受け入れる借り手もほとんどいないだろう。そんな提案を突きつけられたら、借り手は、なにかの定期預金を探して、確実に金額を貯めてローン返済にまわすだろうし、貸し手の方も、ほぼ間違いなく、その預金はぜひうちの銀行でと要求するだろう。そして言うまでもなく、まさにこのような取り決めこそが、分割払いを基礎とする住宅ローンの達成したものなのである。

　同様に、欧米の銀行の個人口座、世帯口座の貯蓄の大半は積立貯金から始まっていて、通常、定期収入から自動的もしくは任意に控除されている。世帯の年齢層が上がるにつれ、定期預金口座（CDs）か、それ以外の無拠出制の手段にお金を預けることが多くなる。だが、そこにあるお金の大半は、もともと定期的な貯蓄を通じて、あるいは貯蓄で得た利息や分割払い計画を利用して生まれた資産（ローンで購入した家を売って売却代金を銀行に預け入れるなど）から積み立てられたものだ。貯蓄の最終用途が明確で、専門業者に預けるという場合も、定期的な分割払いに依存している。年金や、ほぼすべてのタイプの保険が最もわかりやすい例である。

2　しかし貧困層にも仲介は必要である

　世界銀行の推計によると、約25億人、つまり人類の3分の1が、1日2ドル未満の収入で暮らしている[3]。定期的な賃金や給料に恵まれる者もいるが、大半は臨時や自営業で収入を得ていて、額が小さいばかりか、不定期で、当てにできないことが多い。この収入の水準では、稼いだ分のかなりの部分が、食料や調理手段といった必要不可欠なものに費やされる。しかも、そうした基本的な課題のためにさえ、食べ物を、収入のある日だけでなく毎日食卓に並べるためには、慎重な金銭管理が必要となる。その結果、貧困世帯は時間とエネルギーを費やして、穀物の備蓄をするために小規模な手段を探し求めたり、少しばかりの現金を貯えたり、あるいは短期で現金などを貸してくれる隣人を探すことになる。筆者がこうした状況を知ったのは、いわゆる「ファイナンシャル・ダイアリー（financial diary）」調査法によって低所得世帯の金銭管理を慎重に観察したおかげであって、その成果は2009年出版のPortfolios of the Poor（Collins et al., 2009）［邦訳『最低辺のポートフォリオ：1日2ドルで暮らすということ』大川修二訳　みすず書房　2011.12］で報告している。

　しかし、貧困者は、決して必需品にすべての収入を費やしているわけではない。衣類は少なく、着古しているかもしれないし、家は狭苦しくて貧弱かもしれないが、貧しいからといって、衣類や住居に金をかける必要がなくなるわけではない。生活を快適にしてくれる扇風機、ストーブ、ラジオ、テレビ、送電網への接続、さらにはもっと頑丈な家具まで欲しくなるものだ。家族で暮らしているうちには、子どもの誕生、子育て、教育、結婚、職探し、高齢、葬儀などで、収入の割合には大きな金額を工面しなくてはならなくなるだろう。自分たちの文化にとって重要な祝祭を行うための金も必要になるだろう。環境の質が悪い中で、手近だがきつい仕事に就いていれば、裕福な者と比べて、家族は病気や怪我に脆弱になるだろうし、治療にも多額の出費が必要になるかもしれない。自然災害や人災による損害を被る恐れも、裕福な者よりも大きい。ファイナンシャル・ダイアリー調査法が行われた1年の間に、調査対象となったバングラデシュのうち、5世帯に1世帯が火災や洪水、取り壊しで家を失っている。南アフリカの5世帯に4世帯は、葬儀費用のために多額の金を工面しなくてはならなかった（多くはエイズ関連だった）。インドでも、5世帯のうち2世帯で、健康上の問題のための出費が家計に深刻な制約となっていた。

　わずかな収入では、貧困者は、この長い必需品リストのうちの一部にまわす資金すら、すぐに用意できることがほとんどない。いつも、貯蓄による過去の収入に手をつけるか、借金をして将来の収入を先食いするかしなければ支払いの方法がない。つまり、貧しいにもかかわらず、ではなく、まさに貧しいからこそ、こうした人びとへの

金融サービスのニーズは、裕福な者よりも大きいのである。ただし、大きいといっても金額のことではない。貧困者は裕福な者より出費が少ないのは明らかだから、これは頻度や度合いに関連したものである。

しかし、貧困者で銀行口座を保有する者はほとんどいない。まして住宅ローンや消費者ローン、年金、保険へのアクセスなどは言わずもがなである。そしてここでも、ファイナンシャル・ダイアリー調査法が、貧困者がどのようにして同等のサービスと手段を探しているかについての洞察を提供してくれた。筆者らが初めに気づいたのは悪いニュースである。ほとんどの場合、貧困者は必要な金額を掻き集めることができないので、病気は危険な状態になるまで治療せず、自転車を買うチャンスを失い、一番上の娘に舞い込んだ良縁もあきらめることになってしまう。次に目に付いたのは資産の売られ方で、ほとんどは叩き売りのような価格で、緊急に必要な資金をようやく賄うのだった。これはある種の（負の）貯蓄になる。売却した資産は過去に稼いだ収入を示すためだが、貯蓄の使い方としては望ましくない。商談の成立価格が低いためだけでなく、売却する資産が家族の所有するウシや屋根覆いなど、ほぼ間違いなく買い換えなければならないものだからで、これも、貯蓄ないし借金の必要なリストに追加されてしまう。

3 　貧困層の分割払い計画

良いニュースもある。多くの貧しい世帯が、分割払い計画を設定することに、多かれ少なかれ成功しているのである。鉄の規律を守れる者なら家庭でもかなりうまくやれる。だいたいは「貯金箱」のようなものを用意して、毎日いくらか入れるという誓いを守ればよい。しかし、家での貯金は盗難や紛失、ささいな出費に弱い。そのため貯金を外に持ち出し、信頼できる友人、親戚、雇用主といった「マネーガード（money guard）」に預けて管理してもらう者が多い。このようなスキームは、預金者がマネーガードと定期的に現金取引をする場合が最も効果的である。リキシャ引きが得意客を決め、定期的に乗せるたびに数セントずつ預ける、掃除婦なら雇い主に給与から天引きしておいてもらう、などである。

なかには、資格はないが信頼できる預金集金人を利用するという地域もある。西アフリカのスス（susu）［訳注：アフリカで昔からある銀行システム。顧客から定期的に集金し、保管することで手数料を得る業者］やその変形では、集金人が預金者を定期的に（多くは毎日）訪問しすべてを集め、決められた期間の終わりに、それまで貯まった貯蓄を返金して、手数料として返金分のほんの一部を差し引く（期間は西アフリカではだいたい月に 1 回、南アジアではそれより少し長い）。したがって、貯蓄する側は貯めるため

第5部　満たされない需要を満たす——預金、保険、超貧困層への照準

に支払う（言い換えれば預金にマイナスの利息がつく）のだが、一定の期間にまとまった金額——たとえば学校の始業時に教科書や衣類を買えるくらいの金額——を積み立てる分には信頼できるという価値は大きく、多くの預金者は妥当な料金だと考えている。ほかの地域では、預金集金人の逆が利用されている。すなわち、貸金業者が分割払いで定期的（毎日、毎週、毎月）に返済金を集金するのである。預金集金人よりも手数料が高くなる傾向があるが、その理由は明らかだ。資本を立て替えたうえで、債務不履行のリスクを負わなくてはならないからである。

　最も洗練されたインフォーマルスキームは貯蓄クラブの類で、これはグループをつくる必要がある。なかには、自分で貯蓄するのと併行して友人グループでの貯蓄も行うことで、自分の貯蓄に規律と規則性を加えるだけのこともある。もっと手の込んだクラブでは、定期的に貯蓄した分をプールしてメンバーに貸しだす。通常は、サイクルの終了時に利子を付けて預金者に返金される。こうした「蓄積型貯蓄信用講」（accumulating savings and credit associations：ASCA）は事実上、クレジット・ユニオンもしくは貯蓄貸付協同組合のミニチュア版である。これに替わる形態では、輪番制貯蓄信用講（Rotating Savings and Credit Association：ROSCA）があり、各メンバーが一定期間、集会のたびに決められた金額を拠出し、毎回メンバーの1人が全額を持ち帰る。したがって、10人のグループの場合、10週間にわたって毎週1回の会合を設け、そのたびに各メンバーが10ドルずつテーブルに置く。こうすることで、各人が1度は100ドルを持ち帰ることができる。広い範囲で行われているこうした手法についての説明と、貧困者の金銭管理努力における位置づけについての分析は『The Poor and Their Money』（Rutherford and Arora, 2009）に見ることができる。

　ROSCAには、貧困者が分割払い計画にどのような価値を置いているかがうまく表れている。ここで留意すべきことは、前段落で説明したROSCAでは、各メンバーが10週間で100ドルを支払い、100ドルを受け取っていることである。つまり利益はない。金融費用もないが、各メンバーは手間をかけてROSCAを組織しなければならないし、誰かが支払いを遅延したり、まったく支払いせずに逃げだそうとしたりして、この手法のサイクルを乱すかもしれないというリスクを負わなくてはならない。では、この手法の利点は何だろうか——それは、分割払い計画の魔法を享受することである。つまり、少額の支払いを続けることで、それがまとまった金額に変わり、生活するなかで必要となるあれこれの多額な出費のひとつを賄えるくらいになるのである。

　この10人で10週間のROSCAの例は、分割払い計画が貯蓄およびローンの返済手段としてどのように機能するかをも示している。要するに、ROSCAが実施される期間中、メンバーの大半——最初と最後に「壺」［訳注：拠出金を集める際に用いる］を手にする者以外——は預金者としてスタートし、毎週10ドルを預金する。それが「壺」を手にするとこんどは借り手となり、毎週支払う10ドルで、100ドルのうち

の未払い分を「返済」するのである。南インドや東アジア、東南アジア、アフリカの一部の地域では、ROSCAの変異型である「競売」や「入札」が普及していて、早めに壺を手にする権利をメンバーどうしで入札する。入札金はメンバー全員で分けるので、ROSCAを借金の手段にするよりも、主として貯蓄手段として利用することを選んだメンバーの方が得をする。つまり、サイクルの後の方で壺を手にすれば、他のメンバーの入札金の分け前として受取る分が、自身の支払う入札金を上回ることになるわけで、この差額分は貯蓄の利息に相当することになる。

　すべてのROSCAがうまく機能しているわけではないし、ASCAはもっと成功率が低いだろう。しかし、読者が座って本書を読んでいる間にも、世界中の国々で、こうした数百万という貯蓄クラブが機能しているのである。

4　分割払い計画に価値を加える──信頼性

　1970年代にバングラデシュで、そしてその数年後には南アメリカでも始まったマイクロファイナンス組織（MFO）は、世界で増え続ける貧困層に、信頼できる形の分割払い計画をもたらした。今では低所得世帯の5つに1つはどこかのMFOに口座を持っているだろう。ただし、世界的に見たサービスの分布には歪みがあって、最もうまく機能しているのは南アジアで、アフリカの、とりわけ農村地域がいちばんうまくいっていない。初期の取り組みでは、貧困層にこの手段を広めることができなかった。たとえばクレジット・ユニオンの運動は、ASCAが発展する形で始まり、19世紀後半から20世紀にかけてスタートと再スタートを繰り返し、時には政府からの援助も受けた。しかし、極貧層のあいだで運動の牽引力となるほどの、単純さと安さとを兼ね備えた管理システムを設立することはついにできなかった（信用協同組合も、有権者の歓心を引こうする政府による、補助金の経路として利用されやすかった）。

　その驚くべき成功にもかかわらず、MFOの仕事の中心である分割払い計画の位置づけは、いまだに十分に評価されていない。マイクロファイナンスの先駆者たちは、貧困の撲滅、女性差別との闘い、小（または「極小」）企業の成長促進といった意欲的な目的を掲げたし、大衆の心を掴んだのは、そうした野心的で心躍るような約束だった[4]。新聞記者やTVプロデューサーから見れば、マイクロファイナンスの話題で反響が大きいのは、抑圧された女性が少額の融資を元手に始めた縫製業で貧困から抜け出すといった特集であって、村の船頭がマイクロレンダーから借金して父親のためにそれなりの葬儀をしてやったという話ではなかった。

　マイクロファイナンスの融資制度にも市民の関心は向けられたが、中心となったのは分割払い計画ではなく「連帯責任」制、すなわち、借り手グループのメンバーが互

第5部　満たされない需要を満たす——預金、保険、超貧困層への照準

いに共同保証人になることを要求されるシステムばかりだった。連帯責任というこのアイデアは、社会的連帯を望むわれわれの心に訴え、われわれの自己中心的なやり方と、貧しい人びとの「コミュニティ精神」との対比を際立たせた。連帯責任は一部のエコノミストをも惹きつけ、これが正確にはどう機能しているのかという議論を楽しむ者を生み出した。しかし、連帯責任は、少なくともバングラデシュのような成熟したマイクロファイナンス市場では、ほぼ断念されている。このやり方は、最良の顧客に最大の打撃を与えるという不幸な結果を招いた——これは、不払い者がでたら、きちんと支払っている者にペナルティを課す制度だったのである[5]。

対照的に、分割払い計画は現代のマイクロファイナンスが始まった時点ですでに存在し、マイクロファイナンスが発達する中で生き延びてきた。バングラデシュでは、1970年代の終わりまでには50週分割の標準的なローン返済計画が定着した。その後のマイクロ貸付はほぼこの形で推移し、21世紀の始めになると、これ以外のローン期間が導入されるようになった[6]。しかしその場合も、週払いのスケジュールは基準として残った。BRAC[7]のような大手のマイクロファイナンス・プロバイダーは、月2回ないし月1回返済への移行を試してみたが、すぐに週1回のサイクルに戻している。ラテンアメリカの「村落銀行（Village Banking）」のシステムは1980年代に始まっているが、ここでも毎週返済の計画が採用された（ローン期間は50週間ではなく16週間だった）。

筆者は2002年から2005年にかけて、バングラデシュの農村で、マイクロファイナンス顧客の「ファイナンシャル・ダイアリー」調査を行った[8]。顧客の選択は同国内の3つの地域から行い、全体としてはほぼ標準的なマイクロファイナンス顧客となるようにして、少なくとも月に1回の訪問を3年間続けて、金銭管理の行動を記録した。併せて、MFOからのローンについても綿密かつ継続的に見ていった。

全部で239のMFOローンを詳しく調査したところ、ローンの支払い額は合計3万9000ドルとなり、3年間に「ダイアリー」世帯が利用したすべての資金源からの合計融資額の半分以上を占めた。残高には、家族や隣人からの融資（有利息、無利息）、小売店主などからのクレジット、前述したような貯蓄クラブからの融資のほか、数は少ないがフォーマルな銀行からの融資もあった。

マイクロファイナンスのローンの用途を調べてみると、約30パーセント（支払い額全体の約40パーセント）が小規模ビジネスの在庫に費やされていた（小売業が大半だが、小規模の製造業や工芸もあった）。さらにローンの16パーセント（ローン支払い額の14パーセント）は資産の購入に充てられ、一部がビジネスに、一部が家庭での用途にまわっていた。というわけで、ローンとその支払い額の約半分が、ビジネス在庫や資産といった、いわゆる「生産的な」用途に利用されていた。

ローンの残りの半分は、さまざまな用途に幅広く利用されていた。あらゆる種類

の消費（食料、医療、祝祭、教育、住居、衣類など）がほとんどで、他人への転貸しや、他の負債の支払いに費やされることもあった。マイクロファイナンスの貸付はいずれもマイクロエンタープライズの発展に向けられるか、もしくは向けられるべきだと考える者からすれば、これは驚くべきことであり、危うい発見でさえある。もっとも、毎週の会合で顧客と顔を合わせるMFOの従業員には、融資金をビジネス用途にのみ使うようすべての借り手を説得しようとしても、成功するのはごく一部にすぎないことがずっと前からわかっている。

さらに、ここまでの数値——ローンや貸付額の比率——が語っているのは、この物語のほんの一部分でしかない。借り手を見てみると、ローンの大半をビジネス用途に費やしている借り手は少数でしかない。そういう世帯は繁盛した店や小さな製造ユニットを経営していて、できるかぎり多数のMFOから融資を受けて（多くが複数のMFO口座を所有している）、自分のビジネスに投資し、利益を得て、また融資を受けるということをしている。これ以外の顧客の世帯も、自分でビジネスを経営しているという意味では「起業家」かもしれないが、借入金の使い道として、ほかにも多くの優先事項があって、MFIの融資金を自分のビジネスに投資するという選択ができていない。しかし、おそらくは大多数を占めるこの人たちにとって、収入の大部分は、自分が所有するビジネスからではなく、市場の臨時雇いや農場の日雇い、あるいはリキシャ引きや船頭といった自営業から入ってくる。こうした人たちがお金を借りるのは、生活を維持するためであって、ビジネスを始めたり、大きくしたりするためではない。彼らにとってのMFOのローンとは、生活上のさまざまなニーズに費やせるだけのまとまった金額を作るための、基本的な仲介手段なのである。

ビジネスよりも消費などの目的でローンを利用できるのは、分割払い計画があるからである。この計画ではローンを50回に分け、1週間のキャッシュフローでたいてい工面できる額にして毎週支払いする。ローンを使うか、使うことで所得の流れをつくるかどうかは問われない。事実上、MFOの借り手は、毎週の貯蓄1年分に相当する額を一括払いで受け取って、あとはなんであれ、その時点で優先するものに使うことができるのである。そして、まさにその通りのことが行われている。

言うまでもなく、この効果が維持されるのは、定期的なキャッシュフローがあって（時には上記で説明したインフォーマルな手段で支えるなどして）毎週の支払い分を工面できている限りのことである。この関係が崩れた時には問題が発生する。これが最も明確に表れたのは1990年代末のことで、当時はローンがすべてビジネスに投資され、ローンサイクルごとにビジネスが成長すると信じられていたため、MFOは分別なく貸付額を上げ、それが、多くの世帯が50週間の分割払いで余裕をもって返済できる額を上回ってしまった。しかしこの誤りは、当時は懸念されていたものの、よい結果を生み出した。グラミン銀行（Grameen Bank）を筆頭に、MFOがこぞってマイクロフ

ァイナンス商品を徹底的に見直したのである（Yunus, 2002；and Dowla and Barua, 2006）。グラミン銀行はローン期間の幅を広げ、返済スケジュール中のいつでも、借り手が途中でローンを「トップアップ（top up）」［訳注：現行のローンを完済する前に次の借入れができること］ができるようにした（したがって、同じ水準の支払い計画が6カ月延長されることになる）。それ以上に重要なのは、貯蓄商品にさまざまな変更を行ったことだった。通帳式預金口座が導入され、好評を博した。おかげで、事情でローンの返済が難しい時には貯蓄分から引き出せるようになったからである。さらにグラミン銀行は、毎月少額の預金を10年間続けるというコミットメント貯蓄計画を導入し、こちらも好評を博した。現在、グラミン銀行の顧客は、貯蓄と借入の両面で分割払い計画を利用することができる。こうしたことすべての影響は、グラミン銀行のバランスシートにはっきりと表れている。危機の前にはローンポートフォリオの約50パーセントだった顧客からの預金高が、今では約140パーセントとなっているのである[9]。

　MFOが用いた分割払い計画は、貯蓄クラブのやり方を移したものだった。だが、MFOはそれ以上の成果をあげた。分割払い計画に、新たな水準の信頼をもたらしたのである。ASCAは、バングラデシュの農村では昔からよく行われていたが、あまりにも失敗が多かった。ROSCAは都会のスラムで人気があって、ASCAよりもうまく機能しているが、全面的な信頼性はない。MFOは、村落やスラムのまさに心臓部に、信頼できるサービスを提供した。雨の日も晴れの日も、最前線に立つ男女のスタッフが毎週、時間通りにやってきて、約束の日になれば顧客に貸付金を支払ってくれて、規約どおりの手数料しか取られない。バングラデシュでは、貧困層世帯の大半と、貧困線付近の世帯の多くが、少なくとも1つのMFOの口座を持っていて、これまでになく信頼できるこのサービスを評価していると証言している。

5　分割払い計画に価値を加える——柔軟性

　しかし、分割払い計画は、貧しい人びとにとって管理の難しい面がある。裕福な社会で暮らす人びとと違い、貧困層には定期的で信頼できる収入がほとんどないことである。裕福な社会の労働者なら、雇用主に週給ないし月給から決まった額を天引きして、貯蓄やローンの支払いにまわしてもらうことが容易にできる。しかし、貧困社会の典型的な労働者にはそうした類の雇用がないし、たとえあったとしても、送金の仕組みがなかったり、信頼できなかったりする。

　したがって、1990年代には、バングラデシュのマイクロファイナンスが堅調な成長を遂げるにつれ、返済計画の適用が厳格すぎて合わせきれない顧客がでていること、最貧困世帯が最も不利になっていることがわかってきた。たとえば、自分の土地を持

たずに農場の日雇い労働をしている者は、季節によって収入が大きく変動し、数週間にわたって仕事がなかったりする。標準的なマイクロファイナンスの返済計画は50週間続くが、ほとんどの週は自分で支払えるとしても、1年を通じて毎週というわけにはいかない。こうした困難に輪をかけたのが、MFOスタッフへの指導で、いわゆる「前払い」を受け付けないようにと指導されていたために、たとえ、ある世帯がヤギなどの資産を売ったり、収穫の終わりに賃金を一括で受け取ったりしても、スケジュールを前倒しして数週間分の支払いをすることは許されなかった。しかも、このころはMFOの貯蓄計画が開発される前だったので、顧客には、余剰の現金を短期的に普通預金口座に貯めておくという選択肢もなかったのである。

その結果、こうした世帯はマイクロファイナンスのシステムから脱退するようになっていった。ほかにも、同じような世帯がそれを見て、はじめから口座を開かなくなってきた。グラミン銀行のムハマド・ユヌスは、1990年半ばに首都ダッカで開催されたマイクロファイナンス会議で、グラミン銀行をはじめとするプロバイダーは、人口の20パーセントを占める最貧困層にうまく到達できていないと指摘して、この問題をどう解決するかについての関心が急速に高まった（Wood and Sharif）[10]。

1996年に、セーフセーブ（SafeSave）が、ダッカのスラムで、試験プロジェクトとして始まった。著者が創設して会長を務めているこの小さなMFOは、標準的なマイクロファイナンスのデリバリー法の変形をテストするために設立したもので、典型的なMFOのローン返済計画が抱える厳格さの問題に関心があった。セーフセーブは、もっとうまく家計を管理したいと望んでいる貧困世帯にとってマイクロファイナンスが貯蓄とローンの両面で役立つサービスになりうると考え、このアイデアに真剣に取り組んだ。おそらく、マイクロエンタープライズの金融プロバイダーとしてではなく、むしろ「一般目的」での金銭管理サービスとしてスタートした最初のMFOだろう。セーフセーブが望んだのは、貧困世帯が従来から金銭管理の助けとして頼りにしてきた貯蓄クラブ、マネーガード、貸金業者、自助努力的な家庭内貯金よりもすぐれた金融パートナーになることだった。

セーフセーブは、顧客をグループでまとめるのではなく個人と取引し、会合を開く代わりに「集金人」を家庭や職場に送った。これは、インドの預金集金人の仕事から着想したものだった。最初から貯蓄とローンの両方を提供し、成人の顧客は（女性だけでなく男性も）貯蓄のみ、または貯蓄と借入の両方を選べるようにし、16歳以下の子どもも貯蓄できるようにした。貯蓄およびローン返済の集金については、貧困者の参加を難しくするような厳格な規制の問題を、なんとしても避けたかった。そこで、支払い計画を融通の利くものにして、顧客が好きな時に好きな金額を貯金、返済できるようにした。

このステップが危険であることは明らだった。いつ支払ってもいい計画など、ほと

んど計画ではない。セーフセーブとしては、厳格な計画に代わって規律を提供してくれるものを見つけなくてはならない。そして見つけたのが、規則性と頻度の組み合わせだった。セーフセーブの集金人は、1週間のうち6日間、毎日顧客を訪問した。訪問のたびに、顧客は支払う機会を与えられるが、支払う義務はない。とはいえ、言うまでもなく集金人もスキルを身につけていき、できる時にできる範囲で貯蓄なり返済なりするよう顧客を説得していったし、どの顧客を何時に訪問するのがベストか、すぐに覚えていった。

　この柔軟な形での分割支払い計画はうまく機能した。平均すると、セーフセーブから借入れた顧客は（約25パーセントは貯蓄サービスだけを選び、決して金を借りなかった）、バングラデシュの従来のMFOよりもローン返済が早く、標準で1年かかるところを約9カ月で終えている。毎日の支払い機会への顧客の対応にはさまざまなタイプがあった。毎日支払いをするタイプ（貯蓄またはローン返済のみ、または両方の者も含めて）、ローンがある時は毎日返済し、借金がなくなれば毎日の貯蓄に戻るというタイプ。それ以外にも、MFOの習慣に慣れているからだろう、支払いは週ベースだが、毎日の訪問を活用して、支払いの遅れた分を追いついたり、余剰の流動資産が手元にあれば前倒しにしたりというタイプもあった。明確な規則性のないタイプもあって、珍しくしっかりした所得の流れを反映したケースや、単に性格が反映したとしか思えないようなケースもあった。

　現在のセーフセーブは、8カ所のスラムにある支店に約1万5000人の顧客を抱え、毎月黒字を出せている。用いている価格構成では、ローンに1カ月3パーセントを課し[11]（従来のバングラデシュのマイクロレンディングよりも25パーセント高い）、年間約6パーセントを預金口座に支払っている。設立当初にはドナーからの資金提供を受けたが、今はもう補助金は受け取らず、顧客の貯金や商業レートでの銀行融資、利益剰余金（増加中）を用いて、組織の拡大の資金としている。その成功ぶりは、www.safesave.org でたどってみてほしい。

6　分割払い計画に価値を加える──流動性を利用した預金増大

　マイクロファイナンスの顧客は、まとまった資金が必要な時、貯蓄より借入を利用することが多い。2つの方法からどうやって選んでいるのだろうか。

　実は、借入が最も簡単な貯蓄法になることがある。標準的なMFOのローンを使って貯蓄を「買う」ことが多いのだ。これは不合理なことではない。最貧困世帯でも高額の出費が必要なことは多いので、必需品の長いリストの中でも、貯蓄のストックは何より重要な資産なのである。たとえば、筆者の見た例だが、MFOのマイクロクレ

ジットの借り手、とりわけ女性がローンを使って宝石を買ったりすることがある。離婚や置き去り、未亡人暮らしなど、将来見通しが不透明なので、その防御手段にしようというのだ。そこで疑問なのは、なぜその女性は、貯蓄ではなく、高くつくローンで宝石を手に入れることを選んだのかということである。

ダッカのスラムにあるセーフセーブの顧客には、貯蓄か借入の返済か、あるいはその両方の機会が毎日提供されている。しかし、返済額の方が貯蓄額を大きく上回ってしまう。なぜだろう。1つ明らかな理由は、顧客が預金受入機関をあまり信頼しておらず、プロバイダーに不履行の危険を負ってほしいと思っていることである。だが、セーフセーブの場合は、これは考えなくてよい。セーフセーブでは、預かっている貯蓄額が貸付残高のポートフォリオを上回っている。つまり、ローンが貯蓄を大きく上回っているのは取引総額ではということで、取引した結果の残高ではないのである。セーフセーブの顧客は、1年にわたってこつこつと貯蓄して、残高を大きく増やしている――だが、そうなるまでには、すさまじいペースで、融資を受けては返済するということを繰り返す。貯蓄よりもはるかに頻繁に借入を利用して、まとまった金額を有効に作る傾向があるのである。

こうした行動を考慮すると、設立当初のように、MFOは貸付のみに焦点を当てた方がうまくいくのではないかと考えたくなる。結局のところMFOは、貸し手としての方が、預金を受け取れる場合よりも、顧客を欺く機会が少ないのだから、公共の利益に則って働く規制当局からも許容されやすくなるだろう。金を作るにしても、貯金を集めるより貸付ける方がはるかに簡単なのは明らかである。もし顧客が、貯蓄のニーズを満たすために借入を利用するというのなら――ローンを使って金（きん）を購入し、貯蓄として手元に置いておくというのなら――そうさせてやればいいのではないか。筆者はこの考え方に共感を覚え、貯蓄サービスを始めるのに（実践的または規制上の、あるいは両方の理由から）困難を感じているMFOに、柔軟で頻繁な分割払いローンに専念しなさい、ローンをすべてマイクロビジネスに投入するといった要求はしないようにと、何度も勧めてきた。

しかし、裕福な社会では、ローンだけではなく貯蓄も提供するように市場が進化してきているし、そこにはもっともな理由がある。人は、とりわけ長期的なニーズの場合には、借りるより貯めることを好むだろうし、借入の費用を避けようともするだろう。プロバイダーにしても、貸付記入帳の資金として預金を動員する必要がある。当然、同じことが貧困社会にも当てはまるはずである。

セーフセーブでも従来のMFOでも、顧客との会話からは、貯蓄より借入に傾きがちなのは、顧客が好むからではなく、実は環境が誘発しているのだということが示唆されている。「もちろん、借りるより貯めたい」というのが大多数の声だ。「しかし貯蓄より必需品の出費が優先するし、大金が急に必要になっても十分な貯蓄がまだない

第5部　満たされない需要を満たす——預金、保険、超貧困層への照準

から、結局また借りることになる。あとは返済の繰り返しで、ますます貯蓄が難しくなる」。

　このようなパターンを変え、貧困世帯が、ローンの支払いという高くつくうえにストレスになる選択肢に代わって、余剰のキャッシュフローをもっと預金に直接まわせるようにするには、どうすればいいのだろうか。1つのアプローチは、貯蓄への取り組みに補助金を出すことである。たとえば、米国には「見合うだけの貯蓄（matched savings）」に向けた運動があって、公的な補助金で預金を補充して、貧困世帯の貯蓄を促進している。米国の貧困世帯は、裕福な世帯が利用できる多くの補助金を逃していることが多い。高額な住宅など、政府が補助金の対象に選ぶような資産がないためである。これを埋め合わせするために、貯蓄に補助金を支給することには意味があるというのである（Schreiner and Sherraden, 2007）。

　しかし、貧困者の貯蓄を増やすために多額の補助金をだすよりも、もっと直接的で優れた方法はないのだろうか。利益はでないまでも、少なくとも巨額の補助金を使わずにできないだろうか。貯蓄ストックを買うためにマイクロローンを利用していたMFOの借り手から学べることはないのだろうか。できれば借りるより貯めたいのに、出費のニーズとローン返済が先になって、貯蓄がつねに3番目になってしまうセーフセーブの顧客から学べることは……。セーフセーブはダッカ郊外にある農村の実験用支店で、なんとか貯蓄が有利になるようにしようと、革新的手法を試している。最後に、これについて述べて本論を締めくくろう。

　セーフセーブの「プロダクト9」（Product 9）略称「P9」で採用している手法は、これ以上ないほど単純なものだ。流動資金の不足が貯蓄を抑制しているのなら、顧客に流動資金を提供して、そこから貯蓄してもらえばいいではないか。というわけで、P9では、顧客に一定回数の無利息ローンを提供するのだが（融資金額が毎回増えていく）、顧客は、融資金を受け取る時点で、額面の3分の1が自分名義の長期預金口座に入り、貯蓄目標額に達するまでは引き出しができない（引き出すとペナルティがつく）。したがって、融資金を受け取るごとに、その流動資金を利用して、痛みを伴わずに貯蓄ができる一方で、融資金（サイクル毎に額が上がる）の3分の2を、急な出費を伴うニーズを満たすのに利用できるのである。

　貸付額の増額が組み込まれているので、4回目の融資金を受け取ってからは、貯蓄残高が借入残高を上回ることになる（章末の商品ルールを参照［英語版より重訳］）。その時点から、借り手は自分の貯蓄から借入することになり、ローンの支払いは、実際には預金になる。それでも、借り手はまだローンを支払っているように感じる。しかも、ローンの利益分の大半を自由に使えてさまざまな出費に利用できることから、この錯覚はさらに強くなる。

　ローンを無利息にする理由は3つある。1つめは、無利息ローンという考えが、と

りわけイスラム文化が多数派であるバングラデシュでは、非常に魅力的だからだ。顧客にすれば、このローンサービスでは、融資金の支払時にローンの3分の1を失うことになるのだが、無利息にすることで、そうしたマイナスを補うことができる。2つめは、この「無利息ローンに見合うだけの無利息貯蓄」を、顧客が合理的だと考えていることだ。結局のところ、サイクル中の最初の4回を除けば、顧客は、自分の貯蓄から借入することになる[12]。最後は、セーフセーブのP9の金融費用が低いことだ。貸し倒れのリスクが無視できるほど小さいうえ、金利ゼロの預金を通じて顧客が自分のローンに融資しているのだから、融資の費用はゼロになる。また、P9には、ほかにも収益を得る道がある。融資金の支払いに、貸付額の1パーセントというわずかな手数料を取っているのと、ローンの貸付残高を持ち越した貯蓄の超過分から利息を取っているのである。

ほかの点では、P9はセーフセーブの基準に従っている。集金人は毎日顧客の家や職場を訪問し、顧客はそのつど支払えるだけの金額を支払う（ゼロでもよい）。会合も、グループも、保証人も、連帯責任もない。顧客には、預金通帳と、易しいベンガル語で書かれた短いルールブックが渡される。

パイロットプログラムとしての、P9の判断基準は明らかだ。第1は、この商品で標準的なセーフセーブの商品よりも速く顧客の貯蓄を増やすことができるかどうか。第2に、補助金なしでコストを賄うことができるかどうか、である。

この商品は2007年の春に販売が始まったが、最初は意図的にゆっくり顧客を募集したので、2009年9月の終わりまでに開かれた475の口座の平均継続期間は9.5カ月にとどまった。それでも、2009年9月末の平均貯蓄残高は70ドルで、平均貸付残高を12ドル上回っている。この間、顧客は3万4500ドルの貯蓄を積み上げ、ローンの形でセーフセーブから2万7000ドルを借入れた。取引流通速度は初期のセーフセーブ商品と同じ速さで、2009年9月末までに、P9の顧客は14万ドルを借入れて10万3000ドルを返済した。しかし、P9の設計のおかげで、借入金の3分の1は貯金にまわっている。したがって、4万3500ドルが貯蓄され、9000ドルが引き出されたことになるが、こうした引き出しのほぼすべてが、目標貯蓄額（各300ドル）に達した顧客によるものであった。

■ Box 23.1　5人家族世帯の場合のP9の仕組み

ゴータムと妻のアンジャナには3人の子がいる。2人の男の子と妹のサビトリだ。ゴータムと息子たちは、米のもみ殻を取って市場で売ることで暮らしを立てている——土地がなく、貧しくて教育を受けていない村人のあいだでは一般的な自営の形だ。毎月の収入は、季節や天気、運のめぐりによって違ってくるが、だいたいは1日1人当たり75セントくらいになる（購買力平価レートで約1.90ド

第5部　満たされない需要を満たす——預金、保険、超貧困層への照準

ル）。夫婦は、なんとか娘のサビトリを学校に通わせようと、2007年4月に彼女の名前でP9の口座を開き、まとまった金額を貯めて学費を確保しようと考えた。4月末までに最初の融資金2000タカ（30ドル）を返済し、5月中旬に2回目（45ドル）を返済した。3回目の融資金（60ドル）を受け取ると、それを使って、いつものように未処理の米の在庫を買い、それ以後は、セーフセーブの集金人が来るたびに毎日50タカ（75セント）を規則的に支払うようになったが、現金がある時は、いつも多めに返済するようにした。P9ローンが下りた時に十分な米の在庫があれば、すぐに規定の3分の1を上回る額を貯蓄した。これで、貯蓄の増えるのがさらに速まった。こうしたやり方がすべて功を奏して、10月末までに、夫婦で8回のローンをすべて返済した。取引総額は1000ドルを超え、貯蓄は340ドルまで積み上がった。それから、夫婦はP9による2度目の借入―貯蓄サイクルに入り、この時も、基本レベルの30ドルからスタートした。借入と貸付の枠組みをスムーズに往き来して、5カ月後には新たに45ドルを貯蓄していた。しかし2008年3月には不運に見舞われ、上の息子が重い病気にかかってしまった。適切な治療を受けるには大金が必要だったため、サビトリ名義で蓄えたP9の貯蓄を兄の病院代にまわした。結果、この息子は今ではほとんど治癒し、家族も仕事に戻って、息子の心配と世話で失った時間と金を取り戻そうとしている。結果的に、P9口座に割く現金は以前より少なくなったが、集金人の訪問時には、金額こそ約30セントか、時にはそれより少ないものの、今も毎日支払いしている。それでも、夫婦の現在の収支報告書では、P9に102ドルの貯蓄があり、返済するべき直近のローンが32ドルあるだけである。サビトリは今も学校に行っている。この家族はP9口座をこのまま維持すると決心したらしく、2度目の目標である340ドルの達成を心待ちにしている。

　P9はまだ新しい商品なので、予備的な結論以上のことを断定するのは適切ではない。現時点では、P9の設計がゴータムのような顧客（上記のBox 23.1を参照）の助けになっている、これを使えばこれまでのセーフセーブの商品よりも大きな額を、速く貯めることができ、貯蓄が負債を上回るところまでずっと速く到達するとは言い切れない。しかし、これまでの成果を見れば、将来は有望だと言えるだろう。

　もうひとつ、勇気の湧く兆しがあって、P9は、顧客を1支店当たり最低1500人まで拡大すれば、そのコストの大半か、おそらく全部を賄えそうである。この規模になれば、すべての融資金支払いに1パーセントの手数料を課すことで、最前線に立つスタッフ（集金人）の費用を賄えるだろう（スタッフには、集金した返済額全額の0.75パーセントが委託料として支払われるほか、少額だが毎月の収入が保証されている）。残りの

コストは、貯蓄のうちのローン超過分を投資して得られる利子所得ですべて賄えるはずだ。進捗についてはhttp://sites.google.com/site/trackingp9/を参照してほしい。

7 結論

　分割払い計画は、貧困世帯による金融仲介を成功させる原動力である。このことは、貯蓄貸付クラブ、預金集金人、定期的な貸金業者など、貧困者が自ら考えだしたインフォーマルな手段とサービスのすべてに当てはまる。マイクロファイナンス改革は、こうした状況を大きく改善させてきた。世界の貧困層のごく一部だが、優れたMFOへのアクセスがあれば、今ではほとんどが、信頼できる分割払いの恩恵を受けている。ローン返済についてもそうだし、貯蓄に分割払いを利用するケースが増えている。

　しかし、非常に少額で不定期なことの多い収入での暮らしでは、それを象徴するような流動性の危機が常にあって、今も貧困層は、貯蓄よりも借入れを通じた仲介手段へと追い立てられている。貧困層の多くが、貯蓄のもたらす低コストと低リスク、そして大きな安心感を望んでいるにもかかわらず、である。だが、バングラデシュのセーフセーブのような実験的なMFOで行っているような活動は、綿密な商品設計が、この歪みの修正に役立つことを実証している。

　もっと広い意味でいえば、商品開発における前進は、貧困者自身が、わずかしかない現金の管理という複雑な課題に直面しながら、どんな行動をし、それについてどんなことを言っているかを慎重かつ忍耐強く観察するところから生まれるのだということが再認識されるのである。

注
1．コミットメント貯蓄口座では、預金者は、設定期間中に定期的に預金をし、報酬として、普通貯蓄口座や「通帳式」預金口座よりも高い利率を受け取る。
2．連帯責任：マイクロファイナンス機関が組織するグループの各メンバーに与えられる責任で、連帯してローンの保証人となるか、それ以外の方法でローン返済を保証するもの。
3．こうした収入は、「購買力平価」で算出される。「購買力平価」では、市場の為替レートでの貨幣間の偏りをならして、米国で1ドルのものが、ほかのどの国でもPPP1ドルで買えるようにする。
4．たとえば、Yunus, M(2007)。*Banker to the poor.* New York: Public Affairsを参照。[日本語版『貧困なき世界をめざす銀行家』アショカDVD　紀伊國屋書店　c2008]
5．バングラデシュにおける連帯責任の減少に関する議論については、Rutherford, 2009の、特にchapter 7, pp.132-134を参照。

第5部　満たされない需要を満たす──預金、保険、超貧困層への照準

6．1976 年にムハマド・ユヌスがグラミン銀行の前身である貧困層向け貸付の実験を始めた当初は、返済金を毎日集金していた。しかし、これはあまりにも手間がかかるためにすぐに放棄された。グラミン銀行では早い段階で毎週返済のリズムを設定している。

7．BRAC はバングラデシュ最大の、かつ最も知られた非政府組織（NGO）で、いくつかの基準で世界最大でもある。グラミン銀行と同時期からマイクロファイナンスを運営しており、規模の面でも匹敵するようになっている。

8．この調査（Rutherford, 2006）はマイクロセーブ（MicroSave）から委託された大規模な調査の一環である（マイクロセーブは貧困層への金融サービスの質的向上をめざすイニシアティブ）。

9．グラミン銀行の業績に関する最新情報は、www.grameen-info.org で参照できる。

10．この会議は、バングラデシュに拠点を置く NGO でマイクロファイナンスのプロバイダーでもあるプロシカ（Proshika）によって 1996 年 8 月にダッカで開催され、Who Needs Credit? Poverty and Finance in Bangladesh（クレジットが必要なのは誰か──バングラデシュの貧困と金融）と題された。Wood and Sharif, 1997 を参照。

11．これは「定額」料金ではなく「残高漸減」である。顧客には、月ごとに、前月末時点のローン未払い残高の 3 パーセントが課せられる。

12．ただし、目標の貯蓄残高を達成したあとも、そのまま貯蓄を続けることを選んだ場合は別である。章末のルールを参照のこと。

参考書目

Collins, D, J Morduch, S Rutherford and O Ruthven (2009). *Portfolios of the Poor: How the World's Poor Live on $2 a Day*. Princeton, New Jersey Princeton University Press. （邦訳『最底辺のポートフォリオ：1 日 2 ドルで暮らすということ』大川修二訳　みすず書房　2011.12）

Dowla, A and D Barua (2006). *The Poor Always Pay Back: The Grameen II Story*. Bloomfield, CT: Kumarian.

Rutherford, S (2006). *Grameen II: The First Five Years*. MicroSave, www.microsave.net.［該当論文は http://www.microsave.net/resource/grameen_ii_the_first_five_years_2001_2005#.VdVI3yztlBc］

Rutherford, S and S Arora (2009). *The Poor and Their Money: Microfinance from a Twenty-First Century Consumer's Perspective*. Rugby, UK: Practical Action Publishing.

Rutherford, S (2009). *The Pledge: ASA, Peasant Politics, and Microfinance in the Development of Bangladesh*. New York: Oxford University Press.

Schreiner, M and M Sherraden (eds.) (2007). *Can the Poor Save? Saving & Asset Building in Individual Development Accounts* New Brunswick, New Jersey: Transaction Publishers.

Wood, GD and IA Sharif (eds.) (1997). *Who Needs Credit? Poverty and Finance in Bangladesh*. Dhaka: University Press.

Yunus, M (2002). *Grameen Bank II: Designed to Open New Possibilities*. Dhaka: Grameen Bank.

──── (2007). *Banker to the Poor*. New York: Public Affairs.［日本語版『貧困なき世界をめざす銀行家』アショカ DVD　紀伊國屋書店　c2008］

章末資料

P9 ルール（$1=68 バングラデシュ・タカ）

［訳注：本来はベンガル語。原書の英訳版より重訳。商品名「ショホージションチョイ（Shohoz Shonchoy）」は「かんたん貯金」の意］

〈ショホージションチョイの無利息ローンなら借入と貯蓄が同時にできる！〉

お金を借りる相手を見つけるのに困っている人や、貯金するのが難しいと感じる所得が低い人、収入が不定期または信頼できない人のために、ショホージションチョイが新しい口座を導入しました。この口座は、流動性をもたらしながら貯蓄を増やせるように設計されています。すべての人にふさわしいわけではありませんが、貯蓄を増やすことが大切な方には、きっと喜んでもらえるでしょう。

借　入

口座を開くだけで、すぐに2000タカの無利息ローンを受けられ、好きな時に返済していただけます。全額返済したら、すぐにもっと多額のローンを受けることができ、その返済が終われば、またすぐに、さらに大きなローンを組むことができます。貸付額は5000タカまで毎回1000タカずつ増え、次には1万5000タカまで毎回2000タカ、さらにその次には毎回5000タカずつ増えていきます。これが最高限度額ですが、もちろんお望みであれば、少額のローンならいつでも受けられます。このローンはすべて無利息で、いつでも、お好きな時に返済していただけます。

ローン期間中に余分に現金が必要になった場合には、完済前でも、ローンを「トップアップ」することができます。トップアップは、その時点でのローンか貯蓄のどちらか大きい額を限度として可能です。7000タカのローンを受け、4000タカをすでに返済している方なら、4000タカのローンを再度受けることができます。その時点での貯金残高が7000タカを超えていれば、もっと高額のローンを受けることも可能です。

貯　蓄

貸付金を受け取られるか、ローンをトップアップされるごとに、その額の3分の1がショホージションチョイの長期貯蓄預金（お客様名義）に入金されます。ショホージションチョイでは、貯蓄額が2万タカに達するまでお預かりします。2万タカに達した場合は次の3つの選択肢があります。

選択肢1：借入をやめて貯蓄分の払い戻しを受ける。
選択肢2：借入を続け、もっと大きな額まで貯蓄を増やす。
選択肢3：借入はストップするが**ショホージションチョイ**での貯蓄を続け、そちらの

利益配当を受け取る。

口座の運営

　ローンを組む時やトップアップの際には支店事務所においでいただかなければなりませんが、その後は**ショホージションチョイ**からの集金人が、数日おきに、返済金の集金にご自宅か職場まで伺います。毎回返済の必要はありませんが、できる限り早く返済されるよう強くお薦めします。早く返済すれば、それだけ早く、多額のローンを受けることができて、早く貯蓄を増やすことができます。このサービスは個人を対象としています。グループや会合はありません。他人のローンの責任を負うことも決してありません。

費　用

　ローン（およびトップアップ）は完全に無利息です。口座を開く時に100タカの口座開設手数料をいただきますが、これは通帳やお写真の費用となります。また、ローンやトップアップのたびに、それぞれの額の1パーセントを支払い手数料として頂戴します。

　貯蓄が目標額の2万タカに達してからは、お支払いいただくものはありません。2万タカに達するまでに貯蓄の払い戻しを希望することもできますが、早期解約手数料として、契約額の5パーセントを差し引かせていただきます。

さあ、今すぐショホージションチョイで口座を開きましょう！

貧困層のための保険
――定義とイノベーション

クレイグ・チャーチル＊（Craig Churchill）

　本論は、マイクロインシュアランスのさまざまなルーツについて、アフィニティグループ［訳注：共通目的で構成されたグループ。会社タイプと協会タイプがある］、マイクロファイナンスプロバイダー、社会的保護の支持者、さらにピラミッドの底辺で一攫千金を狙う保険業者を含めて述べていく。また、マイクロインシュアランスを定義し、従来の保険のほか、貧困層を対象とした金融サービスとの主要な相違点を説明する。さらに、マイクロインシュアランスを広い視野で捉えることの重要性を強調し、これが、MFIの提供する金融サービスの１つにすぎないと見られることのないようにしていく。そのうえで、商品設計や流通で生まれつつあるイノベーションのうち、貧困層の保護の改善につながりそうなものについて、いくつか解説していく。

　「ビクトリア朝時代初期の保険会社が、貧困層にも（保険を）提供してはどうかと提案された時、どこの答えも異口同音にそっけないものだった――保険は贅沢品だから、現実問題として貧困層には払えないだろう。
　しかし、この提案には切羽詰まったものがあった。その何世紀も前から、貧困層がそれぞれの同業組合貯蓄などで工夫をして、自前の経済保険のようなものを提供して

＊マイクロインシュアランス・イノベーション・ファシリティー（Microinsurance Innovation Facility）、ソーシャル・ファイナンス・プログラム（Social Finance Programme）、国際労働機関

いることはわかっていた。そして、不安はありながらも、そうした保険が商業的観点から貧困層に販売できるかどうか、すなわち、自然発生的な組織を通じて得られるものと同じくらいのリターンがあって、販売者が取引の収益で生活していけるかどうかを確認するための、いくつかの試みが開始された。こうして始まったのが産業保険［訳注・産業労働者向けの生命保険］で、週給の労働者のニーズに適応したシンプルな生命保険であった。

　産業生命保険はおずおずと、小さな規模で始まった。しかし、実感されるニーズを満たしたことから、その後は、資金提供者の予想もしないペースで発展していった。ほかに例を見ないほど急速に拡大を続ける一方で、早くも大幅な構造改革を行い、実験段階での失敗を発見しては改善していっていたのである」

ダーモット・モラー（Dermot Morrah）
A History of Industrial Life Assurance より

1　はじめに

　マイクロインシュアランスが、貧困と闘い、脆弱性を低減するためのツールとして武器庫に入ったのは新しい。少なくとも、この用語が一般的に使われるようになったのは1990年代後半以降にすぎない。だが実際には、マイクロインシュアランスは決して新しいものではない。そのことは、上記の引用がはっきりと示している。今日の大手保険会社のうちいくつかは、1800年代には、低所得労働者間での相互保護スキームとしてスタートしていた。1900年代のはじめには、多くの保険業者が、産業保険を工場の門前で販売して事業を築くようになった。しかし、時とともに、保険はどんどんと洗練され、さらに複雑なリスクと関連するようになり、やがて、裕福な契約者を対象とするようになっていった。

　そう考えると、現代のマイクロインシュアランスは、原点に戻って、サービスの不十分な市場に保険業者が到達できるようにするための運動だといえるだろう。またこれは、政府の社会保護スキームが、医療保険や年金など、フォーマル分野の労働者なら頻繁に利用できる福利厚生を得られていない、インフォーマル経済の労働者にまで対象を広げることを可能にするメカニズムともなり得る。さらに、アフィニティグループにとっては、リスクプーリングという連帯を通じて、低所得の加入者を保護する手段でもある。このように、マイクロインシュアランスはまさに大きなテントで、多様なイデオロギーやアプローチが混在している。しかし、そこには共通の目的がある。それは、生活基盤の弱い人たちへの保護を強めることである。

本論は、マイクロインシュアランスのさまざまなルーツについて述べるところから始める。次に、マイクロインシュアランスを定義し、従来の保険や貧困層を対象とした他の金融サービスとの主要な相異点を説明する。そして、マイクロインシュアランスとマイクロファイナンスの関係を明確にするとともに、まだ評価するのは時期尚早かもしれないが、商品設計や流通において生まれつつあるイノベーションの中で、貧困層の保護の改善につながりそうなものをいくつかを解説していく。

2　マイクロインシュアランスの登場

　マイクロインシュアランスは主として発展途上国での現象で、ひとつの理由としては、保険の浸透率が低く、政府による社会保護のスキームがごく少数の市民だけしか対象にしていないことが挙げられる。その結果、マイクロインシュアランスは、ほぼ並行する4つのエントリーポイントから登場して、このギャップを埋めようとしている。

　第1は、さまざまなリスクに対処するため、低所得者の多くが作っている共済組合や葬儀組合である。こうした規制対象外の保険スキームの中には、巨大なまでに成長してしまい、規制当局にとってのジレンマとなっているものもある（Box 24.1 を参照）。たしかに、協同組合運動には、マイクロインシュアランスの先駆者であると主張するだけの強い理由がある。「マイクロインシュアランス」という用語は使っていないし、低所得者の市場だけに的を絞ってきたわけではないが、多くの農業協同組合や金融協同組合が、長年にわたって、貧困層に保険による保護を長年提供してきているからである。実際に、民衆組織を通じて提供される大衆向けの保険は、現在のマイクロインシュアランスの議論の前から存在していた。さらに、協同組合は自然のリスクプールであり、フォーマル経済の外側にいる人たちに保険を広げるためには、理想的なデリバリーチャネルとなっている。

> ■ **Box 24.1　南アフリカにおけるインフォーマル・インシュランス**
>
> 　南アフリカでは、生命保険とよく似た商品を提供するスキームが数多くある。インフォーマル部門では、推計800万人の加入者数を有する葬儀組合が、死亡リスクの補償のために、年間10億米ドルの「保険料」を拠出している。巨大なスキームもある。登録制の共済組合であるグレートノース葬儀組合（Great North Burial Society）は2万人に生命保険を提供している。ただし、認可された保険業者ではないため、再保険は利用できない。

第5部　満たされない需要を満たす──預金、保険、超貧困層への照準

> このような状況のため、なにか破滅的なことがあれば、こうしたスキームの支払能力は深刻な脅威にさらされる。さらに、インフォーマルなスキームが大きくなりすぎると、持続可能性が危うくなりかねない。たとえば、葬儀組合が大きくなると、加入者の管理システムがうまく機能しなくなる。現時点でも、葬儀組合は相当額の資産を蓄えてもいるため、不正行為や盗難のリスクが高まり、加入者の管理がコントロール不能なレベルにまで達している。
>
> といって、もし規制当局が介入し、こうしたスキームのフォーマル化を強要したら、丸い杭をむりやり四角い穴に差し込むことになりかねない。保険の規制が、このタイプの組織に適応するような設計になっていないからである。では、本質的に違法だからと、インフォーマルなスキームを閉鎖してしまうべきなのだろうか。あるいは、インフォーマルなスキームの運営を認めるとして、行政介入を義務化づける境目は、どのように決めればいいのだろうか。あるいは、その中間のどこかに、ある程度の顧客保護が備わった保険へのアクセスを拡大できるような妥協点があるのだろうか。
>
> 出所：Genesis Analytics, 2005 より転載

第2は、一部の非政府組織（NGO）や国際労働機関（ILO）などの国際機関が、インフォーマル経済の労働者のような、商業的および社会的な保険スキームから除外された人びとに、とりわけ医療リスクに対処するためのリスクプーリング［訳注：リスクの高い人と低い人を合わせることで、全体としてリスクをプールすること。リスク協同管理ともいう］の機構を作るよう奨励してきていることが挙げられる。医療共済組合（mutuelle de santé）や、地域を基盤とする医療保険（community-based health insurance：CBHI）のスキームなど、こうしたリスクプーリング機構は、最終的に政府支援と連動して、富裕層から貧困層への資源の再分配を促進し、それによって持続可能な社会的保護を提供することを目的としている。

そうした成果はインドで表れつつある。インド政府は2007年、貧困線を下回る世帯の生活のための医療保険スキーム、Rashtriya Swasthya Bima Yojana（RSBY、「国家医療保険プログラム」）を開始した。対象となる家族には、30インドルピー（0.60米ドル）のわずかな登録料で、700以上の入院治療を受ける資格が与えられ、3万インドルピー（600米ドル）を限度とする年間給付がある。RSBYを開始している地域では、マイクロインシュアランスのスキームが、自ら政府給付金と組み合わせる方法を考案しつつある。言うまでもなく、入院治療は医療保険ニーズの一部にすぎないからである。

しかし、政府プログラムとのつながりが利用できないところでは、多くのCBHIが今も小規模な独立組織のまま、だいたいはボランティアの運営で、大きな額の給付金

を支給できずにいる。コスト構造は合理化されているのだが、加入者の購買力に限界があるからである。多くのスキームは、保険料徴収率が低いうえに脱退率が高く、両者が相まって存続が危うくなっている。しかしベナンやマリ、セネガルなどの国々では、CBHIの連盟が設立されて、こうした限界を克服できるよう支援が行われている（Fonteneau and Galland, 2006）。

　第3には、マイクロインシュアランスがマイクロファイナンスに乗っかるように後を追って登場していることが挙げられる。貧困層への融資と、おそらくは貯蓄を提供していることから、多くのマイクロファイナンス機関（MFI）は、自らのローンポートフォリオの保護のため、または顧客の保護のため、あるいはその両方のために、保険にも手を染めてきている。MFIが保険の提供に関心を寄せるようになった動機には、次のようなものがある。

- 信用リスクの減少　　借り手がローンを返済しない主な理由の1つは、家族の死や病気などで打撃を受け、それが経済的なストレスとなるためである。保険がそうした打撃に対処する一助となれば、MFIの貸付損失も減少するだろう。
- 顧客忠誠心の向上　　多くのMFIは、貧困層が生活を維持するためには多様な商品を提供する必要があることをわかっている。顧客は、たとえローンを希望しない時でも、貯蓄口座や電子送金サービス、あるいは保険による保護をありがたく思うかもしれない。
- 商品の収益性の向上　　多様な商品メニューがあれば、抱き合わせ販売のチャンスがうまれ、顧客1人当たりの取得原価（acquisition costs）を複数商品に分散できるので、商品の収益性が向上する。
- 収入の流れの多様化　　マイクロインシュアランスのスキームが組織内で提供できて、しっかり管理できれば収益があがるし、保険業者と提携する場合でも手数料が入るので、新たな収入源になる。特に後者の状況はMFIには魅力的で、リスクを負わずに収入の機会が得られるので歓迎される。

　もちろん、MFIが保険を提供することによるデメリットもある。保険は貯蓄やクレジット（信用貸付）とは異なる事業のため、異なる専門知識が必要となる。保険業者と提携して保険商品を提供するにしても、時間もかかるし手間もかかる。MFIによっては、ローン・ポートフォリオを保護するために信用生命の補償を進んで購入するところもあるだろうが、顧客にこれまでと以上の福利を提供することにあまり関心を寄せていない。余分な仕事をすることで、核となる機能から外れるようなことも求められるからである。

　第4のエントリーポイントは、保険業者自身である。MFIと提携することで低所得

第5部　満たされない需要を満たす——預金、保険、超貧困層への照準

者層市場での露出が増えるので、それを足場に、発展途上国の膨大な数の低所得者を新たな市場の機会と捉えるところがでてくるのである。もちろん、企業の社会的責任（CSR）を実証するためにマイクロインシュアランスに携わる業者もいる。

　Fortune at the Bottom of the Pyramid (2005)［邦訳『ネクスト・マーケット　「貧困層」を「顧客」に変える次世代戦略』スカイライトコンサルティング訳、英治出版　2010.7］でプラハラード（Prahalad）が明確化した論理にしたがって、保険業者は、デリバリーシステムや商品、組織文化を再設計することで低所得者層市場にサービス提供できるかどうか、調査を始めている。建設、金融サービス、消費財、医療といった多様な産業の実例をもとに、プラハラードは、ピラミッドの底辺（Bottom Of the Pyramid: BOP）のためのイノベーションを起こす際に考慮すべき、共通の原則を明らかにしている。保険事業の事例研究についての分析はないが、プラハラードの挙げている原則は、マイクロインシュアランスの条件に驚くほど当てはまっている。

　とりわけ、BOPにサービス提供する際に投資リターンの基礎となるのは、量である。たとえ単位当たりの収益は極めて小さくとも、販売数が膨大な数になれば、リターンは魅力的なものになりうる。この特性は、保険と「大数の法則」に完全に当てはまるので、実際に出される保険金請求は、リスクプールが大きくなればなるほど予測値に近づくはずだ。信頼性が高い予測が立てられれば、理論的には、商品の価格設定で誤差の許容範囲を大きくとる必要がなくなるので、貧困層にも手の出せる価格にしていける。BOPの考え方が保険業界に浸透するにつれて、多くの企業が低所得者層市場を少し違った目で見るようになっている。とりわけ、前衛的な保険業者の業績から、マイクロインシュアランスを提供して収益をあげることが可能だということがわかってからは、そうなってきている（Box 24.2を参照）。

■ Box 24.2　マイクロインシュアランスの収益性

マイクロインシュアランスは保険会社の収支にプラスの貢献ができるのだろうか。初期の研究結果は、貧困層支援諮問機関（CGAP）のマイクロインシュアランス作業グループ（現マイクロファイナンス・ネットワーク（Microinsurance Network））を代表して、ILOによって公開されたマイクロインシュアランスの事例研究に見ることができる。20以上のマイクロファイナンス機関に団体傷害保険を提供しているAIGウガンダの分析に基づいて、マコードら（McCord *et al*., 2005）は、マイクロインシュアランスが営利保険業者にとって収益性のある営業部門であること、借り手すべてに義務付けられる基本商品については特にそうであることを非常に明確に示している。この研究は次のように述べている。

「AIGについては、マイクロインシュアランスの商品は収益性が高く、損害率（loss

ratio) 32 パーセントを含めた合算比率 (combined ratio) 73 パーセントで運営している。2004 年の 1 月から 5 月までの実績から同年度の残り期間について推計すると、マイクロインシュアランス商品による AIG ウガンダの収益は 20 万米ドル弱となり、収益全体の約 25 パーセントを占めることになる。

マイクロインシュアランスは、2003 年で、AIG ウガンダの純利益の約 17 パーセントを生み出している。これは、保険業者にとって最高に近い商品ラインであり、2004 年には実際に最高なるだろう。この商品について、2003 年以前の具体的な財務データはすぐには入手できないが、純利益は着実に増加してきているようだ。(中略) 保険金請求率は 23 〜 31 パーセントと非常に低い。利益幅は 18 〜 23 パーセントで、これも、こうした商品としてはかなり健全である」

同様に、マディソン保険 (Madison Insurance) と 4 つの MFI がザンビアで提供している信用生命保険は、損害率が 50 パーセント未満で、大半の事例をはるかに下回っている (Manje, 2005)。

しかし、ほかの商品については、それほど明確な実績がない。ロスとアスレヤ (Roth and Athreye, 2005) によると、インドのタタ AIG (Tata–AIG) が販売するマイクロインシュアランスの養老保険契約の場合、収支が合うのが 3 〜 4 年後という予測で、それも、保険業者が継続的に高い成長率と継続率を維持すれば、という条件が付く。バングラデシュのデルタライフ (Delta Life) も養老保険契約を提供していて、マイクロインシュアランス商品で収益があると見込んでいた。管理費比率 (administrative cost ratio) は 50 パーセント近かったのだが、保険金請求率が 10 パーセントを下回っていたためである (McCord and Churchill, 2005)。しかし、デルタライフは、自社商品の収益性を証明できるだけのデータを示すことができていない。デルタライフの商品は個人ベースで販売する任意保険のため、ローンと関連させた団体向け強制保険と比べると、流通やサービスにかかるコストがはるかに大きいのである。

実のところ、銀行業界とはリスクや信頼関係が異なることから、一般に保険業者は低所得者層市場への参入に意欲的だ。銀行業者が貧困層に貸付を行う場合、銀行側がローン返済不履行のリスクを負う。それに対して保険事業は、基本的にリスクを負うのは貧しい保険契約者になる。保険事故が発生しても、保険業者が義務を果たして約束どおりに行動してくれるかどうか、確実なことはわからないからである。こうした対照的な関係からも、マイクロクレジットの方がマイクロインシュアランスよりはるかに需要が大きい理由が見てとれる。

マイクロインシュアランスのこうした異なる 4 つの源泉が、現在の大きなテントを

作り上げている。テントの下には、さまざまなタイプの組織やアプローチ、保険対象とされるリスクがある。「マイクロインシュアランス」という用語をめぐる議論のかまびすしさから大きな混乱が起こることが多いのは、人によってこの用語の意味が違っているからなのである。

3 マイクロインシュアランスとはなにか

2003年に、CGAPのマイクロインシュアランスの作業グループ（現マイクロファイナンス・ネットワーク）は、マイクロインシュアランスを、「巻き込まれるリスクの可能性やコストに見合った保険料を定期的に支払うことと引き換えに、特定の危機から低所得者を守るもの」と定義した。この定義は、低所者得層を明確な目標市場としている点を除けば、通常の保険に使われる定義と基本的には同じである。しかし、この「低所者得層」という表現が大きな違いをもたらす。

以下に、貧困層向けの保険と通常の保険との違いをよく表している点をいくつか挙げておく。

- 低所得世帯のリスクに関連したものであること　保険の補償を、低所得世帯のうちでも最も脆弱な領域と関連させるべきである。だが現実には、現在の保険業者から利用できるものは貧困層のニーズに対処していないことが多い。
- 可能な限りの受け入れ　保険会社はリスクの高い人を除外する傾向があるが、マイクロインシュアランスのスキームは、一般的にそうした人を受け入れるよう努めている。保険金の総額が低いので、高リスク者（持病があるなど）を見分けるコストの方が、最初から高リスク者の加入を除外する利益よりも大きくなるだろう。保険リスクの抑制も大切だが、あまり多くを排除するとかえって効率を下げることになり、運営上の妨害になりかねない。
- 手ごろな保険料の設定　最終的には、マイクロインシュアランスのスキームは貧困層にも手の届く価格設定でなくてはならない。そうでないと、貧困層はスキームに加入することも保険補償の利益を得ることもなくなってしまう。マイクロインシュアランスを手ごろな価格にするための戦略としては、少額の給付金パッケージ、貧困世帯のキャッシュフローに対応した保険料支払い期間の延長、政府またはドナー機関からの長期補助金による保険料の支援など、さまざまなものがある。
- 団体保険による効率化　団体保険の方が個人加入の保険よりも手が出しやすい。女性団体や、インフォーマルな貯蓄団体、協同組合、労働組合、小企業のビジネス団体などの加入者を対象にした保険であれば、保険業者の方は費用効率よく市場に

表 24.1　営利保険とマイクロインシュアランスとの主な相違点

営利保険	マイクロインシュアランス
保険料の集金はほとんどが銀行口座での引き落とし。	保険料は現金で集金、または他の金融取引とだきあわせ。顧客の不定期なキャッシュフローに適応できる設計にするべきで、そのため支払いの頻度が多くなるも。
主に販売の責任を負うのは代理店と仲介業者。	代理店が顧客全体の関係を管理することがあり、おそらく保険料の集金や保険金支払いも含まれる。
富裕層もしくは中流層の顧客が対象。	低所得者が対象。
市場の大部分にとって保険が身近。	市場の大部分にとって保険が身近でない。
審査の必要事項に健康診断が含まれることがある。	審査の必要事項があるとしても、健康状態が良好であると申告する程度。
資格を持った代理人による販売。	無資格の代理人による販売が多い。
高額の保険金	少額の保険金
年齢や特定のリスクに基づいた保険料。	コミュニティもしくは団体料金による事前引受。
基準で加入を拒否され、加入資格が限定される。	幅広く受け入れ、加入拒否はあってもわずか。
複雑な契約書。	シンプルで理解しやすい契約書。

出所：McCord and Churchill（2005）

到達できるし、過剰な保険利用やモラル・ハザード[1]のような保険リスクも減らすことができる。

- **明確に定められたシンプルな規則と制限条項**　保険契約にはたいてい複雑な条件がたくさんある。保険金の給付にも条件がつくうえ、弁護士でも理解に苦しむほどの法律用語で書かれている。細かな文字で書かれた説明部分で顧客を保護しているつもりなのだろうが、顧客に内容が理解できなければ、目的を果たしたことにならない。しかもその内容は、保険会社が保険金を支払わない口実にもなりかねない。マクロインシュアランスは、つねに可能な限りシンプルで分かりやすいものして、補償に何が含まれ・何が含まれないのかを、誰もが共通に理解できるようにしなければならない。

- **保険金請求の文書を利用しやすいものに**　従来は、保険給付金を利用する手続きが非常に大変で、よほど根気のある者でなければ請求の意欲を失ってしまう。不正

第5部　満たされない需要を満たす──預金、保険、超貧困層への照準

な保険金請求を防ぐためのチェックは必要だが、マイクロインシュアランスを効果的なものにするには、低所得世帯が合法的に保険金を簡単に請求できるようにしなければならない。

マイクロインシュアランスと営利保険の大きな違いは、商品自体だけでなく、いかに貧困層が利用できるようにするかにもある。表24.1で要約したように、マイクロインシュアランスの商品とプロセスは、既存のやり方の単なる小規模版ではないのである。

マイクロと考えられる保険による保護を受けられるのは、どれくらい貧しい人たちなのだろうか。答えは国によって違ってくる。一般に、マイクロファイナンスは、主流の営利保険や社会保険のスキームから無視されている人、とりわけインフォーマル経済で働く人のためのものだ。フォーマル経済にいて、予測可能な収入がある人に保険を提供する方が、インフォーマル経済で働いていてキャッシュフローが不定期な人に補償するより容易なのだから、後者がマイクロインシュアランスのフロンティアということになる。

なかには、マイクロではない保険との比較から、マイクロインシュアランスの商品特性の明確化を進めている国もある。たとえば、インドのマイクロインシュアランスは、契約で、給付金あるいは保険金の額を最大30,000ルピー（600米ドル）ないし50,000ルピー（1000米ドル）と定めている（金額は補償のタイプによって違う）。一方、ペルーのマイクロインシュアランスは、保険金が最大10,000ヌエボ・ソル（3300米ドル）、もしくは毎月の保険料の支払いが10ヌエボ・ソル（3.30米ドル）未満のどちらか、と定義されている。

こうした定量的定義は、規制当局がマイクロインシュアランス用の特殊条件を定める際に必要とされる。インドでは、マイクロインシュアランスの代理店は、一般の保険代理店と比べて、必要とされる研修が少ない。ブラジルでは、マイクロインシュアランスのプロバイダーに対する税控除が検討されている。しかし、具体的にはここで高所得者向け保険が終わり、これらはマイクロインシュアランスが始まるという価格を特定しようとすると、それによって市場が二分されてしまい、特定の条件の始まるすぐ上の辺りにギャップが残ってしまうという問題がでてくる。また、これがインセンティブとなって、保険契約を意図的に低く抑えたり、複数の契約を結ぶようになったりしたら、低所得層の保険契約者に貧困から抜け出す道筋を提供したことにならない。

マイクロインシュアランスが他のマイクロファイナンスのサービスとは大きく異なるのは、これが、市場を基盤としたサービスと社会的保護との境界線にまたがっているからである。マイクロファイナンスでの「ベストプラクティス」は、コストを賄え

図24.2　マイクロインシュアランスのタイプ

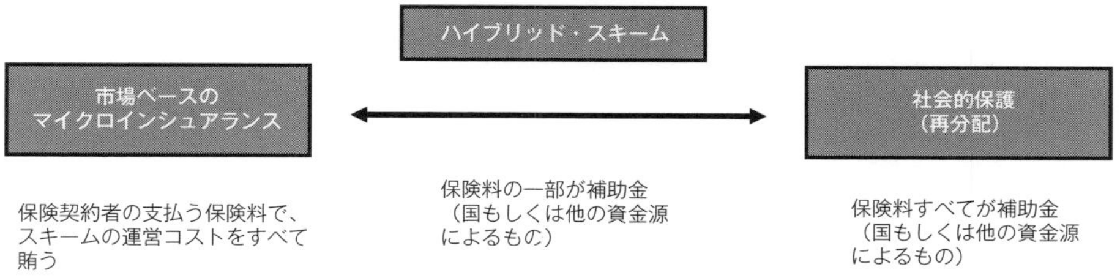

```
市場ベースの              ハイブリッド・スキーム              社会的保護
マイクロインシュアランス    ←――――――――――→              （再分配）

保険契約者の支払う保険料で、  保険料の一部が補助金              保険料すべてが補助金
スキームの運営コストをすべて  （国もしくは他の資金源            （国もしくは他の資金源
賄う                        によるもの）                      によるもの）
```

出所：IAIS（2007）

るだけの金利を課し、それによって（収益があがるとまではいかなくとも）自力で持続可能なものとなるよう、MFIに圧力をかける。しかし、マイクロインシュアランスでは、持続可能性が違う意味を帯びることもある。純粋に保険料からコストを賄う代わりに、保険のタイプによっては（医療保険など）、官民協働の道が見つかり、国から補助金を受ける部分もでてきたりする（表24.2）。これが正当化されるのは、このスキームが、法律の定める給付金を提供するからである。しかし、補助金があるからといってスキームが非効率でよいわけではないので、その点は注意が必要である。

　低所得世帯向けの保険は、それだけでは限定的な効果しかない。保険は、時おり起こる大きな損害に対する保護手段としては効果的だが、頻繁に起こる小さな損失に対処するには効果的ではない。したがって、包括的なリスク管理のためには、保険に貯蓄やクレジット、リスク回避サービスを組み合わせて初めて、貧困層に効果的な保護を提供できるのである。

4　マイクロインシュアランスとマイクロファイナンス[(2)]

　先に述べたように、マイクロファイナンスはマイクロインシュアランスのルーツの1つにすぎない。マイクロファイナンスの視点からは、保険は、MFIの提供するいくつかの金融サービスの1つにすぎず、たいていはクレジットや、時によっては貯蓄と組み合わせることで、保険だけの取引にかかわるコストを低減させるものという捉え方になる。しかし、この見方はあまりにも狭すぎる。これでは、マイクロインシュアランスの潜在市場が、MFIの到達している人びとに限定されてしまう。一方、マイクロインシュアランスの視点からは、マイクロファイナンス機関は数多いデリバリーチャネルの1つで、低所得者層市場向けの保険商品を販売し、サービス提供するのに利用可能なものにすぎないという捉え方になる。その辺りは、表24.3に要約しているとおりである。

図表24.3　マイクロインシュアランスとマイクロファイナンスの異なる視点

マイクロファイナンスから見たマイクロインシュアランス	マイクロインシュアランスから見たマイクロファイナンス
貧困層に提供できるいくつかの金融サービスの一つ	貧困層に保険を広げるためのいくつかのデリバリーチャネルの一つ

　マイクロファイナンスの側からこの問題を見てみると、MFIが顧客への保険提供を望む場合、組織として考えられる選択肢は大きく分け、a）保険会社との提携、b）自前の保険仲介業者の設立、c）自家保険、d）自前の保険会社の設立、の4つになる。

　どのような状況ならば、この中のある選択肢がほかより好ましくなるのだろう。もちろん、利用可能な保険会社がないか、あってもMFIを通じての保護提供をしたがらない場合には、自前でやることも可能だ。しかし、関心を示す提携企業が見つからないということは少なくなっていくだろう。新たな市場に到達する機会を模索する保険業者は増加している。MFIの側も説得力を持つようになり、理論と経験を武器に、これが実際に価値の高い市場機会であることを、保険業者に納得させてきている。保険業者が提携話に乗ってこないのは、だいたいは、MFIの側が提案内容をうまく伝えられていないのだろう。

　MFIが自前の保険仲介業者を設立するのは、基本的には、提携代理店モデルの中でも洗練されたバージョンとなる。このアプローチはクレジット・ユニオンのネットワークで使われることが多く、MFIにとっても加入者にとっても、フォーマルな保険へのアクセスを後押しするものとなる。提携代理店モデルと同様、この手法も、組織外のフォーマルな保険業者にリスクを負担してもらえるという利点がある。

　仲介業者の手法が基本的な提携代理店モデルよりも優れている点は、MFI（あるいはMFIの集団）と提携する組織が、保険専門知識を積み上げていって、最も有利な契約をまとめられるところである。この場合の仲介業者は、どの保険会社とも結びついていないので、MFIとその顧客という、2大顧客のためにさまざまな選択肢を探ることができる。また、ディバリーチャネルも、MFIだけに限定されない。ひとたび低所得者の市場のニーズが理解できれば、あとは貧困層に保険を広げるために、ほかの戦略——協同組合、コミュニティ機関、さらには小売業者を通す方法など——を探ることができる。このモデルの例としては、オポチュニティ・インターナショナル（Opportunity International）が設立したマイクロエンシュア（MicroEnsure）や、アガ・カーン・マイクロファイナンス・エージェンシー（Aga Khan Agency for Microfinance）が設立したファースト・マイクロインシュアランス・エージェンシー（First Microinsurance Agency）などがある。

3つめの選択肢は、MFIが自家保険で、言い換えると、リスクを自分で負うことである。マイクロファイナンス機関が自家保険を望むことについては、説得力のある理由とともに、強い反対の議論もある。自家保険に賛成する主張の1つは、そうしないと、MFI（もしくはその顧客）が保険業者の諸経費分を余計に払わなければならないというものだ。信用生命保険のような最も基本的な商品の場合は、この論理は有効かもしれない。しかし、基本的な生命保険は、遺族にローン支払いを催促しなくてよくなるのだから、たいていは、貸し手にとって大きな利益となる[(3)]。MFIが本当に顧客の脆弱性を低減させようと思ったら、もっと複雑な商品が必要になる。しかし、それをMFIが自力で提供するのは無理だろう。

ベトナムのマイクロファイナンス機関TYM（Tao Yeu Mai）とフィリピンの農業・農村開発センター（Center for Agriculture and Rural Development：CARD）は、いずれも自力で顧客価値を高めようとして苦い経験を味わった。どちらも、自家保険をベースに信用生命保険を提供して、かなりの余剰金を生み出した。そのため、契約者の家族を契約に含めたり、補償するリスクを追加したりして、追加の給付金を提供するのがよいと考えた。しかし、給付金を追加する際に、保険金を請求された場合の影響を評価していなかった。その結果、CARDの年金プランは会社を破産寸前にまで追い込み（McCord and Buczkowski, 2004）、TYMの入院給付金も、給付額がかなり控えめだったにもかかわらず、危うく同様の事態を引き起こしそうになった（Tran and Yun, 2004）。

そのほかに自家保険をめぐる懸念としては、MFIが壊滅的な損害を経験した場合にどこまで対処できるのかということがある。MFIが自家保険を採用するべきでない最大の理由は、適格な価格設定や商品設計に必要な専門知識がないこと以外に、多くの顧客が同時に危難にさらされた場合、保険金請求に応えることが難しいからである。MFIはフォーマルな保険業者ではないので、保険業者が共変リスク［訳注：洪水や地震など大規模災害で同時に多くの被害をもたらすリスク］に対処する手段である、再保険を利用できないのである。

インドのVimoSEWA（「女性自営者協会保険」）は、この教訓を苦い思いをして学んだ。いくつかの保険会社との提携によるマイナス経験を踏まえて、VimoSEWAは1996年に自前の医療保険を提供しはじめ、1998年には新たに資産保険もスタートさせた。当初、自家保険への移行は、財政面でもサービス面でもプラスの効果を生み出した。保険金の支払いは速やかで、給付を拒絶することもなく、しかも、ある程度の蓄えもできていった。しかし、2001年1月にグラジャートが地震に襲われると、保険金支払いに340万ルピー（7万5000米ドル）を超える金額が必要となり、厳しい財政負担となった。震災前までは、資産保護のための年間支払い額は3万ルピー（662米ドル）だったのである。この経験から、VimoSEWAは再保険の必要性を正しく評価するようになり、以前の提携代理店方式に戻っていった（Garand, 2005）。

第5部　満たされない需要を満たす——預金、保険、超貧困層への照準

　重要な点は、自家保険を採用するMFIは、共変リスクをどうコントロールするかについて、慎重に考えなければならないということである。災害を補償対象から除外するというのが1つのやり方だが、それでは、顧客を、最も助けが必要な時に見捨てることになる。それに、補償対象から除外しても、被災状況下でMFIが信用リスクを管理する助けにはならない。これに替わる方法としては、自家保険のMFIが、保険会社から災害補償を買ってしまえば、この問題を解決することができる。これなら、MFIは特異なリスクは自前で補償し、凶変リスクだけを保険業者に委託することになる。

　さらに、MFIが単独で保険サービスを行うことへの反対論として、無認可で保険提供するのは違法ではないかという主張がある。一般に規制当局は、小さなスキームなら気にしない。なかには「保険」ではなく「加入者給付金」と称することで、なんとかスキームの中身を隠しているMFIもある。保険の規制当局は意図して見て見ぬふりをしているのか、スキームがあることさえ気付いていないのだろう。しかし、規模が大きくなれば、どうしても規制当局の目にとまってしまう。それに、規制対象のMFIがバランスシートに保険責務を記載することは許されないだろうから、そのようなMFI（あるいは移行を計画するMFI）にとって、自家保険はそもそも選択肢にならないかもしれない。

　保険から得た収益を他の組織に分けたくないという理由から、自家保険を採用するMFIもある。同様に、単独でサービス提供することで諸経費が低くなるのなら、顧客にとっては安く補償が受けられることになる。そこで、保険業者と連携しない方が、提供できる顧客価値が高くなると主張するMFIもある。

　顧客価値に関しては、保険金支払いのサービス基準という面もある。保険業者との協力を試みたが断念したというMFIからすれば、提携解消の最大の理由になったのは、おそらく、遅延や拒否を含めた保険金支払いに関連する問題だろう。自家保険を採用していれば、保険金の迅速な支払いが可能だろうし、保険金受取人に面倒な書類作成を強要することも少なくなるだろう。たとえば、MFIスパンダナ（MFI Spandana）がインド生命保険会社（Life Insurance Corporation of India）と提携していた時、保険金が支払われるのに2〜3カ月以上かかることがよくあった。自前のスキームに移行してからは、保険金の73パーセントを7日以内に支払えるようになっている（Roth et al., 2005）。

　要約すると、提携代理店によるアプローチより自家保険が望ましい場合もあるが、そのためには、以下にあげるような厳しい条件を満たさなければならない。すなわち、(1)そのMFIがリスクをプールできるほど大きく（少なくとも加入者が1万人）、かつ補償対象となるリスクがほぼ同質であること、(2)商品をシンプルなものに限ることと、(3)保険会社から災害補償を得ておくこと、(4)商品設計、価格設定、データ管理、実績

モニタリングの助けとなる適切な技術支援にアクセスすること、そして(5)規制当局から認可を受けることである。

　4つめの選択肢は、1つのMFIもしくは複数のMFIが提携して、自前の保険会社を設立することである。多くの国では、クレジット・ユニオンや協同組合が、その提携組織や加入者の所有する保険業者を通じて、保険のニーズを満たしてきている。典型的なアプローチとしては、クレジット・ユニオンが仲介業者を設立して、その仲介業者が、親会社のクレジット・ユニオンとその加入者が保険を利用するのを支援する。この仲介業者が、契約の引き受けや保険金支払い、データ管理に関する専門知識を積み上げ、十分な資金を蓄積していって、やがてクレジット・ユニオン所有の保険会社を設立する。マイクロファイナンスでも同様の経験が登場していて、たとえば、CARDは、共済組合（mutual benefit association：MBA）を設立して保険サービスを管理しているし、ペルーでは、ミバンコ（MiBanco）が自前の保険会社であるプロテクタ（Protecta）を設立している。こちらは主流の規制に従っているが、ターゲットとしているのは低所得者層市場である。

　提携代理店の手法と比較すると、MFI所有の保険会社では、MFIが商品設計やサービス基準に強い影響を及ぼすことができる。さらに、収益があればすべて保険契約者に再分配することができる。しかし、保険会社の経営はMFIから少し距離をおいて、保険に関する判断の健全性を脅かさないようにするべきである。とりわけ投資戦略では慎重に検討するべきで、保険料のかなりの割合をMFIのローンポートフォリオに投資して、信用リスクと保険リスクを混合してしまうのは賢明なことではない。

　インフォーマルスキームから保険会社への移行に問題がないわけではない。地域によっては、新規事業立ち上げ要件や報告義務など法律面での手続きが膨大で、努力に見合わないところもある。たとえばSEWAは、長年にわたって保険会社の設立をめざしてきているが、まだ最低限の必要資本を集めきれずにいる。しかもインドの保険規制当局は、マイクロインシュアランスを特別扱いにすることに関心を示していない。

5　供給と需要の課題

　広い見方をして、マイクロファイナンスは貧困層に保険を流通させるためのデリバリーチャネルの1つにすぎないと考えるなら、マイクロファイナンスのアウトリーチには自ずと限界があるのだから、もっと多くの人びとに到達する可能性を求めてもいいだろう。しかしそのためには、サプライサイド（保険業者およびデリバリーチャネル）とデマンドサイド（見込まれる貧しい保険契約者）の両方で起こってくる一連の課題を克服する必要がある。

第5部　満たされない需要を満たす——預金、保険、超貧困層への照準

5.1　サプライサイドの課題

　サプライサイドからは、主流のアプローチではなぜ貧困層に到達できないのかを考える必要がある。保険会社は、低所得世帯という、サービスの不十分な巨大市場に目を向けつつあるが、低所得者に質の高い保険の商品を提供するためには、乗り越えなければならない障害がたくさんある。

　マイクロファイナンスと同様に、最大の障害の1つが、大量の小口契約を管理するのに伴う取引コストである。貧困層にサービス提供するためには、保険業者は、保険というものになじみのない顧客に売り込みをかけ、銀行口座を持たない人たちから保険料を集め、少額な保険金請求について評価・支払いをするのに、相当な出費を負担することになる。保険料に占める割合で見ると、こうしたコストは小さな契約ほど相対的に高くなるので、デリバリーチャネルや販売代理店と分け合う分は実に少なくなるので、販売へのインセンティブが限定される。加えて、仲介業者・代理店・直接販売という、営利保険業者が用いているシステムは、一般に企業顧客や高価値の個人顧客に適したものなので、これでは貧困層に到達することはできない。

　同様に、保険業者で手に入る商品は、低所得者層市場に固有の特徴に応じた設計にはなっていない。特に一家の稼ぎ手がインフォーマル経済にいる世帯では、定期的なキャッシュフローがないので、保険料の集金も難題となる。保険料の支払い期限がきても現金が用意できていなかったりするだろうし、保険会社にしても、費用効率のよい集金方法がないこともあるだろう。ほかに商品設計上の大きな課題としては、不適切な保険金額や複雑な免責事項、理解不能な法律用語などがあって、どれも低所得者層市場には不適切か、ないしはまったく意味をなさない。くわえて、低所得者層の男女は、それほど貧困ではない人よりも一般にリスクに脆弱だと考えられるが、保険業者には、貧困層の脆弱性を適切に読み取るだけのデータがない。適切なデータがなければ、価格設定では、保険金が請求される場合に備えて大きなマージンを組み込むことになるので、保険料が予測以上に高くなってしまい、低所得者層市場では商品価格が法外なものになりかねない。

　さらに、保険業者には、逆選択[4]や不正など、低所得者層市場での一定の保険リスクを抑制するための適切な仕組みがない。たとえば、保険金請求での必要事項や検証の技術を用いて不正行為のないことを確かめるにしても、10万米ドルの生命保険に入っている人を対象にした項目やテクニックを、500米ドルの契約に適用するのは不適切である。

　文化の壁も大きい。保険会社で働いている人たちは、貧困層のニーズや懸念についてよく知らないのが普通で、貧困層には保険に入る余裕がないと思いこんでいる。くわえて、保険会社の文化やインセンティブは、販売員が少しでも大きな契約、少しで

も儲かる顧客に的を絞るよう、報酬を出して奨励している。貧困層に保険を売るような馬鹿げた考えを持たせないようになっているのである。

5.2 需要の課題

　デマンドサイドから見て、貧困層に保険を広めるうえでの大きな課題は、市場を教育し、保険に対する偏見を克服することである。貧困層には、請求しないかもしれない将来の給付金という、形のない商品に保険料を払うことに疑いを抱く者が多い。保険事故が起きなかったら、支払った分が戻ると期待することが多く、リスクプーリングや連帯としての保険の側面を正しく理解していない。その結果、多くのスキームは保持率が低くなっている。貧しい保険契約者が、自分の限られた資源を無駄にしたと感じるからである。

　低所得者層市場には、保険に対して固有の不信感があることが多い。たとえば、ジネとヤン（Giné and Yang, 2008）の研究によると、マラウイでは、値段が高くても収穫量の多い品種を採用するトウモロコシ農家の割合が、補償をつけるための追加費用はないのに、保険を組み込んだローン契約では20パーセントと低く、保険なしの契約では30パーセントと高くなっている。保険付きの契約を選んだ者はそれほど貧しくなく、教育水準がより高かった。この事実は、リスク管理のツールとしての保険に対する貧困層の偏見を示唆している。

　しかし、収入や教育以外にも、デマンドサイドで働く重大な社会的・文化的要因がある。たとえば南アフリカでは、葬儀保険への需要が高い。正式な埋葬をすることには文化的に重要な意味があり（Box 24.3を参照）、葬儀には1カ月の収入の15倍の費用がかかる（Roth, 2002）。ほとんどの世帯は、家族や友人、さまざまな葬儀組合、時には複数のフォーマルな保険契約に頼って、このような費用をやりくりしている。こうしたやり方は、保険料や社会的貢献のために過度の出費があるため、目の前のキャッシュフロー管理が脅かされることとなっている。

■ Box 24.3　葬儀がなぜこれほど高いのか？

　多額の出費には大きく5つの理由がある。第1の理由は、すべての回答者に共通するもので、死者（または少なくともそのうちの数人）が祖霊になると信じていることだ。こうした祖霊は、生きている者の運命に強い影響を与えると信じられている。回答者の全員が、祖先にしかるべき敬意を示すためには高額な葬儀が必要だと考えていた。また第2の理由として、回答者の中には、葬儀のあとに近親者で宴を開き、そこで親族が再構築されることの大切さを強調する者もいた。こ

うした回答者は、手の込んだ葬儀をすることが宴の重さを増すのだと感じていた。第3は、ある回答者の答えに表れている。つまり「生きている間は貧乏なのだから、死んだ時くらい貧乏はやめたい」というのである。この回答者は、手の込んだ葬儀を行うことで家族の尊厳を表せると考えていた。第4は、見栄のための消費が明確だった。回答者のほとんどが、会葬者は棺の値段を知っているから、安い棺にしたら陰口をたたかれると感じていた。そして最後に、葬儀は交代制の社会行事のようなものになっている。黒人居住区の中年層に、週末に何をしていたかと聞けば、たいていは、葬儀に出ていたと答えるだろう。葬儀は「たまの晴着」を着て、しばらくご無沙汰していた遠方の友人と会える機会でもあるのである。

出所：Roth（2002）

要約すると、多くのマイクロインシュアランス商品は、まずは需要を伸ばして加入を奨励していく必要があるということになる。ただし、南アフリカの葬儀保険のように、文化的背景にあるものについては、すでに大きな需要がある。課題は、ほかの保険商品も同様の需要を喚起することと、貧困層が購入できるような商品設計をすること、そして、目標とする市場にとって便利で、しかも信頼されるチャネルを通じて商品を流通させていくことである。

6　登場しつつあるイノベーション[5]

供給と需要の幅広い課題を克服するため、マイクロインシュアランスのプロバイダーは、商品設計と流通の両方で実験に努めてきている。

6.1　商品のイノベーション

マイクロインシュアランスは、疾病、事故による傷害、死亡、資産損失など、さまざまなリスク——低所得世帯にとって価格が手ごろでアクセスのしやすい商品でさえあれば、保険の可能なあらゆるリスク——を補償対象とすることができる。マイクロインシュアランスを分類する1つの方法は、生産面と保護の面での機能に分けることである。

- ●生産面での機能　マイクロインシュアランス商品には、生産活動への投資を支援するように設計されているものがある。たとえば、農業保険があれば、農家は農業

投入物のためにローンを利用できる。保護がなければ銀行が貸付に慎重になるからである。同様に、家畜やマイクロエンタープライズのための保険は、貧しい労働者が収入を得るための資産を守る一助となる。
- 保護の面　すべての保険は基本的に保護目的だが、ここでは個人の資産を補償するだけでなく、生命保険や医療保険など、とくに個人や家族を保護するものを差している。

おそらく、生産的なマイクロインシュアランスに関して最も重要なイノベーションは、たとえば降雨量などの指標を対象とする、インデックス補償の登場だろう。歴史的に、複合危険作物保険（multi-peril crop insurance）は、逆選択、モラル・ハザード、不正請求といった問題を孕んでいて、言うまでもなく、損害査定に関連するコストも大きい（たとえば、Roth and McCord, 2008 や GlobalAgRisk, 2006 を参照）。こうした問題を克服するために登場したのがインデックス保険（index insurance）で、これが代替手段となりうる理由は、保険金請求が、たとえば特定期間の雨量不足や超過など、個々の農家の影響を受けない・客観的で・証明可能な指標に基づいている点である。インデックス保険の試行は、マラウイ、エチオピア、インドなど多くの国で始まっている。ただし、最初のうちは大きな苦労があって、とりわけ、気候データが不足すると商品設計や保険料設定が難しくなるほか、測候所を農家の近くに設置して、損失をインデックス（指数）と密接に相関させ、農家がその結果を受け入れられるようにする必要がある。

家畜保険も、モラル・ハザードや不正問題といった難題を抱えている。インドのIFFCO-TOKIO（IFFCO東京損害保険）の保険金請求履歴では、死亡率が100頭当たり5頭となっているが、実際には100頭当たり3頭弱のはずである。このことは、保険金請求の40パーセントが不正であることを示唆している。家畜保険で一般的な抑制手段は、獣医が関わって動物の健康を点検することや、家畜の耳に識別用のタグを付けることである。動物が死んだら、保険金請求手続きの一環として、耳を切り取って保険業者に提出することになっている。IFFCO-TOKIO の履歴から判断すると、インドの牛の相当数には耳がなく、多くの獣医が共謀して嘘をついていることになる。この問題を克服するために、保険業者は、RFID（Radio Frequency Identification Device、「電波による個体識別装置」）を実験している。これは、タグを付ける代わりに動物の体内に埋め込むものだが、農家や協同組合にとっては、この技術をほかの用途——たとえば、ワクチン接種や牛乳生産をはじめとする関連データのモニター——に利用できる可能性がある。保険業者が協同組合にRFIDの利点を示すことができれば、保険をかけるかどうかにかかわらず、協同組合はすべての動物にRFIDの埋め込みを望むかもしれない。そうなれば、保険料をもっと手ごろなものにできるだろう。

第5部　満たされない需要を満たす──預金、保険、超貧困層への照準

　保護目的の保険についてみると、ほとんどの国で最も需要の大きいのは医療補償なのだが、これは最も提供するのが難しい補償の1つでもある。医療保険がとりわけ厄介なのは、すべての人に普遍的な補償の機会があるのが理想だと考えられているためだ。しかし、この理想は、発展途上国では（多くの先進国でも）存在しないし、政府による医療保険スキームが利用できても、インフォーマル経済の労働者には到達していないことが多い。したがって、マイクロインシュアランスは、医療のための社会的保護という点で2つの役割を担うことができる。すなわち、a）サービス提供されていない層に給付金を広げる一助となること、b）政府が提供する以外の追加的な補償もしくは別の医療サービス提供者の利用を希望する者に補足的な給付金を提供すること、である。

　医療保険は、マイクロか否かを問わず、逆選択、モラル・ハザード、不正、過剰利用といった問題に悩まされていて、保険契約者ばかりか、医療サービス提供者や薬局、システムの管理当局までもがこれに加わっている。補助金がない場合でも低所得世帯が買える商品にするには、給付金を制限するしかない（Radermacher et al., 2006）。

　したがって、最大のイノベーションは、頻度が低くて高額な、入院などの事象の補償を制限することである。たとえば、インドでのイェシャスビニ農業協同組合医療スキーム（Yeshasvini Cooperative Farmers Health Scheme）は、2003年にスタートし、145万人の加入者を対象にしている。イェシャスビニの医療給付金付き保険には、1人当たり120ルピー（2.70米ドル）の保険料で、1600種類の手術と、年間最大20万ルピー（4,545米ドル）が含まれている。加入者は、保険スキームと提携している150の病院のどこかで給付金を請求ができる（Radermacher et al., 2005）。

　入院しても、医療費が仕事や事業を離れることによる機会費用と比べて高くない状況では、マイクロインシュアランスの給付金は、日割りになったり交通費に限定されたりすることもある。この「病院での現金」を補償するタイプには、医療サービス提供者と関わらないという利点があり、そのため、提供者による不正や過剰請求を防ぐことができる。

　しかし、こうしたスキームは、入院患者治療に重点を置いていることから、保険契約者が治療を遅らせるのを奨励してしまい、そのためかえって医療費が高くなる可能性もある。では、どうすれば入院や通院の補償を、貧困層にとって実用的なものにできるだろうか。もちろん、補助金が正解なのだろうが、補助金が利用できないところでは、通院や予防治療のための医療貯蓄口座を、入院保険と組み合わせて試みている組織もある。2種類の保険のあいだで効果的なバランスを取ることが可能かどうかを判断するにはまだ早いが、発想としては期待できるものがある。

　マイクロインシュアランスの医療保険に伴う問題としては、特に農村地域で医療施設の不足がある。遠隔医療や、初回トリアージと基本治療のためのコールセンターと

いった試みは、少なからず前進するだろう。とりわけ、こうした技術を保険加入や保険料支払いにも利用できればかなりうまくいくだろうが、多くの発展途上国で本当に求められているのは、医療施設と人員への新たな投資である。

　潜在的な保険契約者に適切に対応する医療保険商品は、貧困層に需要を生み出す一助となるだろう。この目標を達成するための鍵となる戦略は、保険契約者（あるいは潜在顧客）を、給付金と料金という厳しい選択の過程に巻き込むことである。貧困層は包括的な補償をつけるだけの金銭的余裕はない。では、貧困層はどの給付のためなら進んで支払うのだろうか。また、いくらならいいのだろうか。顧客がこのトレードオフを理解して、希望を声に出せるようにするツール——たとえばマイクロインシュアランス・アカデミー（Microinsurance Academy）の開発したCHAT（Choosing Health Plans All Together「一緒に医療保険プランを選ぼう」）——は、適切な商品設計の達成に大いに役立つだろう。

　生命保険は、非常にわかりやすいので、今のところ、マイクロインシュアランスの中では最も普及している形態となっている（Roth *et al.*, 2006）。たいていはローンと連動しているので、生命保険は低所得の借り手にも簡単に利用できているが、自分が保険の対象になっていることを知らない可能性もある。実際に、義務的補償に見られる保険金請求率の低さは、たしかに心配の種ではある。補償について契約者を教育することはもちろんだが、それ以外にも、マイクロインシュアランスとしては、貧しい人びとが保険を掛けるために借金をする必要がないよう、クレジットから生命保険を切り離す方法を見つける必要がある。

　ここまで述べてきたように、多くのマイクロインシュアランス商品では、特にそれまでの契約期間に保険金請求をしなかった保険契約者について、契約の保持が難しくなっている。したがって、貯蓄要素のある保険は、長い時間をかけて額を増やしていくことが、特に魅力的な提案となる。契約者としては、保険金の請求をしなくても、なにかしら保険料を支払った成果があるからである。しかし、典型的な養老保険や終身保険は十分な価値を提供してくれないのが普通だ。保険料のうちのかなりの割合が手数料や保険業者のコストで占められているためと、契約が失効した場合に（保険契約者にとっては保険料を払い続けるのが難しい）大きく価値が下がるためである（Box 24.2を再度参照）。この問題を克服するため、インドのマックスニューヨーク生命保険（Max New York Life）は、失効のない貯蓄と保険商品を設計した。この商品では、貧しい顧客がわずかな余剰資金のある時に保険料を支払うことを認めている。同様に、西アフリカ・ブルキナファソのブルキナ生命保険組合（L'Union des Assurances du Burkina Vie：UAB）には、既存の貯蓄に生命保険をプラスし、インフォーマル分野の企業向けに特別設計した商品を本格展開する計画がある。スマートカード技術を用いて、市の立つ場所で頻繁に保険料を集めることに伴う高コストと不正を克服するの

だという。

　ほかに、一般にほとんど注目されていない個人保護商品としては、住宅などの個人財産を対象とする保険がある。需要調査によると、火災や盗難の多い環境に住んでいるのでない限り、貧困層は対物保険に大きな関心を示さないことになっている。それでも、これは大きなイノベーションを必要とする商品で、とりわけ、補償される住宅がインフォーマルなものである場合、所有者が明確でない場合、または職場と住居を兼ねている場合はそうである。南アフリカのホラード保険（Hollard Insurance）は、このタイプの商品を試みていて、安価な保険査定人を使って保険対象の資産を確認することで、住宅訪問に伴うコストを負わないようにしている。保険金請求についても同様で、ホラード保険は、安価な保険金査定人に携帯電話で写真を撮らせ、それを本社まで送らせることで、実際の損害査定の手続きを行っている。

　貧困層は多くのリスクに脆弱なうえ、個人的な活動のための補償と収入を得る活動のための補償とをきちんと区別できていないことが多い。そこで一部の組織では、複合的な商品を提供して、ターゲットグループの多様なニーズに対応するようにしている。たしかに、マイクロインシュアランスを提供する側が低所得層に到達する努力に踏み込むのであれば、付加的な給付金を含めて、できるだけ包括的な商品を提供しようとすることは正当化できる。ただし、商品がシンプルで、本当に貧困層の望む補償を含んでいる限りで、である。インドでは、女性自営者協会（Self-Employed Women's Association）の保険部門である VimoSEWA が、貧しい労働者と家族のために、生命、入院、事故、財産の統合的な商品を提供している。補償を引き受けているのは2つの保険会社で、生命保険とそれ以外で分担している。

　同様にケニヤでは、協同組合保険会社（Cooperative Insurance Company：CIC）が、貯蓄 SACCO（Savings And Credit Co-operative「信用協同組合」）などの協同組合を通じて、低所得の農村世帯にビマ・ヤ・ジャミイ（Bima Ya Jamii）という家族保険を提供している。この複合商品は、入院、事故による死亡と障害、葬儀、所得喪失の補償を提供するもので、医療保険の部分は政府の国家病院保険基金（National Hospital Insurance Fund：NHIF）が引き受けている。こうして NHIF は、CIC のおかげで政府スキームでは到達できないインフォーマル経済の労働者や農村地域まで、政府の給付金を拡げられているのである。

6.2　革新的な組織モデルとデリバリーチャネル

　保険を低所得世帯に届けるには、さまざまなチャネルや組織モデルが考えられる。マイクロインシュアランスのリスクを引き受ける組織についても、小さなコミュニティベースのスキーム、相互会社、協同組合、さらには株式会社や国有保険会社などが

含まれてくる。

　貧困世帯に到達するために、リスク引き受け組織は、すでに低所得者層市場での金融取引があるデリバリーチャネルと提携することが多い。最も一般的なやり方は、クレジットや、おそらくは貯蓄サービスも提供しているマイクロファイナンス組織と手を組むことである。したがって、マイクロインシュアランスは本質的には、バンカシュアランス（bancassurance）［訳注：銀行と保険会社が提携して販売する保険商品および保険サービス］となる。

　しかし、デリバリーチャネルには、協同組合、コミュニティ組織、小企業団体、労働組合、さらには小売企業も（低所得者層市場の需要に応じているところなら）含めることができる。ペルーのラ・ポシティバ（La Positiva）は、給水協会と協力して、農村地域に補償を広げている。コロンビアでは、マフレ保険（Mapfre）が公益事業の会社を通じて保険を分配しているかと思えば、コルセグロス（Colseguros）は、欧州の大手スーパーであるカルフールの商品棚で小さな保険契約を販売している。南アフリカのホラード保険会社（Hollard）は、携帯電話の通話時間だけの販売員が保険を販売する。ウガンダの国立保険企業（National Insurance Corporation）は学校を通じて保険を届けている。フィリピンのパイオニア（Pioneer）は学校や教会団体に保険を販売している。インドでは、ICICIプルデンシャル（ICICI Prudential）が紅茶プランテーションと協力している。マックスニューヨーク生命（Max New York Life）は、先に紹介した無失効商品を、家族経営の小売店を通じて流通させている。ベイシックス（Basix）は、公共サービスセンター（Common Service Centres：CSC）――eガバナンスによる政府窓口で、農村住民が官民のさまざまなサービスを利用できる――を通じて、さまざまな保険業者のために商品を販売している。基本的には、金融取引に携わっていて、低所得層市場から信用されている組織なら、どこでもマイクロインシュアランス向けの効果的なデリバリーチャネルになれる可能性はある。

　ここまでさまざまな経験について述べてきたが、貧困層に保険を提供する組織モデルには、それぞれにプラス面とマイナス面がある。したがって、タイプの違う組織間での協力や、さらにはハイブリッドモデルを促進して、プラス面を強化しつつマイナスを最小化していくことが重要となるだろう。たとえば、メキシコにセグロス・アルゴス（Seguros Argos）という保険会社があるが、低所得世帯は保険業者を信頼しないところがあるので、普通なら抵抗に遭ってしまう。そこでアルゴスは、協同組合や女性団体といった農村組織を支援して相互保険会社という形をとろうとしている。これは、メキシコの保険法下での特殊な規制オプションとなる。アルゴスが相互会社に対してキャパシティービルディングの支援を行い、商品を引き受けるのに対して、相互会社と保険会社がリスクとリターンを共有するのである。

7 結論

　マイクロインシュアランス分野でのイノベーションの豊富さと多様さには、たしかに期待の持てるものがある。いくつかのアイデアは間違いなく機能するだろうから、多くの低所得世帯にとって保険補償の向上につながる。しかし、このフロンティアはまだまだ押し広げていく必要がある。そうすることで運営費用を最少化し、さらなる需要を刺激していくのである。

　マイクロインシュアランスの予算には、余分なものを貯め込むゆとりなどない。業界として商品の改善を継続して、続ける必要がある。費用構造や手数料が保険料収入の大部分を飲み込むようでは、低所得世帯に十分な利益を還元できなくなる。運営費用の削減や効率化にさらに留意して、保険料から貧困層への利益となる割合を高めていかなければならない。実際に、マイクロインシュアランスに飛び込んできた保険会社でこれを実現したところがあるのだが、うまくいった理由の1つは、効率向上の方法を学んだことだった。したがって、マイクロインシュアランスから得る教訓は従来型の取扱商品にも役立つことだろう。

　特に期待の大きいのは、効率化技術の潜在力である。この分野の情報処理の特質からして、技術によってマイクロインシュアランス事業が進展することは大いにありうる。管理情報システムの性能向上以外にも、マイクロインシュアランスは、さまざまな方法を利用して、過誤や不正の低減も含めた効率化をはからなければならない。それには、スマートカードや携帯電話、販売時点管理機器（POS機器）、生物測定学、インターネット、無線通信などが利用できるだろう（Gerelle and Berende, 2008）。

　技術は、それだけですべての商品の問題を解決できるような、魔法の杖ではない。実際に、多くの組織が顧客の維持という難題に苦悩しているが、これは技術的な解決策では大きな助けにならない。そこで一部の組織では、追加的なサービスの提供による実験を行って、たとえ保険金の請求をしなくてもある程度の利益を受けていることが契約者に見えるようにしようとしている。また、追加的なサービスによっては、保険金請求が低減するといった付加的な利点も生まれてくるので、それ自体で元がとれるようになるかもしれない。たとえば、ウガンダのマイクロケア（Microcare）は、助成金を使って蚊帳や浄水用の缶を保険契約者に供給し、補償について具体的な証拠を示すようにしていて、これと併行して保険金請求が減ってきている。同様に、VimoSEWAは、予防可能な病気のうち最も一般的なものに関して保健教育を行い、その効果をテストしている。これがうまくいけば、顧客をつなぎとめつつ、保険金請求のコストを低減することになるだろう。

　マイクロインシュアランスへの需要には、ある程度の誘導も求められる。たしかに、

識字率や教育水準の低い市場に保険の有用性を伝えるには、それなりのテクニックが必要になる。たとえば、一部の組織は、街頭演劇や昼メロ風のビデオなど、型にはまらない情報伝達手段に依存している。貧困層への保険販売の取り組みをいっそう効果的なものにするには、先に金銭教育キャンペーンを実施して、保険はどのような仕組みになっているのか・どんなことができるのか・どんなことはできないのか・他の金融サービスのどういうところを補うのか、といったことを、貧困層にある程度まで理解しておいてもらうことだ。情報や教育の取り組みは、販売の範囲を超えて、保険文化の構築にまでつながるものでなくてはならない。多くの先進国でも、保険を使ってリスク管理のニーズに対応するのが一般的になるまでには、保険に頼るまで何世代もかかっている。

　保険金を支払うことは、すなわち約束を守ることであり、保険の価値を高めるうえで、最も重要な機会であることは間違いない。けれども、保険業者は、契約者から巻き上げるのは速いが支払いは遅いという悪評がすっかり定着している。マイクロインシュアランスはその逆を証明しなければならない。保険業者にとって最大のマーケティング機会であり、冷ややかで懐疑的な市場の意見を変える最強の方法であり、信頼性を実証する最善の方法、それが保険金の支払いなのである。逆説のようだが、効果的なリスク管理ツールとしての保険をもっと貧困層に受け入れてもらうには、保険業者は、実はもっと保険金請求をするよう勧めるべきなのだ。少なくとも、保険業者は、大きな痛みを伴ってでも、保険金支払いの拒否を回避するべきである。そのためには、たとえば、商品をシンプルにしておくこと、何が補償に含まれるのか・何が含まれていないのかを契約者にはっきりと理解させること、保険金請求の書類ではごく基本的な内容以外は求めず、容易にアクセスできるようにしておくこと、だろう。

注
1．ここでのモラル・ハザードとは、保険による保護が動機となって個人が保険事故を起こす、あるいは起こしそうな行動（医療保険や生命保険の場合なら喫煙などの悪習慣）をとることで発生するリスクのこと。
2．本セクションはチャーチルとロス（Churchill and Roth, 2006）から転載している。
3．信用生命保険の有用性については、いくつか議論がある。一部のMFIは、死亡による貸付損失の処理を煩雑に感じていて、契約者が死亡した際には、保険金を支給してローンを帳消しにする方がよいと考えている。しかしこの主張は、自然死のような予測可能な貸付損失に対しては有効かもしれないが、MFIが自然災害などの凶変リスクに直面した場合には、適切とは言えないだろう。保険金給付のアプローチも的外れだ。小規模なMFIにはローンを帳消しにする余裕などないし、MFIが大規模なローンを発行するようになってリスクが集中する場合や、AIDS／HIVの発生率が高い地域のように、死亡率に変動があっ

第5部　満たされない需要を満たす——預金、保険、超貧困層への照準

たり変化している最中だったりという場合も同様である。
4．英語では adverse selection、ないしは anti-selection と呼ばれる。保険を申し込んだり、継続したりするために、リスクを平均より低く申告してしまう傾向のこと。契約査定によって制限しておかないと、損失水準が予測よりも高くなってしまう。
5．本セクションで述べるイノベーションの多くは、ILO のマイクロインシュアランス・イノベーション・ファシリティー（MIF）から補助金を受けているさまざまな機関による開発やテストが進行中である。こうした組織、商品、および MIF についての詳細は、www.ilo.org/microinsurance を参照のこと。［訳注：2015 年 10 月現在、www.inpactinsurance.org にジャンプするようになっている］

参考書目

Churchill, C (ed.) (2006). *Protecting the Poor: A Microinsurance Compendium*. Geneva: ILO.

Churchill, C and J Roth (2006). Microinsurance: Opportunities and Pitfalls for Microfinance Institutions. In *Protecting the Poor: A Microinsurance Compendium*, C Churchill (ed.). Geneva: ILO.

Fonteneau, B and B Galland, (2006). The Community-based Model: Mutual Health Organizations in Africa. In *Protecting the Poor: A Microinsurance Compendium*, C Churchill (ed.). Geneva: ILO.

Genesis Analytics (2005). A regulatory review of formal and informal funeral insurance markets in South Africa. Johannesburg: FinMark Trust.

Gerelle, E and M Berende (2008). Technology for Microinsurance: Scoping Study. Geneva: ILO's Microinsurance Innovation Facility. www.ilo.org/microinsurance.［2015 年 8 月現在、http://www.ilo.org/public/english/employment/mifacility/download/technology_microins.pdf で入手可能］

Giné, X and D Yang (2008). Insurance, credit, and technology adoption: Field experimental evidence from Malawi. *Journal of Development Economics*, 89(1), 1–11.

GlobalAgRisk (2006). Index Insurance for Weather Risk in Lower-income Countries. Washington DC: USAID.

IAIS (2007). Issues in the Regulation and Supervision of Microinsurance. International Association of Insurance Supervisors and CGAP Working Group on Microinsurance, www.iaisweb.org.［2015 年 8 月現在、https://a2ii.org/sites/default/files/reports/issues_paper_in_regulation_and_supervsion_of_microinsurance_june_2007.pdf で入手可能］

Manje, L (2005). Madison Insurance, Zambia. CGAP Working Group on Microinsurance, Good and Bad Practices Case Study 10, Geneva: ILO's Social Finance Programme.

McCord, MJ and C Churchill (2005). Delta Life, Bangladesh. CGAP Working Group on Microinsurance, Good and Bad Practices Case Study 7, Geneva: ILO Social Finance Programme.

McCord, MJ, F Botero and JS McCord (2005). AIG Uganda: A member of the American international group of companies. CGAP Working Group on Microinsurance, Good and Bad Practices Case Study 9, Geneva: ILO's Social Finance Programme.

McCord, MJ and G Buczkowski (2004). CARD MBA, The Philippines. CGAP Working Group on Microinsurance, Good and Bad Practices Case Study 4, Geneva: ILO's Social Finance Programme.

Morrah, D (1955). *A History of Industrial Life Assurance*. Routledge.

Prahalad, CK (2005). *Fortune at the Bottom of the Pyramid: Eradicating Poverty Through Profits*.

Upper Saddle River, NJ: Wharton School Publishing.（邦訳『ネクスト・マーケット：「貧困層」を「顧客」に変える次世代ビジネス戦略』スカイライトコンサルティング訳、英治出版 2010.7）

Radermacher, R, I Dror and G Noble (2006). Challenges and strategies to extend health insurance to the poor. In *Protecting the Poor: A Microinsurance Compendium*, C Churchill (ed.). Geneva: ILO.

Radermacher, R, N Wig, O Putton–Rademaker, V Müller and D Dror (2005). Yeshasvini Trust. CGAP Working Group on Microinsurance Good and Bad Practices Case Study 20, Geneva: ILO's Social Finance Programme.

Roth, J and MJ McCord (2008). Agricultural Microinsurance: Global Practices and Prospects. Appleton, WI: The Microinsurance Centre.

Roth, J, MJ McCord and D Liber (2006). The Landscape of Microinsurance in the World's 100 Poorest Countries. Appleton, WI: The Microinsurance Centre.

Roth, J and V Athreye (2005). TATA–AIG Life Insurance Company Ltd. India. CGAP Working Group on Microinsurance: Good and Bad Practices Case Study 14, Geneva: ILO's Social Finance Programme.

Roth, J (2002). Informal Micro-finance Schemes: The Case of Funeral Insurance in South Africa. ILO Social Finance Working Paper 22, Geneva: ILO's Social Finance Programme.

第5部　満たされない需要を満たす――預金、保険、超貧困層への照準

マイクロファイナンスの届かない人びとに到達する
―― BRACの「超貧困層をターゲットにする」プログラムに学ぶ

デイヴィッド・ヒューム＊（David Hulme）
カレン・ムーア＊＊（Karen Moore）
カジ・ファイサル・ビン・セラジュ＊＊＊（Kazi Faisal Bin Seraj）

「最貧困層は、貧困層より『もう少し貧しい』だけではない。貧困層への支援政策で恩恵を受けることもあるかもしれないが、彼らに対しては別の政策も必要なのである」
Sen and Hulme（2006：8）

1　はじめに[1]

　BRAC（当初は Bangladesh Rural Advancement Committee「バングラデシュ農村向上委員会」。現在は BRAC が正式名称）は、1970年代から、バングラデシュの貧しい人びとにマイクロファイナンスのサービスを提供してきた。そのプログラムは広く浸透し、2008年までには村民組織（village organization: VO）に800万以上の会員を抱えるまでになった。BRAC はこの組織を通じて貸付を行い、約640万人が借り手となっている。貸付額のポートフォリオは6億6000万米ドルを超え、先進国の大手銀行をはるかに凌駕する持続性を持っている。BRAC のマイクロファイナンスが正確にどこまで貧困層の

＊マンチェスター大学ブルックス世界貧困研究所
＊＊慢性貧困研究センターおよびマンチェスター大学（前職）、ユネスコ「万人のための教育」に関するグローバルモニタリングレポート（現職）
＊＊＊BRAC 国際プログラム

生活を向上させてきたかについては、研究者の間でも意見の分かれるところだが、実際にバングラデシュでは、何百万もの女性が定期的にBRACの貸付・貯蓄サービスを利用することを選択して、キャッシュフロー（現金の流れ）を管理し、それぞれの世帯の目標を達成している。

だがマイクロファイナンスは、BRACのライバルの1つであるグラミン銀行のユヌス教授が賞賛するような、貧困層のための万能薬ではない。1990年代、BRACは、マイクロクレジットをはじめとするサービスが、バングラデシュの最貧困層に到達していないことに危惧の念を抱くようになった。そこで、試験的に最貧困層を「引き上げ」るための特別プログラムをスタートさせて、これを「卒業」してからBRACのマイクロファイナンスサービスを利用してもらうことを目ざした。現在、この実験は成熟期に入り、ほかのマイクロファイナンス提供者の多くからも、BRACの経験に学べないかと注目されるようになっている。

本論は、まずこのプログラム――バングラデシュの最貧困層に手を差し伸べ、目の前の状況を改善し、貧困から脱出するための資産や技術を与え、生活基盤の脆弱性を劇的に減少させることを目的に設計された「貧困削減のフロンティアへの挑戦／超貧困層をターゲットにしたプログラム（Challenging the Frontiers of Poverty Reduction/Targeting the Ultra Poor Programme : CFPR-TUP）」――の進化について考察する。続いてCFPR-TUPの影響について述べ、プログラムがバングラデシュの最貧困層の多くに到達し、しかもその経済的・社会的状況を改善していること、そして多くの場合、人びとがプログラムを「卒業」して、BRACの主流のマイクロファイナンスサービスを利用できるようになっているという証拠を見いだしていく。結論となるセクションでは、さまざまなタイプのプログラムデザインの特徴や、こうした意欲的なイニシアティブを開発する際に必要なプロセスについて、CFPR-TUPから学べる教訓を引き出していく。

2 TUP誕生の背景

バングラデシュ

最近のバングラデシュは順調で（Dreze, 2004）、経済成長率はまずまず、社会指標の水準も上がり、洪水、高潮、干ばつといった自然環境による被害からの回復力も強くなっている。貧困指数も、1983～84年の52パーセントから、2000年には40パーセントに減少している。ただし、超貧困層の減少はもっと緩やかだ（Hossain,Sen and Rahman, 2000）[2]。国連の人間貧困指数（Human Poverty Index: HPI）は所得不足、非識字率、健康の社会的剥奪を基にしたものだが、これも1981～82年の61パーセント

第5部　満たされない需要を満たす──預金、保険、超貧困層への照準

から、2007〜8年には41パーセントに下がっている。しかし、こうした改善にもかかわらず、多くの人びとの生活は、深刻な社会的剥奪と生活基盤の脆弱さによって特徴付けられている。農村人口の約31パーセントが慢性的貧困から脱け出せず、全人口の24パーセントが極度の所得貧困（消費支出が政府の公式貧困ラインの60パーセント未満）に甘んじている。これは、2500万〜3000万のバングラデシュ国民が、民主主義や、国としての大幅かつ堅調な経済発展による恩恵をほとんど、あるいはまったく享受できていないということである[3]。

　慢性的で極度の貧困状態にある人びと──BRACの用語を借りれば「超貧困層」──は「……（国の社会保護政策[4]も含めた）主流の開発アプローチが取り組み困難と認めるような、複雑に入り組んだ制約に直面している」(Hossain and Matin, 2007: 381)。超貧困層の生活が向上しなかった理由としては、（ⅰ）フォーマル部門（服飾産業、漁業、サービス業など）の成長で生まれた雇用機会にアクセスできなかった、（ⅱ）1980〜90年代にかけて国内に広まった「緑の革命」の恩恵を受けられなかった、あるいは（ⅲ）バングラデシュのマイクロファイナンス産業が動的なインフォーマル経済を支援して大きな賞賛を浴びたにもかかわらず、そこから生まれた自営や臨時雇用の機会に参加できなかった、といったことが考えられる。(Hulme and Moore, 2007)。市場関連の機会でも、政府の社会政策でも、非政府組織（NGO）によるプログラムでも、超貧困層に到達できないのは、彼らに物的・人的・経済的・社会的な資産が欠如しているから、および／または、無視ないし排除されるような地域に暮らしていたり、そのような民族・社会集団に属していたりするためである。

　とりわけ、僻地や、季節によって水没する湿原や、季節によって溢れる後背湿地といった困難な環境で農業に従事している人びとや、不利な立場に置かれている女性が超貧困層となることが多い。超貧困層は、明確に識別できるグループではなく、多様な社会的剥奪を日常的に体験している人びとの混合集団である。一般には、臨時労働者（農業やサービス業）、移民ないしは住むところのない人たち、少数民族あるいは少数派先住民、高齢者、重度の障害や病気を持った人びとなどから成る。

　分析目的では、経済活動をしている超貧困層（不安定な収入源がいくつかあって生き延びている人びと）と、経済活動をしていないか、他者に依存している超貧困層（病弱な高齢者、身体的・知的障害者、慢性的な病人ないし貧窮者など）とに分類することができる[5]。BRACのCFPR-TUPが対象として選んだのは、経済活動をしている超貧困層である。経済活動をしていない超貧困層は、今も他者に依存した生活を続けていて、超周縁的な経済活動や、家族、親戚、隣人、NGO、コミュニティを基盤とした組織、時には政府による社会政策（高齢者手当など）からの支援をあてにして暮らしている。

BRAC

　BRACの設立は1972年で、当初は独立戦争による荒廃に、その後は環境災害に苦しむ何千万ものバングラデシュ人に人道支援を提供することを目的としていた。やがて開発事業にも乗り出し、世界最大のサービス提供NGOに成長した。2008年6月時点で、バングラデシュのすべての県の、9万9000以上の村落および1000を超える都会のスラムで活動している。会員数は公称1億1000万、そのほとんどが女性で、年間の出費は4億8500米ドル以上となっている。毎年115万人近くの子どもがBRACの学校に入学し、これまでに380万人以上が卒業している。フルタイムの職員が5万7000人、コミュニティスクールの教師は6万2500人以上、家禽類やコミュニティのための医療栄養士やボランティアも数万人いる。現在では外国向けのプログラムもあって、アフガニスタン、スリランカ、東・西アフリカのほか、英国や米国でも活動している（BRAC, 2008）。国内向けのプログラムの中心は、自営業の促進（マイクロファイナンスおよび技術支援）と、人間開発（ノンフォーマル教育および医療サービス）である。また、NGOとしてのBRACを中心に、BRAC大学、BRAC銀行、BRAC印刷、アーロン（何万という職人と協同組合グループ、小売店、マーケッティングの専門家からなるネットワーク）、国内最大の冷凍倉庫会社などのほか、いくつもの事業からなる企業ネットワークが広がっている。

　BRACのキーポイントは次の3点になる。

- BRACはバングラデシュ全土にわたる事業を展開しており、その管理能力はビジネス部門に匹敵し、政府を凌いでいるものも多い。
- BRACには、プログラムの実験と学習に関して豊富な経験がある。
- BRACの金融プログラムはほとんどが貸付中心で、貧困者を将来の小規模起業家とみなしている。

3　CFPR-TUP プログラムの進化

　BRACがCFPR-TUPプログラムを打ち出したのは2002年1月のことで、自身の現地体験と調査から2つの重要な発見を認識した実験的イニシアティブであった。

- BRACのマイクロファイナンスプログラムは高い評価を得ていたが、従来からの通念に反して、最貧困層の女性にはほとんど浸透していなかった[6]。理由の1つは自己排除（self-exclusion）で、最貧困層の女性の報告によると、毎週のローン返済

第5部　満たされない需要を満たす──預金、保険、超貧困層への照準

ができないことを心配して、BRACの村民組織（VO）に加入できないのだという。注目すべきことは、地元の貸金業者から借りるよりずっと低金利であるにもかかわらず、現金収入が最低水準でかつきわめて散発的な収入しかない者や、自分のビジネス・スキルにまったく自信を持てない者にとっては、マイクロファイナンスの利子はやはり高すぎるという点である。また、社会的排除も理由の1つとなっている。VOのメンバーには、経済的・社会的理由から極貧層の者と付き合いたがらない住民が多い。さらには、BRACの貸付中心の方針が、最貧困層のニーズや選好と合わないことも理由として挙げられた。BRACがこの問題に気付いたのは1980年代半ばのことで、このころから、最貧困層に到達する新たなプログラムの実験が始まったのだった（次節を参照）。

● 世界食糧計画（World Food Programme: WFP）は、長年にわたって「脆弱層への食糧配付（Vulnerable Group Feeding: VGF）」というスキームを実施していた。これは貧しい女性を対象に、1カ月当たり小麦31.25kgを2年間にわたって給付するというものだった。1985年にはBRACとWFPが「段階的戦略的連携」を結び、脆弱層の発展のための所得創出（Income Generation for Vulnerable Group Development：IGVGD）プログラムに着手した。これは、食糧援助の受給者が貧困から脱け出せるよう、プログラム卒業後に、BRACのマイクロファイナンスグループや自営業イニシアティブに加入させる。つまり、WFPの食糧援助を、BRACの提供する貯蓄プログラム、社会開発、所得創出トレーニング、そして最終的にはマイクロクレジットサービスで補おうというのである。IGVGDは好評を博したため、引き続き実施されているが[7]、少なくともIGVGD参加者の30パーセントはマイクロファイナンスプログラムに進んでおらず、通常そのほとんどを、最貧困層の最も脆弱な世帯が占めている（Webb et al., 2001）。しかも、IGVGDの「新規」参加者には、以前プログラムに参加したものの、生計を安定させることのできなかった者が、少数派ではあるが、かなりの割合で含まれている（Matin, 2002）[8]。

この2つの経験は、BRACの最貧困層援助プログラムに欠陥のあることを示していた。CFPR-TUPは、既存の知識とそれまでの最貧困層との関わりを基礎に開発が始まった。組織の創設者であるファズレ・アベッド（Fazle Abed）が監督し、BRACの研究評価部門（Reaserch and Evaluation Division: RED）が体系的なモニターに当たった[9]。

このプログラムは「段階的戦略的連携」の概念を用いている。しかし、そのアプローチは「……さらに組織的、集中的、包括的で、経済・社会・医療の面までカバーする」ものだった（Hossain and Matin, 2007：382）。CFPR-TUPアプローチの背景にある考え方は、超貧困層が、継続可能な生計に向けて、新しい・すぐれた選択肢を開発していけるようにする、というものである。そのためには、促進のためのアプローチ（資産助成金、

技能訓練など）と保護のためのアプローチ（固定給や医療サービスなど）という異なるアプローチを組み合わせるとともに、さまざまなレベルの社会政治的な制約をも解決しなければならない。CFPR-TUPには「押し下げ」と「押し拡げ」という2つの幅広い戦略がある。(Matin、2005a)。

- 「押し下げ」　CFPR-TUPは、超貧困層をターゲットに限定することで、開発プログラムの到達点を「押し下げ」ようとする。そのために用いられる方法は、参加型アプローチに、実地調査に基づくシンプルなツールを慎重に組み合わせた方法を用いる。対象となる世帯は、地理的に選択した地域内にあって、一定の排除・包含条件を満たさなければならない。こうして選ばれた世帯は、資産譲渡、社会意識と起業についての集中訓練、医療サービスを含めた2年間の特別投資プログラムの対象となる。
- 「押し拡げ」　CFPR-TUPは、既存の貧困緩和プログラムが実施されている領域を「押し拡げる」こともめざしていて、従来のアプローチが対象としない次元の貧困に取り組んでいく。これは、伝統的なやり方による開発プログラムのサービスデリバリーから脱却して、貧困層とりわけ女性を無力化し、生計を制約している社会的・政治的関係に焦点を当てていくことをも含んでいる。「推し拡げ」のためには、ほかのグループや組織との連携や支援ネットワークの構築も重要である。

また、これは重要なことだが、CFPR-TUPは「超貧困層をターゲットにした（Targeting the Ultra Poor)」プログラムといいながら、実は超貧困層の中でも、2つのグループを対象にしている。

- 「特にターゲットとする超貧困層（Specially Targeted Ultra Poor: STUP)」は、資産助成金も含めた「特別投資プログラム（Special Investment Programme)」とよばれる完全パッケージで支援されている。
- 「BDP超貧困層（BDP Ultra Poor（BDPはBRAC Development Programmeの略))」は、CFPR-TUPのフェーズⅡでは「ターゲットとするその他の超貧困層（Other Targeted Ultra Poor: OTUP)」に変わる。変更後は資産譲渡がなくなり、スキル開発、さらに集中的なスタッフ支援、および医療支援のみを受ける。

STUPがマイクロファイナンスグループに組み込まれるまで1年半ないし2年の猶予があるのに対し、まだBDPのマイクロファイナンスに加入していないOTUPはすぐにグループに入る。このプログラムの主軸が資産譲渡であることから、本論ではSTUPのみを取り上げる。

第5部　満たされない需要を満たす──預金、保険、超貧困層への照準

表25.1　CFPR-TUP プログラムの構成要素とその目的

構成要素	目的
統一的なターゲット化の手順	超貧困層の識別とターゲット化
週ごとの固定給	消費の円滑化、生活基盤の脆弱性の低減、資産運用の機会費用縮小
社会開発（機能的識字力）	信頼の醸成、権利に関する知識と意識の向上
医療支援	罹病率の減少、生活基盤の脆弱性の低減
所得創出訓練と定期的な再研修	譲渡資産による十分な収益の保証
所得創出のための資産譲渡（家禽類、家畜、園芸植物など）	所得創出のために世帯の資産基盤の大幅増強
起業のための投入物と支援	譲渡資産による十分な収益の保証
起業のための技術的フォローアップと支援	譲渡資産による十分な収益の保証
村民支援委員会の設置とそれを支える地元エリートの動員	支援と可能性に満ちた環境の創出

出所：Hossain and Matin（2007：383）より編集

　2003年末まで実験とデザイン変更を繰り返したこのプログラムは、9つの主要構成要素（表25.1）を注意深く配列し、連結したものとなった。慎重に超貧困層にターゲットを絞り込み[10]（表25.2）、毎月の固定給と医療サービスを提供して基本的な安全保障とし、社会開発・所得創出訓練を提供し[11]、参加者に家禽類と檻、乳牛と家畜小屋などの資産を譲渡し、技術支援や投入物、アドバイスを提供する。BRACの経験は、超貧困層の人びとには特別な支援が必要であることを示していた。彼らには、自分や家族を養い、起業家として活動する余地を作るのに必要な資源（資産、現金、時間）も、知識やスキルもほとんどないからである。

　初期のCFPR-TUPプランでは、参加メンバーは卒業後にBRACの村民組織（VO）に加入すると予想していたが、現場で多くの問題が発生したことから、再設計につながった（Hossain and Matin、2007：383）。とりわけ、

- 参加メンバーがVOよりBRACスタッフの助力やアドバイスを頼るようになってしまい、BRACが事実上のパトロン扱いされるようになった。
- 一般のVOメンバーが、自分たちにはBRACからの「贈り物」がなく、逆に資産やサービスの返済義務があったことから、CFPR-TUPの受益者に反感を抱くようになった。
- 貧しい女性に譲渡された資産で窃盗や破壊が多発した中に、上記の嫉妬心によるも

表 25.2　CFPR-TUP プログラムの STUP 用ターゲット指標[12]

除外条件 （選抜世帯はいずれも、すべての条件を満たさなければならない）	マイクロクレジットを提供する NGO からの借入がないこと。 政府実施プログラムからの給付金を受けていないこと。 資産譲渡に向けた労働に物理的に携われる成人女性が少なくとも 1 人いること。
包含条件 （選抜世帯のいずれも、少なくとも 3 つの条件を満たさなければならない）	所有する土地の合計が 10 デシマル（約 40.5 平方メートル）未満であること。 世帯の成人女性が労働力を売っていること（フェーズⅡでは「女性の家事労働もしくは物乞いに依存している世帯」に変更）。 主たる稼ぎ手の男性に障害があるか、もしくは働くことができない（フェーズⅡでは「世帯内に労働可能な成人男性がいない」に変更）。 学齢に達している児童が労働力を売っている。 生産資産がない。

出所：Matin、2005a

のがあった。

　こうしたことが、村民支援委員会（Village Assistance Committee: VAC）[13]の設置につながった。地元エリートのエネルギーを集めて、村の CFPR-TUP 参加者と、さらに拡げて超貧困層一般を支援しようというものである。VAC は 7 人のボランティアメンバーで構成される。すなわち BRAC の現地調査員 1 名、CFPR-TUP 参加者 1 名、VO メンバー 2 名、村のエリート 3 名[14]である。この委員会が CFPR-TUP の実績と、さらに広くは地域レベルの社会的・政治的変化にどれほど貢献したかとなると、複雑すぎて評価が難しい。しかし、ホサインとマティン（Hossain and Matin, 2007: 390）は「まずまずの成功」と評価し、また、開発プログラムに地元エリートを関与させるのはマイナスだと決めつける者への異議申し立てでもある、と述べている[15]。

4　CFPR-TUP の現状

　CFPR-TUP の目的は「……この集団が極貧状態から脱出できるだけの確固とした経済的・社会的・人道主義的な基盤を提供し、極度に貧しい人びとが、今よりも持続可能な生計を確立できるようにすることである……」（Hossain and Matin, 2007: 382）。フェーズⅠでは、CFPR-TUP はバングラデシュ 64 県のうち 15 県で活動し、STUP 参加者は 10 万人に達した。地理的には国内北部、とりわけ毎年のように季節的な飢餓を経験する地域に重点が置かれた。フェーズⅡでは対象地域が拡大した。2007 年 1 月か

第5部　満たされない需要を満たす——預金、保険、超貧困層への照準

ら始まったCFPR Ⅱは現在23県で20万のSTUP参加者を抱え、2008年11月時点で、さらに17県を増やす計画が進んでいる[16]。しかし、すべての県・すべての村に到達しているわけではないので、現在の参加者の合計数は、全国展開した場合の有参加資格者の一部でしかない。

　CFPR-TUP受益者には、以前にマイクロファイナンスを経験したものの、あまりにも貧しく生活基盤が脆弱だったために、うまく活用できなかった者もいる。しかし、これと同じ原因で、あるいは貧しさを理由に地域社会の人びとによって村民組織から排除されたために、マイクロファイナンスに1度も参加したことのない人の数はもっと多い。CFPR-TUPの受益者から、マイクロファイナンスのプログラムに参加したことのある者や、メンバーだが活動休止中の者の数を推定することは難しい。バングラデシュでは大半の村でさまざまなマイクロファイナンスプログラムが実施されているからということもあるが、多くの者が、CFPR-TUP参加の妨げになることを怖れて、マイクロファイナンスに関わっているのを明らかにしたがらないことも理由になっている。OTUP関連の証拠からは、OTUP参加者の30〜40パーセントが、マイクロファイナンスの参加歴があるか（最大で15〜20パーセント）、もしくは脱落した経験がある（最大で10〜25パーセント）者だと思われる（Das and Ahmed, 2009）。しかしOTUPの参加者は、既存の「弱い」メンバーや脱落組、およびそれ以外で不利な立場にある超貧困層の女性から厳選されているので、この数字は、STUPメンバーの場合よりも大きいと考えられるだろう。

　CFPR-TUPプログラムの資金を全面的に支えているのはドナー・コンソーシアムで[17]、2002年から2006年にかけて約6500万米ドルを寄付したうえ、その後の5年間についてはさらに1億5500万米ドルの供与を約束している。フェーズⅡに向けた総予算額は2億2300万米ドルである。2006年には、「特別投資プログラム」の高額な初期経費が40パーセント以上も減少し、受益者1人当たり268米ドルになったが（BRAC, 2006c）、これはプログラムの規模が拡大したことと、さまざまな手段で経費を削減したことによる。

　CFPR-TUPには、早くも外国からの視察者がやってきているが、だいたいは援助機関の支援を受け、学習意欲に燃えてやってくる人びとだ。興味深いことに、CFPR-TUPはバングラデシュ国内のプログラムにも影響しはじめている。包括的な能力開発イニシアティブだったDFIDの家事生計プログラム（Chars Livelihood Programme）が設計変更して、資産譲渡プログラムになっている。

5 CFPR-TUP の成果

　CFPR-TUP の業績に関するデータ収集と評価の大部分は、BRAC-RED が行っている。これにはパネルデータセットの維持管理も含まれていて、2002 年以降に CFPR-TUP に参加した選抜超貧困（Selected Ultra Poor；SUP）世帯と、参加経験のない非選抜超貧困（Non-Selected Ultra Poor；NSUP）世帯のサンプルについて、主要な指標を追跡記録している。プログラム実施前の基礎調査段階では、SUP 世帯も NSUP 世帯も、村で「最も貧しい」グループに客観的に分類されていた。にもかかわらず NSUP 世帯がプログラムの対象に選ばれなかったのは、この世帯の得点が「最も貧しい」と「貧しい」を分ける境界線に近かったから、言い換えれば、NSUP 世帯は SUP 世帯より福祉スコアが高かったからである。こうした客観指標によるパネルデータセットに加えて、BRAC-RED は、定期的な主観評価も行って、SUP 世帯と NSUP 世帯の貧困および福祉指標、およびその変化について調査している。

　ラッバーニ、プラカシュ、およびスレイマン（Rabbani, Prakash and Sulaiman, 2006）による CFPR-TUP パネルデータセットの分析は、CFPR-TUP を受け取った者（つまり SUP 世帯）の方が、コントロールグループである NSUP 世帯より速く生計を改善しているという証拠を提供している。

資産蓄積

　2002〜05 年にかけて、CFPR-TUP 参加者の資産蓄積率は非参加者を大きく上回っていて、これはすべての資産領域――金融資産（貯蓄およびクレジット）、物理的資産（家畜類、家計資産、生産資産）、自然的資産（耕作可能地および家産へのアクセス）、社会的資産（社会意識および法意識）、人的資本（世帯の人口構成、教育、医療および衛生）――にわたっている。図 25.1 は、SUP 世帯と NSUP 世帯の資産を 5 項目のレーダーチャートで表したものである。人的資本の全体像はかなり複雑で、総合的な改善度はどちらのグループも非常に低いものの（こうした種類の変化が表面化するには長い時間が必要である）、続く 2 つの図を見ればわかるように、栄養面での改善はすでに明らかである。図 25.2 および図 25.3 は、食糧およびカロリー摂取から見た人的資本の動きを示したもので、SUP 世帯は、食糧摂取の質についても、NSUP 世帯と比べて大幅に向上していることがわかる（Hassen、2007 も併せて参照）。同じく注目すべきは、複数のタイプの資産を組み合わせてみた場合に、SUP 世帯の方が NSUP 世帯よりも状況を改善できているところで、時間が経てば、この改善がさらに持続的なものとなることを示唆している。

図 25.1　SUP 世帯と NSUP 世帯の資産の変化

出所: Rabbani, Prakash and Sulaiman (2006: 16).

図 25.2　食糧消費の変化——SUP 世帯と NSUP 世帯の比較

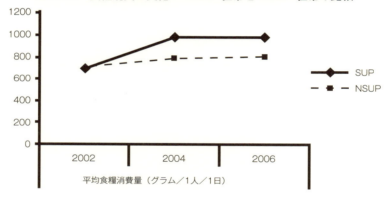

平均食糧消費量（グラム／1人／1日）

出所: Matin, 2006.

図 25.3　エネルギー摂取量の変化——SUP 世帯と NSUP 世帯の比較

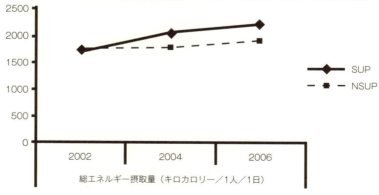

総エネルギー摂取量（キロカロリー／1人／1日）

出所: Matin, 2006.

脆弱性

　2002 年では、SUP 世帯のほうが、自己申告した食糧不安の水準（ときおり不足および慢性的に不足）が NSUP 世帯より高かった。2005 年になると、どちらのグループも食糧安全保障が向上したと報告している。だが、NSUP 世帯では向上がごく僅かだったのに対して、SUP 世帯では大きく改善していて、食糧不足の報告も 98 パーセントから 70 パーセントへと減少している（図 25.4）。CFPR-TUP に伴って、SUP 世帯と NSUP 世帯の地位が逆転し、今では SUP 世帯の方が NSUP 世帯より大きな食糧安全保障を報告している。さらに、SUP 世帯も NSUP 世帯も、さまざまな危難に対する脆弱さに差はなく、むしろ家畜の死に関しては、新しく資産を得た SUP 世帯のほうが脆弱かもしれないくらいなのだが、主観的評価を見る限りでは、SUP 世帯のほうがショックからの立ち直りが速いであろうと期待できる。

主観的な貧困動態

　世帯の貧困状態の変化に関するコミュニティレベルでの調査では、SUP 世帯は、大幅な福祉の改善を経験していると報告されている。これは、NSUP 世帯が状況の悪化を感じているのとは対照的である（図 25.5）。[18]

主流 BRAC マイクロファイナンスへの卒業

　2004 年までには、第一期の CFPR-TUP 参加者は 2 年にわたる特別投資の段階を修了し、それぞれの村民組織に組み込まれた。BRAC からは、マイクロファイナンスを含めたあらゆる開発サービスが提供された。以前の経験から、クレジットの提供には柔軟かつメンバー主導のアプローチをとっていて、ほぼ成功を収めているように思われる。卒業した女性の約 70 パーセントが最初の融資を受け、それを滞りなく返済していて、そのうちの約 98 パーセントは貯金もしていることがわかった。BRAC は残りの 30 パーセント、すなわち少額貸付を受けられなかったり、その意思がなかったり、あるいは貸付を受けても返済が困難な人びとを支援する努力を継続中である。しかし、卒業は両刃の剣になりかねない。一方では、すぐに融資資格を得て、返済能力を身につけた女性は、自信をつけ、またコミュニティ内の地位も高くなって、好ましい循環につながっている。しかし他方、卒業を急ぎすぎると債務不履行を招き、正反対の結果につながることもある。したがって、利用できる社会資源の限られている超貧困層が、融資に対して非常に慎重にならざるを得ない。また、このように、融資を受けるより貯蓄に励む方が、金銭管理としてすぐれているとも考えられるだろう。

第5部　満たされない需要を満たす──預金、保険、超貧困層への照準

図 25.4　食糧安全保障の自己認識度
──1 年間の食糧入手可能性の変化に関する SUP 世帯と NSUP 世帯の比較

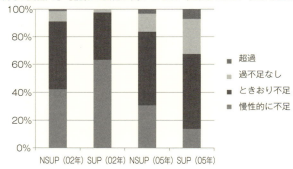

出所：Rabbani, Prakash and Sulaiman (2006: 24).

図 25.5　さまざまな福祉ランク世帯（コミュニティ会議で評価）の 2002 − 05 年の平均変化スコア

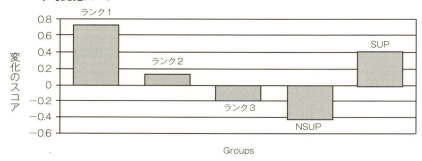

出所：Sulaiman and Matin (2006: 8).

表 25.3　卒業の指標

No.	指標	目標
1	少なくとも 3 つの収入源がある。	生計を多様化して持続可能な成長を促す。
2	1 日に少なくとも 2 回は内容のある食事を提供できている。	飢餓削減および撲滅の促進。
3	学齢期の児童がすべて学校に通っている。	世代にまたがる福祉を促進し、貧困状態から脱する。
4	家庭では衛生的な便所に行けるようにする。	
5	清潔な便所へのアクセスがある。	医療・衛生状態の改善を促進する。
6	安全な水を飲んでいる。	水の媒介する病気を避ける。
	家庭菜園 ・敷地に余裕のある世帯では、果樹を少なくとも 4 本植えている。 ・屋上に菜園を作り、適した野菜を育てている。 ・唐辛子とレモンを栽培している。	年間を通して栄養、とりわけ微量栄養素の継続的補給を確実にするため。
7	適齢期の夫婦が家族計画を実行している。	所得の増加が 1 人当たり消費額の増加に直結することを保証するため。

出所：BRAC の CFPR-TUP プログラムの資料より編集。

しかし、フェーズⅠの期間中にわかってきたこともある。このプログラムでは、前述したように、マイクロファイナンスを基盤として卒業の指標を設定していたのだが、これが非常に視野の狭いもので、それ以外の、社会的・人的資産の改善といった要素が見逃されていたのである。この発見から、卒業基準の見直しが行われた。プログラム体験と調査結果に基づく一連の指標が、CFPR Ⅱ の評価に向けて発表された。その中の客観的指標は、ほとんどがこのプログラムによって定期的に収集されているデータである（表25.3を参照）。2年後には、参加者の90パーセントが少なくとも5つの指標を満たすと見込まれている。

重要なのは、上で述べた客観的指標と同時に、参加者自身の卒業に対する考えも考慮に入れることである。たとえば、卒業指標を設定するためのフォーカスグループの話し合いの中で、CFPR-TUP 参加者は、以前より行動に自信が持てるようになった、今は「ずっと賢く」なっているとたびたび強調していた。また、ほとんどの参加者が、地元の村の会合で意見を言えるようになっているとも述べていた。こうした変化も、超貧困層からの卒業を示す重要な指標になり得る。しかし、この種の指標を集めて分析することは簡単ではないし、微妙な差異を識別できるだけの、もっと専門的な知識が必要となる。

外部検証

2004年の外部報告書は、このプログラムが極貧女性の生計改善に役立っており、相対的に費用対効果が高く、最貧困層をターゲットにした同種のイニシアティブより効果が挙がっていると結論付けた（Posgate *et al.*, 2004 in Hossain and Matin, 2007）。また、筆者らが個人的に行った実地調査および CFPR-TUP 参加者へのインタビューにおいても、大半がこうした肯定的な評価を裏付けており、報告書の結論を否定するようなデータは得られなかった。

6　CFPR-TUP に関する懸念

CFPR-TUP の業績が概して高く評価されている一方で、いくつかの面に関し懸念材料もある。とりわけ、子どもの発達へのインパクトの欠如、CFPR-TUP の VO の財務面での生存能力、および村民支援委員会の持続可能性の3点が、現在 BRAC で検討されている。

第5部　満たされない需要を満たす——預金、保険、超貧困層への照準

子どもの発育

　CFPR-TUP 世帯の子どもの状況に進歩が見られないことは、以前からとりわけ不安視されてきた。5歳未満児の栄養状態と小学校入学率はほとんど、あるいはまったく変わっていない。その理由としては、この種の指標の変化には時間差が生じやすいこと、または世帯内での資源配分にいくつかのパターンがあることが考えられる。こうした発見をきっかけに、BRAC では突っ込んだ議論が始まり、世代にまたがる貧困を断ち切ることや、CFPR-TUP アプローチ法の修正について意見が交わされている。

CFPR-TUP マイクロファイナンスの財務面での生存能力

　これまで述べてきたように、ほとんどの地域で、CFPR-TUP 卒業生は BRAC の標準的な村民組織に入ることができず、CFPR-TUP の村民組織に組み込まれてきた。CFPR-TUP の VO は標準的な VO より小規模なものが多い（最近の現地調査によると1グループに20人程度。BRAC としては、標準で1グループ当たり35人を目標にしている）。加えて、CFPR-TUP の卒業者は小規模な融資を希望する傾向があって、ランプール（Rangpur）の現地スタッフによれば、標準的な借り手の平均融資規模と比べると、わずか3分の1程度にしかならない。少人数で平均融資額が低いグループでも、サービスにかかる経費は変わらないので、CFPR-TUP の VO に内部補助金として他からの利益を回してくるか、そうでなければ利子を高くして、グループとしての融資額の少なさを埋め合わせる必要がある。どちらも魅力的な選択肢ではない。

村民支援委員会（VAC）の持続可能性

　VAC の設立というイノベーションは、これまでのところ多くの人びとが予想した以上の成功を収めているが、この委員会が BRAC から運営とモチベーションに関して支援を受けられるのは、活動開始から2年間だけである。支援終了後すぐに「崩壊する」という根拠はないが、現地調査員の間では、VAC がいつまでも存続するのかどうか、また現在の活動レベルを維持できるかどうかを疑問視する声が多い。そのため、BRAC では現在 VAC についてのモニタリングを実施中で、将来は社会開発スタッフを派遣する、および／または「再研修」企画によって VAC リーダーの関わりを維持・向上させるといったことになるかもしれない。

7　CFPR-TUPからの教訓

　CFPR-TUPから得られるもっとも明確な教訓は、入念に設計され、対象を慎重に選別したプログラムがあれば、極貧層への到達と援助は可能だということである。さらに、適切な支援があれば、最貧困層の世帯でも経済活動に携わる能力を開発することは可能であり、それ以上の助成金や資産譲渡なしでも改善後の福祉を維持していける道はいくつもある。最貧困層は、無視されるべき余計者の集団でもなければ、経済成長のプロセスが「トリクルダウン」してくるのを待つだけの、永久に社会からの援助を必要とする集団でもない。戦略的な「引き上げ」があれば、最貧困層も経済活動に参加して、成長の恩恵を共有することができるのである。

　しかしながら、CFPR-TUPから適用範囲の広い結論を引き出そうとするのは早計である。というのも、CFPR-TUPは極めて文脈固有的なイニシアティブだからだ。CFPR-TUPが全国を網羅するサービス配布システムの実験・改良・学習・開発を展開できるのは、BRACの力に負うところが大きい。こうした活動には高度の分析・管理のスキルとともに、プログラムを実施するための豊富な財源を「勝ち取る」力も欠かせない。とりわけ、養鶏、酪農、園芸に関して助言ができるという、技術面でのBRACの能力は簡単に真似のできるものではない。また、広い意味でのバングラデシュの環境もCFPR-TUPの活動を支えてきている。安定した経済成長、物理的なインフラ基盤の向上（たとえばジャムナ橋（Jamuna Bridge）は、北部への人や物の移動を容易にしたばかりか、地方道路の建設や電化にも役立っている）、人口密度の高さ、社会政治的な安定が、プログラムの成功を支えているのである[19]。

　分析のために、予想される教訓をタイプ別に分けてみよう。すなわち、CFPR-TUPの「背景」となる設計上の特徴に関するものと、CFPR-TUPが発展してきた道筋を伝える「プロセス」面での特徴に関するものの2つである。ただし実際には、成功するプログラムは両方の要素を併せ持っている。有効なプロセスというものは、大規模デリバリーのための標準パッケージに発展するような内容を必ず生み出すものなのである[20]。

8　デザイン上の特徴

1）　段階的戦略的連携

　CFPR-TUPの中核には、マイクロクレジット、蚊帳、女性グループといった単一の「魔法の弾」では極貧層の利益にはならないという考えがある。そうではなく、慎重

に配列した一連の支援によって、生計を安定させ、自信とビジネス・専門スキルを育て、資産を譲渡し、地元の経済・社会内で向上した地位を制度化していくことが必要なのである。BRAC の経験からは、超貧困層のためのプログラムは、かなり複雑にならざるを得ないことが示唆される。社会的保護、所得創出、地元組織の立ち上げなど、いくつもの異なった要素が含まれるうえ、その一つひとつを注意深く関連させていく必要があるからである[21]。

2) 資産譲渡

このプログラムのきわめて革新的な特徴の1つは、地元の経済状況から見て高額な助成資産が、各貧困世帯に譲渡される点だ。もともとの資産レベルがかなり低く、度重なる不運に見舞われて資産の蓄積もままならない最貧困層には、やはり「引き上げ」が必要となってくる。これは事実上、マイクロビジネスという「一度限り」[22]の贈り物で、経済活動に関わっていくのに必要な物質的資源（家禽類、檻、獣医による支援など）と非物質的資源（専門のスキルや社会的立場）の両方が与えられる。CFPR-TUP に学ぼうとする組織は、こうしたマイクロビジネスを選別し支援する能力と、それに付随する経費を引き受けるだけの財政力がなければならない。

3) 財政費用とインパクトの評価

特別投資プログラムの単位コストは 2005 年には 280 米ドルで、その 84 パーセントが資産譲渡に当てられているが（Matin, 2005b）、これはかなり高額である。支援するドナーや慈善団体の側にすれば、100 万米ドル当たり 3571 世帯を援助していることになる。これほどのコストをドナーやスポンサーに納得させるには、プログラムを維持する組織としては、これが大きな利益となっていること、それが初期投資の終了後も高い水準で維持されていることを示す必要がある。このようなプログラムは、（ⅰ）ドナーの深い関与がある状況下で、（ⅱ）高品質のプログラムをモニターし、外部的にも有効な評価を行う能力があるか、あるいはその能力を持つところと契約を結べる組織でなければ実行はできない。

4) 地域組織の開発

CFPR-TUP にとって最大の難問にして、現地で「実行する」ことがなにより求められていることの1つは、地域レベルでの組織・制度作りだろう。ここで言っているのはサービスのデリバリー機関のことではなく、村落レベルの「新しい」組織のことで

あり、さらには社会規範や慣習の修正のことであって、どちらも、短期プログラムで得られた利益を将来も確実に継続させるためには不可欠なものである。BRACによる初期の構想では、CFPR-TUの参加者は2年後にBRACの既存の村民組織（VO）に組み込まれ、サービスへのアクセスは所属する組織を通して行い、組織の一員となることで社会的立場を高めることになっていた。ところが、この設計には問題が多いことがわかった。改訂後のアプローチでは、CFPR-TUPのVOを開発して、直接BRACと協力して活動するようにし、地域委員会を設立して、地元のエリートにCFPR-TUPの参加者を経済的・社会的に支援してもらえるようにするなど、大いに有望ではあるのだが、当然のことながら、成功を保証するものではない。バングラデシュでは、地元エリートは昔から搾取するだけだから、避けて通るか無力化するかしかないという考えが定着しているので、これに挑むというのは、ほとんど前例がない（Hossain and Matin、2007）。これは事実上、CFPR-TUPが地元エリートを大きく2つに分けて考えているということで、学術論文や一般の文献でよく見かける強欲なステレオタイプをそのまま映したような者もいるだろうが、他方では、もっと人間的で社会意識の強いエリートもいると見ているのである。さらに言えば、既存の社会規範を推進し、協力することや、裕福な者が恵まれない者を助けるという昔からの社会規範を推進することで、この2つめのグループが発展していく可能性もあるだろう（Uphoff、1992）。

　最後に挙げた地域組織の開発は、CFPR-TUPの設計の中で最も文脈に固有のもので、移転しにくい要素と言える。このプログラムが「プロセス」に大きく依存しているからである。

9　CFPR-TUPのプロセス

1）プロセスアプローチ

　CFPR-TUPが進化してきたプロセスは、順応的管理（adaptive management）や学習プロセスアプローチ（learning process approach）といった理想化された概念と同類ではある。どちらも、開発管理や農村開発関連の文献では、長年にわたって盛んに論じられてきている（Bond and Hulme, 1999；Johnston and Clark, 1982；Korten, 1980；Rondinelli, 1993）。BRACは、既存のプログラムが抱える問題を見つけだし、自らの経験と他の組織の経験を体系的に検討したうえで、新しいプログラムを考え、注意深く監視しながら実験に移っていった。この実験は、現地スタッフを奨励して、懸念していることを声にしてもらい、どんなことができそうかを提案してもらうことから「学び取った」もので、どちらのプロセスにも、REDによる文書作りと基本研究、そしてファザル・アベッ

ドの指導があった。既存の VO が超貧困層の加入を認めたがらないなど、不都合な「過ち」も受け容れながら、プログラムに修正が加えられていった。強力な知識ベースによって、CFPR-TUP は拡張され（5000 世帯から 1 年で 5 万世帯の新規参加となった）、さまざまな経費節減策によって、スタッフ 1 人当たりの取り扱い件数を増やしながら、1 件あたりのコストは減少した。プログラムは現在も実験を続けているが、本部が率直に認めているように、VACS は、社会工学上のテクニックとして効果を証明されたわけではない。

　CFPR-TUP の経験と理想化されたプロセスによるアプローチとの最大の違いは、技術的な分析と受益者参加とのバランスに関係している。CFPR-TUP は、BRAC の理事や現地マネージャーの技術的な分析を原動力としてきた。BRAC は、CFPR-TUP 参加者の声に注意深く耳を傾け、彼らの経験を文書化している。実際に、参加者は、自分の「発言権」を行使することを奨励されているのである。しかしこれは、ロバート・チェンバース（Robert Chambers, 1997）などが描いているような参加型アプローチではない。むしろ「顧客志向」の民間企業モデルの方が近い。BRAC は、現地スタッフの意見も丁寧に拾い上げ、CFPR-TUP の改良に関するアイデアを引き出してはいるが、データ分析は本部の仕事であり、決定権はごく少数のスタッフが握っているのである。

2) サービスデリバリーアプローチ

　CFPR-TUP は、標準化されたビジネスタイプのアプローチで運営されていて、組織構成も、責任範囲も、財務管理も、人やモノの出入りと結果のモニタリングも、すべて明確になっている。知識が獲得されると、記録・研修・監督を通して、プログラムの中でルーチン化される。BRAC は緻密な経営「マシーン」を動かしながら、業績には報酬を与え（特に拡大しているプログラム内での昇進という形で）、経費を削減し、成績の悪いスタッフには退職を勧めるようにしている。BRAC は労働者の協同組合ではない。強い社会的使命感を持った効果的なビジネスなのである。

3) パートナーシップ

　「パートナーシップ」という語はあまりに包括的なので、ともすると無意味なものになってしまう。しかし BRAC は、一連の戦略的パートナーシップを築き上げることで、自らの目標を追求しつつ、力量不足の分野ではサポートを得ることができている。ドナーとのパートナーシップ、とりわけ AKF-C を通した DFID や CIDA とのパートナーシップは、必要な経済力は提供してくれるが、CFPR-TUP にとって不可欠な柔軟さと学習能力も許容してくれている。ドナー機関はほかにも数多くあるが、事前に

詳細な計画を知りたがったり、細部の管理にまで関わりたがったりするところは、意図的に避けてきている。財力はあっても、欠ける資質があるからである。BRAC はまた、独立の研究者や、国内外の大学の研究者とも連携して、学習能力の強化や評価の証明に役立ててきた。しかし、CFPR-TUP で最も大胆なパートナーシップは、地元エリートとの協力である。概念としては、これは常識外れの行動である。実験が展開していくとともに、前向きなニュースが届くことを願いたい。

10　結　論

　BRAC が CFPR-TUP プログラムを始めたのは、標準的なプログラムではバングラデシュの最貧困層の人びとにほとんど到達できなかったからだった。CFPR-TUP の最近の業績は、最貧困層に到達することは可能であり、しかも、プログラムの要素を注意深く配列していけば、向上した福祉と資産をほぼ確実に維持できる地位まで支えていけることが示している。実際に、参加した多くの女性が CFPR-TUP を「卒業」して、マイクロファイナンスのプログラムに進んでいる。

　CFPR-TUP からは、多くの有用な教訓を引き出すことができる。これには、設計上の特徴と、これまでの進化およびこれからの発展のプロセスが含まれる。「内容」面における主なイノベーションには、（ⅰ）極貧増世帯にかなりの資産が譲渡されたこと（これは事実上、ドナー国の納税者からバングラデシュの超貧困層への資産の再配分ということになる）、および（ⅱ）村のエリートを現地委員会に採用し、CFPR-TUP 参加者をはじめとする極貧層の支援にあたらせたこと、の２点が挙げられる。とりわけ後者は、バングラデシュ農村部では最貧困層寄りの見方が強いことから、社会工学的に見て、非常に急進的なアイデアだと言える。

　「プロセス」に関しては、CFPR-TUP も、ほかの BRAC のプログラム同様に、いわゆる「学習プロセスアプローチ」と「学習する組織（learning organizations）」に理想化されている要素に負うところが大きい。CFPR-TUP でも経験を基礎に、注意深くモニーされた実験を積み上げ、デリバリーシステムを標準化して規模を拡大しながら、単位コストを少しずつ削減してきている。そのプロセスのなかで、参加者や現地スタッフの声を丁寧に拾い上げてきてはいるが、CFPR-TUP は、一部の開発理論家が賞賛するような「参加型」アプローチからは程遠い。実験は、BRAC の上層部によって緻密にコントロールされている。

　将来は、NGO やドナー、各国の政府、貧困層に理解のあるエリート層といった他の機関が CFPR-TUP の経験から学ぶことが重要になってくるだろうが、その時に留意しておくべき点が２つある。第１に、CFPR-TUP は非常に複雑なプログラムなので、

第5部　満たされない需要を満たす——預金、保険、超貧困層への照準

高度の分析能力と管理能力を備えた組織もしくは組織連合体でなければ、こうしたイニシアティブを大規模にスタートさせることは難しい。第2に、CFPR-TUPといえども、あらゆるタイプの超貧困層に到達できるわけではない。経済的に「活動していない」超貧困層（虚弱な高齢者、AIDS孤児、慢性的に不健康者など）や、社会的に排除された人びと、あるいは意に反して包含された人びと（奴隷労働者、難民、僻地の先住民など）には、老齢年金や人道支援、あるいは「無料」の医療サービス、子ども手当など、従来型の社会保護のほうが有効であると思われる。

注
1．バングラデシュの貧しい人びととBRACスタッフの助力に感謝する。その実験と経験からは多くを学ばせてもらった。とりわけBRACの設立者であり理事長でもあるファズレ・アベッド（Fazle Abed）をはじめ、イムラン・マティン（Imran Matin）、ムンシ・スレイマン（Munshi Sulaiman）、およびCFPR-TUPに関する調査に携わったBRAC-REDチーム全員、そして同プログラムのコーディネーターであるラベヤ・ヤスミン（Rabeya Yasmin）には格別の感謝を申し上げる。
2．数値はソースによって異なるが、どれも所得貧困ないし消費貧困の大幅な減少を示している。
3．バングラデシュにおける経済、社会、および貧困に関する指標についての詳細は、Sen and Hulme（2006）を参照。
4．政策一覧については World Bank, 2005 を参照のこと。
5．この分類を実際の経験と照らし合わせてみると、いわゆる「経済活動が不十分な」グループでは、落穂拾い、子どもや高齢者の世話、物乞いといった低報酬または無報酬の仕事に携わっている者が非常に多いことがわかる。
6．これはバングラデシュのほとんどのマイクロファイナンス機関について言えることで（Zaman, 2005）、国際的に見ても状況は同様だと思われる（Hulme and Mosley, 1996）。最貧困層に到達しているかどうかという懸念が大きくなっているのも、バングラデシュやマイクロファイナンス業界に限った話ではない（Barrientos and Hulme, 2008；Lawson et al., 2009 を参照）。
7．2003/04の1年間に、IGVGDモデルは4万4000の新規受益者を受け入れた（Hashemi, 2006：5）。
8．BRACがIGVGDから学んだことに関する詳細な議論については、Matin and Hulmes（2003）およびMatin（2005）を参照。
9．この「学習パートナーシップ」は、アガ・カーン財団カナダ（Aga Khan Foundation-Canada: AKF-C）を通じて、カナダ国際開発庁（Canadian International Development Agency: CIDA）の支援を受けている。報告書は www.bracreserch.org からダウンロードできる。
10．2002年の基礎調査で、超貧困層のうち54パーセントがまったく土地を持たず、50パーセントが1日2食かそれ以下しか食べられず、70パーセントが不定期の臨時労働で生計を立て、95パーセントが衛生設備なしで暮らしていることがわかっていた（BRAC-RED

2004)。[2015 年 8 月現在、http://research.brac.net/new/search?searchword=TUP&ordering=oldest&searchphrase=all&limit=20 で入手可能]
11. 社会開発の構成要素では機能的識字力に焦点の当たることが多いが、BRAC の実地調査員は、CFPR-TUP の最大の貢献は、参加者の自信を育てていることだと考えている。
12. OTUP ではターゲットの範囲がわずかに広く、とくに土地所有要件の上限が 30 デシマルとなっている。
13. バングラデシュではグラム・シャハヤク委員会 (Gram Shahayak Committees: GCC) と呼ばれている。詳細な説明と分析については、Hossain and Matin (2007) を参照。
14. こうしたエリートは「……地元社会で尊敬された人たちで、指標に沿った選考方法で［選出された］」とされている (Hossain and Matin, 2007：384-5)。多くは信仰心が篤く、公共心があると表されている。
15. 正直に言うと、2003 年にこの新機軸を耳にした時は、筆者らはかなり否定的な感想を抱いていて、いわば「自暴自棄の行為ではないか」と考えていた。しかし、2004 年の現地調査で、その可能性が証明された。実際には、これは地元エリートに、宗教面などいくつかの理由から大切だと考えている社会的使命を追求する権限を与えるものなのである。
16. 実際には、CFPR-TUP の第 2 段階に向けた提案では、効果的なターゲット設定と学習のために、以下のように、分類を細かくしてはどうかということが示唆されている。受益者の合計は 80 万である。
- STUP モデルⅠ（フルパッケージ）：20 万人
- STUP モデルⅡ（フルパッケージ。ただし平均資産価値、扶養手当の日額、スタッフと受給者の比率をいずれも低く設定する）：10 万人
- OTUP モデルⅠ（STUP モデルⅡに準じる。ただし資産譲渡の代わりに緩やかな条件で融資を行い、スタッフと受給者の比率は低く設定する）：10 万人
- OTUP モデルⅡ（OTUP モデルⅠに準じる。ただし通常の融資を行い、扶養手当はなし、スタッフと受給者の比率は低く設定する）：40 万人

　本論の最終段階で BRAC スタッフから提示された事例証拠を見ると、受益者数に関する目標は達成されたように思われる。ここでの OTUP モデルは 1 つの実験であって、これによりバングラデシュ農村部の超貧困層にとって、どの程度からなら、資産ではなく、助成金付き融資か、ないしは通常のマイクロファイナンス利率での融資を提供するだけで十分なのかを見極めることができる（一定水準の追加的な訓練による支援を受けられることが条件）。
17. 構成は、イギリス国際開発省（Department for International Development: DFID）、カナダ国際開発庁（Canadian International Development Agency: CIDA）、欧州委員会（European Commission）、オックスファム・オランダ（Oxfam Netherlands）の提携組織であるノビブ（Novib）、および世界食糧計画（WFP）で、最近になってオーストラリア国際開発庁（AusAid）も加わった。フェーズⅠの展開中に BRAC 自体も 400 万米ドル以上を寄付し、2007 ～ 11 年にはさらに 500 万米ドルを寄付する計画である。
18. ここで注意しなければならないのは、SUP 世帯においては資産の客観的評価（図 25.1）と貧困動態の主観的評価（図 25.5）が一致していて、どちらも改善を示しているのに対して、NSUP 世帯では両者が一致していないことである。
19. 後半部分には異論を唱える人も多いかもしれないが、アフガニスタン、ネパール、コンゴ民主共和国、シエラ・レオネ、ソマリアなど、高水準の超貧困層を抱える多くの国々と

第5部　満たされない需要を満たす——預金、保険、超貧困層への照準

比較すると、バングラデシュの最近の政治問題や紛争は羨望に値するレベルである。
20. Korten（1980）および Johnston and Clark（1985）を参照。コーテンは、イノベーションとサービスデリバリーに関する BRAC の能力を早い段階から認識していたし、ジョンストンとクラークは、有効なプログラム開発のためには、さまざまな要素について「考え抜く」ことと「実行する」ことの両方が必要であると、巧みに説明している。
21. CFPR-TUP が筆者らのいう5つの「C」——自信（confidence）、団結（cohesion）、能力（capacity）、つながり（connection）、現金（cash）——に特別な関心を向けるようになった経緯については Krishna, Poghosyan and Das（2010）を参照。
22. CFPR-TUP の設計上の特徴でまだ明確になっていないものに、乳牛が死んだ場合や園芸製品を市場に出せない場合など、CFPR-TUP プロジェクトで失敗した女性にどう対処するかということがある。筆者らの独自調査によると、こうした女性には通常「第2の機会」が与えられているようだが、これは現地スタッフのレベルでの裁量によるもので、正式にプログラムの構成要素となってはいないようである。

参考書目

Barrientos, A and D Hulme (eds.) (2008). *Social Protection for the Poor and Poorest*. London: Palgrave Macmillan.

Bond, R and D Hulme (1999). Process approaches to development: Theory and Sri Lankan practice. *World Development*, 27(8), 1339–1358.

BRAC (2009). BRAC At A Glance. Available at: http://www.brac.net/downloads.［2015年8月現在、http://brac.net/oldsite/downloads_files/June_06_AAG_BW.pdf で入手可能］

—— (2006b). CFPR II Project Proposal. Unpublished.

—— (2006c). CFPR Progress Report. Unpublished.

BRAC–RED (2004). Towards a profile of the ultra poor in Bangladesh: Findings from CFPR/CFPR-TUP baseline survey. Dhaka: BRAC-Research and Evaluation Division/Aga Khan Foundation Canada. Available at: www.bracresearch.org/highlights/cfpr CFPR-TUP baseline survey.pdf.［2015年8月現在、http://www.eldis.org/go/home&id=16886&type=Document#.VdlSIbztlBc で入手可能］

Chambers, R (1997). *Whose Reality Counts? Putting the Last First*. London: ITDG.（邦訳『参加型開発と国際協力　変わるのはわたしたち』白鳥清志・野田直人監訳　明石書店　2000.6）

CPRC (2004). *The Chronic Poverty Report 2004–05*. Manchester: Chronic Poverty Research Centre. Available at: www.chronicpoverty.org/resources/cprc report 2004- 2005 contents.html.［2015年8月現在、http://static1.squarespace.com/static/539712a6e4b06a6c9b892bc1/t/55a8f6d9e4b02a02236696a7/1437136601716/CPR1_ReportFull.pdf で入手可能］

Das, NC and S Ahmed (2009). Profile of the other targeted ultra poor. In *Pathways Out of Extreme Poverty: Findings from Round I Survey of CFPR Phase II*. Dhaka: BRAC Research and Evaluation. Available at: http://www.bracresearch.org/publications/ CFPRII Baseline.pdf.［2015年8月現在、http://www.iig.ox.ac.uk/output/reports/pdfs/iiG-report-CFPRII_Baseline.pdf で入手可能］

Drèze, J (2004). Bangladesh shows the way. *The Hindu*, September 17.

Haseen, F (2007). Change in food and energy consumption among the ultra poor: Is the poverty reduction programme making a difference? *Asia Pacific Journal of Clinical Nutrition*, 16(1), 58–64.

—— (2006). Change in Food and Nutrient Consumption Among the Ultra Poor: Is the CFPR/CFPR-TUP Programme Making a Difference? CFPR/CFPR-TUP Working Paper 11. Dhaka: BRAC Research and Evaluation Division/Aga Khan Foundation Canada. Available at: www.bracresearch.org/workingpapers/changeinfnconsumption.pdf.［2015年8月現在、http://www.esocialsciences.org/Download/repecDownload.aspx?fname=Document119122006420.6366846.pdf&fcategory=Articles&AId=749&fref=repec で入手可能］

Hashemi, S (2006). Graduating the Poorest into Microfinance: Linking Safety Nets and Financial Services. CGAP Focus Note 34. Available at: www.cgap.org/portal/ binary/com.epicentric.contentmanagement.servlet.ContentDeliveryServlet/Documents/ FocusNote34.pdf.［2015年8月現在、http://www.cgap.org/publications/graduating-poorest-microfinance で入手可能］

Hossain, M and I Matin (2007). Engaging elite support for the poorest? BRAC's targeted ultra poor programme for rural women in Bangladesh. *Development in Practice*, 17(3), 380–392.

Hossain, M, B Sen and HZ Rahman (2000). Growth and distribution of rural income in Bangladesh: Analysis based on panel survey data. *Economic and Political Weekly*, 35(52/53), 4630–37.

Hulme, D and K Moore (2007). Why has microfinance been a policy success? Bangladesh (and beyond). In *Statecraft in the South: Public Policy Success in Developing Countries*, A Bebbington and W McCourt (eds.). London: Palgrave MacMillan.

Hulme, D and P Mosely (1996). *Finance Against Poverty*, Vol. I and II. London/ New York: Routledge.

Johnston, BF and WC Clark (1982). *Redesigning Rural Development: A Strategic Perspective*. Baltimore: Johns Hopkins University Press.

Korten, D (1980). Community organisation and rural development: A learning process approach. *Public Administration Review*, 40, 480–511.

Krishna, A, M Poghosyan and N Das (2010). How Much Can Asset Transfers help the Poorest? The Five Cs of Community-Level Development and BRAC's Ultra-Poor Programme. BWPI Working Paper 130. Manchester: Brooks World Poverty Institute. Available at: http://www.bwpi.manchester.ac.uk/resources/Working-Papers/bwpiwp- 13010.pdf.［2015年8月現在、http://www2.sanford.duke.edu/krishna/documents/UltraPoorDraft_2010August13.pdf で入手可能］

Lawson, D, D Hulme, I Matin and K Moore (eds.) (2009). *What Works for the Poorest? Knowledge, Targeting, Policies and Practices*. Colchester: Practical Action.

Matin, I (2002). Targeted Development Programmes for the Extreme Poor: Experiences from BRAC Experiments. CPRC Working Paper 20. Manchester: IDPM/Chronic Poverty Research Centre. Available at: www.chronicpoverty.org/resources/cp20.htm.［2015年8月現在、http://www.ipc-undp.org/publications/social/ExtremePoorCPRC.pdf で入手可能］

—— (2005a). Addressing vulnerabilities of the poorest: A micro perspective from BRAC. Paper presented at the *Annual Bank Conference in Development Economics*. Amsterdam. Available at: www.BRACresearch.org/publications/addressing vulner ability of the poorest.pdf.［2015年8月現在、http://siteresources.worldbank.org/DEC/Resources/84797-1251813753820/6415739-1257192326437/ImranMatin.pdf で入手可能］

—— (2005b). Delivering the "fashionable" [inclusive microfinance] with an "unfashionable" [poverty] focus: Experiences of Brac. Presentation at *ADB Microfinance Week*, Manila. Available at: http://www.adb.org/Documents/Events/2005/ADBmicrofinance- week/presentation-day1-03-matin.pdf.［2015 年 8 月現在、http://www.microfinancegateway.org/sites/default/files/mfg-en-paper-delivering-the-fashionable-inclusive-microfinance-with-an-unfashionable-poverty-focus-experiences-of-brac-2005_0.pdf で入手可能］

―― (2006). Towards a bolder microfinance vision for attacking poverty: The BRAC case. Presentation at DFID, London.

Matin, I and D Hulme (2003). Programs for the poorest: Learning from the IGVGD program in Bangladesh. *World Development*, 31(3), 647–665.

Posgate, D, P Craviolatti, N Hossain, P Osinski, T Parker and P Sultana (2004). Review of the BRAC/CFPR specially targeted ultra poor (STUP) programme: Mission report. Dhaka: BRAC Donor Liaison Office Unpublished report.

Rabbani, M, VA Prakash and M Sulaiman (2006). Impact assessment of CFPR/CFPR-TUP: A descriptive analysis based on 2002–2005 panel data. CFPR/CFPR-TUP Working Paper 12. Dhaka: BRAC Research and Evaluation Division/Aga Khan Foundation Canada. Available at: http://www.bracresearch.org/workingpapers/impact CFPR-TUP.pdf.［2015 年 8 月現在、http://research.brac.net/workingpapers/impact_tup.pdf で入手可能］

Rondinelli, D (1993). *Development Projects as Policy Experiments: An Adaptive Approach to Development Administration*. London: Routledge.

Sen, B and D Hulme (eds.) (2006). *Chronic Poverty in Bangladesh: Tales of Ascent, Descent, Marginality and Persistence*. Dhaka/Manchester: Bangladesh Institute of Development Studies/Chronic Poverty Research Centre. Available at: http://www.chronicpoverty.org/resources/cp43.htm.［2015 年 8 月現在、http://www.isn.ethz.ch/Digital-Library/Publications/Detail/?lang=en&id=127288 で入手可能］

Sulaiman, M and I Matin (2006). Understand Poverty Dynamics: Examining the Impact of CFPR/CFPR-TUP from Community Perspective. CFPR/CFPR-TUP Working Paper 14. Dhaka: BRAC Research and Evaluation Division/Aga Khan Foundation Canada. Available at: http://www.bracresearch.org/workingpapers/CFPR-TUP%20Working%20Paper 14.pdf.［2015 年 8 月現在、入手不能］

Uphoff, N (1992). *Learning from Gal Oya*. Ithaca: Cornell University Press.

Webb, P, J Coates, R Houser, Z Hassan and M Zobaid (2001). Expectations of Success and Constraints to Participation Among IGVGDWomen. Report toWFP Bangladesh. Mimeograph Dhaka: School of Nutrition Science and Policy/DATA Bangladesh.

World Bank (2005). *Social safety nets in Bangladesh: An assessment*. Report 33411– BD. Washington DC: Human Development Unit, South Asia Region, World Bank. Available at: http://siteresources.worldbank.org/BANGLADESHEXTN/Resources/ FINAL-printversion PAPER 9.pdf.［2015 年 8 月現在、入手可能］

Zaman, H (2005). The Economics and Governance of NGOs in Bangladesh. Consultation draft. Washington DC: Human Development Unit, South Asia Region, World Bank. Available at: http://www.lcgbangladesh.org/NGOs/reports/ NGO Report clientversion.pdf.［2015 年 8 月現在、入手可能］

第6部

満たされない需要を満たす
―― ジェンダーと教育

金融活動におけるジェンダーと
マイクロファイナンスのための教訓

イザベル・ゲラン* (Isabelle Guérin)

はじめに

　女性がマイクロファイナンスの主要ターゲットとされるのは、効率性と平等性という２つの理由からである（Armendáriz and Morduch, 2005；Mayoux, 2001）。だが、はたして女性に特有の経済的ニーズというものがあるのだろうか。あるとすれば、それはどのようなものなのだろうか。筆者が本論で追求しようとしているのは、奇跡のような解答でも標準的な解決策でもない。ジェンダー（社会的性差）に基づく規範や慣習は、金融に関するものも含めて、文化・地域・時代によって大きく異なっているからである。「女性」というカテゴリーで一括りにしているが、その内容は実に多種多様なので、女性限定のサービスを列挙しても、ほとんど意味はない。本論の目的は「ベストプラクティス」や成功物語を並べることではなく、金融活動におけるジェンダーを浮き彫りにし、これがアクセスや信用割り当てよりずっと複雑な問題であることを述べることにある（Johnson, 2004）。金融活動におけるジェンダーへの理解が深まれば、それがマイクロファイナンス業界を動かして、女性特有の需要に合ったサービスで革新につ

---

*「開発と社会」調査部（開発調査研究所／パリ第一大学（ソルボンヌ））、「マイクロファイナンスと雇用：プロセスは重要か？」（RUME）プロジェクトリーダー　CERMi

第6部 満たされない需要を満たす──ジェンダーと教育

ながるということも論証していきたい（Vonderlack and Schreiner, 2002）。

　本論では、初めのセクションで、筆者が「金融活動におけるジェンダー」という語句をどのような意味に用いているかについて述べる。次のセクションでは、女性主導型の金融回路の例を示していく。従来からの女性の金融慣習を分析することで──あるいは意識するだけでも──男女の両方がマイクロファイナンスをどう利用しているか、あるいはなぜ利用できずにいるかの理解を助けることになるだろう。また、ROSCA（Rotating Savings and Credit Association「輪番制貯蓄信用講」）の仕組みと論理的根拠の分析は、女性の金融面での連帯について、その広がりと限界の両方に光を当て、グループ貸付に有効な教訓を提供してくれるだろう。同じ流れで、現物による女性の金融回路を紹介する。その否定しがたい競争優位性を示すことは、これまで以上に需要に対応したマイクロファイナンスサービスの設計において有益なものとなるだろう。

1　金融活動におけるジェンダー

　ここで言う「金融活動におけるジェンダー」とは、いったい何を意味しているのだろう。金融活動におけるジェンダーは、供給と需要の両方によって作り出される（Johnson, 2004）。第1に、金融提供者が特定のルールを採用する場合、そのルールは大なり小なりジェンダーによる偏見を帯び、男女が直面するさまざまな制約に適合するとともに、信用価値を構築するのに用いられる手続き・担保の種類・判断基準に基づいたものとなっている。第2に、ほとんどの社会において、金融に関する権利と義務が男性と女性で異なっている。それ故、その権利と義務のジェンダーが、ほぼそのまま金融ニーズのジェンダーを形成するのである。

　金融活動におけるジェンダーは、ほぼすべて、女性に対する制限に置き換えられる。そうした制限には、たとえば、既婚女性は配偶者の同意なしに銀行口座を開くことを法的に認められないなど、公式かつ明確に定義付けられているものあるが、多くの場合、そうした制限は暗黙のうちに定義され、間接的な経路で広がっていく。

　フォーマルな金融に限ってみても、ジェンダーについての文献こそ少なく、ほとんどの分析が世帯内のジェンダーに関するものばかりではあるが（Fletscher, 2009）、世界的に見て、女性がフォーマルな銀行取引にアクセスしにくいということは言えるだろう（Armendáriz and Morduch, 2005；Fletscher, 2009；Mayoux, 1999；World Bank, 2001；World Bank, 2007）。こうした不平等は、さまざまな機関へのアクセス制限が積み重なった結果である。これに含まれるものとしては、就職市場への参加率が低いこと、相対的に収益の少ない伝統産業部門に押し込められていること、成長機会が少なく競争が激しいこと、資産とりわけ土地へのアクセスと管理が制限されていること、空間的な

移動が制約されていること（家事労働だけでなく、社会的な制約もある）、そして最後に、教育水準の低さ（官僚機構的な手続きに対処する能力が制限される）などが挙げられる。こうしたことのすべてが原因となって、女性は、フォーマルな銀行取引の資格を得るために普通必要な、フォーマルな実施機構をほとんど活用できずにいるのである。

　フォーマルな金融からの排除は、金融仲介の貧弱さを意味してはいない（Collins *et al.*, 2009）。実際には、女性は活発な金融活動を行っていて、インフォーマルな金融手段を中心に、数多くの金融商品を巧みに操っている。これにはビジネス目的のものもあるだろう。世界のさまざまな場所で、というのも、女性は市場を基盤とした小規模な活動に深く関与していて、定期的なキャッシュフローを必要としているからである。しかし、これは家庭内の目的によるものとも考えられるし、やはりそちらの方が一般的だろう（Collins *et al.*, 2009；Vonderlack and Schreiner, 2002）。

　しかし、どのような背景があるにせよ——たとえ世帯の予算管理システムに社会間および社会内の驚くべき多様性が表れているとしても——そこには繰り返し登場する制約がある。それは、家計のやり繰りが女性の責任とされているということで、しかも、アクセスできる資源がごく限られているばかりか、ろくに管理もされていないことすらある。自分の収入がある場合でも思いどおりに使えることはほとんどないし（とりわけ家父長制の強い社会ではそうである）、配偶者の収入にいたっては論外である。家庭予算としてどれほどの額が割り当てられようと——その割り当ても、たいていは不確実で不定期的なのだが——それで配偶者と子どもを食べさせ、衣類を整え、期限までに学校の月謝を納め、社交的儀式や宗教儀式も恥ずかしくない程度に行わなければならない。医療問題や来訪者、予期せぬ儀式といった、不意の需要にも対応することも求められる。それでいて、赤字になったりすれば、金銭管理がまずいとか浪費家だといってすぐに責め立てられる。このようなマネジャー役を引き受けて、不平も言わず、誰かに「懇願」したりもしないことが、人としての名誉の問題だと受け取られてしまう。

　過去数十年にわたり、世界各国で執筆されてきたおびただしい数の専門論文に目を通すと、収入をコントロールできないのに家計をやりくりしなければならないというパラドックスが、多くの女性にとって、今も日常生活の大きな特徴となっていることがわかる（Bruce and Dwyer, 1988）。多くの女性が経済的な依存状態を余儀なくされながら、今も世帯の予算管理に全面的に責任を負わなければならないとなれば、後はいくつもの戦略を展開するしかない。それが貯蓄であり、金銭の貸し借りであり、自前の金融回路の創出なのである。

　インフォーマル金融に関する実証的データは、フォーマルなものよりさらに少ないが、それでも、金融活動におけるジェンダーは、制約だけでなく、金融慣習の性質の違いにも表れているように思える。インフォーマル金融が普通担保としているのは、

第6部　満たされない需要を満たす——ジェンダーと教育

物理的な財産、人間関係、雇用（連結取引（interlinked transaction））の3つである（Adams, 1994）。こうした担保には、どれにもジェンダーによる差別があるため、所有・管理する財産も、属する社会的ネットワークも、従事する仕事も、男と女で異なっている。その結果、信用価値を高める方法も、接近する金融プロバイダーも、関わっていく金融回路も違ってくるのである。

　したがって、男性と女性が従事する職業の性質が、融資や貯蓄サービスへのアクセスとニーズに大きく影響してくることになる。連結契約を結ぶことによって、たいていは雇用主が信用の供給源になるが、その一方で、所得フローの頻度ばかりか、定期的な所得があるかどうかも雇用主まかせになってしまい、そのことでキャッシュフロー管理システムが——ひいては金融ニーズや返済能力が——条件付けられてしまう。小規模ビジネスや臨時の賃金労働は一般に女性の領域とされていて、少額ながら定期的な所得フローをもたらすが、それだけでは、たとえば農業や一定形態での移動労働のような、男性主導型の活動と同等のクレジット需要はもたらされないし、まとまった額のフローを貯蓄にまわす能力にも差が出てしまう。金融回路をジェンダーラインで分けることは男女にとっての意図的な選択でもあって、裁量権を維持しつつ、配偶者に管理されない活動の発展を促進するものとなっている（Shipton, 1995）。

　女性の金融へのアクセスが制限されているのは、なによりもパワーの不平等の問題である。歴史を通じて女性に対する制約の基盤になってきたものが、金融を含むマーケット分野からの排除であることには疑問の余地がない（Lemire et al., 2001）。だが、金融活動におけるジェンダーは、同時にアイデンティティの問題でもある。歴史学および人類学関連の研究は、過去と現在とを問わず、多くの社会で、ある種の品物や農作物の循環を女性がコントロールしていることを教えてくれる（Weiner, 1976）。そうした品物は特別な社会的・文化的価値を持つ場合が多いのだが、大半が古代通貨の役割も果たしていて、貯蓄や貸し借り、交換の対象となっている（Rivallian, 1994；Servet, 1984）。

　アクセスに関するジェンダーは、社会化のプロセスにおける違いも反映している（Johnson, 2004）。逆に、金融上のつながりが社会的な絆を形成することもあり、したがって、特定の金融サービスや金融プロバイダーの利用を選択することは、社会的な絆を維持し、固め、強化し、保護する手段にもなれば、反対に、弱めたり回避したりする手段ともなりうる（Servet, 2006；Shipton, 1995, 2007）。こうした絆には、ジェンダーによるつながりも含まれるが（Guérin, 2003, 2006；Villarreal, 2004）、それは以下で見ていくことになる。

2 女性主導型の金融回路

　極端な貧困および収入と支出の不釣り合いを補うために、女性は、さまざまな収入源、貯蓄、貸付、贈り物の交換などをやり繰りして、終わりのない曲芸を行っている。この曲芸は、家族からの管理を避けるため、あるいは少なくとも限定するために、人目につかない場所での秘密の慣習の形を取ることが多い。ROSCAおよび同種の貯蓄は、金融回路におけるジェンダーを示す好例だろう。どちらも、パワーと資源の非対称性のみならず、アイデンティティと社会化プロセスの違いを明らかにしてくれる。

2.1　ROSCA──女性の「連帯」の広がりと限界、およびグループ貸付のための教訓

　ROSCAは、女性主導の金融回路の恰好の例である。入手できる範囲の文献によれば、少なくともケニヤ（Anderson and Baland, 2002；Johnson, 2004）、南アフリカ（Burman and Lembete, 1996）、セネガル、ガーナ、タンザニア、ナイジェリア（Steel et al., 1997）、中国（Pairault, 2003）、インドネシア（Hospes, 1996）、インド都市部（Smets, 2006）などの地域の女性が利用しているようである。

　なぜそうなのだろうか。アルデネル（Ardener, 1964）や、先に述べたスワーンとファン・デル・リンデン（Swaan and Van Der Linden, 2006）が主張しているように、ROSCAのジェンダー的側面にはもっと注目するだけの価値があるのだが、この問題はすでに提起されていて、さまざまな説明が試みられてきている（Anderson and Burman, 1996；Anderson and Baland, 2002；Johnson, 2004）。

　第1に、上記のような理由でフォーマルなクレジットにも貯蓄にもアクセスが難しい状況では、ROSCAが、まとまった金額を手にするための唯一の手段であることが少なくない。すなわち、グループの最初の受益者にとってはクレジット、他のメンバーにとっては強制貯蓄という方法である。今ではよく知られていることだが、貧困層は、自ら制約を作り出す能力、とりわけ財務的な管理能力にすぐれている（Collins et al., 2009）。さまざまな背景の中で、ROSCAが義務的な貯蓄を強制する手段であり、自己規律のメカニズムとして働いていることが観察されている（Aliber, 2001；Bortei-Doku and Aryeetey, 1996；Collins et al., 2009；Guérin, 2006；Gugerty, 2007；Handa and Kirton, 1999；Kane, 2001；Rutherford, 2001；Southwold-Llewellyn, 2001）。セネガルの女性が語っているように、ROSCAのおかげで「現金を食いつぶす」ことを避けられるし、これがあるから「働かざるを得なくなる」のである。

　秘密性と自己裁量も要因の1つである。多くの専門論文が、誰にも知られず貯蓄できることと、家族や親戚の管理を逃れられるか、少なくとも制限できることを大きな要素としてあげている（Ardener and Burman, 1996）。マイユーとアナンド（Mayoux and Anand, 1996)、およびセティ（Sethi, 1996）は、インド南部の農村地域では、女性が現金を貯蓄したり保管したりするための秘密の方法として、ROSCA が非常に重要だと考えている。カメルーンについても、ナイジェル＝トマス（Niger-Thomas, 1996）が、ROSCA の秘密性は根本的なものだとしている。ケニヤでも、アンダーソンとバラン（Anderson and Baland, 2002）の行った分析が同じ結論に達していて、ROSCA の提供する「強制貯蓄の仕組みは、女性が自分の家庭に課すことができ、それによって世帯の貯蓄率向上に役立つ」ものだとしている（Anderson and Baland, 2002）。パパネクとシュヴェード（Papanek and Schwede, 1988）も、インドネシアについて同じような報告をしていて、現地の ROSCA であるアリサン（Arisan）は、夫に収入を管理させると濫用しがちな場合に、収入の使途を別に管理するための手段だと広く考えられている。

非流動性と自己裁量への選好は、周囲からの絶え間ない要求を考えれば、男性についても当てはまる（Shipton, 1995）。しかし上記で述べたように、女性は収入の管理権を持たずに予算を管理する重責を担わされているのだから、こうしたパラドックスを考慮すれば、秘密貯蓄は女性の方によく広がっていると考えることができる。

また、自己裁量の程度とそれを組織化する方法は、背景による差違が大きい。その点では、女性だけの ROSCA の方がやりやすいのは明らかだし、女性が独立して予算を管理したり、公共の場に出たりしたりといったことが許されている国、たとえばケニヤ（Johnson, 2004）、セネガル（Guérin, 2006）、カメルーン（Niger-Thomas, 1996）、南アフリカ（Verhoef, 2001）では特にそうだと思われる。こうした背景の下では、女性主導の ROSCA は広く知られていて、合法的な組織として認められている。男性は、妻が ROSCA のメンバーであることを知っているのが普通で、それを邪魔することもなく、ROSCA での貯蓄を、社会的に認められた口実として容認している。なかには、妻の負担金支払いを助ける男性もいるほどである（Niger-Thomas, 1996）。とはいっても、夫は妻の順番がいつ来るかは知らず、女性の方も、さまざまな工夫を凝らしてその情報を隠そうとする（Niger-Thomas, 1996）。男性が深く関わることを拒否する女性も珍しくない。これは資金管理だけでなく、情報管理の問題だからである（ケニヤに関しては Nelson, 1996；南アフリカに関しては Burman and Lembete, 1996 を参照）。

状況によっては、女性の移動や収入をプールすること自体への制約が大きいためだと思われるが、ROSCA をしていること自体を秘密にすることもある。取引は秘密にかつ慎重に、男性のいない昼間の時間帯を狙って行われる。男性の支配域が広く、場合によっては大家族による支配もあることを考えれば、地下活動しか解決の道はないのかもしれない（Guérin, 2008）。

しかし、男性支配に対する女性の抵抗運動としてのみ ROSCA を捉えるのは誤解につながる。たとえば、負担金の供出に毎回参加して、妻が ROSCA に参加しているのを積極的にサポートする男性もいる。なかには家族を基盤とした ROSCA もあって、

会員が世帯の代表者として参加している例もある。ロサンジェルスの韓国人ROSCA がその例だが（Light and Deng, 1996）、南インドでも同様の慣習が報告されている。

インセンティブの仕組みの多様さも、ROSCAにジェンダーが見られる理由かもしれない。多くの場合、女性の方が社会的圧力や恥の感覚に対して鋭敏なことは、スーザン・ジョンソン（Susan Johnson, 2004）がケニヤで研究した通りである。ケニヤの男性は、自分たちの文化は「個人主義的」である、ROSCAの規則の硬直性は好みに合わない、インフォーマルな拘束はうまくいかないと、はっきり語っている。これとは対照的に、女性は社会的圧力や道徳的圧力に反応しやすい。農作業や儀式の準備、さらにはその日その日を生き抜くために、つねに助け合う習慣ができている。集団での活動に慣れているというだけでなく、グループへの帰属意識が、地位とアイデンティティの一部になっているのである（Johnson, 2004）。

この観察結果は他の状況でも有効だろう。最初のROSCAは女性によって運営されていたようで、元々は集団的な慣習から派生してきたらしい。例としては、スーダンでアルデネル（Ardener, 1964）が研究したような、結婚式や葬式などの社会的義務を果たすための相互扶助、セティ（Sethi, 1996）が述べているような、南インドの余剰穀物の流通と管理から、セネガルでドロマイン（Dromain, 1995）が研究した輪番制労働などがある。

セネガルのROSCAであるトンティン（tontine）は、普通「女のすること」と言われている（Dromain, 1995；Guérin, 2006）。多くの女性が複数のトンティンに属しているが、そこには多様なニーズを満たすだけの金額と回数を確保するという経済的理由だけでなく、名声と世間体という社会的理由も絡んでいる。特別なトンティンに加入すれば、特別な社会的ネットワークのメンバーであることをアピールできるのである。

ROSCAに入ることによって女性が得る社会的・人的・感情的恩恵については詳しく研究されていて（Ardened and Burman, 1996）、ROSCAが女性に社会的地位を与えること（Burman and Lembete, 1996；Niger-Thomas, 1996）、連帯と相互扶助の源泉であること（Buijis, 1998）、とりわけ社会的・同族的ネットワークの弱い都市部や片親家庭でその傾向が強いことが示されている（Burman and Lembete, 1996；Verhoef, 2001）。また、集団での討論に参加する能力や、集団での問題を管理する能力といった新しいスキルを学習する場としての機能もある（Niger-Thomas, 1996）。ROSCAは、親族間のネットワーク強化だけでなく、その外に新しいネットワークを作る目的で利用されることもあるし、現実には、その両方を目的に、複数のグループに加盟していることが多い。

しかし、こうしたROSCAの社会性は必然的なものではないし、それは女性主導のROSCAについても同じである。これが当てはまるのは、たとえば中国の一部地域（Pairault, 2003）やインド（Mayoux and Anand, 1996；Guérin, 2008）、スリランカ（Southwold Llewellyn, 2004）では、金銭上の活動しかしないROSCAがある。会合はまったく開か

れず、主催者がすべての決済を処理する一方で、メンバーどうしで互いの顔を知らなかったりする。こうしたケースでは、加入動機は純粋に金銭的なものである。

金融システムとしてのROSCAの素晴らしさは、その活力、形態の多様さ、仕組みと分配法、相対的な安定性、そして金融不安の時や工業化・貨幣化が加速した時の適応力にある（Ardened and Burman, 1996；Bouman, 1977, 1994；de Swaan and vander Linden, 2006）。ROSCAのジェンダー的側面も注目に値するところで、女性の抵抗力や、自身の空間と回路を創造する力を如実に示している。とはいえ、ROSCAについて青臭い見方をしたり理想化したりしないよう、注意も必要である。

集団行動の形態に関しては、ROSCAにも独自の階級制と排除があって、それは女性という均質集団の内部であっても変わりはない。メンバーは慎重に選ばれ、そのことで社会的な地位の源を獲得するのだが、これは選択のプロセスに差別的な性質があることによる。ケニヤについては、ニキ・ネルソン（Nici Nelson, 1996）が、ROSCAの階級的な機能、およびリーダーの地位の強大さを論じている。ティエリ・ペロー（Thierry Pairault, 2003）は、中国の女性が、全面的な経済自立を法律で認められていながら、投資や資金貸付の実践を目的にROSCAを利用していると報告している。同様のことは南インドの農村地帯でも見られていて、女性が盛んにオークション形式のROSCAを行っている（Guérin, 2008）。

金融面での関係については、女性主導型の金融回路には二面性があって、連帯意識と階級組織の両方にとっての道具となっている。女性主導型の回路と金融戦略は、社会経済的な力関係に深く埋め込まれている。極貧層のメンバーにとって、経済的な絆はセイフティネットであると同時に、債権者への依存度を高めるものでもある。裕福な者にとっては、貸付は自分の権力を強化し、他者に影響を及ぼす有力な戦略となる。女性が利用するインフォーマルな金融慣習は、女性間に存在している不平等を露わにし、増幅させる可能性も秘めている（Guérin, 2006）。

以上のことを心に留めて、金融サービスにおける女性の集団行動が持つポテンシャルを過大評価しないようにしなければならない。集団貸付は、昔も今も、マイクロファイナンスの中心的イノベーションの1つとして考えられてきた（Armendáriz and Morduch, 2005）。物的担保の代わりに倫理的保証を認め、グループのメンバー相互に返済の責任を負わせるようにしたことで、原理としての集団貸付は金融市場の境界を拡大した。またこれにより、信用価値についての概念も修正された。

集団貸付のアプローチで最もよく知られているものといえば、やはり「グラミンモデル」だろう[1]。借り手は、4～7人が相互保証するグループに属してさえいれば、誰もがクレジットへのアクセスを得ることができる。村落銀行はアプローチが違って、20～50人という大きな集団を基礎としているが、連帯責任制については同様の考え方を採用している。村落銀行は、クレジットへのアクセス以外にも、集団能力

とエンパワーメントの推進を目的として設立されたものが多い。この種のやり方は、国際地域社会援助協会（FINCA）がラテンアメリカで、開発調査国際センター（Centre International de Développe,ent et de Recherche: CIDR）が西アフリカで始めたもので、現在はプロムヘル（Pro Mujer）や「飢餓からの解放」（Freedom from Hunger）といった組織も用いている。自助グループ（self-help group: SHG）はさらに進んだ方法で、これはインドネシアで始まり，1990年代末からはインドでも大規模に取り入れられてきている。SHGは小規模銀行のようなもので、15～20人のメンバーで構成される。銀行との連携が大きな特徴だが、ここでも連帯責任が基本原則となっている。

　いくつかの世界的なデータベースによると、村落銀行および集団貸付業者の顧客は大半が女性で（Cuu et al., 2006；D'Espallier et al., 2011）、この点はインドの自助グループも同様である（Srinivasan, 2009）。その理由としては、効率と平等に関するさまざまな要因を挙げることができる。すなわち、一方では、女性はグループでの作業やグループミーティングへの参加、社会的圧力への順応に関するスキルが高いと考えられている（Armendáriz and Morduch, 2005；Mayoux, 2001）。また他方では、少なくとも一定の形態での集団貸付は、集団行動や「社会資本」、エンパワーメントを推進する効果的な手段と考えられている。いずれも、女性が特に必要としているものである。

　グループ貸付のアイデアはここ数十年で広く知られるようになり、取引コスト削減論者とエンパワーメントプログラムによって広がってきた。しかしその成果に関する限り、実証的な証拠からは、複雑な全体像が浮かび上がってくる。

　一部の例では、グループ貸付はまったくと言っていいほど機能していない。その主な原因は、それ以前に存在しているべき「社会資本」の欠如である（Bhatt and Tang, 1998；Bastelaer and Leathers, 2006；Chao-Beroff, 1997）。こうした結果は都市部でも農村部でも見られるが、大規模な移動労働者の流れがある地域で特に著しい（Chao-Beroff, 1997）。

　グループミーティングは非常に時間の掛かることがあるので（Guérin and Palier, 2005；Lazar, 2004；Molyneux, 2002）、時間管理は、男女間の不平等が如実に現れる場となる。経済的目的のために協力し合っているからといって、参加している女性の全員が、長時間を共に過ごせる立場だとは限らないのだ。

　集団貸付の基本原理には透明性と民主的運営も含まれるが、それを支えているのは、たとえばリーダーの輪番制や集団による意思決定である。どちらも優れたガバナンスの問題であるとともに規範を伝える手段でもあることから、自己管理と自己組織化の促進が期待されている（Doligez, 2002；Baumann, 2002）。たとえばインドのSHGは、帳簿が正しく管理されていれば外部からの貸付を受けることができる。しかしこの条件は、女性を拘束している守秘義務と合致するとは限らない（おそらく男性でも同じだろうが）。また、同じグループに属している女性の多くは、すでに複数の（しかし秘密の）

相対債務に縛られている。こうした秘密行動は、男性による支配や周囲からの絶え間ない要求を逃れるためのものなのだが、集団での透明性ある運営とは相性がよくない。こうしたオープンさのために、なぜ特定のローンが○○に与えられるのか、貸した方も別のグループに数カ月前から借金をしているではないか、などと問い詰められたりして、具合の悪いことにもなりかねないのである。

「マッチング問題」も集団貸付の弱点である。多くのケースで、女性のニーズを均一だと考えてしまっているのである。メンバーのニーズが時間とともに変化し、多様化することもあるのに、グループ貸付ではこれに対応できない。金融サービスとして最低限の同一性が求められるからである（Mknelly and Kevane, 2002；Morvant-Roux, 2007；Paxton, 1996）。借り手が内部で密かに都合をつけ合う例が、ケニヤ（Johnson, 2004）やメキシコ、インド（Morvant-Roux and Guérin, 2009）で見られるが、これはグループ貸付の硬直性を和らげ、柔軟さを増すための1つの方法と言えるだろう。ただし、グループ内のやり繰りというこの方法は、最も力のあるメンバーがグループを牛耳るのを助長したり、貸付額が返済能力を上回って過重債務を引き起こしたりする危険性も孕んでいる。

借り手にとっての悪影響も報告されている。過剰な圧力が大きな社会的損失を招くこともあるし（Lazar, 2004；Montgomery, 1996；Rahman, 1999）、返済や借り手の選考にまつわるトラブルから、内面の葛藤に苦しんだり、利己的な行動に走ったりといった例がある（Molyneux, 2002）。グループ貸付は、裕福なメンバーが、金融サービスを含めた資源ばかりか、関連する戦略的契約までも手に入れ、あるいは独占する機会ともなりかねない（Coleman, 2006；Guérin, 2003；Mayoux, 2001；Molyneux, 2002；Rankin, 2002；Wright, 2006）。そのため、グループ貸付は平等な条件下でのみ利用されるべきだとする論者もいるほどである（Gentil, 2004）。

こうしたすべての理由を根拠に、グループ貸付は批判の対象となることが多くなり、ついには、取引コストを女性の借り手に転嫁するための主要な手段であると非難されるまでになった（Guérin and Palier, 2005；Mayoux, 2001；Molyneux, 2002；Rankin, 2002；Rao, 2008；Wright, 2006）。たしかに、グループ貸付を青臭い「理想主義的な」ものと考えることには2つの大きな危険性がある。1つは協力を「強制される」危険性で、これはグループに参加することの代償、なかでも時間に関する代償を過小評価している（Mayoux, 2002）。そしてもう1つは、不平等が拡大して階級化が（ジェンダーによる階級化も含めて）進むという危険性で、とりわけ女性内部でも階級化が進む危険性がある。しかし、だからといって集団貸付というアイデアを完全に捨て去ったり、ただの「手垢のついた」方法（Harper, 2007）と決めつけたりしていいのだろうか。筆者は、集団貸付そのものは良くも悪くもない、すべては現地の背景、不測の状況、そして実施方法次第であると考えたい。次に挙げる要素を考慮に入れれば、集団貸付をもっと

有効に活用できるはずだ。

(1) 女性はグループに属することを「好む」と決めつけていることが多いが、実際には、女性どうしの連帯というのは現実のものではなく、ジェンダー政策の神話の部分が大きい（Cornwall, 2007）。ある場所、ある時代には存在するかもしれないが、決して普遍的な法則と受け取るべきものではない。集団を対象に貸付を行うかどうかの決定は、あくまでも現地環境の分析結果を唯一の指標とするべきである。

(2) ROSCAの例に見られるように、地域的な女性の連帯が存在するとしても、それで女性が集団貸付の方を好むということにはならない。他の形態の社会的ネットワークと同じで、ROSCAの多くは、その階級的な関係ゆえに、保護と抑圧の両方の源泉として機能している。実際には、女性も個人融資を望んでいるのかもしれない。もし個人融資が可能になれば、自分の属している地元社会のネットワークの重さを、少なくとも部分的には軽減する手段となるからである。

(3) さらに言えば、ROSCAのメンバーになったからといって、集団貸付を有効に運用する力が自然に身につくわけではない。フォーマルな借り手のグループを運営していくには、特定の行動規範や規則に誘導していくことが必要になってくる。実証的な証拠から、グループ貸付をうまく機能させるには訓練が有効だということがわかっているが、同様のことは、返済においても（Paxton, 1996）、メンバーのエンパワーメントにおいても（Voelvet, 2002）確認されている。しかし、マイクロファイナンスの推進者には、グループ管理のための訓練を軽視する者が非常に多い。

(4) 実証的な証拠からは、グループ貸付の効果を挙げるにはリーダーシップが重要であることも示されている。これも、やはり返済実績（Paxton, 1996）とエンパワーメント（Voelvet, 2002）の両方について言えることである。たとえばインドでは、各グループリーダーが、経済的にも社会的にも最大の利益を享受していることが報告されている（EDA, 2005）。リーダーシップはあらゆる性質の集団活動に不可欠なものであり、グループ貸付も例外だと考えることはできない。ただ、少なくとも特別な訓練と監視手段によって、リーダーシップのマイナス影響、とりわけ以前からの階級性を抑える助けとはなるだろう。

(5) 民族に関するものであれカーストや職業に関するものであれ、グループメンバー間の均質性と近縁性という課題は、これまで大きな注目を集めてきているが、その評価は二分されている。一方では、近縁性のレベルが高ければ、お互いをよく知っているので資格審査やモニタリングのプロセスが向上することから、返済実績が上がるという見方がある。しかし他方、近縁性のレベルの高さは、貸付返済を促す圧力を弱めるという意見もあるほか、メンバー全員が共変関係にあるため、馴れ合いやドミノ現象を引き起こす可能性もある。実証的な証拠は、プラス面とマイナス面

の両方の結果を示していて、そのまま使えるようなお手軽な解決策は見当たらない。ここでまた、現地の社会経済的な環境次第ということになってくる。

(6)　過剰な社会的圧力によるリスクに関しては、2つのことが勧告できるだろう。第1は、マイクロファイナンスの推進者は、そうした圧力が存在することを認め、それをモニタリングシステムに組み込むことである。第2は、連帯責任の原則からは、漸進的貸付や定期返済といった個人的なインセンティブは出てこないということである（Morduch, 1999；Lapenu et al., 2000）。

(7)　多くの借り手グループでは透明性がないが、それが必ずしも民主主義の不在や基金の不正使用の徴候だという訳ではない。実際には、自由裁量や柔軟性の向上へ向けたニーズの反映だということもある。そうした状況では、今挙げたような要素にもっと対応できる金融サービスをデザインすることが有効だろう。

2.2　現物貯蓄にみられるジェンダー──貯蓄動員のための教訓

貧困層にとっては、家畜や宝石、ビーズ、衣類などの現物で貯蓄する方がずっと有益な場合が多い。貯蓄に利用される品物は、経済的な面でも社会的な面でも、いくつかの機能を満たしている（本書のGuérin et al. を参照）。そして、その違いはたいていジェンダーラインに沿って表れる。

第1に、女性は財産へのアクセスを制限されていることが非常に多いため、所有したり管理したりできる品物の範囲が限定されている。第2に、品物や作物、天然資源にも社会的価値があり、性によって異なる価値が与えられていることが挙げられる。マグダレーナ・ヴィジャレアル（Magdalena Villarreal, 2004）が述べているように、価値の計算には意味や行動の複雑な網が絡んでくる。現地での価値判断の基礎となるのは、社会的関係とアイデンティティ（ジェンダー・アイデンティティも含む）であって、立派な肩書きや法的書類は二の次なのだという。

ヴィジャレアルは家畜の評価と所有権を例に挙げていて、それによると、メキシコ農村部では家禽類が女性の財産領域とみなされているため、女性が資源の管理をし、売る時期を決め、売却して得た収入を管理しているとしている。貴重な蛋白源として、卵と家禽類は世帯の食の質を維持するうえで大切なものだ。また、頻繁に交換・貸借・売却できる資源であることから、短期資本としても考えられているほか、社会的なつながりや連帯の強化にも役立てられている。対照的に、牛は男性の領域で、女性が成育に関わったり、時には法律上の所有者になったりしている例もあるが、売買は男の仕事で、得られた現金は男性が管理するし、牛を所有することから派生する社会的地位は、男性にとって何よりのステータスとなっている（Villarreal, 2004）。

ジェンダーラインによる所有権と評価の区分の仕方は文化によって大きく異なるし、

金融活動におけるジェンダーとマイクロファイナンスのための教訓

　同じ文化の中でもさまざまである。たとえばガンビアを含めたいくつかの地域では、家畜は男性の資源、金銀の宝飾品類は女性の領域となっている（Shipton, 1995）。

　同様の区分は、ある種の農作物や天然資源の管理に関しても見られる。モロッコの農村部では、最近まで、アルガンツリーの果実［訳注・搾って採れるアルガンオイルを食用にしたり化粧品にしたりできる］が、女性にとって主要な貯蓄の形態だった（Jaussaud, 2003）。ブルキナファソでは、シアカーネル［訳注・シアバターノキ（別名カリテ）の種子から採れる］が同じ役割を果たしている（Sausssey, 2009）。どちらの場合も、果実がいくつもの機能を果たしていて、栄養源としても医薬品としても（アルガンオイルとシアバターには高い治療効果が認められている）利用されているほか、オイルランプの燃料にもなっている。アルガンやシアバターノキの果実には緩衝材としての機能もある。収穫した果実のナッツ（核）を蓄えておいて、非常の場合に売却するのだ。ナッツの生産と流通には、女性どうしの社会的関係を形成する働きもある。第1に、ナッツを作るまでには採集・製造・加工といったさまざまな工程があるため、集団作業が必要になってくる。第2に、ナッツは女性の間で集中的かつ継続的に循環していて、特別な出来事にも非常時にも用いられるのである。

　南インドの農村部では、金（きん）が女性にとって最も一般的な貯蓄形態となっている（Guérin, 2008）。これは女性が所有する数少ない財産の1つで、結婚する時に親から引き継いでくる。慣習として多くの男性は、それを躊躇なく横領して、売り払ったり担保にしてしまったりする。ただし、そうした男性による横領は、さまざまな理由から、限定的なものとなっている。

　宝飾品といっても千差万別で、なかには非常に部分的な宝飾品もある（たとえば女性がネックレス用に使う非常に小さな玉）。女性の間では多くの宝飾品が循環していて、贈り物として交換し合うことで連帯感を生み出し、絆を強めるのに役立っている。男性が宝飾品の貨幣価値を評価するのは難しいが、女性は経験豊富で、金（きん）と金メッキを見分けたり、偽物の中から本物を探し出したり、身につけているうちに価値が下がってくるのを見定めたりすることができる。そこで、こうした側面を利用して、自分の持ち物の価値を低く見せかけたりする。質屋の主人との交渉などではさらに威力を発揮する。利率はほとんど変わらないが金（きん）1グラム当たりの価格には差があるといった状況で、徒党を組んで店に出向き、値段の交渉をするのだ。対照的に、男性は集団で出掛けることを嫌い、自由に行動する方を好む。金（きん）を担保に入れることは女性の領域と考えているからである。

　金（きん）は緩衝材だと考えることもできる。問題が起きた場合は担保に入れたり、時には売却したりすることも多い。女性に、非常事態にどう対処するかと尋ねると、まず返ってくる答えは「耳や手に着けている物」である。金（きん）はある種の長期貯蓄でもある。子どもの結婚に備えて金（きん）を買おうとするのは、結婚式のほか、

あちこちに贈り物もしなければいけなくなるからだ。しかし金（きん）は、何にも増して見せびらかしの道具であり、社会的なステータスを外部に示すためのものである。インドの女性は、結婚式や成年式といった社会的・宗教的儀式になると、宝飾品で身を飾る。サリーなどの衣服と並んで、宝飾品も、地位での階級を表す目印なのである。最後にとりわけ大事なことだが、金（きん）のレートは着実に上がっていくので、投機として極めて有効な手段となる。こうしてみると、女性が現金より金（きん）での貯蓄を選ぶ傾向にある理由がよくわかる。

　こうした資産と価値の社会的な意味、価値の社会的な構造、そしてジェンダーラインに沿った価値の区分と階級化といったものすべてが、なぜ・どのようにして女性が──男性も同じだが──マイクロファイナンスサービスを利用するのか、あるいは利用できないのかを理解する助けとなる。たとえば、女性はリスクを冒したがらないので、貸付より貯蓄を「好む」とよく言われる。しかし、これもすべての場所に当てはまるわけではない。さらに言えば、貯蓄するにしても、女性には女性の尺度があり、それがマイクロファイナンス組織の考えるものと違っていることもあるのである。

　インドを例に取ると、MFIが女性を動員して貯蓄に向かわせることは、貯蓄を推進するはずのSHG（自助グループ）内部ですら難しい。女性は、余剰金があれば自分の回路に余剰金を投資したがることが多く、グループ貸付に付きものの透明性は好まれない。自身の「地下」ネットワークを拡大・強化して、金（きん）を購入するほうが好まれるのである（Guérin et al., 2009）。

　男性向けのSHGを立ち上げることも試みられたが、やはり失敗に終わっている。現時点で「女性的」とされている慣習と関わるのは嫌だからである。これはアイデンティティと体面に関わる問題だが、同時に、行動の自由の問題でもある。男性にも独自の金融回路があって、その一部は村の外の仕事場にある。これは村のコミュニティや、妻を含めた親族に知られないためである。

　不適切なサービスを提供することで、マイナスの副作用を招く怖れもある。モロッコの農村部では、貯蓄組合と女性向けのクレジットが、アルガンツリーの果実流通を土台にした現地女性の回路を大きく歪めてしまったと見られる（Jaussaud, 2003）。

　現地の特殊性と制約に合った金融サービスを提供したければ、まずは現地の女性と男性の金融回路、それも現金と現物の両方の回路について最低限の知識を持つことが、不可欠とは言わないまでも、おおいに役に立つはずである。すなわち、どういう形で・どんな目的で貯蓄しているのか、重要と考えられている基準は何なのか（安全性、匿名性、流動性、取引経費の安さ、自己規律、社会的アイデンティティ、投機など）、そのうえで、マイクロファイナンスによって既存の慣習の欠点を補うにはどうすればいいかを考えるのである。以下の提案は、男性にも女性にも適用できるものがほとんどのはずだが、いずれについても、ジェンダーによる特異性が見られる場合には、つねに念

頭に置いておくべきである。

(1) 女性が何にも増してクレジットサービスを必要としているように思えるケースもある。西アフリカの金融機関連合（Confédération des Institutions Financièrs: CIF）は、マイクロファイナンス協同組合のネットワークで、大半のメンバーは男性なのだが、過去20年にわたって、特に女性のためにデザインしたイノベーションを数多く開発してきている。協同組合運動の基本原理は「まず貯蓄」だが、CIFのイノベーションは、大半がクレジットを基本としている。こうした状況では、経験から言って、多くの女性は現金貯蓄には関心がない。所得創出活動に関わるなら、運転資金の高回転率が求められるからである（Ouadréagago and Gentil, 2008）。

(2) 時間と移動に関する制約は、どちらも男性より女性への影響の方が大きいので、これに対応するためには、家庭や職場を基点にしてサービスを提供するのが、女性に貯蓄を奨励するよい方法となるのではないだろうか（Vonderlack and Schreiner, 2002）。インフォーマルな貯蓄集金人が活動しているところもあるし、なかには、家庭を基点としたサービスを実施して成功したマイクロファイナンス機関もある。これが当てはまるのが、たとえばインドのグジャラート（Gujarat）にある自営女性労働者協会（Self-Employed Women's Association: SEWA）銀行であろう。SEWAは女性中心の信用金庫で、約17万5000人の加入者のほとんどが女性である。この銀行では、貯蓄の集金が強みの1つとなっている。1970年代から続く戸口までのサービス提供こそが、成功の要因だといっていいだろう。「お得意さま係」と呼ばれる移動代理人が、顧客の選んだ間隔――通常は毎日もしくは毎週――で玄関先まで出向き、貯金と返済金を集めていく。組合としての取引経費は高くなるが、返済率が向上することと、顧客の側の取引経費が抑えられる分だけ貯蓄の動員が増えることで相殺されている。

(3) 各家庭に保管金庫を設置するという代替戦略もあって、これならば、日々の取引経費なしに、毎日の貯蓄を奨励することができる。この方法は、パキスタン、バングラデシュ、インドのさまざまなマイクロファイナンスNGOが実施しているし（Guérin et al., 2005）、他の国でも行われていると思われる。このアプローチの主な目的は、取引経費の削減と流動性を結び付けることで、陶器の壺を使った既存のインフォーマルなシステムを取り入れている。陶器の壺では、蓄えを取り出すには壊さなければならないが、金属の箱を使うことで、流動性と安全性を両立することができる。箱は鍵をかけて家庭で保管し、2週間ごとにやってくるNGOの職員がそれを開けて、中の現金を引き出して使うか、銀行口座に移すかを貯蓄者に選んでもらう。貯蓄機関が民営であるため、家庭間の不平等が公になることはない。保管金庫の成功例は、パキスタンの、元奴隷労働者を対象とした収容所などで見られるが

（Guérin *et al.*, 2005）、どこでもうまくいくという訳ではない。たとえばインドのタミル・ナードゥ（Tamil Nadu）州の農村地帯では、プロジェクト開始時こそ歓迎されものの、すぐに放棄されてしまった。強い社会的ネットワークのある地域では、金（きん）や相互融資のような一般的な貯蓄形態の方が、現地の希望や制約に合致するのである。

(4) 現物貯蓄の重要性を考えると、現地で価値の高い特定の品物を基礎に貯蓄インセンティブを付けるのも、需要を満たす良い方法かもしれない。これについても、SEWAの例が有益なヒントになる。ボーナスとして金（きん）を付けた長期預金を提供したところ、これが大変な人気商品になっているようだ。

(5) 普通、人は特定の目的のために貯蓄するので、契約貯蓄の原理が、その目的に向けたインセンティブとなることもあるだろう（Manje and Churchill, 2002；Collins *et al.*, 2009）。男女間で金融面での責任範囲が異なる場合は、こうしたサービスも男女別にデザインしなければならないかもしれない。一部のインフォーマルなサービスに、そのモデルになりそうなものがある。たとえばインドには、ヒンズー教の最も大きな祭礼の1つであるディーワーリー（Dipawali）のための1年貯蓄がある。毎月一定額を貯蓄し、祭礼の日が来るとまとまった金額を、金（きん）やお菓子という形で、市場価格より安い値段で受け取るのである。この慣習は、これ以外にも、出産、入学、家の改装、宗教的儀式など、将来に予想される行事についても適用できるはずだ。ジョンソンとキダー（Johnson and Kidder, 1999）は、メキシコでのこの種のサービスを調査しているが、貯蓄の預け入れは毎週だが、引き出しは年3回、学校年度と出産の時と定められている。

(6) 最後にとりわけ大切なことだが、マイクロファイナンスの推進者は、貯蓄動員では何にも増して信頼が大切だということを忘れてはならない（Servet, 1996）。もっとも、そのこと自体は男女どちらにも当てはまることだが、信頼関係を築き上げるプロセスについては、男女で違いがあるかもしれない。

3 結 論

女性をターゲットにすることは、現代マイクロファイナンスの特殊性の1つであり、認知されるべきである。貧困層のためのフォーマル貸付の歴史では、女性をターゲットにすることは非常に珍しいことだったのだから（Lemire *et al.*, 2001）、これは大きな一歩を踏み出したことになる。しかし、マイクロファイナンスの商業化が進むにつれ、そうした女性への焦点が懸念材料ともなっている（Cull *et al.*, 2008；Mayoux, 2007 本書所収）。さらに言えば、その名に値するだけの金融包摂を達成するうえには、まだ多

くの仕事が残されている。これをアクセスだけの問題と考えてはならない。政策決定者は、マイクロファイナンスがどのように利用されているかについても調査する必要がある。筆者は、以前からある金融上の慣習と、そこに見られるジェンダーへの理解を深めることが、女性のニーズに合致した金融サービスをデザインするうえで助けになると考えている。ここまで、述べた集団貸付と貯蓄動員のための具体的な勧告を示してきたが、金融とジェンダーとしては、もっと幅広い教訓を得ることができる。

(1) 第1の教訓は、需要についての認識を向上させることで、そのためには、現地の社会経済的な現実に関する知識が必要となる。本論では、さまざまな例を挙げて、金融慣習の底流に流れる動機と根拠の証拠を提供してきたつもりだが、マイクロファイナンスの推進者が、女性の動機の多様性と複雑さを理解してきているどうかは定かではない。スーザン・ジョンソン（Susan Johnson, 2004, 2007）が述べているように、金融サービスへの需要とそうしたサービスへの影響を形成するうえで、ジェンダーがどんな役割を果たしているかを理解するには、女性が直面しているさまざまな障害と制約を、現地の事情に照らして分析しなければならない。ここから、2系統の疑問が生じてくる。

(2) 1つめは金融慣習に関係するものである。男女の消費および資金調達のパターンで、主要な原因は何なのだろうか。どれが問題を起こしやすく、また、どのような場合にマイクロファイナンスの介入が望ましく、かつ現実性があるのだろうか。男女はどのようにして貯蓄しているのか、どこで・誰から借入れているのか、また、その条件・形式・担保・インセンティブの仕組みはどうなっているのだろうか。そうした、以前からある金融慣習の強みと弱みは何なのだろうか。現地の金融情勢や慣習、ジェンダーラインに沿った区分をマッピングしていくことは、まだ満たされていないニーズを認識し、それをマイクロファイナンスで補完できる可能性を探る一助となるだろう。

(3) 2つめは社会問題に関係するものである。これについては、現地の社会ネットワークの基本を知ることが、現地に適合した担保を設定するのに役立つだろう。集会や討論、会議や集団行動に関して、現地の慣習はどうなっているのだろうか。こうしたものは、どのような線で組織され、その中でジェンダーは、コミュニティ、職業、宗教、友人関係といったカテゴリーと並んで、どのような役割を果たしているのだろうか。ジェンダーラインに沿ったネットワークの区分けと、それが暗示する階級化の度合いをマッピングすることで、どの要素を土台に積み上げていけばよいかを認識する助けとなるだろう。こうした疑問に答えていくことで、サービスのタイプだけでなく、混合の程度を——言い換えれば、与えられた条件下で、女性に限定したプログラムが必要かどうかを——判断する助けにもなるはずである。

(4) インフォーマルな慣習を基礎とすれば非常にうまくいくことが多いし、突き詰めれば、金融活動のイノベーションの多くは、以前からある慣習に少し手を加えただけだとも言える。しかし、なかには不平等の源となっているものもある（先に述べたグループ貸付のように、女性間の不平等を生むものもあれば、男女間の不平等を作り出すものもある）。社会的圧力は、グループ貸付によるものであれ世間的なものであれ、現代マイクロファイナンスの一大イノベーションである（Armendáriz and Morduch, 2005）。とはいえ、競争が激しく、規制による拘束が増加し、さらには近年のような経済危機に見舞われる状況では、社会的圧力の原理は——本来なら、担保の不在を克服し、したがって不平等の軽減につながると期待されているはずなのに——強制的な取り立て手段へと容易に移行してしまいかねない。そして、この強制的な取り立て手段に誰よりも敏感に反応するのは、最も社会から無視された人びとであり、とりわけ女性である。あらゆる開発プロジェクトと同様に、社会的圧力という手法が抱えている課題は、既にある現地の慣習やネットワークを利用して、プロジェクトの社会的統合と割り振りを実現しつつ、しかし、既存の不平等を温存・再生しないというところにある。

(5) 女性だからといって、全員が均質ではないことを受け入れることも大切である。女性は、利益を共有する集団とみなされることが多いが、均質な集団ではない。たいていは、一人ひとりの経歴や状況の違いを基礎とした、多様なサービスが必要となる。西アフリカのCIFは、今でこそ女性メンバーの獲得に成功しているが、初期の実験の多くは、さまざまな理由から、限定的な成功に終わっている。具体的には、女性に金融上の制約があるために「まず貯蓄」の方針が合わなかったこと、グループ貸付と連帯責任がうまく機能しなかったこと、集団プロジェクトに焦点を置き過ぎたこと、女性の多面性から見て供給が不適切かつ画一的であったこと、そしてプロ意識が欠如していたこと、などが挙げられる。最後には、10年以上にわたるさまざまな実験と試行錯誤を経て、ようやく女性メンバーが増加したのだが、これは主に、貸付額、貸付期間、担保設定などに関して、サービスが多様化した成果だと言えるだろう（Ouadreagago and Gentil, 2008）。

(6) 融資にアクセスしようとする女性が特定の制約に直面するのは間違いないし、それゆえに、女性には特別な注意が払われてしかるべきである。しかし、金融排除は単なる「女性問題」にはとどまらない。ほかにも、たとえば若者や低位階級の者、少数民族といった周縁集団に関わる問題でもある（Johnson and Nino-Zarazua, 2010）。多くの男性もマイクロファイナンスサービスを必要としているし、男性を排除することは非生産的であるばかりか、危険でさえある。それによって、家庭や地域、地元コミュニティ内の緊張を高める原因にもなりかねないからである（Mayoux, 2001）。

注

1. このモデルは、クレジット政策の開発初期には、世界各地ですでに実施されていたものだが（Gentil, 2004）。バングラデシュのグラミン銀行（およびボリビアのバンコソル（BancoSol））によって、マイクロファイナンスの世界で有名になった。

参考書目

Adams, DW (1994). Using contracts to analyse finance. In *Financial Landscape Reconstructed: The Fine Art of Mapping Development*, Bouman F and O Hospes (eds.), pp. 11-2;11-7. Boulder, CO: Westview Press.

Aliber, M (2001). Rotating savings and credit associations and the pursuit of selfdiscipline: An Institutional Perspective. *World Development*, 26(4), 623–637.

Anderson, S and J Baland (2002). The economics of Roscas and intrahousehold resource allocation. *Quarterly Journal of Economics*, 117(3), 963–95.

Ardener, S (1964). The comparative study of rotating credit associations. *Journal of the Royal Anthropological Institute of Great Britain and Scotland*, 94(2), 201–29.

Ardener, S and S Burman (eds.) (1996). *Money-Go-Rounds: The Importance of Rotating Savings and Credit Associations for Women*. Washington DC: Berg.

Armendáriz, B and J Morduch (2005). *The Economics of Microfinance*. Cambridge: MIT.

Baumann, E (2001). Burkina Faso: heurs et quelques malheurs de la microfinance. In *Exclusion et liens financiers. Rapport du Centre Walras 2001*, Servet, JM and D Vallat (eds.), pp. 214–226. Paris: Economica.

Bhäre, E (2006). Changing independencies and the State. How financial mutuals have changed in south Africa. In *Mutualist Microfinance Informal Savings Funds from the Global Periphery to the Core?* Swaan, A and M Linden (eds.), pp. 31–66. Amsterdam: Aksant.

Bhat, N and S Tang (1998). The problem of transaction costs in group-based microlending: Seed loans in Southern Zambia. *World Development*, 34(10), 1788–1807.

Bortei–Doku, E and E Aryeetey (1996). Mobilizing Cash for Business: Women in Rotating Susu Clubs in Ghana. In Money-Go-Rounds: The *Importance of Rotating Savings and Credit Associations for Women*, Ardener, S and S Burman (eds.), pp. 77–94. Washington DC: Berg.

Bouman, F (1977). Indigenous savings and credit societies in the third world: A message. *Savings and Development*, 3(4), 181–218.

——— (1994). Roscas and ascras: Beyond the financial landscape. In *Financial Landscape Reconstructed: The Fine Art of Mapping Development*, Bouman, F and O Hospes (eds.), pp. 22/1–22/10. Boulder, CO: Westview Press.

Bruce, J and DH Dwyer (eds.) (1988). *A Home Divided: Women and Income in the Third World*. Stanford: Stanford University Press.

Buijs, G (1998). Saving and loan clubs: Risky ventures or good business practice? A Study of the importance of rotating saving and credit association for poor women. *Development Southern Africa*, 15(1), 55–65.

Burman, S and N Lembete (1996). Building new realities: African women and Roscas in Urban south-Africa. In *Money-Go-Rounds: The Importance of Rotating Savings and Credit Associations for*

Women, Ardener, S and S Burman (eds.), pp. 23–49. Washington, DC: Berg.

Chao-Bernoff, R (1977). Developing financial services in disadvantaged regions: Selfmanaged villages' savings and loan associations in the Dogon regions of Mali. In *Microfinance for the Poor*, Hartmut S (ed.), pp. 87–108. Paris: OECD.

Coleman, B (2006). Microfinance in northeast Thailand: Who benefits and how much? *World Development*, 34(9), 1612–1638.

Collins, D, J Morduch, S Rutherford and O Ruthven (2009). *Portfolios of the Poor: How the World's Poor Live on $2 a Day*. Princeton: Princeton University Press. (邦訳『最底辺のポートフォリオ：1日2ドルで暮らすということ』大川修二 訳　みすず書房　2011.12)

Cornwall, A (2007). Myths to live by? Female solidarity and female autonomy reconsidered. *Development and Change*, 18(1), 149–168.

Cull R, A Demigüc–Kunt and J Morduch (2008). Microfinance meets the market. Policy Research Working Paper 4630, Washington DC: World Bank.

D'Espallier, B, I Guérin and R Mersland (2011). Women and repayment. A global analysis. *World Development*.

de Swaan, A and M van der Linden (eds.) (2006). *Mutualist Microfinance Informal Savings Funds from the Global Periphery to the Core?* Amsterdam: Aksant.

Doligez, F (2002). Microfinance et dynamiques économiques: quels effets après dix ans d'innovations financières? *Revue Tiers Monde*, 43(172), 783–808.

Dromain, M (1995). Un adage à l'épreuve des faits: La place des femmes dans les tontines au Sénégal. In *Épargne et liens sociaux. Études comparées d'informalités financières*, JM Servet (ed.), pp. 121–140. Paris: AEF/AUPELF-UREF.

EDA (2005). *The Maturing of Indian Microfinance. Findings and Policy Implications from a National Study*. New-Delhi: EDA Publications.

Fernando, JL (eds.) (2006). *Microfinance Perils and Prospects*. London: Routledge.

Fletschner, D (2009). Rural women's access to credit: Market imperfections and intrahouseholds dynamics. *World Development*, 37(3), 618–631.

Folbre, N (1986). Hearts and spades: Paradigms of household economics. *World Development*, 14(2), 245–255.

Gentil, D (2004). La caution solidaire, une histoire ancienne. In *Exclusion et liens financiers. Rapport du Centre Walras 2003*. Guérin, I and JM Servet (eds), pp. 433–440. Paris: Economica.

Guérin, I, G Venkatasubramanian and C Churchill (2005). Bonded labour, social capital and microfinance. Lessons from two cases studies. *Indian Journal of Labour Economics*, 48(3), 58–72.

Guérin, I (2003). *Femmes et économie solidaire*. Paris: la Découverte.

—— (2006). Women and Money: Multiple, complex and evolving practices. *Development and Change*, 37(3), 549–570.

—— (2008). Poor women and their women: Between Daily Survival, Private Life, Family Obligations and Social Norms. RUME Working Paper 2008–3.

Guérin, I and J Palier (eds.) (2005). *Microfinance Challenges: Empowerment or Disempowerment of the Poor?* Pondicherry: Editions of the French Institute of Pondicherry.

Guérin, I, M Roesch, G Venkatasubramanian and O Héliès (2009). Microfinance and informal finance: Substitution or leverage effects? *RUME Working Paper* 2009–01.

Gugerty, MK (2007). You can't save alone: Commitment in rotating savings and credit associations in Kenya. *Economic Development and Cultural Change*, 55, 251–282.

Handa, S and C Kirton (1999). The Economics of Rotating Savings and Credit Associations: Evidence from the Jamaican Partner. *Journal of Development Economics*, 60, 173–194.

Harper, M (2007). What's wrong with groups? In *What's Wrong with Microfinance?*, Dichter, Th and M Harper (eds.), pp. 35–49. Warwickshire: Practical Action Publishing.

Holvoet, N (2005). The impact of microfinance on decision-making agency: Evidence from South India. *Development and Change*, 35(5), 937–962.

Hospes, O (1996). Women's Differential Use of Roscas in Indonesia. In *Money-Go-Rounds: The Importance of Rotating Savings and Credit Associations for Women*, S Ardener and S Burman (eds.), pp. 127–149. Washington, DC: Berg.

Jaussaud, E (2003). La participation des femmes au développement local en zone rurale marocaine, Mémoire de DESS 'Ingénierie des organisations de l'économie sociale et solidaire', Université de la Méditerranée Aix-Marseille II, Marseille.

Johnson, S (2004). Gender norms and financial markets: Evidence from Keyna. *World Development*, 32(8), 1355–1374.

—— (2007). Gender impact assessment in microfinance and microenterprise: Why and how? *Dialogue*, 37, 83–88.

Johnson, S and M Nino-Zarazua (2010). Financial access and exclusion in Kenya and Uganda. *The Journal of Development Studies*, 47(3), 475-496.

Johnson, S and T Kidder (1999). Globalization and gender: Dilemmas for microfinance organizations. *Small Enterprise Development*, 10(3), 4–15.

Kabeer, N (1995). *Reversed Realities. Gender Hierarchies in Development Thought*. London/New-York: Verso.

Kane, A (2001). Financial Arrangements across Borders: Women's Predominant Participation in Popular Finance, from Thilogne and Dakar to Paris. A Senegalaise Case Study. In *Women and Credit: Researching the Past, Refiguring the Future*, Lemire, B *et al.* (eds.), pp. 295–317. Washington, DC: Berg.

Kevane, M and B Wydick (2001). Microenterprise Lending to Female Entrepreneurs: Sacrificing Economic Growth for Povery Alleviation? *World Development*, 29(7), 1225–1236.

Lapenu, C, M Zeller and M Sharma (2000). *Constraints of Market Failures and Rural Poverty for Microfinance Institutions: How Innovations Can Increase Outreach and Sustainability. BMZ Report, part II, Institutional-level Analysis*, Washington DC: IFPRI.

Lazar, S (2004) Education for credit development as citizenship project in Bolivia. *Critique of Anthropology*, 24(3), 301–319.

Lemire, B, R Pearson and G Campbell (eds.) (2001). *Women and Credit: Researching the Past, Refiguring the Future*. Washington DC: Berg.

Light, I and Z Deng (1996). Gender differences in Roscas participation within Korean business households in Los Angeles. In *Money-Go-Rounds: The Importance of Rotating Savings and Credit Associations for Women*, Ardener, S and S Burman (eds.), pp. 217–240. Washington, DC: Berg.

Lont, H and O Hospes (eds.) (2004). *Livelihood and Microfinance Anthropological and Sociological Perspectives on Savings and Debt*. Delft: Eburon Academic Publishers.

Manje, L and C Churchill (2002). The demand for risk-managing financial services in lowincome communities: Evidence from Zambia. *Working Paper No. 33*, Geneva: ILO Social Finance Programme.

Mayoux, L (1999). Microfinance and the Empowerment of Women. A Review of the Key Issues. ILO Social Finance Unit Working Papers 22. International Labour Organization, Geneva.

—— (2001). Tackling the down side: Social capital, women's empowerment and micro-finance in Cameroon. *Development and Change*, 32(3), 421–50.

Mayoux, L and S Anand (1996). Gender Inequalities, Roscas and Sectoral Employment Strategies: Questions from the South Indian Silk Industry. In *Money-Go-Rounds: The Importance of Rotating Savings and Credit Associations for Women*, Ardener, S and S Burman (eds.), pp. 179–98. Washington DC: Berg.

Mencher, JP (1988). Women's Work and Poverty: Women's Contribution to Household Maintenance in South India. In *A Home Divided: Women and Income in the Third World*, J Bruce and DH Dwyer (eds.), pp. 99–119. Stanford: Stanford University Press.

MkNelly, B and M Kevane (2002). Improving design and performance of group lending: Suggestions from Burkina Faso. *World Development*, 30(11), 2017–2032.

Molyneux, M (2002). Gender and the silences of social capital. *Development and Change*, 33(2), 167–188.

Montgomery, R (1996). Disciplining or protecting the poor? Avoiding the social costs of peer pressure in micro-credit schemes. *Journal of International Development*, 8(2), 289–305.

Morduch, J (1999). The microfinance promise. *Journal of Economic Literature*, 17, 1569–1614.

Morvant-Roux, S (2007). Microfinance institution's clients borrowing strategies and lending groups financial heterogeneity under progressive lending: Evidence from a Mexican microfinance program. *Savings and Development*, 2, 193–217.

Morvant-Roux, S and I Guérin (2009). Lending groups' strategies to make microfinance offer more flexible: Evidence from rural Mexico and India. *Communication to the Boulder-Bergamo Forum on Access to Financial Services*, Bergamo: Bergamo University.

Nelson, N (1996). The Kiambu group: A successful women's rosca in Mathare Valley, Nairobi (1971 to 1990). In *Money-Go-Rounds: The Importance of Rotating Savings and Credit Associations for Women*, Ardener, S and S Burman (eds.), pp. 49–70. Washington, DC: Berg.

Niger–Thomas, M (1996). Women's Access to and the Control of Credit in Cameroon: The Mamfe Case. *In Money-Go-Rounds: The Importance of Rotating Savings and Credit Associations for Women*, S Ardener and S Burman (eds.), pp. 95–110. Washington DC: Berg.

Ouadréagago, A and D Gentil (eds.) (2008). *La Microfinance en Afrique de l'Ouest. Histoires et innovations*. Paris: Karthala/CIF.

Pairault, T (2003). Women, property and social practices in China. In *Microfinance: From Daily Survival to Social Change, Pondy Papers in Social Sciences 30*, I Guérin and JM Servet (eds.), pp. 75–98. Pondicherry: French Institute of Pondicherry.

Papanek, H and L Schwede (1988). Woman are Good with Money: Earning and Managing in an Indonesin City. In *A Home Divided: Women and Income in the Third World*, JM Bruce and DH Dwyer (eds.), pp. 80–98. Stanford: Stanford University Press.

Paxton, J (1996). Determinants of successful group loan repayments: An application to Burkina Faso.

Unpublished doctorat thesis. Ohio: The Ohio State University.

Perry, D (2002). Microcredit and women moneylenders. The shifting terrain of credit in rural Senegal. *Human Organization*, 61(1), pp. 30–10.

Rahman, A (1999). Micro-credit initiatives for equitable and sustainable development: Who pays? *World Development*, 27(1), 67–82.

Rankin, KN (2002). Social capital, microfinance and the politics of development. *Feminist Economics*, 8(1), 1–24.

Rao, S (2008). Reforms with a female face: Gender, liberalization, and economic policy in Andhra Pradesh, India. *World Development*, 36(7), 1213–1232.

Rivallain, J (1994). *Échanges et pratiques monétaires en Afrique du XV au XIX siècles à travers les récits des voyageurs*. Lyon/Paris: Musée de l'Imprimerie et de la banque/Musée de l'Homme.

Rutherford, S (2001). *The Poor and Their Money*. Oxford: Oxford University Press.

Saussey, M (2009). Les organisations féminines au Burkina Faso: Limites et paradoxes des dispositifs de valorisation d'un produit local, le beurre de karité. Thèse de sociologie, EHESS, Paris.

Servet, JM (1984). *Nomismata. Etat et origines de la monnaie*. Lyon: Presses Universitaires de Lyon.

—— (1996). Risque, incertitude et financement de proximité en Afrique: Une approche socioéconomique. *Revue Tiers-Monde*, 17(145), 41–57.

—— (ed.) (1995). *Épargne et liens sociaux. Études comparées d'informalités financières*. Paris: AEF/AUPELF-UREF.

—— (2006). *Banquiers aux pieds nus: La microfinance*. Paris: Odile Jacob.

Sethi, RM (1996). Women's Roscas in Contemporary India society. In *Money-Go-Rounds: The Importance of Rotating Savings and Credit Associations for Women*. Ardener, S and S Burman (eds.), pp. 163–179. Washington DC: Berg.

Shipton, P (1995). How Gambians save: Culture and economic strategy at en ethnic crossroad. In *Money Matters. Instability, Values and Social Payments in the Modern History of West-African Communities*, J Guyer (ed.), pp. 245–277. London/Portsmouth (NH): Currey/Heinemann.

—— (2007). *The Nature of Entrustment. Intimacy, Exchange and the Sacred in Africa*. New Haven & London: Yale University Press.

Smets, P (2006). Changing financial mutuals in urban India. Practice, function, trust and development trajectories. In *Mutualist Microfinance Informal Savings Funds from the Global Periphery to the Core?* A Swaan and M Linden (eds.), pp. 151–182. Amsterdam: Aksant.

Southwold, LS (2004). Public versus private domains: A case study of Sri Lankan Rosca. In *Livelihood and Microfinance Anthropological and Sociological Perspectives on Savings and Debt*, H Lont and O Hospes (eds.), pp. 173–194. Delft: Eburon Academic Publishers.

Srinivasan N (2009). *Microfinance in India. State of the Report 2008*. New-Delhi: Sage.

Steel, W, E Aryeetey, H Hettige and M Nissanke (1997). Informal financial markets under liberalisation in four African countries. *World Development*, 25(5), 817–830.

Verhoef, G (2001). Informal financial service institutions for survival: African women and Stockvels in urban South Africa. *Enterprise and Society*, 2, 259–296.

Villarreal, M (2004). Striving to make capital do "economic things" for the impoverished: On the issue of capitalization in rural microenterprises. In *Development Intervention: Actor and Activity Perspectives*, T Kontinen (ed.), pp. 67–81. Helsinki: University of Helsinki.

Vonderlack, R and M Schreiner (2002). Women, microfinance, and savings: Lessons and proposals. *Development in Practice*, 12(5), 602–612.

Weiner, A (1976). *Women of Values, Men of Renown: New Perspectives on Trobriand Exchange*. Austin, London: University of Texas Press.

World Bank (2001). *World Development Report: Engendering Development. Through Gender Equality in Rights, Resources and Voice*. New York: World Bank and Oxford University Press.

World Bank (2007). *Finance for All? Policies and Pitfalls in Expanding Access. A World Bank Policy Research Report*. Washington DC: The World Bank.（邦訳『男女平等と経済発展：世界銀行政策リサーチレポート』関本勘次他訳、シュプリンガー・フェアラーク東京　2002.11）

Wright, K (2006). The darker side to microfinance: Evidence from Cajamarca, Peru. In *Microfinance Perils and Prospects*, JL Fernando (ed.), pp. 154–172. London: Routledge.

Zelizer, V (1994). *The Social Meaning of Money*. New York: Basic Books.

—— (2005). *The Purchase of Intimacy*. Princeton: Princeton University Press.

ジェンダーへの真剣な取り組み
——金融サービスのためのジェンダー公正議定書に向けて

リンダ・マイユー[*]（Linda Mayoux）

　機会のジェンダー平等と女性のエンパワーメントは、今では、経済成長およびプロプア開発をめざす持続可能な戦略にとって不可欠かつ不可分の要素であると、広く認識されている。

- 女性は、統計上は世界でも多数派である。世界の多数派である女性を「特別なケース」として扱うわけにはいかない。女性のニーズと利益は、男性の場合と同じく、あらゆる開発政策に不可欠な要素でなければならない。
- 機会のジェンダー平等と女性のエンパワーメントは、経済成長に欠かせないものである。世界銀行などの調査によれば、ジェンダー平等を積極的に推進している国は、著しく高いレベルの成長を遂げている[1]。
- ジェンダー平等と女性のエンパワーメントは、貧困削減戦略にとって不可欠の要素である。ジェンダー不平等と女性の無力化は、貧困を生み出す大きな要因である[2]。ジェンダー不平等があるということは、女性が貧困層を代表する率が高いことを意味するのであり、したがって、女性のニーズは、貧困削減戦略においては少数派の利益ではなく、多数派の基準である。また、女性は子どもと家族の福利に大きな責任を担っているので、貧困削減において重要な役割を演じる存在である。

---

[*] WEMAN担当国際コンサルタント　（オックスファム・ノビブ）

第6部　満たされない需要を満たす——ジェンダーと教育

- 女性自身も、参加型メソッドをうまく活用してオープンな発言の機会が与えられてみると、やはり収入、資源管理、意思決定、有給および無給労働の区分、性差による暴力などに見られるジェンダー不平等を変えたい、自分たちと子どもの福利に悪影響がでないようにしたいと望んでいる。さらに、男性にもこうした変化を支持する者が多い。男性も、既存の男らしさの基準と、それによる周囲の圧力や責任に束縛されているからである[3]。
- 女性の人権に関する各種の国際合意書には大半の国の政府や支援機関が署名していて、機会のジェンダー平等と女性のエンパワーメントを目標としているし、またそれ自体が「女性もまた人である」（"Women are also human"）ことを前提としている。

したがって、ジェンダーの問題を金融部門だけの——とりわけ、貧困削減とプロプア成長への貢献という主張に基づいて開発機関から資金提供を受けている包括的な部門の——周縁的な懸念だと見ることはできない。

1997年以降は、いわゆる「女性への到達とエンパワーメント」が、マイクロクレジット・サミット・キャンペーン（MicroCredit Summit Campaign）の第2のテーマとなっている[4]。多くのドナー機関やマイクロファイナンスプロバイダーが、マイクロファイナンスへの女性のアクセスを拡大する方法をまとめたマニュアルを数多く作成してきた[5]。しかし、つい最近まで——女性が小口融資・少額預金のターゲットになり、宣伝用資料には「エンパワーメント」という言葉が頻出しているにもかかわらず——マイクロファイナンス運動の中で、さらには包括的な金融部門の推進に関する最近の議論においてさえも、ジェンダー問題に明確に注意が向けられることはほとんどなかった。

ジェンダー平等と女性のエンパワーメントを推進するのに、実践上どの方法が最も効果的かは、金融サービスプロバイダーによりけりで、その金融機関の種類、置かれた状況、能力に左右される。しかし、銀行からMFI、総合開発プログラムの一環として預金と貸付を行うNGOまで、あらゆる金融機関が採用できる方法も存在する。さらに、この戦略の中には「仕事のやり方を変える」ことが必要なものもあるだろうし、資源や資金の割当ての優先度を変更しなければならないものもあるが、それによって、持続可能性は弱まるのではなく、逆に強まることになるだろう。これは、任意の追加項目としての「女性のエンパワーメントプロジェクト」という問題ではないが、適切に設計されていれば、それなりの役割を持たせることもできるだろう。これには、プログラム設計を通じての、ジェンダーおよびエンパワーメントの主流化ということも含まれる。その目的は、単に女性に利益をもたらすことではなく、その過程で、サービス自体の長期的な財政的・組織的持続性を高め、経済一般の持続性とダイナミズムを改善することにある[6]。

本論では、南アジア、アフリカ、ラテンアメリカの WEMAN ネットワーク・パートナーが、この部門での経験と研究——詳細は別論文（Mayoux, 2009b）による——を踏まえて提言している、ジェンダー公正枠組み議定書（Gender Justice Framework Protocol）[7] の草案について検討する。この議定書草案は、これから進むべき道筋について真剣な議論を促すための触媒になることを目標としており、すでに、これを出発点としたロビー活動が WEMAN ネットワークによって行われていて、この部門としての議定書合意に関するコンセンサスの確立に活用されている。この枠組みは、多様な金融部門への確固としたコミットメントを前提としている。商業銀行や MFI から女性組織まで、プレーヤーによって焦点と役割は違うかもしれないが、それでもこの枠組みの中では、各自が機会のジェンダー平等と女性のエンパワーメントに深く関わり、この原理をそれぞれの組織構造、商品とサービスのデリバリー、およびマクロレベル・政策レベルでの役割に適合させ、統合することになるだろう[8]。

1　金融サービスのためのジェンダー公正枠組み議定書[9]

この議定書において、ジェンダー公正とは次のことを意味している。

- あらゆるレベルで男女を制約している広範な制度的ジェンダー不平等と差別をなくし、男女がともに人間としての潜在力を十分に実現できるようにすること。
- 現時点で最も不利な立場に置かれた性である女性へのエンパワーメントによって、こうした変化からの恩恵を受けられるようにするための積極的行動。
- 男性に対して、女性や子どもばかりか、男性自身にも悪影響を及ぼすことの多い態度と行動を改めるように働きかけること。

1.1　枠組み

- 金融サービス・プロバイダーの組織義務、ビジョンおよび目的に、機会のジェンダー平等と女性のエンパワーメントへの明確なコミットメントを盛り込むこと。
- 組織のジェンダーポリシーがこのコミットメントを支持すること。ジェンダーポリシーは、スタッフと顧客による参加型プロセスを通して開発し、すべてのスタッフ研修に組み込むこと（ジェンダー的に公正な採用・雇用・昇進を含む）。
- あらゆる形態の金融サービスへのアクセスにおいて、あらゆる種類のジェンダー差別をなくし、これを、技術的なイノベーションを含めた商品およびサービス開発の不可分の要素とすること。

- 金融サービスが、商品の効果的なデザイン、金融リテラシーを含めた非金融サービス、および顧客参加を通して、女性のエンパワーメントに貢献すること
- ジェンダー指標を、社会的な業績管理やマーケットリサーチに不可欠な要素とすること。
- 消費者保護と規制政策に、機会のジェンダー平等と女性のエンパワーメントを盛り込むこと。
- 女性の財産権といった分野でのジェンダーアドボカシーや性別に基づく暴力との闘いは、性差別の撤廃および女性のエンパワーメントにとって本質的なものであり、これをアドボカシー戦略の不可欠な要素とすること。
- 非常に貧しく脆弱な女性の具体的なニーズと利益が、上記のすべてに含まれていること。

2 なぜ、金融サービスのためにジェンダー公正議定書が必要なのか

　金融サービスにおけるジェンダー問題への関心は目新しいものではないし、欧米諸国やドナー機関が押しつけてくる課題だとして片づけられるものでもない。1970年代初めから、多くの国での女性解放運動が起こり、とりわけインドでは、貧困層に焦点を当てた貸付プログラムや貸付協同組合に、女性がどの程度までアクセスして利益を得ることができるかについての関心が急速に高まった。女性のクレジットへのアクセス問題が特に強調されたのが、1975年にメキシコで開催された第1回世界女性会議（World Conference on Women）で、そこから、女性のための世界銀行（Women's World Banking）のネットワーク設立につながった。1985年の第2回世界女性会議（ナイロビ）を受けて、政府やNGOの支援する女性のための所得創出プログラム（多くは貯蓄と貸付を含んでいた）が急増した。その後、1990年代に入ると、グラミン銀行のほか、FINCAやアクシオン・インターナショナル（Accion International）の提携機関によるマイクロファイナンス・プログラムが、どんどん女性をターゲットにするようになった。これは、貧困層を対象とするという組織的な義務からだけでなく、女性の返済率が男性よりも著しく高いことがわかってきたからでもある。

　金融サービス、なかでもマイクロファイナンスへの女性のアクセスの増加は、貧困削減や財政的な持続性にとどまらず、経済的エンパワーメントによる一連の「好循環」、福利の増大、そして女性自身の政治的・社会的エンパワーメントにも貢献し、そのことによって、ジェンダー平等とエンパワーメントという目標の実現に資するものと見られてきた。さまざまな「インパクトの好循環」の次元と相互の関連性について、文

献で確認できるものの一部を、図27.1に示しておく。

　第1に、女性のマイクロファイナンス・サービスへのアクセスが増えると、潜在的には女性の経済的エンパワーメントにつながって（図の中央のリンクを参照）、世帯内の財務管理における女性の役割が大きくなる。人によっては、自分だけで大きな額の現金にアクセスできるのはこれが最初の機会だという女性もいる。現金を手に入れると、今度は、自分自身の経済活動を始めることや既存事業への投資を増やすこと、資産を取得すること、目に見える出資によって家庭の経済活動における自身の地位を向上させることなどができるだろう。経済活動への参加拡大は、女性の収入増や自身および家計収入の管理権強化を促すことになる。そうなれば、長期投資は増加し、経済活動の生産性も増大して、市場への関与も深まることになるだろう。

　第2に、女性による金融サービスへのアクセスが増加すると、家族の福利が向上する可能性がある（図の左側のリンクを参照）。これは、ひとつには経済的エンパワーメントによるものであるが、女性が夫や息子など、自分以外の家族構成員のために金融サービスを利用する場合でも起こるだろう。女性が収入獲得活動に直接従事していない場合であっても、女性を通して貸付や預金という選択肢が入ってくることで、女性が家庭内の意思決定に積極的な役割を果たし、自身と家族の脆弱さを低減し、家族の福利への投資を拡大させることになるだろう。転じてこのことは、栄養や教育といっ

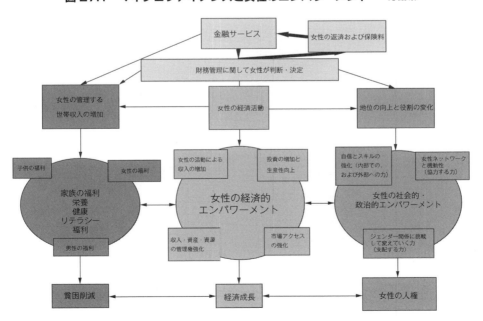

図27.1　マイクロファイナンスと女性のエンパワーメント——好循環

第6部　満たされない需要を満たす──ジェンダーと教育

た分野での支出が増えることで、子ども、とりわけ女子への利益となるだろう。女性の福利も向上し、女性自身が家庭内のジェンダー不平等に変化をもたらすことにもつながるだろう。このことは、男性にも利益となると思われる。

第3に、女性の経済活動の拡大と家庭内での意思決定権の増大が相まって、さらに幅広い社会的・政治的エンパワーメントを生み出す可能性がある（図の右のリンクを参照）。女性自身も、家族の福利に大いに貢献していると見なされる機会として、その価値を高く評価していて、それが、大きな自信と自尊心を与えてくれると考えている場合が多い。女性の自信およびスキルへのプラスの効果、グループ活動と市場アクセスを通した知識拡大と支援ネットワークは、コミュニティ内のすべての女性の地位向上につながる可能性を持っている。実際にいくつかの社会では、それまで女性の移動が厳しく制限され、肉親以外の女性と会う機会がほとんどなかっただけに、きわめて大きな変化が生じている。家庭内で尊敬を勝ち得た女性は、次には、その一人ひとりがほかの女性のロールモデルとなって、さらに幅広い社会認識の変化へとつながり、男性もその変化をすすんで受け入れるようになるだろう。

マイクロファイナンスプロバイダーのほとんどには、自分たちのサービスで経済的・社会的に大きな利益を受けた女性に関する事例研究がある。プログラムに参加するまでは非常に貧しかったが、融資を受けて経済活動を始め、貯蓄することで、家族の福利も関係性もよくなって、地域コミュニティの活動に積極的に関わるようになった女性もいる[10]。一部の――プログラムと状況によっては多くの――女性が、融資を受けるか、家族から干渉されないで貯蓄する機会を得ることで、高い処理能力と自発性を発揮している。貧困レベルによって区分したインパクト調査によると、一般に、特に大きな利益を得ているのは「余裕のある貧困層」（"better-off poor"）で、多少の教育と、事業を成功させるための人脈がある場合となっている[11]。

最後に（図の最下段のリンクを参照）、女性の個人レベルでの経済的エンパワーメントは、経済成長の担い手としての認知度向上と、政策決定における経済主体としての発言力の増大を通して、マクロレベルで重要な貢献をもたらす可能性を秘めている。転じてこのことは、家族の福利へのニーズを満たす能力の向上と相まって、貧困削減の活動主体としての有効性を高めることにもなる。マイクロファイナンスグループは、性差による暴力、資金へのアクセス、地域の意思決定といった問題を含めて、コミュニティ内のジェンダー不平等に、集団行動で取り組むための基盤となるかもしれない。地域レベルでのこうした変化は、高次レベルの組織によってさらに強化されることで、社会的・政治的な変化のための幅広い活動と、マクロレベルでの女性の人権推進につながっていくだろう。さらにまた、この3つの次元での経済的エンパワーメント、すなわち福利と社会・政治的なエンパワーメントは、個人としての女性にとって、また家族、コミュニティ、マクロレベルにおいて、互いを強めあう「好循環」となる可能

性を秘めている。

　しかしながら、金融サービスには女性のエンパワーメントと福利に貢献する可能性があるにもかかわらず、女性が金融サービスに平等にアクセスしたり、利益を十分に享受したりできるまでには——マイクロファイナンスまででさえ——道はまだ遠い[12]。多少の進展はあるものの、多くの地域において、女性のマイクロファイナンスへのアクセスは、きわめて少額の貯蓄とローンまでで、そこから先についてはまだ不平等がある。多くの女性が、とりわけ農村地域において、まだ金融サービスにアクセスできずにいる。さらに、NGOがフォーマルな組織に転換し、利益性を高めて「成熟」していくにつれ、融資への女性のアクセスは、男性に比べて減少している[13]。これは、融資額が大きくなっていることも理由の1つで、多くの女性には、そのような融資を利用する自信がないという面がある。しかし、スタッフの男女バランスが変化して、顧客への姿勢や関わり方が、女性に好意的でなくなってきている部分も大きい[14]。

　また、女性の金融サービスへのアクセスとエンパワーメントとのあいだにはリンクがあるはずで、そこには間違いなく大きな貢献となる可能性があるのだが、それにもかかわらず、実際の証拠からは、そうしたリンクが自動的に発生すると前提するわけにはいかないないことが示されている。場合によっては、マイクロファイナンスのために女性の権利が弱まることすらあるほどだ[15]。明確に性別を計算に入れない必要最小限の金融サービスから女性がどこまで利益を得られるかは、背景と個人の置かれた状況に大きく左右されるのである。

　以上に述べたことは、金融サービスは女性をターゲットとする試みを止めるべきだという意味ではない。女性は、金融サービスへの平等なアクセスと、金融サービス・プロバイダーのあらゆる形態でのジェンダー差別撤廃への権利を持っている。この権利は、国際的な女性の権利に関する各種の国際的合意や国としての機会均等政策の中に正式に記されている。さらに、ジェンダー問題の周縁化は——そして、それを口にした時の、あからさまな敵意の多くは——ジェンダー平等と女性のエンパワーメントによる、金融サービス部門と開発一般の両方への、重要な貢献の可能性を損なうことになる。組織の内部でジェンダー平等を推進し、女性をターゲットにすることは、商業的な見地からも利益がある[16]。エンパワーメントされた女性ほど、潜在利益の大きい顧客となる。多額の融資を利用して利益をあげる能力があり、貯蓄も多くしてくれるうえに、支援はそれほど必要としない。条件は、金融機関の側が女性のニーズを真剣に受け止め、顧客のコミットメントを維持することである。ジェンダー戦略への真剣な配慮を欠くことは、ジェンダーに関する多くの積極的なイノベーション——組織のジェンダーポリシー、商品、非金融サービス、顧客参加、およびマクロレベルの政策に関連して起きているもの——について議論し、それを金融部門全体のグッドプラクティスに不可欠な要素として推進するという、大切な機会を失うことになる。

潜在的なマイナス影響と状況的・制度的な制約を考えると、金融サービスにおけるジェンダー公正は、少額貯蓄やローン、マイクロ保険プログラムへの、あるいは専用に作られた商品への女性のアクセスを増やすだけでは不十分である。ジェンダー公正と女性のエンパワーメントという目標の達成は、金融サービスそれ自体の拡大にではなく、具体的なタイプの金融商品を、さまざまな状況で、さまざまな背景を持つ女性に、さまざまな種類の金融機関やプログラムによって届けられるかどうかにかかっているのである。したがって、ジェンダー問題に取り組むには、戦略的なジェンダー公正アプローチが必要となる。アクセスのジェンダー平等を主流化するだけでなく、このアクセスが、次にエンパワーメントと福利向上に確実につながる戦略が必要なのであって、単なる債務の女性化（feminisation of debt）だったり、あるいはプログラムの財政的持続性ために女性の貯蓄や保険料を獲得したりするものであってはならないのである。ジェンダー・ポリシーを既存の慣習や状況に取り込む最善の方法は、ジェンダー評価や、あるいはうまくデザインされた参加型プロセスを用いれば評価することができる[17]。

3　組織のジェンダーポリシー──商業上の損益決算

どのようなタイプの金融機関でも、ジェンダー平等とエンパワーメントへの貢献を最大にするうえで最も費用効果の高い方法は、女性に優しくてエンパワーメントのできる組織構造と文化、それも、こうした特徴が顧客とのあらゆる交流に表れてくるようなものを作り上げることである[18]。多様化するマネジメントとスタッフに焦点を当てて、商品およびサービスの巨大な女性市場への到達をめざすことは、優れた商習慣でありマネジメントの一部だと受け止められている。実際、ジェンダーポリシーを持てていない組織は、国内の機会均等政策と女性の人権に関する国際合意に違反していると思われる。

すべての金融サービスプロバイダーは、ジェンダー公正の目標に貢献することができる。それには、広告やプロモーションのすべてを通じて、ジェンダー平等と女性のエンパワーメントへの明確なビジョンとコミットメントを示すことで、女性客を引きつけるとともに、女性の経済活動に対する幅広いコミュニティの考え方の変革をめざすのである。これは、財務面での持続性という制約の範囲内でも可能である。こうした商業レベルにおいても、金融サービス部門には、女性が有能な起業家や農業経営者として成功するというビジョンを推し進め、考え方と行動を変える大きな勢力として活動することは可能である。そして、その過程において、金融サービスプロバイダーに利益をもたらす巨大な商業市場を開拓するのである。これはコストの問題ではなく、

ジェンダー公正にかかわるインスピレーションとビジョンの問題であって、たとえばHSBC銀行が文化の多様性を推進したり、地域によっては環境維持にコミットメントしたりしているのと同じレベルのことである。

　フォーマル部門の銀行では、スタッフのためのジェンダー対策なり機会均等対策なりをとっているところが多い。そうした内部施策は、財務面での持続性との整合性を持っている。実際に、主流の銀行は、スタッフへのジェンダーポリシーの設定において、ときには非政府組織のはるかに先を行っている（例としては、1980年代にさかのぼるが、ケニヤのバークレイズ銀行（Barclays）や、パキスタンのクシャリ銀行（Khushali Bank）がある）。欧米諸国では、多様性の推進（ジェンダーはその1つの要素）は、ビジネス上のベストプラクティスの重要な要素となっている[19]。商業銀行では、有能な女性スタッフを励まし、つなぎとめるために、ジェンダー対策ないし機会均等政策を持つところが増えている。女性スタッフのための保育施設や積極的な昇進方針のあるところも多い。女性スタッフの数を増やすことは、女性の顧客数を増やすうえで、多くの社会的文脈において不可欠である。しかし、男女どちらのスタッフについても、総合入社研修の一環としてジェンダートレーニングを組み込むことは必須だろう。

　こうした戦略の多くは、採用と昇進、セクシャルハラスメント政策など、ほとんど費用のかからないものである。ジェンダーポリシーには、たとえば育児休暇などで多少のコストが発生するかもしれないが、そのコストはスタッフのやる気と効率と定着率が上がることで埋め合わせされるだろう。スタッフが不幸だったりハラスメントを受けたりすれば効率が下がるし、転職も増える。新人スタッフを教育するには多額の費用が必要となる。ほとんどの社会環境で、女性スタッフを増やすことが、女性顧客を増やすために不可欠となっているのである。

4　金融サービスへの平等なアクセス
　　──技術面でのイノベーションを含めた商品およびサービスの開発に不可分の要素

　加速するマイクロファイナンスの商業化は、最近の技術進歩と相まって、男性と同じように女性にも、良質で安価な金融サービスへのアクセスを大幅に拡大させる可能性を秘めている。市場競争によって刺激されるものは、次の2つである。

● マーケットリサーチによる商品の多様化と顧客中心の商品開発
● 情報および商品提供システムの技術改善、とりわけモバイルバンキングおよびインターネットバンキング

第6部　満たされない需要を満たす──ジェンダーと教育

　同じく議論されることが多くなっているのが、どうすれば、金融サービスをもっと幅広い経済開発プロセスに少しでもうまく統合できるかということで、具体的にはバリューチェーンファイナンスや地域の経済発展などがある。どちらの分野も、今では商業銀行までもが戦略を展開している。しかし、これまでのところ、提案された方法にはジェンダー問題への理解がなく、さらなる女性の周縁化にもつながりかねない。フォーマル部門の銀行の多くは、先頭に立って商品のイノベーションを進めてきた。参加型マーケットリサーチや「顧客を知る（knowing your clients）」ことが優れたビジネス・プラクティスであることは、今や広く受け入れられている。SEWA（Self Employed Women's Association「女性自営業者協会」）のサービスは、つねに顧客との協議に基づいて提供されてきた。グラミン銀行は、徹底的な顧客調査をもとに、4年にわたる再評価と再設計を実施した。これによってアウトリーチと持続可能性が著しく向上した[20]。インドのICICI銀行も、参加型マーケットリサーチを行うとともに、チェンナイ・マイクロファイナンス研究センター（Centre for Microfinace Research in Chennai）への支援を通して、マイクロファイナンス顧客のニーズに関する徹底的な調査に資金を提供している。多くのマイクロファイナンス・スタッフは、マイクロセーブ（Microsave）の市場調査ツールのトレーニングを受けることやこのツールの変形版を使用することによって、男性用だけでなく、女性用の商品も設計している[21]。

　しかし、アクセスにおけるジェンダー平等を確立するためには、女性の活動のための小口融資商品をいくつか導入するだけでは足りない。そのためには、すべてのタイプの金融サービスに目を向けなければならない。大・中規模の女性起業家および農業事業家は、マイクロ起業家というだけでなく、潜在的な役割モデルであり、市場とのつながりと雇用の提供者ともなりうるからある。それには女性を犠牲者と見て、わずかな融資を受けただけで幸運だとか、なけなしの資源を節約する術を教える対象として考えるのではなく、経済活動における有能で価値の高い主体ととらえる必要がある。そして、さらに進んで、女性が小口の貯蓄・融資から卒業して、大口の融資にアクセスして大きな資産を蓄積できるようになるためのプロセスを計画しなければならない。モバイルバンキングとインターネットバンキングは、とりわけ商業部門で特に有望で、金融サービスへの安価で幅広いアクセスをもたらす可能性を秘めている（なかでも、都市に比べて費用のかかる農村地帯で期待が大きい）。女性は、家事労働や自立、および男性との交流に対する社会的制約のために、男性に比べて家庭外での可動性が低いが、モバイルバンキングには、そうした女性に手が到達できるだけの大きな可能性がある。

　しかし、ここに重要な問題が潜んでいる。

- 誰がモバイル技術を所有し、利用するのか。
- ATMのような設備はどこに置かれているか——男性用スペース、女性用スペースのどちらか。
- 信用履歴や信用格付けはどのように決まっているか。個人としてか、世帯としてか。

　産業の急速な拡大に合わせて、女性に差別のないアクセスを保証するメカニズムを開発することがきわめて重要である。

　最近になって、補完的サービスの提供に新たな関心が寄せられつつある（「クレジットプラス（Credit-Plus）」と呼ばれることが多い）。貯蓄・貸付活動への取り組みとは別に、多くのNGOが、別枠の資金によるさまざまな支援を、女性および男性に提供するようになっている（MFIによるものも増加している）。これは、効果的な開発手法であると同時に、顧客を——ひいては組織の財務的持続性を——強化する手法である。この例としては、識字力や医療、HIV/AIDSの知識普及活動への支援がある[22]。こうした最近の展開は、必ずしもジェンダー感受的ではないが、いずれも、ジェンダーの次元を考慮に入れるやり方は可能である。大切なことは、研修、拡大、およびその他の介入に女性を全面的に参加させることで、伝統的に男性だけが興味を示すと見なされてきた分野（なかでも新たな農作物や農業技術についての技術研修など、生計開発プログラム）にこだわってはいけない。逆に、たとえば家庭の福利など、通常は女性をターゲットにしている研修への男性の参加を促し、男性の研修の中にジェンダー問題の話し合いを入れるようにすれば、男性の態度と行動に顕著な変化をもたらすことができるだろう。そのためには、女性だけでなく男性もターゲットとして働きかけること、すべての研修内容をジェンダーの視点で検討することが不可欠である。

　こうした手法は最小限のコストでできるものが大半であり、しかも、女性顧客数の増加と返済率の向上をもたらすだろう。その結果、財務的持続性を損ねるどころか、むしろ強化することにつながると思われる。多少の初期費用はかかるだろうが、そうしたコストは、優良な女性顧客への到達が向上し、男性が返済に責任を持つようになることで、長期的に回収できることだろう。

5　金融サービスは、適切な商品設計、金融リテラシーを含めた非金融サービス、およびジェンダー行動学習を通して女性のエンパワーメントに貢献する

　女性のエンパワーメント戦略を導入するよう求める声が、これまで商業部門からほとんど相手にされなかったのは、ひとつには、これが一般に女性のための「エンパワー

第6部　満たされない需要を満たす──ジェンダーと教育

メント的追加策」(empowerment add-ons)という視点で見られ、したがって財務的に持続可能なモデルを通して達成できるものではないと考えられていたためである。たしかに、効果的で・費用効率がよく・持続可能なエンパワーメントの方法が、金融部門全体の戦略の一環として重要であることは間違いない。しかし、財務的に持続可能な制度の範囲内でも、エンパワーメントをメインストリーム化することで大きなインパクトを与えられる方法も数多く存在する。そのための条件は、これを設計上の不可欠なパーツとして戦略的に計画することで、それには以下のようなものが含まれてくる。

- 中核となる活動でのジェンダーとエンパワーメントのメインストリーム化
- エンパワーメントに貢献できる商品を特定するための参加型マーケットリサーチ
- 金融リテラシーなど、エンパワーメントに寄与する非金融サービス
- 集団行動に向けて女性ネットワークを本当に強化する顧客参加

まずは、メインストリーム化によって何が達成されるかに焦点を当てていけば、次に、エンパワーメントの方法自体のための希少な資源とエネルギーを、本当に必要なところに注ぎ込むことができる。

金融サービスプロバイダーの中核活動を、エンパワーメントに貢献できるように調整する方法もある。非金融サービスを導入する余地のない金融機関は、申請のプロセスでの質問を通して、エンパワーメントへ向けたビジョンとコミットメントをPRすることができる。商品やその他のサービスを申請するプロセスでは、申請者の経歴や能力について質問される。質問に答える時間を増やさなくても、言葉を言い換えたり適切なものに替えたりすることで、エンパワーメントのビジョンを普及し、家庭内での権力と支配についての（男女双方の）思い込みに疑問を投げかけることができるだろう。たとえば、言葉づかいによって、女性を自ら意思決定のできる個人として扱い、男性世帯主への言及を──そして無意識的の、しかも間違っていることの多い思い込みをも──消し去ることができるだろう。一部のマイクロファイナンス機関は、妻のローンに夫の署名を要求するとともに、夫のローンにも妻の署名を求めるようにしている。なかには、ローンには配偶者の署名を一切求めず、男性だけでなく女性の保証人を認めているところもある。質問の順序、必要な詳細事項の種別、および面談の進め方を工夫して、申請者が自分の融資計画について熟慮するように促すこともできる。ポイントは、申請者が、自らのローン返済と貯蓄の能力や、必要とする保険の種類などについて熟考できるよう手助けすることで、警察の尋問のようなものにしないということである。

エンパワーメントのビジョンを、基本的な貯蓄と貸付についての研修やグループの動員活動に組み入れることもできる（もちろん中核的な研修の費用は増えない）。コミュ

ニティや家庭内の多くの課題について話し合うことも必要で、これによって男性も女性も、ローンの返済や会員継続に伴う問題点が予想できるようになる。また、話し合いは、そもそも問題の原因となっている隠れたジェンダー不平等にも対処できるような解決策を、男女で考えていけるものにしていく必要がある。男性がメンバーでない場合でも、女性の多くは家族の男性をこうした会議に招くことを望んでいる。

すでに述べたように、参加型マーケットリサーチは今では「優れたビジネスプラクティス」としてMFIに受け入れられており、また商業分野にも広がりつつある。しかし、参加型マーケットリサーチそれ自体は、必ずしも女性の利益になる商品を生み出すわけではない。たとえ女性をターゲットとして、情報がジェンダー別になっていたとしても、である。参加型マーケットリサーチで示されるのは、女性や男性に販売して利益の出せる商品というだけであって、女性の利益と同じだと決めつけることはできない。しかし、追加費用をかけなくても、サンプル抽出と質問の仕方を調整することで、アクセスと管理、エンパワーメントの影響、女性特有の脆弱性とニーズといったジェンダー問題に明確に目を向けることができる[23]。これによって、女性の収入を増やし、収入の管理権を強め、家庭内の意思決定における女性の役割を強化する商品設計が可能となる。たとえば、次のような例がある。

- 土地や建物なども含めて、女性の資産所有を増やすためのローンまたは貯蓄商品
- 良好な信用履歴があれば、女性だからといって差別されることなく、小口融資を卒業して、大口融資にすすむことのできるメカニズム
- 非伝統的な活動や女性が必要とするサービス分野での、女性による事業を奨励するような、ローン商品および企業競争への助成
- 女性専用商品の導入にとどまらず、すべての金融商品の貸付条件を見直して、男女差別を確実になくしていくこと
- 女子教育のため、および娘が結婚の際に持参する資産のための貯蓄を男性に奨励することにより、男性にも自分の娘の将来についての責任感を持たせるとともに、女性の貯蓄が事業投資に使われるようにすること
- 年金および長期的な貯蓄商品

銀行は、一般にグループではなく個人ベースでの貸付を行っているので、非金融サービスを導入する余地は無いかもしれない。これはつまり、銀行には、NGOがしているようなタイプの重点的なエンパワーメント戦略を期待できないということである。しかし現在では、貧困層への到達やHIV/AIDSへの補完的援助が増加していることと関連して、いわゆる「スマート補助金」(smart subsidies) の考え方が受け容れられつつある。女性のエンパワーメント戦略は、貧困層への到達と家族の福利の両方に

第6部　満たされない需要を満たす──ジェンダーと教育

とって、さらには HIV/AIDS 問題への対策としても、最も有効な手段である。

　キャパシティビルディングに関する現在の議論で鍵となる分野は金融リテラシーで、これは、顧客が自分の権利を知り、与えられた情報を理解して、サービスを最大限に利用するためのものである。すでに、多くの金融リテラシー・コースと方法論が開発されている。SEWA、マイクロファイナンスの機会と飢餓からの自由（Microfinance Opportunities with Freedom From Hunger）、世界の女性（Womankind Worldwide）やメキシコのシエンブラ（Siembra）が、女性の金融リテラシーのためのマニュアルを作成している[24]。

　これまでは、金融リテラシープログラムは主に女性のために開発されてきた。しかし、男性のための金融リテラシープログラムも、たとえば男性が妻と財政計画を話し合い、財政的な決定には平等に参加するといったことを盛り込めば、男性の態度と行動を変えることに大いに役立つだろう。もしそのような研修がローン申請の条件になれば、男性は、一般的なジェンダー研修よりもこちらのコースに参加する可能性が大きいだろう。しかし、個々の MFI から提供される金融リテラシーには多少の危険も潜んでいる。すなわち、顧客に自分たちの商品がベストだと勧めるための方便になってしまうということである。こうした研修は、ビジネス開発サービス（Business Development Service: BDS）のプロバイダーを通すか、あるいは成人教育の一環として提供する方が適切かもしれない。

　WEP ネパール（WEP-Nepal「女性のエンパワーメントプログラム・ネパール」）と FINCA ペルー（FINCA-Peru）からの証拠は、女性のための事業研修や金融リテラシーは、顧客の収入を増加させ、そこから返済能力を高めるというだけでなく、顧客自身の満足度と維持能力を高め、結果として、機関に重要な財務的利益をもたらすことを示唆している（Valley Research Group and Mayoux, 2008；Frisancho et al., 2008）。WEP ネパールでは、研修のおかげで、暴動によって村落組織のほぼすべてが崩壊した時にも貯蓄主導の貸付グループは生き残り、元どおりに再生することができた。しかし、顧客と組織が得る利益は、提供される研修の有効性と関係性に依存するところがきわめて大きい（Mayoux 2005）。

　現在、オックスファム・ノビブの WEMAN プログラムが、スーダンの LEAP（Learning for Empowerment Against Poverty「女性教育支援プログラム」）、ウガンダのグリーンホーム（GreenHome）およびブコンゾ合同貯蓄（Bukonzo Joint Savings　男性と女性の両方を対象とした自主管理マイクロファイナンス）と協力して開発しているイノベーションは、マーケットリサーチと金融リテラシーを組み合わせた手法で、読み書きのできない人びとと共同作業するための「ジェンダー行動学習システム（Gender Action Learning System）」[25]の経験を基礎としている。底流にある考え方は、シンプルな図形ツールならば、どんな組織の市場調査プロセスの一環としても使えるほかマイクロファイナ

ジェンダーへの真剣な取り組み

ンス・グループ自身が、参加型商品の開発プロセスに継続的に利用することもできるというものである。また同時に、このツールは、参加者が自分の置かれた状況と金融リテラシーへの理解を深めるように設計されているので、これ自体がエンパワーメントのプロセスとなっている。出来上がった図形はビジネスプランとしても、またMFIや銀行とのローン交渉に用いることもできる。スーダン、インドおよびウガンダでは、今では多くのグループが、このツールのいくつかを使って、外部からの指導にほとんど頼ることなく、グループで貧困者を受け入れ許容する力の増大や独自の生計プランの立案などに活用している。また、各人が家族やコミュニティの人びとに個別の計画ツールを教えるということもしている。したがって、この手法には自己複製の潜在力があって、いったん確立されれば、仲間と学ぶファイナンシャル教育となるので、組織に負担を強いることなしに、黙っていても新規顧客を——しかも、自身の融資ニーズをしっかり説明できる信頼性の高い新規顧客を——獲得する有効な手段となりうる。

このほかにも、効果的で・コスト効率がよく・持続可能な形でのキャパシティビルディングを提供できる方法はたくさんある。

- グループ内の相互学習と情報交換は、システムを適切に企画して当初の資金さえ提供すれば、基礎研修について多くのニーズを満たすことができるだろう（Box 27.1 を参照）。この研修は（費用のかかる）専門的な研修を代替するものではないが、これをしておけば、そうした研修が本当に必要な分野に的を絞ることができるし、人びとの能力が高ければ、専門的な研修を吸収し、利益を得て、研修を広めていってもらえるだろう。
- 内部補助金制度を実施する——裕福な顧客（男性を含む）のためのビジネスサービスやビジネス登録など、一定のサービスに課金するほか、補助金による基礎コースを終えたあとの上級訓練コースの顧客にも課金する。
- 別のサービスを提供するプロバイダーとの公式・非公式な関係を築くことにより、マイクロファイナンスプログラムは最小限の費用で貢献度を高めることができる。一方、別のサービスを提供しているプロバイダーは、相当規模の組織化された貧困女性顧客層に容易にアクセスできるようになるので、それが転じて自分たちの事業の持続性に貢献することになるだろう。マイクロファイナンスプログラムと他のサービスの専門プロバイダーとの組織間協力には、いくつかの形態がある。マイクロファイナンスプログラムが、たとえば地元の女性組織が提供する法的権利についての情報やアドバイスのような、他の組織から入手できる補完サービスについて宣伝することもできるだろう。マイクロファイナンスプログラムが顧客を他の組織に紹介したり、特別な協定を結んで、なんらかのプログラム、グループまたは個人を対象に、特定サービスの代金を支払ってもらったりすることもできるだろう。さら

第6部　満たされない需要を満たす——ジェンダーと教育

には、研修プログラムやイノベーションの開発、あるいは調査を行うための費用を分担するという形での協力も可能だろう。

■ **Box 27.1　ジェンダー指標をソーシャルパフォーマンスマネジメントおよび管理情報システムに取り込む**

ソーシャルパフォーマンスマネジメントに盛り込むジェンダー指標の候補
顧客（格付け調査から——MFIにこの情報がない場合）

- 女性顧客でMFIが提供する金融サービスの条件をきちんと理解している者の割合（%）——入手できるさまざまな商品を含む。たとえば信用コスト、貯蓄の場合なら金利（の低下）、保険の場合なら支払利息、および支払われた保険料と払い戻しの条件など。
- （男性と女性の両方が対象のプログラムで）大口ローンと高次サービスにアクセスしている女性の割合（%）、および指導的立場にいる女性の割合（%）。
- 女性顧客で、事業用ローンの融資を受け、それを自身が働く経済活動に利用している者の割合（%）——家内事業では、独力か夫との共同かを区別する。

出所：社会的格付けのためのジェンダーに関するフランセス・シンハ指標（Frances Sinha Indicators）（MI-CRIL用未発表原稿）

これらの方法のいずれか、あるいはすべてを組み合わせて、費用対効果を高めることもできる。たとえば、最初は相互学習の可能性を見きわめることに焦点を当てておいて、そこから展開するという段階で、協力する組織が共同でドナー機関に資金援助を申請することもできるだろう。そのうえで後日、裕福な会員または非会員を対象に、サービス料を導入することもできる。別のケースでは、金融サービス・プロバイダー自体は財務的持続力があっても、補完的サービスについては、ドナー機関の資金援助を活用してその継続的責任を果たすという扱いが必要になることもあるだろう——特に、極貧女性を対象とするサービスの場合はこれが当てはまる。

多くの農村地帯、とりわけ、遠隔地域でインフラ整備がきわめて貧弱なところでは、金融サービスをそれ以外の補完的支援から切り離して提供することが、必ずしも最も費用効率のよい方法とは言えない。なぜなら、そのために二重のスタッフが必要となるうえ、交通費も高くつくほか、あれこれと重複的な費用が発生するからである。機

能を分けることが望ましいか望ましくないかは、多くの要素——たとえば、求められる種類の金融・非金融サービスに必要な専門知識のレベル、組織とスタッフの専門レベル、専門教育プロバイダーからのサービスが受けられる可能性、さらには輸送やスタッフといった個別状況による相対的費用など——のバランスに基づいて判断しなければならない。異なるサービスのデリバリーコストは区別するが、実際のデリバリー業務は区別しないというやり方も可能である。

　上記のすべてを通じて大切なことなので強調しておきたいのだが、アクセスのジェンダー平等と女性のエンパワーメントは、リテラシーやビジネス研修のような「補完的」なものでも「クレジットプラス」でもない。この2つは、金融サービス自体や他の補完的支援のデリバリーを通じて主流化されねばならない、横断的な戦略なのである。同時に、ジェンダー・メインストリーミング施策は、ジェンダーに特化したサービス、特に女性（および男性）のための女性の権利教育や、きわめて困難な家庭事情を抱えた女性のための法律相談などの支援策に取って代わるものではなく、これを補完するものでなければならない。

6　ジェンダー指標はソーシャルパフォーマンスマネジメントに不可欠の要素である

　ジェンダーメインストリーミングの鍵となる要素は、組織としての情報システムにジェンダー指標を組み込んで、アクセスのジェンダー平等に関して（そして女性のエンパワーメントに関して）その時起こっていることを認識できるようにしておくことである。ジェンダーに基づく情報の種類と範囲が組織ごとに異なることは明らかで、既存の管理情報システムの性質によって変わってくる。

　近年では、マイクロファイナンスにおけるイノベーションは、貧困ターゲティングと貧困の深さに焦点を当てたものが多い。こうした動きは、ひとつには2003年に成立した米国法への対応という面がある。この法律は、米国国際開発庁（the United States Agency for International Development , USAIDS）から零細企業向けの補助金を受け取っている機関に、費用効率のよい貧困測定ツールの開発と使用を義務づけている。その結果、さまざまな貧困評価ツールの編集と改良が行われ、USAIDをはじめとして幅広く資金援助を申請しているMFIが、自分の組織がどこまで最貧困層に到達しているかを評価できるようになったのである[26]。この貧困評価ツールでは、1世帯を尺度とし、これを家族の成員で均一に割算することで、1日1ドルという、個人としての所得貧困の基準を得ている。この方法には、多くの落とし穴と方法論上の問題があって、たとえば、市場を介さない収入をどう計算するのか、購買力や支出・消費のパター

第6部　満たされない需要を満たす──ジェンダーと教育

ン、ニーズの国際的・国内的変動はどう考えるのか、顧客回答の信頼性にはどう配慮するのかといったことが未解決である[27]。このすべてに、取り組むべきジェンダーの次元が残されている[28]。特に、世帯内不平等への対処なしに、1人1日当たりのドルの値を正しく評価できるとは考えにくい。世帯内不平等に対処できていなければ、貧困ライン近くの世帯の女性（すなわち、財政的に持続可能なMFIの主要ターゲットグループ）へのアクセスはさらに減少するだろう。女性が世帯の中できわめて弱い立場に置かれ、自身の収入と支出についても1日1ドルの貧困ラインよりはるかに少ない場合にも、こういうことが起こってしまうのである。

　近年は、社会的格付（Social Rating）およびソーシャルパフォーマンスマネジメント（Social Performance Management: SPM）[29]の進歩により、貧困到達度のような分野を取り込んだ社会指標や社会監査を、財務指標に加えて、格付や業績管理に不可欠の要素として含めることが求められている。しかし、SPMは必ずしもジェンダー感受的とは限らないし、貧困評価ツールと同様に、女性のターゲット化にマイナスの影響を及ぼすことすらあるだろう。ジェンダーは、業績評価の基準となる組織ミッションの中の1つの可能な要素として扱われている。したがって、SPMでジェンダー問題がどこまで推進されるかは、ジェンダーがすでにその組織のビジョンとミッションの一部になっているか否か、そして、その組織がジェンダーに関する業績評価ツールをすでに所有しているか否か、さらにはジェンダーのインパクト調査を行ってきているか否かに左右される。ジェンダーが「社会的」という語の定義の明確かつ不可欠の要素となっていなければ、アクセスとエンパワーメントのどちらのジェンダー平等も、その他の幅広い業績指標の中に完全に埋もれてしまうだろう。

　ジェンダーおよびエンパワーメントのインパクト評価、とりわけ世帯内のインパクト評価の複雑さに関する詳細な議論は、本論の範囲外となる[30]。Box 27.1と同様のジェンダーインパクト指標を提案している研究者も少なからずいるし、こうしたものなら、SPMなどの情報システムに容易に統合することができるだろう。条件は、申請や追跡管理、特に反復ローンと出口評価を、単に組織の急拡大のためではなく、顧客を理解するために適切に行うことである。この分野については、さまざまな情報管理システムにジェンダー指標をどのように統合できるかについて──特に、なんらかの意味ある結論を引き出すのに必要な情報の深さと管理可能性とのトレードオフについて──さらに議論が必要である[31]。

7 消費者保護と規制政策が機会のジェンダー平等とエンパワーメントを統合する

マイクロファイナンス市場で金融商品が急増し、競争相手が増加していることから最近関心を集めているのが、消費者保護の問題である。人びとは――とりわけ貧しい人びとは――自分の契約内容を理解しているのだろうか。また、どうすれば彼らが利用されないように保護できるだろうか。少なくとも2003年以降、ACCIONをはじめとする多くのマイクロファイナンス・ネットワークが、顧客との関係と商品・サービスの品質の両方を対象とする消費者保護ガイドラインを作成し、実行に移してきている[32]。

こうしたガイドラインは、現時点では女性についての明確な記述を含んでいないが、たとえば、敬意を持ち・プライバシーに配慮した・倫理的な態度による取り扱いの規定があるように、潜在的には、男性・女性の両方に対して一定の保護を提供している。しかし、こうした規定を、男性だけでなく女性の保護にも有効なものとするには、明確に女性に言及すること、および、女性が直面しがちな特定の形態の差別や脆弱性を確実に対象とすることが望まれる。さらにまた、ジェンダーの次元を含めたこうしたガイドラインを、あらゆるスタッフ研修やオリエンテーション、および顧客の申請プロセスや金融リテラシー研修含めるべきである[33]。

金融サービスプロバイダーが、このような原則を、個別組織のレベルでどこまで真剣に受け止めるかについても、まだ不明瞭である。理想的には、これが国家レベルの包括的な規制枠組みに含まれ、政府やドナー機関からの支援の必須部分となることが望ましい。

8 ジェンダー公正のアドボカシー

女性の金融サービスへのアクセスと利益獲得を妨げる差別形態は、その多くが、資源へのアクセスと管理についての広範なシステム上の不平等や、性に基づく暴力、そして無給のケアエコノミーを担うという重い責任に関連するものである。オテロとライン（Otero and Rhyne）が1994年に著した財務的持続可能性の「バイブル」といわれる著作[34]を見ても、すでにその時点で、女性の財産権におけるアドボカシーと変化は女性が大きく進歩するうえで不可欠な条件であることが認識されていた。しかし、こうした重要な分野のジェンダーアドボカシーが、今ではマイクロファイナンス運動の行動計画から消えてしまっているのである。

女性のためのグループベースの貯蓄と貸付は、効率性と効果的な貧困ターゲティン

グにエンパワーメントを結びつけるもので、マイクロファイナンスの重要なイノベーションと見なされていた（Otero and Rhyne, 1994）。多くのマイクロファイナンスプログラムが、土地の権利、暴力、政治参加に関する集団行動に携わってきた[35]。貯蓄・貸付グループは、女性が集まってジェンダー問題を話し合い、変革をめざして組織化するための格好の場を提供することができる。たとえば、ジンバブエにあるザンブコ・トラスト（Zambuko Trust）の女性グループは、1人の女性を招いて「夫や姑との付き合い方」について発表する集まりを自発的に行っている（Cheston and Kuhn, 2002）。南アジアやアフリカでは、マイクロファイナンスのグループが、家庭内暴力、男性のアルコール中毒、および花嫁持参金についての変化を促進する可能性を実証している。いくつかの組織では、マイクロファイナンスサービスが、女性の土地所有と財産権を強化する基盤となっている。財産権は、女性が金融サービスを利用して利益をあげる能力の基礎となるものであり、貧困削減および農村・企業開発の鍵となる要素でもある。財務的持続性に関する文献では、女性の平等な財産権が、ジェンダーとマイクロファイナンスを可能にする環境の、不可欠の一部であることが明示されている（Otero and Rhyne, 1994）。マイクロファイナンスプログラムは、これまでに多くの戦略を採用し、さまざまなイニシアティブを通して、女性の財産所有と諸権利の向上を支援してきた。それ以外にも、グラミン銀行の住宅ローンや土地リースの商品など、目的を限定した商品も開発されている。

　また、グループベースの金融サービスは、政治への動員に向けて、大規模で組織だった草の根での基盤を提供し、女性の政治参加に必要な幅広い政治プロセスへの意識と指導力を高めていく。インドでは、多くの組織が関わって、地域の自治体機関に女性の指導者を増やそうとしている。SEWAが、女性の組合や組織の設立を推進しているのはその一例である。バングラデシュでは、グラミン銀行などのMFIが、前回の選挙に先立って、有権者教育用の資料を、自分たちの組織を通じて女性に配布している[36]。アフリカでは、CAREニジェール（CARE-Niger）が、非常に効果的に女性の指導力を開発して、地方選挙を戦えるようにしている。人口の半数を占める女性の参加を増やすことによって、グループベース金融サービスは、地域ガバナンスの改善と民主的システムの発展に大きく貢献することができるのである。

　上記以外にも、マイクロファイナンスを提供する多くの組織が、女性グループが農村地帯の市民的発展の先頭に立てるよう、さまざまなイノベーションを開発してきている。インドではハンド・イン・ハンド（Hand in Hand）、スワヤム・シクシャン・プラヨ（Swayam Shikshan Prayog）、ANANDI（Area Networking And Development Initiatives「地域のネットワーク化・開発イニシアティブ」）が、スーダンではLEAP（Lerning for Empowerment Against Poverty「貧困に反対するエンパワーメントのための学習」）が、農村情報センター（Rural Information Centres）を開発して、女性がインターネットから情報

を入手できるよう手助けするとともに、それがクラスターや集団にとっての収入源となるようにしている。文字が読めないことは、もはやこうした施設を利用するうえでの障害ではない。ソフトウエアと技術進歩のおかげで、音声やビデオ、その他のフォーマットを介して大量の情報にアクセスすることができる。しかし、多くのドナー機関からの支援があるにもかかわらず、センターの多くは、地元組織や教育がないことから利用率が低迷していたり、成年男子に占有されてしまったりしている（ポルノのダウンロード用となっているところもある）。女性の自助グループやクラスター組織が管理しているところでは、センターがコミュニティにとって有効に活用されているところが多い。

大切なのは、商業的な金融サービス・プロバイダーが、こうしたタイプのイニシアティブと提携して、支援していくことである。これは、さらに大きな市場へアクセスする手段にもなるし、既存顧客のエンパワーメント・プロセスを支援することにもなる。そのためには、慈善活動用資金のターゲットを上記のようなイニシアティブにしていくこと、さらには、地域のイニシアティブを支援していくことが条件になるだろう。また、ジェンダー公正のアドボカシーを「メインストリーム化」アドボカシーの、そして金融部門を対象としたロビー活動の必須部分としていくことも必要である。

9　非常に貧しく弱い立場にある女性の具体的なニーズと利益を含める

上記のすべてについて、ジェンダー・メインストリーミングと女性のエンパワーメントは、財務的に持続可能な金融サービスと既存のキャパシティビルディングの設計を改良することで、ほぼ達成できる。貧困ライン周辺の世帯に属する女性の多くは、男性と同等の活動の場があれば、これ以外の自由に使える資源と組み合わせることで、大きく前進することができる。

しかし、最貧困層の女性と一緒に仕事をするには、最貧困層の男性と働く場合と同じく、特有の課題がある。こうした課題には、貧困以外にも、ジェンダーに関係して一定の特徴がある。

- 識字能力がきわめて低い。
- 資源へのアクセスと管理のレベルが低い。これは宝石のような「女性特有の」資産も含めてのことで、本来ならば、こうした資源は、経済活動のインプットとして金融サービスを補完できるはずのものである。
- 援助と支援を提供してくれるネットワークや人的資源へのアクセスが低水準である。

- 家庭のレベルでは問題なくても、コミュニティレベルでの性的搾取および虐待に対してきわめて脆弱である

これはつまり、優れた貧困評価ツールを開発するためには、こうした貧困と脆弱性におけるジェンダーの次元を取り込むことと、商品開発、市場調査、金融リテラシー、消費者保護などにおいて、最貧困層女性に特有のニーズを考慮しておくことが不可欠だということである。

10　金融サービスにおけるジェンダー公正に向けた環境の推進
——全国ネットワーク、政府、およびドナー機関の役割

　ここまでに示してきたように、本論の根底にあるのは、経済成長、プロプア開発、および市民社会の強化に重要な貢献を行うだけの能力を備えた、多様で・包含的で・持続可能な金融部門の枠組みである。ジェンダー公正、機会のジェンダー平等、および女性のエンパワーメントは、包含、プロプア開発および市民社会強化に向けたあらゆる主張に不可欠の構成要素であるとともに、経済成長にも大きく貢献するものである。しかし、いくら大きな貢献をする可能性があり、ジェンダー公正と財務的持続性とのあいだに正の相関関係があったとしても、商業部門だけに依存していて顕著な進展がもたらされるとは——現在のトレンドや、急速な成長と短期的な財務的持続力を求める圧力や、ジェンダー差別と既得権の圧倒的な強さを考えてみれば——とても思えない。

　したがって、決定的に重要なことは、各国の政府とドナー機関が、ジェンダー公正を可能にする環境作りの支援という観点から、それぞれのジェンダー任務（gender mandates）を引き受けて、対策を講じることであり、商業部門は、その範囲内で、しかし、適切な政策環境という文脈の中で、NGOや市民社会組織による強力なジェンダー公正運動と協力しながら、その役割を果たすことになる。

　政府とドナー機関がこうした環境を提供するために——なかでも、上で述べたジェンダー改革に関する情報の照合や経験の交換を促進するために——仲介レベルや国レベルで講じることのできる措置は数多くある。費用のかかる非金融サービスの多くは、プロバイダーのネットワークを通して提供する方が望ましいかもしれない。たとえば金融リテラシーは、上で述べたように、金融サービスプロバイダーではなく、キャパシティビルディングに関わっているNGOのような中立組織を通して、あるいは成人教育プログラムに統合する形で提供するのがベストだろう。そうすることで、別形態

の顧客向けマーケティングとして利用されるのを避けることができる。どれがベストな戦略かを評価するには、ジェンダー別のアクセスとジェンダー面での影響についての比較情報を、さまざまなタイプのプロバイダーから集める必要がある。また、そうしたグッドプラクティスを、女性独自の戦略と視点と合わせて、さまざまな「周縁的なジェンダー特殊主義」(marginal gender specialisms) から、銀行家や一般スタッフを対象とした主流の研修に必須の要素に変えていくことが重要である。またこれは、マイクロファイナンスの潜在顧客の半数以上が、その組織のサービスから確実に利益を得るという面からも、必要欠くべからざることである。

こうした組織面での可能性のすべてが意味しているのは、これからのドナー機関は、組織としてのジェンダー評価と研修のためにジェンダーに関する専門知識を利用する必要がでてくるということで、それによって、金融サービス機関が上記のような戦略を最も効率的かつ効果的に実施する方法を確認できるよう、支援していくことになる。理想的には、合意された組織的ジェンダー指標のセットと、あとはジェンダー実績の評価システムがあればよい。それがあれば、自身のパートナーやあれこれのプロジェクトの中から、ジェンダーに関するイノベーションの最前線にあって他の機関に実例を提供できるところ、変化にはオープンだがまだ能力がなくキャパシティビルディングが必要なところ、そして、変化には興味がないところを区別することができる。この最後に挙げたパートナーないしプロジェクトについては、そのうちに、資金提供を続けるべきか否かの決断を下す必要がでてくるだろう。ほかの2つと比べて開発への貢献がはるかに低くなると思われるからである[37]。

多くのドナー機関は、農村の金融機関や利害関係者の関与を推進し助成するだけでなく、誘導的な政策や規制環境の推進を通じても活動を行っている。上記のジェンダー戦略を可能にし、推進するためには、ジェンダー公正を、このマクロレベルにおいて——すなわち規制の枠組み、消費者の保護、マイクロファイナンスネットワークによるアドボカシー戦略、さらには他の支援的介入におけるジェンダーメインストリーミングにおいて——メインストリーム化することが必要となる。

第1に、政府やドナー機関が助成しているすべての金融サービス・プロバイダーに、上に述べたいずれかの方法でジェンダー公正のメインストリーム化を義務づけるか、あるいは少なくとも奨励するだけでも、アクセスのジェンダー平等が増進するばかりか、女性のエンパワーメントを支援する環境の実現に大きく貢献できるだろう。さらに、もし、マイクロファイナンスネットワークの加盟機関と銀行のすべてが、宣伝用資料や広告、そして今や何百万ともいう顧客とのやりとりの中で、女性のエンパワーメントについてのビジョンを普及・推進すれば、これは、顧客のエンパワーメントだけでなく、女性の経済活動ならびに地域社会や国際社会における女性の役割についての考え方を変えるうえで、大きな貢献となるだろう。

第6部　満たされない需要を満たす──ジェンダーと教育

　第2に、マイクロファイナンス機関と銀行は、自分たちが地域および国家の経済に及ぼす影響について、市場の歪みと環境維持の両方の観点から懸念を強めている。近年は、ドナー機関とMFIが直接提供するバリューチェーン・ファイナンスへの関心が高まっている。これは、バリューチェーンの一部に的を絞った融資を行うことが目的で、生産、収入、および雇用の拡大を最も推進することができる[38]。バリューチェーン分析と展開の大半は、これまでのところ性中立的で、結果的に女性の一層の過小評価をもたらす可能性がある。したがって、この新たな展開にジェンダー問題を十分盛り込むことがきわめて重要である。ジェンダーをバリューチェーン展開に取り入れる方法については、著者が別論文で詳しく検討している[39]。

　最後に、マイクロファイナンスネットワークの多くは、この部門に影響を及ぼすさまざまな問題のアドボカシーに関わっている。しかし、ジェンダー問題がそうしたアドボカシーの一部となっていることはほとんどない──財産権法を変えること、女性が財務的に持続可能な金融サービスから真の利益を得られるようにすることが重要だという認識は早くからあったにもかかわらず、である（Otero, 1994:2）。こうしたネットワークのロビー活動とアドボカシーには、女性の財産権、インフォーマル部門の保護、および暴力など、顧客に影響を与え、ひいては持続性や発展プロセス全体に影響を及ぼすような問題を含めることが必要なのである。

訳注

　FINCAはワシントンに本部を置く1984年設立のNPOマイクロファイナンス組織。正式名称 The Foundation for International Community Assistance。Accionは1961年に設立され、世界初のマイクロファイナンス機関とされるNPO組織。正式名称は Americans for Community Co-operation in Other Nations。

注

＊本論は、オックスファム・ノビブ（Oxfam Novib）による「経済開発におけるジェンダー公正のための女性のエンパワーメント・メインストリーミング・ネットワーク化プログラム（Women's Empowerment Mainstreaming and Networking (WEMAN) program for Gender Justice in Economic Development」のための論文（Mayoux, 2009a）の短縮版である。土台としたのは1997年以降の著者らの研究で、資金提供は、英国国際開発省（Department of International Development: DFID）、国際労働機関（International Labor Organization: ILO）、リバイ・ストラウス基金（Levi Strauss Foundation）、カナダ・パキスタン・アガ・カーン基金（Aga Kahn Foundation Canada and Pakistan）、英国オープン・ユニバーシティ（The Open University UK）、国連女性開発基金（United Nations Development Fund for Women: UNIFEM）、世界銀行（World Bank）（Mayoux, 2008）、および国際農業開発基金（International Fund for

Agricultural Development: IFAD）(Mayoux, 2009b)である。さらに詳しい内容、報告、資料、ケーススタディーについては www.genfinance.info. を参照してほしい。コメント、助言、補足事項はつねに歓迎している（連絡先は l.mayoux@ntlworld.com）。本論は、基礎とした研究のスポンサーによるいかなる見解をも代表するものではない。

1．Blackden and Bhanu, 1999；Klasen, 2002.
2．たとえば DFID（2000）を参照。
3．ウガンダ、パキスタン、インド、およびペルーでジェンダーアクション学習システム（Gender Action Learning System: GALS）法で得られた知見の詳細については、Mayoux et al., 2009 および Mayoux, 2010 を参照。ウガンダでは、参加型研究の対象となった男性 500 人のうちの 70 パーセントが、妻からの金銭・穀物の窃盗、妻への暴力、およびアルコール依存を認めているなかで、数百人の男性が、GALS を用いることで窃盗、アルコール依存、不倫、および暴力を止めつつある。こうしたことが幸福と成功への道ではないことを自覚したからである（素晴らしい性生活については言うまでもない）。今では、家庭内の出来事について妻と相談しているほか、妻に土地を譲渡して一定の安全と地位を与える文書に署名している者も多い。また、多くが、ほかの男性に働きかけて変化を手助けしている。
4．Microcredit Summit Declaration and Plan of Action RESULT 1997.
5．古いマニュアルとガイドラインについては、たとえば、UNIFEM 1993, 1995；Binns, 1998；Johnson, 1997 を参照。
6．ここで述べている課題の多くに関する詳細は、Mayoux（2008, 2009）に見ることができる。
7．ジェンダー公正に関するこの議定書草案は、2008 年にバリで開催されたアジア地域マイクロクレジット・サミット（Asia Regional MicroCredit Summit）で提案され、400 人を超える参加者が署名を行った。署名者には、グラミン銀行のムハムド・ユヌスとラミヤ・モルシェド（Lamiya Morshed）、サミットキャンペーンのサム・デイリー・ハリス（Sam Daley Harris）とミッシェル・ゴンペルツ（Michele Gomperts）、アジア開発銀行（Asian Development Bank のニルマル・フェルナンド（Nirmal Fernando）、さらにはインドの NABARD（National Bank for Agriculture and Rural Development「全国農業農村開発銀行」）を含めたマイクロファイナンス運動の著名人や有名組織が名を連ねている。
8．WEMAN プログラムの一環として、この議定書とそれを支える証拠や実務的イノベーションは、マイクロクレジット・サミット・キャンペーン（MicroCredit Summit Campaign）への寄稿として、ラテンアメリカ、アジアおよびアフリカのワークショップで展開が進んでいる。
9．Mayoux（2009a）.
10．マイクロファイナンスによる女性の利益に関する文献の概要については、Kabeer（2001）、Cheston and Kuhn（2002）、Kabeer（1998）を参照。
11．ジェンダー別インパクト評価を女性のあいだでの貧困レベルで区分しているものは少ないが、たとえば、ネパールの Ashe and Parrott（2001）による研究を参照。
12．潜在的なマイナス影響に関する詳細な議論と参考文献については Mayoux, 1999, 2000, 2001, 2008, 2009b を参照。
13．Cheston（2006）, Frank et al.（2008）
14．筆者は、コンサルタントとしての報告書を作るプロセスで、さまざまな状況の顧客に聞き取り調査を行ったが、その多くが、収益性のある事業のために融資の増額を申請したにもかかわらず、男性スタッフによる差別のために却下ないし減額されていた。なかには、

第6部　満たされない需要を満たす――ジェンダーと教育

融資が減額されたために、やむなく低水準の設備に投資することになり、無用な損失が発生したケースもあった。

15. これは、最近 EU の資金提供によりパキスタンで5つの主要マイクロファイナンス機関について行われた、厳密で評価の高いインパクト評価に基づく確固とした結論である。Zaidi, Jamal, Javeed Zaka（2007）

16. 2004年に米国の組織 Catalyst が行った調査によると、トップに女性が多くいる企業ほど、財務業績が優れていることがわかっている。米国のウエルズファーゴ銀行（Wells Fargo Bank）の経験でも、女性を顧客グループとして標的にすることのメリットが示されている（Cheston, 2006）。

17. たとえば、Mayoux（2009b）の最後のチェックリストおよび Cheston（2006）を参照。参加型の方法論は、オックスファム・ノビブのジェンダー行動学習システム方法論（Gender Action Learning System methodology）に基づく WEMAN プログラムの一部として作成中である。詳細については、http://www.wemanglobal.org. を参照。［2015年10月現在でオックスファム・ノビブのページになっている］

18. 組織のジェンダー・メインストリーミングに向けた枠組みと方法論に関する詳しい議論については、たとえば Groverman and Gurung（2001, 2008）；ILO（2007）；Macdonald et al.（1997）を参照。

19. フォーチューン誌が行った興味深い調査によれば、最も収益性の高い企業は上位管理職に多くの女性を起用している（Cheston, 2006）。

20. 2005年12月までの3年間で、グラミン銀行の預金ベースは3倍となり、貸付残高は2倍に増加した。利益は2001年の約6000万タカから2004年には4億4200万タカ（約700万米ドル）へと急増した。ドロップアウトした者も戻りつつあり、以前の債務不履行者からも返済・再加入する者がでている。

21. MicroSave ツールの詳細については、www.microsave.org. を参照。

22. マイクロファイナンスとそれ以外の開発支援との補完性に関する考察については、たとえば Margner（2007）および Watson and Dunford（2006）を参照。

23. 著者と参加中の MFI は、現在、オックスファム・ノビブの WEMAN プログラムのなかで、市場調査ツールのジェンダー感受性を高めるための適応開発を進めている。草案とその更新情報は、2010年3月から www.genfinance.info に掲載される予定である。

24. Microfinance Opportunities と Freedom From Hunger の共同イニシアティブの事例については www.microfinanceopportunities.org［2015年8月現在は、http://www.womankind.org.uk/］または www.ffh.org に、Womankind Worldwide の例は www.womankind.org に、Siembra については http://www.genfinance.info/Chennai/Case%20Studies/SiembraManual_Chapter%203.pdf［2015年8月現在、アクセス不能］に、SEWA については http://coady.stfx.ca/resources/abcd/SEWA%20Financial%20Literacy%20Manual.pdf［2015年8月現在、http://www.coady.stfx.ca/tinroom/assets/file/SEWA_Financial_Literacy_Manual.pdfで入手可能］に記載されている。"EAT THAT FAT CAT" の初期バージョン（現在はさらに開発中）については http://www.lindaswebs.org.uk/Page3 Orglearning/PALS/PALSIntro.htm［2015年8月現在、アクセス不能］を参照。

25. GALS ツールの詳細については、www.semanglobal.org. を参照。［2015年10月現在でオックスファム・ノビブのページになっている］

26. これらのツールの詳細については、http://www.povertytools.org/index.html を参照。

27. こうした問題についての全面的な議論は本論の範囲外である。しかし、非常に興味深い批判的な論文が、貧困評価ツールサイトのリンクページに記載されている。(http://www.povertytools.org/Links/links.htm)［2015年8月現在、アクセス不能］
28. Mayoux（2002）、Chant（2003）、およびGammage（2006）を参照。
29. たとえば、IFAD（2006: 1287）を参照。
30. たとえば、Daidi et al.（2007）の最後にあるアンケートおよびMayoux（2004a）の議論を参照。
31. Sinha（2009）を参照。SPMにジェンダーを統合するためのマニュアルも、フランセス・シンハら（Frances Sinha and others）によって開発中である。さらに詳しい事項はhttp://www.genfinance.info.を参照。
32. 特にSEEP（2006）、および2006年10月のMicroLinksについての討論の概要を参照（URLは、http://www.microlinks.org/file download.php/SC+ 15+Summary+Document.pdf?URL ID=13137&filename=11618091991SC 15 Summary Document.pdf&filetype=application%2Fpdf&filesize=933903&name=SC+15+Summary +Document.pdf&location=user-S/)。［2015年8月現在、アクセス不能］
33. http://www.genfinance.info.にある提案を参照。
34. Otero, M and E Rhyne（eds.）（1994）
35. たとえば、インドのSEWA（www.sewa.org）、ANANDI（www.anandiindia.net）［2015年8月現在は、http://anandi-india.org/］、スーダンのLEAP（www.leap-pased.org）［2015年8月現在は、http://www.pased-sud.org/en］、および「ジェンダー行動学習システム（Gender Action Learning System）」（オックスファム・ノビブのWEMAN program（http://www.palsnetwork.info）の一環として開発中）の各イニシアティブを参照。
36. Mohammad Yunus in "Empowering Women" Countdown 2005, MicroCredit Summit Campaign.［2015年8月現在、アクセス不能。Gender Action Learning Systemについてはhttp://www.wemanglobal.org/2_GenderActionLearning.aspを参照］
37. このようなシステムは、オックスファム・ノビブのような国際NGOのいくつかが導入している。Mukhopadhyay et al.（2006）を参照。
38. たとえば、Shepherd（2004）、Chalmers（2005）、Jansen et al.（2007）を参照。
39. これの実行を可能にする方法については、たとえばMayoux and Mackie（2009）を参照。

参考書目

Ashe, J and L Parrott (2001). PACT's Women's Empowerment Program in Nepal: A Savings and Literacy Led Alternative to Financial Institution Building. PACT.

Binns, H (1998). Integrating a Gender Perspective in Micro-finance in ACP Countries. Brussels, European Commission.

Blackden, M and C Bhanu (1999). Gender, Growth and Poverty Reduction, World Bank Technical Paper 428, Washington DC.

Chalmers, G (2005). A fresh look at rural & agricultural finance. Retrieved Nov 2007, from__RN_1_ A_Fresh_Look_a_RAF[1].pdf.

Chant, S (2003). New contributions to the analysis of poverty: Methodological and conceptual challenges to understanding poverty from a gender, perspective. Mujer y desarrollo, Santiago, Chile, CEPAL, Women and Development Unit, United Nations. http://www.eldis.org/cf/rdr/rdr.

cfm?doc=DOC14786.［2015 年 8 月 現 在、http://www.cepal.org/en/publications/5910-new-contributions-analysis-poverty-methodological-and-conceptual-challenges で入手可能］

Cheston, S and L Kuhn (2002). Empowering women through microfinance. In *Pathways Out of Poverty: Innovations in Microfinance for the Poorest Families*. S Daley–Harris (ed.). 167–228. Bloomfield, Kumarian Press.

Cheston, S (2006). Just the Facts, Ma'am: Gender Stories from Unexpected Sources with Morals for Micro-finance. *Micro Credit Summit*, from http://www.microcreditsummit.org/papers/Workshops/28_Cheston.pdf.［2015 年 8 月 現 在、http://www.genfinance.info/documents/Gender%20Impact/Cheston_JusttheFactsMaam_2006.pdf で入手可能］

DFID (2000). Poverty Elimination and Empowerment of Women: Target Strategy Paper. Retrieved Nov 2011, from http://www.dfid.gov.uk/pubs/files/tspgender.pdf.［2015 年 8 月現在、http://www.bvsde.paho.org/bvsacd/cd27/tspgender.pdf で入手可能］

Frank, C, E Lynch and L Schneider–Moretto (2008). Stemming the Tide of Mission Drift: Microfinance Transformations and the Double Bottom Line. New York: Women's World Banking.

Frisancho, V, D Karlan and M Valdivia (2008). Business Training for Microfinance Clients: How it Matters and for Whom?, Poverty and Economic Policy Research Network. PMMA Working Paper 2008–11. http://www.microfinancegateway.org/p/site/m/template.rc/1.9.30264.［2015 年 8 月現在、http://papers.ssrn.com/sol3/papers.cfm?abstract_id=1304835 で入手可能］

Gammage, S (2006). *A Menu of Options for Intra-Household Poverty Assessment*. Washington: USAID.

Groverman, V and JD Gurung (2001). *Gender and Organisational Change: Training Manual*. Katmandu: ICIMOD.

Groverman, V, T Lebesech and DS Bunmi (2008). Self-assessing your organisation's gender competence: A Facilitator's Guide to support NGOs in assessing their gender competence and in planning for gender mainstreaming.

IFAD (2006). Assessing and managing social performance in microfinance.

ILO (2007). *FAMOS Check Guide and Methods*. Geneva: ILO.

Jansen, A, T Pomeroy, J Antal and T Shaw (2007). Mali Value Chain Finance Study: Using a Value Chain Framework to Identify Financing Needs: Lessons learned from Mali. From mR_81_Mali_Value_Chain_Finance_Study[1].pdf.［2015 年 8 月 現 在、https://globalvaluechains.org/publication/mali-value-chain-finance-study-using-value-chain-framework-identify-financing-needs で入手可能］

Johnson, S (1997). *Gender and Micro-finance: Guidelines for Best Practice*. London: Action Aid-UK.

―― (1998). *Money Can't Buy Me Love? Re-evaluating Gender, Credit and Empowerment in Rural Bangladesh*. Brighton, IDS.

Kabeer, N (2001). Conflicts over credit: Re-evaluating the empowerment potential of loans to women in rural Bangladesh. *World Development*, 29(1), 63–84.

Klasen, S (2002). In searc. of the Holy Grail: How to Achieve Pro-poor growth? Munich, University of Munich, Department of Economics.

Macdonald, M, E Sprenger and I Dubel (1997). *Gender, and Organisational Change: Bridging the Gap between Policy and Practice*. Amsterdam: Royal Tropical Institute.

Magner, M (2007). Microfinance: A Platform for Social Change. http://www.grameenfoundation.org/

pubdownload/dl.php.

Mayoux, L (1999). Questioning virtuous spirals: Micro-finance and women's empowerment in Africa. *Journal of International Development*, 11, 957–984.

—— (2000). *Micro-Finance and the Empowerment of Women — A Review of the Key Issues*. Geneva: ILO.

—— (2001). Tackling the Down Side: Social Capital, Women's Empowerment and Microfinance in Cameroon. *Development and Change*, 3(32), http://www.microfinancegateway.org/files/18143 Tackling the Down Side Cameroon.pdf.［2015 年 8 月現在、http://www.microfinancegateway.org/library/tackling-down-side-social-capital-womens-empowerment-and-microfinance-cameroon で入手可能］

—— (2004a). Intra-household Impact Assessment: Issues and Participatory Tools. Available at: http://www.sed.manchester.ac.uk/research/iarc/ediais/EINOcto4.pdf.［2015 年 8 月現在、https://www.yumpu.com/en/document/view/22860559/intra-household-impact-assessment-issues-and-participatory-tools でログインのうえ入手可能］

—— (2004b). Gender Issues in Developing Poverty Tools. Draft, Washington DC, USAID/AMAP. http://www.povertytools.org/Project Documents/Gender%20Issues%20draft%20072104.pdf.［2015 年 8 月現在、アクセス不能］

—— (2005). Learning and Decent Work for All: New Directions in Training and Education for Pro-poor Development. Draft. Geneva, ILO. http://www.microfinancegateway.org/p/site/m/template.rc/1.9.24903/.［2015 年 8 月現在、アクセス不能］

—— (2008). Module 3: Gender and Rural Finance. *Gender and Agriculture Source Book*. Washington DC: World Bank.

—— (2009a). *A Gender Justice Protocol for Financial Services: Framework, Issues and Ways Forward*. The Hague: Oxfam Novib.

—— (2009b). *Reaching and Empowering Women: Gender Mainstreaming in Rural Microfinance: Guide for Practitioners*. Rome: IFAD.

Mayoux, LC (2010). Diamonds are a Girl's Best Friend: Experience with Gender Action Learning System. In *Elgar International Handbook on Gender and Poverty*, S Chant (ed.), pp. 84–94. Edward Elgar.

Mayoux, L and G Mackie (2009). *Making Stronger Links: Gender and Value Chain Action Learning, A Practical Guide*. Geneva: ILO. Available at: http://www.ilo.org/empent/Whatwedo/Publications/lang-en/docName-WCMS111373/index.html.［2015 年 8 月現在、アクセス不能］

Mayoux, LC, P Baluku *et al.* (2009). Balanced Trees Grow Better Beans Community-led change in gender relations in Uganda. www.wemanglobal.org

Mukhopadhyay, M, G Steehouwer and F Wong (2006). *Politics of the Possible: Gender Mainstreaming and Organisational Change: Experiences from the Field*. The Hague: Royal Tropical Institute and Oxfam Novib.

Otero, M and E Rhyne (eds.) (1994). *The New World of Microenterprise Finance: Building Healthy Financial Institutions for the Poor*. London: IT Publications.

Results (1997). *The Micro Credit Summit Declaration and Plan of Action*. Washington DC: RESULTS.

SEEP (2006). Consumer protection Principles in Practice: A Framework for Developing and Implementing a Pro-Client Approach to Micro-finance. Progress Note 14 October, 2006. http://

www.seepnetwork.org/content/article/detail/4664.［2015 年 8 月現在、http://www.microfin.com/files/SIPA/SEEP_Progress_Note_14_Consumer_Protection.pdf で入手可能］

Shepherd, AW (2004). Financing agricultural marketing. Retrieved Nov 2007, from http://www.fao.org/ag/ags/subjects/en/agmarket/markfinance.pdf.［2015 年 8 月現在、http://www.eldis.org/vfile/upload/1/document/0708/DOC14825.pdf で入手可能］

Sinha, F (2009). Integrating Gender Equity into Social Performance Management in Microfinance: Workshop Report. Gurgaon, India, EDA Rural Systems.

UNIFEM (1993). *An End to Debt: Operational Guidelines for Credit Projects*. New York: UNIFEM.

—— (1995). *A Question of Access: A Training Manual on Planning Credit Projects That Take Women into Account*. New York: UNIFEM.

Valley Research Group and L Mayoux (2008). *Women Ending Poverty: The Worth Program in Nepal — Empowerment Through Literacy Banking and Business 1999–2007*. Kathmandu, Nepal: PACT. http://www.microfinancegateway.org/p/site/m//template.rc/1.9.34360.［2015 年 8 月現在、http://www.seepnetwork.org/women-ending-poverty---the-worth-program-in-nepal-resources-774.php で入手可能］

Watson, AA and C Dunford (2006). From Microfinance to Macro Change: Integrating Health, Education and Microfinance to Empower Women and Reduce Poverty. Microcredit Summit, Halifax. http://www.microcreditsummit.org/papers/UNFPA_Advocacy_FINAL.pdf.［2015 年 8 月現在、http://www.unfpa.org/sites/default/files/pub-pdf/microfinance.pdf で入手可能］

Zaidi, S Akbar, H Jamal, S Javeed and S Zaka (2007). *Social Impact Assessment of Microfinance Programmes*. Study Commissioned by and Submitted to the European Union–Pakistan Financial Services Sector Reform Programme, Islamabad.

マイクロファイナンスによる高等教育
―― グラミン銀行のケース (*)

アシフ・U・ドウラ* (Asif U. Dowla)

1 はじめに [1]

　ヌルジャハン（Nurjahan）は、バングラデシュの農村に住むごく普通のティーンエージャーだった。優等生で、楽しく学校に通い、大家族で暮らしていた。小学校、中学校と、地域レベルの試験で抜群の成績を収めたことから、政府から奨学金を受けていた。しかし、屈託のない日々は終わりを告げた。一家には教育費の支払いを続ける余裕がなく、15歳で嫁がされてしまったためである。ところが、父親が約束した持参金を支払ってくれなかったため、結婚から4カ月も経たないうちに離縁されてしまった。実家に戻ったヌルジャハンは、くじけることなく勉強を再開した。裕福な家庭の子の家庭教師をして学費の一部に充て、中学校・高等学校の修了資格試験に優秀な成績で合格した。ヌルジャハンの生涯の夢は医師になることだった。しかし、高等学校レベルの教育費はなんとか賄えたものの、医学部の学費には手が届かなかった。しかも、ほかの兄弟姉妹全員の学費を支払わねばならなかったのに、家にはそれだけの余裕はなく、民間や国営の商業銀行から融資を受けようにも、担保になるものもなかった。家族は主に両親のわずかな収入が頼りで、父親は宗教学校の教師、母親はグラミン銀

＊セント・メアリー・カレッジ・オブ・メリーランド

行のローンを資金として、自宅で仕立屋を営んでいた。幸い、母親がグラミン銀行からの借入金をすべて返済していたので、ヌルジャハンは同銀行から教育ローンを受けることができた。ローンは医学部在学中の授業料と食事代に充てた。現在、ヌルジャハンは婦人科開業医として働いており、自分以上に恵まれない人たちが利用できるようにと、期限前にローンの返済を終えている。

このヌルジャハンの話には、本書の中心テーマが反映している。すなわち、潜在的な顧客需要とMFIが金融商品に関して提供しているものとのあいだには「ミスマッチ」があるのである。グラミン銀行が教育ローンを導入する以前なら、ほとんどの女子生徒は――とりわけヌルジャハンのような女子生徒は――医者になる夢を諦めなければならなかっただろう。地方のカレッジで一般的な教育を受けたくらいで、一家はまた借金を背負いこみ、娘をもう一度嫁がせるはめになっていたことだろう。グラミン銀行の教育ローンのおかげで、彼女は今、自信ある自立した女性として、ほかの人びとを支援している。

2　グラミン銀行と教育

バングラデシュは、過去20年間に、貧困層および女子への初等・中等教育の機会拡大に関して著しい改善を見せた。これを可能にしたのは学校、教材、教師への巨額の投資で、資金は各種のドナー機関のほか、政府、地域社会、世帯が提供したものである（Hossain, 2004）。さらに重要なこととして、女子教育の価値についての文化規範が劇的に変化した（Hossain and Kabeer, 2004）。2006年の世界銀行ジェンダー規範調査（World Bank Gender Norm Survey 2006）によると、調査サンプルのほぼ75パーセントが、女子も男子と同等の教育を受けるべきだと考えている（World Bank, 2008）。1991年の時点では、バングラデシュの女性の識字率はわずか20パーセントで、世界で最も低い部類に属していた。20世紀の末には初等教育への総就学率が100パーセントを超え、初等教育レベルでのジェンダー格差は解消された（Hossain and Kabeer, 2004）。同様の改善は中学校でも起こっている。1994年以降、中学校への女子就学率は年に13パーセントの割合で上昇した。この間、男子の就学率の上昇は年間2.5パーセントである（Khandker *et al.*, 2003）。バングラデシュは、発展途上国ではまれに見る水準のジェンダー間平等を達成していて、今では世界でも最大規模の初等教育システムを有している（Hossain, 2004）。この成功は、政治的なコミットメント、女子教育の重要性についての規範と価値観の変化、そしてそれ以上に、バングラデシュ政府が就学率のジェンダー不公平を是正する目的で実施した、いくつものインセンティブ・プログラムによるものである（Hossain, 2004）[2]。

グラミン銀行は1978年にスタートしたが、当時の貧困層は、教育を、手の届かない贅沢と見なしていた。長年にわたって貧しい顧客に対応してきた経験を通して、グラミン銀行は、借り手が子どもの教育を熱望していることに気がついていた。子どもについての夢を尋ねると、共通して、子どもをグラミン銀行の会員にしたくないという答えが返ってきた。こうした答えは逆説的に思えるだろうが、もっともな理由がある。グラミン銀行は貧困層のための銀行なのだから、良き親の常として、借り手は子どもが貧困層になることを望まないのである[3]。借り手の大多数は、子どもが教育を受けて公務員になること、ビジネスで成功すること、あるいは、自分とは違う、なにか立派な仕事に就くことを願っている（Rahman et al., 2002）。こうした子どもの教育と将来についての上昇願望は、バングラデシュのあらゆる階層にかなり広まっている（Hossain and Kabeer, 2004；World Bank, 2008）。

　設立の時点から、グラミン銀行は一貫して、会員に子どもを学校に通わせるよう勧めている。グラミン銀行が当初から女性会員に焦点を絞ったのは、貧困層の生活を根本的に変えるには女性への信用貸付（クレジット）が必要であることを、職員が認識したからである。バングラデシュをはじめ、世界各地で生まれた経験則に、女性は資金を所有したらそれを主として家族の福祉のために使うというものがある。家族の中では、追加的な財政資源のかなりの部分が子どもの福祉、なかでも学費や教材費に充てられる。借り手は、子どもの教育を重視する思いを「16の決意（the Sixteen Decisions）」として成文化している。これは1984年に会員により採択された社会憲章で、第7の決意には「私たちは子どもを教育し、子どもが自分で収入を得て学費の支払いをできるようにする」と謳われている。この憲章が採択されたのは1984年のことだった。当時は、農村や都市部の裕福な家庭の息子ぐらいしか学校に通えなかった。教育熱は広まっていたが、直接・間接の費用が大きいために、貧しい家庭には息子を学校に通わせる余裕はなく、女子教育への支援はほとんどなかった（Hossain and Kabeer, 2004, and Todd, 1996）。それ故、グラミン銀行は「16の決意」を用いて、男女を問わず子どもを教育するという規範を教え込む必要があったのである[4]。

　グラミン銀行は当初、地域のセンター内での学校設立を支援することで、子どもの教育を推進した。借り手は教師への支払い、銀行からの実費による教科書購入、センターハウス（分割払いの清算のため毎週集まる所）でのワンルーム学校の設立に出資した。教師は会員の子どもや地域の若者だった。読み書きと計算、さまざまな身体的・創造的表現の指導が、午前と夕刻にセンターハウスで行われた。1990年には、このような学校が約4000校、センターによって運営されていた（Jain, 1996）。しかし、政府による学校が農村地域で急速に増加し、親も子どもをそうした学校に通わせることを選択したことから、センター学校は最終的に不要となった。借り手の子どもの就学を直接支援するため、グラミン銀行は1999年に、月次支給の奨学金制度を開始した。

この奨学金は、5年生、8年生、10年生、12年生次の全国テストや、課外活動で優秀な成績を収めた者に与えられるものである。

事例証拠は、クレジットの利用による収入増が子どもの教育に向けられていること、クレジットへのアクセスが子どもの教育需要を増加させていることを示唆している。しかし、理論的な分析からは、クレジットが増加しても、子どもの学校教育への影響は曖昧なのではないかと思えてくる。この曖昧さは、子どもに消費財と生産財の両面性があることから生じている。家族は、子どもを持つことに満足を感じると同時に、子どもを家内企業で使うことで利益を得るという面がある。クレジットによって収入が増えれば、それによって子どもの教育への需要は増加する。つまり理論家のいう「所得効果（incom effect）」である。しかし、クレジットによって多くの資本を入手し利用することが可能となることで、子どもを学校に通わせるとコストがかさむから、むしろ家内企業で使おうということにもなる。こちらは「代替効果（substitution effect）」と呼ばれている。しかし、子どもの生産性上昇によって高収入が得られることで、長期的には家計収入が増加する。そうして長期的な富が変化にすることで、借り手は、子どもにもっと多くの・もっと良い教育を受けさせようとするだろう。

さらに、グラミン銀行を含めた多くのMFIは、クレジット以外にも、医療、識字力、リーダーシップ、社会的エンパワーメントの向上をめざして、各種の職業訓練や組織的支援、社会性発達指導など、さまざまなサービス（社会的介入）を会員に提供している（McKernan, 2002）。チェイス（Chase, 1997）は、こうしたクレジット以外のサービスも、受け取る利益が増えることから、子どもの教育への需要を拡大させるのではないかとしている。

ワイディック（Wydick, 1999）は、マイクロクレジットが子どもの教育に及ぼす2つの効果を特定し、第1の効果を「家内労働代替効果（family-labor substitution effect）」と名付けている。ワイディックによれば、クレジットは、資本使用の拡大を通して家内労働の生産性を高め、結果として、子どもを学校に通わせるためのコストが増えるかもしれない。これは、前述した「代替効果」と同じ見方である。これに対して、第2の効果は「家内企業資本化効果（household-enterprise-capitalization effect）」と呼ばれている。この場合、クレジットによって必要運転資金の制約が緩和されれば、クレジットの増加分で労働者を雇い、児童労働に置き換えるかもしれない。ワイディックは、グアテマラのデータを用いて、クレジットへのアクセスと学校教育とのあいだに明白な関係はないとしている。

マルダナド、ゴンサレス＝ベガ、ロメオ（Maldanado, Gonzalez-Vega, and Romeo, 2003）は、クレジットが学校教育に影響する可能性のあるルートを、さらにいくつか特定している。調査によれば、なにかの危機で収入の途絶に直面すると、家庭は、対処メカニズムの一環として、子どもの通学を中断する傾向がある（Jacoby and Skoufias, 1997）。マ

ルナナドらは、通常および緊急融資へのアクセスを提供して、収入獲得用資産の形成を促進することにより、MFIからのクレジットを活用できるようになり、危機のショックで子どもを退学させる可能性は低くなると考え、この効果を「リスクマネージメント効果（risk-management effect）」と呼んでいる。しかし、クレジットを通して可能となった追加の活動が、子どもの労働への需要を拡大することも指摘している。この点では、マルダナドらの指摘は、ワイディックによる「家内労働代替効果」に近い[5]。しかし、マルダナドらの実証調査により、MFIからの融資は、主には所得効果およびリスクマネージメント効果によって、子どもの学校教育を増加させることを示している。

また、マルダナドらの研究チームは、男性に比べると、女性の方が子どもの教育に熱心であることを指摘している。MFIが融資先としてクレジットのデリバリーに関して女性に的を絞っているのは、女性のパワーを強化し、学校教育のことで家族が決定を下す際の助けとなるだろう。クレジットへのアクセスによって女性の交渉上の立場が強化され、エンパワーメントがすすむことで、マルダナドらは、子どもの学校教育が拡大すると考えている（彼らのいう「ジェンダー効果」の結果である）。バングラデシュの状況においては、ジェンダーに伴う、また別の影響も関係してくる。クレジット関連の活動が活発になると、女性が家事に費やす時間が減少するのだが、ほとんどの場合、この不足分は子ども、とりわけ女の子が補わざるをえなくなり、女子の学校教育が低下するのである（Pitt and Khandker, 1998）。

ここまで、理論的な分析結果をいくつか簡単に見てきたが、そこからは、クレジットが子どもの教育に及ぼす影響が多義的であることが示唆される。研究者は、クレジットと教育の関係についてのさまざまな理論の中から真実を見出すために、グラミン銀行からのクレジットによって借り手の子どもの就学率がどれくらい上がっているのかについて、実証研究を重ねてきた。限られたサンプルに基づく結果ではあるが、トッド（Todd, 1996）によれば、グラミン銀行から借入れた世帯の女の子は全員（100パーセント）が何らかの学校教育を受けていたのに対して、同行から融資を受ける資格をもちながら参加しなかった家庭（コントロールグループ）では60パーセントにとどまった。男の子の場合には、借り手グループで80パーセント、借り手でないグループで62パーセントとなっている。またトッドは、学校教育の尺度として、その年に一人ひとりの子どもが実際に終えた教育年数を調べ、年齢的に本来終えるべき教育年数との比率を計算している。この尺度は、クレジットが教育に与える真の効果を捉える試みである。ここでもまた、グラミン銀行の借り手の子が優位で、可能な教育年数に対して62パーセント、コントロールグループの子どもでは、わずかに44パーセントとなっている。女子の方が男子よりも長く学校教育を受けていることについて、トッドは「男子は8歳になればもう家族のために現金収入を稼ぐことができる」ためだとしている。しかし、借り手とコントロールグループ間の比較がこれほど単純で、かつ用

第6部　満たされない需要を満たす——ジェンダーと教育

いているサンプル数が少ないと、調査結果には多くのバイアスがかかってくる[6]。

　世界銀行によるある調査（Pitt and Khandker, 1998）では、これよりすぐれた方法を用い、もっと多くのサンプルを科学的に選択することで、こうしたバイアスを修正した。すると、グラミン銀行による女性へのクレジットが1パーセント増えると、女子の就学可能性が1.86パーセント上がるという結果になった。しかし、男性へのクレジットが同じように増えても、女子の就学可能性への効果はなかった。ただし、男子の学校教育への効果はずっと大きく、男性へのクレジットが1パーセント増えると男子の就学可能性が2.4パーセント上昇し、女性へのクレジットが1パーセント増えると2.8パーセント上昇していた。これは、女子教育の利益に関する会員の意識を高めようと試みたにもかかわらず、その時点のグラミン銀行の会員の間には、男子教育への強い志向があったことを示唆している。さらに重要なこととして、ピットとハンカー（Pitt and Khandker, 1998）は、彼らのデータセットにある貧困層を支援している3つの組織のうち、顧客がグラミン銀行から借りている場合のみ女子教育が重視され、ほかの2つの組織ではそうならないと報告している。この理由について、ピットらは、ほかの2つの組織では、女子の活動が女性の仕事の手近な代替財となっているのではないか、としている。母親が自営業の仕事に従事する時、家事責任を引き受けるのは女の子だからである。グラミン銀行について前向きな結果のでていることが、先に見た「16の決意」によるものかどうかについては、実証的な確認はできていない。

　しかし、ジェシカ・チェイス（Jessica Chase, 1997）が、同じデータセットをついて、わずかに異なる推定方法とまったく違う教育達成度の尺度を用いたところ、男子の就学に関するピットとハンカーの結果が再現された。グラミン銀行から借入れた家庭の男子は、就学率が高く、学校での成績も良いことがわかったのである。ピットとハンカー（Pitt and Khandker, 1998）とは違い、チェイスは、男性と女性への融資が男子と女子の就学にどう影響するかの分析は行っていない。また、グラミンの会員であることが女子の就学に及ぼす影響についても、何の証拠も発見していない。その代わりにチェイス（Chase, 1997）は、女子の学校教育に対するクレジットの効果が中立的であること、すなわち、教育への需要の高まりも家事労働への需要の高まりも、会員世帯の女子の就学に影響していないことを発見している。チェイスは、グラミンのクレジットによる影響が男子と女子で異なっているのは、銀行のコントロールを超える状況が関係しているのではないかとしている。たとえば、もし子ども1人を教育し、1人を家庭に残せるとしたら、男子への教育投資の方が利益を得る可能性が高いことから、家族は女子より男子への教育を選択するだろう。あるいは、家族が、教育するなら男子の方が女子よりも利益率が高いと考えているのかもしれない。トッドの調査の対象者が記している。「娘にはある程度の教育が必要だが、やり過ぎてはいけない。娘の教育に大金を使っても家への見返りはない。全部よその家に持って行かれてしまう」[7]。同

様の感情は、チェイスの実施した別の調査でも見受けられる。これは、今学校に行っていない理由を尋ねたものだが、調査サンプルの男子の8パーセントが、教育を受けるのを「両親が望まなかったため」と回答したのに対して、女子では27パーセントがこの理由を挙げている。振り返れば、こうした調査が行われたのは80年代初めと90年代で、その後は、教育部門に政府から多額の投資がなされ、女性教育についての社会規範が変化していることを指摘しておく必要があるだろう。

3　高等教育ローン

　グラミン銀行の設立からもう27年が過ぎた。初期の借り手は引退を迎える年代となり、子どもの多くは大学に入学していっている。設立当初から、グラミン銀行は借り手の生活に質的な変化をもたらすことを責務としてきた。今も、借り手に子どもの教育を奨励し、援助することでその責務を果たし続けている。奨学金以外にも子どもの教育向上を援助するため、グラミン銀行では、学校教育とりわけ大学・大学院レベルの学費を支払うための追加資金を提供している。

　グラミン銀行の内部調査によれば、実際に、借り手の子どものうちのかなりの人数が学校に通っている。しかし、小学校と中学校、および高等学校レベルでの就学率がかなり向上したにもかかわらず、この調査では、高校卒業後の教育プログラムへの進学率が、2000年時点で劇的に低いことがわかった。同じ傾向は全国レベルでも観察された。2005年には、第3次教育（高校卒業後教育）への総就学率は、小学校、中学校、高等学校レベルがそれぞれ92パーセント、62パーセント、41パーセントであるのに対して、6パーセントにとどまっていた（Al-Samarrai, 2007）。さらに女子になると、高校卒業後の進学率の落ち込みがさらに大きいこともわかったが、、これは主に、女性は適齢期までに結婚して子育てをするべきという文化的規範と「特権」（cultural prerogative）に起因している。

　こうした傾向は全国レベルでも見られる。ジェンダー格差は高等教育レベルで最大となり、女子学生1人に対して男子学生はほぼ2人である。このような不均衡は、青年期女子とのフォーカスグループ討議で、高等教育へのきわめて高い需要が明らかになっていることと著しい対照をなしている（World Bank, 2008）。近年の経済および社会に起こった変化によっても、親の側からの高等教育、とりわけ女子の高等教育に対する需要は高まっている。著しい経済成長と公的部門の雇用機会拡大に煽られて経済機会が急増していることが、高等教育への投資を後押ししている。人口増加と土地への圧力上昇により、農業を職業とすることの利益性が低下したことで、男子教育に対する需要が高まっている。離婚の増加、持参金の高騰、家族の遺棄の増加は、女性には、

第6部　満たされない需要を満たす——ジェンダーと教育

結婚よりも雇用を通して経済的安定を確保する必要があることを示唆している。そのためには高等教育が必要なのである。80年代に輸出志向の衣料産業が出現したことで女性の雇用機会が増加したことも、女子教育の需要を押し上げてきている（Hossain, 2004）

　グラミン銀行の努力と、社会全体として高等教育への付加価値が高まっているにもかかわらず、費用負担が、子どもの教育継続の障害となっている。2000年の内部調査では、中等教育以後のレベルでの教育費用の高さが、借り手の子どもの進学率が低い最大要因の1つに挙げられている[8]。小学校教育は無償となっているが、実際にはどの家庭も、陰の授業料（つまりは教師への賄賂）を支払って「無料」のサービスを受けている（Tietjen, 2003）。しかも、学校は、教師の不在や教え方の質の悪さという深刻な問題に直面している[9]。その結果、経済的余裕のある家庭は家庭教師を雇うこととなり、その費用が総教育費にかぶさってくる。私的な教育費用は、教育レベルが上がるにつれて加速度的に増加する。中等以降の教育にかかる費用は、学生が家庭を離れて寄宿舎に入り、部屋代と食事代を支払う必要があるため、急激に増加する。2005年の家計調査によると、貧しい世帯が1年間に支払った高等教育の費用は学生1人当たり4856タカ（71米ドル）だったのに対し、豊かな世帯は年に1万8225タカ（282米ドル）を支払っていた。富裕層の費用負担の大きさは、富裕層と貧困層の大学進学率の違いに表れている。貧しい世帯の総進学率を1とすると、富裕な世帯では8にもなるのである（Al-Samarrai, 2007）。

　大学レベルの教育費用負担を軽減するため、グラミン銀行は、1997年に、借り手の子どものための教育ローンを導入した。富裕国では国がこうしたローンを提供してくれるが、バングラデシュでは、会員制組織であるグラミン銀行が、会員の子どもの高等教育を助成するために、このようなローンの提供を決定したのである。同行から融資を受けている借り手で（基本ローンでも条件緩和型ローンでも可）、会員になって1年以上の者の子どもは、すべて教育ローンの有資格者となる[10]。

　教育ローンは、高等教育のあるコースへの入学から修了までの費用すべて——入学費、教材費、授業料、部屋代および食事代など——の資金を提供する。このローンは、大学ないし大学院の学位取得を目指し、官民の機関で医学、工学、農業、教職の専門教育を継続している学生に与えられる。貸付額はコースの特徴と期間によって決められている。表28.1は、コースごとの貸付額のリスト、表28.2は、代表的ないくつかのコースについて、年間費用の内訳を示したものである。

　この費用計画の適用は国公立の教育機関に限定されている。私立大学の場合はこれよりもずっと費用がかかるが、そうした教育についても、私立大学が費用の25〜50パーセントの免除に同意すれば、グラミン銀行としては今も支払う意思がある。学生が私立大学からその旨の確約を得て、それを提示すれば、グラミン銀行が残りの費用

表 28.1 各種コースの貸付額

コースの種類	期間（年）	貸付額
医学士	5	10万5000タカ（1616米ドル）
歯学士	4	8万4000タカ（1293米ドル）
工学士	4	7万5000タカ（1154米ドル）
文学士（優等）、農学士、経営学士	4	7万7000タカ（1185米ドル）
大学院（農学修士、経営学修士）	2	3万8000タカ（585米ドル）

表 28.2 代表的コースに必要な年間費用の内訳

（単位：タカ）

年次	入学費・授業料・教材費・その他	部屋代・食事代	合計（予算）
医学士			
1	15,000	16,000	31,000
2	——	16,000	16,000
3	10,000	16,000	26,000
4	——	16,000	16,000
5	——	16,000	16,000
計	25,000	80,000	105,000
文学士（優等）、農学士、経営学士			
1	4,000	16,000	20,000
2	3,000	16,000	19,000
3	3,000	16,000	19,000
4	3,000	16,000	19,000
計	13,000	64,000	77,000
修士（農学修士、経営学修士など）			
1	3,000	16,000	19,000
2	3,000	16,000	19,000
計	6,000	32,000	38,000

第6部　満たされない需要を満たす——ジェンダーと教育

を支払うだろう。規定された費用計画は、コースを計画通りに進行・修了することを前提としている。計画に6カ月の遅れが生じた場合には、当該地区のマネージャーは、部屋代・食事代・教材費の追加費用をまかなうためにローンを増額することができる。ローンが承認されると、決まった金額が、学生と借り手の共同名義の当座預金に送金される。学生は、各年度の初めに授業料その他の費用にあてる金額を引き出すことができ、部屋代や食事代の年間費用は3カ月ごとに振り込まれる。地区マネージャーが学生の経過報告書をチェックし、条件を満たしていれば、翌年の学費の送金を承認する。教科コースに在学中には利子は課されない。学生が最後の分割分について承認を受け、ローンの最終回分を受け取ったら、その1カ月後からは、口座残高に5パーセントの手数料が追加される。コースを無事に修了して1年後からローンの月賦返済が始まるが、それには元金と手数料が含まれる。毎月の返済額は、学生と協議のうえで決定される。

　学生は、承認されたローンの期間と同じ年数でローンを返済しなければならない。たとえば、医学学士のための5年ローンとその手数料は5年間で返済するということである。しかし、毎月の返済額を増やすことで、予定より早く返済することもできる。もし分割払いが始まる前にローンの全額を返済できれば、手数料の支払いを免除される。表28.3は、教育ローンの現状を2008年12月現在で記したものである。

　5パーセントという金利は、商業銀行の金利より低いのはもちろん、グラミン銀行の典型的なローンに適用される金利よりも低い[11]。この低い金利は、銀行から借り手への補助金と同じことになる。代替費用の方がはるかに高いからである。高等教育への投資効果が12.8パーセントであることを考えると、グラミン銀行の教育ローンを利用した高等教育への投資は、最終的に利益をもたらすものとなる（Asadullah, 2006a）。グラミン銀行が借り手の子どもの高等教育に助成を惜しまないのは、それが借り手の生涯の夢、すなわち、子どもに教育を受けさせてグラミン銀行の会員にならないようにしたいという夢をかなえるものだからである。その見返りに、借り手は将来もグラミン銀行を裏切らないだろうし、銀行の会員であることで報われていると感じるだろう。グラミン銀行は、高等教育ローンに加えて、学生が入試で高得点を得て大学の学部課程に合格できるように、進学準備コースのための「コーチングローン」も実施している。借り手の子どもで、中学校と高等学校の両方の修了資格試験で、成績評価点平均（Grade Point Average, GPA）で4.0を達成すると、このローンの資格が与えられる[12]。大学の場合と違い、このローンの使途は履修するコースの授業料に限定され、部屋代や食事代は学生が自分で調達しなければならない。また、5パーセントの手数料が、ローンが認可された日から適用される。学生が学部課程合格を果たして高等教育ローンを望んだ場合、コーチングローンが高等教育ローンに加算される。学生は、コーチングローンの手数料は支払わなければならないが、高等教育ローンは

表 28.3 教育ローンプログラムの状況（2008年12月までの累計）

教育コース	学生数			認可総額 (単位10万タカ)	08年12月までの支払総額*	08年12月までにローンを返済済した学生の数
	男子	女子	計			
学士（優等）、普通科目	23,293	6,755	30,048	21,223.21	9,193.94	350
修士、普通科目	1,191	258	1,449	452.69	259.78	86
経営学士	412	52	468	330.65	77.79	4
経営学修士	49	3	52	14.82	10.73	4
学士（農学、獣医学、水産学）	326	57	382	255.53	112.04	9
修士（農学、獣医学、水産学）	104	6	110	51.50	26.84	4
学士（工学、船医学、計算機と船舶工学）	745	56	801	509.95	153.67	7
医学士・歯学士	290	91	381	318.77	118.97	7
合計	26,410	7,278	33,688	23,157.12 (3500万米ドル)	9,952.97 (1500万米ドル)	471

* 支払総額が認可総額よりも小さいのは、貸付金が分割で支払われているためである。

プログラムの終了まで無利子で提供される。大学入試に失敗して高等教育ローンを望まない者は、進学準備コースの分を、ローン認可から1年以内に分割払いで返済しなければならない。

　グラミン銀行は、教育ローンを提供することで、資本市場の不完全性を補正しようとしている。文献やテキストブックに明記されているように、もし資本市場が完全なものであれば、高等教育を受けたい者は、誰もが金融機関からの融資で学資をまかなうことができるだろう。借り手は、貸付資金で受けた教育によって可能となる高額の予想収入から、銀行に返済することになる。しかし残念なことに、金融機関は、人的資本形成のためにそのようなローンを提供することができない。理由の1つは、土地などの不動産とは異なり、将来の期待所得はローンの担保にはならないことである。金融機関は、たとえ債務不履行になっても、ローンで獲得された人的資本の所有権を取り上げ、負債返済のために売却することはできないのである。さらに言えば、金融機関には、学生がプログラムを修了することができるかどうかも、就職して負債の返済ができるかどうかもわからない。ミルトン・フリードマン（Milton Friedman）（1962）は、金融市場が不完全だと、人的資本獲得のための教育投資が十分に行われないだろうとしている。こうした過少投資は、貧困層の場合にはさらに顕著になる。マイクロクレジットに批判的な者は、たった1つの市場——貧しい人びとの人生を条件付ける金融資本と物的資本の市場——の不完全性を是正しても、貧困問題を解決することはできないという（Sobhan, 2005）。そこでグラミン銀行は、借り手の子どもへの教育ローンを提供することで、人的資本の市場という、また別の市場の不完全性を是正しようとしているのである。

　米国のような先進国だけでなく、多くの発展途上国や移行期の国々が、政府が教育ローンを提供して、このような資本市場の不完全性を補正している。米国では、学生ローンの金利は、住宅ローン、クレジットカード、消費者金融といった別の形の商業クレジットよりも低くなっているが、これは、連邦政府が貸付機関に対して債務不履行の対策を明確に保証しているからである。バングラデシュでは、営利目的会社であるグラミン銀行が教育ローンを提供している。しかし、グラミン銀行の貸付制度と先進国の政府による学生ローンには、興味深い類似点がいくつか存在している。たとえば、どちらの場合も、返済は学生の将来所得によって保証される。これは「繰延支払（deferred payment）」、あるいは「所得条件付き返済（income-contingent repayment）」と呼ばれている。

　このような類似点はあるものの、グラミン銀行の貸付制度は、多くの学生ローンとは根本的に違っている。学生への貸付はいくつかの明確な機能に分解される。すなわち、(1)ローンプログラムの作成、(2)資金の提供、(3)債務不履行の保証または危険負担、(4)借入れ費用の部分的援助、および(5)サービス提供と返済集金、である（Johnstone,

2001)。グラミン銀行の学生ローンとは異なり、ほかの国のローンでは、こうした機能を別々の機関が行うことがある。たとえば、民間銀行や大学自体がローンプログラムを作り、親がリスクを負担するといった具合である。また、すべてのローンプログラムには、暗に明に、政府からの援助がついてくる。グラミン銀行の教育ローンの場合は、銀行自体がこの5つの機能を行っている。たとえフレキシブル・ローン（条件緩和ローンの1種）の借り手であっても、教育ローンを借りる資格を得ることができる。こうしたローンを提供することによって、グラミン銀行は、借り手に向かって、クレジット履歴がどうあれ純粋にあなた達の福祉を気遣っていますよというシグナルを送っている。最近の論文によれば、青年人口の24パーセントが大学に在学しているのに対して、貧困家庭出身は9パーセントとなっている（Ahmad, 2003）。こうしたローンは、貧困層の子どものために、高等教育へのアクセスに残る根深い不平等を是正するものとなるだろう。

　教育ローンは保険としても機能する。収入に打撃を受けると、まず削られるのは子どもの高等教育の費用だろう。家計収入を補うために、子どもが退学して職に就くことを望む家庭もでてくるかもしれない。女子の場合はさらに影響が大きいだろう。職を探すよう頼まれるどころか、嫁に出されてしまいかねない。大学に通う子が2人いれば、女子が家族のために生贄の小羊となるだろう。しかし高等教育は、貧困の罠を断ち切る手段ともなるものだ。調査によれば、教育の達成度には世代を超える持続性がある。男性間では特にその傾向が強く、父親の学歴が低いと息子も教育レベルが低くなりがちなのである（Asadullah, 2006b）。教育ローンを用いて高等教育を身につけることで、借り手の子孫がそうした世代間の貧困の罠を断つことも可能となる。したがって、大学ローンは、貧困層の子どもに教育と就業の機会をもたらし、ひいては、不平等問題の緩和にも役立つものとなるだろう。

4　結　論

　本論では、グラミン銀行が、高等教育のためのローンを提供することで、会員の家族の福祉を純粋に気遣っているというシグナルを送っていることを見てきた。教育ローンの導入は、グラミン銀行が、変化する借り手のニーズに適合させるために、つねに新しい金融商品を開発していることを示している。就学率が改善し、小・中学校レベルでは逆のジェンダー格差があるにもかかわらず、女子の高等教育就学率は男子に後れをとっている。このミスマッチを、グラミン銀行は、教育ローンを提供することで埋めようとしている。

　教育ローンが、借り手だけでなく社会にもたらすいくつかの利益についても述べて

きた。教育ローンプログラムの評価はこれからである。事例証拠は、両親も子どもも、この制度を有用だと考えていることを示唆していて、このローンを使って教育資金を賄う学生が増加しつつある。これから検討されるべき問題は、負債を返済できるだけの仕事に就けなかった場合、このプログラムは子どもと家族の債務負担を増加させることになるのではないか、ということである。これまでのところ、教育ローンの債務不履行比率は無視できる程度である。

　グラミン銀行には現在750万人の借り手がいるが、教育ローンを利用した学生はほぼ3万4000人に過ぎず、その78パーセントは男子である。このローンは、中高年の借り手の子どもで、学部および大学院教育のために大学進学する者のために開発された。この集団は、最近の会員の年長の子どもほど大きくはない。しかし、教育ローンを利用している学生の数は、申請すれば資格が認められたと思われる学生の、ごく一部にとどまっている。教育を受けた若者にとっても雇用市場が厳しいことと、その結果としての負債リスクのために、借り手の子どもが高等教育の追求に二の足を踏んでいる可能性がある。あるいは、単純な費用対効果を計算すると、中等学校より上の教育、あるいは小学校より上の教育でさえ、多くの子どもにとっては実利的でないのかもしれない。アサドゥーラ（Asadullah, 2004）は、教育による利益は初等および中等教育のレベルで低く、利益率も、都会に比べて農村地域が低いと報告している。

　このプログラムの成功からは、なぜ政府が教育ローンを提供しないのかという疑問が生まれる。政府の財源不足というのが表面的な答えではあるが、それ以上に、政府の運営するプログラムがグラミン銀行ほど成功するかどうかが不明確だという面もある。政府の運営するプログラムの便益は裕福な階層にとりこまれるだろうし、グラミン銀行のような会員制組織がもつ効率性や透明性を生かすことは、政府には不可能だろう。グラミン銀行の善意にもかかわらず、主に高等教育ローンへの需要不足から生じる2種類の「ミスマッチ」がいまだに存在している。1つめは、教育ローン全体への参加率の低さに表れている。2つめは、ローンを利用する女性が少ないことである。グラミン銀行は2000年代初めから急速に拡大を続けていて、1日に2つの支店をオープンするような時期もあった（Dowla and Barua, 2006）。こうした急拡大は、グラミン銀行の高等教育ローンを利用する学生がさらに増えることを意味している。グラミン銀行が、なぜ借り手の子ども（なかでも女子）がもっとたくさんこのローンを利用しないのか、その理由を突き止め、必要であれば、ローンの設計や条件を変更して、速やかに規模を拡大していくことが期待されている。

注
＊本論の草案についての科学委員会よりご意見をいただいたことに感謝する。編集の立場か

ら支援してくれたリンディー・マクブライド（Lindy McBride）にお礼を申し上げる。
＊＊セント・メアリー・カレッジ・オブ・メリーランド経済学部　ヒルダ・C・ランダース寄付基金教授（リベラルアーツ）

1．本論は、ディパル・バルア（Dipal Barua）との共著（Dowla and Barua, 2006）の第7章より抜粋したうえで、内容を一部更新したものである。
2．政府によるイニシアチブには、無料初等教育、教育食料支給（Food-for-Education）、教育資金支給（Cash-for-Education）、女子のための中学教育支援プログラム（Female Secondary School Assistance Program）などがある。
3．階層間移動の拡大というこの概念は、富裕国では事実として広く受け容れられている。しかし、貧困国での階層間移動はかなり限定的である。貧困者の子どもは貧しいことが多く、階層間移動を活発にさせる最も重要な手段は高等教育である。
4．「16の決意」のなかに、借り手が実行していないものがあるのは事実である。たとえば、持参金は支払わない・受け取らないという誓約がそうで、理由としては、この規範を破ったとしても社会的な制裁がないこと、持参金の支払いによって子の幸せを買うという既存の規範が、支払わないという新たな規範に優先してしまうことが挙げられる。
5．マルダナドらは、MFIが提供するクレジット以外のサービスによって学校教育への需要が増加することを「教育効果（education effect）」とよんでいる。
6．こうしたバイアスの詳細な説明については、Pitt and Khandker（1998）を参照。
7．Todd, H (1996). Women at the Center: Grameen Bank Borrowers after One Decade, 200-201. Boulder, CO: Westview Press.
8．政府の中等学校プログラムで支給される月ごとの奨学金の額は、子どもが2〜4日半の労働で稼げる金額に等しい。
9．最近の世界銀行の調査報告によれば、平均して小学校教師の15.5パーセント、中学校教師の17.6パーセントが欠勤している。Chaudhury N, J Hammer, M Kremer, K Muralidharan and H Rogers (2005). Roll Call: Teacher Absences in Bangladesh. Washington DC: World Bank.
10．養子をはじめ、借り手の扶養家族にはこうしたローンを受ける資格がない。
11．民間商業銀行は類似のローンに18パーセントの利子を課している。以下を参照のこと。http://positive-bangladesh.wordpress.com/2008/01/21eximbank-launches-interest-free-loan-for-students［2015年8月現在、https://gooddaybangladesh.wordpress.com/2008/01/21/eximbank-launches-interest-free-loan-for-students/fで入手可能］
12．成績評価点平均（GPA）は、コース評価のA、B、C……を、Aは4点、Bは3点などと置き換えていき、全コースの得点の和をコースの数で割ることで得られる。GPAで可能な最高得点は4.0である。

参考書目

Ahmad, A (2003). Inequality in the Access to Education and Poverty in Bangladesh. Part of the ongoing project Access to Secondary Education and Poverty Reduction in Bangladesh.
Al–Samarrai, S (2007). Education spending and equity in Bangladesh. Background paper for Poverty

Assessment of Bangladesh. Mimeograph World Bank, Washington DC.

Asadullah, MN (2006a). Returns to education in Bangladesh. *Education Economics*, 14, 453–468.

—— (2006b). Intergenerational economic mobility in rural Bangladesh. Paper presented at the Royal Economic Society (RES) Annual Conference, University of Nottingham.

Chase, J (1997). The Effect of Microfinance Credit on Children's Education: Evidence from the Grameen Bank. Unpublished undergraduate honors thesis in economics, Harvard University.

Chaudhury, N, J Hammer, M Kremer *et al.* (2005). *Roll Call: Teacher Absence in Bangladesh*. Washington DC: World Bank.

Dowla, A (2006). In credit we trust: Building social capital by Grameen Bank in Bangladesh. *Journal of Socio-Economics*, 35(1), 102–122.

Dowla, A and D Barua (2006). *The Poor Always Pay Back: The Grameen II Story*. Bloomfield, CT: Kumarinan Press.

Friedman, M (1962). *Capitalism and Freedom*. Chicago: University of Chicago Press.
（邦訳『資本主義と自由』村井　章子訳　日経BPクラシックス　2008.4）

Hossain, N (2004). Access to Education for the Poor and Girls: Educational Achievements in Bangladesh. A case study prepared for Government of China/World Bank conference on *S*caling up Poverty Reduction, Shanghai.

Hossain, N and N Kabeer (2004). Achieving universal primary education and eliminating gender disparity. *Economic and Political Weekly*, 39(36), 4093–4100.

Jacoby, HG and E Skoufias (1997). Risk, financial markets, and human capital in a developing country. *Review of Economic Studies*, 64(3), 311–335.

Jain, P (1996). Managing credit for the rural poor: Lessons from the Grameen Bank. *World Development*, 24(1), 79–89.

Johnstone, DB (2000). *Student Loans in International Perspective: Promises and Failures, Myths and Partial Truths*. International Comparative Higher Education Finance and Accessibility Project, Center for Comparative and Global Studies in Education, Graduate School of Education. Buffalo: SUNY.

Khandker, S, M Pitt and N Fuwa (2003). *Subsidy to Promote Girls' Secondary Education: The Female Stipend Program in Bangladesh*. Washington DC: World Bank.

Maldonado, JH, C González–Vega and V Romero (2003). The influence on the education decisions of rural households: Evidence from Bolivia. Paper prepared for the Annual Meeting of the American Agricultural Economics Association, Montreal, Canada.

McKernan, SM (2002). The impact of microcredit programs on self-employment profits: Do non-credit program aspects matter? *Review of Economics and Statistics*, 84(1), 93–115.

Pitt, M and S Khandker (1998). The impact of group-based credit programs on poor households in Bangladesh: Does the gender of the participants matter? *Journal of Political Economy*, 106(5), 958–996.

Rahman, A, R Rahman, M Hossain and S Hossain (2002). *Early Impact of Grameen: A Multi-Dimensional Analysis*. Dhaka: Grameen Trust.

Sobhan, R (2005). A Macro-Policy for Poverty Eradication through Structural Change. Discussion Paper 2005/03, World Institute for Development Economics Research.

Tietjen, K (2003). The Bangladesh Primary Education Stipend Project: A Descriptive Analysis.

Partnership for Sustainable Strategies on Girls' Education.

Todd, H (1996). *Women at the Center: Grameen Bank Borrowers after One Decade*. Boulder, CO: Westview Press.

World Bank (2008).*Whispers to Voices: Gender and Social Transformation in Bangladesh*. South Asia Region. Washington DC.

Wydick, B (1999). The effect of microenterprise lending on child schooling in Guatemala. *Economic Development and Cultural Change*, 47(4), 853–869.

監訳者あとがき

　本書は、マイクロファイナンス欧州研究センター（CERMi）から刊行された「*The Handbook of Microfinance*」（edited by Beatriz Armendáriz/Marc Labie, 2011）の翻訳書である。当研究センターは、2007年10月にベルギーで設立され、マイクロファイナンスに関するさまざまな研究・調査を持ち寄り、NGO、協同組合、営利企業などに代表される機関や組織のマネジメント能力の発展をサポートすることをめざしている。つまり、世界的ネットワークの構築と学際的なアプローチによって、マイクロファイナンスに関する情報と知識の集積を行い、その研究の成果をこの業界の将来的発展に繋げるべく活動している。

（一）

　国連は、2005年を「マイクロクレジット元年」と宣言し、また、2006年のグラミン銀行の創設者ムハマド・ユヌスのノーベル平和賞受賞以来、日本でもマイクロクレジットへの関心が高まってきている。マイクロクレジットは、アジアとラテンアメリカという、全く違う二つの地域でほぼ同時に登場した。バングラデシュとボリビアやブラジルといったように地域は互いに異なるように思えるが、そこにはともに共通したものがある。それは、市民社会と不可分の関係にあるNGOをベースとして、そのプロジェクトから発展してきたという点である。貧困層を対象とした金融サービスの提供については、多くの国策プログラムが失敗した。しかし、グラミン銀行のムハマド・ユヌス、BRACのファズレ・ハッサン・アベッド、そしてアクシオンのポンチェ・オテロなどが、それぞれの地域で貧困層を対象にしてマイクロクレジットを機能させ、一定の効果をあげたことで、改めて注目されることになった。

　マイクロクレジットの倫理面での最大の論拠は、主に3つの主張から成り立っている。第1の主張は、伝統的な金融機関から社会的に排除されていた貧困層に金融サービスを提供し、その自立をサポートしようとすること、第2の主張はクレジットという金融商品は補助金とは異なり対価が求められる。つまり、マイクロクレジットという金融商品の利用には、貧困層にも責任とそれを全うすることによって生じる尊厳という意識が求められてくるということである。この責任と尊厳の自覚こそ、市場経済において自らの生活を向上させようとする経済主体の主要な条件の一つである。第3

の主張は、マイクロクレジットの利子は、法外な利子を要求してくる貸金業者よりは安く、自分自身の経済活動で生み出した黒字の部分を新しい活動に利用できる、というものである。そして、そのような活動が貧困層の生活向上を可能にする、というものである。

（二）

マイクロクレジットについては、高い評価の一方で、根強い批判も存在していた。それらの批判とは、1）歴史におけるマイクロクレジットの役割についての評価、2）マイクロクレジットの運用についての具体的な批判、3）借り手についての議論、といったように大きくは3つに分類できる。1）については、マイクロクレジットは歴史的には貯蓄を前提としている。しかし、現在のようなシステムではまず信用ありきであり、貯蓄と倹約の必要性という歴史の教訓を無視しているのではないか、ということである。また、2）、3）については、マイクロクレジットの貸与は、その多くが消費や娘の持参金などに回ってしまうのではないか、そしてその貸与の対象は貧困層のうちの中・上層部ではあっても最貧困層ではない、そして最貧困層にはマイクロクレジットとは異なるアプローチが必要ではないか、ということである。

マイクロクレジット自身については、貧困削減に一定の効果があるとされているが、最貧困層への貸与排除などの問題が指摘されている。資金提供のドナーサイドのNGO評価の視点にたてば、組織の持続可能性の保持、そして財務会計の効率化ということが求められる。しかし、このような要請は、マイクロクレジットの理想とは別に、現実には最貧困層への貸与排除を助長することになる。またNGOの活動が、マイクロクレジットから、貯金、保険といった多様なマイクロファイナンス的活動に拡大していくと、現実には一般の金融機関との類似性が強まってくる。このような理念の変容、そして理念と現実との乖離といった問題は、NGOやマイクロファイナンス活動のミッションドリフトということで批判されたりしている。

（三）

従来のマイクロファイナンス研究が、質屋や講といった庶民金融の歴史やドイツなどの協同組合金融との関連でなされてきたとは言い難い。このように、「歴史的視点」の欠如、そして既存の経済学や金融論の理論的枠の中での議論が不十分であることは、多くの識者が指摘していることである。理論と実証研究との密接なつながりが必要なことは自明なことであるが、マイクロファイナンス研究の分野では、この2つの流れ

が相対的に独立して発展してきている。個別の実証研究は数多くあるが、特定の団体やそのプログラムのインパクトテストの性格が強く、実証研究の成果が従来の理論的枠組みの中で再検討されることが少なかった。

　本書における17の論文は、私たちが世界の貧困問題の解決に対してマイクロファイナンスに寄せる期待を肯定するものばかりではない。これらの研究は世界の膨大な文献をリサーチすることによって、実証研究の成果を既存のアカデミックな知の枠組みの下で再整理しようとしたものである。ボリビアのマイクロファイナンス機関を扱った論文では、関連する論文やデータを参考にしながら、それまで排除されていた貧困層のかなりの部分を、高品質で低コストの金融サービスという傘の下へと取り込んできた主体的かつ客観的条件も明らかにしている。また同様にバングラデシュのBRACが、1980年代半ばにマイクロクレジットをはじめとする金融サービスが、社会の最貧困層に到達していないことに危惧の念を抱くようになった点も明らかにしている。つまり、マイクロクレジットは、グラミン銀行のムハマド・ユヌスが賞賛するような、貧困層のための万能薬ではないということである。

（四）

　貧困層という場合、それは単一のそして同質的な階層ではない。貧困層にも、上層、中層、下層、そして最貧困層というものが存在しており、また彼らの全てが都市や都市周辺の農村部に住んでいるわけではない。路上生活や物乞い生活が日常的な階層、あるいは文字が読めない、そして今日生きるのが精一杯の階層もある。マイクロクレジットのインパクトアセスメントを評価するとき、自らの生活を向上させたいという意欲を持っている人たち、連帯保証を可能にする地域ネットワークの中で生きている人たち、あるいはNGOやマイクロファイナンス機関にアクセスできる人たちがどのような階層なのか、といったことを最初に考える必要がある。多くの調査が、マイクロクレジットで融資されたお金が当面の消費や娘の持参金に使用されていることを示している。少額の融資がどのようにしてビジネスに繋がっていくかについて考えるとき、貧困層が置かれた主体的、客観的諸条件をどのように考えるかによって、そのインパクトアセスメントの結論はどのようにも変化する。

　これらの問題の表面化において、グラミン銀行も融資条件の変更やソーシャルビジネスの展開によって、独自の対応と組織進化をとげてきている。他方、BRACは、この問題を自らの援助手法の変更だけではなく、新しいプログラムや理念のレベルにまで掘り下げて対処していった。その成果が、最貧困層に手を差しのべ、目の前の状況

監訳者あとがき

を改善し、貧困から脱出するための資産や技術を与え、生活基盤の脆弱性を減少させることを目的に設計された「貧困削減のフロンテイアへの挑戦/超貧困層をターゲットにしたプログラム（Challenging the Frontiers of Poverty Reduction /Targeting the Ultra Poor Programme:CFPR-TUP）」であった。BRAC は、このプログラムによってバングラデシュの超貧困層の多くにその活動を到達させ、しかもその経済・社会的状況を改善していった。そして多くの場合、超貧困層がそのプログラムを「卒業」して、BRAC の主流のマイクロファイナンス関係のサービスを利用できるようにした。

このような援助プロセスによる貧困層の成長と主体化は、BRAC のプログラム同様に、いわゆる「学習プロセスアプローチ」と「学習する組織（learning organization）」に理想化されている要素に負うところが大きい。「経験を基礎に注意深くモニターされた実験を積み上げ、デリバリーシステムを標準化して規模を拡大し、単位コストを少しずつ削減してきた。そのプロセスの中で、参加者や現地スタッフの声を丁寧に拾い上げてきてはいるが、CFPR-TUP は、一部の開発理論家が賞賛するような参加型アプローチからは程遠い。実験は、BRAC の上層部によって緻密にコントロールされている」から機能しているのである（第5部、4、David Hulme,Karen Moore and Kazi Faisal Bin Seraj）。このようなプロセスと理念的包摂があって初めて、マイクロクレジットが貧困層の自立支援に、一定の役割を果たしているにすぎないと考えるべきである。

「マイクロファイナンスの約束」（Morduch）は、貧困層の女性を対象とした単なる契約形態の革新ではない。約束と契約の履行は、彼女らの既存の社会的ネットワークや一般的な認知形態、慣習、規範や規則とつながっており、それを信頼したことから、「マイクロファイナンスの約束」が可能になったことにある。その一例が名誉に関する女性の道義心を動員したことであり、これはバングラデシュの金融取引という新しい文脈の中で女性の返済意欲を高める方策となった。地域社会に歴史的に埋め込まれた「契約文化」や女性の道義心は、マイクロファイナンスの取引コストを削減し、農村部の金融取引の効率性を高めるために不可欠ものである。このように考えると、「誰もが顧客なのだから、誰もが起業家精神を持っている」（ムハマド・ユヌス）という表現には多くの問題があり、マイクロファイナンスの可能性を信じる人たちに対しても誤解を与える恐れがある。それは、マイクロクレジットに参加する際の意思決定に関する時間的、空間的な側面を無視して、起業家精神をすべての個人に備わった特性であると仮定しているからである。

(五)

　本書では、48 人の執筆者が、バングラデシュ、インド、インドネシア、フィリピン、タイ、ベトナム、カンボジア、ネパール、中国、セルビア、メキシコ、ニカラグア、ボリビア、コロンビア、ペルー、ケニア、ガーナ、ウガンダ、スーダン、南アフリカ、ホンジェラス、タンザニア、そしてカメルーンなど、20 数カ国における金融の相互扶助組織、協同組合、そしてマイクロファイナンスの現状について、6 つの分野から文献的リサーチとその理論的整理を行っている。それぞれの分野で言及、紹介されている文献や調査の総計は 1000 を超える。まさに、「*The Handbook of Microfinance*」にふさわしい内容であり、従来まで、個別分散的であった調査や研究を、統一的に、そして一定の理論的フレームワークの下で理解しようとするものである。

　本書の出版にあたっては、出版事情厳しき折、この種の本の出版を快く引き受けていただいた明石書店の神野斉編集長に心からお礼を申し上げたい。また、本書の翻訳で中心的役割を果たし、幾つかの問題点についても妥協することなく調べ抜いた立木勝さんのご尽力無くしては、本書の翻訳は完成しなかったと思われる。また、膨大な編集作業を裏方として担い、タイムスケジュールに沿った本の出版を可能にしてくれたのは清水祐子さんのサポートのおかげである。索引の作成においては村上綱実さんにお世話になった。改めて、お礼を申し上げる次第である。そして、本書が日本におけるマイクロファイナンスについての体系的理解を深めることに役立つなら、それは監訳者としての大きな喜びである。

2015 年 8 月　盛夏

笠原　清志

索引

A
Arora ························· 536
ASCA ················ 536, 537, 540
ATM ····················· 238, 255

B
Barua ························ 540
BRAC　56, 538, 578, 579, 580, 581, 582, 583, 584, 586, 587, 589, 591, 592, 594, 595, 596, 597

C
CAMEL-Plus ······················ 177

D
Dowla ·························· 523

F
FIE ················ 221, 237, 244, 250

M
matched savings ················ 544
MFI　175, 179, 180, 181, 182, 183, 185, 186, 282, 283, 284, 285, 286, 287, 288, 289, 290, 291, 292, 293
MFO からのローン ················ 538

N
NGO ······················ 300, 301
No Payment Movement ············ 512

P
PAR　194, 239, 240, 241, 242, 243, 246, 247, 254
PRODEM ··········· 221, 244, 250, 252

R
responsAbility ···················· 340
ROSCA　520, 521, 522, 523, 524, 525, 528, 529, 530, 536, 537, 540, 606, 609, 610, 611, 612
Rutherford ················· 536, 548

S
SafeSave ························ 541
SHG ························ 129, 132

T
the Sixteen Decisions ············· 661

W
Wilhelm Haas ···················· 97

Y
Yunus ············ 540, 541, 547, 548

あ
アイデンティティ　119, 122, 608, 609, 611, 616, 618
アイルランド貸付基金 ············· 96
アウトカム　34, 46, 47, 51, 53, 54, 57, 58, 59, 62, 64, 65, 66, 67, 68
アウトプット　66, 67, 400, 401, 402, 404, 405, 408
アウトリーチ　194, 414, 415, 419, 420, 422, 425, 427, 428, 430
アクシオン・インターナショナル　221
アクセス　34, 36, 38, 39, 46, 47, 49, 60, 63, 65, 67, 70

アップグレーディング　491, 495, 497, 500, 505, 506, 508
圧力………　611, 613, 614, 615, 616, 622
アドボカシー　632, 647, 649, 651, 652
アフリカ……………………　126, 535, 537
安全性………　520, 521, 524, 526, 528
安定性　219, 220, 221, 225, 229, 239, 258

い
家　533, 535, 545
イスラム金融…………………………　322
イスラム文化……………………………　545
依存……………………………　118, 131
移動銀行……………………　527, 528, 529
イノベーション　127, 129, 133, 219, 220, 221, 222, 224, 233, 238, 240, 243, 254, 255, 256, 257, 258, 612, 619, 622
インセンティブ　231, 242, 243, 254, 257, 407, 409
インタフェース　479, 480, 486, 487, 488, 492, 496, 507, 508, 509
インド　122, 125, 126, 127, 128, 129, 130, 131, 534, 537, 541
インパクト…………　320, 325, 327, 332
インパクト研究…………………………　318
インパクトのある投資………　338, 341
インパクト評価　33, 34, 35, 39, 41, 42, 52, 53, 54, 55, 61, 62, 68, 70, 646, 653, 654
インフォーマル金融　117, 119, 120, 126, 127, 128, 130, 131, 132, 133, 607
インフォーマル経済……　179, 191, 192
インフォーマル性………………………　245
インフォーマルな慣行…………………　127
インフォーマルな金融業者………　130
インフォーマル部門………　220, 258
インプット　400, 401, 402, 404, 405, 408

う
ヴィルヘルム・ハース…………………　97
埋め込み　479, 483, 485, 486, 487, 493, 510
運営費………………………………　406

え
エイズ…………………………　534
エージェンシー理論………　299, 309
エクイティ……………………　319
エフェクトサイズ……………　59
エンカレッジメント・デザイン　51, 52, 53, 61

お
往復関係………………………　125
オーナーシップ………　302, 303, 304, 310
置き去り………………………　543
汚職……………………　190, 196, 197, 204
卸売業者………………………　120

か
外国資金………………………　237
階層構造………………………　118, 133
外的援助………………………　334
外的ガバナンス………　282, 284, 286
開発援助………………　319, 324, 325
開発銀行………………　439, 444, 445
開発ブローカー………………　321
外部援助………………………　325
外部監査………………………　104
外部性………………　176, 218, 220, 258
額が小さい……………………　534
学習　220, 234, 245, 254, 256, 257, 258
学生ローン……………………　670
拡大効果………………………　226
確率的フロンティア分析……　201, 407
貸金業者………………………　536
貸倒引当金……………………　203
貸付テクノロジー……　230, 231, 242
過剰債務　125, 141, 145, 149, 150, 223, 229, 234, 318
家族や隣人からの融資…………　538
家庭……………………　225, 226, 535, 541
稼働融資………………………　242
稼働融資ポートフォリオ　228, 230, 232, 233
家内……………………………　231, 245

ガバナンス　292, 479, 481, 489, 490, 491, 494, 507
ガバナンスメカニズム　299, 302, 303, 304, 305, 306, 307, 309, 310
カハ・ロス・アンデス……………　221
株主……………………………　306, 307
株主価値………………………………　305
貨幣　　117, 118, 119, 120, 121, 123, 124
貨幣化………………………………　120, 126
カメルーン…………………………………　122
借り手　231, 233, 238, 243, 245, 248, 249, 251, 252, 253, 254, 255, 533, 536, 537, 539, 540, 543, 544, 555
借り手グループ……………………　253
環境　　322, 323, 324, 325, 327, 330, 333
環境劣化………………………………　496
関係………　243, 246, 247, 255, 259, 266
監視　175, 176, 179, 180, 181, 182, 183, 185, 186, 221
ガンビア……………………………………　122
官僚体制の質……………………　190

き

起業家………………………………………　539
企業責任……………………………………　317
企業文化………………………………　307, 308
危険性………………………………　479, 508
技術支援　481, 486, 499, 501, 502, 503, 505, 507, 565
技術的なイノベーション…………　631
規制　157, 158, 161, 166, 167, 168, 169, 171, 175, 176, 177, 178, 179, 180, 181, 183, 185, 186, 187, 188, 195, 218, 219, 220, 221, 222, 223, 227, 229, 234, 238, 239, 258, 259, 301, 302, 303, 304, 305, 306, 307, 308
規制政策……………………………………　190
規制対象………………………………………　218, 221, 222, 223, 225, 226, 227, 228, 233, 234, 235, 236, 237, 238, 239, 242, 248, 249, 250, 252, 253, 254, 256, 259

規制対象外　218, 222, 226, 227, 233, 234, 237, 238, 242, 248, 249, 252, 253, 255, 259
規制対象仲介……………………………　224
規制当局…………………………………　543
規制の枠組み……………………………　214
規則性……………………………………　536, 542
規模……………………………　220, 223, 225
義務的な貯蓄……………………………　609
キャッシュフロー………………　539, 544
教育………………　320, 321, 325, 330, 331
教育への投資効果……………………　668
競争　157, 158, 159, 169, 170, 171, 195, 196, 205, 218, 221, 222, 223, 233, 234, 240, 254, 256, 257
競争力……………………………………　489
協同組合　107, 203, 227, 238, 241, 242, 246
競売や入札……………………………　537
共変性……………………………………　226
規律……………………………………　535, 536, 542
銀行機関の果たす機能……………　418
銀行業……………………………………　430
金銭管理…………　534, 536, 538, 541
金融……………………………………　120, 533
金融危機……………………………　214, 415
金融規制当局　221, 222, 223, 227, 230, 242, 245
金融業者……………………………　39, 55
金融自由化………………………………　220
金融商品……………………………………　110
金融深化　219, 220, 223, 224, 225, 229, 232, 234, 235, 239, 247
金融ツール………………………………　532
金融取引……………………………………　176
金融ニーズ……………………………　121, 133
金融の可能性フロンティア………　487
金融の仲介………………………………　176
金融発展……………………………　189, 190
金融費用……………………………　536, 545
金融包摂　317, 318, 322, 326, 327, 328, 330
金融面での結論……………………………　331
金融抑圧……………………………………　178
金融リテラシー……　632, 642, 643, 647

金利　　37, 38, 39, 41, 43, 44, 45, 46, 52, 70, 141, 143, 144, 145, 146, 147, 148, 150, 151, 158, 162, 163, 164, 167, 226, 230, 231, 239, 243, 245, 254, 255, 256, 668

く

組み込み効果………………… 225
グラミン銀行……………… 38, 39, 56, 539, 540, 541, 548, 659, 660, 661, 662, 663, 664, 665, 666, 668, 670, 671, 672
グラミンモデル………………… 612
グループ　221, 231, 243, 244, 255, 257
グループ貸付……………… 37, 38, 95, 110, 114, 129, 130, 244, 248, 606, 609, 613, 614, 615, 618, 622
グループ形成………………… 532
クレジットスコアリング　47, 48, 230, 231
クレジットビューロー　41, 44, 45, 145, 227, 234, 248
クレジット・ユニオン　100, 182, 183, 227, 228, 235, 255
クレセル…………………… 242, 249, 252
クレディ・スイス　338, 339, 340, 341, 342, 344, 345
グローバル・コモディティ・チェーン　490
クロス管理……………… 301, 310

け

経営………………… 266, 267, 272, 273
経営コスト………………… 243, 257
経営者………………… 245, 247
経営能力………………… 274, 276, 278
景気循環との連動……………… 227
景気循環との連動性……………… 240
傾向スコア・マッチング………… 66
経済人類学………………… 117
経済成長　189, 190, 192, 194, 204, 225, 229, 243
経常経費………………… 401, 402, 403, 404
契約　158, 161, 167, 220, 226, 227, 231, 237, 238, 242, 243, 245, 246, 247, 254, 256
契約型貯蓄………………… 133
契約上の革新………………… 487
契約文化………………… 503, 507
ケースポピュレール……………… 100
結果主義………………… 140, 142, 143, 149
結婚………………… 121, 125, 534
ケニヤ………………… 130
健全性………………… 177, 180, 185, 187
現物貯蓄………………… 616, 620
権利………………… 141, 149, 151
権力………………… 306, 309

こ

公共財………………… 176
公共政策………………… 399, 407
公共の利益………………… 543
交渉可能性………………… 125, 126, 129, 130
公的価値　266, 272, 274, 275, 279, 280
公的権威………………… 332
公的補助………… 437, 440, 441, 443, 448
高等教育………………… 671
行動の自由………………… 618
後発性の利益………………… 204
高頻度返済　77, 80, 81, 82, 83, 84, 85, 87, 88
公平………………… 146, 148
効率………………… 423
効率的コスト関数……………… 201
効率的費用フロンティア　201, 202, 204
コーチング・ローン……………… 668
コーポレートガバナンス　298, 299, 300, 301, 302, 303, 304, 306, 307, 310
小切手口座………………… 238
顧客　538, 539, 540, 541, 542, 543, 544, 545, 546
顧客関係………………… 245, 248, 255
顧客モニタリング法……………… 53
公的政策………………… 399
国有銀行………………… 243, 248
小自作農………………… 441
コスト効率　190, 191, 192, 194, 197, 200, 201,

索　引

205, 208, 213
子どもの誕生……………………534
コミットメント　520, 524, 525, 526, 532
コミュニティ精神………………538
雇用………………………605, 608
コルポソル………………301, 308
コントロールグループ　45, 47, 49, 51, 52, 53, 57, 58, 61, 65, 66, 67
コンパルタモス　140, 144, 145, 148, 150

さ

再帰的デザイン……………………53
財産権………………196, 197, 198
サイズ分布…………………………253
財政規律…………………………192
財政効率　415, 420, 425, 428, 430, 431
財政自給…………………………160
財政持続性……………194, 198, 200
財政的効率………………………425
財務面での業績…………………303
財団からの資金…………………319
最貧困……………………………540
財務格付け………………………321
債務不履行　40, 43, 47, 48, 60, 68, 70, 230, 231, 240, 242, 243, 244, 257
債務不履行のリスク…………194, 536
裁量権……………………122, 608
サハラ以南アフリカ……………125
サブセクターアプローチ………490
漸進的貸付………………………616
参入障壁…………………………506
サンプルサイズ……………51, 59, 60

し

自営インフォーマル部分………231
自営業……………………534, 539
ジェンダー　119, 128, 140, 605, 606, 607, 608, 609, 615, 616, 618, 629, 630, 631, 632, 634, 635, 636, 637, 638, 639, 640, 641, 642, 644, 645, 646, 647, 648, 649, 650, 651, 652

ジェンダーアドボカシー……632, 647
ジェンダー効果…………………663
ジェンダー・メインストリーミング　645, 654
資金の流用可能性………………231
自己規制…………………………222
自己規律…………………609, 618
資産………………533, 535, 538, 541
資産譲渡………………583, 586, 593, 599
資産に対する株式比率…………203
市場原理…………………304, 305, 310
市場シェア………………227, 233, 244
市場の失敗…………………176, 177
自助グループ……………………128, 613
システムショック　239, 240, 244, 245, 246, 252
持続可能性　219, 221, 243, 247, 248, 258, 266
持続可能な開発…………………322
持続可能な発展…………………332
質屋………………96, 97, 100, 113, 114
実験的評価…………………………47, 54
実践から学んで…………………233
室内試験…………………………84
私的なインフォーマル貸金業者　127
支店………………………237, 251
児童労働…………………………325
シナジー…………………499, 506, 507
指標……………36, 62, 63, 64, 66, 67
資本市場の不完全性……………670
市民的自由………………………190
市民的責任………………………326
社会資本…………………509, 510
社会的義務………………121, 124, 128
社会的効率　413, 414, 415, 419, 420, 423, 425, 428, 429, 430, 431
社会的成果………………317, 319, 322
社会的責任………………………323
社会的責任投資家　338, 339, 340, 342, 353
社会的地位………………119, 120, 126
社会的排除………………478, 492, 493
社会的保護………………………594
社会保険…………………………108

借入金で賄うこと……………… 229
借金………… 534, 535, 537, 542
重回帰分析……………………… 413
従属関係………………………… 127
住宅ローン…………… 533, 535
柔軟性 117, 125, 126, 127, 130, 131, 520,
　521, 526, 528
収入 533, 534, 535, 539, 540, 541, 545, 546,
　547, 549
16の決意 ……………… 661, 664
出費…………………… 534, 542
需要 453, 454, 456, 457, 458, 461, 462, 463,
　465, 466, 467
準実験的評価……………… 36, 53, 54
商業化 144, 147, 163, 166, 170, 171, 319,
　359, 363, 375
商業銀行 192, 195, 220, 224, 228, 229, 230,
　232, 233, 235, 236, 239, 240, 241, 242,
　244, 245, 246
消費円滑化…………… 225, 226, 243
消費者金融……………………… 533
消費者金融の貸付テクノロジー 231
消費者保護………… 46, 632, 647, 650
消費者向けの貸付……………… 220
消費ないし所得の水準…………… 63
消費平準化……………………… 57, 63
商品ないしプロセスの評価…… 40
情報………………… 231, 242, 248, 251
情報共有………………… 223, 234
情報の非対称性………………… 176
女子の就学可能性……………… 664
女性 579, 580, 581, 582, 583, 584, 589, 593,
　597, 600
女性差別………………………… 537
女性のエンパワーメント………………
　　629, 630, 631, 632, 635, 636, 639, 641,
　　642, 645, 649, 650, 651, 652
所属…………………… 119, 121
所得効果………………………… 662
進化……………………………… 321
人的資本…………… 220, 221, 258
信用………………… 124, 125, 129

信用格付け……………………… 234
信用価値…… 233, 236, 606, 608, 612
信用協同組合…………………… 537
信用調査機関……………………… 34
信用度…………………………… 132
信頼………………… 124, 126, 543

す

スクリーニング…… 231, 244, 245, 254
スチュアート・ラザフォード…… 532

せ

生計………………… 480, 481, 488, 492
政策の評価…………………… 40, 44
政策評価……………………… 41, 45
生産性…… 401, 402, 403, 407, 408, 410
政治が不安定…………………… 192
政治システム上のショック…… 241
政治ショック 224, 235, 238, 245, 249
政治的権利……………………… 190
政治的不安定 199, 200, 204, 208, 213, 214
政治的変数………… 189, 199, 210
正統性…………… 266, 270, 279
制度設計…… 218, 219, 220, 221, 257
制度的環境………… 481, 486, 487
制度的起業………………… 479, 493
制度的ブリコラージュ…… 486, 510
制度的変数……………………… 210
制度についての起業家精神…… 488
制度の質…… 196, 197, 198, 214
制度面での企業家精神………… 507
セーフセーブ 541, 542, 543, 544, 545, 546
世界危機………………………… 235
世界銀行………………………… 534
世界的金融危機…… 219, 223, 228, 233
責任………………… 140, 142, 148, 150
世帯………………… 131, 238, 239, 251
セネガル…………… 123, 124, 125, 128
選択肢…………………………… 175
選択バイアス 41, 54, 55, 56, 65, 68, 70
選択ベース・コンジョイント 453, 455, 457,

686

索 引

459, 460
専門家……………………………… 321, 332
戦略的提携………………………………… 237
戦略的マネジメント 266, 273, 274, 276
戦略的な同盟……………………………… 222

そ

増額……………………………………… 544
葬儀………………………………… 120, 534
送金………………………………… 36, 225, 235
相互依存………………………………… 120
相互の信頼……………………………… 125
相互補助 356, 357, 358, 359, 360, 369, 370, 371, 373, 374
総融資ポートフォリオ 229, 230, 232, 236, 238, 239, 241, 255, 257
贈与……………………………………… 124
ソーシャルパフォーマンスマネジメント 646
組織構築………………………………… 222
組織設計………………………………… 258
組織の質………………………………… 204
ソフトインフラ………………………… 177
村落銀行 237, 242, 243, 244, 249, 252, 257, 538, 612

た

タイ……………………………………… 130
体験による学習………………………… 257
代替……………………………………… 131
代替効果…………………………… 662, 663
代替性…………………………………… 318
滞納……………………… 223, 228, 230, 231, 242
ダウンスケーリング…… 195, 220, 233
ダッカ………………… 541, 543, 544, 548
多様さ……………………………… 226, 250
短期………………………………… 534, 541
担保 38, 126, 233, 240, 606, 607, 612, 617, 621, 622
担保代替物………………………………… 38

ち

地域開発…………………………… 492, 506
地域再投資法……………………………… 178
置換効果…………………………… 225, 226
畜産………………………………… 479, 496
地方開発基金……………………… 477, 479
中央銀行…………………………… 238, 260
仲介 223, 224, 225, 236, 237, 238, 539, 547
仲介排除…………………………… 224, 232
中国……………………………………… 122
紐帯………………………… 118, 123, 124, 128
長期貯蓄預金…………………………… 549
長期預金口座…………………………… 544
超貧困層…………………………… 591, 598
貯金箱…………………………………… 535
貯蓄 36, 37, 40, 44, 45, 46, 47, 55, 61, 64, 66, 67, 69, 70
貯蓄貸付協同組合……………………… 536
貯蓄強制力………………………… 521, 528
貯蓄銀行…………………… 100, 102, 103
貯蓄クラブ………………… 536, 537, 538
貯蓄計画…………………………… 540, 541
貯蓄口座…………………………… 532, 547
貯蓄能力………………………………… 532
賃金や給料……………………………… 534

つ

通帳………………………………… 545, 550
通帳式……………………………… 540, 547
通帳預金口座…………………………… 238
釣り合い…………………… 175, 183, 185, 186

て

低下……………………………………… 255
定義………………………………… 36, 41, 66
定期預金………………………………… 533
定期預金口座…………………………… 533
適切なテクノロジー……………………… 231
手数料……………………… 535, 545, 550
デモンストレーション効果……… 243
伝染効果………………………………… 177

と
- ドイツ帝国銀行 …………… 98, 109
- 投資家 ………… 319, 322, 328, 331
- 同種の貯蓄 ………………… 609
- 特異的な業績 ……… 227, 229, 235
- 匿名性 ……………… 118, 122, 618
- トップアップ ………………… 549, 550
- ドナー機関 ………………… 318
- 取締役会　301, 302, 303, 304, 305, 307
- 取締役会の運営 ………………… 302
- 取締会による管理 ……………… 307
- 取り付け騒ぎ ………………… 177
- 取引コスト　131, 132, 133, 479, 482, 483, 485, 486, 492, 493, 496, 507, 613, 614
- ドロップアウト ………… 54, 55, 60, 61

な
- 内部口座 ………………… 226

に
- 日本 ………………… 533
- 乳製品　495, 496, 497, 499, 500, 501, 505
- 認可 ……………… 223, 230, 234, 237, 266
- 認可環境　266, 268, 269, 270, 272, 273, 274, 275, 276, 278, 279

ね
- ネットワーク　608, 611, 615, 618, 619, 620, 621, 622
- 年金 ………………… 533, 535

の
- 農業 ……… 445, 446, 447, 448, 449, 450
- 農業開拓地 ………… 496, 497, 501, 506
- 農業クレジット ……………… 439, 447
- 農村銀行 ………………… 203
- ノンパラメトリック手法 ………… 215
- ノンバンク ………………… 220
- ノンバンク金融機関 ……………… 203
- ノンバンクへの認可 ……………… 221

は
- ハーフィンダール＝ハーシュマン指数　233
- 排除 ………… 133, 607, 608, 612, 622
- ハイパーインフレ ……… 220, 228, 258
- 配分面でも効率的 ………………… 201
- パトロン‐クライアント関係　481, 488
- パプアニューギニア ……………… 125
- バリューチェーン ……… 338, 345, 347
- バリューチェーン分析　478, 490, 508
- バンクオブアメリカ ……………… 533
- バングラデシュ　127, 130, 532, 534, 537, 538, 540, 542, 545, 547, 548, 578, 579, 580, 581, 585, 593, 595, 597, 598, 599, 600
- バンコソル　221, 244, 248, 249, 250, 252, 255, 256
- 反事実的状況 ……………… 33, 42, 46, 67

ひ
- 非営利組織 ………………… 35, 49
- 比較グループ ………………… 53
- 非実験的評価 ………………… 53
- ビジネス研修 ………………… 482
- 非政府 ………………… 220
- 非政府組織 ……………… 203, 334, 580
- ビッグD型開発 ……………… 508
- 日雇い ………………… 539
- 評価基準 ………………… 323
- 評判 ……………… 124, 131, 231
- 日和見主義的 ……… 229, 233, 234, 244
- 非ランダム化プログラム ……… 54, 56
- 非流動性 ………………… 122
- 貧困　133, 317, 320, 322, 324, 327, 328, 334, 537, 547, 548, 552, 560, 579, 580, 582, 583, 587, 592
- 貧困アクションのためのイノベーション　49, 50
- 貧困削減 ………………… 579
- 貧困層 …… 532, 537, 540, 541, 547, 548
- 貧困の罠 ………………… 671

索 引

ふ

ファイナンシャル・ダイアリー　534, 535, 538
ファイナンスプラス…………　478, 494
フィールド実験……………………　78, 89
フィリエール……………………　490
プールすること……………………　239
プール方式……………………　222
フォーマル経済……………　191, 192
不確実性……………………………　126
複数の目標……………………………　301
負債　118, 119, 121, 125, 126, 127, 130, 131
普通預金口座……………………　541
不定期……………………　534, 547, 549
負のショック………　227, 234, 240, 257
不返済運動……………………　512
フリードリッヒ・ライファイゼン　97
プロイセン協同組合中央金庫……　99
プロイセン法……………………　98
プログラム……………………………　46
プログラムの評価…………　36, 40, 46
プログラム評価……………………　42
プロダクト9……………………　544
プロデム……………………　221
プロムヘール……………………　613
プロムヘル……　222, 237, 242, 249, 252
フロンティア……………………　224, 225
分割払い　533, 536, 537, 538, 540, 547
分割払い計画　532, 533, 535, 536, 539, 540
分野横断的な債務………………　130

へ

平均融資規模　356, 357, 358, 359, 360, 362, 363, 369, 371, 374, 376, 377, 379
米国………………………………　544
返済　125, 126, 129, 130, 131, 132, 133, 134, 538, 612, 614, 615, 616, 619
返済スケジュール………………　43, 540
返済能力と意思…………………　231
返済の文化………………　227, 243

ほ

包摂　117, 119, 133, 223, 224, 247, 248, 254
法の支配……………………　190, 196, 197
包絡分析法……　201, 405, 413, 415, 416
ポートフォリオ・アット・リスク　239
ボード・マネジメント……………　299
ポカンティコ……………………　150, 152
保険　37, 40, 42, 44, 49, 63, 69, 225, 438, 443, 449, 532, 533, 535, 551
保護……………………　124, 125, 126
補助金　157, 158, 159, 160, 161, 163, 164, 166, 485, 486, 488, 494, 497, 499, 505, 506, 507, 510, 537, 542, 544, 545
ボリビア　218, 219, 220, 221, 222, 223, 224, 225, 226, 227, 228, 229, 230, 231, 232, 233, 234, 235, 237, 238, 239, 240, 241, 242, 243, 244, 246, 247, 248, 249, 250, 251, 252, 253, 254, 255, 257, 258, 259
ボリビア金融システム……………　218

ま

マイクロインシュアランス　551, 552, 553, 554, 555, 556, 557, 558, 559, 560, 561, 565, 568, 569, 570, 571, 572, 573, 574, 575
マイクロエンタープライズ　532, 539, 541
マイクロクレジット　36, 38, 47, 50, 57, 414
マイクロファイナンス　35, 36, 37, 38, 39, 40, 41, 48, 50, 52, 53, 57, 62, 65, 68, 69, 70, 76, 77, 78, 79, 80, 82, 84, 85, 86, 87, 89, 90, 282, 356, 357, 363, 374, 375, 454, 456, 465, 466, 467, 519, 520, 521, 523, 524, 527, 529, 532, 537, 538, 539, 540, 541, 547, 578, 579, 580, 581, 582, 583, 586, 589, 591, 597
マイクロファイナンス・インフォメーション・エクスチェンジ……………　66
マイクロファイナンス機関　5, 6, 7, 8, 9, 20, 21, 22, 24, 25, 26, 27, 28, 33, 35, 36, 38, 41, 42, 47, 49, 52, 57, 58, 68, 76, 78, 80, 84, 86, 87, 88, 94, 95, 96, 100, 109, 110, 111, 112, 113, 114, 121, 123, 133, 139, 144, 148, 150, 151, 152, 158, 159, 160, 163, 164, 166, 168,

169, 170, 175, 178, 179, 184, 186, 189, 190, 203, 204, 218, 222, 225, 227, 229, 230, 233, 236, 237, 246, 248, 249, 250, 256, 260, 282, 283, 294, 310, 318, 319, 320, 323, 324, 331, 338, 339, 340, 344, 345, 346, 348, 356, 357, 358, 360, 361, 373, 376, 384, 400, 403, 413, 414, 415, 431, 437, 441, 442, 446, 449, 458, 464, 479, 486, 487, 489, 494, 496, 509, 510, 512, 519, 547, 555, 556, 561, 563, 598, 619, 640, 652, 654, 678, 692, 693, 699, 704
マイクロファイナンス投資ビークル（Microfinance Investment Vehicles；MIVs）……………………… 300
マイクロファイナンス投資ビークル 339
マイクロファイナンスのガバナンス 298, 299, 302, 304, 305, 306, 309, 310
マイクロファイナンスのミッション 338
マイクロファイナンスの約束…… 487
マイクロ保険…………………… 333
マイクロレンダー……………… 537
マクロ経済危機………… 220, 228, 246
マクロ経済的不均衡……………… 176
マクロ経済の安定化……………… 220
マクロ条件 189, 190, 191, 196, 200, 203, 204, 208, 213, 215
マネジャー………………… 238, 257

み
見合うだけの貯蓄……………… 544
ミスマッチ………………… 305, 660
道筋 479, 480, 482, 492, 494, 499, 500
ミッションドリフト 35, 252, 356, 357, 358, 359, 360, 362, 363, 364, 365, 366, 367, 369, 370, 371, 373, 374, 375, 376, 377, 378, 379, 396, 410, 425, 443, 485
南アジア………………………… 535
南アフリカ……………………… 534
南アメリカ……………………… 537
未亡人暮らし…………………… 543

ミレニアム開発目標（MDG）330, 342
民間投資………………………… 319
民間融資基金…………………… 221

む
無限責任…………………………… 98
無店舗バンキング……………… 528
無利息…………………………… 545

め
名誉………………………… 119, 125
メキシコ………… 123, 125, 129, 130
メンバーシップ………………… 119

も
モニタリング……………… 231, 244
模倣……………………… 220, 222, 233
モラルハザード………………… 245
モリス式………………………… 96

や
やり繰り……… 123, 125, 130, 131, 132

ゆ
融資期間………………………… 103
融資商品………………………… 103
融資滞納分差し押さえ………… 233
融資担当者……………… 195, 231, 243
融通が利く……………………… 524

よ
預金………… 36, 51, 536, 543, 544, 545
預金施設………………… 223, 225, 226
預金者 225, 229, 234, 235, 238, 239, 247, 249, 250, 255, 535, 536
預金者のモニタリング………… 309
預金集金人……………… 536, 541, 547
預金制約………………………… 519
預金動員 219, 222, 225, 229, 230, 234, 235,

237, 238, 239, 250
　余剰分配……………………… 308
　予防的な備蓄………………… 247

ら
　ラテンアメリカ……………… 538
　ランダム化　46, 47, 48, 49, 50, 51, 52, 53,
　　54, 56, 57, 59
　ランダム化比較試験………… 70

り
　リース………………… 499, 504, 506
　利益…………… 536, 539, 542, 544, 550
　利害関係者　299, 300, 301, 305, 306, 308,
　　309, 310
　離婚……………………………… 543
　リスク　300, 305, 306, 482, 485, 493, 497,
　　501, 503, 504, 536, 545, 547
　リスク管理…………… 512, 561, 567
　リスク分析……………………… 305
　リスクマネージメント効果……… 663
　リスク－リターン－アウトリーチのト
　　レードオフ………………………… 385
　利息…………… 533, 536, 537, 538
　利息ローン……………………… 544
　リトルｄ型開発 …………… 508, 509
　流動性　120, 122, 127, 128, 129, 225, 231,
　　238, 239, 246
　良好なインセンティブ……… 231, 243
　利率…………………………… 119, 132
　臨時雇い………………………… 539
　倫理　139, 141, 143, 145, 149, 151, 152

れ
　零細起業家…………… 37, 38, 40, 48
　歴史的な視点…………………… 305
　レスポンサビリティ…………… 339
　連帯　120, 124, 125, 127, 606, 611, 612, 613,
　　615, 616, 617
　連帯責任　39, 255, 532, 538, 545, 547

　連帯責任制………………… 244, 537

ろ
　漏出効果………………… 50, 51, 195
　労働市場の硬直………………… 198
　ローン　532, 533, 535, 536, 538, 539, 540, 541,
　　542, 543, 544, 545, 546, 547, 549, 550
　ローン期間……………………… 538
　ローン契約……………………… 533
　ローン返済……………………… 538

執筆者一覧（姓のアルファベット順）

ベアトリス・アルメンダリズ（Beatriz Armendáriz）

ハーバード大学経済学講師、およびユニバーシティ・カレッジ・ロンドン上級講師。ほかにハーバード大学ロックフェラー・ラテンアメリカ研究所客員研究員、CERMi（ULB）研究員、グラミン・クレディ・アグリコール・マイクロファイナンス基金理事、およびユースセーフ理事。ジョナサン・モーダック（Jonathan Morduch）との共著でマイクロファイナンスに関する多くの雑誌論文を執筆しており、すでにマサチューセッツ工科大学出版局の *The Economics of Microfinance*（改訂第2版）を書き上げている（2010年4月刊。未訳）。現在は、イェール大学およびハーバード大学による「貧困アクションのためのイノベーション（IPA）」の研究者らとともに、マイクロファイナンスおよびジェンダー・エンパワーメントに関するフィールドワークなどを行っている。また、フェリペ・ラライン・B（Felipe Larraín B）との共著でマサチューセッツ工科大学出版局から出版予定の『現代ラテンアメリカ経済』に関する本も執筆中である。自らが育ったメキシコ南部に設立したアルソルおよびグラミン・トラスト・チアパスは、同地域で初めてグラミンスタイルを再現するものとなった。

ベルン・バルケンホル（Bernd Balkenhol）

国際労働機関（ILO）のソーシャル・ファイナンス・プログラム——ディーセントワーク（decent work）に関する金融部門に取り組む部署——責任者。数年にわたり、SME金融について西アフリカ諸国中央銀行（BCEAO）のアドバイザーを務めている。現在、ジュネーヴ大学経済学部講師。ブリュッセル自由大学（ULB）や、チューリンのボウルダー・マイクロファイナンス研修プログラムでも定期的に教えている。著作出版物は、金融アクセスに関する幅広い問題を扱っており、最新の著作 *Microfinance and Public Policy*（Palgrave Macmillan　未訳）は、マイクロファイナンス機関へのスマート補助金（smart subsidies）の条件を探るものとなっている。また、貧困層支援諮問機関（CGAP）執行委員、スイス・マイクロファイナンス・プラットフォーム創設代表、世界マイクロファイナンスフォーラム・ジュネーヴの執行委員でもある。スイス・フリブール大学で博士号、米マサチューセッツ州メドフォードのフレッチャースクール法律外交大学院で修士号を取得。

ヨーハン・バスティエンセン（Johan Bastiaensen）

アントワープ大学開発政策・開発マネジメント研究所（IOB）上級講師、および欧州マイクロファイナンス・プログラム（EMP）客員講師。大学院レベルで調査研究方法および開発研究の分野を教えており、特に力を入れているのは、地域機関と貧困削減、マイクロファイナンス、土地政策、およびバリューチェーン。20年以上にわたり、ニカラグア・中央アメリカ大学のニトラパン研究所と協力して、マイクロファイナンスおよび農村開発の分野で教育・研究を行い、開発イニシアティブを手がけている。こうした流れから、地域開発基金（FDL）の創設と発展を間近で見守ることとなった。

執筆者一覧

クレイグ・チャーチル（Craig Churchill）

ILOのソーシャル・ファイナンス・プログラム上級技術専門員。特に力を入れているのは、預金、保険、緊急融資など、貧困層が利用できるリスク管理と脆弱性低減のための金融サービスが果たす役割について。マイクロインシュアランス・ネットワーク議長、ボウルダー・マイクロファイナンス研修プログラム（チューリン）講師、ビル・アンド・メリンダ・ゲイツ財団の創設したマイクロインシュアランス・イノベーション機関の責任者でもある。これまでに、マイクロファイナンスに関する40以上の寄稿論文、論文、モノグラフ、研修マニュアルを執筆・編集しており、そのテーマは、マイクロインシュアランス、顧客ロイヤリティー、組織発展、ガバナンス、貸付の方法論、規制と監督、および貧困層のなかの最貧層のための金融サービスなど、多岐にわたっている。編集に当たった近著 *Protecting the Poor: A Microinsurance Compendium*（Geneva: ILO, Munich Re Foundation 未訳）は、このテーマで最も権威あるものとなっている。

ロバート・カル（Robert Cull）

世界銀行の開発経済調査グループ・金融民間セクター開発チームのリードエコノミスト。最新の研究は、マイクロファイナンス機関の業績、および金融サービスへのアクセス測定のための世帯調査の設計と活用に関するもの。これまでに、*the Economic Journal*、*Journal of Development Economics*、*Journal of Financial Economics*、*Journal of Law and Economics*、*Journal of Money, Credit, and Banking*、*and World Development* など、論文審査のある学術誌に数多く寄稿している。金融および民間部門の研究を伝える隔月のニュースレター *Interest Bearing Notes* の共同編集者でもある。

アスリ・デミルギュス＝クント（Asli Demirgüç-Kunt）

世界銀行の開発経済研究グループで金融民間セクター開発（FPD）ネットワークのチーフエコノミスト、および金融民間セクター開発ユニット（DECFP）の上級研究マネジャー。1989年にヤングエコノミストとして入行以来、さまざまな部署にあって金融部門の問題に取り組み、金融部門政策に関して助言を行ってきている。*World Bank Policy Research Report 2007, Finance for All? Policies and Pitfall in Expanding Access*（未訳）では筆頭著者を務めた。100を超える論文を執筆し、学術誌で幅広く発表している。研究の中心は、金融開発と企業業績および経済開発との関連で、金融危機、金融規制、およびSME金融を含めた金融サービスへのアクセスも研究分野である。入行以前はクリーブランド連邦準備銀行エコノミスト。オハイオ州立大学で経済学の博士号、修士号を取得。

アシフ・U・ドウラ（Asif U. Dowla）

セント・メアリー・カレッジ・オブ・メリーランド経済学教授。マイクロファイナンスを専門とする。貸付、貯蓄動員、社会資本など、マイクロファイナンスのさまざまな側面について著名学術誌で論文を発表している。1997年には特別研究員の資格を得て、サバティカル休暇を利用してグラミン銀行で1年を過ごした。グラミン銀行を扱った近著 *The Poor Always Pay Back: The Grameen II Story* は、マイクロファイナンスとその貧困緩和に向けた活用法に関心のある者にとっての必読の書となっている。すでに2版を重ね、中国語（簡

体字および繁体字)、インドネシア語、フランス語に翻訳されている。先ごろ、授業の優秀さによりセント・マリー・カレッジからノートン・ダッジ賞を受け、ヒルダ・C・ランダーズ寄付基金教授(リベラルアーツ)に任命された。

グレッグ・フィッシャー (Greg Fischer)

ロンドン・スクール・オブ・エコノミクス(LSE)講師(准教授)。研究の中心は発展途上国での企業金融および起業で、実験的手法と応用理論を用いる。国際成長センター金融プログラム共同責任者、および「貧困アクションのためのイノベーション」理事・客員研究員、MIT ジャミール貧困アクションラボ(J-PAL)客員研究員。マサチューセッツ工科大学(MIT)で博士号、プリンストン大学で学士号を取得(いずれも経済学)。

リンツ・ガレマ (Rients Galema)

現在、フローニンゲン大学の経済計量経済金融学院博士課程に在籍。取り組んでいる博士号プロジェクトのタイトルは「マイクロファイナンスの商業化」で、マイクロファイナンスがどこまで営利目的の投資家の関心を引いているかの調査をめざしている。2007年にフローニンゲン大学で国際経済およびビジネスの研究修士(MPhill)課程を修了(論文タイトルは「社会的責任投資家——業績と多様化」)。研究では、平均分散分析など、金融の伝統的なツールを活用し、マイクロファイナンスおよび社会的責任投資家への投資一般を分析している。

マイトリーシュ・ガータク (Maitreesh Ghatak)

ロンドン・スクール・オブ・エコノミクス(LSE)教授(経済学)。研究分野は開発経済学、公共経済学、組織経済学など。最近の研究テーマには、マイクロファイナンス、財産権、職業選択、集団訴訟、非営利の経済学などがある。*the Review of Economic Studies* 編集幹事、*the Economics of Transition* 共同編集者を経て、現在は *the Journal of Development Economics* 編集長。LSE の研究グループ「経済組織および公共政策(EOPP)」の責任者でもある。シカゴ大学経済学部で教員経験。ハーバード大学で博士号を取得。

ナサニエル・ゴールドバーグ (Nathanael Goldberg)

さまざまな開発問題のための革新的解決策を創造・評価・再現することを専門とする非営利組織「貧困アクションのためのイノベーション(IPA)」政策責任者。研究による発見を広め、効果の実証された開発インターベンション(development intervention)に資源を振り向けるべく、IPA の取り組みを指導している。また、最貧困層世帯の起業参加を可能にするために設計された「超貧困層をターゲットにする」「マイクロファイナンスの卒業」といったパイロットプロジェクトを含め、金融包摂に関連したさまざまな評価を運営している。マイクロクレジット・サミット・キャンペーンの主任スタッフを務めたこともあり、業界全般にわたるデータ収集を監督した。また、ニューヨークで開催された2002年マイクロクレジット・サミット+5を含め、大規模な業界会議の組織をいくつも指導している。プリンストン大学ウッドロー・ウィルソン公共国際大学院で修士号(国際開発における公共問題)を取得している。

執筆者一覧

クラウディオ・ゴンサレス＝ベガ（Claudio Gonzales-Vega）

コスタリカ出身。1982年以来、オハイオ州立大学教授（農業・環境・開発経済学および経済学）。同大学で責任者を務めている農村金融プログラムは、金融と開発に関する優秀なセンターとして、米国農業経済学会から「顕著な政策貢献賞」に認定されている。ロンドン・スクール・オブ・エコノミクスで修士号、スタンフォード大学で博士号を取得。ラテンアメリカ、アフリカ、アジアで多くの国際機関や政府の顧問を歴任したほか、米国国際開発庁（USAID）で小規模事業開発顧問委員、アクセス拡大とインプット市場システムの強化（BASIS）に関する協同組合研究支援プログラムの技術委員長を務め、現在は、国際農業研究協議グループの生成チャレンジプログラム実行委員。金融政策改革、農村金融市場、マイクロファイナンス、貧困、経済発展、国際貿易政策に関して幅広い著作・論文を発表している。

イザベル・ゲラン（Isabelle Guérin）

現在、フランス国立開発研究所（IRD）客員研究員（パリ1-IRDの調査ユニット「開発と社会」）。ほかに、インドのポンディチェリ・フランス研究所、およびCERMiで研究員。RUME（「農村マイクロファイナンスと雇用」）プロジェクト——南インド、メキシコ、マダガスカルの3国における農村金融と雇用の相互作用分析を目的とする——のコーディネーターでもある。研究の関心は、金融包摂、インフォーマル金融、債務奴隷状態、および加重債務問題から、NGOによる介入、エンパワーメントプログラム、および公共政策との連環にまで及んでいる。理論的な視点から、貨幣、債務、金融の社会的意味、市場、組織、研究機関の社会的構造に特に注目して取り組んでいる。最新刊となる *Unfree Labour*（co-edited with Jan Breman and Aseem Prakash, Oxford University Press 未訳）では、インドに根強い債務奴隷状態について研究している。

ティモシー・W・ギネイン（Timothy W. Guinnane）

イェール大学経済学部フィリップ・ゴールデン・バートレット教授（経済史）。研究の中心は19世紀から20世紀初頭のヨーロッパ・北米の人口統計および金融史。現在の研究プロジェクトには、ドイツの信用協同組合史に関する著作、19世紀および20世紀ヨーロッパにおける新たな企業形態の発展に関する共同研究のほか、ドイツにおける人口統計的な変遷を扱ういくつかの研究プロジェクトがある。

ベゴーニャ・グティエレス＝ニエト（Begoña Gutiérrez-Nieto）

スペイン・サラゴサ大学会計金融学部准教授。ほかにCERMi客員教授。マイクロファイナンス分野の研究で複数の受賞経験がある。*Annals of Public and Cooperative Economics*、*Journal of the Operational Research Society*、*Nonprofit & Voluntary Sector Quarterly*、*Online Information Review*、*Omega* などの学術誌に寄稿している。大学レベルでは銀行業、金融工学、そして数学、大学院レベルではマイクロファイナンスおよび非営利組織の財務管理を教えている。

バレンティナ・ハルタルスカ（Valentina Hartarska）

オーバーン大学農業経済・農村社会学部准教授、CERMi 研究員。研究プログラムの中心は、経済発展とガバナンス、および低所得層のための金融仲介（マイクロファイナンス機関を含む）。これまでにクロスカントリー、全国、および地域の文脈における内的および外的なガバナンスメカニズム、効率、アウトリーチとインパクトに関するさまざまな諸問題について研究し、東ヨーロッパ、中央アジア、アフリカを中心に、いくつもの国でプロジェクトを実施してきている。オーバーン大学では、大学・大学院のクラスで金融、マネジメント、開発、および計量経済学を教えているほか、ベルギーの欧州マイクロファイナンスプログラムでも、農業開発の入門クラスで指導経験がある。

ニールス・ヘルメース（Niels Hermes）

オランダ・フローニンゲン大学准教授（国際金融）。ほかにブリュッセル自由大学客員教授、および CERMi 研究員。研究の中心は、マイクロファイナンス、金融自由化の影響、外国での銀行業、進行経済における企業間信用、比較企業ガバナンス研究、およびコーポレートガバナンスコードの本質と影響などで、研究成果は、*the Economic Journal*、*Journal of International Money and Finance*、*Journal of Banking and Finance*、*World Development*、*Journal of Development Studies*、*Corporate Governance: An International Review* などで発表している。授業の中心は国際的財務管理、コーポレートガバナンスと財務戦略、およびマイクロファイナンス。

マレク・ヒュードン（Marek Hudon）

現在、ブリュッセル自由大学ソルヴェイ・ブリュッセル経済経営学院准教授。欧州マイクロファイナンス・プログラム（EMP）を立ち上げ、現在も科学コーディネーターを務めている。CERMi の共同創設者・共同責任者の 1 人でもある。これまでにインド、マリ、モロッコ、コンゴ民主共和国で調査を実施。2006 年にはハーバード大学客員教授として、アマルティア・セン（Amartya Sen）教授の下でマイクロファイナンスの倫理問題に取り組んだ。現在の研究上の関心は、上記以外に、マイクロファイナンスにおける公共政策の課題や補完通貨などがある。現在は ESC ディジョン・ブルゴーニュ・ビジネススクール客員教授としてビジネス倫理を教えている。2009 年にはポスドク研究により「国際開発および経済社会運動研究センター（CEDIMES）」賞、および公共経済学でメルロー・ルクレ賞を受賞した。これまでに *World Development*、*Journal of Business Ethics*、*Journal of International Development*、*Annals of Public and Cooperative Economics*、*International Journal of Social Economics*、*Savings and Development* などに寄稿している（近日掲載を含む）。

デイヴィッド・ヒューム（David Hulme）

マンチェスター大学教授（開発研究）および開発管理政策研究所（IDPM）責任者。ほかに、ブルックス世界貧困研究所および慢性的貧困研究センター本部長。近著に *Poverty Dynamics: Inter-disciplinary Perspectives*（with T Addison and R Kanbur, 2009, Oxford University Press　未訳）、*Social Protection for the Poor and Poorest: Risks, Needs and Rights*（with A Barrientos, 2008, Palgrave　未訳）、*The Challenge of Global Inequality*（with A Greig and M Turner, 2006, Palgrave　未訳）。そのほか *Journal of Development Studies*（2006）への特別寄

稿（「貧困と不平等に関する学際的研究」）をはじめ、主要学術誌への寄稿は多数にのぼる。研究上の関心には、農村開発、貧困分析と貧困削減戦略、貧困層のための金融、および開発社会学などがある。先ごろ、リヴァーヒューム・トラストの上級客員研究員としての任期を終え、*Global Poverty*（近刊［訳注・2010 年出版、未訳］、Routledge）を書き上げた。同書は、世界的貧困の「発明」について探求し、これが世界の貧困層に利益となっているか否かを問いかけるものとなっている。

ディーン・カルラン（Dean Karlan）

イェール大学教授（経済学）。ほかに「貧困アクションのためのイノベーション（IPA）」代表、金融アクセス・イニシアティブ（ビル・アンド・メリンダ・ゲイツ財団が資金提供して創設されたコンソーシアム）共同責任者、MIT ジャミール貧困アクションラボ（J-PAL）研究員、StickK.com 共同創設者・代表。2007 年、大統領若年工学者賞受賞。2008 年、アルフレッド・P・スローン研究員。研究の中心は財政面での意思決定といったミクロ経済問題で、特に実験的な方法論を採用し、マイクロファイナンスや医療への介入において、何が有効で何が有効でないか、またその理由はなにかを探究している。国際的にはマイクロファイナンスを、国内では投票、慈善的寄付、融資契約が中心。マイクロファイナンスでは、これまでに金利政策、信用評価とスコアリング政策、起業研修、グループ責任と個人責任の問題、貯蓄商品の設計、教育付きクレジット、およびクレジットへのアクセス増加のインパクトなどを研究してきた。貯蓄と医療に関しては、心理学や行動経済学の知見を活用して、特殊な商品を設計・テストしたものが多い。これまでに、世界銀行、アジア開発銀行、FINCA インターナショナル、オックスファム、飢餓からの自由、グアテマラ政府で顧問を務めている。MIT で博士号（経済学）、シカゴ大学で修士号（経営学および公共政策学）、ヴァージニア大学で学士号（国際問題）を取得。

エルナ・カレル＝ルエディ（Erna Karrer–Rüedi）

クレディ・スイス副社長。「民間銀行投資サービスおよび商品」部門でマイクロファイナンスを担当し、インパクト投資に幅広い経験をもつ。クレディ・スイス（チューリッヒ）で現職に就く以前は、アメリカの学会および金融サービス企業でさまざまな役職を経験し、持続可能な開発および商品提供に関連する流れ、喫緊の課題、そしてその機会といったテーマを担当した。新たに欧州マイクロファイナンスプログラムの理事に選出されたほか、インパクトを与えることを望むいくつもの組織でメンバーとして盛んに活動中。1992 年、チューリッヒのスイス連邦工科大学より博士号を贈られている。

マルク・ラビー（Marc Labie）

モンス大学ワロッケ・ビジネススクール准教授（組織研究およびマネジメント）。ほかにブリュッセル自由大学ソルヴェイ・ブリュッセル経営学院で客員教授、また、ハーバード大学ケネディ行政大学院の FIPED エグゼクティブ・プログラムで講義を行っている。ベルギーのモンスとブリュッセルを本拠とする CERMi（マイクロファイナンス欧州研究センター）の共同設立者・共同責任者の 1 人。専門はマイクロファイナンス組織。モンス大学で学士号（経済学、社会学）、博士号（経営学）を取得した。スペイン・サラマンカ大学、ロンドン・スクール・オブ・エコノミクス、ハーバード大学でも短期間の研究を行ってい

る。共同執筆者として、マイクロファイナンスに関する寄稿論文多数。現在は、マイクロファイナンスにおけるコーポレートガバナンスの問題に主に取り組んでいる。

ロベルト・レンジンク（Robert Lensink）
フローニンゲン大学経済経営学部教授（金融および金融市場論）。ほかに、ヴァーヘニンゲン大学教授（開発経済学）、およびCERMi研究員。研究では主に金融と開発を扱い、特にマイクロファイナンスに重きを置いている。the Economic Journal、World Development、the Journal of Development Studies などの国際的な学術誌でマイクロファイナンスに関する論文を多数発表している。

セシリオ・マル・モリネロ（Cecilio Mar Molinero）
英ケント大学教授（経営科学）。関心のある分野は、主に包絡分析法（DEA）、重回帰分析およびその共通部分。これまでに、課金番号の統計学的特徴、企業破綻の予測、社会的条件と教育的達成との関係、およびDEA理論などを研究してきている。現在の研究上の関心は、マイクロクレジットの効率以外では、保護住宅の購入権が都市の社会構造にもたらす変化、小学校選択権が社会的条件に与える影響、およびDEAの限界を克服するためのさまざまなモデルなど。論文審査のある主要学術誌に、特にオペレーションズ・リサーチ、統計学、会計学、金融の分野で幅広く寄稿している。

ピーター・マチェッティ（Peter Marchetti）
現在、グアテマラ社会科学振興協会（AVANCSO）研究員で、同国の地方開発基金（Fondo de Desarrollo Local：FDL）内部監査・運営委員会代表を務めている。これまで、ドミニカ共和国、チリ、ペルー、キューバ、ニカラグア、ホンジュラス、グアテマラで農業改革および小作農ベースの開発を研究・推進してきた。1988年、小作農の設立したコミュニティ銀行による開発マイクロファイナンスの活動を始める。この活動が積み重なって、やがて2つの機関が設立された。どちらも、金融と非金融の両方の開発サービスのあいだでのシナジーが必要だというビジョンに立ったもので、1つがニトラパン（中央アメリカ大学の調査開発研究所）、もう1つがニカラグアのFDL、設立はそれぞれ1990年と1996年である。1998年には、ホンジュラスにFDLと同様のマイクロファイナンス・イニシアティブであるクレディソル創設の先頭に立った。緊急支援、市民参加、土地改革、麻薬密輸に反対するアドボカシーに幅広く取り組んだことにより、ホンジュラスの全国人権賞を受賞している。1980年代半ばより大学の研究プログラムを数多く監督しており、ニカラグアでは中央アメリカ大学（UCA）の調査および大学院研究担当副学長、グアテマラのラファエル・ランディバル大学でも同分野の責任者を務めている。

リンダ・マイユー（Linda Mayoux）
国際コンサルタント。1997年より、英国国際開発省（DFID）、国連女性開発基金（UNIFEM）、ILO、アガ・カーン財団、アジア開発銀行、世界銀行、国際農業開発基金 IFAD）、USAID、スイス開発協力機構（SDC）、さらには南アジア、アフリカ、ラテンアメリカの多くのNGOで、マイクロファイナンスにおけるジェンダー・メインストリーミングと女性のエ

ンパワーメントに取り組んでいる。世界銀行の *Gender and Livelihoods Source Book*（農村金融の部分）、および IFAD の *Reader on Gender and Rural Finance* 執筆者。現在は、オックスファム・ノビブが先頭に立って進めている「女性のエンパワーメント・メインストリーミング・ネットワーク化（WEMAN）」のグローバルコンサルタント。これはラテンアメリカ、南アジア、アフリカにネットワークを拡げた世界的なプロセスで、生計開発サービスと政策作成（金融サービス、技術支援、バリューチェーン開発、および地域／地方／国内の経済政策作成）へのアクセスにおけるジェンダー差別の除去をめざしている。また、ウェブサイト GENFINANCE、および Yahoo! のディスカッショングループを立ち上げ、管理している。URL はそれぞれ、http://www.genfinance.info および http://finance.groups.yahoo.com/group/ genfinance/ である［2015 年 6 月以後、著者のすべての Yahoo group は Facebook に順次移行している］。

アルヤール・メーステルス（Aljar Meesters）

現在、フローニンゲン大学経済経営学部講師で研究員。金融および計量経済学の分野を教えている。主な研究上の関心は応用計量経済学、金融機関一般、なかでもマイクロファイナンス機関。*the Journal of Banking and Finance*、*World Development* に論文を発表している。

ロイ・マースランド（Roy Mersland）

ラテンアメリカ、アジア、アフリカ、ヨーロッパにおけるマイクロファイナンス分野での国際マネジメント、コンサルティング、リサーチに幅広い経験がある。エクアドル最大の MFI である D-MIRO の創設者で、現在も副理事長。ノルウェー・アグデル大学でポスドク職にありつつ、自身でコンサルタント業も行っている（www.microfinance.no）。学術的な研究は、マイクロファイナンス機関の運営、ガバナンス、業績に関するものが中心だが、身体障害者とマイクロファイナンス業界とのギャップをいかに埋めるかという研究も行っている。*World Development*、*International Business Review*、*Journal of Banking and Finance*、*European Financial Management* などの専門誌に論文を発表。ノルウェーのクリスチャンサンで開かれた第 1 回、第 2 回の「マイクロファイナンスの運営とガバナンスに関する国際研究ワークショップ（International Research Workshops on Microfinance Management and Governance）」を主催したほか、ルクセンブルクで開かれる「欧州マイクロファイナンス週間」の議長を何度も務めている。

カレン・ムーア（Karen Moore）

現在、ユネスコ「万人のための教育グローバルモニタリングレポート」チームの政策アナリスト。前職は、慢性貧困研究センター——DFID の資金提供による大学、研究機関 NGO の国際的パートナーシップ——の研究員。最初は英バーミンガム大学、のちにマンチェスター大学に本拠を移す。最近の研究は、児童・青年・世代間・生涯・および慢性の各貧困の共通部分の理解と、そこへの介入政策（社会保護やマイクロファイナンスを含む）が中心となっている。カナダ・トロント大学で優等学士号（国際開発）、バース大学で修士号（開発研究）を取得。

ジョナサン・モーダック（Jonathan Morduch）

ニューヨーク大学教授（公共政策および経済学）、および金融アクセス・イニシアティブ（www.financialaccess.org）の運営責任者。共著に *Portfolios of the Poor: How the World's Poor Live on $2 a Day*, 2009, Princeton（邦訳『最底辺のポートフォリオ：1日2ドルで暮らすということ』大川修二訳　みすず書房　2011.12）、およびベアトリス・アルメンダリズとの共編著に *The Economics of Microfinance*（2005, MIT Press；2010, 2nd edition』未訳）がある。これまでに、貧困統計に関する国連専門家委員会議長のほか、国際連合、世界経済フォーラム、プロムヘール、グラミン財団などで顧問を歴任。米ブラウン大学で学士号、ハーバード大学で博士号を取得（いずれも経済学）。2008年12月には、マイクロファイナンスに関する研究を認められ、ブリュッセル自由大学より名誉博士号を贈られている。

ソレーヌ・モルヴァン＝ルー（Solène Morvant-Roux）

スイス・フリブール大学政治経済学部講師（開発研究）。ほかに、フランス国立調査研究所（IRD）およびCERMiでも研究員。金融包摂のスペシャリストで、金融サービスへのアクセスと雇用力学との相互作用を理解することを目的に、インド、メキシコ、マダガスカル、モロッコという4つの地域・国で実施された比較プロジェクト「農村マイクロファイナンスと雇用――プロセスは問題となるのか」に参加している（http://www.rume-rural-microfinance.org/）。研究上の関心は、農業活動への融資、負債、社会制度を中心とした農村地域のマイクロファイナンスから、雇用力学にまで広がっている。方法論的な視点からは、質的ツールと量的ツールの組み合わせに依存した研究方法をとっている。

デニス・ナドルニヤク（Denis Nadolnyak）

現在、米オーバーン大学農業経済・農村社会学部准教授。環境経済学、開発経済学、資源経済学の各分野で活動している。現在の研究テーマは、気候変動の農村利益率への影響と災害支援の支払い、作物保険と農場プログラムの設計における気候予想の活用、開発金融、および水利経済。大学および大学院レベルで環境経済学および資源経済学を教えている。そのほかの研究上の関心に、国際貿易と環境、産業組織とイノベーション経済、契約理論、生産経済など。

ウィリアム・パリエンテ（William Pariente）

ルーヴァン・カトリック大学准教授（経済学）、およびジェミール貧困アクションラボ（J-PAL）メンバー。これまで、クレジット需要、およびセルビア、ブラジル、モロッコの3カ国におけるクレジットへのアクセス改善政策の評価を研究。現在の研究の中心は、クレジットへのアクセス、貧困と医療の問題、および実験的手法を活用した公共政策の評価。モロッコ、パキスタン、フランスでいくつもの現地実験に参加している。

ジェイ・K・ローゼンガード（Jay K. Rosengard）

ハーバード大学ケネディ行政大学院講師（公共政策）。アジア、アフリカ、ラテンアメリカ全域での開発政策・プログラムの設計、実施、評価に30年の国際経験を有する。現在は同大学院のモサヴァー＝ラマーニ経営行政センターで、銀行およびノンバンク金融機関

と代替金融手段の発達に主眼をおいた金融部門プログラムの責任者を務めている。民主的ガバナンスとイノベーションのためのアッシュセンター、および国際開発センターの委任教授でもある。ほかにも、持続可能で効果的なマイクロファイナンスおよび SME 金融に焦点を当てた「民間事業開発のための金融機関（FIPED）」、税の設計と実施における重要な戦略・戦術的課題に取り組む「比較租税政策と管理（COMTAX）」、およびベトナムの上層部指導者との革新的な政策対話である「ベトナム・エグゼクティブ・リーダーシップ・プログラム（VELP）」という3つのエグゼクティブ教育プログラムの責任者を務めている。

スチュアート・ラザフォード（Stuart Rutherford）

貧困層の資金管理を研究しているライターで、教師、マイクロファイナンス実践者でもある。代表作は *The Poor and Their Money*（2nd edition, 2009　未訳）、共著に *Portfolios of the Poor*, 2009　邦訳『最底辺のポートフォリオ：1日2ドルで暮らすということ』大川修二訳　みすず書房　2011.12）がある。1996年にバングラデシュで立ち上げたマイクロファイナンス・プロバイダーのセーフセーブは、貧困層および極貧層にとって価値ある一般的な資金管理サービスを創造・発展させている（www.safesave.org）。マンチェスター大学ブルックス世界貧困研究所の上級客員研究員。日本在住。さらに詳しいアイデアについてはthepoorandtheirmoney.com を参照。

カジ・ファイサル・ビン・セラジュ（Kazi Faisal Bin Seraj）

BRAC 上級研究員。現在は、BRAC 西アフリカプログラムの研究評価ユニットでコーディネーター。国際プログラムに異動するまでは、バングラデシュ国内で「貧困削減のフロンティアへの挑戦／超貧困層をターゲットにしたプログラム（CFPR-TUP）」調査研究チームの中核メンバーとして働き、同プログラム・フェーズⅡのためのベースラインレポートの責任者を務めた。経済学および環境経済学の学歴があり、研究上の関心は、極貧と開発経済から天然資源経済、環境政策手法と環境、および開発まで幅広い。

カルロス・セラノ＝シンカ（Carlos Serrano-Cinca）

スペイン・サラゴサ大学教授（会計学および金融論）。ほかに英サザンプトン大学会計経営学部客員教授。研究上の関心は、e ビジネス、マイクロファイナンス、および会計・金融における多変量数学モデル。サラゴサ大学では「新しいネットワークとテレコミュニケーション・サービスにおける優秀テレフォニカ教授」に選ばれた。ワルカ・テクノロジー工業団地（Walqa Technology Park）にある e ビジネス研究センターのコーディネーターでもある。*Nonprofit & Voluntary Sector Quarterly*、*The Journal of Forecasting*、*Decision Support Systems*、*Omega*、*The European Journal of Finance*、*The Journal of Intellectual Capital*、*The Journal of the Royal Statistical Society* などの学術誌に論文を寄稿している。個人 HP は http://ciberconta.unizar.es/charles.htm。

ジャン＝ミシェル・セルヴェ（Jean-Michel Servet）

　現在、国際開発研究大学院教授（ジュネーヴ）、およびフランス国立研究所（パリ）、ポンディシェリ・フランス研究所（インド）研究員。ほかにジュネーヴおよびペルー・リマ

で、開発研究と金融の分野を大学院レベルで教えている。研究対象は、社会金融、地域内の交換取引ステム、金融のグローバル化、経済思想史、および学際的方法論。シンバイオティクス SA 社の取締役、社会信用のためのフランス赤十字委員会の委員でもある。

これまでの出版物一覧は以下を参照。
http://www.rume-rural-microfinance.org/IMG/pdf_CV_Jean-Michel_Servet.pdf

ガイ・スチュアート（Guy Stuart）

ハーバード大学ケネディ行政大学院講師（公共政策）。1994 年にシカゴ大学で博士号を取得し、以後 4 年間はシカゴで地域経済開発の分野で活動する。1998 年よりケネディ行政大学院の講師となり、マネジメントとマイクロファイナンス（発展途上国の貧困層向け金融サービス）に関するコースを教える。また、ファイナンシャル・ダイアリーや参加型調査といった「ボトムアップ」の手法を用いて、マイクロファイナンス組織が顧客にサービス提供する最善の方法を見つける手助けをしている。現在はパキスタン、マラウィ、ケニヤでマイクロファイナンスに関する調査を実施中。マイクロファイナンスに関する寄稿論文および事例研究多数。著書に、アメリカの不動産ローン業界を取り上げた著作 *Discriminating Risk*（Cornell University Press, 2003　未訳）がある。

アリアーヌ・サファルス（Ariane Szafarz）

ブリュッセル自由大学ソルヴェイ・ブリュッセル経済経営学院（SBS-EM）正教授（数学および金融）。数学で博士号、哲学で修士号を取得。研究テーマにはマイクロファイナンス（ミッションドリフト、ガバナンス問題）、金融計量経済学、国際金融、蓋然性の認識論、雇用市場の差別など。現在、CERMi 共同責任者、SBS-EM 博士課程（経営科学）共同責任者、欧州マイクロファイナンス・プログラム審査員長、マリー＝クリスティーヌ・アダム基金理事長。ほかにリール第二大学、ルーヴァン・カトリック大学、ルクセンブルク金融大学院客員教授。ベルギー・ワロン地域統計省で専門職として数年間の勤務経験あり。

マルセロ・ビジャファニ＝イバルネガライ（Marcelo Villafani-Ibarnegaray）

オハイオ州立大学農村金融プログラムのポスドク研究員。現在の活動は、ボリビアおよびメキシコのマイクロファイナンスおよび農村金融が中心。過去 15 年にわたってこの部門に積極的に関わり、農村での住宅金融プログラムのマネジャーとして、またボリビア銀行の監督下で金融監督官として働いている。研究上の関心は、金融と開発、銀行規制、リスク管理、マイクロファイナンスなど。

編者紹介

ベアトリス・アルメンダリズ

ユニバーシティ・カレッジ・ロンドン上級講師、ハーバード大学講師（休職中）。CERMi、およびロックフェラー・ラテンアメリカ研究所客員研究員。マイクロファイナンスに関して論文審査付き学術誌に幅広く寄稿しているほか、The Economics of Microfinance 第1版、第2版を共同執筆。メキシコ南部で2つのマイクロファイナンス機関（グラミン・トラスト・チアパスおよびアルソル）を設立した。グラミン・クレディ・アグリコール・マイクロファイナンス基金およびユースセーフで理事を務めるほか、世界の水ガバナンス向上をめざす「イニシアティブ WaterLex」の顧問でもある。

マルク・ラビー

モンス大学（UMONS）ワロッケ・ビジネススクール准教授（組織研究およびマネジメント）。ほかにブリュッセル自由大学（ULB）ソルヴェイ・ブリュッセル経営学院客員教授、ハーバード大学ケネディ行政大学院の FIPED エグゼクティブ・プログラム講師。ベルギーのモンスとブリュッセルを本拠とする CERMi（マイクロファイナンス欧州研究センター）の共同設立者・共同責任者の1人でもある。

監訳者紹介

笠原　清志（かさはら　きよし）

1948年生まれ。慶應義塾大学大学院社会学研究科博士課程修了。社会学博士。旧ユーゴスラヴィアのベオグラード大学に留学。立教大学社会学部、経営学部教授を経て、現在、跡見学園女子大学マネジメント学部教授。主な著書に『自己管理制度の変遷と社会的統合』『産業化と社会的統合』『社会主義と個人――ユーゴとポーランド』、訳書に『参加的組織の機能と構造』『企業戦略と倫理の探求』、『貧困からの自由――世界最大のNGO――BRAC とアベッド総裁の軌跡』など多数。

訳者紹介

立木　勝（たちき　まさる）

京都市出身。大阪府公立中学校・高等学校教諭、英会話学校職員を経て翻訳家。主な訳書に『貧困からの自由』『貧困とはなにか』（明石書店）、『物理学は歴史をどう変えてきたか』（東京書籍）、『イスラエル擁護論批判』（三交社）など

マイクロファイナンス事典

2016年2月8日　初版第1刷発行

編　者	ベアトリス・アルメンダリズ
	マルク・ラビー
監訳者	笠　原　清　志
訳　者	立　木　　　勝
発行者	石　井　昭　男
発行所	株式会社　明石書店

〒101-0021　東京都千代田区外神田6-9-5
電　話　03 (5818) 1171
ＦＡＸ　03 (5818) 1174
振　替　00100-7-24505
http://www.akashi.co.jp

組版／装丁　明石書店デザイン室
印刷／製本　モリモト印刷株式会社

(定価はカバーに表示してあります)　　ISBN978-4-7503-4293-1

OECD世界開発白書
四速世界における富のシフト

OECD 編著
門田 清 訳

B5判／並製／212頁
◎4800円

中国、インドなど開発途上大国の台頭が貧困国に及ぼす影響に焦点を当て、過去20年間の世界経済における原動力の変遷を検証。資産と諸フローの新たなパターンについても詳述し、途上国間の相互作用の拡大を浮き彫りにする。

内容構成

- 序　章　今なぜ「富のシフト」なのか
- 第1章　富のシフトと新成長地理
- 第2章　アジアの巨人：そのマクロ経済的影響
  新成長エンジン／労働供給面への衝撃／世界労働賃金への影響／拡大をみせる新規需要：コモディティ価格への反映／アジアの巨人が交易条件に及ぼす影響／世界利子率に対するアジアの影響
- 第3章　重要性を増す南南関係
  南南貿易／海外直接投資／援助
- 第4章　富のシフトと貧困削減
  絶対的貧困の大幅な削減／不平等、成長、貧困削減／貧困改善的成長のための新たな課題
- 第5章　四速世界における技術格差の拡大
  開発途上国世界での技術格差／世界の新たな活動の場なのか：製造業分野の役割
- 第6章　変革の風に乗って
  開発戦略／海外直接投資の活用／資源ブームへの対処／農業の活性化と地方の開発／貧困改善的成長政策
- 第7章　富のシフトへの集団的対応
  新グローバルガバナンスアーキテクチャー／国際協力における障害と同盟関係の変化／技術移転

OECD世界開発白書2
富のシフト世界と社会的結束

OECD開発センター 編著
門田 清 訳

B5判／並製／312頁
◎6600円

急速な経済成長を遂げる新興・開発途上諸国における社会的な機会と課題は何か。財政、雇用、社会保障、市民参加、保健医療、ジェンダー、移民統合などの問題を取り上げ、包括的な視点から長期的かつ持続可能な成長のための社会的結束の重要性を論ずる。

内容構成

- 【第I部　社会的結束政策アジェンダの構築】
- 第1章　富のシフト：機会への扉
- 第2章　社会的結束と開発
- 第3章　富のシフトと社会的結束課題
- 第4章　格差
- 【第II部　社会的結束における機会と課題】
- 第5章　社会契約の強化と持続可能な財政政策
- 第6章　社会的結束に向けた雇用及び社会保障政策
- 第7章　市民参加の拡大と社会的結束政策
- 第8章　相互関連政策課題
- 第9章　富のシフト世界における社会的結束の強化

〈価格は本体価格です〉

官民パートナーシップ PPP・PFIプロジェクトの成功と財政負担
OECD編著　平井文三監訳　●4500円

地図でみる世界の地域格差 都市集中と地域発展の国際比較
OECD地域指標〈2013年版〉オールカラー版
OECD編著　中澤高志、神谷浩夫監訳　●5500円

格差は拡大しているか OECD諸国における所得分布と貧困
OECD編著　小島克久、金子能宏訳　●5600円

OECD国際経済統計ハンドブック 統計・知識・政策
OECD編著　エンリコ・ジョバンニー著　髙橋しのぶ訳　●2800円

よくわかる国際貿易 自由化・公正取引・市場開放
OECDインサイト① パトリック・ラヴ、ラルフ・ラティモア著　濱田久美子訳　●2400円

よくわかるヒューマン・キャピタル 知ることがいかに人生を形作るか
OECDインサイト② ブライアン・キーリー著　立田慶裕訳　●2200円

よくわかる国際移民 グローバル化の人間的側面
OECDインサイト③ ブライアン・キーリー著　OECD編　濱田久美子訳　●2400円

よくわかる持続可能な開発 経済、社会、環境をリンクする
OECDインサイト④ トレイシー・ストレンジ、アン・ベイリー著　OECD編　濱田久美子訳　●2400円

スモールマート革命 持続可能な地域経済活性化への挑戦
マイケル・シューマン著　毛受敏浩監訳　●2800円

グローバル・ガバナンスにおける開発と政治 国際開発を超えるガバナンス
笹岡雄一　●3000円

開発調査手法の革命と再生 貧しい人々のリアリティを求め続けて
ロバート・チェンバース著　野田直人訳　●3800円

開発援助と人類学 冷戦・蜜月・パートナーシップ
佐藤寛、藤掛洋子編著　●2800円

アジア・太平洋地域のESD《持続可能な開発のための教育》の新展開
阿部治、田中治彦編著　●4200円

国連開発計画(UNDP)の歴史 国連は世界の不平等にどう立ち向かってきたか
世界歴史叢書　クレイグ・N・マーフィー著　峯陽一、小山田英治監訳　●8800円

貧困とはなにか 概念・言説・ポリティクス
ルース・リスター著　松本伊智朗監訳　立木勝訳　●2400円

スラムの惑星 都市貧困のグローバル化
マイク・デイヴィス著　酒井隆史監訳　篠原雅武、丸山里美訳　●2800円

〈価格は本体価格です〉

貧困からの自由 世界最大のNGO・BRACとアベッド総裁の軌跡
イアン・スマイリー著 笠原清志監訳 立木勝訳
●3800円

貧困克服への挑戦 構想 グラミン日本
グラミン・アメリカの実践から学ぶ先進国型マイクロファイナンス
菅正広著
●2400円

マイクロファイナンス読本［オンデマンド版］
岡本真理子、粟野晴子、吉田秀美編著（FASIDマイクロファイナンス研究会）
●2800円

開発なき成長の限界 現代インドの貧困・格差・社会的分断
アマルティア・セン、ジャン・ドレーズ著 湊一樹訳
●4600円

国際開発援助の変貌と新興国の台頭 被援助国から援助国への転換
エマ・モーズリー著 佐藤眞理子、加藤佳代訳
●4800円

格差と不安定のグローバル経済学 ガルブレイスの現代資本主義論
ジェームス・K・ガルブレイス著 塚原康博、鈴木賢志、馬場正弘、鑓田亨訳
●3800円

格差拡大の真実 二極化の要因を解き明かす
経済協力開発機構（OECD）編著 小島克久、金子能宏訳
●7200円

国連大学 包括的「富」報告書
国連大学地球環境変化の人間・社会的側面に関する国際研究計画、国連環境計画編 自然資本・人工資本・人的資本の国際比較
植田和弘、山口臨太郎監修 武内和彦監修
●8800円

連帯経済とソーシャル・ビジネス 貧困削減、富の再分配のためのケイパビリティ・アプローチ
池本幸生、松井範惇編著
●2500円

開発社会学を学ぶための60冊 援助と発展を根本から考えよう
佐藤寛、浜本篤史、佐野麻由子、滝村卓司編著
●2800円

グローバル・ベーシック・インカム入門 世界を変える〈ひとりだち〉と〈ささえあい〉の仕組み
クラウディア・ハーマンほか著 岡野内正著訳
●2000円

インド現代史〔上巻〕1947-2007 世界歴史叢書
ラーマチャンドラ・グハ著 佐藤宏訳
●8000円

インド現代史〔下巻〕1947-2007 世界歴史叢書
ラーマチャンドラ・グハ著 佐藤宏訳
●8000円

インド地方都市における教育と階級の再生産 世界人権問題叢書90
クレイグ・ジェフリー著 佐々木宏、押川文子、南出和余、小原優貴、針塚瑞樹訳 高学歴失業青年のエスノグラフィー
●4200円

バングラデシュの歴史 二千年の歩みと明日への模索 世界歴史叢書
堀口松城
●6500円

バングラデシュの船舶リサイクル産業と都市貧困層の形成
佐藤彰男
●4200円

〈価格は本体価格です〉